Cours De Chimie Inorganique...

Frédéric Swarts

Cours

DE

CHIMIE INORGANIQUE

GAND, IMPR. C. ANNOOT-BRAECKMAN, AD. HOSTE, SUCCr.

COURS

DE

CHIMIE INORGANIQUE

PAR

Fréd. Swarts

Professeur à l'École du Génie Civil
de l'Université de Gand
Chargé du Cours de Chimie générale à la Faculté des Sciences
Membre correspondant de l'Académie Royale de Belgique

AVEC FIGURES

GAND
LIBRAIRIE GÉNÉRALE DE AD. HOSTE, ÉDITEUR
rue des Champs, 47 | rue du Calvaire, 21-23
—
1907

Préface.

Ce traité est conçu dans le même esprit que le cours de chimie organique que j'ai publié l'année dernière; les deux ouvrages sont la reproduction du cours de chimie générale que je professe à l'Université de Gand.

J'ai cependant complété ces leçons par l'étude de quelques corps dont il n'est le plus souvent pas parlé dans les cours élémentaires; l'étudiant auquel ce livre est destiné pourra acquérir en le consultant des connaissances que j'espère suffisantes sur l'ensemble de la chimie minérale.

Le plan de ce traité est exactement celui du cours qu'il reproduit. Ainsi que je l'ai dit dans la préface de mon cours de chimie organique, j'ai pensé qu'il est plus avantageux d'exposer les théories à mesure que l'étude des faits en présente l'occasion.

J'ai cependant dérogé à ce principe en ce qui concerne l'hypo-thèse moléculaire et atomique, que j'ai exposée en m'appuyant sur les connaissances élémentaires de physique que doit posséder tout étudiant entrant à l'Université et sur un petit nombre de faits étudiés dans l'introduction. J'ai adopté cet ordre d'exposition, parce qu'il permet de faire d'une manière suffisamment complète l'histoire de l'hydrogène et de l'oxygène et évite ainsi des redites.

Un chapitre de ce livre est consacré à la thermochimie; je l'ai traité en m'appuyant sur la thermodynamique, à laquelle j'ai également eu recours dans la démonstration des lois de Raoult et dans l'étude sommaire de l'électrochimie.

Cette partie de mon enseignement est faite pour des élèves ingénieurs qui possèdent déjà les notions de physique nécessaires à sa compréhension. L'objectif que j'ai en vue en traitant ces questions est double. D'abord la thermodynamique nous fournit la démonstration de la loi de Guldberg et Waage et du principe de Le Chatelier qui, concurremment avec l'hypothèse atomique et l'hypothèse d'Arrhénius, servent de base à mon enseignement. Elle donne une notion précise de l'affinité, cette cause primordiale de toutes les transformations chimiques, et elle permet de discuter la signification réelle du principe du travail maximum, si souvent appliqué dans la pratique. Ensuite j'ai voulu combattre cette tendance fâcheuse, souvent constatée chez les élèves-ingénieurs, dont les études ont une allure presqu'exclusivement mathématique, de considérer la chimie comme une science empirique et descriptive, s'adressant surtout à la mémoire.

Ce traité étant d'ailleurs un cours de chimie générale, je me suis surtout attaché à la partie théorique. J'ai cependant décrit avec quelques détails les opérations les plus importantes de l'industrie chimique et de la métallurgie.

Introduction.

1. Nous trouvons dans l'espace qui nous entoure des portions qui se reconnaissent les unes des autres par les impressions qu'elles produisent sur nos organes des sens.

Nous appelons **corps**, ces portions différenciées de l'espace. Leurs manières d'être différentes constituent leurs **propriétés**.

Il est une propriété qui appartient à tous les corps, c'est d'avoir un poids, de nécessiter un certain effort musculaire pour que nous puissions les déplacer. Nous appelons **matière** toute chose qui possède un poids, qui offre une certaine résistance au déplacement. La mesure de cette résistance est la **masse**. (L'unité de masse est celle d'un morceau de platine conservé à Paris et dont le poids à la latitude de cette ville est de un kilogramme).

Parmi les propriétés des corps il en est qui sont inhérentes à la matière constituante, telles la couleur, le goût, la transparence aux rayons lumineux,etc. Ce sont elles qui caractérisent une espèce, indépendamment de la masse de l'échantillon; on les appelle des **caractères**. D'autres propriétés sont accidentelles, comme la température, la position, la dimension, etc.

2. Les corps subissent des modifications dans leurs propriétés. Ce sont ces modifications que nous appelons des **phénomènes**.

Parmi eux, il en est qui ne modifient pas la matière des corps qui en sont le siège. Ex. : Le sel fond au rouge en un liquide incolore et mobile qui se solidifie par refroidissement en une masse cristalline blanche. Dans cette série de variations, le sel n'a pas perdu ses propriétés essentielles. Il a conservé sa saveur spéciale, sa densité, sa solubilité dans l'eau. Si l'on dissout le sel dans l'eau et qu'on laisse évaporer le dissolvant on retrouve le sel inaltéré. Tous les phénomènes que le sel a présenté dans cette succession de modifications sont des phénomènes **physiques**.

Les phénomènes physiques se caractérisent par le fait qu'ils ne modifient pas la nature des corps. On peut donc, par des procédés convenables, provoquer leur répétition autant de fois qu'on le voudra.

3. Si nous chauffons du sucre dans un creuset, nous observons un phénomène bien différent. Le sucre fond d'abord, mais sa couleur change, il devient brun, puis noir. Ensuite on voit se dégager des fumées épaisses qui brûlent à l'orifice du creuset. A la fin de l'expérience il reste un résidu noir, boursouflé et friable, qui est insoluble dans l'eau et ne possède aucune saveur.

La matière constituante du sucre s'est donc modifiée profondément dans le cours de cette expérience et cette transformation est définitive. Il nous serait impossible de répéter l'expérience une deuxième fois avec le même échantillon de sucre.

Nous sommes journellement témoins de transformations qui altèrent complètement la nature des corps qui en sont le siège. Tels sont notamment les phénomènes de combustion (pétrole, houille, bois, etc.), de rouille de métaux, de putréfaction des matières organiques.

Ils constituent des exemples de phénomènes **chimiques.**

4. Les phénomènes de combustion se prêtent facilement à une étude expérimentale. Dans les combustions que nous réalisons, le combustible disparait plus ou moins complètement. Il n'en est pas de même si nous brûlons un métal, le fer, par ex. :

Expérience. — On garnit les pôles d'un aimant de limaille de fer, on suspend l'aimant au plateau d'une balance et on tare exactement. On allume ensuite le fer : on voit brûler les houppes de limaille comme de l'amadou. En même temps la balance trébuche peu à peu du côté de l'aimant. Le fer augmente donc de poids en brûlant. Il se transforme en une substance d'un noir bleu, qui ne possède plus les propriétés caractéristiques du fer et qui notamment, ne se laisse plus forger, c.-à-d. souder à elle-même à la température du rouge sous le choc du marteau.

Si la plupart des combustibles usuels semblent diminuer de poids au point de disparaître quelquefois complètement, c'est parce que leurs produits de combustion sont gazeux. Il est facile de reconnaître p. ex. : que de la vapeur d'eau se forme dans la combustion du pétrole, d'une bougie. Il suffit de placer au-dessus de la flamme un vase métallique à parois polies et contenant de l'eau froide pour voir se déposer sur le métal une rosée abondante. Nous concluerons de ce fait que l'eau est un produit de combustion. Elle ne préexiste pas dans le combustible (il suffit de mouiller celui-ci pour entraver ou même arrêter complètement la combustion).

Si l'on effectue la combustion d'une bougie sur le plateau d'une balance en disposant au-dessus de la flamme une cheminée (fig. 1)

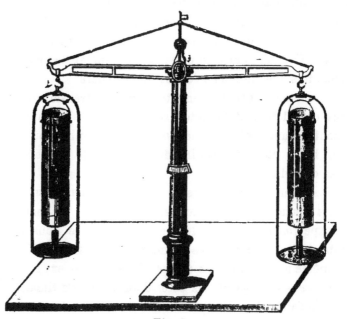

Fig. 1.

contenant un corps capable d'absorber les produits de combustion (soude caustique) on constate que la transformation de la bougie n'est pas un phénomène dans laquel la matière se détruit, mais qu'au contraire les produits de transformation du combustible pèsent plus que ce dernier. En effet, la balance mise en équilibre avant le début de l'expérience, bascule du côté de la bougie.

L'augmentation de poids que nous pourrions observer dans tous les phénomènes de combustion provient de ce que le combustible emprunte à l'air une certaine quantité de matière. On peut démontrer cette proposition par l'expérience suivante, dans laquelle on réalise une combustion dans un volume d'air limité. Dans un baquet contenant de l'eau (cuve pneumatique) on place un flotteur portant une petite capsule de porcelaine. On introduit dans la capsule un fragment de phosphore, puis on retourne une cloche à douille sur le flotteur. A l'ai.le d'un fil de fer chaud on touche le phosphore. Ce dernier prend feu immédiatement. On retire le fil et on ferme vivement la douille à l'aide d'un bouchon.

Le phosphore brûle avec une flamme très brillante en donnant naissance à des fumées blanches qui sont solubles dans l'eau. Le produit de combustion occupera donc un volume nul dans la cloche. Au début de l'expérience on voit le volume de l'air augmenter sensiblement, à cause de la dilatation due à l'élévation de la température, mais bientôt le niveau de l'eau se relève dans la cloche, jusqu'à dépasser celui de l'eau dans la cuve (fig. 2). Si après l'extinction du

Fig. 2.

phosphore on laisse le gaz renfermé dans la cloche se refroidir complètement, on reconnaît qu'il a éprouvé une rétraction très sensible, atteignant un cinquième du volume initial. L'air perd donc une partie de la matière qui le constitue dans les phénomènes de combustion et il ne peut perdre qu'un cinquième de son volume. Le résidu gazeux qui reste dans la cloche est en effet incapable d'entretenir la combustion : si nous y plongeons une bougie allumée, elle s'éteint immédiatement. Ce gaz inactif, qui constitue les quatre cinquièmes de l'air a reçu le nom d'**azote**. Il n'entretient pas la respiration : les animaux qu'on y plonge succombent rapidement à l'asphyxie, de là son nom.

Quant au gaz actif qui intervient dans les combustions, qui est indispensable à notre existence puisque c'est lui que nous utilisons dans la fonction respiratoire, il constitue le cinquième absorbé. C'est l'**oxygène**.

5. Si le combustible augmente de poids, l'air subit par contre une diminution correspondante et égale. Cette dernière proposition est fondamentale; on la démontre en brûlant un combustible quelconque dans un ballon hermétiquement fermé placé sur le plateau d'une balance. On reconnaît que le poids du système ne change pas pendant la combustion. Celle-ci ne produit donc pas de destruction de matière.

Quand un corps brûle, il y a deux substances qui se transforment chimiquement : le combustible et l'air, et nous venons de voir que la perte en poids de l'un est rigoureusement égale au gain de l'autre.

D'innombrables expériences ont prouvé que quand un système de plusieurs corps se transforme chimiquement, il en est toujours ainsi. Chacun des corps peut subir une modification de poids, mais le poids total du système de tous les corps qui interviennent reste le même après la transformation.

Cette proposition constitue la base de toute la chimie. La vérité expérimentale qu'elle exprime n'a été reconnue qu'à la fin du 18e siècle. On peut l'énoncer de différentes manières :

Dans tout phénomène chimique le poids des produits de transformation est égal au poids des corps transformés.

L'expression la plus générale de ce principe est : **la quantité de matière contenue dans l'univers est constante.** Elle prend alors la même forme que la proposition fondamentale de la physique : **La quantité d'énergie de l'univers est constante.**

Des expériences récentes (Landolt), effectuées dans des conditions de précision exceptionnelles, et dans lesquelles le poids des corps réagissants était mesuré à moins de $^1/_{10000000}{}^e$ près n'ont fait que confirmer la vérité de ce principe. Si dans certains cas, on constata une diminution, d'ailleurs excessivement minime, du poids de l'appareil après la transformation chimique, la perte de matière était due à la perméabilité du verre pour des corps, encore mal définis, qui résultent de la modification chimique; on peut l'empêcher en recouvrant la paroi de verre d'un revêtement de paraffine.

La chimie est la science qui s'occupe des transformations de la matière. Science purement descriptive à son origine, comme le sont ou le furent toutes les sciences d'observation, elle s'est transformée rapidement dans le courant du siècle dernier.

A côté de la recherche des lois expérimentales qui président aux phénomènes qu'elle étudie, elle s'efforce à expliquer ceux-ci par

des hypothèses sur la constitution intime des corps et les causes
déterminantes de leurs transformations.

Mais le champ d'études de la chimie est bien plus vaste encore.
Ainsi que nous le verrons bientôt, ces transformations sont toujours
liées à des transformations d'énergie qui ne sont pas moins importantes à étudier que celles de la matière qui en est le siège. En
outre les modifications chimiques entraînent des variations de propriétés physiques. La recherche des relations qui existent entre les
deux ordres de modifications fait aussi partie des études du chimiste.

La chimie et la physique sont donc deux sciences dont le domaine
est commun en bien des points et il serait oiseux de chercher à
donner de chacune d'elles une définition la distinguant nettement
de l'autre.

Il serait d'ailleurs tout aussi vain de vouloir établir une démarcation nette entre les phénomènes physiques et les phénomènes
chimiques. S'il est aisé de distinguer les différences que présentent
p. ex. un corps chauffé au rouge et un corps siège d'une combustion,
de reconnaître un phénomène physique dans la transformation que
subit le premier, un phénomène chimique dans la modification que
manifeste le second, il est des cas, comme nous aurons l'occasion
de le constater plus loin, où il est impossible de décider si le
phénomène est d'ordre purement physique ou chimique.

7. Mélanges et combinaisons. Nous avons vu que dans une
combustion le combustible se transforme en fixant une certaine
quantité d'un gaz contenu dans l'air. Il convient d'étudier de plus
près la nature de cette union entre les corps qui s'unissent dans un
phénomène chimique. On appelle à la fois **combinaison** le phénomène d'union et le produit qui en résulte. On désigne aussi sous le
nom de **réaction** le phénomène de transformation chimique de
plusieurs corps l'un par l'autre.

Une combinaison est-elle un cas particulier du mélange?

Un mélange résulte de la juxtaposition plus ou moins intime des
particules de plusieurs corps. C'est ainsi que si nous broyons
ensemble de la limaille de fer très fine (fer porphyrisé) et de la
fleur de soufre, nous obtenons une poudre d'un gris verdâtre dans
laquelle nous ne reconnaissons à l'œil nu, ni le fer, ni le soufre.

Mais un microscope puissant nous permettrait de les y retrouver.

En outre pour séparer le fer d'avec le soufre, il nous suffirait d'utiliser certains procédés basés sur les propriétés physiques de l'un ou de l'autre. C'est ainsi qu'en promenant un aimant dans la poudre, nous pouvons en enlever du fer. En faisant bouillir la poudre avec de l'essence de pétrole, nous dissoudrons le soufre qui est soluble dans ce dissolvant. Il suffira de filtrer pour isoler le fer et de laisser ensuite évaporer l'essence de pétrole pour retrouver le soufre. Dans ce mélange les propriétés physiques du fer et du soufre sont donc parfaitement conservées. C'est là un des caractères du mélange.

Une deuxième caractéristique du mélange, c'est la variabilité de sa composition : il est possible de faire des poudres formées de fer et de soufre dans des proportions quelconques et arbitraires et nous pouvons passer par transitions insensibles du fer pur au soufre pur, en enlevant le fer grain par grain tout en ajoutant le soufre par portions aussi petites que nous le voudrons. Tous les systèmes que nous réaliserons ainsi seront des mélanges de fer et de soufre, possédant **à la fois** les propriétés physiques du fer et celles du soufre

Faisons au contraire un mélange de 7 parties de fer et de 4 parties de soufre, puis, en un point quelconque du mélange, plongeons un fil de fer rougi. Il se produit **une vive incandescence au point touché**, se propageant peu à peu à tout le mélange, qui se transforme en une combinaison (sulfure de fer).

Si on laisse refroidir, on obtient une masse noire friable, bien différente d'aspect du mélange primitif. Elle n'est plus attirable à l'aimant et n'abandonne rien à l'essence de pétrole.

Les plus forts instruments grossissants ne permettraient pas d'y reconnaître la présence, soit de grains de fer, soit de particules de soufre. Les propriétés physiques des constituants ne se retrouvent donc plus. Il en est de même de leurs propriétés chimiques. Ainsi le soufre chauffé vers 300°, prend feu et brûle avec une flamme bleue en se transformant en un gaz très irritant. Si nous chauffons le produit obtenu à 300° nous n'observons rien de semblable. Le fer exposé à l'action de l'humidité se rouille, la combinaison du soufre et du fer pas.

8. A côté de cette disparition des propriétés des constituants d'une combinaison nous trouvons un autre caractère essentiel de la combinaison. C'est la constance de sa composition.

Si nous prenons 7 parties de fer pour 4 parties de soufre, l'examen le plus minutieux du produit obtenu ne permet d'y reconnaître qu'une seule espèce de matière : **il est homogène.** Si nous augmentons, si peu que soit, la proportion soit de fer, soit de soufre, il n'en est plus de même. C'est ainsi que si, au lieu de 7 parties de fer pour 4 parties de soufre, nous en prenons 7,1 p. nous obtiendrons 11 parties de sulfure de fer et 0,1 p. de fer inaltéré. Le produit n'est donc plus homogène.

La proportion de fer ajoutée en excès est assez forte dans l'exemple choisi ; elle représente 14,28 °/. de la masse de fer ; on pourrait se demander si le système ne deviendrait pas homogène lorsque la quantité de fer excédante serait très faible ; de 0,0001428 °/. p. ex. Il n'en n'est rien. A mesure que les procédés d'analyse se perfectionnaient et permettaient de déceler des quantités de plus en plus faibles de l'un des constituants employés en excès, l'on a pu reconnaître que cet excès se retrouvait inaltéré. On en a conclu que si nos moyens d'investigation devenaient infiniment précis, de telle sorte que nous puissions établir avec une erreur plus petite que toute grandeur donnée, les proportions nécessaires des constituants d'une combinaison fournissant par leur union un système homogène, tout excès de l'un ou l'autre de ces composants se retrouvait inaltéré, le système étant alors non homogène.

La proposition expérimentale qui formule cette conclusion est la suivante :

Les proportions suivant lesquelles deux ou plusieurs corps s'unissent pour former une combinaison ne subissent pas de variations continues.

Nous avons reconnu au contraire plus haut que les proportions d'un mélange sont susceptibles de variations continues.

La réciproque de la proposition que nous venons d'énoncer est vraie. Une combinaison déterminée a toujours la même composition : il est impossible de préparer un corps identique au sulfure de fer résultant de la combinaison de 7 p. de fer avec 4 parties de soufre en employant d'autres proportions soit de fer, soit de soufre, quelles que soient les conditions d'expérience dans lesquelles on se place.

La loi expérimentale qui se déduit de ces faits est connue sous le nom de **loi de la constance des proportions**. Elle s'énonce :

Quand deux ou plusieurs substances s'unissent entr'elles pour former un corps déterminé, c'est toujours dans un rapport pondéral fixe et invariable.

La loi de la constance des proportions, comme celle de Lavoisier, sont des lois expérimentales dont l'exactitude se confond avec celle des méthodes que nous pouvons employer à les vérifier et qui n'ayant jamais été trouvées en défaut, s'imposent à notre esprit avec une nécessité presqu'aussi absolue que les théorèmes des sciences mathématiques. A cet égard, il faudrait bien se garder de les considérer comme analogues aux lois dites approchées, qui se trouvent être inexactes lorsqu'on modifie les conditions pour lesquelles elles ont été établies ou qu'on cherche à les contrôler par des moyens suffisamment précis. Telle est p. ex. la loi de Mariotte.

9. La combinaison diffère encore du mélange parce qu'elle ne se fait pas entre des corps quelconques. C'est ainsi que nous pouvons mélanger entre eux du cuivre et du fer, mais qu'il nous est impossible de les combiner. Nous pourrions au contraire mélanger plus ou moins parfaitement tous les corps, p. ex. en les refroidissant suffisamment pour les solidifier tous, puis en les pulvérisant ensemble.

Il est cependant bon de remarquer dès à présent que si dans la plupart des cas, la distinction entre la combinaison et le mélange est aisée, il n'en est pas toujours ainsi.

Les dissolutions nous en donnent une preuve. Il n'est en général possible de dissoudre un corps dans un autre que jusqu'à certaines limites. C'est ainsi que l'on ne peut dissoudre à la température ordinaire plus de 36 parties de sel de cuisine dans 100 parties d'eau. Une dissolution de sel dans l'eau ne possède plus toutes les propriétés de l'eau ; son point de congélation est inférieur à 0° ; son point d'ébullition supérieur à 100°. La composition d'une dissolution n'est donc arbitraire que jusqu'à certaines limites et les propriétés physiques des constituants s'y modifient plus ou moins. Quelquefois même la dissolution d'un corps dans un autre constitue un véritable phénomène chimique. Nous en rencontrerons de nombreux exemples.

10. Nous avons vu que dans une combinaison nous ne retrouvons plus les propriétés physiques ou chimiques caractéristiques des constituants et que les moyens de séparation basés sur les propriétés physiques des composants sont impuissants à effectuer la scission du système. Nous pouvons nous demander si ces constituants ont définitivement disparu, si leur matière s'est radicalement transformée. La réponse à cette question est négative. On peut retrouver et extraire les corps qui sont engagés dans une combinaison.

Si, p. ex., nous combinons du cuivre à du soufre, comme nous l'avions fait avec du fer, nous observons un phénomène tout-à-fait semblable à celui que nous avons reconnu dans la formation du sulfure de fer. Il se produit une masse noire de sulfure de cuivre.

Pulvérisons ce sulfure de cuivre, introduisons-le dans une capsule contenant de l'acide nitrique[1] et chauffons doucement. Il se fait une attaque très énergique du sulfure de cuivre, il se dégage abondamment des gaz rouges et nous obtenons un liquide bleu, à la surface duquel viendront bientôt nager des gouttelettes de soufre fondu. Par cette transformation chimique du sulfure de cuivre nous pouvons donc en extraire du soufre. Si nous évaporons le liquide bleu, nous verrons se former une substance solide, cristallisée, bleue, soluble dans l'eau. Plongeons une lame de fer dans sa dissolution, nous voyons que le fer se recouvre instantanément d'une couche rouge de cuivre métallique. Si nous laissons le fer agir suffisamment longtemps, la coloration bleue du liquide disparaît complètement pour faire place à une teinte d'un vert sale.

Le soufre et le cuivre peuvent donc être extraits de leur combinaison. Nous avons d'abord, dans l'opération que nous venons de décrire, séparé le soufre et transformé le cuivre en un corps bleu,

---

[1] L'acide nitrique est une combinaison ne dérivant ni du cuivre, ni du soufre.

soluble dans l'eau. A l'intervention du fer, ce dernier a été transformé à son tour et le cuivre en a été séparé.

Une combinaison chimique peut donc être dédoublée en ses générateurs, mais, pour obtenir ce résultat, il ne suffit pas de recourir à des procédés mécaniques reposant sur la connaissance des propriétés physiques de ses constituants. L'étude des méthodes auxquelles on peut recourir sera faite plus loin.

11. Affinité chimique. On désigne sous le nom d'affinité chimique la cause qui sollicite les corps à se combiner et qui les maintient unis une fois la combinaison réalisée. On peut l'assimiler à une fórce attractive; la thermodynamique permet d'en donner une définition précise, ainsi que nous l'apprendrons ultérieurement.

Nos connaissances relatives à l'affinité sont bien moins étendues que celles que nous possédons sur les causes qui provoquent les phénomènes physiques, tels que l'attraction universelle, les attractions et répulsions électriques, etc. Tandis que nous avons pu établir les lois qui régissent l'action des forces par l'existence desquelles nous appliquons ces phénomènes, il n'en n'est pas de même pour l'affinité; en d'autres termes nous ignorons les relations qui existent entre l'affinité et les variables indépendantes dont elle est fonction.

Nous constatons que son intensité varie énormément suivant la nature des corps mis en présence. Ainsi l'or ne se combine pas à l'oxygène de l'air, quelles que soient les conditions dans lesquelles on le place; le phosphore au contraire s'unit si facilement à l'oxygène qu'on doit le soustraire au contact de l'air si l'on veut éviter qu'il s'enflamme spontanément. Mais la raison de ces différences nous échappe; nous nous bornons à dire que le phosphore a plus d'affinité que l'or pour l'oxygène. L'étude de ces différences constitue l'un des chapitres les plus importants de la chimie.

12. L'affinité, comme les forces moléculaires que l'on étudie en physique, n'agit qu'à des distances extrêmement petites, que nous ne sommes pas encore parvenus à déterminer. Mais tandis que ces forces moléculaires peuvent produire des déplacements dont l'ensemble peut se mesurer, comme c'est le cas dans les phénomènes de capillarité, il n'en n'est pas de même pour l'affinité. Quelque grande que soit celle-ci, on n'a jamais pu constater qu'elle provoquait un mouvement appréciable des corps dont elle déterminait la combinaison. Il faut donc, pour que ces corps puissent subir son action, que leurs contacts soient aussi parfaits que possible. Les systèmes de corps solides sont à cet égard, ceux qui conviennent le moins aux réactions chimiques. Leurs particules sont immobiles; si deux fragments sont au contact, la formation de la combinaison en ce point sépare bientôt les surfaces réagissantes et le phénomène s'arrête.

Pour que l'affinité puisse unir deux corps il faut que leurs particules soient mobiles, ce que nous trouvons dans l'état-liquide et l'état gazeux. Quand les corps que l'on veut faire réagir l'un sur l'autre sont solides, on les amène à l'état liquide soit par fusion, soit beaucoup plus souvent par dissolution.

Il n'est pas indispensable que tous les corps soient liquides ou gazeux. On peut très bien faire réagir un corps solide sur un liquide ou un gaz, à condition que le produit de combinaison ne forme pas un enduit imperméable à sa surface.

Une expérience fort simple permet de démontrer ce fait. On place dans deux vases en verre quelques morceaux de marbre; dans l'un des vases on verse une dissolution d'acide chlorhydrique, dans l'autre une dissolution d'acide sulfurique. Ces deux acides agissent de la même manière sur le marbre : ils provoquent la formation d'un gaz, l'acide carbonique, qui se dégage en bulles plus ou moins grosses de la surface du marbre. Mais on constate que le dégagement gazeux est minime et finit même par s'arrêter dans le vase contenant de l'acide sulfurique, tandis qu'il se maintient abondant et régulier dans l'autre. La différence d'allures entre les deux phénomènes est due à ce que l'acide chlorhydrique transforme le marbre en acide carbonique et en un corps soluble dans l'eau, tan·dis que l'acide sulfurique agit en donnant de l'acide carbonique et une substance insoluble dans l'eau, laquelle forme à la surface du marbre un enduit qui entrave les contacts entre l'acide et le marbre. Si dans cette expérience on remplace le marbre par le carbonate de soude (sel de soude), lequel est attaqué par les deux acides avec formation d'acide carbonique et de substances qui dans les deux cas sont solubles dans l'eau, on reconnaît que l'acide sulfurique et l'acide chlorhydrique agissent de la même manière.

On sait que le zinc et le fer polis perdent peu à peu leur éclat dans l'air humide; le zinc se recouvre d'un mince enduit gris, le fer se rouille. Mais l'expérience journalière démontre que l'altération du zinc est toute superficielle tandis que le fer finit par être rongé complètement par la rouille. Si les deux métaux se comportent d'une manière différente, c'est parce que la pellicule qui se forme à la surface du zinc est compacte et empêche le contact entre l'air et le métal, tandis que la rouille est poreuse. C'est précisément pour empêcher le contact entre l'air et le fer et préserver ce métal de la rouille qu'on le revet d'une couche de peinture, ou même de zinc (fer galvanisé). On forme ainsi une couche imperméable à l'air qui soustrait le métal à l'oxydation.

Parmi les procédés que l'on peut employer pour faciliter les contacts dans le cas de corps solides que l'on veut unir, il faut encore mentionner la pression. Celle-ci doit être très énergique. Les belles expériences de M. Spring ont montré que si l'on comprime p. ex. un mélange de soufre et de fer à 6000 atmosphères, ils se combinent.

13. Quand deux corps capables de réagir l'un sur l'autre ont été mis en contact, il semble fréquemment que la combinaison ne se fait pas. Il faut amorcer la réaction, en chauffant plus ou moins fortement. Nous savons par exemple que la plupart de nos combustibles ne brûlent que quand on les a portés à une température élevée en un point de leur masse. Pour combiner le soufre au fer, nous avons dû plonger une tige de fer rougie dans le mélange. La combinaison se fait au point chauffé et le phénomène d'union chimique donne lieu à un dégagement de chaleur qui provoque la combinaison dans les portions voisines. La réaction se propage ainsi peu à peu dans toute la masse avec une vitesse plus ou moins grande.

Il ne faudrait pas conclure de cette nécessité de chauffer que la réaction ne puisse s'accomplir à une température plus basse. Elle se fait en réalité, mais avec une lenteur telle que l'on n'en peut suivre les progrès et qu'il faudrait un temps trop long pour que l'on puisse reconnaître une transformation sensible.

On a observé qu'une élévation de température de 10° rend la
vitesse de transformation de 2 à 7 fois plus grande. Un phénomène
chimique qui s'accomplit en 1 seconde à 600° exigerait par conséquent $1'' \times 2^{60}$ à la température de 0° soit 36 milliards de siècles,
si sa vitesse croit du simple au double lorsque la température
s'élève de 10 degrés.

Nous connaissons des exemples assez nombreux de réactions
qui s'effectuent à la température ordinaire avec une lenteur telle
qu'au début leur importance parait négligeable. Si elles se font
avec dégagement de chaleur, et que les conditions du milieu sont
telles que cette chaleur reste en partie acquise au système, la
température de celui-ci s'élève peu à peu ; la réaction devient plus
rapide, la chaleur produite est moins parfaitement soustraite par
le milieu ambiant. La transformation chimique devient ainsi sa
propre cause accélératrice et elle peut à un moment donné, la
température s'étant élevée suffisamment, prendre les allures d'une
réaction vive. C'est ainsi que l'on voit parfois de la houille, des
foins accumulés en tas volumineux, prendre spontanément feu.
Le phosphore, exposé à l'air, subit d'abord une combustion lente,
sa température s'élève peu à peu et quand elle atteint 45° la
combinaison lente se transforme en combustion vive : le phosphore
prend feu.

L'étincelle électrique que l'on utilise fréquemment pour provoquer une combinaison entre des gaz agit comme source de chaleur ;
sa température extrêmement élevée provoque une réaction très
rapide au point où elle jaillit.

14. Parmi les autres agents qui facilitent les phénomènes chimiques nous devons encore citer la lumière. Son mode d'action est
peu connu. Nous signalerons comme exemple d'action de la
lumière les transformations que subissent les substances dites
sensibles et sur lesquelles repose la photographie.

15. Énergie chimique. — Dans la plupart des phénomènes
chimiques il y a dégagement de chaleur ; il peut être assez important pour porter les corps qui en sont le siège au rouge blanc.
C'est ce dégagement de chaleur que nous mettons à profit dans la
combustion du charbon.

La chaleur est une des formes de l'énergie. Celle-ci n'est pas plus indestructible que la matière et les énergies dérivent toutes les unes des autres par transformation (voir plus haut p. 5).

Nous rappelerons ci-dessous l'équivalence des principales unités d'énergies physiques.

L'unité théorique absolue d'énergie est l'**erg** : c'est le double de la quantité d'énergie cinétique que communique à l'unité de masse (gramme-masse), l'unité de force (dyne) agissant pendant l'unité de temps (seconde).

L'erg est une unité trop petite pour pouvoir servir aux mesures courantes. On utilise une unité 10,000,000 de fois plus grande, que l'on appelle **joule** et qui se confond avec l'unité d'énergie électrique. Celle-ci est dépensée quand un courant d'un ampère traverse une résistance d'un ohm pendant une seconde, elle correspond donc au passage d'un coulomb sous une force électromotrice d'un volt.

Le kilogrammètre, unité pratique d'énergie mécanique est la quantité d'énergie dépensée pour élever un kilogramme à un mètre de hauteur. Il vaut 9.806×10^7 ergs.

L'unité pratique d'énergie thermique est la petite calorie. C'est la quantité de chaleur nécessaire pour élever de 15° à 16° la température de l'unité de masse d'eau. Elle équivaut à 4.185×10^7 ergs, à 4.184 joules, à 0.4267 kilogrammètres. On emploie aussi une unité 1000 fois plus grande, la grande calorie.

S'il se dégage de la chaleur dans un phénomène chimique, cette chaleur doit provenir de la transformation d'autres énergies.

Nous pouvons parmi celles-ci exclure l'énergie cinétique et l'énergie de position, puisque la mise en jeu de l'affinité ne déterminent pas de déplacements appréciables. Dans l'immense majorité des cas il ne disparaît pas non plus d'énergie électrique. L'origine du dégagement de chaleur doit donc être cherché à d'autres sources.

Tout corps par le fait qu'il existe possède une certaine quantité d'énergie. La physique nous apprend p. ex. que tout changement de volume détermine une absorption ou une production de travail, celui-ci étant dépensé ou acquis, en partie par le déplacement des résistances extérieures (pression atmosphérique p. ex.), en partie par le déplacement des résistances intérieures (cohésion). Or, comme tout travail fait correspond à une perte, tout travail subi à un gain d'énergie, il en résulte que du fait qu'un corps occupe un volume déterminé, il doit renfermer une certaine quantité d'énergie, fonction de ce volume.

La réserve d'énergie que possèdent les corps dépend aussi de leur état physique. Il nous suffira de rappeler que pour transformer un kilogramme de glace à la température de 0° en eau, ayant également la température 0°, il faut dépenser 80 grandes calories. Comme cette quantité d'énergie considérable n'est pas employée à élever la température de l'eau, elle doit avoir été utilisée à provoquer le changement d'état. Faisant abstraction du travail extérieur infime subi par le fait que l'eau liquide occupe un volume légèrement plus petit que celui de la glace, nous pouvons dire qu'un kilogramme d'eau renferme une quantité d'énergie supérieure de 80 calories à celle d'un kilogramme de glace.

Il est à peine besoin de faire remarquer que la réserve d'énergie d'un corps dépend de sa température, puisque pour faire varier celle-ci il faut donner ou enlever de la chaleur.

Cette énergie accumulée dans les corps et qui ne dépend pas des forces extérieures auxquelles ils sont soumis, de leur situation dans l'espace, de leur forme ou de leur vitesse, est appelée **énergie interne.**

L'énergie interne d'un corps ou d'un système de plusieurs corps est donc une somme de plusieurs termes ; ceux dont nous avons parlé plus haut sont essentiellement dépendants des propriétés physiques des corps ; nous pouvons en provoquer des modifications sans changer les propriétés chimiques, l'espèce matérielle dont les corps sont formés.

Mais à côté d'eux intervient, et ce comme élément principal de l'énergie interne, l'**énergie chimique,** qui dépend exclusivement de la nature des corps. C'est elle qui intervient comme cause prédominante des dégagements de chaleur dans les phénomènes de combinaison. Il est établi p. ex. que dans la formation du sulfure de fer aux dépens du soufre et du fer, les autres termes de l'énergie interne ne fournissent qu'une partie peu importante de la quantité de chaleur dégagée dans la transformation, et il en est de même dans la plupart des réactions chimiques. Cette énergie chimique est une forme d'énergie potentielle, mais elle présente cette particularité de ne devenir tangible que lorsqu'on met les corps qui la possèdent en état de subir une transformation chimique.

Pour comprendre cette manière d'être particulière, on peut la comparer à l'énergie magnétique d'un aimant, qui ne se constate que si ce dernier est placé dans le voisinage d'un morceau de fer.

Nos connaissances sur l'énergie chimique sont bien moins complètes que celles que nous possédons sur les énergies mécanique et électrique. Celles-ci sont en effet égales au produit de deux facteurs, que nous pouvons mesurer séparément. Il n'en n'est pas de même pour l'énergie chimique, laquelle est également un produit de deux facteurs, dont l'un est l'affinité et l'autre la masse des corps réagissants, ou plus exactement un facteur proportionnel à la masse, ainsi que nous le verrons plus loin. Or, nous ne connaissons jusqu'à présent aucun moyen de mesurer directement l'affinité; bien plus, nous pouvons affirmer que dans l'état actuel de nos connaissances, nous ne parviendrons à déterminer celle-ci que par la mesure de l'énergie chimique.

Pouvons-nous mesurer l'énergie chimique?

Remarquons tout d'abord que nous ne sommes à même de mesurer que des variations d'énergie, mais non pas la quantité absolue d'énergie d'un système. Quand nous disons p. ex. que l'énergie cinétique d'un projectile est égale à la moitié du produit de sa masse par le carré de sa vitesse, nous exprimons que son énergie est plus grande de cette valeur que s'il se trouvait au repos à la surface de la terre. Car nous ne tenons pas compte de l'énergie cinétique qu'il possède du fait qu'il fait partie du système terrestre, du système solaire, qu'il doit par conséquent au mouvement de rotation et de translation de la terre, au mouvement de translation de tout le système solaire. Nous ne faisons intervenir que sa vitesse relative dans l'expression que nous donnons de son énergie cinétique.

Nous ne connaissons pas davantage la réserve totale d'énergie interne d'un corps ou d'un système de plusieurs corps, et nous n'en mesurons également que les variations. Cela nous est facile lorsque l'énergie perdue se transforme en chaleur, forme d'énergie aisément mesurable par les procédés calorimétriques.

Mais dans quelles proportions l'énergie chimique intervient-elle dans la variation d'énergie interne? C'est ce que nous ne savons pas le plus souvent, la part qui intervient notamment au travail interne ne pouvant être déterminée exactement. Il ressort de là qu'il est imprudent d'affirmer formellement que la quantité de chaleur dégagée dans une transformation chimique est égale à la quantité d'énergie chimique perdue. Très souvent, il est vrai, l'écart n'est pas considérable, les autres éléments de l'énergie interne n'intervenant que pour une fraction minime dans la variation d'énergie; seulement il n'en n'est pas toujours ainsi et il est des cas dans lesquels leur influence devient même prépondérante.

16. La chaleur n'est pas la seule forme d'énergie en laquelle puisse se transformer l'énergie chimique. Celle-ci se transforme souvent en énergie électrique. Les piles sont des appareils qui transforment l'énergie chimique en énergie électrique.

Ex. : Dans une solution de sulfate de cuivre (vitriol bleu) nous plongeons une lame de cuivre et une lame de fer; nous voyons cette dernière se recouvrir d'un enduit métallique de cuivre. En opérant dans un calorimètre, nous reconnaîtrons qu'il se produit dans cette réaction un dégagement de chaleur notable.

Répétons l'expérience, mais en reliant les lames de cuivre et de fer aux pôles d'un galvanomètre (fig. 3), l'aiguille de cet instrument

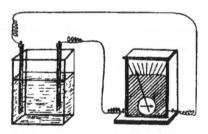

Fig. 3.

dévie. Il y a donc passage d'un courant électrique dans le circuit. Puisque l'énergie chimique se transforme maintenant en énergie électrique, la quantité de chaleur cédée au calorimètre doit être beaucoup moindre ; c'est ce que l'expérience indique. L'élévation de température n'est pas nulle, car le travail fait par le passage du courant dans la pile développe de la chaleur, laquelle est cédée au calorimètre. Si la résistance de la pile devient très faible, cette quantité de chaleur tend vers zéro.

L'énergie chimique est donc directement transformable en chaleur ou en énergie électrique et par conséquent indirectement en toutes les autres formes d'énergie et en particulier en énergie cinétique. Il est à remarquer que presque toute l'énergie cinétique que nous utilisons a pour origine l'énergie chimique. Le travail musculaire trouve sa source dans les transformations chimiques de nos aliments et le travail fourni par les moteurs à vapeur est obtenu en brûlant de la houille. Les réserves colossales d'énergie accumulées dans les explosifs sont également de l'énergie chimique.

17. Une combinaison chimique de A et B représente donc un système moins riche en énergie que le système formé par A et B séparés, et nous pouvons écrire :

$$A + B = AB \text{ (combinaison de A et B)} + E \text{ (énergie)}.$$

Le deuxième membre de l'égalité représente une somme algébrique. En effet il arrive quelquefois que E est négatif, c -à-d. que la formation de la combinaison se fait avec absorption d'énergie et qu'il faut dépenser du travail pour unir les constituants. Les combinaisons de cette espèce sont appelées **endothermiques,** tandis que celles qui se produisent avec dégagement d'énergie (et ce sont les plus nombreuses) sont dites **exothermiques.**

18. Dédoublement d'une combinaison. — Considérons le cas le plus fréquent d'une combinaison exothermique.

Si nous voulons reproduire le système A + B, en vertu de l'égalité :

$$A + B = AB + E,$$

nous devrons fournir à la combinaison une quantité d'énergie égale à celle qui s'est dégagée lors de sa formation. La restitution devra se faire sous une forme convenable et puisque l'énergie interne se transforme le plus aisément en chaleur ou en énergie électrique, ce seront ces deux modalités de l'énergie qui conviendront le mieux pour restituer à A et B l'énergie qu'ils avaient perdu en se combinant.

L'application de la chaleur provoque la décomposition de nombreuses combinaisons

Exemple. — Si on chauffe du mercure pendant plusieurs jours à 300° au contact de l'air, il finit par se recouvrir d'une pellicule noire à chaud, rouge à froid, constituée par la combinaison de l'oxygène de l'air au mercure (oxyde de mercure).

Introduisons cet oxyde de mercure dans un tube en verre peu fusible (fig. 4). Fermons ce tube à l'aide d'un bouchon perforé à

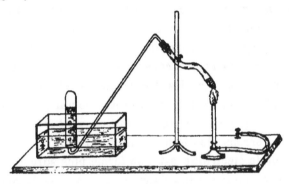

Fig. 4.

travers lequel passe un tube de verre mince deux fois coudé, dont l'extrémité inférieure débouche dans une cuvette contenant de l'eau (cuve pneumatique).

Chauffons fortement l'oxyde de mercure, nous verrons s'échapper des bulles de gaz de l'orifice de l'appareil. Nous pouvons recueillir ce gaz en retournant au-dessus du tube de dégagement une cloche remplie d'eau, dont l'ouverture plonge dans la cuve. Les bulles de gaz se réunissent dans la partie supérieure de la cloche en déplaçant l'eau qui s'y trouvait[1].

En même temps qu'il se dégage un gaz, apparaît un miroir métallique, formé de gouttelettes de mercure, au-dessus de la partie chauffée du tube. Si nous poursuivons l'expérience assez longtemps, tout l'oxyde de mercure disparaît et nous ne retrouvons dans le

[1] Le procédé que nous venons de décrire pour récolter les gaz est celui que l'on emploie le plus souvent. Si les gaz sont solubles dans l'eau, on remplace celle-ci par du mercure.

tube que du mercure; l'oxygène s'est échappé dans la cuve pneumatique.

Cette réaction nous montre donc que la chaleur est capable de décomposer certaines combinaisons. Remarquons qu'elle nous fait aussi connaître un moyen d'obtenir l'oxygène pur. Ce gaz est remarquable par la facilité avec laquelle il entretient la combustion. Si nous y plongeons une brindille de bois présentant un point en ignition, nous la voyons se rallumer et brûler avec un éclat remarquable.

On ne réussit pas toujours à réaliser une **température** assez élevée pour décomposer une combinaison par l'action de la chaleur. On conçoit aisément que si un corps s'est formé à une température **très** élevée, comme la plupart des produits de combustion, il sera **fort** difficile de séparer ses constituants; les moyens dont nous disposons pour obtenir des températures élevées (supérieures à 2000°) étant en somme assez restreints. De plus, la séparation des produits de décomposition est le plus souvent très difficile, ainsi que nous le verrons plus loin (v. dissociation).

19. L'énergie électrique est une forme plus sûre de restitution de l'énergie chimique perdue dans un phénomène de combinaison.

Les combinaisons chimiques ne conduisent le courant électrique que pour autant qu'elles soient amenées à l'état liquide, soit par voie de fusion, soit par dissolution.

Cette conductibilité électrique est toujours liée à un dédoublement du corps composé en ses constituants. C'est pourquoi on appelle **électrolytes** les combinaisons conductrices et **électrolyse** le phénomène de dédoublement par le passage du courant électrique. Le phénomène de décomposition présente cette particularité remarquable que les produits de dédoublement n'apparaissent pas simultanément dans toute la masse du conducteur. L'un d'eux se dépose sur le pôle négatif, les autres sur le pôle positif, tandis que dans l'intervalle séparant les deux électrodes[1] on retrouve

---

(1) On appelle électrodes les pièces conductrices qui servent à intercaler le liquide conducteur dans le circuit. Elles sont généralement en métal ou en charbon. L'électrode positive, c.-à-d. celle par laquelle pénètre le courant, s'appelle **anode**, celle par laquelle il sort est la **cathode**.

l'électrolyte non modifié. C'est ainsi qu'on peut décomposer l'eau par électrolyse.

On se sert d'un appareil appelé voltamètre et représenté par la fig. 5. L'eau est renfermée dans un tube en U dont les deux bran-

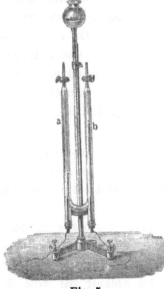

ches sont fermées supérieurement par un robinet. Dans chacune des branches est soudé un fil de platine auquel est fixée une lame du même métal, qui constitue l'électrode. On relie chacune des électrodes à l'un des pôles d'une pile. Dès que le courant passe, des bulles gazeuses apparaissent à la surface du platine. Ces bulles se détachent et se réunissent dans la partie supérieure des branches du tube. L'eau déplacée est refoulée dans un troisième tube médian évasé supérieurement et servant de réservoir. On remarque bientôt que le gaz qui se forme au pôle négatif occupe un volume double de

Fig. 5.

l'autre. Aucune bulle gazeuse ne se forme dans l'espace séparant les électrodes. Si l'on fait varier l'intensité du courant on voit que le dégagement gazeux est proportionnel à cette intensité, donc à l'énergie électrique dépensée.

Nous pouvons démontrer ainsi que l'eau est une combinaison de deux corps gazeux. Nous avons déjà vu que c'est un produit de combustion; elle doit par conséquent renfermer de l'oxygène. Lorsqu'on ouvre le robinet de la branche qui porte l'électrode positive, le gaz, refoulé par la pression qui règne dans le tube médian, s'échappe. Si nous lui présentons un brin de charbon incandescent, celui-ci brûle immédiatement avec un vif éclat. Le gaz dégagé au pôle positif est donc l'oxygène.

Le gaz qui se forme à l'autre pôle est un gaz combustible, puisqu'en brûlant il donne de l'eau. Si nous l'enflammons, nous le voyons brûler avec une flamme presqu'incolore, et non lumineuse. C'est l'**hydrogène.**

Toutes les combinaisons que l'on peut liquéfier soit par fusion, soit par dissolution peuvent être dédoublées par le courant électrique. La méthode est donc générale.

20. Nous disposons de deux moyens pour établir la nature d'une combinaison. Nous pouvons la former aux dépens de ses constituants : cette opération constitue une **synthèse**. Ou bien nous pouvons la dédoubler en ses générateurs : on fait alors une **analyse**. Ce terme a aussi une signification plus générale. On appelle ainsi l'ensemble des opérations qui permettent d'établir la nature d'un corps ou d'un mélange, tant au point de vue qualitatif que quantitatif.

21. L'hydrogène et l'oxygène, le mercure peuvent-ils être dédoublés à leur tour en corps plus simples, ou pouvons-nous les obtenir par synthèse? La réponse expérimentale à cette question est négative.

Nous arrivons à isoler aux dépens de tous les corps connus, par les procédés de dédoublement que nous possédons, une série de 75 corps sur lesquels tous les essais de simplification se sont montrés infructueux. On ne peut donc les obtenir par voie de synthèse.

Nous appelons ces corps des **éléments** ou corps simples.

Par ce terme nous exprimons qu'un corps auquel nous donnons ce nom est indivisible dans l'état actuel de nos connaissances. La notion d'élément est relative. Plusieurs corps considérés jadis comme des éléments ont été ultérieurement dédoublés. Tantôt ils constituaient des mélanges de corps simples d'une séparation difficile, tantôt, c'étaient des corps composés d'éléments déjà connus. Il faut ajouter que ce dernier cas ne se présentera probablement plus pour les corps que nous classons aujourd'hui dans la catégorie des éléments.

Un élément ne peut donc se transformer par voie chimique qu'en s'unissant à un autre, c'est-à-dire en augmentant de poids.

Voici la liste des corps simples dont l'existence parait établie avec certitude :

Aluminium.	Cuivre.	Néon.	Sodium.
Antimoine.	Erbium.	Nickel.	Soufre.
Argent.	Etain.	Niobium.	Strontium.
Argon.	Fer.	Or.	Tantale.
Arsenic.	Fluor.	Osmium.	Therbium.
Azote.	Gadolinium.	Oxygène.	Tellure.
Baryum.	Gallium.	Palladium.	Thallium.
Beryllium.	Germanium.	Phosphore.	Thorium.
Bismuth.	Hélium.	Platine.	Thulium.
Bore	Hydrogène.	Plomb.	Titane.
Brome.	Indium.	Potassium.	Tungstène.
Cadmium.	Iode.	Praséodidyme.	Urane.
Calcium.	Iridium.	Radium.	Vanadium.
Carbone.	Lanthane.	Rhodium.	Xénon.
Cerium.	Lithium.	Rubidium.	Ytterbium.
Chlore	Magnésium.	Ruthénium.	Yttrium.
Chrome.	Manganèse.	Samarium.	Zinc.
Cobalt.	Mercure.	Scandium.	Zirconium.
Cæsium.	Molybdène.	Sélénium.	
Crypton.	Néodidyme.	Silicium.	

On a divisé les éléments en **métaux** et en éléments non métalliques que l'on appelle **métalloïdes**. Nous verrons plus tard que cette classification est artificielle, certains éléments pouvant être placés dans l'une ou l'autre classe.

22. Chacune des deux grandes classes a été subdivisée à son tour en familles naturelles, c.-à-d. en groupes d'éléments présentant entre eux d'incontestables analogies. On constate fréquemment que les combinaisons d'éléments semblables se rencontrent les unes à côté des autres dans la nature.

Les métalloïdes forment cinq familles :

La famille des **halogènes**,

La famille des **sulfurides**,

La famille des **azotides**,

La famille des **carbonides**,

La famille des **argonides**.

MÉTALLOÏDES.

23. I. **Les halogènes** comprennent quatre éléments : Le fluor, le chlore, le brome et l'iode.

Ce sont des éléments très actifs ayant pour les métaux une grande affinité et doués d'une aptitude réactionnelle remarquable. En raison de cette puissante activité chimique, ils n'existent pas à l'état libre dans la nature.

Le **fluor** est un gaz d'un jaune verdâtre. C'est le plus actif de tous les éléments connus, il attaque presque tous les matériaux des appareils dans lesquels on veut le préparer et n'a pu être isolé que dans les dernières années. Sa principale combinaison est celle qu'il contracte avec le métal calcium. C'est la **fluorine,** minéral que l'on trouve abondamment dans les filons.

Le **chlore est** également gazeux. Sa couleur est jaune, son odeur irritante. Il se combine très énergiquement aux métaux. C'est un élément très répandu à l'état de combinaisons. Le **sel de cuisine** est le composé le plus important du chlore; c'est sa combinaison avec le métal sodium.

Le **brome** est un élément liquide d'un rouge foncé. Il émet déjà à la température ordinaire des vapeurs rouges, très irritantes. C'est un élément encore très actif, moins cependant que le fluor et le chlore. Sa principale combinaison se trouve dans l'eau de mer, c'est le **bromure de potassium.**

L'**iode** est un corps solide, à éclat métallique d'un gris d'acier; chauffé il émet des vapeurs violettes. Il est soluble dans l'alcool (teinture d'iode). Ce n'est pas un élément commun. On le trouve en combinaison avec le potassium. Ses allures sont celles des autres halogènes, mais moins prononcées.

II. **Sulfurides**. — Cette famille comprend quatre éléments : L'oxygène, le soufre, le sélénium et le tellure.

Les deux premiers se rencontrent à l'état libre dans la nature. L'**oxygène** est le plus important de tous les éléments par son abondance et par le rôle qu'il joue dans une foule de combinaisons. C'est un gaz incolore, inodore, qui constitue un $1/5^e$ de la masse de l'air, dans lequel il est mélangé à l'azote. Sa grande activité chimique lui permet de s'unir à presque tous les éléments et ses combinaisons sont extrêmement nombreuses. Parmi elles il faut en première ligne citer l'eau.

Le **soufre** est un corps jaune cristallin ou amorphe qui se trouve en grande quantité dans le voisinage des volcans; il est aussi très abondamment représenté en combinaisons avec des métaux. La plus importante est la **pyrite**, laquelle est un sulfure de fer. Le soufre est un élément aux aptitudes réactionnelles bien moins fortes que l'oxygène.

Le **sélénium** est un corps rare, dont les combinaisons sont analogues à celles du soufre; on le rencontre notamment en petites quantités dans certaines pyrites. C'est un corps solide, qui se présente sous différentes modifications dont l'une a l'éclat métallique et conduit le courant électrique.

Le **tellure** est encore plus rare que le sélénium. C'est un élément à aspect métallique et dont les allures sont intermédiaires entre celles des métaux et des métalloïdes.

III. **Azotides**. — Cette famille comprend quatre éléments dans le groupe des métalloïdes, l'azote, le phosphore, l'arsenic et l'antimoine et se continue dans le groupe des métaux par le bismuth.

L'activité chimique est beaucoup moins prononcée dans ce groupe que dans les précédents, sauf pour le phosphore.

L'azote existe surtout à l'état libre. Il constitue les 4/5° de l'atmosphère. On le trouve également en combinaison. La matière vivante (le protoplasme) des cellules de tous les organismes est un composé azoté. L'azote est donc un élément essentiel à la constitution de l'organisme. On le trouve encore dans le règne minéral à l'état de **salpêtre**. C'est un élément indifférent quand il est à l'état libre.

Le **phosphore** n'existe pas à l'état libre dans la nature; sa principale combinaison est le **phosphate de calcium**, qui constitue la base du squelette des vertébrés. Cet élément se présente à nous sous deux formes : le phosphore blanc et le phosphore rouge.

Le phosphore blanc est un corps solide, translucide, d'aspect cireux. Il est doué d'une grande activité chimique. Il s'enflamme spontanément à l'air (v. **4**); aussi doit on le conserver sous l'eau. C'est un corps extrêmement vénéneux.

Chauffé à 300° en vases clos, il se transforme en phosphore rouge. Le phosphore rouge est une poudre rouge, inaltérable à l'air à la température ordinaire et dont la toxicité est nulle.

Si le phosphore, à l'état libre, ne ressemble pas à l'azote, il n'en est pas de même dans ses combinaisons qui sont complètement analogues aux composés azotés correspondants.

L'**arsenic** a l'aspect d'un métal. On le trouve à l'état libre ainsi qu'en combinaison avec le soufre et certains métaux. Il est remarquable par la toxicité de toutes ses combinaisons. La plus importante de celles-ci est l'**oxyde d'arsenic**, appelé vulgairement arsenic, et qui est bien connu par ses propriétés vénéneuses.

L'**antimoine** est un élément qui fait transition entre les métaux et les métalloïdes. Il a l'aspect extérieur d'un métal. Par ses combinaisons il se rapproche complètement de l'arsenic. C'est la raison qui le fait classer parmi les métalloïdes. On le trouve surtout à l'état de sulfure : la **stibine**.

IV. **Carbonides.** — Cette famille comprend deux éléments très importants, le carbone et le silicium et deux éléments rares, le titane et le zirconium. Elle se continue dans le groupe des métaux par l'étain. L'activité chimique y est faible, l'oxygène et le fluor sont les seuls éléments pour lesquels les corps de cette famille aient une affinité puissante.

Le **carbone** est un des éléments les plus répandus. Il existe a l'état libre sous plusieurs formes : le diamant, le graphite, le noir de fumée, l'anthracite constituent différentes modifications du carbone.

On le trouve à l'état combiné dans le règne minéral en masses considérables, surtout sous forme de **calcaire**. Enfin il constitue l'élément caractéristique et essentiel de toutes les substances qui forment les organismes vivants. Le carbone est l'élément du règne vivant. Aucun corps simple ne forme autant de combinaisons que lui; leur étude constitue un chapitre spécial de la chimie : la chimie organique.

Le **silicium** est l'élément du règne minéral. S'il n'existe pas à l'état libre dans la nature, on le retrouve dans presque toutes les roches, combiné à l'oxygène et à certains métaux. Sa principale combinaison est la silice (oxyde de silicium) qui forme le sable, le cristal de roche.

Le **titane** et le **zirconium** sont deux éléments rares, qui ressemblent fortement au silicium. Le premier est assez répandu, mais ne se trouve qu'en petites quantités.

Le **germanium** est l'un des éléments les plus rares, il ressemble à l'étain dans ses combinaisons.

A côté de la famille des carbonides existe une petite famille ne comprenant qu'un seul élément assez rare, le **bore**. Il se rapproche beaucoup du silicium par ses propriétés et se trouve surtout dans la nature à l'état d'**acide borique**.

V. Famille des argonides. Cette famille comprend un groupe de quatre gaz, récemment découverts dans l'atmosphère : l'**argon**, le **néon**, le **crypton** et le **xénon**. Le premier seul est bien connu. Ces gaz sont remarquables par leur indifférence au point de vue chimique. On ne connaît jusqu'ici aucun moyen de les combiner à d'autres éléments.

L'argon, le plus important d'entre eux, intervient à peu près pour 1 °/₀ dans la composition de l'air.

On range aussi dans cette famille l'**hélium**, un gaz très rare à la surface de la terre, mais qui paraît se trouver en quantités considérables dans l'atmosphère solaire. Il se produit, fait exceptionnellement remarquable, par décomposition spontanée du bromure de radium. Comme les argonides, il est dénué de toute aptitude réactionnelle. C'est après l'hydrogène, le plus léger de tous les gaz connus, et c'est le seul qu'on ne soit pas parvenu à liquéfier.

MÉTAUX.

Un métal est un corps qui possède un éclat spécial, dit métallique, qui conduit bien la chaleur et l'électricité. Il est impossible de donner dès à présent une définition plus exacte du métal.

La subdivision des métaux en familles naturelles n'est pas aussi nette que celle des métalloïdes. Il est certains groupes bien définis, d'autres sont plus ou moins artificiels. Nous diviserons provisoirement les métaux comme suit :

Famille des métaux alcalins.
    »   »   »   alcalins-terreux.
    »   »   »   du magnésium.
    »   »   »   terreux.
    »   »   »   du cuivre.
    »   »   »   du plomb.
    »   »   »   du fer.
    »   »   »   nobles.

I. **La famille des métaux alcalins** comprend cinq métaux : le **potassium**, le **sodium**, qui sont des éléments communs et très importants; le **lithium**, le **rubidium** et le **cœsium**, qui sont des corps rares.

Cette famille comprend les métaux les plus actifs. Le cæsium est le plus actif de tous; comme c'est un corps trop rare pour que nous nous en occupions, nous considérons pratiquemment le potassium comme l'élément métallique occupant le premier rang dans la série des métaux.

Les métaux alcalins s'altèrent rapidement à l'air; on doit les conserver sous le pétrole. Ils décomposent l'eau avec violence en s'emparant de l'oxygène qu'elle contient. Aucun d'eux n'existe à l'état libre dans la nature. Ce sont des métaux mous, se laissant pétrir comme de la cire. Ils sont plus légers que l'eau. Ils doivent **leur** nom au fait que leurs oxydes (combinaisons avec l'oxygène) sont solubles dans l'eau et lui communiquent une saveur alcaline prononcée.

Le **potassium** se trouve abondamment dans certaines roches, notamment le feldspath orthose. Sa principale combinaison au point de vue technique est celle qu'il contracte avec le chlore; on la rencontre abondamment à Stassfurt.

Le **sodium** possède une activité chimique un peu moins forte que le potassium. Sa principale combinaison est le sel de cuisine (voir chlore).

Le **lithium** est un métal rare, s'écartant un peu de ses congénères par les propriétés et ses combinaisons.

Le **rubidium** et le **cœsium** sont encore moins communs. On trouve le premier en combinaison avec le chlore, dans la betterave.

II. **La famille des métaux alcalino-terreux** comprend trois métaux : le calcium, le strontium et le baryum, éléments très actifs, mais à un moindre degré que les métaux alcalins. Ils s'altèrent également à l'air et décomposent facilement l'eau. Leurs combinaisons avec l'oxygène ont l'aspect de terres, mais sont un peu solubles dans l'eau. Cette dissolution possède également une saveur alcaline. Ils ne se trouvent dans la nature qu'à l'état combiné.

Le **calcium** est le métal le plus important de cette famille. Il est très abondamment représenté à l'état de calcaire et de **gypse** ou pierre à plâtre: son oxyde est la **chaux.** C'est avec le fer et l'aluminium le métal le plus commun.

Le **strontium** et le **baryum** sont des éléments beaucoup moins répandus que le calcium, auquel ils ressemblent en tous points.

Aux métaux alcalino-terreux viendrait se joindre le **radium.** Ce corps, excessivement rare, est encore trop mal connu au point de vue chimique pour que l'on puisse décider d'une manière formelle si c'est bien un élément. Sa seule combinaison que l'on ait étudiée chimiquement avec soin est le bromure de radium. Les composés de radium sont remarquables par les phénomènes extraordinairement intenses de radio-activité qu'ils présentent. Le radium accompagne l'urane dans certains minerais.

III. **Famille du magnésium.** — Elle est formée de quatre métaux : le magnésium, le zinc, le cadmium et le béryllium, dont les liens de parenté ne sont plus aussi étroits que ceux qui relient les métaux des familles précédentes. Ce sont des métaux doués d'une activité chimique assez forte, surtout le magnésium. Celui-ci fait la transition entre les éléments de cette famille et celle des alcalino-terreux. Ces métaux ne s'altèrent pas à l'air, leurs oxydes sont insolubles dans l'eau. Ils ne décomposent l'eau qu'à une température assez élevée. Ces métaux n'existent pas à l'état libre dans la nature.

Le **magnésium** est un métal blanc, léger, c.-à-d. dont la densité est inférieure à 4. Il brûle avec un éclat extraordinaire. C'est de tous les corps connus celui dont l'affinité pour l'oxygène est la plus forte. C'est un élément fort répandu : nous citerons parmi ses combinaisons : le **sel anglais,** la **magnésie** ou oxyde de magnésium, le **talc, la dolomie.**

Le **zinc** appartient déjà à la catégorie des métaux lourds. C'est un métal trop connu pour en faire ici la description. On le trouve surtout à l'état **de blende,** qui est une combinaison de zinc et de soufre.

Le **cadmium** est un élément assez rare accompagnant fréquemment le zinc auquel il ressemble beaucoup.

Le **beryllium** est un métal très rare, peu important, et que l'on trouve notamment dans l'émeraude.

IV. **Métaux terreux**. — Ces métaux forment un groupe assez peu homogène ; ils doivent leur nom au fait que leurs oxydes forment des terres. Ils constituent un groupe très nombreux, dont le seul élément important est l'aluminium.

L'aluminium. C'est un métal blanc, léger, qui n'existe pas à l'état libre dans la nature, mais qui est par ses combinaisons le constituant métallique le plus important de l'écorce terrestre. Nous citerons parmi les plus importantes d'entre elles : l'**argile**, le **feldspath**, l'**émerie** (oxyde d'aluminium). Ce métal est devenu d'une préparation facile dans ces dernières années ; il est remarquable par son inaltérabilité à l'air, malgré l'énorme affinité qu'il possède pour l'oxygène.

Les autres métaux terreux sont le **scandium**, le **gallium**, l'**indium**, l'**yttrium**, l'**ytterbium**, le **lanthane**, tous corps extrêmement rares. Le gallium est remarquable par son point de fusion très bas ; il fond à 30°.

V. **Famille du cuivre**. Cette famille appartient au groupe des métaux lourds et comprend le cuivre, l'argent et le mercure. Ces métaux sont beaucoup moins actifs que les précédents. Ils ne décomposent pas l'eau et sont peu altérables à l'air ; le cuivre seul s'oxyde à l'air. Ce sont des éléments peu actifs ; les deux derniers forment même la transition vers les métaux nobles. Au point de vue physique, ils sont remarquables par leur éclat, leur malléabilité, leur grande conductibilité électrique et thermique. Ils se rencontrent à l'état libre dans la nature ; on les trouve aussi sous forme de sulfures. Ces métaux sont trop connus pour que nous les décrivions individuellement.

Les composés de ces trois métaux sont toxiques ; cette propriété est surtout marquée pour les combinaisons du mercure.

VI. **La famille du plomb** se rattache par l'étain à celle du carbone dans le groupe des métalloïdes. Elle renferme deux éléments importants : l'**étain** et le **plomb**, et deux métaux rares : le cérium et le thorium.

Le **plomb** est un métal dont les propriétés physiques sont familières à tout le monde. Il est remarquable par sa résistance relative aux altérations chimiques : il est difficilement attaqué par les acides, ce qui le fait employer fréquemment dans l'industrie. Toutes ses combinaisons sont vénéneuses. On le trouve surtout à l'état de **galène** (sulfure de plomb).

L'**étain** est un métal d'un beau blanc, inaltérable à l'eau et à l'air; il est attaqué plus facilement que le plomb par les **agents** chimiques. Dans certaines combinaisons il se comporte comme un métalloïde. On le trouve surtout en combinaison avec l'oxygène.

Le **thorium** et le **cérium** sont deux éléments rares qui présentent un certain intérêt pratique; leurs oxydes constituent en effet la substance incandescente des becs Auer.

On rattache quelquefois au plomb un autre élément rare, le **thallium**, qui à l'état métallique ressemble fortement au plomb. Dans certaines de ses combinaisons il se comporte comme un analogue de l'argent, dans d'autres comme un parent des métaux terreux.

VII. — **Famille du fer**. Elle comprend une série de métaux remarquables par leur difficile fusibilité, leur ténacité et un ensemble de propriétés qui en font les métaux les plus précieux au point de vue technique. Ce sont : le fer, le cobalt, le nickel, le manganèse et le chrome. Les trois premiers sont magnétiques. Quelques-uns, le fer et le manganèse, s'altèrent facilement à l'air, ils se rouillent; le nickel, le cobalt et le chrome sont peu altérables. Tous sont des éléments assez actifs, ayant pour l'oxygène et les métalloïdes une affinité notable, et qui peuvent décomposer l'eau à une température élevée.

Nous ne décrirons pas le **fer**. Ce métal se trouve surtout en combinaison avec l'oxygène et avec le soufre. On le trouve quelque-fois à l'état natif. C'est un élément très répandu dans le règne minéral; on l'y rencontre surtout en combinaison avec l'oxygène. C'est aussi un élément indispensable à l'organisme.

Le **cobalt** et le **nickel** sont deux éléments beaucoup moins communs que l'on trouve le plus souvent combinés au soufre et à l'arsenic. En raison de leur inaltérabilité à l'air, ils sont souvent employés pour recouvrir le fer d'une couche protectrice (nickelage).

Le **manganèse** est un métal dur, presqu'infusible et très avide d'oxygène. Par lui-même, il est peu important, mais ses combinaisons avec l'oxygène jouent un rôle considérable dans les laboratoires et l'industrie chimique; nous signalerons surtout le **bioxyde de manganèse**. On rencontre le plus fréquemment le manganèse à l'état d'oxydes.

Le **chrome** est un élément assez rare. C'est un métal dur, sans applications à l'état pur. Sa principale combinaison est le **bichromate de potassium**. On le trouve presqu'exclusivement combiné au fer et à l'oxygène dans le **fer chromé**.

Au groupe du fer se rattachent plus ou moins quelques éléments rares tels que le **molybdène**, le **néodidyme**, le **tungstène**, l'**urane**.

VIII. La famille des métaux nobles comprend : l'**or**, le **platine** et quelques métaux très rares proches parents de ce dernier, l'**iridium**, l'**osmium**, le **palladium**, le **rhodium** et le **ruthénium**. Tous ces éléments sont remarquables par leur inaltérabilité à l'air : ils ne rouillent pas. De là leur nom. La plupart des agents chimiques sont sans action sur eux. Les métaux du groupe du **platine** se caractérisent en outre par leur difficile fusibilité. On les rencontre surtout à l'état natif.

L'**or** est le métal précieux par excellence. Ce n'est pas un élément très rare : on en trouve presque partout, mais en minimes quantités. Au point de vue chimique l'or est un élément peu important.

Le **platine** est un métal blanc, presqu'infusible. Sa remarquable résistance au feu et à la plupart des agents chimiques en fait, malgré son prix très élevé, un métal indispensable au chimiste. C'est l'un des plus denses des éléments connus; il n'est dépassé à ce point de vue que par l'iridium et l'osmium.

Pour terminer cette revue rapide des métaux, nous devons encore mentionner le **bismuth**, qui avec quelques éléments très rares, le **vanadium**, le **niobium**, le **tantale** représentent la famille des azotides dans le groupe des métaux.

Le seul qui ait quelque importance pour nous est le **bismuth**. C'est un métal très voisin de l'antimoine. Il est cassant, facile-

ment fusible et peu altérable à l'air à froid. On le trouve à l'état
libre et en combinaison avec le soufre.

Le **tantale** a acquis récemment quelque intérêt pratique. En
raison de son infusibilité, on l'utilise comme filament conducteur
dans certaines lampes à incandescence.

L'Hydrogène ne figure dans aucunes des familles que nous
avons décrites. C'est un élément qui occupe une place isolée. Il se
rapproche des métaux par ses propriétés chimiques, des métalloïdes par ses propriétés physiques. C'est un gaz incolore, inodore,
le plus léger de tous les corps. Il s'unit avec facilité aux métalloïdes, notamment à l'oxygène. Il existe en très petite quantité à
l'état libre dans l'atmosphère, en masses énormes dans l'atmosphère
solaire. Sa principale combinaison est l'eau; il est aussi un des
éléments constitutifs essentiels de l'organisme.

24. Nous ne connaissons que les constituants de l'écorce
terrestre; nous ne pouvons préjuger de ceux de la masse centrale
de la terre. Nous ne savons établir la part de chaque élément
dans la composition du globe, mais seulement celle pour laquelle
il concourt à la constitution de l'écorce. A cet égard le plus
important est l'oxygène qui représente 50 °/₀ du poids de l'écorce
(atmosphère comprise). Le silicium intervient pour 25.5 °/₀,
l'aluminium pour 7.2 °/₀, le fer pour 5 °/₀, le calcium pour 3.5 °/₀.
La densité moyenne du globe étant de 5.6, il est certain que
des éléments à densité élevée représentent la fraction la plus
importante de la masse totale du globe.

Combinaisons des éléments entre eux.

25. Les combinaisons que les éléments contractent entre eux sont généralement peu complexes : la plupart sont formées par l'union de deux ou trois corps simples; celles qui contiennent plus de quatre éléments sont rares. La tendance des éléments à s'unir semble d'autant plus marquée que leurs propriétés sont plus dissemblables. Les métaux par exemple, se combinent difficilement.

Les combinaisons les plus stables seront donc celles des éléments les plus dissemblables, des éléments à caractère métalloïdique fortement accusé avec les éléments les plus métalliques. Ce sont celles dont la formation dégagent le plus d'énergie et qui exigeront par conséquent les restitutions d'énergie les plus fortes pour être dédoublées.

26. A côté des méthodes physiques que nous avons appris à connaître pour restituer aux constituants d'une combinaison, l'énergie qu'ils ont perdu en s'unissant, nous avons déjà rencontré un exemple d'une autre procédé qui permet d'extraire un élément de ses combinaisons.

Nous avons reconnu que si l'on plonge une lame de fer dans une dissolution d'un composé de cuivre, ce dernier métal est mis en liberté (voir **10**). En laissant la transformation s'achever, nous pourrions reconnaître par des procédés analytiques convenables, que tout le cuivre se sépare et est remplacé dans sa combinaison par le fer; ce que nous pouvons représenter par le symbole suivant :

Combinaison du cuivre et d'un métalloïde M + Fer
= Combinaison du fer avec M + cuivre.

De même le zinc décompose l'eau; il se fait de l'hydrogène et de l'oxyde de zinc.

Les réactions de l'espèce sont appelées **réactions par substitution** ou **par déplacement**; le fer déplace le cuivre de ses combinaisons avec les métalloïdes et se substitue à lui.

Nous avons dit plus haut que les éléments se combinent d'autant plus volontiers qu'ils sont plus dissemblables. Si donc un métal en déplace un autre de ses combinaisons avec des métalloïdes, on dit qu'il est moins métalloïdique, ou, ce qui revient au même, que son caractère métallique est plus prononcé que celui du métal déplacé. Le zinc est plus métallique que l'hydrogène, le fer que le cuivre. De même les métalloïdes peuvent se déplacer l'un l'autre de leurs combinaisons avec les métaux. Le chlore expulse ainsi l'iode; il est donc plus métalloïdique que lui.

On a essayé de ranger tous les éléments en une série dans laquelle chaque élément serait plus métallique que celui qu'il précède et moins métallique que celui qu'il suit. Cette classification n'est pas rigoureuse, car un métal, p. ex. peut se comporter comme plus métallique qu'un autre vis-à-vis de certains métalloïdes, comme moins métallique vis-à-vis d'autres. C'est ainsi que le carbone déplace le fer de sa combinaison avec l'oxygène, mais qu'il est déplacé par lui dans sa combinaison avec le chlore.

Nous verrons plus loin qu'il est une autre raison, toute aussi importante, qui rend une telle classification impossible.

Nous pouvons cependant indiquer les deux éléments les plus opposés; ce sont le fluor et le cœsium. Le premier est l'élément dont le caractère métalloïdique est le plus parfait, le second le métal le plus actif.

27. Dans le phénomène de substitution du fer au cuivre, il y a dégagement de chaleur (v. 17); il en est de même lorsque le chlore se substitue à l'iode, le zinc à l'hydrogène. On peut se demander si ce fait est général, s'il est la conséquence d'une loi naturelle.

Si sur un composé AB, nous faisons agir un élément C, se substituant à B, il y aura absorption d'énergie pour dédoubler AB, dégagement d'énergie dans la formation de AC.

Les deux phénomènes successifs peuvent se noter :

$$AB = A + B - E$$
$$A + C = AC + E'.$$

La quantité d'énergie dégagée, sous forme de chaleur p. ex., est donc égale à $E' - E = Q$ et suivant que $E' - E \gtreqless O$, la chaleur dégagée dans la réaction sera positive ou négative; la réaction est exothermique ou endothermique. Rien ne permet de prévoir à priori si le signe de Q détermine le sens de la transformation; mais l'expérience a démontré que les réactions ont d'autant plus de tendance à se produire qu'elles donnent lieu à un dégagement de chaleur plus important. Le plus souvent, quand on met en présence plusieurs corps, c'est le système qui se forme en dégageant le plus d'énergie dont on observe la formation. Il faudrait cependant bien se garder de généraliser complètement ce principe. Nous verrons plus loin quelles restrictions il faut y apporter.

28. Loi des proportions multiples. — Nous avons reconnu que quand deux ou plusieurs éléments s'unissent pour former une combinaison déterminée (v. 8), c'est toujours dans un rapport pondéral constant. On ne pourrait déduire de cette proposition que des éléments déterminés s'unissent toujours dans le même rapport. Nous connaissons p. ex., plusieurs combinaisons du fer au soufre, de l'azote avec l'oxygène, etc.

On observe que **quand un élément contracte avec d'autres plusieurs combinaisons, il y a toujours un rapport simple entre les différentes quantités en poids de cet élément qui s'unissent à un même poids des autres.** Cette loi est connue sous le nom de **loi des proportions multiples.**

Ex. Nous connaissons cinq combinaisons de l'azote avec l'oxygène, qui contiennent respectivement :

14 d'azote pour 8 d'oxygène;
—   16
—   24
—   32
—   40

Il existe trois sulfures de fer qui renferment pour 7 p. de fer, 4, 6 et 8 p. de soufre.

Les différentes quantités d'oxygène se combinant à une même quantité d'azote sont entre elles comme 1 : 2 : 3 : 4 : 5. De même les masses de soufre s'unissant à un même poids de fer sont dans le rapport 1 : $\frac{1}{2}$: 2.

29. Loi des nombres proportionnels. — Nous savons qu'à 7 p. de fer s'unissent 4 p. de soufre. A 7 p. de fer s'unissent aussi 2 p. d'oxygène, 8,8 p. de chlore, 31,75 p. d'iode. Si nous réalisons les combinaisons de l'oxygène, du soufre, du chlore, de l'iode entre eux, nous observons que les rapports en poids suivant lesquels ces divers éléments s'unissent sont ceux de 4 : 2 : 8,8 : 31,75, ou ces rapports multipliés par des nombre simples.

Nous aurions pu allonger cette liste des éléments se combinant au fer et nous aurions vu, en étudiant les combinaisons qu'ils contractent entre eux, que toujours les rapports pondéraux suivant lesquels ils s'unissent sont, soit par eux-mêmes, soit multipliés par un nombre simple, les rapports des poids de ces divers éléments qui sont fixés par une même quantité de fer.

Nous nous trouvons en présence d'une loi générale, connue sous le nom de **loi des nombres proportionnels** :

Les quantités en poids suivant lesquelles les divers éléments s'unissent à une même quantité de l'un d'entre eux pris comme point de comparaison, sont aussi, soit par elles mêmes, soit multipliées par des nombres simples, les quantités suivant lesquelles ces éléments s'unissent entre eux.

On a reconnu que de tous les éléments c'est l'hydrogène qui entre dans les combinaisons avec la masse la plus petite ; on a choisi cette masse comme unité et l'on appelle **nombres proportionnels** les quantités en poids des divers éléments qui s'unissent à 1 d'hydrogène. Ce nombre est 8 pour l'oxygène, 16 pour le soufre, 35,18 pour le chlore, 127 pour l'iode, etc.

Comme tous les éléments ne s'unissent pas à l'hydrogène, on doit rechercher leur nombre proportionnel indirectement ; on les combine à l'oxygène dont on connait les combinaisons avec tous les éléments, sauf avec le fluor et les argonides, et l'on détermine quel poids des éléments s'unissent à 8 d'oxygène.

Il est à remarquer que le fait que deux éléments peuvent se

combiner en proportions différentes, peut donner lieu à quelque incertitude sur le choix du nombre proportionnel.

Le fer forme p. ex. une combinaison que renferme 28 de fer pour 8 d'oxygène ; une autre contient 18,6 de fer pour 8 d'oxygène. — Le nombre proportionnel du fer pourrait être aussi bien 18,6 que 28. Généralement on choisit pour nombre proportionnel celui qui correspond à la combinaison la plus pauvre en hydrogène, ou en oxygène lorsque c'est ce dernier qui sert d'élément de comparaison. Le nombre proportionnel du fer sera donc 28.

30. Dans toutes les lois que nous avons étudiées jusqu'à présent et qui régissent les rapports des quantités de matières qui se combinent entre elles, il n'a été question que des masses des corps réagissants.

Quand des gaz se combinent entre eux, on constate qu'il existe une relation simple fort remarquable entre les volumes des masses réagissantes et, lorsque les produits de la réaction sont gazeux, entre les volumes des composants et celui de la combinaison.

L'hydrogène et le chlore, se combinent entre eux dans le rapport pondéral de 1 : 35,18. Les deux masses gazeuses, mesurées dans les mêmes conditions de température et de pression, occupent des volumes égaux.

Le produit de la combinaison, l'acide chlorhydrique, est également un gaz ; si nous le mesurons lorsqu'il est revenu à la même température et à la même pression que ses générateurs, nous constatons que son volume est égal à la somme des volumes de ses composants.

Un litre d'hydrogène se combine donc à un litre de chlore pour donner deux litres d'acide chlorhydrique.

L'électrolyse de l'eau nous a appris que les volumes d'hydrogène et d'oxygène que l'on obtient dans cette opération sont dans le rapport de 2 à 1. Si nous voulons former de l'eau par synthèse, nous devrons mettre en œuvre un volume d'hydrogène double de celui de l'oxygène.

Dans les conditions usuelles, l'eau qui se forme se condense à l'état liquide, mais si nous effectuons la combinaison au dessus de 100°, de manière à conserver à l'eau l'état gazeux, nous constatons que le volume du produit de la réaction est égal aux $\frac{2}{3}$ de la somme des volumes de ses constituants.

Nous reconnaissons, dans les deux exemples choisis, qu'il existe un rapport simple entre les volumes des composants d'une part, la somme de leurs volumes et le volume de la combinaison d'autre part.

C'est là un fait général, qui a été traduit sous forme de lois expérimentales par Gay-Lussac.

1° Les volumes, mesurés dans les mêmes conditions de température et de pression, des masses s'unissant pour former un composé défini sont entre eux dans un rapport simple;

2° Lorsqu'un corps gazeux composé prend naissance aux dépens de composants gazeux, il y a toujours un rapport simple entre son volume et celui de ses générateurs, la pression et la température étant supposées constantes.

Il n'est que très peu d'éléments qui soient gazeux à la température ordinaire ; si celle-ci était plus élevée de quelques milliers de degrés, tous les éléments seraient volatilisés.

S'il nous était possible de réaliser ces conditions expérimentales, la loi de Gay-Lussac serait applicable aux phénomènes de combinaisons de tous les corps simples. Les masses réagissantes des différents éléments qui se combinent occuperaient, soit des volumes égaux, soit des volumes multiples simples les uns des autres.

Donc, si nous voulons unir les différents éléments à la quantité d'hydrogène qui occupe l'unité de volume, il faut que les masses de ces éléments, réduits à l'état gazeux, occupent également l'unité de volume ou un multiple simple de celle-ci. Mais nous savons, d'autre part, que les masses réagissantes sont déterminées par la loi des nombres proportionnels. Nous en déduirons un corollaire fort important :

Les poids de volumes égaux des différents éléments, pris à l'état gazeux, sont entre eux, soit par eux-mêmes, soit multipliés par des nombres simples, dans le même rapport que les nombres proportionnels.

En déterminant la densité de tous les éléments, à l'état gazeux et en assignant à l'hydrogène une densité égale à l'unité, nous obtiendrions une série de nombres proportionnels différant quelque peu de celle qui s'établit en cherchant la masse d'un élément capable de s'unir à l'unité de poids d'hydrogène ou à 8 d'oxygène.

La densité de l'oxygène est 16 fois plus grande que celle de l'hydrogène ; le nombre proportionnel de l'oxygène, déterminé d'après cette relation sera par conséquent 16, et non pas 8, comme nous l'avions trouvé antérieurement.

Comme tous les éléments ne peuvent être réduits à l'état gazeux, il semble qu'il soit pratiquement impossible d'établir le nombre proportionnel d'un grand nombre d'entre eux par la détermination de leur densité prise à l'état de vapeur ; nous verrons plus loin comment l'on est parvenu à résoudre indirectement le problème.

31. Gaz et vapeurs. Formule des gaz. — Dans l'étude des relations volumétriques qui s'observent entre la vapeur d'eau et ses générateurs, nous avons considéré la vapeur d'eau comme un gaz.

Les vapeurs se comportent en effet comme des gaz, à la condition de n'être pas saturées et de se trouver sous une pression suffisamment réduite. On appelle généralement vapeur un corps possédant les propriétés extérieures des gaz, mais qui passe à l'état liquide à la température ordinaire sous une pression voisine de la pression atmosphérique. Cette notion de vapeur est purement subjective ; à une température élevée beaucoup de corps que nous sommes habitués à considérer comme liquides ou solides seraient réduits à l'état gazeux. Inversement les gaz peuvent être ramenés à l'état liquide par un refroidissement suffisant. L'air devient liquide sous la pression atmosphérique à — 193°.

L'état gazeux est caractérisé par la mobilité extrême de la matière, qui sous cette forme tend à prendre un volume constamment plus grand. La force avec laquelle le gaz agit sur les parois de l'enceinte qui le limite est la **pression** du gaz. Elle l'emporte de loin sur la force attractive tendant à réduire le volume de la matière, sur la cohésion.

On a cru pendant longtemps que la cohésion était nulle chez les gaz. Cette force a une action négligeable pour les gaz suffisamment raréfiés, mais lorsque la condensation de la matière gazeuse devient notable, l'action de la cohésion devient sensible.

Dans un gaz convenablement raréfié, la pression est donc la seule force qui intervienne pour déterminer le volume. On sait

que, pour une masse gazeuse donnée maintenue à température
constante, et quelque soit le gaz, le volume occupé est en raison
inverse de la force que la pression du gaz équilibre (Loi de Boyle-
Mariotte).

Une vapeur non saturée obéit à la même loi, pourvu qu'elle
soit suffisamment raréfiée.

Cette loi peut s'imprimer sous la forme algébrique :

$$p \cdot v = k.$$

p étant la pression, v, le volume du gaz et k une grandeur
constante pour une masse gazeuse donnée lorsque la température
reste invariable.

Quand la condensation de la masse gazeuse devient importante,
l'action de la cohésion vient affaiblir celle de la pression; pour
obtenir une réduction de volume de moitié il suffit d'une pression
inférieure au double de la pression initiale; la valeur du produit pv
devient inférieure à k.

Pour les pressions très élevées le produit pv devient plus
grand que k. Pour que le gaz obéisse sensiblement à la loi de
Mariotte, il faut aussi qu'il se trouve à une température assez
éloignée de son point de liquéfaction.

Tous les gaz ont même coefficient de dilatation; sa valeur est
de 0,003667 (Loi de Gay-Lussac). Si V est le volume occupé à 0°
par une masse gazeuse, son volume à la température t sera de
$V(1 + 0,003667\, t)$, la pression restant constante.

Les écarts que l'on observe à la loi de Gay-Lussac ne sont
négligeables que si le gaz est étudié à des températures pas trop
voisines de son point de liquéfaction et si la pression sous
laquelle il se trouve est suffisamment réduite.

Un gaz qui obéirait rigoureusement aux lois de Mariotte et de
Gay-Lussac est un **gaz idéal**. L'hydrogène est de tous les gaz
celui dont les propriétés se rapprochent le plus de celles d'un
gaz idéal.

Hypothèse moléculaire.

32. On ne croit plus actuellement à la structure continue de la matière; on admet au contraire que celle-ci est constituée de particules physiquement et mécaniquement indivisibles, qu'on appelle **molécules**. La justification de cette hypothèse est du domaine purement physique et ne nous arrêtera pas.

Un corps pur est celui dont toutes les molécules sont identiques; un mélange est formé par la juxtaposition de molécules différentes.

33. Théorie cinétique des gaz. — On admet aujourd'hui que les molécules gazeuses sont animées d'un mouvement rectiligne qui leur permet de se déplacer rapidement dans l'espace qui les renferme, cet espace étant très grand par rapport au volume même des molécules (**covolume**), comme le prouve l'énorme réduction que subissent les gaz par liquéfaction. Ces molécules sont, en outre, des corps parfaitement élastiques. Toutes les molécules n'ont pas la même vitesse; celle-ci varie dans des limites très larges.

Chaque molécule possède une certaine quantité d'énergie cinétique $\frac{m}{2} u^2$, m étant sa masse, u sa vitesse; elle peut aussi être le siège de mouvements vibratoires ou rotatoires.

La pression qu'un gaz exerce sur les parois d'un vase est due aux chocs des molécules; elle est égale à la réaction de cette paroi sur les molécules qui viennent la frapper.

Cherchons à calculer celle réaction. Supposons N molécules gazeuses renfermées dans un parallélipipède rectangle de volume V et dont les arêtes aient les longueurs a, b et c (fig. 6). Considérons une molécule, animée d'une vitesse u, formant avec les normales aux faces du parallélipipède les angles α, β et γ.

Nous pouvons décomposer cette vitesse en trois composantes, perpendiculaires aux trois couples de faces et qui auront pour valeurs $u \cos \alpha$, $u \cos \beta$, $u \cos \gamma$. La vitesse angulaire de la molécule pour le couple de faces bc, $b'c'$ est donc $u \cos \alpha$.

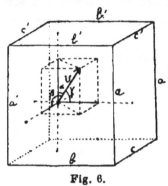

Fig. 6.

Supposons que dans sa trajectoire la molécule vienne frapper la paroi bc sans rencontrer d'autres molécules. Cette hypothèse, inexacte en fait, ne change rien à notre raisonnement. En effet si la molécule en rencontre une autre, animée d'une vitesse différente, comme les deux corps qui se choquent sont parfaitement élastiques, ils échangeront leurs quantités de mouvement.

Nous aurons donc, en représentant les vitesses des deux molécules par u_1 et u_2 :

$$mu_1 = mu_2$$

Les molécules étant de même espèce, ont même masse, donc

$$u_1 = u_2$$

La première molécule sera remplacée dans sa trajectoire par la molécule heurtée, qui reprend sa vitesse ; tout se passe donc comme si la molécule continuait son chemin sans choc.

Au moment où elle vient frapper normalement la paroi du vase, elle rebondit suivant sa propre direction ; sa vitesse reste la même, mais change de signe ; de $+ u \cos \alpha$ elle devient $- u \cos \alpha$.

Ce changement est dû à la réaction de la paroi pendant la durée du choc ; cette réaction est égale à la variation de la quantité de mouvement de la molécule soit à

$$mu \cos \alpha - (- mu \cos \alpha) = 2mu \cos \alpha.$$

Rejetée par la paroi bc, la molécule viendra frapper la paroi opposée $b'c'$ après avoir parcouru un chemin de longueur a. Sa vitesse étant $u \cos \alpha$, elle emploie à parcourir ce chemin un temps $\dfrac{a}{u \cos \alpha}$. En l'unité de temps, elle produira donc sur le couple de faces opposées un nombre de chocs $\dfrac{u \cos \alpha}{a}$, la réaction totale de ces deux parois sera donc de

$$\frac{u \cos \alpha}{a} \times 2mu \cos \alpha = \frac{2m}{a} u^2 \cos^2 \alpha.$$

Le couple de face bc, $b'c'$ ayant une surface $2bc$ la réaction π par unité de surface, c'est-à-dire à la pression exercée par la molécule, sera de

$$\pi_1 = \frac{2mu^2 \cos^2 \alpha}{2abc} \qquad \text{ou} \qquad \pi_1 = \frac{mu^2 \cos^2 \alpha}{V}$$

car abc est le volume du parallélipipède.

La molécule ne possède pas seulement la vitesse angulaire $u \cos \alpha$, mais encore les vitesses angulaires $u \cos \beta$ et $u \cos \gamma$, perpendiculaires aux couples de faces ab, $a'b'$ et ac, $a'c'$, sur lesquels elle exercera par unité de surface les pressions :

$$\pi_2 = \frac{mu^2 \cos^2 \beta}{V} \qquad \text{et} \qquad \pi_3 = \frac{mu^2 \cos^2 \gamma}{V}.$$

L'action totale de la molécule répartie sur trois unités de surface appartenant aux six faces du parallélipipède est par conséquent

$$\frac{mu^2 \cos^2 \alpha}{V} + \frac{mu^2 \cos^2 \beta}{V} + \frac{mu^2 \cos^2 \gamma}{V} = \frac{mu^2}{V}$$

et pour les N molécules de vitesses $u_1, u_2, u_3 \ldots u_n$, elle sera

$$\frac{\Sigma\, mu^2}{V}.$$

Mais étant donné que N est très grand, aucune des directions que peuvent prendre les molécules n'est privilégiée, les trois unités de surface appartenant aux trois couples de faces recevront le même nombre de chocs; la pression par unité de surface est donc

$$\frac{1}{3} \Sigma \frac{mu^2}{V}.$$

Soit le **quotient du tiers de la force vive de la masse gazeuse par le volume qu'occupe le gaz.**

Dans la masse gazeuse les vitesses sont très variables, mais nous pouvons supposer que toutes les molécules soient animées de la même vitesse G, telle que la force vive totale reste la même, c'est-à-dire réponde à la condition

$$\Sigma m u^2 = N m G^2 \text{ dans laquelle } G^2 = \frac{u_1^2 + u_2^2 + u_3^2 \cdots u_n^2}{N}.$$

La valeur de la pression devient alors :

$$p = \frac{N m G^2}{3 V}.$$

Remarquons que Nm est la masse du gaz et $\frac{Nm}{V}$ la densité (prise par rapport à l'eau). La formule nous permet de déterminer G.

Ex. Un centimètre cube d'hydrogène pèse 0,0000899 gr. à 0° et sous 760 millimètres de pression; cette pression est de 1033 gr. ou de 1033×981 dynes par centimètre carré. Dans la formule de la pression remplaçons p et Nm par leurs valeurs, V par l'unité. Il vient :

$$G = \sqrt{\frac{3 \times 1c^3 \times 1033 \times 981 \text{ gr. cm.}}{0.0000899 \text{ gr.} \times 1 \text{ cm}^2 \times 1 \text{ sec}^2}} = 183800 \frac{\text{cm.}}{\text{sec.}}$$

La vitesse de la molécule d'hydrogène est donc énorme; elle atteint près de 2 kilomètres à la seconde.

Nous voyons que pour les différents gaz la vitesse G est en raison inverse de la racine carrée des densités, la pression restant constante. Nous avons en effet dans ce cas :

$$\frac{d G^2}{3} = \frac{d' G'^2}{3} = \frac{d'' G''^2}{3} \cdots$$

d, d', d'' étant les densités prises par rapport à l'eau.

La densité de l'oxygène étant 15.87 fois plus grande que celle de l'hydrogène, G a pour ce gaz la valeur :

$$\frac{1838}{\sqrt{15.87}} = \frac{461 \text{ m.}}{\text{sec.}}$$

à 0°.

OBSERVATION. La vitesse G est plus grande que la moyenne des vitesses de toutes les molécules. En effet :

$$\sqrt{\frac{a^2 + b^2 + c^2 \cdots}{n}} > \frac{a + b + c + \cdots}{n}$$

On peut démontrer que la vitesse moyenne ω est égale à :

$$\sqrt{\frac{8}{3\pi}}\, G = 0{,}9213\, G$$

Pour l'hydrogène la vitesse moyenne est de 1694 m.

La répartition des vitesses entre les molécules est très inégale ; il est des molécules dont le mouvement de translation s'effectue avec une vitesse beaucoup plus grande ou plus petite que la vitesse moyenne ; théoriquement la vitesse peut varier de 0 à l'infini.

La répartition des différentes valeurs de u se fait d'après une loi compliquée, connue sous le nom de loi de Maxwell. Le tableau ci-dessous donne une idée de cette répartition. Sur 1000 molécules d'oxygène à 0° il en est :

13 à 14	possédant une vitesse inférieure à	100 mètres.
81 à 82	» » » comprise entre	100 et 200 mètres.
166 à 167	» » » » »	200 et 300 »
214 à 215	» » » » »	300 et 400 »
202 à 203	» » » » »	400 et 500 »
151 à 152	» » » » »	500 et 600 »
91 à 92	» » » » »	600 et 700 »
76 à 77	» » » » »	plus de 700 »

On reconnaît que les vitesses qui s'écartent fortement de la vitesse moyenne, laquelle est de 425 mètres, se présentent rarement, mais on se rappellera que dans le grand nombre de molécules il en est qui peuvent posséder une vitesse bien supérieure à la moyenne. Si nous représentons par W la vitesse la plus probable, c.-à-d. que l'on a le plus de chances de rencontrer, sur 1000 molécules, il en est 5,5 qui possèdent une vitesse comprise entre 2W et 3W.

La valeur de W est donnée par l'expression

$$W = \sqrt{\tfrac{2}{3} G}.$$

Pour l'hydrogène la vitesse la plus probable est de 1500 mètres.

34. Comme conséquence des lois de Gay-Lussac et Mariotte, si p_0 est la pression sous laquelle se trouve à 0° une masse gazeuse donnée, enfermée dans un volume invariable, cette pression devient à $t°$ centigrades :

$$p_t = p_0(1 + \alpha t). \tag{1}$$

Si on fait dans cette formule $t = -273°$, $1 + \alpha t$ est égal à zéro et p_t devient nul, c.-à-d. qu'à cette température les gaz n'exercent plus de pression. Cette température de $-273°$ est appelée le **zéro absolu**.

Si nous comptons les températures en degrés centigrades à partir de ce point pris comme zéro de l'échelle, elles seront égales aux températures de l'échelle centigrade usuelle, augmentées de

$+$ 273°. Ces températures sont appelées **températures absolues** : on les représente par T.

La formule (1), dans laquelle on introduit les températures absolues devient :

$$p_t = p_0 \frac{T}{273} .$$
(2)

Lorsque, par suite d'une élévation de température, le volume et la pression varient simultanément, la pression P et le volume V que le gaz prend à la température $T = t + 273$, sont déterminés par la condition :

$$\frac{P}{p_t} = \frac{v_0}{V} .$$
(3)

Si nous remplaçons p_t par sa valeur tirée de (3) dans l'équation (2), il vient :

$$PV = p_0 v_0 \frac{T}{273} .$$
(4)

Or, en vertu de la loi de Mariotte $p_0 v_0$ est une constante k.

En remplaçant $\dfrac{k}{273}$ par une constante C, la formule (4) devient

$$PV = CT.$$
(5)

C'est l'expression la plus générale des lois des gaz.

Nous avons vu plus haut que le produit PV est aussi égal au tiers de la force vive de la masse gazeuse; en le remplaçant par cette valeur dans l'équation (5), il vient :

$$\frac{Nm}{3} G^2 = CT.$$

La vitesse de translation des molécules est donc proportionnelle à la racine carrée de la température absolue du gaz; elle est nulle au zéro absolu: le gaz ne possède plus alors d'énergie cinétique. Les molécules d'une masse gazeuse étant animées de vitesses différentes, il s'en suit que leurs températures doivent varier de l'une à l'autre et cela dans de larges limites : ce que nous appelons température d'un corps n'est que la moyenne des températures des différentes molécules qui le constituent et parmi lesquelles il en est de beaucoup plus froides et de beaucoup plus chaudes.

35. Toutes les considérations qui précèdent sont relatives à des gaz dans lesquels toutes les molécules sont de même espèce.

Lorsqu'on mélange deux gaz différents, ayant même température initiale, la pression totale est égale à la somme des pressions exercées par chacun d'eux (Loi de Dalton).

La force vive du mélange est donc égale à la somme de celles des composants.

D'autre part lorsque mêle deux gaz, incapables de réagir chimiquement l'un sur l'autre, on constate qu'il ne se fait aucune variation de température.

Si on sépare du mélange une partie de l'un de ses constituants par des méthodes que nous apprendrons à connaître plus loin, le gaz séparé possède la température qu'il avait avant que l'on eût effectué le mélange.

Cette conservation de la température n'est possible que si la force vive de ses molécules n'a pas changé, ce qui nous amène à la conclusion que les forces vives moyennes des molécules des deux gaz constituant le mélange doivent être les mêmes, c'est-à-dire que

$$mG^2 = m_1 G_1^2. \tag{1}$$

S'il n'en était pas ainsi, les molécules du gaz dont la force vive moyenne est la plus grande devraient céder une partie de leur énergie à celles dont la force vive est moindre; elles se refroidiraient au profit de ces dernières et lors de la résolution du mélange en ses constituants, on devrait constater l'échauffement de l'un, le refroidissement de l'autre de ses constituants.

Si nous considérons que les deux gaz sont sous la même pression, celle-ci a pour expression

$$p = \frac{1}{3}\frac{NmG^2}{V} = \frac{1}{3}\frac{N_1 m_1 G_1^2}{V_1}. \tag{2}$$

En combinant cette égalité avec l'équation (1), il vient

$$\frac{N}{V} = \frac{N_1}{V_1}.$$

Lorsque $V = V_1 \ldots , \ N = N_1$.

C'est-à-dire que **des volumes égaux de tous les gaz, à égalité de température et de pression, contiennent le même nombre de molécules.**

Cette proposition fondamentale est due à **Avogadro**, qui la formula bien avant l'éclosion de la théorie cinétique des gaz. Il avait été amené à l'établir en raison de la similitude de propriétés physiques dont nous avons parlé plus haut et que l'on rencontre chez tous les gaz

Nous noterons que les vapeurs non saturées se comportant comme des gaz, la loi d'Avogadro leur est également applicable.

La pression et la température restant constantes, nous avons donc pour tous les gaz, si N représente le nombre de molécules renfermées dans limite de volume ·

$$N = \text{constante.}$$

La densité d'un gaz est égale à $N \times m$ [1], m étant le poids d'une molécule. Les densités des différents gaz seront entre elles comme $m : m' : m''\ldots..$ c.-à-d. comme les poids de leurs molécules. Il suffit donc de connaître le poids d'une molécule d'un gaz quelconque pour pouvoir déterminer celui de toutes les autres, quand on connaît les densités des gaz.

36. Si nous rapprochons la proposition d'Avogadro de la loi des nombres proportionnels appliqués aux éléments gazéifiés, nous voyons que les éléments s'unissent soit dans le rapport des poids de leurs molécules, soit dans ce rapport multiplié par un nombre simple. L'établissement des nombres proportionnels revient donc à la détermination du poids relatif des molécules.

Dans les volumes d'hydrogène et d'oxygène qui se combinent pour former de l'eau, il y a, en vertu de la proposition d'Avogadro, deux fois plus de molécules d'hydrogène que de molécules d'oxygène; le nombre de molécules d'eau est égal au nombre de molécules d'hydrogène et au double du nombre de molécules d'oxygène. **Chaque molécule d'eau renferme donc la moitié de la quantité d'oxygène contenue dans une molécule de ce gaz.**

La molécule d'oxygène n'est donc pas indivisible; elle peut se scinder en deux parties égales, lorsqu'elle subit une transformation chimique.

Nous pourrions appliquer le même raisonnement à **la synthèse de** l'acide chlorhydrique; nous reconnaîtrions ainsi que les molécules

(1) La densité étant prise par rapport à l'eau à 4°.

d'hydrogène et de chlore se divisent dans cette réaction en deux parties égales.

Les molécules d'hydrogène, de chlore, d'oxygène ne représentent par conséquent pas le degré de division ultime de la matière élémentaire qui les constitue ; elles résultent elles-mêmes de la réunion de particules plus petites, lesquelles sont indivisibles par voie chimique aussi bien que par voie physique.

THÉORIE ATOMIQUE.

37. L'idée de la constitution discontinue de la matière est très ancienne. Démocrite le premier émit l'hypothèse que les corps sont formés par la juxtaposition de particules indivisibles, très petites, mais de dimensions fixes et déterminées, qu'il appela atomes. Les atomes de Démocrite sont en somme ce que nous appelons aujourd'hui des molécules.

Pour expliquer les lois expérimentales qui régissent les phénomènes de combinaison, Dalton reprit l'hypothèse atomique que nous allons exposer dans ses lignes essentielles.

A chacune des molécules d'une combinaison appartiennent toutes les propriétés chimiques du corps qu'elles forment. Une molécule d'eau p. ex. possède toutes les fonctions chimiques de l'eau, notamment d'être formée d'hydrogène et d'oxygène.

Une molécule d'un corps composé doit donc contenir les éléments dont la combinaison dérive ; elle pourra être scindée en particules élémentaires plus petites, qui seront cette fois indivisibles aussi bien par voie chimique que par les procédés mécaniques. Ces particules, limites extrêmes actuellement connues avec certitude de la divisibilité de la matière, ont reçu le nom d'**atomes**.

Une molécule d'un corps composé est formée par la réunion d'un certain nombre d'atomes d'espèces différentes ; la molécule d'un corps simple par un ou plusieurs atomes de même espèce.

L'hypothèse atomique admet que tous les atomes d'un corps simple sont identiques, possèdent une individualité, une manière d'être qui caractérise l'élément. Les atomes des divers corps simples ont des poids différents, mais tous les atomes d'un même élément ont la même masse.

Ces atomes, doués d'attraction pour d'autres atomes de même espèce ou d'espèce différente, s'unissent pour constituer des agrégats plus ou moins complexes qui sont les molécules.

Ceci nous fait comprendre pourquoi un corps simple ne disparaît pas définitivement quand il s'unit à un autre; ses atomes se sont liés à des atomes d'une autre espèce, mais ils ne se seront pas détruits, puisqu'ils sont indivisibles.

Toutes les molécules d'un corps pur étant identiques, chacun de leurs constituants doit y être représenté par le même nombre d'atomes. C'est la **loi de la constance des proportions.**

Comme chaque atome possède **un** poids immuable, les rapports suivant lesquels les divers éléments s'uniront entre eux, seront ceux des poids atomiques multipliés par le nombre d'atomes de chaque corps simple entrant dans la molécule. Ce nombre est toujours entier et généralement petit. La **loi des nombres proportionnels** est une conséquence nécessaire de l'hypothèse atomique.

38. Isomérie. — Les propriétés chimiques d'une molécule peuvent varier d'après la manière dont ses atomes constitutifs se groupent les uns par rapport aux autres. Les mêmes atomes, unis de manières différentes n'engendreront donc pas les mêmes molécules.

La réciproque de la loi de la constance des proportions n'est en effet pas vraie. Les mêmes éléments unis dans les mêmes proportions peuvent donner des corps différents. C'est ainsi que l'acide du vinaigre (**acide acétique**), l'acide du lait aigri (**acide lactique**), le sucre de raisin et l'aldéhyde formique (**formol**) sont constitués de carbone, d'hydrogène et d'oxygène unis dans les mêmes proportions et possèdent des propriétés physiques et chimiques différentes.

De tels corps sont dits **isomères. L'isomérie** est un fait que l'on observe très fréquemment et dont nous rencontrerons plus tard de nombreux exemples.

39. Les propriétés physiques des corps dépendent non seulement de la nature des molécules, mais encore de leur position relative, de leur état de repos ou de mouvement.

La nature des molécules ayant une influence prépondérante

sur certaines propriétés physiques (**réfringence, densité, visco-sité, etc**) celles-ci doivent dépendre de la nature des atomes constitutifs. L'étude des relations entre la constitution des molé-cules et leurs propriétés physiques est l'une des parties les plus intéressantes de la chimie. Ces relations sont souvent de nature additives : un atome d'un même élément amenant une variation constante dans les propriétés physiques des molécules qu'il forme.

Pour se grouper en molécules, il faut que les atomes s'attirent. Cette attraction, qui constitue l'affinité, est variable en intensité suivant la nature des atomes. L'énergie chimique dégagée dans le phénomène de combinaison est proportionnelle à l'attraction inter-atomique et au nombre d'atomes qui interviennent. Elle est donc proportionnelle, non pas aux masses mêmes des éléments qui se combinent, mais à ces masses divisées par le poids des atomes correspondants (voir **15**).

L'attraction atomique s'exerce non seulement à l'égard d'atomes d'espèces différentes, mais encore vis-à-vis d'atomes d'un même élément. Les molécules des corps simples sont généralement pluriatomiques. Nous avons déjà reconnu ce fait pour la molécule d'oxygène. Une autre preuve nous est fournie par les phénomènes **d'allotropie.** Un même élément peut exister sous diverses modifi-cations, physiquement et chimiquement différentes. C'est notam-ment le cas pour le phosphore, le carbone (voir **12**). On ne conçoit la possibilité d'un tel fait que si les particules constituantes de ces corps (les atomes) se sont groupées différemment; il faut donc qu'il y en ait au moins deux dans la molécule.

40. Comment établit-on le nombre d'atomes d'un élément conte-nus dans une molécule ?

Nous disposons pour résoudre le problème d'une méthode pure-ment chimique; elle est basée sur la détermination du caractère de divisibilité par 2, 3 ... *n*, de la masse des éléments contenus dans une combinaison. La divisibilité s'établit par des essais de substi-tution fractionnée.

L'étude de l'eau nous fournit un exemple facile d'une recherche de cette espèce.

L'analyse de ce corps nous apprend qu'il renferme 11,12 %.

d'hydrogène et 88,88 °/₀ d'oxygène, soit environ 8 parties du dernier pour une du premier élément.

L'hypothèse la plus simple sur la constitution de la molécule d'eau consiste à admettre qu'elle est formée d'un atome d'hydrogène et d'un atome d'oxygène, celui-ci étant 8 fois plus lourd que l'atome d'hydrogène. Mais il peut y avoir aussi n atomes d'hydrogène et m atomes d'oxygène.

Pour établir la grandeur de n, on essaye d'effectuer des remplacements partiels de l'hydrogène dans la molécule d'eau. Si par un moyen appropié, nous parvenons à obtenir une molécule d'eau dans laquelle ¹/₂, ¹/₃, ¹/₄, etc. de l'hydrogène auront été remplacés par un autre élément, nous en concluerons que la masse d'hydrogène contenue dans une molécule d'eau est divisible par 2, par 3, par 4, etc., c.-à-d. qu'elle est formée d'au moins 2, 3, 4 .. atomes.

L'expérience nous apprend que 23 grammes de sodium peuvent remplacer 1 gramme d'hydrogène. Si nous faisons agir 23 gr. de sodium sur 18 gr. d'eau, le métal pourra agir de deux manières différentes. Ou bien il ne portera son action que sur la moitié de l'eau, soit 9 gr., dans laquelle tout l'**hydrogène** de chacune des molécules sera remplacé et il restera 9 gr. d'eau inaltérée. Ou bien toutes les molécules d'eau seront attaquées; seulement comme 18 gr. d'eau contiennent 2 gr. d'hydrogène et que 23 gr. de sodium ne peuvent en remplacer qu'un, chacune des molécules devra perdre la moitié de son hydrogène. Mais ceci n'est possible que si ces molécules renferment un nombre pair d'atomes d'hydrogène. Sinon, le remplacement de l'hydrogène ne pourra se faire **également** dans toutes les molécules et nous n'obtiendrons pas après réaction un système **homogène**, c.-à-d. dont toutes les molécules sont les mêmes.

L'expérience démontre que toute l'eau disparaît et qu'il se forme un produit unique renfermant 1 d'hydrogène, 23 de sodium et 16 d'oxygène. C'est la soude caustique. Toutes les molécules d'eau ont donc subi une substitution de l'hydrogène par moitié; il y a dans l'eau au moins 2 atomes d'hydrogène, n est égal à $2 \times p$.

Nous pourrions essayer de la même manière le remplacement par ¹/₃, par ¹/₄, mais ce serait en vain. Toutes les tentatives faites dans le but de remplacer moins de la moitié de l'hydrogène dans les molécules d'eau sont restées infructueuses.

Nous concluons de ces résultats négatifs que l'eau contient deux atomes d'hydrogène, ni plus, ni moins.

On essaierait de même le remplacement de l'oxygène, par le chlore p. ex., sachant que 35,5 de chlore peuvent se substituer à 8 d'oxygène. L'expérience a prouvé que l'on ne peut effectuer qu'un remplacement total de l'oxygène dans les molécules d'eau. La quantité d'oxygène qui y est renfermée est donc **indivisible** : c'est un atome.

Conclusion : la molécule d'eau est formée par l'union de deux atomes d'hydrogène unis à un atome d'oxygène.

Rapprochons cette conclusion de celle que nous avions tirée de la synthèse de l'eau. Dans la synthèse de l'eau, aux dépens de deux volumes d'hydrogène et d'un volume d'oxygène (voir **36**), les molécules d'oxygène se dédoublent en deux moitiés égales dont chacune intervient pour former une molécule d'eau; nous reconnaissons que ces deux moitiés sont des atomes d'oxygène. La molécule d'oxygène est donc formée de deux atomes.

Il en est de même pour la molécule d'hydrogène ; par la synthèse de l'eau, nous avons appris que le nombre de molécules d'eau formées est égal au nombre de molécules d'hydrogène. Comme chaque molécule d'eau renferme deux atomes d'hydrogène, la molécule d'hydrogène doit être biatomique.

On se convaincrait aisément que la même conclusion s'impose par l'étude de la synthèse et des propriétés de l'acide chlorhydrique, dont la molécule renferme des masses d'hydrogène et de chlore indivisibles par voie chimique, par conséquent monoatomiques.

Les molécules gazeuses d'hydrogène, d'oxygène, de chlore sont donc formées par l'union de deux atomes de ces éléments. L'étude de toutes les réactions dans lesquelles ces gaz interviennent en donnant naissance à des composés gazeux ou volatils, a conduit à une conclusion identique.

41. Comme un litre d'oxygène pèse 1,4292 gr. à 0° et sous 760ᵐᵐ, tandis qu'un litre d'hydrogène pèse 0,08995 gr. deux atomes d'oxygène pèsent donc 15,88 fois plus que deux atomes d'hydrogène.

On trouverait de même que l'atome de chlore est 35.2 fois plus lourd, l'atome de soufre 32 fois, etc.

Les dimensions absolues des atomes ne nous sont pas connues avec précision. De considérations tirées de la théorie cinétique des gaz, on est arrivé à déduire que l'atome d'hydrogène a un poids maximum de 1.5×10^{-24} gr.

Le diamètre d'une molécule d'hydrogène est au maximum de 1.6×10^{-6} millimètres. Les molécules plus grosses connues ont un poids 25,000 fois supérieur à celui de l'atome d'hydrogène. Si l'on admet que les atomes y sont disposés de manière à occuper le volume le plus petit possible, le diamètre de ces molécules serait d'environ 23 fois celui de la molécule d'hydrogène, soit 3.7×10^{-7} millimètres. La distance la plus faible que l'on soit parvenu à apprécier au microscope par les procédés les plus récents (Méthode de Szigmondy et Siedentopf) est de 6×10^{-6} mm.; dans cet intervalle on pourrait aligner encore 17 des plus grandes molécules connues.

Nous avons appris que l'hydrogène est de tous les éléments celui dont le nombre proportionnel est le plus faible; c'est donc celui dont l'atome est le plus léger. Si le poids atomique absolu de cet élément pouvait être déterminé avec précision, il constituerait l'unité de masse la plus rationnelle.

Si nous ne possédons pas de données exactes sur les poids absolus des différents atomes, nous pouvons cependant établir avec exactitude les rapports entre ces poids. Une analyse rigoureuse nous permet de fixer la composition d'une combinaison; d'autre part connaissant le nombre d'atomes entrant dans la molécule, nous en déduirons le rapport entre les poids des atomes constitutifs.

C'est ainsi que l'on a trouvé par l'analyse de l'eau (v. **40**) que l'atome d'oxygène pèse exactement 15.88 fois plus que l'atome d'hydrogène, ce qui est en concordance avec le résultat obtenu par la détermination des densités.

On a établi de la sorte le rapport entre les poids atomiques de tous les éléments. Le poids de l'atome d'hydrogène étant le plus petit, on l'a pris comme unité et l'on appelle **poids atomique** d'un élément **le rapport du poids de son atome au poids de l'atome d'hydrogène.**

La détermination du poids atomique d'un élément, impliquerait donc l'étude d'une de ses combinaisons hydrogénées. Or, il est un grand nombre d'éléments qui ne se combinent pas à l'hydrogène, tandis que presque tous s'unissent à l'oxygène.

Il est par conséquent bien plus facile d'établir le rapport du poids de l'atome d'un élément au poids de l'atome d'oxygène (v. aussi **29**). Certains chimistes ont proposé de prendre ce dernier comme base de détermination des poids atomiques. Ils conviennent d'assigner à l'oxygène le poids atomique 16 ; le poids atomique d'un élément est dans ces conditions le rapport du poids de l'atome au seizième du poids de l'atome d'oxygène. L'hydrogène p. ex. a pour poids atomique 1.008, ou approximativement 1.01, dans ce nouveau système.

Comme le rapport du poids de l'atome d'oxygène à celui de l'atome d'hydrogène est aujourd'hui établi avec rigueur par une série de méthodes indépendantes les unes des autres, il n'y a pas avantage à choisir l'oxygène comme base d'un tableau de poids atomiques et nous utiliserons dans ce cours les poids atomiques établis en adoptant le poids atomique de l'hydrogène comme unité.

42. Poids moléculaire. — Une molécule possède un poids égal à la somme des poids des atomes qui la forment. Le rapport de ce poids au poids de l'atome d'hydrogène est le **poids moléculaire**. C'est ainsi que l'eau a pour poids moléculaire $15,88 + 2 = 17,88$, le sulfure de fer $31,82 + 55,66 = 87,48$.

Les densités des gaz ou des vapeurs étant entre elles comme les poids moléculaires correspondants, il suffit de connaître le poids moléculaire d'un seul gaz, de l'hydrogène p. ex. pour déduire les poids moléculaires de tous les autres gaz de leurs densités.

43. Nous avons conclu des relations volumétriques entre la vapeur d'eau, l'hydrogène et l'oxygène, que la molécule de ce dernier gaz devait être biatomique.

Mais ces mêmes relations volumétriques s'expliqueraient également bien si les molécules d'oxygène et d'hydrogène étaient formées de $2n$ atomes, la molécule d'eau contenant alors $2n$ atomes d'hydrogène et n atomes d'oxygène Cette dernière hypothèse est en contradiction avec ce que nous savons de la divisibilité des masses d'hydrogène et d'oxygène contenues dans la molécule d'eau.

Seulement il faut remarquer que la détermination du poids moléculaire d'une combinaison par voie chimique, telle que nous en avons donné un exemple pour l'eau, repose en somme sur une série de tentatives restées infructueuses de déplacements partiels des éléments constitutifs de la molécule. Il est impossible a priori d'affirmer que par des procédés convenables on ne serait **pas** parvenu à effectuer dans la molécule d'eau une substitution de l'hydrogène par quart, quoique la probabilité d'une telle hypothèse devienne d'autant plus faible que les essais de subsitution partielle auront été plus nombreux et plus variés.

Pour pouvoir établir avec certitude le poids moléculaire d'**un gaz**, il faut donc être fixé sur le nombre d'atomes que renferme la molécule d'hydrogène ou d'oxygène, puisque ce sont ces deux éléments qui servent de points de comparaison. ·

L'étude de la chaleur spécifique des gaz permet de résoudre le problème.

44. On sait que la chaleur spécifique d'un gaz sous pression constante C_p est plus grande que la chaleur spécifique sous volume constant C_v, la différence étant due au travail extérieur que **fait** le gaz en se dilatant. La chaleur spécifique se compose en effet de trois termes :

1° Une quantité de chaleur Q destinée à augmenter l'énergie cinétique des molécules;

2° Une quantité de chaleur E fournissant le travail extérieur ;

3° Une quantité de chaleur I qui augmente l'énergie interne des molécules, p. ex. augmente l'amplitude du mouvement vibratoire des atomes dans la molécule.

E est nul quand on opère sous volume constant.

D'où :

$$C_p = Q + E + I, \quad C_v = Q + I.$$

Considérons l'unité de poids d'un gaz quelconque, maintenue à une pression p. Élevons la température du gaz de 1°; la quantité de chaleur nécessaire est égale à la chaleur spécifique.

Si nous opérons sous pression constante, elle se compose des trois termes $Q + E + I$; sous volume constant, elle se réduit à $Q + I$.

Q est l'augmentation d'énergie cinétique des molécules. Celle-ci était à T° de $\dfrac{m.\,G^2}{2}$. Puisque la force vive est proportionnelle à T, une élévation de température de un degré augmente l'énergie cinétique des molécules de

$$\frac{1}{T} \times \frac{NmG^2}{2}.$$

Le travail extérieur E est égal au produit de la pression par l'augmentation de volume. Or le volume primitif V devenant $\left(1 + \dfrac{1}{T}\right)$ V, $\qquad\qquad$ $E = \dfrac{pV}{T}$,

Mais, $p\,V = \dfrac{1}{3}\,NmG^2$ (v. **33**), donc $E = \dfrac{1}{3}\,\dfrac{NmG^2}{T}$.

Introduisons les valeur de Q et E dans l'expression de C_p et de C_v. Il vient

$$C_p = \frac{NmG^2}{2T} + \frac{NmG^2}{3T} + I, \qquad C_v = \frac{NmG^2}{2T} + I.$$

Le rapport K de ces deux constantes est donné par l'égalité :

$$K = \frac{\dfrac{5}{6}\,\dfrac{NmG^2}{T} + I}{\dfrac{1}{2}\,\dfrac{NmG^2}{T} + I}.$$

Sa valeur est maxima quand $I = 0$; elle devient alors $\dfrac{5}{3} = 1.667$.

Si $I > 0$, $K < \dfrac{5}{3} < 1.667$.

45. La détermination expérimentale de la valeur de K. est une opération assez simple; elle repose sur la mesure de la vitesse du son dans le gaz.

D'après la formule de Laplace cette vitesse u est de $\sqrt{\dfrac{p}{d}\,k}$, p étant la pression du gaz, d sa densité et k le rapport $\dfrac{C_p}{C_v}$ pour le gaz mis en expérience. Pour deux gaz différents, mais soumis à la même pression, nous aurons donc :

$$\frac{u_1}{u_2} = \sqrt{\frac{k_1\,d_2}{k_2\,d_1}}. \tag{1}$$

Pour un son donné, $u = n\lambda$, λ étant la longueur d'onde, en remplaçant dans (1) il vient :

$$\frac{\lambda_1}{\lambda_2} = \sqrt{\frac{k_1 d_2}{k_2 d_1}} \quad \text{ou} \quad k_2 = k_1 \frac{d_2 \lambda_2^2}{d_1 \lambda_1^2} \quad (2)$$

Connaissant k_1, d_1 et d_2, la détermination de k_2 se réduit à celle du rapport des longueurs d'onde d'un son de hauteur constante dans deux gaz.

On emploie pour déterminer λ_1 et λ_2 un tube de verre d'environ 1.5 m. et de 2 cms de diamètre (fig. 7), dans lequel s'engage un piston dont la tige s peut être amenée à vibrer longitudinalement par friction à l'aide d'un linge mouillé. Par les tubulures c_1 et c_2 on remplit le tube du gaz à étudier. Lorsqu'on fait vibrer la tige T, le gaz entre en vibration: il s'y produit des ondes stationnaires que l'on rend visibles en introduisant dans le tube des poussières très légères (poussière de liège). En déplaçant un deuxième piston ab, on arrive à trouver une longueur du tube qui soit un multiple entier de la longueur d'onde, dont la mesure se réduit alors à celle de la distance entre deux nœuds d'onde.

On fait une mesure dans l'air, une autre dans le gaz pour lequel on veut connaître k. Pour l'air $k_1 = 1.400$. La densité de l'air étant prise comme unité la formule (2) devient

$$k_2 = 1.4 . d_2 . \frac{\lambda_2^2}{\lambda_1^2}$$

46. Pour la plupart des gaz parfaits, comme l'hydrogène, l'oxygène, l'azote, la valeur de k est voisine de 1.41. Pour les vapeurs, dans lesquelles le travail interne est beaucoup plus considérable, le rapport descend jusqu'à 1.

Pour le mercure, au contraire K $= 1.667$. La valeur de I est donc nulle dans le cas particulier. Il en résulte qu'il ne se fait pas de travail interne sensible dans les molécules de mercure, ce qui n'est possible que si ces molécules sont monoatomiques. Sinon elles seraient le siège des mouvements vibratoires internes dont l'amplitude augmenterait avec l'élévation de température, ce qui nécessiterait une dépense de travail; I ne serait donc plus nul.

La vapeur de mercure est formée par conséquent de molécules monoatomiques. Or, le poids atomique

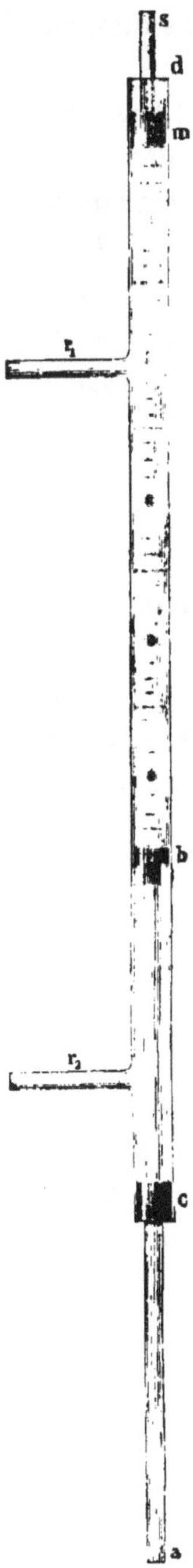

Fig. 7.

de ce métal, établi par une méthode que nous étudierons ultérieurement, est sans discussion possible, de 198.4.

La densité de vapeur de mercure est d'autre part 99.2 fois plus grande que celle de l'hydrogène. Le rapport des poids moléculaires est donc 99.2, tandis que celui des poids atomiques est 198.4; il s'en suit que la molécule d'hydrogène est biatomique. Il en sera de même pour l'oxygène et dès lors il est hors de doute que la molécule d'eau est bien formée d'un atome d'oxygène et de deux atomes d'hydrogène, et que le poids atomique de l'oxygène est 15.878.

La plupart des corps simples, réduits en vapeurs, sont formés de molécules biatomiques; la molécule de phosphore est formée de quatre atomes.

Les argonides et les métaux ont des vapeurs monoatomiques.

47. Il résulte de ce qui précède que pour établir le poids moléculaire d'un corps volatil, il suffit de déterminer la densité de sa vapeur. Si nous représentons cette densité par D_m, par D_h la densité de l'hydrogène, nous pouvons écrire :

$$\frac{D_m}{D_h} = \frac{x}{2}$$

2 étant le poids moléculaire de l'hydrogène.

Or $D_h = 0,06956$, donc en remplaçant et en résolvant:

$$x = 28.78 \ D_h.$$

48. Parmi les différents procédés de détermination de densité de vapeur, les chimistes donnent la préférence à celui de V. Meyer ; il est d'une grande simplicité, ne nécessite pas la connaissance exacte de la température à laquelle on opère et c'est celui qui se prête le mieux à des mesures à hautes températures.

Le principe de la méthode consiste à déterminer le poids d'air qui, dans les mêmes conditions de température et de pression, occuperait le même volume que la substance étudiée.

L'appareil dont on se sert est en somme un thermomètre à air à déplacement.

Il est constitué par une ampoule cylindrique A, (fig. 8) se continuant par un long tube b, fermé supérieurement par un bouchon. A quelque distance de l'extrémité supérieure le tube b porte un tube à récolter, permettant de recueillir l'air déplacé sur une cuve pneumatique.

Une tige de verre **t** glissant dans le raccord de caoutchouc **g**, obture imparfaitement la lumière du tube **b**. Elle permet de maintenir un petit tube **e**, renfermant un poids connu **s** de la substance dont on veut déterminer la densité.

L'ampoule et la partie moyenne du tube **b** sont placées dans une enceinte que l'on chauffe à une température constante, laquelle doit être supérieure à la température d'ébullition du corps étudié sous la pression atmosphérique. — Le plus souvent on obtient ce résultat en entourant l'ampoule d'un manchon C dans lequel on fait bouillir un liquide approprié.

Au début de l'opération, l'air renfermé dans l'ampoule se dilate; une partie s'en échappe donc dans la cuvette. Lorsque l'équilibre de température avec l'enceinte chaude est obtenu, ce que l'on reconnait à ce que la dilatation de l'air a pris fin, on retire un peu la tige **t**; le tube **s** tombe dans l'ampoule, la substance se volatilise et déplace un certain volume d'air. Celui-ci est recueilli dans la cloche graduée **m**. Le volume mesuré dans cette cloche n'est pas égal à celui qu'occupe la substance dans l'ampoule, mais à celui qu'elle occuperait si elle pouvait être réduite en vapeur à la température que possède l'air dans la cloche.

Connaissant cette température et la pression sous laquelle il se trouve dans la cloche, on calcule le poids de l'air. Le rapport du poids de substance au poids de l'air donne la densité, laquelle se détermine par conséquent à l'aide de la formule

$$D = \frac{s^{gr.} \times 760 \times (1 + 0.002665)t}{0,001293^{gr.} \times (b - h) \times v}$$

dans laquelle *s* est le poids de substance mise en œuvre, *t* la température à laquelle on mesure le volume d'air déplacé, *b* la pression barométrique, *h* la tension de la vapeur d'eau à la température *t*, *b* et *h* étant exprimés en millimètres, *v* le volume d'air mesuré en centimètres cubes.

Fig. 8.

La méthode de V. Meyer ne conduit pas à des résultats d'une exactitude absolue, mais suffit néanmoins pour choisir entre les différents multiples entiers du poids moléculaire minimum. Celui-ci se détermine par des procédés analytiques.

Soit par exemple rechercher le poids moléculaire du chlorure de zinc. L'analyse nous apprend que ce corps renferme 48 °/₀ de zinc et 52 °/₀ de chlore.

Si la molécule de chlorure de zinc ne contient qu'un seul atome de chlore qui pèse 35.19, la quantité correspondante de zinc sera donnée par la proportion :

$$\frac{x}{35.19} = \frac{48}{52} \; ; \text{ d'où } x = 32.46.$$

Le poids moléculaire du chlorure de zinc sera dans ce cas de :

$$32.46 + 35.19 = 67.65.$$

Ce nombre représente le poids moléculaire le plus petit possible de ce corps, dont la molécule ne peut évidemment renfermer moins d'un atome de chlore.

Mais cette molécule peut aussi en contenir n atomes, par conséquent n fois 32.46 de zinc ; son poids moléculaire sera alors n fois 67.65. Nous avons donc à choisir entre les différentes valeurs possibles de n.

Supposons que nous trouvions une densité de vapeur égale à 4.6, correspondant au poids moléculaire 133.4 (v. **47**).

La valeur de n qui fournit le multiple de 67.65 le plus voisin de **133,4** est 2, pour laquelle le poids moléculaire du chlorure de zinc est **135,3** ; ce nombre sera pris pour poids moléculaire **exact** du chlorure de zinc.

La détermination rigoureuse de la grandeur moléculaire repose donc toujours sur une analyse quantitative. Cette méthode expérimentale est en effet d'une précision bien supérieure à celle des méthodes physiques.

49. Les grandeurs moléculaires ont été établies par la mesure des densités pour un très grand nombre de combinaisons ; quand on a pu, comme nous l'avons fait pour l'eau, établir cette constante par voie de divisibilité chimique, on a toujours obtenu des résultats concordants avec ceux que fournit la densité de vapeur, ce qui constitue la démonstration expérimentale la plus parfaite de la proposition d'Avogadro.

La densité de vapeur de l'eau conduit p. ex. au poids moléculaire 18 que nous avons déjà trouvé par la méthode chimique.

50. Calcul du poids d'un litre d'un gaz. — Connaissant le poids moléculaire d'un gaz nous pouvons en déduire la densité, soit le poids d'un litre, à une température et une pression données. Le poids d'un litre d'un gaz est égal à sa densité multipliée par le poids d'un litre d'air dans les mêmes conditions de température et de pression. — Un litre d'air pèse à t° et sous la pression p (exprimée en millimètres de mercure). $\dfrac{1.293^{gr} \times p}{760 \times (1 + \alpha t)}$.

Or, nous avons vu plus haut que :

$$D = \frac{M}{28.78};$$

Donc le poids d'un litre d'un gaz est égal à :

$$P = \frac{M \times 1.293^{gr} \times p}{28.78 \times 760 \times (1 + \alpha t)} = 0.08995 \times \frac{M}{2} \times \frac{p}{760 \ (1 + \alpha t)}.$$

A 0° et à la pression de 760 millimètres, cette expression simpli-fiée devient :

$$P = 0,^{gr} 08995 \times \frac{M}{2}$$

ou avec une approximation très suffisante : $P = 0,^{gr}09 \times \dfrac{M}{2}$.

D'où la règle générale : **On obtient le poids d'un litre d'un gaz à la pression de 760ᵐᵐ et à 0° en multipliant son demi-poids moléculaire par 0,09 grammes.**

51. Molécule-gramme. — On appelle molécule-gramme d'un corps un nombre de grammes de ce corps égal au poids moléculaire. Une molécule-gramme d'hydrogène pèse donc deux grammes, une molécule-gramme d'eau 18 grᵃ, etc. — **Les molécules-grammes de tous les corps contiennent le même nombre absolu de molé-cules,** nombre égal au rapport du gramme au poids absolu de l'atome d'hydrogène.

Le volume gazeux d'une molécule-gramme à 0° et sous 760ᵐᵐ de pression se déduit facilement des formules que nous avons établies. Un litre d'hydrogène pesant 0ᵍʳ08995, une molécule-gramme, soit 2ᵍʳ occupe un volume de :

$$2 : 0,08995 = 22 \text{ litres } 234.$$

Une molécule-gramme de n'importe quel gaz occuperait le même volume et l'on peut donc définir le poids moléculaire d'un corps en disant que c'est la quantité de matière, exprimée en grammes, qui à l'état gazeux, occupe à 0° et sous 760^{mm} de pression un volume de 22^l,234.

52. Valence ou atomicité. — Si nous déterminons le poids moléculaire de quelques combinaisons hydrogénées, nous reconnaîtrons que le nombre d'atomes d'hydrogène qu'elles renferment est variable.

Ainsi l'acide chlorhydrique est formé par l'union d'un atome d'hydrogène avec un atome de chlore.

L'eau contient 2 atomes d'hydrogène unis à un atome d'oxygène.

L'ammoniaque — 3 —   —   à un atome d'azote.

Le méthane   — 4 —   —   à un atome de carbone.

L'aptitude d'un atome à se combiner à d'autres, sa puissance attractive varie donc, non seulement en intensité, mais encore en capacité suivant la nature de l'élément.

On appelle **valence** ou **atomicité** la capacité de saturation d'un atome.

Vis à vis de l'atome d'hydrogène, la capacité d'attraction de l'atome d'oxygène est double de celle de l'atome de chlore.

Si nous faisons agir deux molécules d'oxygène, soit quatre atomes, sur une molécule de méthane, les quatre atomes d'hydrogène sont enlevés à ce dernier: il se fait deux molécules d'eau et l'atome de carbone dénudé fixe les deux atomes d'oxygène restants. Ces deux derniers remplacent ainsi les quatre atomes d'hydrogène, auxquels ils sont par conséquent équivalents vis-à-vis d'un **atome de carbone**, au point de vue de la capacité d'union.

De même, par l'action d'une molécule de chlore biatomique sur une molécule de méthane, on forme une molécule d'acide chlorhydrique, et l'atome de chlore restant vient se substituer à l'atome d'hydrogène enlevé.

L'atome d'hydrogène ne se fixe jamais qu'à un seul atome et ne se laisse jamais remplacer par plus d'un atome d'un autre élément. Sa valence est donc égale à l'unité : il est monovalent.

Le chlore, ainsi que les autres halogènes, dont un atome peut remplacer un atome d'hydrogène, sont également monovalents.

L'oxygène est bivalent, l'azote trivalent, le carbone tétravalent.

On a observé qu'en général les atomes tendent à se saturer réciproquement, c'est-à-dire à utiliser toutes leurs capacités d'attraction pour s'unir. Une molécule qui résulte d'une telle union est dite **saturée**. Elle ne peut plus en effet fixer de nouveaux atomes.

53. Un système non saturé n'est pas en équilibre stable ; il **tend** à prendre un autre état par l'un des trois modes suivants:

1° Il s'unit par ses atomicités libres à de nouveaux atomes de manière à compléter sa molécule. C'est ainsi que l'oxyde de carbone, formé par l'union d'un atome de carbone tétravalent et d'un atome d'oxygène bivalent, fixe un deuxième atome d'oygène pour saturer les deux valences libres du carbone ;

2° Il se combine à un groupement similaire voisin, ce qui amène chez les deux une saturation des attractions. Ex. Le groupement - O - H, formé d'un atome d'oxygène bivalent et d'un atome d'hydrogène, et dans lequel une valence de l'oxygène n'est pas saturée, peut s'unir à lui-même pour donner :

$$H - O \longrightarrow O - H$$

qui constitue une molécule saturée ;

3° Le système se brise de telle sorte que ses atomes puissent se grouper en systèmes saturés.

C'est ce que l'on observe p. ex. dans la fragmentation du groupement - O - H, qui se transforme en eau et en oxygène : quatre groupements - O - H donnent deux molécules d'eau et une molécule d'oxygène biatomique.

$$\begin{array}{cc} - O - H & - O - H \\ - O - H & - O - H \end{array}$$

L'eau et la molécule d'oxygène sont des systèmes saturés.

54. Il arrive fréquemment qu'un élément montre une atomicité variable. A côté des valeurs principales, qu'il manifeste dans toutes ses combinaisons, il en possède d'autres, qui n'apparaissent que dans certaines conditions, p. ex. quand l'affinité pour l'élément qu'on lui présente est très forte.

C'est ainsi que le phosphore s'unit à trois atomes d'hydrogène, mais il peut fixer cinq atomes de chlore. Ceux-ci ne sont pas attirés tous avec la même intensité; deux d'entre eux sont abandonnés beaucoup plus facilement que les trois autres. On en déduira que le phosphore est un élément pentavalent, mais dont deux valences sont moins actives et ne sont mises en jeu que vis-à-vis des éléments ayant pour le phosphore une affinité notable.

Une molécule saturée vis-à-vis d'un élément pourra donc ne pas l'être à l'égard d'un autre. C'est pourquoi il est parfois difficile d'établir la valence maxima d'un élément.

La valence d'un atome n'est jamais très élevée, elle dépasse rarement 4 et atteint au maximum 8 (nickel, fer).

55. La théorie atomique n'est qu'une hypothèse. Pour expliquer les phénomènes naturels, dont la cause première nous échappe, nous imaginons une hypothèse, qui n'est parfois qu'une paraphrase des faits. Lorsqu'elle ne l'est pas, elle prend à nos yeux un caractère de probabilité d'autant plus grand qu'elle condense et explique un plus grand nombre de faits.

Elle s'impose encore davantage si elle nous permet de prévoir des faits nouveaux, que l'expérience vient confirmer plus tard; quand, en s'appuyant sur elle, nous pouvons établir les lois auxquelles obéissent les phénomènes qu'elle doit expliquer. De telles hypothèses constituent, avec les lois que l'on peut en déduire, des théories. Le rôle des hypothèses est prépondérant dans l'histoire des sciences qui étudient les phénomènes naturels. Nous leur devons les plus importants progrès de la chimie et de la physique.

A cet égard, aucune théorie n'a joué un rôle plus important dans le développement de la science que la théorie atomique. Elle est pour le chimiste un guide indispensable et toutes les tentatives faites pour l'éliminer de la science et la remplacer par d'autres se sont trouvées infructueuses. Si la chimie inorganique eut pu se constituer peut être sans le secours de la théorie atomique, toute la chimie des combinaisons du carbone, la plus importante de toutes les parties de notre science, ne serait pas sortie de la seule description de quelques produits naturels, si nous n'avions eu, pour y créér et étudier les 120000 combinaisons du carbone, l'aide indispensable de la théorie atomique.

Parmi les chimistes qui ont contribué le plus à donner à la théorie atomique sa forme actuelle, il faut citer en première ligne Kékulé et van t'Hoff.

56. Notation chimique — Pour représenter les atomes on se sert d'une notation symbolique. Chaque atome est représenté par l'initiale de son nom latin. Si plusieurs éléments ont la même initiale, on ajoute une deuxième lettre du nom comme signe distinctif.

Ainsi O représente, non pas de l'oxygène, mais un atome d'oxygène pesant 15.88. Ag un atome d'argent pesant 107.11, etc.

Pour indiquer la valence d'un élément, on affecte le symbole d'un exposant en chiffres romains. Ainsi P^V signifie un atome de phosphore pentavalent.

Le tableau ci-contre donne les poids atomiques, le symbole et la valence des différents éléments. Les noms en caractères gras sont ceux des corps importants.

57. Formules. — Une molécule se représente en juxtaposant les différents symbôles des éléments qui la constituent et en les affectant d'un indice donnant le nombre d'atomes de chacun d'entre eux. On obtient ainsi la formule chimique d'un corps.

Ex. H_2SO_4, formule de l'acide sulfurique, signifie que la molécule de ce corps est formée de deux atomes d'hydrogène, d'un atome de soufre et de quatre atomes d'oxygène.

Si l'on veut représenter la manière dont les atomes sont liés entre eux dans la molécule, on se sert de formules dites de structure, dans lesquelles on représente les valences par des tirets.

$$\begin{array}{c} H \cdot O \diagdown \quad \diagup\!\!\diagup O \\ \qquad\quad S \\ H \cdot O \diagup \quad \diagdown O \end{array}$$

est la formule de structure de l'acide sulfurique. Elle indique que les quatre atomes d'oxygène sont fixés sur le soufre ; deux le sont par deux valences ; les deux autres par une seule. Leur deuxième valence est saturée par de l'hydrogène.

Il ne faut pas perdre de vue que c'est là une représenta-

Symbole	Noms	Poids atomique	Valence	Symbole	Noms	Poids atomique	Valence	Symbole	Noms	Poids atomique	Valence
Al	**Aluminium**	26.91	3	Ga	Gadolinium	155.57		Pr	Praséodidyme	139.4	3-5
Sb	**Antimoine**	119 44	3-5	Ga	Gallium	69.5	3	Ra	Radium ?	224.	2
Ag	**Argent**	107 11	1	Ge	Germanium	71.9	4	Rh	Rhodium	102.2	2-8
Ar	**Argon**	39 7	?	He	Hélium	4	?	Rb	Rubidium	84.75	1
As	**Arsenic**	74.52	3-5	H	**Hydrogène**	1	1	Ru	Ruthénium	100.9	2-8
N	**Azote**	13.93	3-5	In	Indium	113.1	3	Sa	Samarium	149 2	3-?
Ba	**Baryum**	136.4	2	I	**Iode**	125.89	1-7	Sc	Scandium	43.78	3
Be	Béryllium	9 01	2	Ir	Iridium	191.6	2-8	Se	Sélénium	78.58	2-6
Bi	**Bismuth**	206.5	3-5	La	Lanthane	138.9	3	Si	**Silicium**	28.18	4
Bo	**Bore**	10.86	3	Li	Lithium	6·97	1	Na	**Sodium**	22.88	1
Br	**Brome**	79.34	1-7	Mg	**Magnésium**	24.1	2	S	**Soufre**	31.83	2-6
Cd	**Cadmium**	111.55	2	Mn	**Manganèse**	54.57	2-7	Sr	**Strontium**	86.95	2
Ca	**Calcium**	39.76	2	Hg	**Mercure**	198.3	2	Ta	Tantale	181 4	3-5
C	**Carbone**	11.92	4	Mo	Molybdène	95 8	2-6	Te	Tellure	127.6	2-6
Ce	Cérium	139 2	4	Nd	Néodidyme	142 5	3-5	Tl	Thallium	202.6	1-3
Cl	**Chlore**	35.18	1-7	Ne	Néon	20.3	?	Tb	Therbium	158.8	
Cr	**Chrome**	51.74	2-6	Ni	**Nickel**	58.4	2-8	Th	Thorium	230.8	4
Co	Cobalt	59.07	2-8	Nb	Niobium	93	3-5	Tu	Thulium	169.4	
Cs	Cœsium	121.9	1	Au	**Or**	195.74	1-3	Tl	Titane	47.79	4
Kr	Crypton	81.6	?	Os	Osmium	189.55	2-8	Wo	Tungstène	183	2-6
Cu	**Cuivre**	63.12	2	O	**Oxygène**	15.878	2	Ur	Urane	237.7	4 8
Er	Erbium	164.7	3-5	Pd	Palladium	106	2-8	V	Vanadium	51	3-5
Sn	**Etain**	118.1	2.4	P	**Phosphore**	30.75	3-5	X	Xénon	128	?
Fe	**Fer**	55.6	2 8	Pt	**Platine**	193.4	2-8	Yb	Ytterbium	171.8	3
Fl	**Fluor**	18.93	1-?	Pb	**Plomb**	205.36	2-4	Yt	Yttrium	88 28	3
				K	**Potassium**	38.82	1	Zn	**Zinc**	64.91	2
								Zr	Zirconium	89.7	4

tion conventionnelle de faits acquis par l'expérience, mais que nous ne savons rien de la forme réelle des molécules.

Quand on veut différencier un groupe de plusieurs atomes dans une molécule, on l'inclut dans une parenthèse. Si ce groupe se retrouve plusieurs fois, on affecte la parenthèse d'un indice. Ainsi, l'on peut écrire l'acide sulfurique : $(HO)_2 SO_2$, quand on veut attirer l'attention sur l'existence de deux groupements $\cdot OH$ donnant à ce corps des fonctions particulières.

58. Équations chimiques. Pour représenter graphiquement la transformation d'un système chimique en un autre, le chimiste se sert d'une notation spéciale, qu'on appelle équation chimique. Celle-ci, comme l'équation algébrique, est formée de deux membres séparés par le signe de l'égalité. Dans le premier membre on écrit la formule des corps qui réagissent l'un sur l'autre, en les séparant par le signe $+$. Le second membre renferme la formule des produits de transformation, également séparés par le signe $+$. Si plusieurs molécules d'un même corps interviennent dans une réaction, on indique ce fait en affectant la formule de ce corps d'un coefficient.

Ainsi l'équation :

$$2H_2O + 2Cl_2 = 4HCl + O_2, \tag{1}$$

signifie que 2 molécules d'eau, agissant sur 2 molécules de chlore, donnent 4 molécules d'acide chlorhydrique (HCl) et 1 molécule d'oxygène.

Une équation chimique a une signification qualitative et quantitative. Elle ne nous apprend pas seulement que des corps réagissent l'un sur l'autre pour donner certaines nouvelles combinaisons, mais aussi quelles sont les quantités qui interviennent.

Dans l'exemple cité, nous voyons que 2 molécules d'eau qui pèsent 2×18 agissent sur 2 molécules de chlore pesant 2×71, pour donner 4 molécules d'acide chlorhydrique pesant 4×36.5 et 2×16 d'oxygène. L'unité de poids est arbitraire. Ce peut aussi bien être le poids absolu de l'atome d'hydrogène, qu'une tonne. Le nombre absolu de molécules intervenant serait donné par le rapport du poids de l'atome d'hydrogène à l'unité de poids choisie.

La connaissance des équations chimiques est indispensable

quand on veut calculer les quantités de substances à mettre en œuvre pour préparer un poids donné d'un corps.

59. Si nous voulions préparer 50 grammes d'oxygène, l'équation (1) nous apprend que 32 gr. de ce gaz sont fournis par 36 gr. d'eau et 142 gr. de chlore ; une simple proportion permet alors de faire le calcul des quantités nécessaires de ces corps pour obtenir 50 gr. d'oxygène.

Quand il s'agit de préparer un gaz, on demande souvent les quantités de matière à employer pour obtenir un volume donné d'un gaz ; on se rappelera qu'une molécule-gramme d'un gaz occupe à 0° et sous 760^{mm} de pression un volume de 22230 c^3 et que le poids d'un litre d'un gaz est égal à $\frac{m}{2} + 0,0899$ gr. m étant son poids moléculaire.

60. Il est à remarquer que les équations chimiques ne sont pas comparables aux équations algébriques; **elles ne sont que la paraphrase d'un fait observé**. Il nous est impossible de les résoudre à priori ; connaissant le premier membre de l'équation, nous ne pouvons en déduire mathématiquement le second.

Ainsi l'équation :

$$Zn_2 + 4HCl = 2ZnH_2 + 2Cl_2$$

est algébriquement exacte ; elle est absurde au point de vue chimique.

On peut faire subir à une équation chimique les opérations suivantes : suppression des termes communs aux deux membres ; division de tous les coefficients par un facteur commun, addition de deux équations membre à membre. Cette dernière opération représente expérimentalement deux réactions se produisant simultanément ou consécutivement l'une à l'autre.

61. Nomenclature. — Les noms des combinaisons de deux éléments se font en ajoutant au nom de l'élément le plus métalloïdique la terminaison **ure** ; on détermine le nom ainsi formé en le faisant suivre du nom de l'autre élément. Ainsi le **chlorure de sodium** est la combinaison du **chlore** au **sodium**, le **bromure de phosphore**, celle du **brome** avec le **phosphore**. Quand il existe plusieurs combinaisons d'un même élément avec un autre, on emploie des préfixes indiquant le nombre d'atomes du premier entrant en combinaison avec le second; nous connaissons ainsi le **trichlorure** PCl_3 et le **pentachlorure** de phosphore PCl_5. Les combinaisons de l'oxygène sont les **oxydes**; celles du soufre, les **sulfures**. Quelquefois on détermine la nature du métal qui entre dans la constitution de la combinaison par un adjectif formé du nom du métal suivi du suffixe **ique**. Ex. $CuCl_2$ s'appelle le **chlorure cuivrique**. Quand le métal forme deux combinaisons avec le métalloïde, la plus riche en métalloïde prend la terminaison **ique**, la plus pauvre la terminaison **eux** : $FeCl_2$ est le chlorure ferreux, $FeCl_3$ le chlorure ferrique.

On appelle **hydroxydes** des combinaisons contenant le groupement - OH. Ex : $Ca\big\langle{}^{OH}_{OH}$ est l'hydroxyde de calcium.

62. Acides. — Il existe une importante catégorie de substances qui ont comme caractères communs de posséder une saveur aigre et de rougir la teinture de tournesol : ce sont les acides.

Ils se distinguent tous par le fait que leur molécule contient un ou plusieurs atomes d'hydrogène aisément échangeables contre des métaux. Outre l'hydrogène, leur molécule renferme un ou plusieurs métalloïdes; dans ce dernier cas l'un d'eux est presque toujours de l'oxygène. Les acides contenant de l'oxygène sont les **oxacides**. Ce sont de loin les plus nombreux; ceux, qui ne sont formés que de l'hydrogène uni à un métalloïde unique, sont les **hydracides**.

On forme le nom des hydracides en ajoutant la terminaison **hydrique** au nom du métalloïde. Ainsi HCl est l'acide chlorhydrique.

Dans les oxacides on trouve outre l'oxygène, un métalloïde caractéristique ; c'est lui qui donne le nom à l'acide. On fait suivre son nom de la terminaison **ique**; ainsi H_2CO_3 est l'acide carbonique.

Parfois un même métalloïde forme plusieurs acides ; les plus pauvres en oxygène prennent la terminaison **eux**; les plus riches la terminaison **ique**. Le nom de celui des acides en **eux** contenant le moins d'oxygène est affecté du préfixe **hypo** ; celui de l'acide en **ique** le plus riche, du préfixe **per**.

Nous connaissons ainsi, p. ex. :

L'acide hypochloreux HOCl   L'acide chlorique $HClO_3$

L'acide chloreux $HClO_2$ L'acide perchlorique $HClO_4$.

63. On appelle **basicité** d'un acide le nombre d'atomes d'hydrogène remplaçables qu'il contient.

HCl est monobasique.

H_2SO_4 est bibasique.

H_3PO_4 est tribasique.

La basicité s'élève rarement au-dessus de 4. Il ne faudrait pas croire que la basicité est toujours égale au nombre d'atomes d'hydrogène contenus dans la molécule. C'est ainsi que l'acide acétique a pour formule $C_2H_4O_2$ et est un acide monobasique.

On doit donc distinguer l'hydrogène remplaçable de celui qui ne l'est pas : on l'appelle hydrogène **basique**.

64. Un acide peut être considéré comme résultant de l'union d'un certain nombre d'atomes d'hydrogène basique avec un groupement plus ou moins complexe de plusieurs atomes. Ce groupement est appelé **résidu halogénique**. Il se réduit à un atome dans les hydracides.

Le groupement $-ClO_3$ de l'acide chlorique joue le même rôle dans la molécule d'acide chlorique que le chlore dans l'acide chlorhydrique. Nous connaissons ainsi de très nombreux groupements de plusieurs atomes, tels tous les résidus halogéniques, qui ont la même fonction qu'un atome unique. On appelle ces groupements des **radicaux**. Ils n'ont pas d'existence propre; on ne peut les isoler, car ils ne constituent pas des systèmes saturés. Quand on essaye de les séparer, ils se fragmentent (v. **53**).

65. Le produit du remplacement plus ou moins complet de l'hydrogène d'un acide par un métal s'appelle un **sel**.

On forme le nom des sels des hydracides en remplaçant la terminaison **hydrique** de l'acide par la terminaison **ure**. Le sel de calcium de l'acide bromhydrique, $CaBr_2$, s'appellera le brom**ure** de calcium.

Pour les oxacides on remplace la terminaison **ique** par **ate**, la terminaison **eux** par **ite**. Le sel de sodium de l'acide azoteux est l'azot**ite** de sodium, celui de l'acide azotique, l'azot**ate** de sodium.

Si le remplacement de l'hydrogène est total dans la molécule d'un acide, on obtient un **sel neutre**; s'il n'est que partiel, il reste de l'hydrogène basique dans la molécule et celle-ci possède encore la fonction acide ; le sel est un **sel acide**.

Les acides pluribasiques peuvent seuls former des sels acides ; on dit que le sel est mono-, bi-, tri-, etc. métallique, suivant que 1, 2, 3, etc. atomes d'**hydrogène** de la molécule ont été remplacés par un métal, et non pas d'après le nombre d'atomes de métal entrant dans la constitution du sel ; ainsi :

$$\begin{matrix} Ca \\ H \end{matrix}\!\!\diagdown\!\!\diagup PO_4$$

est le phosphate bimétallique de calcium, quoique ne comptant qu'un seul atome de ce métal.

On peut aussi faire la nomenclature de ces sels en indiquant le nombre d'atomes d'hydrogène basique restants.

$$\begin{matrix} Na \\ H \\ H \end{matrix}\!\!\diagdown\!\!- BoO_2$$

est le borate biacide de sodium.

Un **sel double** est celui dans lequel le remplacement de l'hydrogène se fait par des métaux différents.

$$O_4P\!\!\diagup\!\!\diagdown\begin{matrix} Mg \\ Na \end{matrix}$$

est le phosphate neutre double de magnésium et de sodium.

66. Bases. — La plupart des oxydes et les hydroxydes métalliques possèdent la propriété de laisser échanger facilement leur métal contre l'hydrogène des acides. Ils donnent ainsi naissance à des sels. Ex.

$$HCl + NaOH = HOH + NaCl.$$

On appelle **bases** les oxydes et hydroxydes métalliques qui possèdent cette propriété.

Pour terminer cette revue rapide de la nomenclature, il faut ajouter que beaucoup de corps ont reçu des noms empiriques qui dérivent soit de leur origine, soit de leurs propriétés. La nomenclature des combinaisons du carbone est spéciale; nous l'étudierons en chimie organique.

Métalloïdes.

HYDROGÈNE — H$_2$.
Poids atomique 1. PM. 2.

67. L'hydrogène se rencontre en très petites quantités à l'état libre dans l'atmosphère (1/30000), et inclus dans certaines roches, comme le granit. La photosphère solaire en renferme des quantités colossales.

Sa principale combinaison est l'eau ; on le trouve aussi dans les acides, les hydroxydes métalliques et la plupart des substances organiques.

On peut l'extraire de l'eau, des acides et de certaines bases.

Pour obtenir un corps simple nous disposons de deux procédés : 1° le dédoublement d'une de ses combinaisons ; 2° son remplacement par un élément plus actif dans une de ses combinaisons.

Extraction de l'hydrogène de l'eau par dédoublement :

1° La décomposition de l'eau par la chaleur est une opération fort difficile ; l'eau se formant à une température très élevée, nécessitera une température malaisée à obtenir pour être dédoublée.

On peut cependant observer une décomposition très partielle de l'eau vers 2000°. Quand on laisse tomber quelques globules de platine fondu (> 1730°) dans de l'eau, on constate que de la surface du métal s'élèvent des bulles gazeuses. En les recueillant, on peut reconnaître qu'elles sont formées d'un mélange d'hydrogène et d'oxygène. A 2500° la décomposition de l'eau est encore très imparfaite. La séparation des produits de décomposition est en outre des plus difficiles (Voir Dissociation).

2° L'électrolyse nous fournit au contraire un moyen facile de séparation de l'oxygène et de l'hydrogène. L'eau pure ne conduisant pas le courant d'une manière satisfaisante, on y ajoute environ 10 °/₀ d'acide sulfurique. En fait, c'est ce dernier qui est électrolysé.

68. Electrolyse. — Nous avons vu (v. **19**) que l'électrolyse de l'eau donne de l'hydrogène au pôle négatif de l'oxygène au pôle positif.

Dans toute électrolyse, l'élément métallique de la combinaison se porte au pôle négatif; il chemine donc dans le sens du courant; le métalloïde, s'il s'agit d'un composé binaire, ou le radical (v. **64**) dans le cas d'un composé plus complexe (**acide ou sel**) se porte au pôle positif. C'est pourquoi on appelle souvent les métaux éléments **électro-positifs**, parce qu'ils sont attirés par l'électrode négative, tandis que les métalloïdes sont dits **électro-négatifs**.

Dans l'électrolyse de l'acide sulfurique l'hydrogène, qui dans les acides se comporte comme un métal, se rend au pôle négatif, le résidu halogénique SO_4 au pôle positif. Mais ce résidu halogénique n'a pas d'existence propre (v. **53**); il se décompose en SO_3 et en oxygène au moment où il se libère sur l'électrode. SO_3 agit sur l'eau pour reconstituer H_2SO_4. Les réactions successives de l'électrolyse sont :

$$H_2SO_4 = \overset{-}{H_2} + \overset{+}{SO_4}$$
$$SO_4 = SO_3 + O$$
$$SO_3 + H_2O = H_2SO_4$$

L'acide sulfurique est donc régénéré au pôle positif aux dépens de l'eau et nous recueillons l'hydrogène et l'oxygène exactement dans les proportions où ils sont contenus dans l'eau, tandis que celle-ci diminue constamment en quantité.

L'électrolyse de l'eau acidulée est devenue une opération industrielle; la différence de potentiel aux électrodes doit être supérieure à **1.67**, force électromotrice de polarisation (v. plus loin).

On peut aussi électrolyser une solution de soude caustique. Dans ce cas c'est l'hydroxyde de sodium qui subit la décomposition. Le sodium apparait au pôle négatif; il décompose l'eau au moment de sa mise en liberté, il se fait de l'hydrogène et la soude caustique est régénérée. Le groupement OH se porte au pôle positif; il s'y dédouble en oxygène et eau (v. **53**). Les réactions de l'électrolyse sont donc :

$$2\,NaOH = \begin{cases} -\{ \ 2\,Na & |\ 2\,Na + 2\,H_2O = 2\,NaOH + H_2 \\ +\{ \ 2\,OH & =\ H_2O + \tfrac{1}{2}O_2 \end{cases}$$

Il n'y a donc qu'une molécule d'eau qui disparaît.

L'électrolyse de l'eau fournit de l'hydrogène pur, si l'on évite le mélange des deux gaz par diffusion.

Préparation de l'hydrogène par déplacement.— Des métaux fortement métalliques peuvent décomposer l'eau. Les métaux alcalins déplacent, à froid, la moitié de l'hydrogène de l'eau :

$$2Na + 2H_2O = 2NaOH + H_2.$$

Cette réaction est violente et ne convient pas pour la préparation de l'hydrogène. On peut la modérer et la rendre pratiquement utilisable en employant, non pas le sodium lui-même, mais son amalgame.

L'aluminium amalgamé décompose également l'eau à froid ; il se fait de l'hydroxyde d'aluminium. Cette réaction ne réussit pas avec l'aluminium ordinaire, qui se recouvre d'une pellicule d'hydroxyde compact empêchant la transformation de se poursuivre (v. **12**).

Le zinc et le magnésium agissent sur l'eau à 100°. Le fer produit la même réaction au rouge.

$$4H_2O + 3Fe = Fe_3O_4 + 4H_2.$$

Quand on lance de la vapeur d'eau dans un tube de fer chauffé au rouge et contenant des clous, et qu'on recueille les gaz sortants du tube, on trouve que ceux-ci sont formés d'un mélange de vapeur d'eau non transformée et d'hydrogène.

Il est à remarquer **que quelles que soient la longueur du tube contenant le fer et la lenteur du courant de vapeur d'eau**, on ne parvient pas à décomposer complètement l'eau par le fer. Pour une température donnée du four, le rapport de la quantité de vapeur d'eau non transformée à la quantité d'hydrogène produit ne peut descendre au-dessous d'une certaine limite. C'est là un fait très important; nous rencontrons pour la première fois un exemple d'une **réaction incomplète**.

On peut encore décomposer l'eau par le charbon.

$$2H_2O + C_2 = 2 CO + 2 H_2.$$

On obtient un mélange d'eau et d'oxyde de carbone, connu sous le nom de gaz à l'eau ; l'étude de cette réaction trouve mieux sa place dans l'histoire du carbone. Cette réaction est fort importante au point de vue industriel.

69. On prépare l'hydrogène dans les laboratoires par l'action d'un métal convenablement choisi sur un acide approprié.

Les métaux qui conviennent sont le zinc, le fer et l'aluminium. On emploie comme acides l'acide sulfurique **étendu** (c. à. d. additionné d'eau) ou l'acide chlorhydrique.

Le zinc est, en raison de la facilité avec laquelle il réagit et de son prix minime, le métal le plus fréquemment utilisé.

$$Zn + H_2SO_4 = ZnSO_4 + H_2.$$

La réaction se fait à froid. Le zinc et l'acide sulfurique rigoureusement purs sont sans action l'un sur l'autre ; il n'en est pas de même du zinc et de l'acide commercial. Si l'on veut employer des matériaux purs on doit ajouter à l'acide une goutte d'une solution de chlorure de platine. Il se produit alors un dépôt de platine à la surface du zinc et le système zinc-platine constitue un couple voltaïque qui provoque la réaction.

Quand on opère avec le zinc et l'acide sulfurique ordinaire, l'hydrogène que l'on obtient n'est pas pur : il renferme une série d'impuretés gazeuses qui lui communiquent une odeur désagréable. En outre, quelle que soit la pureté des matériaux mis en œuvre, il est mélangé de vapeur d'eau. Pour purifier l'hydrogène, on le fait passer à travers une solution de permanganate de potassium qui absorbe les impuretés; pour le déssécher on le dirige dans des flacons laveurs ou des tubes contenant un corps avide d'humidité, tel que de l'acide sulfurique concentré ou du chlorure de calcium (fig. 9). Le tube à entonnoir du flacon générateur sert

Fig. 9.

à l'introduction de nouvelles quantités d'acide sulfurique.

70. Préparation de l'hydrogène aux dépens des bases.
— Certains hydroxydes métalliques laissent remplacer leur hydrogène par des métaux tels que le zinc, le fer et surtout l'aluminium. Ce dernier métal agit à froid sur une dissolution de soude ou de potasse caustique, pour donner de l'hydrogène, d'après l'équation :

$$2 \left[Al''' + \begin{matrix} NaOH \\ NaOH \\ NaOH \end{matrix} \right] = 2\, Al \begin{matrix} \diagup ONa \\ -ONa \\ \diagdown ONa \end{matrix} + 3H_2$$

Cette méthode de préparation fournit de l'hydrogène pur. On peut aussi chauffer de la chaux éteinte (hydroxyde de calcium) avec du fer :

$$Ca \begin{matrix} \diagup OH \\ \diagdown OH \end{matrix} + Fe = CaO + FeO + H_2$$

Enfin on obtient de l'hydrogène pur et sec en chauffant vers 400° un mélange de formiate de sodium et de soude caustique.

$$O = C \begin{matrix} \diagup ONa \\ \diagdown H \end{matrix} + \begin{matrix} Na \diagdown \\ H \diagup \end{matrix} O = O = C \begin{matrix} \diagup ONa \\ \diagdown ONa \end{matrix} + H_2$$

Formate de sodium.   Soude caustique.   Carbonate de sodium.

71. L'hydrogène pur est un gaz incolore, insipide et inodore. C'est le plus léger de tous les corps : un litre d'hydrogène pèse 0,08995 gr. à 0° et sous 760^{mm} de pression. Il est presque complètement insoluble dans l'eau. C'est après l'hélium, le gaz le plus difficile à condenser. Sa température critique est de -234° ; la pression nécessaire à la liquéfaction à cette température est de 20 atmosphères. On obtient ainsi un liquide incolore, extraordinairement léger (D = 0,07), qui bout à - 252,6° et qui refroidit par évaporation sous pression réduite, se solidifie à -258,9° en un corps solide, transparent comme du verre.

72. En raison de sa grande légèreté l'hydrogène est de tous les gaz celui qui diffuse le plus facilement.

Quand deux gaz A et B sont séparés l'un de l'autre par une surface S (fig. 10), ils tendent à se mélanger jusqu'à ce que tout l'espace E ait une composition identique, même si B est plus dense que A.

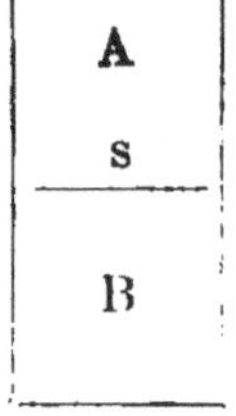

On appelle **diffusion** la propriété que possèdent tous les fluides (gaz et liquides) à se pénétrer ainsi réciproquement et qui est due au mouvement de translation de leurs molécules.

Fig. 10.

On nomme transpiration capillaire le passage des gaz par diffusion à travers une orifice capillaire. Elle se fait avec une vitesse variable suivant la densité; on peut la mesurer dans le diffusiomètre de Bunsen (fig. 11).

Une cloche à gaz plonge dans une cuvette profonde remplie de

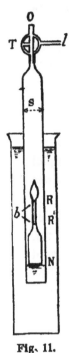

mercure. Elle renferme un flotteur reposant sur le mercure et portant deux repères R et R'. Cette cloche est munie d'un robinet à trois voies T, dont la tubulure supérieure O est fermée par une plaque de platine percée d'un orifice très étroit.

On remplit la cloche du gaz à étudier par la tubulure latérale *l*, puis on ferme le robinet et on enfonce la cloche dans le mercure jusqu'à ce que le repère supérieur du flotteur soit au-dessous du niveau du mercure. On tourne ensuite le robinet de manière que le gaz puisse s'échapper par la tubulure supérieure. Le flotteur s'élève lentement dans la cloche. On note le moment où le repère supérieur R devient visible et celui auquel apparaît le repère inférieur. L'intervalle représente le temps nécessaire pour l'écoulement d'un volume de gaz S soumis à une pression variant de RN à R'N. On voit que dans une série d'opérations, les conditions d'expérience resteront les mêmes.

Fig. 11.

Si la température reste constante, la force vive des molécules est la même pour tous les gaz, donc

$$mG^2 = m'G'^2 \quad \text{ou} \quad \frac{G}{G'} = \sqrt{\frac{m'}{m}}$$

c'est-à-dire que les vitesses moléculaires moyennes (v. **33**) sont entre elles en raison inverse de la racine carrée de leurs poids moléculaires. Comme les poids moléculaires des gaz sont entre eux comme leurs densités, les vitesses moléculaires sont entre elles en raison inverse des racines carrées des densités. Il est évident que la vitesse d'écoulement d'un gaz, toutes choses égales d'ailleurs, doit être proportionnelle à la vitesse de translation de ses molécules; si nous représentons ces vitesses par *v* et *v'*, nous aurons :

$$\frac{v}{v'} = \sqrt{\frac{d'}{d}}.$$

L'expérience confirme absolument ces déductions théoriques ; ainsi l'hydrogène dont la densité est sensiblement 16 fois plus forte que celle de l'oxygène, diffuse 4 fois plus vite.

La mesure de la vitesse de diffusion d'un gaz permet de déterminer rapidement le poids moléculaire d'un gaz. Si v est la vitesse d'écoulement pour l'air, v' pour le gaz considéré :

$$m = 28,78 \, \frac{v^2}{v'^2}$$

73. En raison de sa grande diffusibilité, l'hydrogène filtre très facilement à travers les parois poreuses, ce qui rend son emploi plus délicat que celui de tout autre gaz dans le gonflement des aérostats.

Ce ne sont pas seulement les parois poreuses qui sont perméables à l'hydrogène ; certains métaux, tels que le platine, le palladium, se laissent traverser rapidement par ce gaz, surtout lorsqu'ils sont chauffés au rouge. Lorsqu'on remplit d'hydrogène un tube de platine à parois minces, relié à un manomètre, et que l'on chauffe ensuite le platine au rouge, on observe que l'hydrogène filtre avec une telle rapidité à travers le métal qu'il se fait dans le tube un vide presque égal au vide barométrique.

On explique cette remarquable perméabilité du platine pour l'hydrogène en admettant qu'il se fait à la face interne du tube une combinaison peu stable du platine et de l'hydrogène, laquelle se décompose à l'extérieur au contact de l'air.

L'hydrogène est un élément d'une nature toute spéciale, ne se rattachant à aucune famille. Il est même impossible de dire s'il est un métalloïde ou un métal. Au point de vue physique c'est un métalloïde. De plus, il contracte avec les métaux alcalins des combinaisons, de la formule MH, qui n'ont aucun caractère des alliages. Ce sont des substances cristallines blanches, ne conduisant pas le courant électrique. A cet égard l'hydrogène se comporte comme un métalloïde.

Mais, d'autre part, l'hydrogène se combine au palladium pour former un véritable alliage. Quand on électrolyse de l'eau acidulée en se servant comme électrode négative d'une lame de palladium, l'hydrogène produit ne se dégage pas; il se combine au palladium, qui augmente considérablement de volume. Le palladium peut absorber jusque 900 fois son volume d'hydrogène, dont les deux tiers environ sont à l'état combiné, formant un composé Pd_4H_2, le reste étant absorbé par cette combinaison. Celle-ci a l'aspect métallique et conduit le courant comme un vrai alliage. Elle se décompose à température élevée.

Ce n'est pas la seule combinaison dans laquelle l'hydrogène joue le rôle d'un métal; nous reconnaîtrons ultérieurement que dans les acides, l'hydrogène basique a la même valeur qu'un atome de métal monovalent.

74. L'hydrogène a une grande affinité pour la plupart des métalloïdes; cependant le fluor est le seul d'entre eux auquel l'hydrogène s'unisse rapidement à froid. La combinaison avec l'oxygène ne devient sensible que vers 600°; lorsqu'on porte un jet d'hydrogène à cette température dans une atmosphère contenant de l'oxygène, il s'enflamme et brûle avec une flamme bleue, très peu lumineuse, mais fort chaude. Son produit de combustion est l'eau :

$$2H_2 + O_2 = 2H_2O$$

Si l'on fait brûler de l'hydrogène sec dans une cloche de verre, on voit les parois de celles-ci se recouvrir d'une rosée abondante et bientôt ruissellent des gouttelettes d'eau que l'on peut recueillir. On réalise ainsi la **synthèse de l'eau**.

Quand au lieu de faire brûler un jet d'hydrogène dans l'air ou dans l'oxygène, on mélange les deux gaz au préalable, puis qu'on y met le feu, l'union de l'hydrogène et de l'oxygène se fait dans toute la masse avec une vitesse telle que le phénomène paraît instantané. La chaleur dégagée dilate considérablement les gaz et la vapeur d'eau et il se fait une explosion. Celle-ci atteint son maximum de violence quand on emploie l'oxygène pur, mais elle peut encore être très dangereuse avec des mélanges d'air et d'hydrogène, lorsque les gaz ne peuvent se dilater librement. Aussi faut-il bien se garder d'allumer l'hydrogène sortant d'un appareil avant de s'être assuré de sa pureté. Lorsqu'on met en marche un appareil à hydrogène, le gaz qui s'échappe au début de l'opération est un mélange d'air et d'hydrogène, mélange explosif dont la mise à feu provoquerait le bris de l'appareil. Pour éviter cet accident, on retourne une petite cloche à gaz au-dessus de l'orifice de sortie ; l'hydrogène, plus léger, monte dans la cloche et déplace l'air. On porte ensuite la cloche, l'orifice tourné vers le bas, jusqu'à une flamme placée à une certaine distance. L'hydrogène s'allume ; si l'on entend une petite explosion ou un sifflement, le gaz contient de l'air ; si au contraire l'inflammation se fait avec un claquement sec et si la combustion se fait lentement dans la cloche, l'hydrogène est pur et peut être allumé sans danger.

La chaleur dégagée dans la combustion de l'hydrogène est très grande ; une molécule-gramme d'hydrogène en brûlant dégage 69,000 calories, l'eau étant ramenée à l'état liquide, 58,000 calories si l'eau reste à l'état de vapeur.

75. L'énergie chimique dégagée dans la formation de l'eau est donc très considérable ; aussi l'hydrogène peut-il décomposer beaucoup de combinaisons oxygénées avec formation d'eau. C'est ainsi que si l'on chauffe de l'oxyde de cuivre dans un courant d'hydrogène, il se produit de l'eau et du cuivre :

$$CuO + H_2 = Cu + H_2O$$

La quantité d'énergie nécessaire pour décomposer l'oxyde de cuivre est inférieure à celle qui se dégage dans la formation de l'eau ; la différence donne lieu à un dégagement de chaleur qui suffit pour porter l'oxyde de cuivre au rouge.

La soustraction d'oxygène ou d'un métalloïde à une combinaison s'appelle une **réduction** et le corps qui la provoque un agent **réducteur** ; l'hydrogène est le type des corps réducteurs.

Ce pouvoir réducteur de l'hydrogène se fait aussi sentir vis-à-vis de l'oxyde de fer qui, chauffé dans un courant d'hydrogène, se transforme en fer et en eau.

76. Cette réaction est le phénomène inverse de celui que nous avons signalé plus haut (v. **70**). C'est également une réaction incomplète, c. à. d. qu'il n'est pas possible de transformer tout l'hydrogène en eau, quelle que soit la masse d'oxyde de fer mise en œuvre. Le rapport entre la quantité d'eau formée et l'hydrogène restant ne peut surpasser une certaine limite pour une température donnée, exactement la même que celle à laquelle on arrive en faisant passer de la vapeur d'eau sur du fer. Que nous partions donc du système Fe + H_2O ou du système Fe_3O_4 + H_2, nous obtenons un mélange gazeux dont la composition limite est la même.

Nous rencontrons ici pour la première fois deux réactions dont l'une est l'inverse de l'autre et qui conduisent au même état final.

Un phénomène chimique qui peut ainsi se produire dans un sens ou en sens inverse est dit **réversible**. Nous verrons par la suite qu'une foule de réactions chimiques possèdent cette propriété et que ce fait, loin d'être une exception, constitue la règle. La théorie des réactions réversibles sera faite plus loin.

77. L'affinité de l'hydrogène pour l'oxygène se fait surtout sentir quand il est à **l'état naissant**.

Au moment où un élément sort d'une combinaison, il est à l'état atomique : s'il ne trouve aucun élément auquel il puisse se combiner, il s'unit à lui-même pour constituer des molécules. A l'état moléculaire, il sera moins actif qu'à l'état atomique, car, pour qu'une molécule puisse réagir, il faut qu'elle soit scindée, ce qui nécessite une certaine dépense d'énergie. Cette dépense ne doit pas être faite quand l'élément est encore à l'état d'atomes ; il réagira donc beaucoup plus aisément dans ce dernier cas. On appelle **état naissant**, l'état atomique dans lequel se trouve un élément pendant un temps très court, au moment où il sort d'une combinaison.

L'hydrogène naissant peut effectuer des réductions dont est incapable l'hydrogène moléculaire. C'est ainsi qu'il peut enlever de l'oxygène à l'acide sulfurique H_2SO_4 et le transformer en acide sulhydrique H_2S. C'est pourquoi l'on doit employer de l'acide sulfurique étendu dans la préparation de l'hydrogène, l'acide concentré se laissant réduire par l'hydrogène naissant. Les corps qui cèdent facilement leur oxygène (corps oxydants), comme l'acide nitrique, doivent être rejetés dans la préparation de l'hydrogène.

Les applications industrielles de l'hydrogène sont peu importantes. On s'en sert pour le gonflement des ballons et quelquefois comme gaz de chauffage (voir plus loin).

L'industrie livre aujourd'hui l'hydrogène comprimé à 125 atmosphères et même davantage dans des tubes d'acier.

L'hydrogène fut découvert par Cavendish en 1766.

OXYGÈNE O₂.
Poids atomique 15,878. PM. 31.766 (32).

78. L'oxygène est le plus important des éléments que nous rencontrons à la surface du globe, et par sa masse, et par le rôle qu'il joue dans un très grand nombre de combinaisons. On le trouve à l'état libre dans l'air, dont il constitue le 1/5ᵉ en volume ; en combinaison dans les oxydes (**eau**), et dans les sels, dont les plus abondants sont les silicates, les carbonates et les sulfates.

79. Il semble à première vue que le procédé d'obtention le plus simple de ce gaz consiste à l'extraire de l'air ; néanmoins on n'est pas encore parvenu à réaliser une méthode vraiment économique d'extraction. La première en date est celle de Priestley-Lavoisier, consistant à chauffer le mercure vers 350° au contact de l'air. L'oxygène est fixé par le mercure. L'oxyde de mercure chauffé ensuite à 400° se décompose en mercure et oxygène. Ce procédé, d'un intérêt historique de premier ordre, est trop long et dispendieux pour avoir une valeur pratique.

Une méthode industrielle consiste à absorber l'oxygène par l'oxyde de baryum BaO qui se transforme en bioxyde BaO₂ et à décomposer ensuite le bioxyde en oxygène et oxyde de baryum (Procédé de Brin).

$$2\,BaO + \underset{\text{air.}}{\underline{O_2 + nN_2}} = 2\,BaO_2 + nN_2$$
$$2\,BaO_2 = 2\,BaO + O_2$$

L'oxyde de baryum est placé dans des cylindres en fer chauffés vers 500°. On fait passer dans ces cylindres de l'air comprimé, soigneusement privé de l'acide carbonique qu'il contient. L'oxygène est fixé et l'azote s'échappe. Quand la transformation de l'oxyde en bioxyde est suffisamment avancée, on interrompt le courant d'air et, sans élever la température, on fait le vide dans les cylindres à l'aide de pompes pneumatiques aspirantes et foulantes.

Sous l'influence de la diminution de pression, le bioxyde se décompose en oxyde de baryum et oxygène. Celui-ci est recueilli dans des gazomètres, puis refoulé dans des cylindres en acier et comprimé jusque 120 atmosphères. C'est sous cette forme qu'on le trouve dans le commerce.

L'oxyde de baryum régénéré sert presqu'indéfiniment.

Cette opération constitue un nouvel exemple d'une réaction réversible. En présence de l'air comprimé, l'oxyde de baryum fixe l'oxygène, qu'il abandonne quand la pression se réduit suffisamment. C'est donc ici la pression de l'oxygène qui détermine le sens de la réaction.

Une deuxième méthode d'extraction d'oxygène de l'air est basée sur la différence de point d'ébullition de l'azote et de l'oxygène (**Procédé de Linde et de Claude.**)

L'air liquéfié (v. plus loin) est soumis à une distillation fractionnée. L'azote, qui bout à — 194.4°, s'évapore le premier, l'oxygène dont le point d'ébullition est de 10° plus élevé, reste comme résidu; on parvient à obtenir ainsi un gaz contenant jusque 90 %, d'oxygène. Nous reviendrons ultérieurement sur cette opération.

80. On peut encore préparer l'oxygène par électrolyse de l'eau (**v. 68**). Ce procédé est **actuellement industriel**; l'oxygène qu'il fournit renferme souvent de petites quantités d'hydrogène.

Certains oxydes métalliques chauffés, se décomposent en oxygène et en oxydes plus pauvres. Tel est, p. ex., le bioxyde de manganèse MnO_2. Au rouge sombre, il se fait la réaction :

$$4MnO_2 = 2Mn_2O_3 + O_2.$$

On obtient donc le quart de l'oxygène renfermé dans le bioxyde. Au rouge clair, Mn_2O_3 se décompose à son tour :

$$6Mn_2O_3 = 4Mn_3O_4 + O_2.$$

En combinant ces deux réactions on peut extraire au maximum le tiers de l'oxygène contenu dans le bioxyde.

La méthode, qui n'est plus guère employée, présente l'inconvénient de laisser un oxyde de manganèse qu'on ne peut retransformer en bioxyde.

81. On prépare l'oxygène dans les laboratoires par l'action de la chaleur sur le chlorate de potassium $KClO_3$.

Quand on chauffe ce sel, il fond à 334°; vers 360° il se décompose selon l'équation :

$$2KClO_3 = KClO_4 + KCl + O_2$$

en donnant du chlorure, du perchlorate de potassium et le tiers de l'oxygène qu'il renferme. A une température plus élevée, le perchlorate se décompose à son tour :

$$KClO_4 = KCl + 2O_2$$

et l'on obtient par conséquent la totalité de l'oxygène contenu dans le sel.

La décomposition du chlorate de potassium est un phénomène exothermique.

On sait (v. **17**) que certaines combinaisons se forment avec absorption d'énergie. Lorsqu'un tel corps se décompose, il y a restitution de l'énergie absorbée lors de sa formation. Tel est notamment le cas pour le chlorate de potassium. Quand on chauffe ce sel à une température convenable, la décomposition commence, et la chaleur dégagée provoque la transformation des portions voisines. La rapidité de la réaction tend ainsi à augmenter et lorsqu'on opère avec des masses de chlorate un peu fortes, le dégagement d'oxygène peut prendre des allures explosives.

82. Si on ajoute au chlorate de potassium du bioxyde de manganèse, de l'oxyde de fer ou de cuivre, on constate que ce sel commence à se décomposer à 280°, soit à une température beaucoup plus basse que lorsqu'on le chauffe seul. La décomposition est plus régulière et la température à laquelle on opère étant moins élevée, la réaction ne se fait pas à beaucoup près aussi violemment. En outre le chlorate ne passe pas partiellement à l'état de perchlorate, qui ne se forme qu'au-dessus de 352°.

Le bioxyde de manganèse reste inaltéré dans la réaction : on le retrouve intégralement après la fin de l'opération. Nous nous trouvons donc devant un phénomène chimique dû à un corps qui ne se modifie pas et dont la présence seule suffit pour provoquer la transformation d'un autre. Ce n'est pas là un fait isolé; nous connaissons de nombreux exemples de réactions chimiques provoquées par la simple présence d'un autre corps qui ne prend pas part à la transformation et se retrouve inaltéré après que celle-ci est achevée. On a appelé agent **catalytique** ou **catalyseur** un corps de cette espèce; **action catalytique** ou **catalyse**, la transformation qu'il provoque.

On a reconnu qu'il existe également des substances dont la présence paralyse plus ou moins complètement une réaction. Ce sont des **catalyseurs négatifs**, tandis que le bioxyde de manganèse est un **catalyseur positif** dans la décomposition du chlorate de potassium.

Les catalyseurs sont des modificateurs de la vitesse d'une réaction chimique ; un catalyseur positif accélère une transformation ; il permet donc de la réaliser à une température à laquelle elle ne se ferait pas avec une vitesse appréciable sans son intervention. Son action est donc la même que celle que provoque une élévation de température, mais elle a sur cette dernière l'avantage de ne pas donner lieu à des réactions secondaires et parfois perturbatrices.

C'est ainsi que dans le cas qui nous occupe, le chlorate de potassium se dédouble à 280° en présence du bioxyde de manganèse, tandis qu'il faut porter sa température à 360° pour le dédoubler, lorsqu'on le chauffe seul. Mais cette élévation de température supplémentaire de 80° a l'inconvénient de provoquer la formation du perchlorate, réaction sur laquelle le bioxyde de manganèse n'a aucune influence accélératrice : le perchlorate ne se produira donc pas en proportions sensibles en présence du catalyseur.

Parfois le système dont on veut accélérer la transformation ne saurait subir, sans se détruire, l'élévation de température nécessaire à la réalisation d'une réaction suffisamment rapide et dans ce cas l'intervention d'un catalyseur positif est indispensable. Nous en rencontrerons bientôt un exemple (v. hypochlorites).

Quant aux catalyseurs négatifs, ce sont des agents retardateurs d'une réaction; leur influence est comparable à celle d'un abaissement de la température.

L'étude des phénomènes de catalyse a faits de très grands progrès dans le cours des dernières années et fréquemment l'on est parvenu à élucider leur mécanisme; mais il en est dont on n'a pas encore pu donner une explication satisfaisante : tel est notamment le cas pour la réaction qui nous occupe.

La décomposition du chlorate de potassium en présence du bioxyde de manganèse constitue la méthode usuelle de préparation de l'oxygène dans les laboratoires. On opère dans des tubes en fer dans lesquels on étale le mélange, qu'on chauffe progressivement (fig. 12).

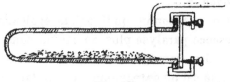

Fig. 12.

83. L'oxygène est un gaz incolore, inodore et insipide. Sa densité est de 1.1956. Il est peu soluble dans l'eau : à 0° et sous la pression atmosphérique un volume d'eau en dissout 0,04 vol. C'est grâce à cette solubilité de l'oxygène dans l'eau que les animaux aquatiques peuvent respirer.

L'oxygène est un gaz d'une liquéfaction difficile : sa température critique est de −118,8°. Il bout à −182.9° sous la pression atmosphérique. A l'état liquide il possède une coloration d'un bleu clair; sa densité est de 1.135 à −182°.

L'oxygène est un gaz indispensable à l'existence. C'est l'élément utile de l'air que nous absorbons dans l'acte respiratoire. Il est fixé par l'hémoglobine (substance colorante du sang) à l'état d'une combinaison instable, l'oxyhémoglobine. Celle-ci, transportée par le courant circulatoire, cède son oxygène aux tissus qui subissent de ce chef des oxydations, lesquelles sont la source principale de l'énergie dépensée par l'organisme sous forme de chaleur et de travail.

Il est intéressant de signaler que l'oxygène devient très toxique lorsqu'on le respire sous une pression de trois atmosphères.

L'oxygène est aussi l'élément essentiel de tout phénomène de combustion et à cet égard l'énergie chimique en réserve dans l'oxygène de l'atmosphère constitue la source de toute l'énergie cinétique développée dans nos moteurs thermiques (à gaz et à vapeur).

L'oxygène pur entretient les combustions bien plus activement que l'air, où il se trouve noyé dans quatre fois son poids d'un gaz indifférent. Nous avons déjà vu qu'un charbon présentant un point en ignition se rallume et brûle avec un éclat remarquable dans l'oxygène. Le phosphore y brûle avec une flamme éblouissante.

Malgré son affinité pour la plupart des éléments, il en est peu auxquels l'oxygène s'unisse directement à froid. A chaud au contraire, il s'unit directement à tous sauf aux argonides, à l'or, au chlore, au brome et au fluor. Ce dernier et les argonides sont les seuls éléments dont on ne connaisse pas de combinaison avec l'oxygène.

L'industrie fournit de l'oxygène comprimé à 120 atmosphères et plus dans des tubes d'acier. Le maniement de ces tubes exige certaines précautions ; le robinet pointeau doit être ouvert par un effort graduel et non par secousses brusques. Il ne peut jamais être graissé. Le corps gras peut prendre spontanément feu dans l'oxygène fortement comprimé. Cette combustion détermine une inflammation du fer, et la dilatation de l'oxygène sous l'influence de l'élévation énorme de température provoque l'explosion du tube.

L'oxygène est quelquefois employé en médecine ; on utilise l'oxygène comprimé pour alimenter certains chalumeaux. Son prix relativement élevé (environ 4 frs le mètre cube) en a jusqu'ici limité les applications.

L'oxygène fut découvert par Priestley en 1774.

OZONE O_3.

P. M. 4763 (48).

84. L'ozone est une deuxième modification de l'oxygène ; c'est le premier exemple que nous rencontrons d'une **modification allotropique d'un élément**. Cette propriété de se présenter sous plusieurs états différents, résulte de ce que le nombre d'atomes entrant dans la constitution de la molécule d'un corps simple peut varier (v. **39**).

L'ozone se forme : 1° Par le passage de l'étincelle électrique à travers l'air ou l'oxygène.

L'effluve électrique ou étincelle obscure est beaucoup plus active ; il convient en effet d'éviter une élévation sensible de température qui provoque la décomposition de l'ozone. L'appareil dont on se sert est représenté dans la fig. 13.

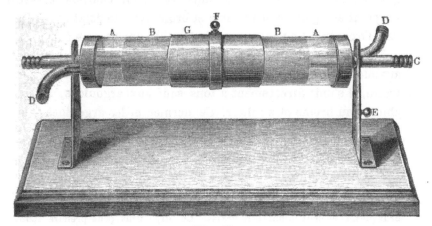

Fig. 13.

L'oxygène pénètre par C dans le tube A, à l'intérieur duquel se trouve une armature cylindrique B en métal. La face extérieure du tube A porte également une armature métallique G. Ces deux pièces métalliques B et G sont reliées au poles d'une bobine d'induction. L'effluve électrique traverse la couche d'oxygène, lequel est partiellement transformé en ozone. Le rendement maximum atteint 13.0 %, lorsque l'on fait passer le gaz successivement par dix ozonisateurs, avec une lenteur suffisante. Il est d'autant plus élevé que la température à laquelle on opère est plus basse. Certains corps agissent sur la production d'ozone comme catalyseurs négatifs; il en est ainsi notamment pour la vapeur d'eau.

Les radiations du radium déterminent également une transformation partielle de l'oxygène en ozone.

2° L'ozone se forme aussi aux dépens de l'oxygène ordinaire lorsqu'on porte ce dernier à des températures très élevées et que l'on refroidit instantanément et très énergiquement le produit de la transformation. C'est ainsi qu'on l'a obtenu en faisant jaillir l'arc voltaïque dans de l'oxygène liquéfié (—182°), qui sert de réfrigérant, ou en chauffant, à l'aide d'un courant électrique, une spirale de platine immergée dans de l'oxygène liquéfié.

On peut obtenir de petites quantités d'ozone dans l'électrolyse de l'eau fortement acidulée par l'acide sulfurique.

3° On observe la production d'ozone dans de nombreux phénomènes d'oxydation lente. C'est ainsi que si on laisse du phosphore mouillé au contact de l'air il se produit des quantités importantes d'ozone et l'odeur que l'on perçoit dans ces conditions est celle de ce gaz.

Ce mode de formation est très important au point de vue théorique.

4° Le fluor décompose l'eau à froid ; l'oxygène mis en liberté se transforme partiellement en ozone.

Pour obtenir l'ozone pur, on liquéfie l'oxygène ozonisé et on laisse l'oxygène s'évaporer lentement. L'ozone, qui bout à -118°, reste comme résidu, sous forme d'un liquide bleu foncé.

85. L'ozone est un gaz incolore quand il est vu sous une faible épaisseur, d'un beau bleu en couches un peu épaisses (1 mètre.)

Il possède une odeur spéciale, que l'on perçoit fort bien dans le voisinage de puissantes machines électriques en fonctionnement. Il irrite fortement les muqueuses et est très vénéneux. Il tue rapidement les microorganismes et constitue un antiseptique de premier ordre. Il est peu soluble dans l'eau, beaucoup plus dans certaines essences.

La formule de l'ozone est O_3. Ce fait est démontré par la détermination de sa densité, devenue possible depuis qu'on a pu isoler l'ozone pur. Celui-ci est en effet 1 1/2 fois plus lourd que l'oxygène. Sa molécule est représentée par le symbole :

86. L'ozone est un corps endothermique : sa formation est accompagnée d'une absorption considérable d'énergie. Aussi se décompose-t-il facilement. Cette décompositon est accompagnée d'un dégagement d'énergie égal à celui qu'avait nécessité sa formation. L'ozone liquéfié est un corps dangereux à manier, qui fait explosion avec une violence redoutable.

En se détruisant, l'ozone se transforme en oxygène ordinaire :

$$2O_3 = 3O_2.$$

Deux molécules d'ozone donnant trois molécules d'oxygène, le volume devient 1 1/2 fois plus grand.

La décomposition de l'ozone est presqu'instantanée à 1000°. Il ne faut que 0,0007 seconde à cette température pour qu'il soit détruit aux 999 millièmes. La vitesse de décomposition diminue avec un abaissement de température, ce qui fait paraître l'ozone plus stable aux températures basses. C'est pourquoi il faut, dans l'étude de la formation de l'ozone aux températures très élevées, faire passer brusquement ce gaz de sa température de formation à une température suffisamment basse pour que sa vitesse de décomposition soit insignifiante; la rapidité du refroidissement doit être plus grande que la vitesse de décomposition aux températures intermédiaires (v. **106**). En fait l'ozone n'est stable qu'aux températures très élevées et si un catalyseur vient accélérer la décomposition à froid, celle-ci prend des allures explosives.

La formation de l'ozone dans l'oxydation du phosphore s'explique facilement. Pour s'oxyder le phosphore décompose la molécule d'oxygène; quelques-uns des atomes de ce dernier s'unissent pour former de l'ozone, l'énergie nécessaire leur étant fournie par l'union du phosphore à l'oxygène.

L'ozone peut être envisagé comme une molécule d'oxygène ordinaire sur laquelle est fixée un atome d'oxygène supplémentaire, dont les liaisons sont peu solides et qui tend à quitter la molécule.

Aussi l'ozone est-il un agent d'oxydation sans rival. Il perd le tiers de son oxygène en se transformant en une molécule d'oxygène inactif. Il s'ensuit que l'oxydation par l'ozone n'est accompagnée d'aucun changement de volume du gaz.

$$R + O_3 = RO + O_2$$

(R étant un corps réducteur.)

Les matières organiques sont détruites, l'argent, inaltérable à l'air, se couvre rapidement d'une couche brune d'oxyde. Les seuls métaux qui résistent sont l'or et le platine. L'iodure de potassium est décomposé avec formation d'iode.

$$2IK + O_3 + H_2O = 2KOH + I_2 + O_2.$$

La recherche de l'ozone est basée sur cette réaction (v. iode).

L'ozone est employé comme antiseptique, notamment pour la stérilisation des eaux potables ; on l'utilise également comme agent de blanchîment, p. ex. pour blanchir l'ivoire.

L'ozone fut découvert par Schönbein en 1840.

EAU. H_2O.

Poids moléculaire 17.88 (18).

87. On sait le rôle considérable que joue ce corps dans la nature. Il fait partie constituante de nos tissus ; le corps humain en contient au-delà de 70 %. L'eau se trouve aussi dans certains composés tels que le sel de soude ($Na_2CO_3 + 10 H_2O$) dont les cristaux sont formés par la juxtaposition d'une molécule du sel avec un certain nombre de molécules d'eau.

On ne prépare jamais l'eau ; mais il est très important au point de vue théorique de connaître les différents modes de formation de cette combinaison.

88. Un corps composé AB peut se former de trois manières différentes :

1° S'il est formé de deux éléments, on peut l'obtenir par l'**union directe** de ceux-ci :

$$A + B = AB.$$

2° Par **substitution** : En faisant agir l'un des deux constituants sur une combinaison contenant l'autre :

$$AC + B = AB + C$$
$$BD + A = AB + D.$$

3° Par **double échange** ou **double décomposition** : En faisant réagir une combinaison contenant A sur une autre renfermant B.

$$AC + BD = AB + CD.$$

89. Formation de l'eau par union directe. — Nous avons déjà vu que l'hydrogène et l'oxygène se combinent directement à chaud : deux volumes d'hydrogène s'unissent à un volume d'oxygène pour donner deux volumes de vapeur d'eau. Il est d'usage en gazométrie de représenter par 2 le volume occupé par une molécule d'un gaz. Nous écrirons donc :

$$2H_2 + O_2 = 2H_2O$$
$$4 \text{ vol.} + 2 \text{ vol.} = 4 \text{ vol.}$$

Le mélange d'oxygène et d'hydrogène est connu sous le nom de gaz tonnant. Il prend feu à 600° environ, donnant lieu à une explosion très violente : mais la combinaison commence à être sensible à 500° ; elle se fait alors avec une lenteur suffisante pour ne pas déterminer d'explosion. Cependant si on ne prend pas de précautions pour maintenir la température à ce niveau, la chaleur dégagée accélère peu à peu la réaction qui devient explosive à un moment donné.

90. Le gaz tonnant se conserve indéfiniment à la température ordinaire, l'union des deux gaz se faisant trop lentement (v. **13**); le mélange constitue un système en **faux équilibre**. Certains corps possèdent la propriété de provoquer la combinaison du mélange par leur simple présence. Tel est notamment le platine. Si l'on introduit du platine, surtout à l'état poreux, dans une cloche contenant le mélange $H_2 + O_2$, on voit le volume gazeux diminuer, le platine devient incandescent et l'explosion se produit.

Quand on remplace le platine par une boulette d'argile à laquelle on a mélangé un peu de platine poreux, la combinaison se fait encore, mais beaucoup plus lentement et l'explosion n'a plus lieu.

Le platine agit donc comme agent catalytique, de même que le bioxyde de manganèse dans la décomposition du chlorate de potassium.

Nous connaissons le mécanisme de l'action catalytique du platine. Ce métal partage avec quelques autres, surtout à l'état poreux, la propriété de condenser les gaz à sa surface. Les contacts entre les molécules sont donc bien plus intimes en présence du platine et la réaction se produit plus rapidement. Le dégagement de chaleur qui en résulte provoque l'élévation progressive de la température du platine jusqu'à ce que la température d'explosion soit atteinte. En délayant le platine dans de l'argile, on diminue la condensation des molécules tout en augmentant la masse du corps solide. Celui-ci ne peut plus être porté jusqu'à l'incandescence et l'union de l'hydrogène et de l'oxygène se fait graduellement, mais sans explosion.

Il est démontré que la réaction a lieu en deux phases. Dans la première, de vitesse mesurable, l'oxygène est fixé sur le platine ; dans la seconde, de vitesse telle que la réaction peut être considérée comme instantanée, l'hydrogène s'unit à l'oxygène.

Quand un jet d'hydrogène est porté à une température élevée dans une atmosphère contenant de l'oxygène, il prend feu et il se produit une flamme (voir plus loin).

91. Formation de l'eau par substitution. — 1° On fait agir l'hydrogène sur certains oxydes, p. ex. sur l'oxyde de cuivre :

$$CuO + H_2 = Cu + H_2O$$

Si l'on chauffe un poids connu d'oxyde de cuivre dans un courant d'hydrogène et qu'on recueille l'eau formée dans un système taré d'appareils contenant des substances capables de fixer la vapeur d'eau, l'augmentation de poids Q du système condenseur est égale au poids d'eau formée. La diminution de poids P de l'oxyde de cuivre donne la quantité d'oxygène cédée par l'oxyde de cuivre, la différence Q — P, le poids d'hydrogène entrant dans la constitution de l'eau. Nous pouvons donc établir la composition pondérale de l'eau.

$$O = \frac{P}{Q} = 88,81 \ °/_° \quad H = \frac{Q-P}{Q} = 11,19 \ °/_°.$$

Ces données ont servi à déterminer le poids atomique de l'oxygène (v. **41**).

Les oxydes des métaux plus métalliques que le fer ne se laissent pas réduire par l'hydrogène.

2° On fait agir l'oxygène sur une combinaison contenant de l'hydrogène :

$$4HBr + O_2 = 2H_2O + 2Br_2.$$

C'est à un phénomène de ce genre qu'est due la formation de l'eau dans la plupart des phénomènes de combustion. Presque tous nos combustibles sont des combinaisons renfermant du carbone et de l'hydrogène. Tel est par ex. le méthane, CH_4, contenu dans le gaz d'éclairage. Il s'oxyde d'après l'équation :

$$CH_4 + O_2 = 2H_2O + C.$$

Si l'oxygène est en excès, le carbone brûle à son tour.

$$C + O_2 = CO_2$$

92. Formation de l'eau par double décomposition. — Dans l'équation générale :

$$AC + BD = AB + CD,$$

AB représentant H_2O, AC sera un composé hydrogéné, BD un oxyde.

AC sera de préférence une combinaison dans laquelle l'hydrogène s'échange aisément, p. ex. un acide composé dont l'hydrogène se laisse facilement remplacer par des métaux; BD sera dans ces conditions un oxyde métallique, c'est-à-dire une base.

Ainsi : $\qquad CaO + H_2SO_4 = CaSO_4 + H_2O.$

Au lieu d'un oxyde, on peut prendre un hydroxyde.

$$HCl + KOH = KCl + HOH.$$

Le groupement OH s'échange dans ces réactions contre le résidu halogénique des acides. Il a la même valeur qu'un atome de chlore dans les échanges chimiques; c'est donc un radical. C'est même le plus important de tous les radicaux; on lui a donné le nom d'**hydroxyle**.

La réaction dont nous nous occupons conduit à la formation de **l'eau et d'un sel métallique**. Elle est la plus importante et la plus générale de toutes les méthodes d'obtention des sels et elle réussit toujours. Ce fait est dû à la grande tendance que possèdent l'hydrogène et l'oxygène à se combiner, ce qui entraîne la réaction, même dans le cas où la formation du sel ne se fait pas avec un dégagement d'énergie notable. C'est ainsi que dans la réaction :

$$HgO + 2HNO_3 = Hg(NO_3)_2 + H_2O$$

le phénomène ne se produit pas parce que le mercure a une grande affinité pour le résidu halogénique NO_3, mais parce que l'hydrogène tend à s'unir à l'oxygène pour former de l'eau; il ne reste dès lors au mercure qu'à se combiner à NO_3.

93. Neutralisation des acides et des bases. — Les acides ont une saveur aigre et agissent sur certaines matières colorantes en modifiant leurs couleurs. Les bases solubles ont une saveur

7

alcaline et transforment également certaines couleurs. Les sels n'ont au contraire aucune action sur ces matières colorantes.

Si on ajoute, p. ex., de la teinture de tournesol, violette, à une solution d'un acide, la liqueur prend immédiatement une coloration rouge hyacinthe, que l'on observe même quand la dissolution ne contient que des traces d'acide.

Ajoutons maintenant progressivement une solution de base ; celle-ci va transformer l'acide en sel, lequel est sans action sur le tournesol. Tant que l'acide n'aura pas été complètement transformé, la dissolution possèdera une **réaction acide** ; elle rougira le tournesol. Au moment où tout l'acide aura passé à l'état de sel, le tournesol reprendra sa coloration violette primitive ; nous aurons **neutralisé** complètement l'acide.

Inversement ajoutons un peu de phénol-phtaléine à la dissolution d'une base. Les bases possèdent la propriété de colorer en rouge intense la phénol-phtaléïne, qui est incolore en solution acide ou en solution neutre, c'est-à-dire ne contenant que des sels neutres. Si nous introduisons peu à peu un acide dans la liqueur, nous neutraliserons la base et au moment précis où la base sera complètement transformée en sel, la coloration rouge disparaîtra.

Pour neutraliser un acide par une base, ou inversement, il faut des quantités correspondantes, **équivalentes** de ces deux substances.

La base doit contenir une quantité de métal capable de remplacer tout l'hydrogène de l'acide. **Pour une quantité d'acide contenant 1 gr. d'hydrogène,** c'est-à-dire un atome-gramme, **cette quantité de métal est égale à son poids atomique divisé par sa valence.**

Elle sera de $23^{gr.}$ pour le sodium, de $\dfrac{40^{gr.}}{2}$ pour le calcium, de $\dfrac{137^{gr.}}{2}$ pour le baryum. Nous devrons employer une molécule-gramme de soude caustique NaOH, une demi-molécule de chaux éteinte Ca(OH)$_2$, car un atome de calcium peut remplacer deux atomes d'hydrogène. Nous dirons donc qu'une molécule de soude caustique, une demi-molécule de chaux sont équivalentes à une molécule d'acide chlorhydrique HCl contenant un atome d'hydrogène. Réci-

proquement, une molécule d'acide chlorhydrique, une demi-molécule d'acide sulfurique H_2SO_4, un tiers de molécule d'acide phosphorique H_3PO_4, sont équivalentes à une molécule de soude caustique.

94. On appelle **équivalent chimique** d'un corps, la quantité
en poids de ce corps renfermant un atome d'hydrogène actif, ou le
poids correspondant d'un élément ou d'un radical capable, soit de
remplacer, soit de fixer un atome d'hydrogène.

23	est l'équivalent chimique du sodium		Na
$\frac{40}{2} = 20$	» » » » calcium		Ca^{II}
$\frac{27}{3} = 9$	» » » de l'aluminium		Al^{III}
36,2	» » » de l'acide chlorhydrique		HCl
$\frac{98}{2} = 49$	» » » » sulfurique		H_2SO_4
$\frac{98}{3} = 32.7$	» » » » phosphorique		H_3PO_4
40	» » » de la soude caustique		NaOH
$\frac{56}{2} = 28$	» » » de chaux vive		CaO
$\frac{74}{2} = 37$	» » » de chaux éteinte		$Ca(OH)_2$
35,2	» » » du chlore		Cl^I
$\frac{16}{2} = 8$	» » » de l'oxygène		O^{II}
$\frac{12}{4} = 3$	» » » du carbone		C^{IV}
17	» » » de l'hydroxyle		OH

etc.

Ainsi 20 de calcium peuvent remplacer 1 d'hydrogène; 49 d'acide
sulfurique, 36,2 d'acide chlorhydrique contiennent 1 d'hydrogène
actif; 35,2 de chlore, 8 d'oxygène fixent 1 d'hydrogène.

95. Si nous ignorons la teneur d'une solution acide, nous pourrons cependant y ajouter la quantité rigoureusement nécessaire de

base pour la neutraliser en nous servant d'un peu de teinture de tournesol pour reconnaître le moment précis de la neutralisation.

Le tournesol, la phénolphtaléïne nous servent d'**indicateurs**.

Un indicateur est une substance qui par un changement brusque de couleur permet de reconnaître le moment précis où une réaction est terminée. Il doit être sensible à la présence du moindre excès de l'un ou de l'autre des corps réagissants.

96. Volumétrie (acidimétrie). — Nous trouvons dans les réactions que nous venons d'étudier le moyen de déterminer la teneur en acide ou en base d'une solution donnée. Cette opération constitue un **titrage acidimétrique** de la solution.

On appelle **solution titrée** une dissolution contenant un poids connu de substance active dans l'unité de volume de dissolution (et non pas de dissolvant).

Employons pour neutraliser une solution acide une solution titrée de base, contenant P gr. de base au litre et mesurons exactement le volume V de cette liqueur nécessaire à la neutralisation.

Si E est l'équivalent chimique de la base, E gr. de base correspondant à un gr. d'hydrogène, P gr. à $\dfrac{P}{E}$.

Or, P gr. de base sont renfermés dans l'unité de volume; le volume V employé correspond donc à

$$\frac{PV}{E} \text{ gr. d'hydrogène.}$$

Si E' est l'équivalent chimique de l'acide, la teneur cherchée en acide est par conséquent égale à

$$\frac{P.V.E'}{E} \text{ gr.}$$

On conçoit aisément que l'on puisse exécuter l'opération inverse et doser une base à l'aide d'une solution titrée d'acide.

La mesure des volumes se fait à l'aide de pipettes pour le liquide à titrer, de burettes pour les solutions qui servent au titrage.

On remplace donc dans ce procédé analytique la mesure des masses par des mesures de volume; de là le nom d'analyse volumétrique donné à cette méthode de dosage. Une seule mesure gravimétrique est nécessaire : c'est celle du poids P, que l'on dissout ensuite dans une quantité de dissolvant telle que le volume de la solution soit égal à l'unité (le litre).

On peut choisir P tel que $\dfrac{P}{E}$ soit égal à **1** ou à un multiple simple, entier ou fractionnaire de l'unité. Si $\dfrac{P}{E} = 1$ la solution est dite **normale**; elle est 2, 3, $\dfrac{1}{2}$, $\dfrac{1}{4}$ etc. fois normale suivant que le rapport $\dfrac{P}{E}$ est égal à 2, 3, $\dfrac{1}{2}$, $\dfrac{1}{4}$ etc.

Des solutions déci- et centinormales contiennent respectivement $\dfrac{P}{10E}$, $\dfrac{P}{100E}$ de substance au litre.

97. Formation de l'eau aux dépens des oxacides et des hydroxydes métalliques. — On conçoit que dans tout corps composé, contenant de l'hydrogène et de l'oxygène, ces éléments puissent se combiner pour former de l'eau. C'est pourquoi l'action de la chaleur décompose presque toutes les substances organiques, comme le bois, le sucre, les albumines, etc., avec formation d'eau.

Un cas particulièrement intéressant de décomposition avec production d'eau est fourni par les oxacides. Si nous chauffons, par exemple, de l'acide borique H_3BoO_3 sec, à une température un peu supérieure à 100°, il se dégage abondamment de la vapeur d'eau. Par une élévation suffisante de température, il se forme une masse fondue d'aspect vitreux, tout à fait différente de l'acide borique. C'est l'oxyde de bore ou anhydride borique

$$2H_3BoO_3 = Bo_2O_3 + 3H_2O.$$

On appelle **anhydride** un acide ayant perdu les éléments de l'eau.

On observe, en général, que c'est l'hydrogène basique seul qui intervient pour former de l'eau. Ainsi l'acide succinique $C_4H_6O_4$ contient deux atomes d'hydrogène basique; chauffé, il se décompose en donnant une molécule d'eau et l'anhydride succinique. (Les anhydrides portent le nom des acides dont ils dérivent).

$$C_4H_6O_4 = C_4H_4O_3 + H_2O.$$

Tous les acides ne se décomposent pas en eau et en anhydride avec la même facilité. Il en est qui se dédoublent déjà à la température ordinaire, tel l'acide carbonique H_2CO_3.

Cet acide est inconnu par lui-même ; il se décompose instantanément au moment même où il se forme dans une réaction chimique.

$$H_2CO_3 = H_2O + CO_2.$$

Tous les oxacides se décomposent par la chaleur, sauf l'acide métaphosphorique HPO_3.

Cette proposition ne signifie pas que l'on puisse obtenir tous les anhydrides par l'action de la chaleur sur les acides correspondants.

La réaction que nous étudions est en effet un phénomène réversible : les anhydrides tendent à se combiner à l'eau pour former des acides.

La chaleur favorise la décomposition des acides ; un abaissement de température facilite la réaction inverse. Aussi la plupart des anhydrides se combinent-ils à l'eau avec plus ou moins d'énergie. Cette réaction est violente pour l'anhydride sulfurique ; elle se fait lentement pour l'anhydride borique.

98. Au point de vue de la préparation des anhydrides par l'action de la chaleur sur les acides nous devons distinguer plusieurs cas :

1° La décomposition de l'acide se fait à une température à laquelle l'eau n'est pas volatile, tandis que l'anhydride l'est. C'est ce que nous observons pour les acides se décomposant à la température ordinaire et dont l'anhydride est gazeux, comme l'acide carbonique H_2CO_3, l'acide sulfureux H_2SO_3. La séparation de l'eau et de l'anhydride se fait grâce à leur état physique différent, l'anhydride se dégage et peut être préparé par cette méthode.

2° L'eau est volatile à la température de décomposition mais l'anhydride est fixe. La séparation s'effectue encore par voie physique et les produits de décomposition ne peuvent se recombiner lors du refroidissement. C'est le cas pour les acides dont les anhydrides sont fixes, comme l'acide borique.

3° L'eau et l'anhydride sont tous deux volatils à la température de décomposition. Un exemple de l'espèce nous est fourni par l'acide sulfurique, qui se décompose vers 330° en eau et en anhydride sulfurique :

$$H_2SO_4 \rightleftarrows H_2O + SO_3.$$

L'eau et l'anhydride se volatilisant en même temps, s'échappent des parties chaudes de l'appareil et, se retrouvant dans les régions plus froides, se recombinent pour régénérer l'acide. Le phénomène simule une volatilisation de l'acide.

4° L'anhydride se détruit à la température de décomposition. Nous observons ce phénomène dans la décomposition de l'acide nitrique. Celui-ci devrait donner de l'anhydride azotique N_2O_5.

$$2HNO_3 = H_2O + N_2O_5.$$

Seulement N_2O_5 se dédouble à son tour en donnant $2NO_2$ et O.

$$2N_2O_5 = 4NO_2 + O_2.$$

99. Les hydroxydes métalliques peuvent aussi se décomposer par la chaleur en donnant de l'eau et un oxyde métallique :

$$Ca{\Large\langle}{\small\begin{matrix}OH\\OH\end{matrix}} = CaO + H_2O.$$

Cette réaction est également réversible, mais dans la plupart des cas le phénomène inverse ne se produit pas d'une manière appréciable. De plus, tous les oxydes métalliques étant fixes, on peut séparer l'eau par volatilisation et empêcher éventuellement la recombinaison des produits de dédoublement. La température de décomposition varie ; elle ne peut être pratiquement atteinte pour les hydroxydes des métaux alcalins et de baryum ; elle est voisine de 500° pour la chaux éteinte.

D'autres hydroxydes se décomposent au contraire à basse température : l'hydroxyde de cuivre à 60°. On ne connaît pas l'hydroxyde de mercure, qui se dédouble déjà à la température ordinaire en eau et en oxyde de mercure.

Les seuls oxydes métalliques qui se combinent aisément à l'eau sont ceux des métaux alcalins et alcalino-terreux; la réaction est accompagnée d'un dégagement de chaleur très considérable. La transformation des autres oxydes en hydroxydes est négligeable.

100. Propriétés de l'eau. — Lorsque la lumière blanche traverse une lame d'eau peu épaisse, celle-ci paraît incolore, mais quand la couche d'eau traversée devient considérable, on constate que la couleur de l'eau est d'un bleu pur. Quelques lacs (lac de Genève), ont la coloration bleue de l'eau pure. La présence de certains corps dissous ou en suspension dans l'eau modifie cette coloration propre de l'eau. Les composés de fer et les matières humiques jouent à cet égard un rôle prépondérant dans la coloration des eaux naturelles, qu'ils font paraître vertes ou brunes.

L'eau possède à 4° sa densité maxima; on sait que la densité de l'eau à 4° a été prise comme unité. A 0°, la densité de l'eau est de 0,999868, à 15° de 0,999106, à 17,5° de 0,998713, à 100° de 0,95838.

L'eau se congèle à 0° sous la pression atmosphérique; elle augmente ainsi de volume, la densité de la glace à 0° n'étant que de 0.916.

Le point de congélation de l'eau s'abaisse lorsque la pression augmente; la glace à 0° se liquéfie sous une pression énergique, pour se solidifier à nouveau lorsque l'action de la pression cesse (Phénomènes de regélation, de mouvements des glaciers.)

101. On a reconnu récemment que l'eau solide, c'est-à-dire la glace existe sous trois modifications. L'une, la glace ordinaire, que nous appelerons glace α, plus légère que l'eau, fond à —22° sous une pression de 2200 kilogr. par centimètre carré, mais se transforme à cette température et sous cette pression en une deuxième modification, plus dense que l'eau, dont le point de fusion s'élève avec la pression et que nous appelerons glace β. A —22.4° et sous 2230 kilogr. de pression, la glace ordinaire se transforme en une troisième modification également plus dense que l'eau, la glace γ, moins étudiée que la seconde et à laquelle elle ressemble beaucoup. Ces deux modifications de la glace plus denses que l'eau ne sont stables que sous des pressions très élevées et à des températures inférieures à —17°.

Une combinaison peut donc présenter un phénomène analogue à celui de l'allotropie des éléments et exister sous plusieurs modifications, physiquement et parfois chimiquement différentes. Ce phénomène est connu sous le nom de **dimorphisme**.

102. Les variations des points de fusion des deux modifications de la glace avec la pression est représentée graphiquement dans la figure 14.

Fig. 14.

La courbe OA est celle des points de fusion de la glace ordinaire, la courbe AC, celle des points de fusion de la glace α. — Un point quelconque M de cette courbe définit donc une pression et une température à laquelle l'eau et la glace peuvent exister l'une à côté de l'autre, former un système qui ne tend pas à se modifier spontanément, c'est-à-dire un état d'équilibre stable.

Si nous modifions l'une des coordonnées du point M, par exemple la température, ce point passera en M' ou en M''; à une température plus élevée Ox', la glace fondra et tout le système passera à l'état d'eau liquide; à une température plus base Ox'', le liquide se congèlera et la masse ne sera formée que de glace. La courbe OAC est donc le lieu géométrique des **points de transformation** de l'eau en glace et réciproquement.

Tous les points situés au dessus de la courbe OAC ont des coordonnées pour lesquelles l'eau liquide constitue le seul état d'équilibre stable; tous ceux qui sont situés en dessous, appartiennent à la zône des pressions et températures de stabilité de la glace. Cette aire est divisée en deux portions par la courbe AD; la région OAD est celle de **stabilité** de la glace ordinaire, la région limitée par la même courbe et par la courbe AC celle d'équilibre stable de la glace β.

La courbe AD étant commune aux deux aires, nous donne les températures et les pressions auxquelles les deux modifications de la glace peuvent exister l'une à côté de l'autre. Elle est donc le lieu géométique des **points de transformation** de l'une des modifications en l'autre.

Quant au point A, il occupe une situation spéciale, commun

aux trois aires, il nous donne par ses coordonnées les conditions de coexistence de l'eau et des deux formes de glace α et β en un système d'équilibre stable. C'est un **point triple**.

De même, le point B est un point triple; à la pression et à la température qu'il définit la glace α, l'eau et la glace γ peuvent constituer un état d'équilibre; la courbe BE est le lieu des équilibres entre la glace α et la glace γ.

103. Ce que nous appelons le point de congélation des liquides est également défini par le point de convergence de trois courbes représentant trois états d'équilibres. C'est donc aussi un point triple.

Représentons par un système de coordonnées la variation de tension de vapeur d'eau avec la température, tant à l'état liquide qu'à l'état solide (fig. 15).

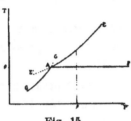

Fig. 15.

Soit EE' la courbe des tensions de vapeur de l'eau liquide, GG' celle des tensions de la glace. Ces deux courbes se rencontrent en un point A ; c'est-à-dire qu'à la température déterminée par ce point, l'eau et la glace ont même tension de vapeur. Le point A est le seul auquel l'eau et la glace puissent coexister en même temps que la vapeur d'eau. C'est le point de congélation sous une pression égale à sa tension de vapeur. Supposons en effet que la glace et l'eau aient des tensions de vapeur différentes au point de congélation, la tension de vapeur de la glace étant inférieure à celle de l'eau ; un tel système ne saurait rester en équilibre.

Considérons un fragment de glace nageant dans de l'eau à la même température et le tout placé dans une enceinte fermée. L'eau et la glace vont toutes deux émettre de la vapeur jusqu'à ce que l'enceinte soit saturée de vapeur. Mais lorsque la saturation sera atteinte pour l'eau, l'espace libre sera sursaturé par rapport à la glace.

Une partie de la vapeur va donc se condenser et passer à l'état solide, jusqu'à ce que la tension de vapeur soit tombée à celle de la glace. Dès lors, l'atmosphère n'étant plus saturée par rapport à l'eau, une partie de celle-ci va s'évaporer. Mais la nouvelle quantité de vapeur produite, sursaturant l'atmosphère à l'égard de la glace, va immédiatement se condenser sur cette dernière. On reconnaît que le processus ne s'arrêtera que lorsque toute l'eau aura, par évaporation suivie de condensation, passé à l'état de glace

On se convaincrait par le même raisonnement que la tension de vapeur de la glace ne peut être supérieure à celle de l'eau. Cette tension est de 4.6^{mm} à + 0,0073°.

Il est impossible de maintenir de la glace sous une tension de vapeur supérieure. La portion de courbe AG' représente un état d'équilibre tellement instable qu'il n'a jamais pu être réalisé. Si nous comprimons la vapeur, celle-ci va se liquéfier jusqu'à disparition complète, sa pression se maintenant constante pendant toute la période de liquéfaction.

Lorsque la liquéfaction est complète, la force extérieure qui tend à réduire le volume, produit une augmentation de pression, laquelle amène une liquéfaction de la glace (v. **102**).

La variation du point de fusion de la glace avec la pression est représentée par la courbe AP (courbe OA de la figure 14). C'est la courbe des états d'équilibre entre l'eau et la glace.

L'aire limitée inférieurement par les courbes EAG est celle de la vapeur d'eau, l'aire EAP celle de l'eau liquide, l'aire GAP celle de la glace. Le point A, commun aux trois aires, est donc bien le seul dans lequel les trois états physiques de l'eau puissent constituer simultanément un système en équilibre.

La chaleur latente de fusion de la glace est de 79.91 cal., la chaleur latente de vaporisation de l'eau atteint 606.5 calories à 0°, 536.7 cal. à 100°.

104. L'eau pure a un goût fade ; pour être potable l'eau doit renfermer une petite quantité de carbonate acide de calcium.

Les eaux naturelles ne sont pas pures; en traversant l'atmosphère et en ruisselant dans le sol, les eaux pluviales dissolvent différentes substances, telles que l'anhydride carbonique, le carbonate de calcium, des matières organiques, etc. L'eau de mer contient en outre une forte proportion de sel (3.5%).

On purifie l'eau par distillation. Cette opération se fait dans un

alambic (fig. 16). L'eau est portée à l'ébullition dans la chaudière B.
La vapeur passe par le dôme A à travers le serpentin D, refroidi
dans un bac où circule de l'eau froide. La vapeur se condense et

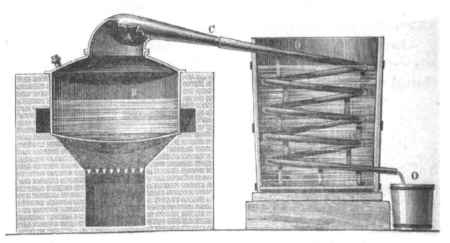

Fig. 16.

l'eau s'écoule par l'orifice O. Le courant d'eau froide qui circule
dans le bac refroidisseur pénètre par le bas, de sorte que l'eau
chaude plus légère, s'évacue par le déversoir supérieur.

On rejette les premières portions qui distillent et qui contiennent
les impuretés gazeuses dissoutes dans l'eau.

La préparation d'eau rigoureusement pure est une opération
délicate : la distillation doit se faire dans un appareil en argent ou
en platine.

On reconnaît la pureté de l'eau à sa résistance électrique. L'eau
pure ne conduit presque pas le courant, sa résistance spécifique
est de 4×10^{10} ohms. Les moindres traces de substances dissoutes
diminuent cette résistance dans des proportions considérables.

105. Propriétés chimiques de l'eau. — L'eau est un corps
neutre dont l'activité chimique est peu prononcée. Elle constitue
pour cette raison un dissolvant de premier ordre, le plus usité
de tous.

106. L'eau est un corps très stable, cependant elle se décompose
partiellement à la température de fusion du platine (v. **67**).

Or, on fond le platine en le chauffant à l'aide du chalumeau

oxhydrique, dans lequel on brûle un mélange d'hydrogène et d'oxygène. Le platine fondu a donc une température inférieure à celle de
la flamme du chalumeau oxhydrique. Nous en concluons que l'eau
peut se décomposer à une température inférieure à celle de la
flamme dans laquelle elle se forme.

Par conséquent cette flamme doit être le siège de deux réactions
simultanées, inverses l'une de l'autre, et représentées par les équations :

$$2H_2 + O_2 = 2H_2O \qquad\qquad (1)$$
$$2H_2O = 2H_2 + O_2 \qquad\qquad (2)$$

La première donne lieu à un dégagement de chaleur, la seconde
à une absorption d'énergie. La réaction (2) prend d'autant plus
d'importance que la température s'élève davantage, la transfor-
formation (1) est au contraire facilitée par un abaissement de
température. La réaction exothermique porte ainsi en elle-même
une cause retardatrice : la chaleur qu'elle dégage ; il en est de
même pour la transformation endothermique (2) qui tend à se
limiter par suite de l'abaissement de température qu'elle provoque.

Ces deux réactions antagonistes vont déterminer un état
d'équilibre, dans lequel nous trouverons comme constituants, de
l'eau, de l'hydrogène et de l'oxygène. Plus la température s'élève,
plus la décomposition de l'eau progresse ; plus elle diminue,
moins les quantités d'hydrogène et d'oxygène libres seront fortes ;
elles deviennent pratiquement nulles au-dessous de 1000°.

L'état d'équilibre se modifie donc avec la température ; aux basses
températures, l'eau constitue la forme d'équilibre du système ; à
une température très élevée, que nous n'avons encore pu atteindre,
le gaz tonnant représente au contraire l'état stable.

Cette modification de l'état d'équilibre amenée par les variations
de température, et qui a pour conséquence de provoquer un dédoublement plus ou moins complet d'une combinaison lorsque la température s'élève, une reconstitution de cette combinaison quand la
température descend, est connu sous le nom de **dissociation**.

Remarquons qu'on ne saurait recueillir du gaz tonnant en faisant
passer de la vapeur d'eau à travers un tube chauffé, même à 3000°.

En effet, pour sortir de l'appareil, les gaz, produits de décomposition, devront traverser une région dans laquelle la température s'abaissera progressivement jusqu'au dessous du point auquel la dissociation est nulle. Dans cette région ils se recombineront peu à peu.

Mais si le refroidissement dans la zone intermédiaire (v. fig. 17)

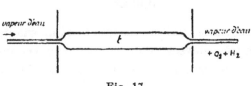

Fig. 17.

est tellement brusque que l'hydrogène et l'oxygène sont ramenés à une température à laquelle leur vitesse de combinaison est pratiquement nulle (v. **13**), plus rapidement que ne se fait leur réunion, on pourra les isoler.

Sainte-Claire Deville a réalisé le premier un dispositif convenable remplissant ces conditions, appelé, d'après lui, le tube chaud et froid.

En plaçant le tube t à une température assez élevée pour que la dissociation soit sensible, mais assez basse néanmoins pour que pendant la période de refroidissement les gaz produits n'aient pas le temps de se recombiner partiellement d'une manière appréciable [1], et en réglant convenablement la vitesse du courant de vapeur d'eau, on arrive à extraire du tube les produits de dédoublement et l'eau non dissociée dans les proportions auxquelles les corps se trouvaient dans la région chaude de température constante.

Nernst a reconnu de la sorte, en opérant entre 1100° et 1300°, qu'à 1207° la quantité d'eau dissociée est de 0,0189 %.

On peut, en s'aidant de formules établies par la thermodynamique, déduire de cette donnée le coefficient de dissociation à différentes températures. Le tableau ci-contre donne quelques valeurs de ce coefficient de dissociation, pour des températures absolues ($t + 273°$) comprises entre 1000° et 2500° et sous la pression atmosphérique.

---

[1] La recombinaison partielle sera d'autant plus rapide que la température est plus élevée.

Températures absolues.	Coefficient de dissociation.
—	—
1000	0.000000311
1200	0.0000891
1500	0.000219
1800	0.0019
2000	0.0056
2500	0.0343

On reconnaît que la dissociation de l'eau est très peu importante, même à des températures très élevées. Dans les flammes les plus chaudes la température ne dépasse guère 2500 degrés absolus ; la combinaison de l'hydrogène à l'oxygène s'y fait jusqu'à 97 °/°, sous la pression atmosphérique.

107. Lois de la dissociation. — Considérons le cas le plus simple d'un composé gazeux AB, décomposable en deux corps gazeux A et B. Toutes les molécules de AB n'ont pas la même température. La température d'un corps, telle que nous la mesurons au thermomètre, n'est que la moyenne des températures de toutes ses molécules (v. **34**). Elevons la température jusqu'au moment où la dissociation devienne appréciable.

Cette dissociation, ou décomposition partielle sous l'influence de la chaleur, est due à ce qu'un certain nombre de molécules ont atteint la température de décomposition : elles se dédoublent en A et B. Les molécules A et B vont se mouvoir dans l'espace offert au système gazeux et dans leur trajectoire, rencontrant d'autres molécules, elles vont modifier leur force vive. Il arrivera ainsi qu'elles seront ramenées à une température à laquelle elles peuvent s'unir.

Mais si les molécules A et B ont perdu de la force vive, il est clair qu'elles l'auront cédée à d'autres : de nouvelles molécules de AB auront ainsi été portées à la température de décomposition et se seront dédoublées en A et B.

Au début de l'expérience le nombre de molécules AB est maximum, tandis que celui des molécules A et B est nul. Ces dernières augmenteront peu à peu en nombre et par conséquent leurs chances de rencontre vont augmenter. Les probabilités de reformation de AB iront ainsi croissantes ; elles sont d'autant plus grandes que dans l'unité de volume une molécule A trouvera plus de molécules B et réciproquement, c'est-à-dire qu'elles sont proportionnelles à la fois à la **concentration** des molécules A et à celle de B soit à leur produit.

Observation. — La concentration d'un corps est la quantité de ce corps contenue dans l'unité de volume. La notion de concentration moléculaire est plus importante pour le chimiste: c'est le nombre de molécules contenue dans l'unité de volume. Le plus souvent le terme concentration tout court est pris dans ce sens; nous l'utiliserons dans cette acception.

D'autre part, la formation de A et B est proportionnelle au nombre de molécules AB, c'est-à-dire à la concentration de AB.

Quand le nombre de molécules AB dédoublées en l'unité de temps sera égal au nombre de molécules reformées, le système ne changera plus de composition; il sera en équilibre.

Pourqu'il y ait équilibre il faut donc que les vitesses des deux réactions inverses soient les mêmes. La vitesse de la transformation directe v est proportionnelle à la concentration de AB, que nous représenterons par C_{AB}; elle est égale à cette concentration, multipliée par une grandeur k; cette grandeur k est fonction de la température, mais elle est constante pour une température donnée. De même la vitesse de la réaction inverse v' étant proportionnelle au produit des concentrations de A et de B, sera égale à ce produit multiplié par une grandeur k'.

La condition d'équilibre est exprimée par la condition :

$$v = v' \text{ ou } k.C_{AB} = k'C_A C_B \tag{1}$$

Le rapport $\dfrac{k}{k'} = K$ est invariable pour une température déterminé; l'équation (1) peut s'écrire :

$$\frac{C_A \times C_B}{C_{AB}} = K.$$

Dans le cas de la dissociation de l'eau la condition est un peu plus compliquée. L'équation d'équilibre est $2H_2O \rightleftarrows 2H_2 + O_2$.

Cette équation peut s'écrire sous la forme :

$$H_2O + H_2O \rightleftarrows H_2 + H_2 + O_2.$$

Il faut, en effet, qu'une molécule d'eau en rencontre une autre pour qu'il puisse se former une molécule d'oxygène. La condition d'équilibre devient donc :

$$kC_{H_2O} \times C_{H_2O} = k'C_{H_2} \times C_{H_2} \times C_{O_2} \quad \text{ou} \quad kC_{H_2O}^2 = k'C_{H_2}^2 \times C_{O_2}.$$

La vitesse de la réaction dans le sens direct est proportionnelle, non à la concentration des molécules d'eau, mais au carré de cette concentration. De même, la vitesse de la réaction inverse est proportionnelle au carré de la concentration de l'hydrogène.

D'une manière générale si N molécules d'un corps doivent intervenir dans une réaction, les chances de rencontre simultanée de ces N molécules sont proportionnelles à la $N^{ième}$ puissance de leur concentration. L'équation générale d'équilibre de dissociation d'un corps $A_pB_qC_rD_s$ .... en ses constituants est par conséquent

$$kC_{A_pB_qC_rD_s\dots}^N = k'C_A^n \cdot C_B^{n'} \cdot C_C^{n''}\dots, \qquad (1)$$

la température restant constante.

108. D'après la loi de Bayle-Mariotte, si M est la masse d'un gaz

$$p.v = k.M.$$

Or, $\dfrac{M}{v}$ est la concentration et $\dfrac{M}{v.m}$ la concentration moléculaire C, donc

$$C = \frac{p}{k.m} = \frac{p}{s}$$

$\left(\dfrac{1}{k\,m} \text{ est une constante, que nous représentons par } \dfrac{1}{s}\right)$.

Si nous remplaçons C par cette valeur dans l'équation (1), la condition d'équilibre devient :

$$\frac{P^N}{S^N} = \frac{k'}{k}\left(\frac{p}{s}\right)^n \cdot \left(\frac{p'}{s'}\right)^{n'}\left(\frac{p''}{s''}\right)^{n''}\dots$$

ou encore

$$P^N = \frac{k'S^N}{k.s^n.s'^{n'}.\,s''^{n''}\dots} \cdot p^n.\,p'^{n'}.p''^{n''}\dots. \qquad (2)$$

Nous représenterons par K la valeur constante $\dfrac{k.s^n.s'^{n'}\dots}{k'S^N}$

8

Dans le cas particulier de l'eau, la condition d'équilibre sera :

$$P^2{}_{H_2O} = \frac{p^2{}_{H_2} \cdot p_{O_2}}{K}$$

Nous pouvons étendre l'étude du problème au cas où l'un des corps intervenant dans l'équilibre est solide ou liquide ; le système n'est plus homogène.

109. Quelle est la concentration d'un corps solide ou liquide vis-à-vis d'un système gazeux ?

C'est celle de sa vapeur, cette concentration n'étant jamais nulle même si elle échappe à nos moyens de mesure. Tout corps, quelle que soit d'ailleurs sa fixité, possède une tension de vapeur finie à une température donnée. Cette tension détermine la concentration de ce corps dans l'espace libre qui l'entoure et c'est cette concentration qui doit figurer dans l'équation d'équilibre.

La tension de vapeur d'un corps liquide ou solide est indépendante de la masse absolue de ce ce corps ; elle est constante pour une température donnée.[1] Si nous considérons donc un état isothermique du système, les concentrations de tous les corps liquides ou solides y intervenant sont constantes et l'équilibre ne dépend plus que de la concentration des corps gazeux pour une température donnée. Il en résulte que le degré de dissociation d'un corps solide ou liquide donnant naissance à un gaz est **indépendant de la masse absolue de ce corps,** mais est limité uniquement par la concentration de ses produits gazeux de dissociation.

Dans l'équation (2) P devient une constante ; si A et B p. ex. sont des corps solides ou liquides, leurs tensions de vapeur p et

---

(1) Cette proposition n'est rigoureusement vraie que si les corps solides ou liquides qui interviennent dans la réaction ne sont pas miscibles. S'ils peuvent se dissoudre les uns dans les autres, leur tension de vapeur n'est plus indépendante de leurs masses relatives, car lorsqu'un corps en dissout un autre, sa tension de vapeur diminue proportionnellement à la quantité de substance dissoute (v. plus loin). Donc, si le corps dissociable dissout l'un de ses produits de dissociation, sa tension de vapeur diminue ; la concentration avec laquelle il intervient dans l'équilibre se réduit d'autant plus que la quantité du produit de dissociation formé est plus considérable, et ce jusqu'à ce que la solution soit saturée.

p' sont également invariables pour une température déterminée et la condition d'équilibre prend la forme :

$$p''^{n''} . p'''^{n'''} .... = \mathrm{C}^{\mathrm{ste}}$$

c'est-à-dire que le produit des pressions des corps gazeux qui se forment ne peut dépasser une certaine limite, qu'on appelle la **tension de dissociation**.

110. La dissociation du bioxyde de baryum constitue un exemple simple de cette espèce.

A 500°, ce corps se dédouble partiellement en oxyde de baryum solide et en oxygène. Tant que ce dernier n'aura pas atteint une concentration, c'est-à-dire une pression déterminée, le dédoublement progressera. Cette pression limite sera atteinte d'autant plus vite que l'espace libre disponible pour le gaz sera plus réduit ; mais la quantité d'oxygène produit est entièrement indépendante de la masse de bioxyde de baryum mise en œuvre Si nous mélangeons au bioxyde une certaine quantité d'oxyde BaO, la présence de celui-ci est sans influence sur la marche du phénomène, puisque ce composé solide intervient à une concentration constante. Si, au contraire, l'appareil dans lequel nous opérons renferme déjà de l'oxygène, la dissociation du bioxyde deviendra moins importante. Si p est la tension de dissociation à 500° et si l'oxygène se trouve sous une tension initiale p', inférieure à p, la quantité de ce gaz que doit fournir la dissociation sera réduite dans le rapport de $p - p'$ à p. Si la pression initiale est égale ou supérieure à p la dissociation sera nulle.

Bien plus, si une dissociation plus ou moins complète avait amené la formation d'une certaine quantité d'oxyde de baryum BaO, l'introduction d'oxygène sous une pression supérieure à la tension de dissociation, provoquera une rétrogradation de la dissociation, avec absorption de l'oxygène par l'oxyde BaO, jusqu'à ce que la pression de ce gaz soit devenue égale à la tension de dissociation.

Ces considérations nous expliquent la marche des phénomènes qui conduisent à la préparation de l'oxygène à l'aide de l'oxyde de baryum.

En comprimant l'air sur l'oxyde de baryum, chauffé à 500°, on maintient la pression de l'oxygène au-dessus de la tension de dissociation du bioxyde de baryum : la réaction va donc se faire dans le sens :

$$2BaO + O_2 \longrightarrow 2BaO_2,$$

et si par compression de l'air l'on conserve à l'oxygène une pression toujours suffisante, l'oxyde se transforme intégralement en bioxyde, la masse de ce dernier n'ayant pas d'influence sur la réaction.

Lorsqu'on fait le vide au dessus du bioxyde de baryum, tout en maintenant la température constante, la pression de l'oxygène tombe au dessous de la tension de dissociation et le bioxyde va se décomposer jusqu'à ce que la tension limite soit atteinte. Mais ceci n'arrivera jamais, si la machine pneumatique enlève l'oxygène au fur et à mesure qu'il se forme, et la dissociation du bioxyde continuera jusqu'à sa décomposition intégrale.

111. On comprend pourquoi **la présence d'un gaz étranger n'a aucune influence sur le degré de dissociation**. La loi de Dalton nous apprend que la pression exercée par un gaz ou une vapeur est indépendante de la présence d'un autre gaz dans l'enceinte; la pression, c'est-à-dire la concentration d'un produit de dissociation, ne saurait donc être affectée par la présence d'un gaz étranger. **La dissociation sera au contraire entravée ou même arrêtée par la présence d'un des produits gazeux de décomposition.**

112. La relation entre le degré de dissociation et la température est plus compliquée.

Si nous représentons par $\Delta \lg K$ la variation du logarithme de la constante de dissociation pour une variation très petite Δt de la température, on démontre que

$$\frac{\Delta \log K}{\Delta t} = \frac{q}{2T^2} \qquad (4)$$

q étant la chaleur de formation du corps dissocié et T la température absolue d'expérience.

Quand le corps dissociable est exothermique q est positif, le second nombre de l'équation est positif, le premier doit l'être aussi ; $\Delta \lg K$ et Δt seront donc de même signe ; à un accroissement de température correspond un accroissement de K, c'est-à-dire que la dissociation augmente avec la température.

Si q est négatif, c'est-à-dire si le corps est endothermique, le rapport $\frac{q}{2T^2}$ est négatif ; $\Delta \lg K$ et Δt seront donc de signe contraire, si t augmente K diminue ; la dissociation rétrograde quand la température s'élève et augmente par une chute de température. Les corps endothermiques seront donc d'autant plus stables que la température est plus élevée. Nous avons déjà reconnu le fait pour l'ozone (v. **86**), et aurons encore maintes fois l'occasion de le vérifier.

On peut déduire de la formule (4) que pour les composés exothermiques la dissociation n'est nulle qu'au 0° absolu ; mais pour la plupart des corps de cette espèce, l'importance de cette dissociation est négligeable à la température ordinaire.

113. Suite de l'histoire de l'eau. — L'eau peut s'engager en combinaison avec des molécules saturées d'autres corps, notamment avec des sels, pour former des **combinaisons additionnelles**.

On connait des exemples nombreux d'association de molécules de composés dits saturés qui conduisent à la formation de groupements complexes. La formation de ces groupements peut être accompagnée d'une dépense d'énergie considérable, indiquant une véritable **réaction chimique**. Néanmoins ces combinaisons additionnelles sont en général peu stables et se dédoublent aisément en leurs générateurs.

Les combinaisons additionnelles de l'eau sont appelées **composés hydratés**. Elles sont très nombreuses et se forment particulièrement avec des sels. C'est ainsi que nous connaissons une combinaison du carbonate de sodium avec 10 molécules d'eau, qu'on représente par la formule $Na_2 CO_3 . 10H_2O$. De même existent $Na_2 SO_4 . 10H_2O$, $Mg SO_4 . 7H_2O$, etc.

Ces sels hydratés forment le plus souvent des cristaux bien définis. Quand on les chauffe ils se décomposent en **sels anhydres et** en eau; ils perdent en même temps leur structure cristalline, aussi l'eau qu'ils contiennent prend elle le nom **d'eau de cristallisation**.

Ces combinaisons sont dissociables; l'équilibre du phénomène de dissociation est déterminé par la tension de la vapeur d'eau qui s'échappe.

114. Si à la température ordinaire cette tension est supérieure à celle de la vapeur d'eau contenue dans l'atmosphère, le cristal se décompose en sel anhydre ou en un composé hydraté moins riche en eau, il perd sa structure et se délite en poussière : il **s'effleurit**. Un corps qui possède cette propriété est **efflorescent**; tel est le sel de soude $Na_2 CO_3 . 10H_2O$.

Quand au contraire la tension de dissociation est inférieure à la tension de la vapeur atmosphérique, le sel anhydre pourra absorber l'humidité de l'air; il est dit **hygroscopique**. On conçoit que suivant la sécheresse de l'atmosphère un sel puisse être efflorescent ou hygroscopique.

L'affinité d'un corps pour l'eau peut être telle qu'il aborbe la vapeur d'eau en quantité suffisante pour pouvoir s'y dissoudre plus ou moins complètement. S'il est solide, il se transforme alors peu à peu en une masse liquide, il tombe en déliquescence : c'est un **corps déliquescent**. La soude caustique $NaOH$, le chlorure de calcium $CaCl_2$, sont des corps déliquescents.

Les corps déliquescents ou hygroscopiques conviennent pour absorber la vapeur d'eau contenue dans un gaz et par conséquent pour le desssécher. On emploie surtout l'acide sulfurique concentré, la soude caustique, le chlorure de calcium.

Le plus puissant des agents de dessiccation est l'anhydride phosphorique P_2O_5. Il agit autrement : en se combinant à l'eau il se transforme en acide phosphorique, qui n'est pas une combinaison additionnelle.

EAU OXYGÉNÉE H_2O_2. H - O - O - H.

PM 33.76 (34)

115. Il existe une deuxième combinaison de l'hydrogène avec l'oxygène, qu'on appelle l'eau oxygénée ou bioxyde d'hydrogène.

Deux atomes d'oxygène y sont unis entre eux, formant une chaîne à deux pièces, dont les extrémités sont saturées par deux atomes d'hydrogène.

On obtient l'eau oxygénée par l'action de l'acide sulfurique étendu sur le bioxyde de baryum.

$$\mathrm{Ba} \Big\langle \begin{matrix} O \\ | \\ O \end{matrix} + H_2SO_4 = BaSO_4 + H_2O_2.$$

On doit opérer à froid et éviter toute élévation de température. Le sulfate de baryum insoluble est filtré et l'on recueille une solution d'eau oxygénée.

Si l'on évapore ce liquide dans le vide, l'eau s'élimine d'abord ; on obtient une solution concentrée qu'on peut distiller dans le vide. On parvient ainsi à séparer l'eau à une température suffisamment basse pour éviter la décomposition de l'eau oxygénée. Celle-ci distille à son tour à 69° sous une pression de 26^{mm}.

116. L'eau oxygénée se rencontre quelquefois en petites quantités dans l'eau de pluie ; on observe sa formation dans beaucoup de phénomènes d'oxydation qui se font en présence de l'eau.

Elle se produit également, comme l'ozone, à des températures très élevées, par exemple quand on dirige un jet d'oxygène humide sur une surface chauffée à 2000°, en ayant soin de refroidir immédiatement d'une manière énergique après le contact avec la surface chaude (v. **84**). L'eau oxygénée se produit par réaction de l'ozone sur l'eau :

$$O_3 + H_2O \rightleftarrows O_2 + H_2O_2.$$

C'est à cette réaction qu'est due l'action catalysante négative de l'eau dans la formation de l'ozone (v. **84**).

117. L'eau oxygénée pure est un liquide sirupeux, incolore en couches minces, bleu en couches épaisses. Sa densité est de 1,5. A l'état pur, c'est un corps très dangereux à manier. L'eau oxygénée est en effet un corps endothermique qui se décompose avec explosion en dégageant 500 fois son volume d'oxygène. Cette explosion se produit notamment par la chute de poussières, qui provoquent par catalyse une décomposition instantanée de l'eau oxygénée. La décomposition se fait d'après l'équation :

$$2H_2O_2 = 2H_2O + O_2$$

et dégage 23100 calories par molécule-gramme d'eau oxygénée.

Les solutions d'eau oxygénée sont plus stables, et ce d'autant plus qu'elles sont plus étendues. C'est sous forme de dissolution que l'on trouve l'eau oxygénée dans le commerce. Les solutions les plus concentrées renferment environ 30 $\%$ d'eau oxygénée et dégagent 100 fois leur volume d'oxygène lorsqu'elles se décomposent. Cette décomposition, insensible lorsque l'eau oxygénée est pure, est catalysée d'une manière très énergique par beaucoup de corps tels que le platine poreux, le bioxyde de manganèse, ainsi que par certaines substances que renferme l'organisme vivant, et que l'on désigne sous le nom de **catalases**. Le sang renferme une catalase très active qui détermine la décomposition instantanée de l'eau oxygénée.

118. L'eau oxygénée est un agent oxydant très énergique, dont l'action est comparable à celle de l'ozone. Dans ces deux corps on trouve un atome d'oxygène fixé par des liens fragiles sur un groupe qui peut constituer une molécule très stable (O_2, H_2O). Cet atome est mis en liberté avec un dégagement important d'énergie, lequel facilite l'oxydation.

La réaction la plus remarquable de l'eau oxygénée est celle qu'elle donne au contact des corps oxydants. Ceux-ci sont des combinaisons qui abandonnent facilement leur oxygène; ils le cèdent à l'atome d'oxygène mobile de l'eau oxygénée et il se forme une molécule d'oxygène O_2 stable, avec **réduction simultanée du corps oxydant et de l'eau oxygénée**.

$$\begin{matrix} H \cdot O \\ | \\ H \cdot O \end{matrix} + R = O = \begin{matrix} H \\ \diagdown \\ H \diagup \end{matrix} O + R + O_2.$$

Citons notamment la réduction du permanganate de potassium $KMnO_4$ en présence d'un acide.

$$5H_2O_2 + 2KMnO_4 + 3H_2SO_4 = 8H_2O + K_2SO_4 + 2MnSO_4 + 5O_2$$

Le permanganate de potassium colore l'eau en pourpre, même en solution très étendue ; le sel de manganèse produit par la réduction est sensiblement incolore ; on pourra donc doser l'eau oxygénée volumétriquement par une solution titrée de permanganate.

A cause de son pouvoir oxydant, l'eau oxygénée est un excellent agent de blanchiment, présentant l'avantage de ne pas détruire les tissus. On l'utilise dans le blanchiment des cheveux, des plumes, de l'ivoire. C'est aussi un bactéricide puissant, employé en médecine en raison de sa toxicité presque nulle.

On recherche la présence de petites quantités d'eau oxygénée en ajoutant au liquide une solution étendue d'acide chromique H_2CrO_4 ; il se produit alors un composé bleu. Si l'on agite avec de l'éther, ce dernier dissout ce composé bleu dont on peut ainsi mieux reconnaître la formation. La nature du corps qui se forme est inconnue ; c'est une substance très instable qui se détruit spontanément.

On peut aussi reconnaître l'eau oxygénée à la coloration jaune qu'elle communique à l'acide titanique.

Les solutions commerciales d'eau oxygénée en renferment le plus souvent environ 3 % et dégagent de 10 à 12 fois leur volume d'oxygène par décomposition. Le titre des eaux oxygénées commerciales est établi d'après le volume d'oxygène qu'elles peuvent fournir.

L'eau oxygénée fut découverte par Thénard en 1818.

Famille des halogènes.

Nous avons déjà vu que cette famille comprend les métalloïdes les plus actifs; leur aptitude réactionnelle décroît à mesure que le poids atomique augmente. Leur valence vis-à-vis des métaux est égale à l'unité; elle s'élève à 7 dans leurs combinaisons avec l'oxygène.

FLUOR Fl_2.
P.A. 18.89 ; PM. 37.78 (38).

119. Le fluor est un élément assez répandu dans le règne minéral, surtout à l'état de fluorure de calcium, $CaFl_2$ (**fluorine**) et de fluorure double d'aluminium et de sodium $AlFl_3.3NaFl$ (**cryolithe**). On le rencontre en petite quantité dans l'organisme sous forme de fluorure de calcium dans l'émail dentaire et dans les os.

Sa préparation est extraordinairement difficile; il faut en effet éviter que le matériel dont on se sert contienne les moindres traces d'humidité, car le fluor décompose l'eau à la température ordinaire :

$$2H_2O + 2Fl_2 = 4HFl + O_2.$$

Une partie de l'oxygène se dégage à l'état d'ozone (v. **84**).

De plus tous les composés siliciés (verre, poteries, porcelaines) sont attaqués et rapidement détruits.

Il en est de même de toutes les substances organiques. Les seuls corps qui résistent à l'action du fluor sont le platine et l'or.

Le fluor étant le plus actif des métalloïdes, on ne peut l'obtenir par déplacement. Il a été isolé en 1886 par Moissan, qui électrolysa du fluorure de potassium dissous dans l'acide fluorhydrique anhydre.

L'opération se fait dans un tube en U en platine (fig. 18), fermé par des bouchons en fluorure de calcium, à travers lesquels passent des électrodes en platine iridié. Deux tubes latéraux permettent de recueillir les produits de l'électrolyse. L'appareil est refroidi à — 50°.

Au pôle positif on recueille le fluor, au pôle négatif de l'hydrogène. Celui-ci provient de l'action du potassium sur l'acide fluorhydrique :

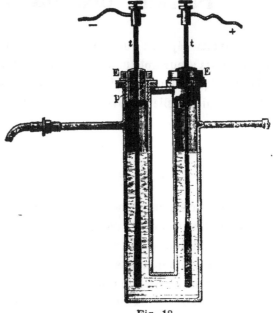

$$+ \quad -$$
$$KFl = K + Fl$$
$$K + HFl = H + KFL.$$

120. Le fluor est un gaz d'un jaune pâle, d'une odeur très **irritante** et fort dangereux à respirer. Il se liquéfie à —187° en un liquide jaune

Fig. 18.

qui se solidifie à —223° en une masse cristalline jaune, devenant incolore après quelque temps.

C'est le plus actif de tous les éléments. Il décompose l'eau à la température ordinaire. Tous les métaux, sauf l'or et le platine, sont transformés en fluorures au contact du fluor à la température ordinaire. L'enduit de fluorure formé peut préserver les couches profondes du métal de l'attaque ultérieure. Il en est ainsi notamment pour le cuivre. Aussi a-t-on pu remplacer le tube en platine de l'appareil décrit plus haut par un tube en cuivre, dont l'attaque par le fluor cesse rapidement.

Le noir de fumée est transformé à froid en fluorure de carbone CFl_4; la réaction se fait avec incandescence.

Le fluor a pour le silicium une affinité énorme ; il attaque tous les **matériaux** qui en contiennent avec formation de fluorure de silicium, $SiFl_4$. Il n'en est plus de même quand il y a absence complète d'acide fluorhydrique, d'eau ou de matières organiques.

Le fluor s'unit à l'hydrogène, à froid, et dans l'obscurité. Lorsqu'on mélange les deux gaz, il se fait une explosion violente. Le fluor solidifié réagit même encore sur l'hydrogène liquide, à —252°, avec une extrême violence; la réaction se fait avec explosion Le système constitué par ces deux éléments n'a donc pas perdu son aptitude réactionnelle à cette température exceptionnellement basse et la combinaison se fait encore avec une vitesse très considérable. Ce fait est d'autant plus intéressant à signaler, qu'à de très basses températures, la plupart des réactions chimiques, même celles qui évoluent très rapidement à la température ordinaire, paraissent ne plus se faire, leur vitesse devenant trop faible.

Les matières organiques sont détruites par le fluor, souvent avec explosion. L'oxygène, le chlore, l'argon et l'azote sont les seuls éléments dont on ne connaisse pas de combinaison avec le fluor.

Tous les métalloïdes sont déplacés par le fluor de leurs combinaisons avec les métaux, le plus souvent avec dégagement de chaleur et de lumière.

CHLORE Cl₂.

P.A. 35.18. P.M. 70.36 (71).

121. Le chlore existe dans la nature à l'état de chlorures, dont les plus importants sont ceux de sodium, de magnésium et de potassium.

On obtient le chlore dans l'industrie : 1° par l'électrolyse d'une solution de chlorure de sodium NaCl.

Le chlore se forme au pôle positif ; au pôle négatif, le sodium mis en liberté réagit sur l'eau pour donner de la soude caustique et de l'hydrogène.

La soude caustique se dissout et diffuse dans le liquide. Arrivant au contact du chlore au pôle positif elle en provoquerait la transformation en chlorure et hypochlorite de sodium

$$Cl_2 + 2NaOH = ClNa + NaOCl + H_2O.$$

On peut éviter ce grave inconvénient en séparant l'auge électrolytique en deux compartiments par un diaphragme poreux empêchant la diffusion de la soude dans le compartiment anodique (fig. 19).

Les électrodes sont en charbon de cornue ou mieux en platine iridié.

L'emploi de diaphragmes poreux présente de graves inconvénients. Ils augmentent la résistance électrique d'une manière très sensible et se désagrègent rapidement.

Parmi les dispositifs employés pour éviter leur emploi nous décrirons celui de Castner-Solvay. L'auge électrolytique est cloi-

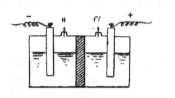

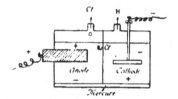

Fig. 19. Fig. 20.

sonnée par un diaphragme imperméable qui n'atteint pas au fond (fig. 20). Ce dernier est couvert de mercure jusqu'à intercepter la communication entre les deux compartiments. Le mercure joue le rôle d'électrode bipolaire. Dans le compartiment anodique c'est le pôle négatif, tandis qu'il est positif dans le compartiment cathodique.

A l'anode se dégage du chlore, tandis que le sodium est absorbé par le mercure et transformé en amalgame. A la cathode se forme de l'hydrogène et de la soude caustique, et le chlore se portant sur le mercure, y rencontre le sodium de l'amalgame et s'y combine pour régénérer du chlorure de sodium et du mercure.

Un mouvement régulier que l'on imprime à l'appareil permet à l'amalgame de sodium de se mélanger uniformément au mercure et de passer dans le compartiment cathodique. Le chlore se dégage par l'orifice O.

2° Certains chlorures sont décomposés par l'oxygène avec mise en liberté de chlore. Tel est le chlorure de magnésium qui, chauffé dans un courant d'air, se décompose en oxyde de magnésium et donne du chlore,

$$2MgCl_2 + O_2 = 2MgO + 2Cl_2.$$

On utilise dans cette préparation le chlorure de magnésium hydraté $MgCl_2 . 6H_2O$, déchet de fabrication dans l'industrie de Stassfurt. Ce sel se décomposerait lors de la dessication d'après l'équation :

$$MgCl_2 + H_2O \rightleftarrows MgO + 2HCl.$$

Cette dernière réaction est réversible ; on l'empêche en desséchant en présence d'un excès d'oxyde de magnésium. On obtient ainsi une masse poreuse, que l'on chauffe dans un courant d'air. Il s'échappe de l'appareil un mélange de chlore, d'azote et d'oxygène, qu'on utilise dans la préparation des chlorures décolorants.

Le chlorure d'hydrogène, c'est-à-dire l'acide chlorhydrique est également oxydé par l'oxygène.

$$4 HCl + O_2 = 2 H_2O + 2 Cl_2.$$

Cette réaction est réversible. Pour se placer dans les conditions convenables d'obtention du chlore, on fait passer un mélange d'air et d'acide chlorhydrique à travers un tube chauffé entre 300 et 400°, contenant des fragments de briques imprégnées de chlorure de cuivre, lequel joue le rôle de catalyseur positif. L'air doit être employé en grand excès (Procédé de Deacon.)

Le chlore qu'on obtient de cette façon est mélangé d'une forte proportion d'azote et d'oxygène en excès (8 — 10 %, de chlore), ainsi que d'acide chlorhydrique non oxydé. On absorbe ce dernier par l'eau.

On peut aussi oxyder l'acide chlorhydrique par le bioxyde de manganèse. Cette méthode donne du chlore pur ; c'est elle qu'on utilise dans les laboratoires :

$$2HCl + MnO_2 = H_2O + Cl_2 + MnO.$$

MnO est une base qui réagit secondairement sur deux nouvelles molécules d'acide, pour donner du chlorure manganeux et de l'eau :

$$MnO + 2HCl = MnCl_2 + H_2O.$$

L'opération s'exécute en chauffant une solution concentrée d'acide chlorhydrique avec du bioxyde de manganèse. A une concentration inférieure à 8 %, la solution d'acide ne réagit plus.

122. Le chlore est un gaz jaune verdâtre, d'une odeur suffocante, ayant une action délétère redoutable sur les organes respiratoires. Sa densité est 2.49. Il se liquéfie facilement en un liquide jaune, bouillant à —33°6. C'est un gaz peu soluble dans l'eau, qui en dissout trois fois son volume. Au-dessous de 8°, il contracte avec l'eau une combinaison additionnelle $Cl_2. 10, H_2O$, qui se dissocie facilement à la température ordinaire et se prend en cristaux à 8°.

Le chlore se combine directement à la plupart des éléments. Font exception l'oxygène, l'azote, les argonides, le fluor, le carbone et le platine.

L'hydrogène ne s'y combine pas à froid dans l'obscurité; l'union se fait au contraire avec explosion sous l'action des rayons solaires.

La solution aqueuse du chlore (eau de chlore) ne se conserve pas.

L'eau est décomposée lentement par le chlore; cette réaction a lieu avec dégagement d'énergie. L'oxygène ne s'échappe pas; il se forme de l'acide hypochloreux :

$$\begin{matrix} Cl \\ | \\ Cl \end{matrix} + \begin{matrix} H \\ \\ H \end{matrix} \Big\rangle O = HCl + HOCl.$$

La formation de l'acide hypochloreux est endothermique et absorbe une partie de l'énergie dégagée dans la formation de l'acide chlorhydrique. L'acide hypochloreux se transforme ultérieurement en acide chlorique $HClO_3$. Au rouge le chlore décompose l'eau avec formation d'oxygène libre; le phénomène est inverse de celui du procédé de Deacon; il est réversible et incomplet (v. plus loin).

123. L'eau est facilement décomposée par le chlore en présence d'un corps réducteur capable de fixer l'oxygène :

$$R + H_2O + Cl_2 = RO + 2HCl.$$

On bénéficie dans cette réaction de l'énergie d'oxydation du corps réducteur.

Ce dernier s'oxyde d'autant plus aisément que l'oxygène lui est fourni à l'état naissant, aussi le chlore humide constitue-t-il un agent d'oxydation supérieur à l'oxygène atmosphérique. Le chlore est un oxydant indirect car il oxyde par l'oxygène de l'eau.

La molécule de chlore subit à une température très élevée (**1400°**) une dissociation en atomes isolés; comme ceux-ci occupent chacun le même volume que la molécule primitive, il en résulte une diminution de densité ; c'est d'ailleurs cette variation de densité qui a permis de conclure au dédoublement partiel des molécules de chlore.

Le chlore est fréquemment utilisé dans les laboratoires; l'industrie consomme de grandes quantités de chlore dans la fabrication des chlorures décolorants; on se sert en outre du chlore comme bactéricide (en solution aqueuse) et comme désinfectant.

Le chlore fut isolé par Scheele en 1774. Gay-Lussac et Thénard et Davy démontrèrent que c'était un élément.

BROME Br$_2$.

P.A 79.34 ; P.M. 158.68 (160).

124. Le brome est très répandu dans la nature, mais en moindres quantités que le chlore. L'eau de l'Océan contient 60 gr., la Mer Morte 4 kilogr. de brome par mètre cube, sous forme de bromures de potassium et de magnésium.

Si l'on évapore l'eau de mer (marais salants),le sel marin cristallise le premier et dans les eaux-mères (c'est-à-dire la solution dans laquelle se sont formés les cristaux) on retrouve les bromures, beaucoup moins abondants et par conséquent restant plus aisément en solution. C'est de ces eaux-mères qu'on extrait le brome.

Dans la nature, l'évaporation des mers anciennes a donné lieu à un phénomène analogue. Le sel, cristallisant le premier, s'est déposé d'abord tandis que les composés plus solubles ou moins abondants, se concentrant dans les eaux-mères, se retrouvent dans les dépôts qui se sont formés en dernier lieu. Ces dépôts sont travaillés pour en extraire le brome. La Mer Morte est un lac salé dans lequel l'évaporation a déjà amené la cristallisation d'une grande partie du chlorure de sodium, aussi la concentration en bromure y est-elle très forte.

On extrait le brome des eaux mères des salines en les soumettant à l'action du chlore. Les eaux-mères ruissellent en cascade dans une tour A, garnie intérieurement de pierres siliceuses, et sont reçues dans la cuve B. Le chlore est amené du générateur D, avec de la vapeur d'eau; il barbote dans la cuve B, traverse le tour A, et sort par *o*. [1] Le brome, entraîné à l'état de vapeur par la vapeur

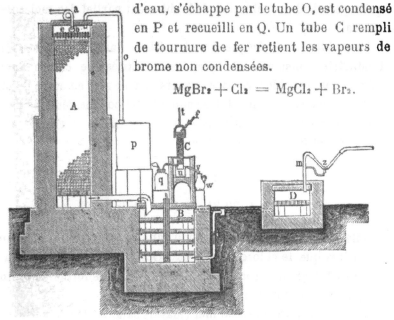

d'eau, s'échappe par le tube O, est condensé en P et recueilli en Q. Un tube C rempli de tournure de fer retient les vapeurs de brome non condensées.

$$MgBr_2 + Cl_2 = MgCl_2 + Br_2.$$

Fig. 21.

125. Le brome est un liquide rouge foncé, d'une densité élevée (3.187 à 0°), émettant déjà à la température ordinaire d'abondantes vapeurs rouges. Il bout à 63° et se solidifie à —7°.

Il est encore plus irritant que le chlore; appliqué sur la peau, il y détermine des brulures profondes.

Il est peu soluble dans l'eau (3,5 °/₀), avec laquelle il peut contracter comme le chlore une combinaison additionnelle, $Br_2.10H_2O$ stable au dessous de 0°. Il est soluble en toutes proportions dans le chloroforme.

Le brome ressemble complètement au chlore, mais est un peu moins actif, aussi les bromures métalliques sont-ils décomposés par le chlore.

Le brome décompose l'eau, en présence d'un corps réducteur.

[1] Il faut éviter un trop grand excès de chlore qui transforme le brome en chlorure de brome.

Il se comporte alors, de même que le chlore, comme un agent oxydant indirect.

Au rouge blanc, la molécule de brome se dissocie en atomes isolés; le degré de dissociation atteint 40 °/₀ à 1500°.

Le brome a été découvert par Balard en 1826, dans les eaux-mères des salines.

IODE.

P.A. 125.89 (126) P.M. 251.78 (252).

126. L'iode est un élément fort répandu, mais toujours en minimes proportions. Les êtres marins fixent sous forme de combinaisons organiques l'iode contenu dans l'eau de mer; il en est qui sont particulièrement riches en iode. Nous citerons certaines éponges, pouvant renfermer jusque 10 °/₀ de leur poids d'iode à l'état d'iodospongine. Les varechs (fucus) absorbent aussi l'iode marin et l'on peut extraire cet élément de leurs cendres. L'iode se rencontre également dans l'organisme des animaux terrestres et s'accumule surtout dans certaines glandes. La glande thyroïde secrète une combinaison, la thyroïodine, qui contient 9 °/₀ d'iode.

La source actuellement la plus importante d'iode est le salpêtre du Chili, qui renferme de petites quantités d'iodate de sodium $NaIO_3$. On extrait l'iode des eaux-mères provenant de la cristallisation de ce salpêtre, par l'action du sulfite de sodium et de l'acide sulfureux :

$$2NaIO_3 + H_2SO_3 = Na_2SO_3 + 2IO_3H.$$
$$5Na_2SO_3 + 2IO_3H = 5Na_2SO_4 + H_2O + I_2.$$

L'iode précipite, on filtre, on sèche et on purifie l'iode par distillation.

L'extraction de l'iode des varechs se fait en calcinant ces végétaux en vases clos; les cendres contiennent de l'iodure de sodium que l'on décompose par le bioxyde de manganèse et l'acide sulfurique :

$$2INa + H_2SO_4 = 2IH + Na_2SO_4$$
$$2IH + MnO_2 = MnO + I_2 + H_2O$$
$$MnO + H_2SO_4 = MnSO_4 + H_2O$$

$$2INa + 2H_2SO_4 + MnO_2 = I_2 + MnSO_4 + Na_2SO_4 + 2H_2O.$$

On purifie encore par distillation. On distille dans des cornues A,
l'iode se volatilise et
la vapeur se condense
en grands cristaux dans
des jarres D (fig. 22).

Fig. 22

127. L'iode est un
corps solide se présen-
tant en belles lames
cristallines d'un noir
brillant, à éclat métal-
lique, d'une densité de
4.95. Il fond à 114° et
bout à 184°, mais com-
mence à se sublimer vers 100°; il est déjà sensiblement volatil à
la température ordinaire. Sa vapeur possède une superbe coloration
violette. Il est très peu soluble dans l'eau pure (1/7000°) et ne
forme pas d'hydrate comme le chlore et le brome. Il est beaucoup
plus soluble dans des solutions d'iodure de potassium et se dissout
abondamment dans l'alcool (**teinture d'iode**), dans le chloroforme
et le sulfure de carbone. Il communique à ces deux derniers dissolvants une magnifique coloration pourpre.

Les plus minimes quantités d'iode libre donnent avec une
solution d'empois d'amidon une coloration bleue très intense, qui
ne se produit pas avec les combinaisons iodées. L'empois d'amidon
est donc un excellent indicateur de l'iode libre (v. ozone). Il est à
noter que cette coloration disparait à chaud pour reparaître après
refroidissement.

La vapeur d'iode se dissocie encore plus facilement que celles du
chlore et du brome. Le dédoublement en atomes commence à devenir
appréciable à 690°, à 1500° il est complet; la densité de vapeur
tombe à la moitié de ce qu'elle est à la température ordinaire
(8.82), ce qui démontre que toutes les molécules se sont scindées en
deux atomes.

L'iode est un élément fort semblable au brome et au chlore,
quoique moins actif. Les iodures métalliques sont plus facilement
décomposés que les bromures et les chlorures. L'iode ne se combine

que difficilement à l'hydrogène et l'acide iodhydrique se dissocie facilement par la chaleur.

Aussi l'iode est-il déplacé de ses combinaisons avec les métaux par les autres halogènes. Un grand nombre d'iodures chauffés au contact de l'air, se transforment en oxydes avec mise en liberté d'iode.

L'iode est comme ses congénères un agent oxydant indirect.

128. Iodométrie. — Comme l'iode se laisse aisément peser et que l'on peut en reconnaître les moindres traces, il se prête très bien à la préparation des liqueurs titrées oxydantes, destinées au dosage de corps réducteurs.

Si nous faisons agir l'iode en présence de l'eau sur l'acide sulfureux, par exemple, ce dernier est oxydé :

$$I_2 + H_2O + H_2SO_3 = 2IH + H_2SO_4.$$

Cette équation nous apprend que 81 gr. d'acide sulfureux sont oxydés par une molécule-gramme d'iode.

Pour effectuer un dosage d'acide sulfureux, on ajoute à la liqueur à titrer un peu d'empois d'amidon, puis on y laisse couler peu à peu une solution titrée d'iode. Tant que tout l'acide sulfureux n'est pas oxydé, l'iode est transformé en acide iodhydrique et ne peut agir sur l'amidon.

Mais au moment où l'oxydation est complète la moindre trace d'iode ajoutée en excès, n'étant plus fixée, colore l'empois d'amidon en bleu. La connaissance du volume de solution d'iode employée permet, par une simple proportion, de déterminer la quantité d'acide sulfureux. L'iode n'étant pas assez soluble dans l'eau pure, on prépare les liqueurs titrées en le dissolvant dans des solutions d'iodure de potassium, qui n'intervient pas dans le phénomène d'oxydation.

On peut donc à l'aide d'une solution d'iode titrer une solution réductrice. Celle-ci pourra à son tour servir au dosage de corps oxydants. Les corps oxydants possèdent la propriété de mettre en liberté l'iode des iodures, en présence d'un acide :

$$2IK + H_2SO_4 = 2IH + K_2SO_4$$
$$2IH + O \quad = \quad I_2 + H_2O$$
$$\overline{2IK + O + H_2SO_4 = I_2 + H_2O + K_2SO_4.}$$

On ajoutera donc au corps oxydant une quantité suffisante d'iodure de potassium et un acide, puis un peu d'empois d'amidon et l'on dosera l'iode mis en liberté par une solution titrée d'un corps réducteur. Une molécule-gramme d'iode correspond à un atome-gramme d'oxygène.

La solution normale oxydante étant celle qui peut oxyder 1 gr. d'hydrogène, qui fournit donc 8 gr. (7.93) d'oxygène au litre, une dissolution d'iode normale renferme 126 gr. d'iode au litre. Comme liqueur réductrice on emploie une dissolution titrée d'hyposulfite de soude (v. plus loin).

L'iode fut découvert par Courtois en 1811.

Combinaisons des halogènes avec l'hydrogène.

ACIDE FLUORHYDRIQUE HFl.

P.M. 19.89 (20).

129. L'acide fluorhydrique n'existe pas à l'état libre dans la nature. On peut le former : 1° par l'union directe du fluor à l'hydrogène. Cette réaction a lieu à froid avec explosion :

$$H_2 + Fl_2 = 2HFl.$$

2° Par l'action du fluor sur l'eau :

$$2H_2O + 2Fl_2 = 4HFl + O_2.$$

Il peut encore se produire dans une série de réactions qui permettent d'obtenir les quatre hydracides et dont l'étude trouve mieux sa place dans l'histoire de l'acide chlorhydrique.

On prépare l'acide fluorhydrique : 1° Par l'action de l'acide sulfurique concentré sur le fluorure de calcium.

$$CaFl_2 + H_2SO_4 = CaSO_4 + 2HFl.$$

3° En chauffant la combinaison additionnelle de l'acide fluorhydrique avec le fluorure de potassium : KFl.HFl. Cette méthode fournit l'acide pur et sec.

$$KFl . HFl = KFl + HFl.$$

Comme l'acide fluorhydrique attaque tous les matériaux siliciés et la plupart des métaux, on doit opérer dans des appareils en plomb ou mieux en platine. Ce dernier métal convient seul pour l'obtention de l'acide pur.

L'acide fluorhydrique s'échappe à l'état gazeux. On peut le condenser en le faisant passer dans un tube en U (fig. 23) plongeant dans un mélange

Fig. 23.

réfrigérant, ou bien le dissoudre dans l'eau, dans lequel il est fort soluble. On obtient l'acide anhydre dans le premier cas, une dissolution plus ou moins concentrée dans le second.

130. L'acide fluorhydrique anhydre est un liquide en hiver, un gaz en été; il bout en effet à 19°5. Sa densité est de 0.988 à 15°. Il donne au contact de l'air humide des fumées épaisses. C'est un corps très redoutable, l'inhalation de sa vapeur peut déterminer des accidents mortels; appliqué sur la peau il produit des ulcérations graves. Il détruit rapidement la plupart des matières organiques et l'on doit le conserver dans des flacons en platine.

Il est très soluble dans l'eau, ses solutions concentrées fument à l'air; quand on les chauffe, elles laissent échapper de l'acide gazeux jusqu'à ce que la concentration de ce dernier soit tombée à 43 2 %. Cette dissolution distille homogène à 110°; sa composition correspond sensiblement à la formule 2HFl. 3H$_2$O. Les solutions d'acide fluorhydrique possèdent les propriétés corrosives et toxiques de l'acide pur, quoiqu'à un moindre degré. On peut les conserver dans des flacons en platine ou en plomb, mais on emploie de préférence des récipients en ébonite ou en paraffine.

La propriété essentielle de l'acide fluorhydrique est d'attaquer l'anhydride silicique et tous les silicates :

$$SiO_2 + 4HFl = SiFl_4 + 2H_2O.$$

Dans cette réaction il n'agit pas comme acide, car aucun autre acide n'a une action semblable, mais en raison de l'énorme affinité du fluor pour le silicium.

Le verre est immédiatement attaqué, aussi bien par l'acide gazeux que par ses dissolutions. On applique cette propriété à la gravure sur verre. La pièce à graver est recouvert d'un vernis inattaquable par l'acide fluorhydrique, dans lequel on dessine l'objet à reproduire, de manière à mettre le verre à nu. Puis on soumet la pièce à l'action soit de vapeurs, soit d'une solution d'acide fluorhydrique, suivant que l'on veut obtenir un dessin opaque ou transparent. Quand la corrosion est suffisante on lave et on enlève le vernis.

L'acide fluorhydrique est un corps d'une stabilité extraordinaire; c'est de tous les composés de l'hydrogène celui qui se forme avec le dégagement de chaleur le plus important. La formation de deux mol. grammes d'acide fluorhydrique donne lieu à un dégagement de chaleur de 77000 cal.

$$H_2 + Fl_2 = 2HFl + 77000 \text{ cal.}$$

La dissolution de chaque molécule d'acide dans une grande masse d'eau dégage 12700 cal.; la chaleur de formation de deux molécules d'acide fluorhydrique, en présence d'une quantité d'eau importante (de 100 à 400 molécules d'eau pour une molécule d'acide) est donc de 101400 calories.

$$H_2 + Fl_2 + Aq = 2HFl \, Aq + 101400 \text{ cal.}$$

(Lorsque, dans une transformation chimique, intervient un nombre considérable, mais non déterminé de molécules d'eau, on représente celles-ci par le symbole Aq (aqua).)

L'acide fluorhydrique s'écarte assez sensiblement des autres hydracides formés par les halogènes. C'est ainsi qu'il possède la propriété de former avec les fluorures alcalins des combinaisons additives, par exemple, $KFl.HFl$ ($KHFl_2$), $2HFl.KFl$ (H_2KFl_3) $3HFl.KFl$ (H_3KFl_4). On ne connait pas les combinaisons similaires des autres hydracides halogénés avec leurs sels alcalins.

L'existence de ces corps s'explique par le fait que l'acide fluorhydrique a en réalité une molécule plus complexe que ne l'exprime la formule HFl. Le fluor met en jeu des valences supplémentaires pour s'unir à lui-même. Il vient d'être démontré que l'acide fluorhydrique est un acide bibasique, de la formule HFl - FlH.

Si les différents atomes d'hydrogène sont remplacés par des métaux différents dans une telle molécule, il en résultera des sels doubles, dont on connait de nombreux exemples; telle est la cryolithe :

$$Al \diagdown \begin{matrix} Fl - Fl - Na \\ Fl - Fl - Na \\ Fl - Fl - Na. \end{matrix}$$

Si le remplacement de l'hydrogène est partiel, il se forme des fluorures acides, ex. KFl - FlH.

Ces fluorures acides ne sont donc pas de vraies combinaisons additionnelles (**v. 113**); ils sont d'ailleurs beaucoup plus stables que ces dernières : KFl - FlH ne se dédouble qu'au rouge.

La densité de vapeur de l'acide fluorhydrique prouve également que la molécule gazeuse est formée par l'association de plusieurs molécules simples HFl. A basse température cette densité est bien supérieure à 10 (H $= 1$), valeur exigée par la formule HFl. Au dessus de 40°, ces associations complexes sont détruites en molécules simples. Aux environs de son point d'ébullition l'acide fluorhydrique aurait donc une formule de structure :

$$\text{HFl - FlH} \quad \text{ou même} \quad \begin{array}{cc} \text{HFl - FlH} \\ | \quad | \\ \text{HFl} \quad \text{FlH} \end{array}$$

Comme nous aurons l'occasion de l'apprendre ultérieurement, la fonction acide est moins prononcée chez l'acide fluorhydrique que chez les autres hydracides halogénés.

131. Les sels de l'acide fluorhydrique sont les **fluorures**.

Les propriétés des sels dérivent à la fois de la présence du métal et de celle du résidu halogénique, chacun de ces deux constituants apportant à la molécule une série de caractères. Tous les sels d'un même acide possèderont les caractères inhérents à la présence du résidu halogénique de cet acide. C'est ainsi que tous les fluorures ont une série de propriétés communes.

La plupart des fluorures sont solubles dans l'eau; font exception les fluorures des métaux alcalino-terreux, de plomb, de magnésium.

Le fluorure d'argent est très soluble. Les autres hydracides halogénés ont, au contraire, des sels d'argent complètement insolubles, tandis que leurs sels de calcium, baryum et strontium sont solubles.

On voit qu'il y a entre l'acide fluorhydrique et ses congénères des différences assez sensibles; le fluor s'écarte plus des autres halogènes que ceux-ci ne le font entre eux.

Si l'on ajoute une solution d'un sel de calcium à une dissolution d'un fluorure on obtient un précipité blanc de fluorure de calcium, insoluble dans l'eau et dans l'acide acétique :

$$2\text{NaFl} + \text{CaFl}_2 = \text{CaFl}_2 + 2\text{NaCl}.$$

(On appelle précipité tout corps insoluble qui se forme au sein d'une dissolution).

On dose le fluor dans les fluorures sous forme de fluorure de calcium. On ajoute à la dissolution de fluorure un excès de chlorure de calcium; le fluorure de calcium précipité est filtré, lavé et séché. 100 parties de fluorure de calcium correspondent à 48,853 parties de fluor.

L'acide fluorhydrique est employé dans la gravure sur verre et dans le décapage du fer. C'est en outre un puissant antiseptique.

L'acide fluorhydrique fut isolé par Scheele en 1771. C'est Ampère (1808) qui vit en lui un hydracide.

DOUBLE DÉCOMPOSITION.

132. Dans l'étude de l'eau et de l'acide fluorhydrique, nous avons rencontré plusieurs réactions où deux corps composés donnent naissance à deux corps nouveaux par double échange entre leurs constituants.

Si deux corps AY et BX sont en présence il tend à se former les nouveaux systèmes :

$$AX + BY \quad \text{et} \quad AB + XY.$$

Dans la discussion théorique de ce phénomène, nous supposerons d'abord le cas d'un système évoluant à température invariable et homogène, c'est-à-dire dans lequel toutes les molécules ont le même état physique.

Pour que des échanges puissent se produire entre les molécules, il faut qu'elles soient mobiles, ou tout au moins que celle de l'un des corps réagissants le soient (v. **12**). Nous ne considérerons donc pas le cas de deux corps solides, les réactions étant limitées dans ce cas à quelques rares points de contact. Nous n'avons donc à envisager que les systèmes liquides et gazeux.

Pour que le système AY + BX se transforme, il faut que les molécules qui le constituent se rencontrent et qu'elles soient en état de subir une transformation. Les chances de rencontre sont proportionnelles aux concentrations des corps réagissants (v. **107**) la vitesse de transformation est par conséquent donnée par l'équation :

$$v = C_{AY} \times C_{BX} \times k \tag{1}$$

k est une constante, C_{AY} et C sont les concentrations de AY et BX. Mais en vertu de l'affinité de A pour Y et de B pour X la réaction inverse tend à se produire et à reproduire le système primitif.

La vitesse de cette réaction inverse est proportionnelle aux concentrations C_{AX} et C_{BY} des composés AX et BY formés dans la transformation indirecte; elle est:

$$v' = k'.C_{AX} \times C_{BY}.$$

Au début du phénomène, le nombre de molécules AX et BY est minime, leurs chances de rencontre par conséquent très faibles et la réaction inverse ne se produira qu'exceptionnellement. Au fur et à mesure que la transformation:

$$AY + BX = AX + BY. \tag{2}$$

progressera, sa vitesse doit diminuer, tandis que celle de la réaction inverse augmente et il arrivera un moment où ces deux vitesses seront égales : l'état du système ne changera plus, il sera en équilibre. La condition d'équilibre est :

$$v = v'$$

ou $k \times C_{AY} \times C_{BX} = k' \times C_{AX} \times C_{BY}$ (8) ou : $\dfrac{C_{AX}.C_{BY}}{C_{AY}.C_{BX}} = K = \dfrac{k}{k'}.$ (4)

L'équation (4) nous apprend que si k est très petit, le produit $C_{AX}.C_{BY}$ doit l'être ; la transformation directe est peu importante. C'est ce qui arrive lorsque l'un des corps AY ou BX s'est formé avec un dégagement d'énergie bien supérieur à celui que provoque la formation de tous les autres, quand il est très stable.

Inversement si k est très grand, c'est-à-dire si la stabilité de l'une des molécules AY ou BX est médiocre, la concentration de AX et BY deviendra très forte et la réaction évoluera surtout dans le sens direct, la concentration de AY et BX pouvant devenir négligeable.

138. Nous n'avons pas discuté le cas de la formation de AB et XY. Le même raisonnement lui est applicable. Remarquons cependant que A et B étant des éléments ou des radicaux généralement semblables, de même que X et Y, la tendance à leur union sera le plus souvent très faible ; c'est-à-dire que dans la condition d'équilibre $\dfrac{C_{AB} \times C_{XY}}{C_{AY} \times C_{BX}} = \dfrac{k}{k'}$, de la réaction :

$$AY + BX = AB + XY,$$

k est très petit, par conséquent C_{AB} et C_{XY} le seront aussi. La transformation dans le sens de la formation de AB et XY est négligeable.

La condition d'équilibre se modifie si le corps AY intervient dans une réaction non pas avec une, mais avec plusieurs molécules. Les probabilités de rencontre d'une molécule de BY avec n molécules de AY par exemple sont proportionnelles, non pas à la concentration de ce dernier, mais à sa $n^{ième}$ puissance (v. **107**).

L'équation chimique devient alors en effet :

$$AY + AY + AY \ldots + BX = A_nX + BY_n$$

et la condition d'équilibre sera :

$$\frac{C_{A_nX} \cdot C_{BY_n}}{C_{AY}^n \cdot C_{BX}} = K.$$

Si nous considérons le cas le plus général de $n, n', n'' \ldots$ molécules des corps $a, a', a'' \ldots$ se transformant pour donner $\nu, \nu', \nu'' \ldots$ molécules des corps $\alpha, \alpha', \alpha'' \ldots$, la condition d'équilibre est donnée par l'égalité :

$$\frac{C_\alpha^\nu \cdot C_{\alpha'}^{\nu'} \cdot C_{\alpha''}^{\nu''} \ldots}{C_a^n \cdot C_{a'}^{n'} \cdot C_{a''}^{n''} \ldots} = K. \tag{5}$$

134. Les réactions chimiques sont donc le plus souvent incomplètes, la transformation d'un système étant limitée par une réaction inverse.

Nous pouvons cependant arriver **pratiquement** à une transformation intégrale d'un corps donné en un autre.

Soit la transformation chimique :

$$na + n'a' + n''a'' \ldots = \nu\alpha + \nu'\alpha' + \nu''\alpha'' \ldots \tag{6}$$

soumise à la condition d'équilibre (5).

Augmentons progressivement la concentration de a. Les molécules $a', a'' \ldots$ vont réagir sur a pour donner de nouvelles quantités de $\alpha, \alpha' \ldots$, car la condition (5) doit toujours être satisfaite et nous voyons que si C_a croit indéfiniment, $C_{a'}, C_{a''} \ldots$ pourront être réduits au dessous de toute limite donnée, car le numérateur de la fraction doit conserver une valeur finie. Pour $C_a = \infty$, $C_{a'}$, $C_{a''} \ldots$, etc. deviennent nuls.

Théoriquement on ne peut atteindre une concentration infinie ; mais l'expérience prouve que quand la masse d'un des corps qui interviennent dans une réaction réversible devient très grande, la transformation est pratiquement complète, les quantités non transformées des autres corps réagissants échappant à nos moyens d'investigation.

Il en résulte une règle fort importante. **On peut rendre totale une réaction incomplète en faisant intervenir un fort excès de l'un des corps réagissants.** C'est ce qu'on appelle **l'action de masse.**

135. Nous avons considéré jusqu'ici le cas de systèmes homogènes **à molécules mobiles,** liquides ou gazeux.

Qu'arrive-t-il lorsque l'un des corps intervenant dans la réaction prend un autre état physique **(système hétérogène)**? Si vis-à-vis d'un système gazeux intervient un corps liquide ou solide, la concentration de ce dernier est constante ; c'est en effet celle de sa vapeur saturée et elle se mesure par sa tension de vapeur **(v. 109)**. L'état d'équilibre ne dépend donc plus de la masse absolue des composés liquides ou solides réagissants sur des gaz.

Un corps gazeux se forme dans un système liquide. Quand aux dépens d'un système liquide il se produit un composé gazeux, celui-ci se d'égage. Si l'enceinte dans laquelle on opère est fermée, le gaz va acquérir une tension de plus en plus forte. Or, nous savons que la solubilité des gaz croît avec la pression qu'ils excercent à la surface du liquide. La concentration du produit gazeux dissous dans le liquide ne sera donc pas constante ; elle augmentera avec la pression que le gaz exerce et très souvent lui sera proportionnelle **(Loi de Dalton et Henry)**. La réaction se poursuivra jusqu'au moment où la pression du gaz sera suffisante pour assurer à ce dernier une solubilité moléculaire égale à la concentration exigée par la condition d'équilibre (5). Lorsqu'au contraire le gaz peut s'échapper librement quand il a atteint une certaine pression, sa concentration restera constante. L'état d'équilibre dépendra donc des forces extérieures qui agissent sur le système et s'opposent à la sortie du gaz. Ces forces extérieures constituent ainsi, comme les concentrations des corps réagissants, l'un des facteurs de l'équilibre.

Lorsque le gaz qui devrait intervenir pour maintenir l'équilibre se répand dans une enceinte infinie, comme l'atmosphère, la pression qu'il exercera sera pratiquement nulle et sa concentration dans le système liquide tendra vers zéro.

Il en résulte que le produit $k' \times C_\alpha^v \times C_{x'}^{v'} \ldots$ tend aussi vers zéro, l'un de ses facteurs devenant extrêmement petit; dès lors le produit $k \times C_a^n \times C_{a'}^{n'} \times C_{a''}^{n''} \ldots$ doit en faire de même : la réaction deviendra totale. Nous pouvons donc transformer une réaction incomplète en une réaction totale en provoquant le départ de l'un des produits de la réaction par volatilisation.

Un corps solide se forme dans le système liquide. Sa concentration est alors constante pour une température déterminée; **elle est donnée par sa solubilité.** Si celle-ci est très faible, c'est-à-dire si le corps est pratiquement insoluble, la concentration correspondante sera également minime et le produit :

$$C_x^v \times C_{x'}^{v'} \times C_{\alpha''}^{v''} \ldots \times k'$$

prendra une valeur très petite. Il devra en être de même de $C_a^n \times C_{a'}^{n'} \times \ldots \times k$. La formation d'un corps insoluble ou peu soluble détermine donc une rupture de l'équilibre dans le sens d'une transformation d'autant plus complète que ce corps est moins soluble.

Remarque. Aucun corps n'est complètement insoluble, pas plus qu'aucun n'est complètement fixe. La concentration d'un corps solide qui se forme (qui précipite) a donc toujours une valeur finie, mais elle peut être assez faible que nous puissions la négliger au point de vue des rendements· Il doit donc bien être entendu que les réactions totales dont nous venons de parler, aussi bien celles qui sont dues à la volatilisation d'un corps gazeux, que celles qui résultent de la production d'un précipité, ne sont complètes que pratiquement, mais que **théoriquement** il y a toujours équilibre, si même nous ne pouvons mettre en évidence l'existence de tous les constituants de ce dernier.

L'influence de la précipitation ou de la volatilisation d'un des produits d'une réaction sur le sens de celle-ci avait été reconnue depuis plus d'un siècle par Berthollet qui avait énoncé les lois empiriques suivantes portant son nom :

1° Quand, aux dépens de plusieurs corps, il peut se former un composé insoluble, ce composé se forme toujours.

2° Quand, aux dépens de plusieurs corps, il peut se former un composé volatil, ce composé se forme toujours.

136. Nous pouvons expliquer par les considérations théoriques que nous venons de faire valoir quelques réactions déjà étudiées.

1° Nous avons appris qu'on prépare l'acide fluorhydrique par la réaction (v. **129**) :

$$CaFl_2 + H_2SO_4 = CaSO_4 + 2HFl.$$

Cette réaction serait normalement incomplète, mais comme l'acide fluorhydrique est gazeux et très peu soluble dans l'acide sulfurique concentré, il doit quitter le milieu ; sa concentration reste ainsi inférieure à ce qu'elle devrait être pour que l'équilibre soit atteint et la transformation devient pratiquement totale. Si, au lieu d'employer de l'acide sulfurique concentré, nous prenions de l'acide étendu, l'acide fluorhydrique se dissoudrait dans l'eau ; il se maintiendrait ainsi dans le milieu et le rendement de l'opération serait loin d'être intégral.

2° Pour reconnaître les fluorures, on ajoute un sel de calcium soluble à une dissolution de fluorure. Il se fait un précipité de fluorure de calcium. La réaction :

$$2NaFl + CaCl_2 = CaFl_2 + 2NaCl$$
$$\downarrow$$

est rendue complète, grâce à l'insolubilité de $CaFl_2$, dont la concentration reste toujours inférieure à celle qu'elle devrait atteindre pour limiter la réaction.

3° Dans l'action du fer sur la vapeur d'eau, cette dernière n'est jamais complètement réduite. Nous sommes en présence d'une réaction réversible :

$$3Fe + 4H_2O \rightleftarrows Fe_3O_4 + 4H_2$$

dont la condition d'équilibre est :

$$C_{Fe}^3 \times C_{H_2O}^4 = k \cdot C_{Fe_3O_4} \times C_{H_2}^4$$

C_{Fe}^3 et $C_{Fe_3O_4}$ sont des grandeurs constantes, car le fer et l'oxyde de fer sont deux corps solides donc :

$$\frac{C_{H_2O}^4}{C_{H_2}^4} = k' \cdot \frac{C_{H_2O}}{C_{H_2}} = \sqrt[4]{k'} = C^{ste}.$$

Le rapport des concentrations de l'hydrogène et de l'eau ne peut donc dépasser une certaine limite pour une température déterminée.

137. L'influence de la température sur les réactions chimiques est de divers ordres :

1° Une élévation de température augmente l'amplitude du mouvement vibratoire des atomes, c'est-à-dire leur aptitude réactionnelle, et la vitesse de translation des molécules, c'est-à-dire leurs chances de rencontre. Par conséquent plus la température augmente, plus v et v' deviennent grands, plus l'équilibre est vite atteint. C'est ce que l'expérience nous avait déjà appris (v. 13). Tel équilibre qui demande seize ans à se produire à 20° est réalisé en quelques jours à 150°.

D'autre part, la température est l'un des facteurs de l'équilibre, c'est-à-dire qu'une modification dans la température détermine un déplacement de l'équilibre, un changement dans la concentration des constituants. Nous avons déjà pu reconnaître ce fait dans l'étude des phénomènes de dissociation. Le sens suivant lequel cette modification se produit peut être prévu grâce à la connaissance d'un principe fondamental formulé par Le Chatelier de la manière suivante :

Principe de Le Chatelier. — Un système en équilibre physique ou chimique subit à la suite de toute modification apportée à l'un des facteurs de l'équilibre un changement tel que si celui-ci se produisait seul, il provoquerait une modification de sens opposé du facteur affecté.

Pour faire comprendre la signification de ce principe, nous en montrerons d'abord l'application à des systèmes simples en équilibre physique ou chimique.

Le système glace et eau est en équilibre à la température de 0°. Si nous lui donnons de la chaleur, c'est-à-dire si nous tentons d'élever sa température, la glace fond. Or, la fusion de la glace absorbe de la chaleur, la variation du système tend donc à contrebalancer l'apport de chaleur et la variation de température, cette dernière étant l'un des facteurs de l'équilibre.

La pression est l'un des facteurs de l'équilibre glace et eau. Si nous augmentons la pression, une partie de la glace fond (v. **102**) Cette fusion amène une diminution de volume qui tend à annihiler l'augmentation de pression.

A la température de 100° l'eau est en équilibre avec sa vapeur lorsque la tension de celle-ci est d'une atmosphère ; si nous refroidissons le système, une partie de la vapeur se condense. Cette condensation de la vapeur produit un dégagement de chaleur qui tend à maintenir la température à son niveau primitif.

A 2500° l'eau est partiellement dissociée en hydrogène et oxygène. Si nous abaissons la température du système en équilibre, il va se reformer de l'eau, réaction qui dégage de la chaleur. Quand au contraire nous élevons la température, la décomposition de l'eau augmente. Le dédoublement de l'eau absorbe de la chaleur et tend par conséquent à abaisser la température.

Si dans un système en équilibre,

$$a + a' + a''\ldots \rightleftarrows \alpha + \alpha' + \alpha''\ldots$$

nous ajoutons un excès du composant a, cet excès tend à disparaître en réagissant sur des molécules a', a'', etc. pour donner de nouvelles molécules des composants α', $\alpha''\ldots$ La concentration de a, l'un des facteurs de l'équilibre, tend ainsi à rester constante.

Dans les exemples choisis, et le fait est général, un système en équilibre devient le siège d'une réaction de signe contraire à l'action modificatrice, et qui tend à la compenser, de telle sorte que le système prend l'état qui le modifie le moins. Le principe de Le Chatelier n'est ainsi que l'extension aux équilibres physiques et chimiques du principe de la réaction égale à l'action que formule la mécanique.

138. Appliquons la connaissance de ce principe à la recherche de l'influence d'une variation de température sur un équilibre chimique.

Si la transformation

$$AY + BX \rightleftharpoons AX + BY$$

dégage de la chaleur, une élévation de température du système en

10

équilibre provoquera une régression de cette transformation ; un abaissement de température amènera par contre une augmentation des masses de AX et BY. Les réactions exothermiques sont donc d'autant plus complètes que la température est plus basse ; c'est la règle inverse que l'on observe pour les phénomènes endothermiques.

On a observé à maintes reprises que les composés endothermiques se forment et sont très stables à des températures élevées. L'acétylène C_2H_2, dont la formation absorbe 58 calories, se produit par union directe du carbone à l'hydrogène, à la température de l'arc voltaïque (3500°).

L'ozone, l'eau oxygénée se forment aussi à des températures très élevées (v. **116**).

Dans les équations :

$$C_2 + H_2 = C_2H_2 \text{ (acétylène)}$$
$$3O_2 = 2O_3$$
$$2H_2O + O_2 = 2H_2O_2,$$

les seconds membres représentent l'état d'équilibre stable à de hautes températures, les premiers, l'état d'équilibre aux basses températures. Aussi, serait-ce une erreur de croire que les corps endothermiques sont plus stables à de basses températures qu'à des températures élevées. S'ils se décomposent plus rapidement quand on les chauffe, ce n'est pas qu'ils deviennent moins stables, mais une élévation de température accélère la vitesse de transformation. Celle-ci peut être augmentée par d'autres procédés, par exemple, par l'intervention de catalyseurs (v. **86**).

L'expression analytique qui lie le déplacement de l'équilibre à la température est :

$$\frac{\Delta \lg K}{\Delta t} = \frac{-q}{2T^2}. \tag{1}$$

$\Delta \lg K$ étant la variation du logarithme de la constante d'équilibre déterminée par une variation Δt de température, q la chaleur dégagée dans la transformation et T la température absolue du système.

Lorsque la transformation réversible :

$$AY + BX \rightleftharpoons AX + BY$$

liée à la condition d'équilibre :

$$C_{AX} . C_{BY} = K C_{AY} . C_{BX}$$

dégage de la chaleur, c'est-à-dire quand q est positif, la formule (1) nous montre que Δ lg K est négatif lorsque Δt est positif ; c'est-à-dire que K diminue quand la température s'élève; les concentrations des produits de la réaction vont en diminuant. Si q est négatif, la variation de K est de même signe que Δt; la réaction est d'autant plus importante que la température s'élève d'avantage.

Remarque. — L'expression (1) est identique à celle qui lie l'équilibre de dissociation à la température (v. 112). Si le signe du second membre est positif pour cette dernière, c'est parce que q y représente, non la chaleur dégagée dans la décomposition, mais la chaleur de formation du composé dissociable.

L'union directe n'est d'ailleurs qu'un cas particulier de la double décomposition ; c'est celui dans lequel A et X, B et Y sont identiques : l'équation fondamentale prend alors la forme :

$$AA + BB \rightleftarrows 2AB.$$

A une température donnée correspond donc une composition déterminée d'un système, pour qu'il y ait équilibre stable. Si la composition du système n'est pas celle qui correspond à l'équilibre pour la température à laquelle il se trouve, il tendra à se modifier, soit en dégageant, soit en absorbant de la chaleur, de manière que la température atteinte dans la transformation soit aussi voisine que possible de la température à laquelle l'état initial serait un état d'équilibre.

Quand un système subit un changement exothermique, c'est parce que sa composition ne correspond à l'équilibre stable que pour une température plus élevée. La quantité maxima de chaleur qu'il peut dégager doit toujours être inférieure à celle qui l'amènerait à la température d'équilibre correspondante à sa constitution. En effet, si cette température d'équilibre était dépassée, le système subirait une transformation de sens inverse, absorbant de la chaleur.

Cette température ne saurait même être atteinte, puisque le système ne s'échauffe qu'en donnant naissance à des combinaisons exothermiques. Dès lors sa composition représentera l'état d'équilibre pour des températures d'autant plus basses que la proportion des corps exothermiques formés sera plus grande.

Le dégagement de chaleur maximum sera par conséquent amené

par la modification qui conduira à l'état d'équilibre stable et c'est
pourquoi il tendra à se produire (v. aussi plus loin).

Considérons, par exemple, le cas de la formation de l'eau aux
dépens de ses éléments.

Si nous mettons en présence de l'oxygène et de l'hydrogène à la
température ordinaire, nous créons un système qui représente un
état d'équilibre seulement possible à une température très élevée
(supérieure à 4000°). Toute excitation accélératrice, catalyseur ou
élévation de température, amènera une évolution du système
vers cette température d'équilibre. Mais le dégagement de chaleur
nécessaire à l'obtention de cette dernière ne peut être fourni que par
la réaction chimique qui engendre de l'eau ; la composition du
système va se modifier d'une manière continue. La quantité d'eau
augmentant, les températures d'équilibre correspondant aux états
successifs du système $2H_2 + O_2 \rightleftharpoons 2H_2O$ vont aller en décroissant
et jamais ne sera atteinte la température à laquelle l'état $2H_2 + O_2$
serait en équilibre.

D'autre part, le milieu dans lequel le phénomène chimique se
produit revient après un temps plus ou moins long à la température
ordinaire, à laquelle l'eau représente l'état d'équilibre stable ; le
retour à la température ordinaire amènera donc la transformation
pratiquement totale de l'hydrogène et de l'oxygène en eau.

Dans l'immense majorité des réactions exothermiques que nous
étudions, le système ne peut se maintenir indéfiniment à la température élevée à laquelle ses composants seraient en équilibre; il
finit, comme dans l'exemple que nous venons d'étudier, par reprendre la température ambiante, c'est-à-dire une température très
basse par rapport à celle à laquelle les corps réagissants formeraient
un système en équilibre. Or, aux basses températures, ce sont les
corps exothermiques qui sont les plus stables; de deux systèmes
exothermiques possibles, c'est celui dont la chaleur de formation
est la plus forte dont la stabilité est la plus grande à froid.
L'évolution du système en voie de transformation chimique devant
finir par l'amener à l'état d'équilibre le plus stable à la température
ordinaire, c'est la réaction qui dégage le plus de chaleur qui tend
à se produire.

Le raisonnement que nous venons de faire n'est pas absolument rigoureux; la température à laquelle nous vivons est une température déja basse, mais encore élevée cependant par rapport au zéro absolu. Si les transformations chimiques se produisaient à cette dernière température, ou à une température très voisine, dans l'espace interplanétaire par exemple, tout système devrait évoluer vers la production des composés les plus exothermiques.

Dans la plupart des réactions chimiques les corps mis en présence sont tels que la valeur du rapport $\dfrac{C_a \cdot C_{a'} \cdots}{C_\alpha \cdot C_{\alpha'} \cdots}$ est celle de l'équilibre stable pour une température plus élevée. Aussi ces réactions se font-elles avec dégagement de chaleur; les considérations précédentes nous font comprendre pourquoi les transformations tendent au dégagement de chaleur le plus grand possible. Ce fait avait été observé depuis longtemps par Berthelot et l'a conduit à énoncer le principe suivant, connu sous le nom de principe du travail maximum.

139. Principe du travail maximum. — **Quand une transformation chimique s'effectue sans l'intervention d'énergies étrangères, c'est toujours dans le sens qui donne lieu à la production de chaleur la plus grande.**

Remarquons que ce principe n'est jamais rigoureusement exact; il est totalement faux au dessus de la température d'équilibre correspondante à l'état initial du système; au dessous de cette température il n'est applicable que jusqu'au moment où l'équilibre correspondant à la température de réaction est atteinte; il ne serait rigoureusement vrai qu'au zéro absolu, où toute réaction doit dégager de la chaleur.

Nous verrons encore ultérieurement que nous devrons lui apporter une autre restriction.

Néanmoins au point de vue pratique, étant donné que la plupart des transformations chimiques que nous produisons sont de celles qui se font aux dépens de systèmes très éloignés de leur état d'équilibre stable, le principe de Berthelot fournit des indications précieuses sur le sens probable de la transformation.

ACIDE CHLORHYDRIQUE. HCl.

P.M. 36.18.

140. Ce corps se rencontre parfois en grande abondance dans les émanations volcaniques. Aussi se trouve-t-il dans certains cours d'eau coulant sur les flancs de volcans (Rio Vinagre des Cordellières); c'est l'un des éléments principaux du suc gastrique, qui en **renferme de 1 à 2 °°/₀₀**.

Il se forme: 1° Par l'union directe de l'hydrogène au chlore :

$$H_2 + Cl_2 = 2HCl$$
$$\text{2 vol.} \quad \text{2 vol.} \quad \text{4 vol.}$$

Le mélange des deux gaz ne se tranforme pas dans l'obscurité ; l'union se fait lentement à la lumière diffuse ; elle a lieu avec explosion sous l'action des rayons solaires ou de l'étincelle électrique ;

2° Par l'action de l'hydrogène sur quelques chlorures, comme le chlorure de cuivre :

$$CuCl_2 + H_2 = Cu + 2HCl.$$

3° Par l'action du chlore sur certains composés hydrogénés :

$$\text{I)} \quad 2H_2S + 2Cl_2 = 4HCl + S_2$$
$$\text{II)} \quad CH_4 + Cl_2 = CH_3Cl + HCl.$$

Dans le cas (II), un des atomes de chlore de la molécule enlève un atome d'hydrogène ; le second atome de chlore vient prendre la place de l'hydrogène enlevé. Cette réaction est d'une application fréquente en chimie organique ;

4° On obtient l'acide chlorhydrique par l'action de l'eau sur certains chlorures métalliques :

$$MgCl_2 + H_2O = MgO + 2HCl.$$

Une réaction très importante est fournie par des chlorures métalloïdiques qui, sous l'action de l'eau, échangent leur chlore contre l'hydroxyle OH.

Exemple :

$$P{\lessgtr}^{Cl}_{Cl}\!\!{}^{Cl} + \begin{matrix} H\text{-}O\text{-}H \\ H\cdot O\cdot H \\ H\cdot O\cdot H \end{matrix} = P{\lessgtr}^{OH}_{OH}\!\!{}^{OH} + \begin{matrix} HCl \\ HCl \\ HCl. \end{matrix}$$

5° On prépare l'acide chlorhydrique par l'action de l'acide sulfurique concentré sur le chlorure de sodium.

A la température relativement basse, un seul atome de l'hydrogène de l'acide sulfurique est remplacé :

$$NaCl + H_2SO_4 = NaHSO_4 + HCl.$$

Au rouge, le sulfate acide de sodium réagit sur une deuxième molécule de sel :

$$NaCl + NaHSO_4 = Na_2SO_4 + HCl.$$

Cette deuxième phase de l'opération n'est réalisable que dans des appareils en fonte ou en terre réfractaire.

L'acide chlorhydrique, corps gazeux s'échappe ; la réaction doit donc être complète (v. **135**).

141. L'acide chlorhydrique est un gaz incolore, d'une odeur piquante et irritante, répandant d'épaisses fumées à l'air. Il se liquéfie à — 80° sous la pression atmosphérique, à + 10°, sous 40 atmosphères de pression.

Il est extrêmement soluble dans l'eau et ne peut être recueilli que sur le mercure. L'eau absorbe à zéro 500 fois son volume de gaz acide chlorhydrique (825 gr. par litre) ; cette dissolution se fait avec un dégagement de chaleur très considérable. Si l'on détermine la solubilité sous diverses pressions, on constate qu'elle ne suit pas la loi de Dalton et Henry, ce qui prouve que la dissolution est accompagnée d'un phénomène chimique. Lorsqu'on refroidit une solution d'acide chlorhydrique à — 22° et qu'on y dirige du gaz HCl jusqu'à saturation, on obtient un hydrate cristallin $HCl, 2H_2O$ qui fond à — 18°.

Cet hydrate, qui contient environ 50 % d'HCl, se dissocie déjà à son point de fusion en acide chlorhydrique gazeux qui s'échappe en partie, et en eau, laquelle dilue l'hydrate restant et dissout physiquement une partie de l'acide chlorhydrique. La solution est donc de l'hydrate $HCl.2H_2O$ en présence de ses produits de dissociation. Quand, pour une température donnée, la concentration de l'eau aura atteint une certaine valeur, la dissociation s'arrêtera.

La solubilité de l'acide chlorhydrique dans l'eau diminue à mesure que la température s'élève ; la solution saturée à 15°

renferme 39 °/₀ d'acide et possède une densité de 1.2. Si on la chauffe progressivement, elle perd de l'acide chlorhydrique, mais ce dernier n'est pas éliminé complètement à 100°. A 110° la solution contient encore 20 °/₀ d'acide et distille homogène, c'est-à-dire que le liquide et la vapeur ont même composition. On ne peut donc éliminer complètement l'acide chlorhydrique de ses dissolutions par voie de distillation. Bien au contraire, si l'on chauffe une solution contenant moins de 20 °/₀ de gaz, elle perd de l'eau, sa concentration s'élève peu à peu jusqu'à 20 °/₀.

On obtient donc toujours une solution à 20 °/₀ d'acide chlorhydrique comme produit final de distillation de l'acide chlorhydrique dissous. Cette solution à 20 °/₀ n'est pas un corps chimiquement défini, car sa composition varie avec la pression sous laquelle on le distille. Sous 0,066 atmosphère la distillation homogène se produit lorsque la teneur en acide du résidu de distillation est de 23 °/₀.

Avant que ce fait n'eut été reconnu, on avait cru voir dans le fait qu'une solution d'acide à 20 °/₀, dont la composition est sensiblement exprimée par la formule $HCl.8H_2O$, distille sans décomposition, une preuve que ce liquide est une combinaison définie. Cette interprétation du phénomène donnait une explication simple de ce fait que ce liquide a un point d'ébullition supérieur à celui de chacun de ses constituants.

L'étude plus complète des phénomènes que présente la distillation des mélanges liquides sera faite dans le cours de chimie organique. Mais dès à présent nous ferons remarquer que la distillation de tout mélange de plusieurs liquides a évidemment pour effet d'éliminer d'abord les portions les plus volatiles; la température d'ébullition s'élèvera à mesure que l'opération progresse et le produit résiduel sera celui qui atteint en dernier lieu une tension de vapeur égale à la pression atmosphérique; celui dont le point d'ébullition est par conséquent le plus élevé.

Or, la dissolution réciproque de l'acide chlorhydrique et de l'eau abaisse la tension de vapeur de chacun de ceux-ci et, de tous les mélanges possibles d'acide chlorhydrique et d'eau, celui qui renferme 20 °/₀ d'acide exige la température la plus élevée pour que

sa tension soit égale à la pression atmosphérique, c'est-à-dire pour
entre en ébullition. Le diagramme
ci-contre représente la variation
du point d'ébullition des mélanges
d'acide chlorhydrique et d'eau avec
la composition. Les concentrations,
exprimées en °/. sont portées en
abscisses, les températures d'ébullition en ordonnées.

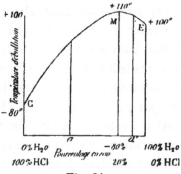

Fig. 24.

L'abcisse 0° correspond à l'acide
chlorhydrique pur, dont la tension
est d'une atmosphère à — 80°. L'abcisse 100 correspond à l'eau
pure, pour laquelle la tension est d'une atmosphère à 100°. Entre
ces deux ordonnées extrêmes, la courbe des points d'ébullition se
développe, convexe, présentant avec une ordonnée maxima de
110° pour une concentration en acide de 20 °/.

Si nous distillons une solution d'acide chlorhydrique dont la
concentration a est comprise entre 20 et 100 °/., c'est le liquide
le plus volatil, c'est-à-dire le plus concentré, qui s'échappera le
premier et la composition de la solution résiduelle se rapprochera
de plus en plus du liquide à 20 °/. ; elle va donc en s'appauvrissant
en acide.

Au contraire, dans la distillation d'un acide de concentration
$a' < 20$ °/., la volatilité du mélange étant d'autant plus grande qu'il
est plus riche en eau, ce sont les portions les plus aqueuses qui
distilleront d'abord. Le résidu s'enrichit donc en acide, jusqu'à ce
qu'il ait atteint le plus haut point d'ébullition possible, que sa
concentration en acide soit donc de 20 °/. Dès ce moment, le
liquide doit nécessairement distiller homogène; car si la vapeur
renfermait par exemple plus d'eau que le liquide, celui-ci appar-
tiendrait aux solutions dont les points d'ébullition sont compris
entre les points M et C., c'est-à-dire sont inférieurs au maximum.
Il en résulterait cette conséquence absurde que le résidu de distillation serait plus volatil que les portions qui auraient déjà distillé.

Un phénomène de distillation analogue s'observe pour les dissolutions aqueuses des quatre hydracides formés par les halogènes
(v. HFl).

Les solutions d'HCl constituent l'acide chlorhydrique du commerce ; elles sont incolores, leur densité est plus forte que celle de
l'eau ; elle atteint 1,2 pour la solution saturée à + 18°. Les
solutions concentrées sont caustiques, mais quand il est suffisamment dilué, l'acide chlorhydrique n'est pas vénéneux.

142. L'acide chlorhydrique est un corps très stable ; il se forme
avec une mise en liberté d'énergie importante :

$$H_2 + Cl_2 = 2HCl + 44000 \text{ cal.}$$

Sa dissolution dans une grande masse d'eau dégage encore
17400 cal.

$$HCl + Aq = HCl\,Aq + 17400 \text{ cal.} \qquad (1)$$

La formation de l'acide au sein de l'eau libère donc 39400 cal.

$$H_2 + Cl_2 + Aq = 2HCl\,Aq + 78800 \text{ cal.}$$

L'acide chlorhydrique ne commence à se dissocier que vers
1500°.

Il est avec l'acide nitrique, l'acide bromhydrique et l'acide
iodhydrique, le plus fort des acides.

On dit qu'un acide HR est plus fort qu'un acide HR' quand,
lorsqu'on fait réagir des quantités équimoléculaires d'un acide HR
et d'un sel MR', il se forme plus de molécules de MR qu'il n'en
reste de MR'. L'équilibre chimique étant donné par l'équation :

$$n\text{HR} + n\text{MR}' = m\text{HR}' + m\text{MR} + (n - m)\,\text{HR} + (n - m)\,\text{MR}',$$

si $m > n - m$, HR est un acide plus fort que HR'.

Une définition plus exacte de la force d'un acide sera donnée
ultérieurement ; nous verrons aussi que la force d'un acide varie
avec sa concentration. En solution normale l'acide chlorhydrique
est deux fois plus fort que l'acide sulfurique et vingt fois plus
que l'acide fluorhydrique.

143. Les sels de l'acide chlorhydrique sont les chlorures ; ce
sont en général des corps très stables ; seuls les chlorures d'or et
de platine se décomposent par la chaleur.

Tous les chlorures sont solubles dans l'eau, sauf le chlorure
d'argent, le chlorure mercureux et le chlorure de plomb. Ce
dernier est insoluble à froid, mais se dissout dans l'eau bouillante.
Le chlorure d'argent AgCl est un précipité blanc caillebotté, qui

noircit à la lumière ; il est insoluble dans l'acide nitrique, soluble dans l'ammoniaque. Il se forme par l'action d'un sel soluble d'argent sur la dissolution d'un chlorure :

$$AgNO_3 + NaCl = AgCl + NaNO_3.$$

Le chlorure mercureux Hg_2Cl_2 est blanc et pulvérulent ; il noircit sous l'action de l'ammoniaque.

Le chlorure de plomb $PbCl_2$ est cristallin ; il se dissout dans l'eau bouillante et reprécipite par refroidissement.

On dose les chlorures en les précipitant à l'état de chlorure d'argent. Celui-ci est filtré, lavé, séché et pesé. 100 parties de chlorure d'argent correspondent à 24.729 p. de chlore.

L'acide chlorhydrique était connu des alchimistes.

ACIDE BROMHYDRIQUE.   HBr.

P.M.   80.34.

144. L'acide bromhydrique peut s'obtenir, comme l'acide chlorhydrique, par union directe de l'hydrogène au brome, mais cette réaction ne se produit qu'à chaud ; elle est facilitée par le platine poreux.

L'acide bromhydrique se forme encore par l'action de l'hydrogène sur certains bromures, p. ex. $CuBr_2$.

On le prépare à l'état gazeux : 1° Par l'action du brome sur certains composés hydrogénés du carbone, comme la naphtaline, le benzol, l'anthracène.

$$C_{10}H_8 + 2Br_2 = C_{10}H_6Br_2 + 2HBr.$$
naphtaline

Le mécanisme de la réaction est semblable à celui qui donne naissance à l'acide chlorhydrique par l'action du chlore sur CH_4 (v. **140**).

Remarquons que la moitié du brome seulement passe à l'état d'acide bromhydrique, ce qui rend le procédé assez dispendieux.

2° Par l'action de l'eau sur le bromure de phosphore :

$$3HOH + PBr_3 = P(OH)_3 + 3HBr.$$

On fait couler le brome sur du phosphore rouge mouillé. Le brome se combine au phosphore pour donner du tribromure de phosphore PBr$_3$, que l'eau décompose au moment même où il se forme.

On obtient le plus aisément des solutions d'acide bromhydrique en faisant barboter de l'hydrogène sulfuré dans de l'eau de brome :

$$Aq + H_2S + Br_2 = 2HBr + S + Aq.$$

On ne peut préparer l'acide bromhydrique gazeux par la méthode servant à la préparation de l'acide chlorhydrique, c'est-à-dire par l'action de l'acide sulfurique concentré sur un bromure. La stabilité de l'acide bromhydrique est en effet bien moins grande que celle de l'acide chlorhydrique; aussi l'acide bromhydrique est-il moins résistant à l'action des agents oxydants. L'acide sulfurique concentre l'oxyde et ne peut donc servir à sa préparation :

$$2HBr + H_2SO_4 = H_2O + Br_2 + \underbrace{H_2SO_3}_{H_2O + SO_2}$$

On ne saurait d'autre part employer l'acide sulfurique étendu, qui n'agirait pas aussi énergiquement comme oxydant : l'acide bromhydrique resterait dissous dans l'eau et il s'établirait un état d'équilibre entre les deux acides (v. 136).

145. L'acide bromhydrique est un gaz très lourd : un litre pèse 3.6 gr. sous la pression atmosphérique et à 0°. Il se liquéfie à — 73°· Il fume fortement à l'air et est très soluble dans l'eau; sa solution saturée contient 82°/₀ d'HBr. Les solutions d'acide bromhydrique présentent à la distillation les mêmes particularités que les solutions de l'acide chlorhydrique (v. 141); quand on les chauffe elles perdent soit de l'acide, soit de l'eau, suivant leur concentration. Elles fournissent à la distillation un résidu qui distille homogène et qui contient 48 °/₀ d'acide.

L'acide bromhydrique ressemble beaucoup à l'acide chlorhydrique, mais il est moins stable. Il se dissocie déjà à 1000°.

Lorsque l'acide bromhydrique gazeux se forme aux dépens du brome liquide, une certaine quantité d'énergie est absorbée pour gazéifier le brome, tandis que ce travail ne doit pas être effectué dans la formation des acides fluorhydrique et chlorhydrique. Aussi pour pouvoir comparer rigoureusement la chaleur de formation des trois acides, faut-il les déterminer en opérant dans les mêmes conditions d'état physique des constituants de ces trois acides. La chaleur de formation d'une molécule-gramme d'HBr n'est que de 8600 cal. le brome étant pris à l'état liquide, de 12.300 cal. lorsque le brome est gazeux. La dissolution dans une grande masse d'eau dégage 20000 cal. donc : $\frac{1}{2}H_2 + \frac{1}{2}Br_2 + Aq = HBr.Aq + 28600$ cal.

Les bromures sont en tous points semblables aux chlorures ; les bromures de plomb, d'argent et le bromure mercureux sont insolubles. Le bromure d'argent est un précipité blanc-jaunâtre plus sensible encore à la lumière que le chlorure, ses propriétés photochimiques sont mises à profit en photographie.

Les bromures traités par un acide et un corps oxydant donnent du brome.

$$KBr + H_2SO_4 = KHSO_4 + HBr$$
$$2HBr + O = Br_2 + H_2O.$$

Cette réaction peut servir à différencier les bromures des chlorures. On ajoute à une solution de bromure de l'acide nitrique en excès et on chauffe très légèrement. L'acide nitrique est un corps oxydant et met le brome en liberté. On agite ensuite avec du chloroforme. Celui-ci dissout le brome en se colorant en brun. On laisse reposer ; le chloroforme se dépose au fond du vase ; on peut ainsi nettement percevoir sa coloration.

On dose les bromures à l'état de bromure d'argent ; 100 p. de AgBr correspondent à 42.55 p. de Br.

ACIDE IODHYDRIQUE. HI.

P. M. 126.89. (127)

146. L'acide iodhydrique est un corps endothermique, dont la formation aux dépens de ses éléments n'est possible qu'à l'intervention d'une énergie étrangère ou à une température élevée.

Il se produit quand on fait passer des vapeurs d'iode mélangées d'hydrogène sur du platine poreux chauffé à 600°.

L'affinité de l'hydrogène pour l'iode étant si faible, on ne saurait obtenir l'acide iodhydrique par l'action de l'acide sulfurique sur un iodure. Il faudrait, en effet, employer l'acide sulfurique concentré qui oxyderait immédiatement l'acide iodhydrique formé (v. **144**).

On prépare l'acide iodhydrique par les mêmes procédés que ceux qui ont été décrits pour la préparation de l'acide bromhydrique (v. **144**).

147. L'acide iodhydrique est un gaz **extrêmement dense** : (D = 4.44), se liquéfiant à — 55° et très soluble dans l'eau. Les solutions d'acide iodhydrique distillées donnent un **acide bouillant à 126°** et de densité **1.17**, contenant **57 %** d'HI.

L'acide iodhydrique est un composé endothermique quand on le forme à sec aux dépens d'iode solide, sa chaleur de formation étant alors de — 6000 cal.; mais si l'on part de l'iode gazeux (v. **145**), il est légèrement exothermique; sa formation dégage 400 calories. Sa dissolution dans un grand volume d'eau donne lieu à un dégagement de 19.420 cal., sa formation au sein de l'eau dégage donc 13.420 cal.

148. L'acide iodhydrique se dissocie aisément. La décomposition, qui se fait sans changement de volume et de pression, commence à 180°; elle est soumise à la condition d'équilibre :

$$k \cdot C_{IH}^2 = C_{I_2} \cdot C_{H_2} \quad \text{où} \quad k' p_{IH}^2 = p_{I_2} \cdot p_{H_2}.$$

Or, $p_{H_2} = p_{I_2}$, puisqu'il y a formation d'un nombre égal de molécules d'hydrogène et de molécules d'iode; donc :

$$k' p_{IH}^2 = p_{H_2}^2 = p_{I_2}^2 \tag{1}$$

la condition d'équilibre exige que le rapport des pressions de l'acide et de ses produits de dissociation soit constant pour une même température. Il en résulte que le degré de dissociation est indépendant de la concentration absolue de l'acide iodhydrique.

A 440°, le coëfficient de dissociation α est de 0.22.

Nous trouvons dans l'étude de la dissociation de l'acide iodhydrique un exemple simple de détermination d'une constante d'équilibre. La dissociation se faisant sans augmentation du nombre de molécules, la somme des pressions exercées par les molécules d'iode et d'hydrogène est égale à la pression qu'aurait exercé l'acide iodhydrique qui les a produit. La pression P du mélange est donc la même que celle de l'acide s'il ne se fût pas dédoublé. La pression de l'acide iodhydrique restant est de P (1 — α), la pression de l'hydrogène ou de la vapeur d'iode de $P\frac{\alpha}{2}$.

Si nous remplaçons p_{III}, p_{II_2} ou p_{I_2} par ces valeurs dans la condition d'équilibre il vient :

$$k'P^2(1-\alpha)^2 = \frac{P^2\alpha^2}{4}$$

En remplaçant α par sa valeur 0,22 on trouve $k'_{440} = 0.0198$; à 350°, $k' = 0.0149$.

La dissociation augmente avec la température, la chaleur de formation de l'acide iodhydrique gazeux aux dépens de l'iode gazeux doit donc être positive (v. **112** et **138**).

L'acide iodhydrique se dédouble aussi sous l'influence de la lumière ; il a été démontré que cette réaction ne se fait pas de la même manière que le dédoublement thermique ; elle a lieu en deux phases. Dans la première il se forme de l'hydrogène et de l'iode atomique qui s'unissent secondairement :

$$2IH = 2I + 2H$$
$$2I + 2H = I_2 + H_2.$$

La combinaison de l'iode à l'hydrogène ne se faisant pas avec une vitesse sensible à la température ordinaire, le dédoublement photochimique de l'acide iodhydrique finit par être total.

149. L'acide iodhydrique étant un corps peu stable cède facilement de l'hydrogène, aussi est ce un corps réducteur énergique. On utilise fréquemment son pouvoir réducteur en chimie organique.

Ses dissolutions s'oxydent à l'air, elles deviennent brunes par mise en liberté d'iode.

L'acide iodhydrique est un acide aussi fort que l'acide chlorhydrique; *la force d'un acide n'a rien de commun avec sa stabilité.*

Les iodures sont en général beaucoup plus stables que l'acide iodhydrique. Traités par un acide et un corps oxydant, ils donnent de l'iode (v. **117** et **145**) aisément décelable par l'empois d'amidon. Ce caractère permet de reconnaître des traces d'iodures.

Les iodures d'argent, de plomb et de mercure sont insolubles dans l'eau. Non seulement l'iodure mercureux Hg_2I_2 est insoluble, mais aussi l'iodure mercurique HgI_2, tandis que le chlorure et le bromure mercuriques sont solubles.

L'iodure d'argent AgI est jaune, insoluble dans l'ammoniaque et inaltérable à la lumière.

L'iodure de plomb PbI_2 est jaune; l'iodure mercureux Hg_2I_2, vert; l'iodure mercurique HgI_2, rouge. Ce dernier est soluble dans une solution d'iodure de potassium : il se forme un composé additionnel soluble $IK.HgI_2$.

On dose les iodures à l'état d'iodure d'argent : 100 p. AgI correspondent à 70.441 p. d'iode.

L'acide iodhydrique fut découvert par Gay-Lussac en 1813.

Constitution des oxacides.

150. Nous avons vu que certaines combinaisons des halogènes avec les métalloïdes possèdent la propriété d'être décomposées par l'eau, en échangeant l'halogène contre l'hydroxyle: il se forme en même temps un hydracide. On constate que le dérivé hydroxylique formé est un acide, dont la basicité est égale au nombre d'hydroxyles qui s'y trouvent.

Inversement, on peut transformer un oxacide en un composé chloré ; cette réaction se fait à l'aide du pentachlorure de phosphore PCl_5.

On a remarqué que ce dernier corps réagit sur tous les dérivés hydroxyliques en échangeant deux atomes de chlore contre un atome d'oxygène.

$$PCl_3.Cl_2 + HOH = HCl + ClH + POCl_3.$$
$$PCl_3.Cl_2 + KOH = KCl + ClH + POCl_3.$$

Si nous faisons, p. ex., agir PCl_5 sur l'acide nitrique HNO_3 il se fait la réaction suivante :

$$PCl_5 + NO_3H = NO_2Cl + POCl_3 + HCl.$$

Nous constatons que l'acide nitrique perd un atome d'hydrogène et un atome d'oxygène qui sont remplacés par un atome de chlore. Ce dernier étant monovalent, il faut que l'oxygène et l'hydrogène remplacés constituent dans l'acide un groupement de même valence, qui ne peut être que -OH.

On peut répéter cette réaction autant de fois que l'acide renferme d'atomes d'hydrogène basique. C'est ainsi que sur l'acide sulfurique, bibasique, nous pourrons faire réagir deux molécules, sur l'acide borique, tribasique, trois molécules de PCl_5.

$$H_2SO_4 + 2PCl_5 = 2POCl_3 + 2HCl + SO_2Cl_2$$
$$H_3BoO_3 + 3PCl_5 = 3POCl_3 + 3HCl + BoCl_3.$$

Les chlorures ainsi formés se décomposent par l'eau pour

régénérer les acides qui leur correspondent :

$$NO_2Cl + HOH = HNO_3 + HCl.$$
$$SO_2Cl_2 + 2HOH = H_2SO_4 + 2HCl.$$

Puisque le chlore est remplacé par OH dans ces réactions, nous pouvons noter les formules de l'acide nitrique et l'acide sulfurique :

$$NO_2 - OH \quad et \quad HO - SO_2 - OH$$

et nous conclurons de ces faits que les oxacides sont des dérivés hydroxyliques et que leur basicité est égale au nombre de groupements OH qu'ils renferment. **L'hydrogène hydroxylique est l'hydrogène basique** des oxacides et seul il possède cette fonction.

C'est ainsi que l'acide acétique $C_2H_4O_2$ est un acide monobasique; on peut le transformer en un chlorure C_2H_3OCl qui ne possède plus la fonction acide. Ce chlorure, traité par l'eau, donne de l'acide acétique et de l'acide chlorhydrique :

$$C_2H_3O . Cl + HOH = C_2H_3O . OH + HCl.$$

Il n'y a donc dans l'acide acétique que l'hydrogène hydroxylique qui soit remplaçable par des métaux.

Tout oxacide doit par conséquent être considéré comme résultant de l'union d'un certain nombre de radicaux hydroxyles avec un groupement d'un ou de plusieurs métalloïdes (NO_2, SO_2, Bo). **Ce groupement est appelé le radical de l'acide.** On ne doit pas le confondre avec le résidu halogénique.

Ce radical, en se combinant au chlore, engendre un chlorure qui se décompose par l'eau en donnant l'acide correspondant. Un tel chlorure est un **chlorure d'acide.**

Il existe des bromures, iodures ou fluorures possédant la même fonction : ce sont des bromures, iodures et fluorures d'acides, *ce qui ne veut pas dire qu'ils ont une fonction acide.*

1 5 1. Les acides sont des hydroxydes de groupements métalloïdiques. En perdant les éléments de l'eau, aux dépens des hydroxyles qu'ils renferment, ils se transforment en oxydes.

$$NO_2 - O H + HO - NO_2 = NO_2 - O - NO_2 + H_2O.$$

$$SO_2 \begin{cases} O \ H \\ O \ H \end{cases} = SO_3 + H_2O.$$

Ces oxydes métalloïdiques sont les anhydrides (v. **91**). On conçoit aisément qu'un acide polybasique puisse ne pas perdre toute l'eau qu'il pourrait former : le départ de l'eau peut être partiel. Ainsi deux molécules d'acide sulfurique pourront à frais communs fournir une molécule d'eau :

$$HO \text{-} SO_2 \text{-} O \overline{\underline{|H + HO|}} \text{-} SO_2 \text{-} OH = HO \text{-} SO_2 \text{-} O \text{-} SO_2 \text{-} OH.$$

Une molécule d'acide phosphorique peut perdre une molécule d'eau, sans que la déshydratation soit complète :

$$\begin{array}{c} H \quad O \\ H \quad O \!-\! P = O \\ H \quad O \end{array} = \begin{array}{c} O \\ HO \end{array} \!\!\! P = O + H_2O.$$

Il se fait ainsi des corps qui sont à la fois des anhydrides et des acides, qui possèdent donc simultanément les deux fonctions chimiques; on les appelle des **anhydrides imparfaits**. Ils peuvent, par une déshydratation plus complète, se transformer en anhydrides complets :

$$\begin{array}{c} SO_2 <\!\! \begin{array}{c} O\,H \\ O \end{array} \\ SO_2 <\!\! \begin{array}{c} O\,H \end{array} \end{array} = H_2O + 2SO_2.$$

D'autre part, ils peuvent s'unir à l'eau pour régénérer l'acide.

$$HPO_3 + H_2O = H_3PO_4.$$

On applique la préfixe **ortho** à l'acide le plus hydroxylique pour le distinguer de ses anhydrides imparfaits. Les anhydrides imparfaits dérivant de deux molécules d'acide ayant perdu une molécule d'eau sont les **pyroacides**; ceux qui résultent d'une molécule d'acide ayant perdu une molécule d'eau sont les **métaacides**.

Exemple : $\begin{array}{c} HO \\ HO \!-\! P = O \\ HO \end{array}$ (H_3PO_4) est l'acide **ortho**phosphorique,

$\begin{array}{c} O = P \text{-} OH \\ \quad\quad\quad O \end{array} \begin{array}{c} OH \\ HO \\ HO \text{-} P = O \end{array}$ $(2H_3PO_4 \text{-} H_2O)$ est l'acide **pyrophos**-

phorique, $O = P <\!\! \begin{array}{c} OH \\ O \end{array}$ $(H_3PO_4 \text{-} H_2O)$ est l'acide **méta**phosphorique.

Combinaison des halogènes entre eux.

152. Les halogènes se combinent entre eux, sauf le chlore et le fluor. Les composés fluorés sont très stables ; les autres se décomposent facilement. Les plus importants sont les deux **chlorures d'iode** ICl et ICl₃.

Ils se forment tous deux par union directe. Le trichlorure d'iode, qui s'obtient en faisant agir sur l'iode un excès de chlore, est un corps solide rouge, se dédoublant très facilement en ICl + 2Cl. Il peut fournir ainsi du chlore à l'état naissant, aussi est-ce un agent de chloruration très énergique.

Le trichlorure d'iode est soluble dans l'eau avec décomposition partielle en acide iodique, acide chlorhydrique et iode.

$$5ICl_3 + 9H_2O \rightleftarrows 3IO_3H + 15HCl + I_2$$

La réaction est réversible ; une solution concentrée d'acide chlorhydrique dissout le trichlorure d'iode sans décomposition sensible.

La dissolution de trichlorure d'iode jouit de propriétés antiseptiques puissantes, mises à profit en médecine.

On connaît un **trifluorure de brome** BrFl₃, liquide se solidifiant à + 3°, et un **pentafluorure d'iode** IFl₅, fusible à + 8°, et bouillant à 97° sans décomposition. Le pentafluorure d'iode est le fluorure d'acide de l'acide orthoiodique I(OH)₅ inconnu. L'eau le décompose en acide iodique H₂I₂O₆ et acide fluorhydrique.

$$2IFl_5 + 6H_2O = H_2I_2O_6 + 10HFl.$$

L'intérêt qui s'attache à ses composés fluorés des halogènes gît dans le fait qu'ils démontrent d'une manière péremptoire la plurivalence du brome et de l'iode.

———

Combinaisons oxygénées du chlore.

153. Le chlore forme avec l'oxygène et l'hydrogène une série importante de combinaisons :

Cl_2O anhydride hypochloreux.	HOCl acide hypochloreux.	
	HOClO » chloreux.	
Cl_2O_4 » hypochloride.		
	HOClO_2 » chlorique.	
Cl_2O_7 » perchlorique.	HOClO_3 » perchlorique.	

Cl_2O anhydride hypochloreux. HOCl acide hypochloreux.
HOClO » chloreux.
Cl_2O_4 » hypochloride.
HOClO$_2$ » chlorique.
Cl_2O_7 » perchlorique. HOClO$_3$ » perchlorique.

L'acide chloreux n'est connu que par ses sels.

La fixation de l'oxygène sur le chlore demande une dépense d'énergie considérable, aussi tous les oxacides du chlore et les anhydrides correspondants sont-ils des composés endothermiques se décomposant avec dégagement d'énergie. Beaucoup d'entre eux sont explosifs. Ils abandonnent aisément leur oxygène et ce sont des agents oxydants énergiques.

On remarque que les oxacides du chlore sont en général d'autant plus stables qu'ils contiennent plus d'oxygène. Les sels sont plus stables que les acides dont ils dérivent.

ANHYDRIDE HYPOCHLOREUX. Cl_2O.
P. M. 86.45 (87.)

154. On obtient ce corps en faisant passer un courant de chlore sur de l'oxyde de mercure.

Le mécanisme de la réaction est le suivant : le chlore s'empare du mercure pour former du chlorure mercurique $HgCl_2$, cette réaction dégage de l'énergie; il se produit en même temps de l'oxygène naissant qui s'unit au chlore en excès pour former Cl_2O.

La formation de l'anhydride hypochloreux nécessite une dépense d'énergie, fournie par l'union du chlore au mercure. On observe que les corps endothermiques se forment le mieux quand l'énergie nécessaire à leur production est donnée sous forme d'énergie chimique, par une réaction exothermique concommittante.

L'oxyde de mercure en excès ne se combine pas à l'anhydride hypochloreux, il est, en effet, transformé en oxychlorure par le chlorure mercurique produit. Cet oxychlorure forme une couche compacte à la surface des grains d'oxyde et les préserve d'une attaque ultérieure.

$$HgO + Cl_2 = HgCl_2 + O$$
$$O + 2 Cl = Cl_2O$$
$$HgO + HgCl_2 = Cl - Hg - O - Hg - Cl.$$

Les autres oxydes métalliques ne peuvent convenir, car ils subissent l'action de Cl_2O formé, s'y combinent pour donner un hypochlorite :

$$CaO + Cl_2O = Ca \begin{cases} OCl \\ OCl \end{cases} \text{(hypochlorite de calcium).}$$

L'anhydride hypochloreux est un gaz orangé, se condensant facilement en un liquide qui bout à $+5°$. C'est un corps extrêmement explosif; l'explosion est provoquée par le choc, la chaleur, le contact de matières organiques. Cette instabilité résulte du caractère fortement endothermique de cette combinaison, dont la chaleur de formation est de -17900 cal.

L'anhydride hypochloreux est très soluble dans l'eau, qui en dissout 200 fois son volume. Cette dissolution s'accompagne d'une réaction chimique ; il se forme de l'acide hypochloreux.

ACIDE HYPOCHLOREUX. HOCl.
P.M. 52.

155. Ce corps n'est connu qu'en dissolution. Il se forme : 1° par la dissolution de son anhydride dans l'eau.

L'équation :

$$Cl_2O + H_2O = 2HOCl$$

exige qu'un litre d'eau, pour se transformer complètement en acide hypochloreux, dissolve à zéro 1240 litres de gaz Cl_2O; or, il n'en n'absorbe que 200. La réaction est donc incomplète et l'acide hypochloreux ne peut exister qu'en présence d'un excès d'eau, laquelle est un de ses produits de dissociation.

Nous rencontrerons de nombreux exemples d'acides qui se dissocient ainsi partiellement, jusqu'à ce que les quantités d'eau et d'anhydride formées soient suffisantes pour arrêter la dissociation à la température à laquelle on opère. La concentration de l'anhydride est donnée par sa solubilité **physique** dans le liquide.

Si la quantité d'eau est plus grande que celle qui correspond à l'équilibre, l'eau est encore capable de fixer de l'anhydride hypochloreux; si elle est plus petite une certaine quantité d'acide se dissocie pour former l'eau et de l'anhydride hypochloreux. Une partie de celui-ci s'échappe, une autre reste physiquement dissoute et colore le liquide en jaune.

On obtient encore l'acide hypochloreux par l'action du chlore sur la dissolution aqueuse des sels métalliques :

$$K_2SO_4 + Cl_2 = 2KCl + SO_4$$
$$SO_4 + 2HOH = H_2SO_4 + 2OH$$
$$2OH + 2Cl = 2HOCl.$$

Les solutions étendues d'acide hypochloreux peuvent être distillées et l'on arrive ainsi à séparer l'acide des autres produits de la réaction.

L'acide hypochloreux est un corps oxydant très énergique : il cède de l'oxygène et se transforme en acide chlorhydrique. Le dédoublement dégage 10000 cal. :

$$HOCl = HCl + \tfrac{1}{2}O_2.$$

On obtient les hypochlorites purs par la neutralisation de l'acide à l'aide des bases ou des carbonates.

156. L'industrie prépare en quantités considérables des mélanges de chlorures et d'hypochlorites en faisant réagir à froid le chlore sur les bases :

$$KOH + Cl_2 = KCl + HOCl$$
$$HOCl + KOH = KOCl + H_2O$$
$$\overline{2KOH + Cl_2 = KCl + KOCl + H_2O.}$$

Ces réactions sont exothermiques, mais elles le sont cependant moins que celles qui transformeraient intégralement la base en chlorure avec dégagement d'oxygène, d'après le schéma :

$$2MOH + Cl_2 = 2MCl + H_2O + \tfrac{1}{2}O_2.$$

Ce fait suffit à démontrer que le principe du travail maximum n'est pas toujours exact (v. **139**).

Les mélanges de chlorure et d'hypochlorite que l'on obtient ainsi sont connus sous le nom de **chlorures décolorants** ; la séparation des deux sels est difficile à réaliser pratiquement, aussi emploie-t-on le mélange tel quel comme agent oxydant. Ces mélanges sont appelés aussi chlorure de potasse, de soude, de chaux, etc., selon la nature de la base qui les engendre (Dénomination vicieuse.)

Le **chlorure de chaux** $CaCl_2 + Ca(OCl)_2$ est le plus important de ces sels au point de vue industriel. Il s'obtient en faisant arriver du chlore dans de vastes cylindres contenant de la chaux éteinte ; la température ne peut dépasser 25°. Le **chlorure de soude (Eau de Javelle)** se prépare par l'électrolyse d'une solution à 10 °/₀ de chlorure de sodium.

La soude caustique formée au pôle négatif se dissout dans l'eau ; le chlore qui se libère à l'anode ne se dégage pas, il réagit sur la soude pour donner le chlorure décolorant.

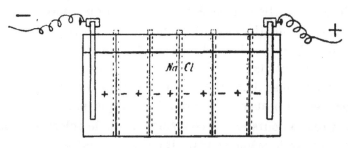

Fig. 25.

On opère dans des auges cloisonnées (fig. 25) ; sur chacune des cloisons est fixée une toile métallique de platine qui en recouvre les deux faces. Ce réseau métallique joue le rôle d'électrode bipolaire, la face tournée vers l'électrode positive étant négative. On multiplie par cette disposition les contacts entre la soude et le chlore.

On fait circuler la solution dans l'auge ; la soude caustique formée aux cathodes rencontre le chlore à chacune des électrodes positives et se transforme en chlorure décolorant.

L'opération ne peut être poursuivie jusqu'à transformation complète du chlorure ; lorsque la transformation en hypochlorite a atteint une certaine importance, l'hypochlorite s'électrolyse partiellement : à l'anode, il se transforme en chlorate en même temps qu'il se dégage de l'oxygène; à la cathode, il est réduit par l'hydrogène. Il en résulte que le rendement électrolytique devient très mauvais.

Les chlorures décolorants possèdent les propriétés oxydantes de l'acide hypochloreux, mais agissent moins énergiquement. Ils sont une source d'oxygène naissant et sont employés pour cette raison dans le blanchîment des tissus.

Si l'on traite un chlorure décolorant par un acide, le chlorure métalli ue est attaqué et transformé en acide chlorhydrique. Ce dernier réagit sur l'acide hypochloreux formé en même temps et il se dégage du chlore :

$$KCl + KOCl + H_2SO_4 = K_2SO_4 + HCl + HOCl$$
$$HCl + HOCl = H_2O + Cl_2.$$

On extrait ainsi tout le chlore ayant servi à la préparation du chlorure décolorant (Bon procédé de préparation du chlore).

L'acide carbonique $(H_2O + CO_2)$ suffit pour provoquer cette formation de chlore. Le chlore détruisant les matières colorantes, on utilise également la décomposition du chlorure décolorant en milieu acide au blanchiment des fibres textiles. Le blanchiment par le chlore se fait beaucoup plus rapidement que par l'oxygène, mais il n'est pas toujours sans inconvénients, car le chlore attaque également la fibre elle-même et affaiblit ainsi sa résistance.

157. Les hypochlorites se décomposent spontanément en chlorure et oxygène, mais la réaction se fait avec une lenteur telle qu'il est impossible de l'utiliser à l'obtention de l'oxygène. D'autre part, on ne peut l'accélérer par une élévation convenable de température, car au-dessus de 50°, les hypochlorites se transforment en un mélange de chlorure et de chlorate (v. plus loin). Mais certains oxydes métalliques (NiO, CoO) catalysent positivement le dédoublement en chlorure et oxygène, au point que la réaction peut servir à la préparation de l'oxygène. L'action catalysante des oxydes de nickel et de cobalt trouve son explication dans la formation transitoire d'un oxyde plus riche en oxygène, qui se décompose immédiatement en donnant de l'oxygène et en régénérant l'oxyde au minimum.

$$KOCl + 2NiO = KCl + Ni_2O_3$$
$$Ni_2O_3 = \tfrac{1}{2} O_2 + 2NiO.$$

Quand on chauffe un hypochlorite au dessus de 50°, il se transforme en chlorure et en chlorate, ce dernier étant plus stable que l'hypochlorite.

$$\begin{array}{c} K\,O\,Cl \\ K\,O\,|Cl \\ K\,O\,|Cl \end{array} = 2KCl + KClO_3.$$

C'est sur cette réaction qu'est basée la préparation des chlorates.

ACIDE CHLORIQUE $HClO_3$.
P.M. 83.82 (84).

158. On ne peut l'isoler à l'état pur; il passe en effet à l'état d'acide perchlorique $HClO_4$. Une première molécule d'acide chlorique cède un atome d'oxygène à une molécule voisine :

$$HClO_3 + HClO_3 = HClO_4 + HClO_2.$$

L'acide chloreux ainsi formé réagit sur une troisième molécule d'acide chlorique; il se produit par élimination d'eau un anhydride mixte de l'acide chlorique et de l'acide chloreux Cl_4O_7, qu'on appelle hypochloride.

$$ClO_2 - O\,H + HO - ClO = ClO_2 \cdot O \cdot ClO + H_2O.$$

Cette réaction a lieu quand la concentration de la solution dépasse 40 %. On ne saurait donc préparer l'acide chlorique par l'action de l'acide sulfurique concentré sur le chlorate de potassium $KClO_3$. Si, d'autre part, on prend de l'acide sulfurique étendu, on arrive à un système d'équilibre dont on ne peut séparer l'acide chlorique.

Pour préparer ce dernier on fait agir l'acide sulfurique étendu sur le chlorate de baryum. Il se fait du sulfate de baryum insoluble, dont la précipitation entraîne une réaction complète :

$$Ba(ClO_3)_2 + H_2SO_4 = BaSO_4 + 2HClO_3.$$
$$\downarrow$$

On filtre le sulfate de baryum et on concentre la solution dans le vide jusqu'à 40 %.

La solution concentrée que l'on obtient ainsi possède un pouvoir oxydant remarquable; la plupart des matières organiques sont détruites à son contact, souvent avec explosion.

159. L'acide chlorique est un acide fort dont les sels, les chlorates, s'obtiennent par l'action de la chaleur sur les hypochlorites. Si l'on utilise les réactions qui permettent d'obtenir ces derniers, mais qu'on opère à chaud, les hypochlorites se transforment en chlorates au moment même ou ils se produisent.

C'est ainsi que l'on peut préparer les chlorates par l'action du chlore sur les bases, quand on exécute la réaction au-dessus de 50°.

$$6KOH + 3Cl_2 = 3KCl + 3KOCl + 3H_2O$$
$$3KOCl = 2KCl + KClO_3$$
$$\overline{6KOH + 3Cl_2 = 5KCl + KClO_3 + 3H_2O}$$

On voit que dans cette opération il y a une perte importante en potasse caustique et en chlore, dont $1/6^e$ seulement est transformé en chlorate, les $5/6^{es}$ restants passant à l'état de chlorure.

On évite cet inconvénient en employant la méthode électrolytique, qui sert actuellement à la préparation industrielle des chlorates de potassium et de sodium, les deux sels les plus importants de l'acide chlorique.

On électrolyse une solution chaude de chlorure de potassium ou de sodium. Le chlore qui se forme à l'anode est transformé en chlorate et en chlorure par la potasse ou la soude caustique produite à la cathode.

Une pompe puise la solution alcaline formée à la cathode et la refoule dans le compartiment anodique dont la réaction doit rester alcaline.

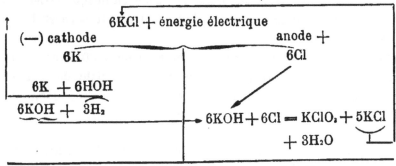

$$KCl + 3H_2O + \text{énergie électrique} = KClO_3 + 3H_2.$$

On voit que l'énergie électrique dépensée est employée à décomposer l'eau et à fixer l'oxygène formé sur le chlorure de potassium.

La formation électrolytique des chlorates est en réalité une réaction fort compliquée ; elle résulte d'une oxydation de l'hypochlorite formé par l'acide hypochloreux, lequel provient lui-même de l'union du chlore et de l'hydroxyle, libérés à l'anode par l'électrolyse du chlorure et de l'hydroxyde métalliques :

$$2Cl + 2OH = 2HOCl$$
$$KOCl + 2HOCl = KClO_3 + 2HCl$$
$$2HCl + 2KOH = 2KCl + 2H_2O$$
$$\overline{2Cl + 2OH + KOCl + 2KOH = KClO_3 + 2KCl + 2H_2O}$$

Mais en même temps, une partie de l'hypochlorite s'électrolyse avec dégagement d'oxygène à l'anode, d'hydrogène à la cathode.

$$6KOCl + 6H_2O = 6\overset{-}{OCl} \qquad \overset{+}{6KOH + 3H_2}$$
$$3H_2O + 6OCl = 2HClO_3 + 4HCl + 3O$$
$$6KOH + 2HClO_3 + 4HCl = 2KClO_3 + 4KCl + 6H_2O$$
$$\overline{3H_2O + 6KOCl = 2KClO_3 + 4KCl + 3O + 3H_2}$$

Les chlorates sont très solubles dans l'eau, sauf le chlorate de potassium qui l'est fort peu et peut être ainsi facilement séparé du chlorure de potassium restant. Aussi est-ce le sel de l'acide chlorique que l'on prépare de préférence.

Les chlorates en solution ne possèdent pas les propriétés oxydantes énergiques de l'acide chlorique ; ils sont sans action sur les matières organiques et les corps réducteurs et diffèrent fortement à cet égard des hypochlorites qui sont cependant moins riches en oxygène.

Il en est autrement quand ils sont secs et qu'on les mélange avec des corps avides d'oxygène. Il suffit alors soit d'un choc, soit d'une friction, soit d'une élévation de température, pour provoquer une décomposition vive du mélange. Le chlorate cède son oxygène au corps réducteur avec mise en liberté d'énergie (environ 10000 calories par mol. gr.) et l'oxydation est souvent tellement violente, qu'elle donne lieu à des phénomènes explosifs redoutables. La manipulation des mélanges contenant un chlorate doit toujours se faire avec les plus grandes précautions. Ces propriétés oxydantes sont mises à profit en pyrotechnie (flammes de Bengale, poudres chloratées).

Les chlorates en présence des acides constituent des agents d'oxydation extrêmement énergiques, même en dissolution. Au contact de l'acide chlorhydrique, ils dégagent du chlore ; il se forme en même temps de l'hypochloride :

$$KClO_3 + HCl = HClO_3 + KCl.$$

$$2HClO_3 + 2HCl = 2H_2O + Cl_2O_4 + Cl_2.$$

Quand on chauffe prudemment les chlorates à une température peu supérieure à leur point de fusion, ils perdent de l'oxygène. Celui-ci ne se dégage pas intégralement ; il est partiellement fixé par le chlorate non décomposé et le transforme en perchlorate (v. **81**).

$$2KClO_3 = KClO_4 + KCl + O_2.$$

L'acide chlorique fut découvert par Gay-Lussac et le chlorate de potassium par Bertholet.

HYPOCHLORIDE. Cl_2O_4 ou ClO_2.

P. M. 66.94 ou 133.82 (67 ou 134).

160. Ce corps se forme par la décomposition spontanée de l'acide chlorique (v. **158**) ou par la réduction partielle de cet acide.

$$2HClO_3 - O = Cl_2O_4 + H_2O.$$

C'est un gaz jaune, d'une odeur irritante spéciale, se liquéfiant à $+ 10°$. Il est extrêmement explosif, tant à l'état liquide qu'à l'état gazeux.

Il est fort soluble dans l'eau et se laisse absorber par les solutions alcalines en donnant un mélange de chlorite et de chlorate :

$$2KOH + Cl_2O_4 = KClO_2 + KClO_3 + H_2O.$$

Cette réaction démontre que l'hypochloride est l'anhydride mixte de l'acide chlorique et de l'acide chloreux.

En effet, les anhydrides étant les oxydes de radicaux négatifs, leur formule générale est :

$$R - O - R'$$

R et R' étant des radicaux qui peuvent être de même espèce ou d'espèce différente. L'action des bases se fait d'après le schéma suivant :

ROM et R'OM sont les sels des acides ROH et R'OH dont dérive l'anhydride.

Si R et R' sont identiques on n'obtient qu'une seule espèce de sel ; s'ils sont différents on obtient deux sels distincts. Dans ce dernier cas l'anhydride est **mixte** ; il dérive de deux acides à la fois.

La constitution de l'hypochloride est donnée par la formule :

$$(ClO) - O - (ClO_2).$$

A l'état gazeux, la molécule se dédouble en deux molécules ClO_2, comme le démontre la densité de l'hypochloride gazeux.

L'hypochloride est un agent oxydant très énergique et un antiseptique puissant (purification des eaux).

ACIDE PERCHLORIQUE. $HClO_4$.

P.M. 99.7 (100).

161. L'acide perchlorique se trouve à l'état de sel de potassium dans le salpêtre du Chili.

C'est le seul oxacide du chlore que l'on puisse obtenir à l'état isolé. On distille le perchlorate de potassium avec un grand excès d'acide sulfurique concentré, en ayant soin d'opérer sous pression réduite. On peut ainsi effectuer la distillation de l'acide perchlorique à une température suffisamment basse pour éviter sa décomposition.

C'est un liquide sirupeux, extraordinairement explosif, et qui ne se conserve que quelques jours. Il se combine à l'eau avec un dégagement de chaleur notable pour former deux hydrates $HClO.H_2O$ et $HClO.2H_2O$ qui sont beaucoup plus stables. Le dernier peut être distillé à 200° et se conserve indéfiniment.

L'acide perchlorique est un acide très fort ; ses sels, les perchlorates, sont fort stables et ne sont pas réduits par l'acide chlorhydrique, ce qui les distingue des chlorates (v. **159**).

Ils ne se décomposent par la chaleur qu'à une température élevée en donnant un chlorure et de l'oxygène.

Le perchlorate de potassium, que l'on obtient en chauffant le chlorate à 350° (v. **81**), est presque complètement insoluble dans l'eau. On peut donc se servir de l'acide perchlorique pour reconnaître les sels de potassium, qui précipitent par ce réactif :

$$KCl + HClO_4 = KClO_4 + HCl.$$

L'acide perchlorique, traité par l'anhydride phosphorique, se transforme en **anhydride perchlorique**, Cl_2O_7 :

$$2HO(ClO_3) + P_2O_5 = ClO_3 - O - ClO_3 + 2HPO_3.$$

L'anhydride perchlorique est un liquide très volatil, bouillant à 82°. Le choc, de même qu'une élévation brusque de température, le font détoner.

162. Pour expliquer l'enchaînement des atomes dans les oxacides du chlore, on peut admettre que le chlore est monovalent ou plurivalent vis-à-vis de l'oxygène. Suivant que l'on adopte l'une ou l'autre hypothèse, les acides auront les formules de structure I ou II.

	I.	II.
Acide hypochloreux	$HO - Cl$	$HO - Cl$
— chlorique	$HO \cdot O \cdot O \cdot Cl$	$HO - Cl \overset{\nearrow O}{\searrow O}$
— perchlorique	$HO \cdot O \cdot O \cdot O \cdot Cl$	$HO - Cl \overset{\nearrow O}{\underset{\searrow O}{=}O}$

Selon les formules du type I, les acides chlorique et perchlorique appartiennent au type des peroxydes, comme le bioxyde de baryum, l'eau oxygénée, qui renferment une chaîne pluriatomique d'oxygène. Or, ces peroxydes sont tous des corps instables qui tendent à perdre de l'oxygène pour se transformer en oxydes ne renfermant plus qu'un atome d'oxygène. On conclurait par analogie que, des oxacides du chlore, le plus stable doit être l'acide hypochloreux. Or, on observe le fait inverse. La stabilité croît à mesure que la richesse en oxygène augmente. C'est là une objection des plus sérieuses à opposer à l'adoption des formules du type I, et à laquelle échappent les formules du type II. Ce dernier trouve d'ailleurs sa justification dans l'étude de l'acide periodique (v. **166**).

Le brome forme deux oxacides, l'acide hypobromeux $HOBr$ et l'acide bromique $HBrO_3$, qu'on ne connaît qu'en solution. Ces corps sont en tous points semblables aux combinaisons correspondantes du chlore.

163. Oxacides de l'iode. — Les combinaisons oxygénées de l'iode bien étudiées sont l'anhydride iodique I_2O_5, l'acide iodique, $H_2I_2O_6$ et l'acide périodique H_5IO_6.

L'existence de l'**acide hypoiodeux** HOI est douteuse; une dissolution fraîchement préparée d'iode dans la potasse caustique se comporte comme un mélange d'iodure et d'hypoiodite (v. **156**), mais ce dernier se transforme rapidement en un mélange d'iodure et d'iodate.

L'action de l'ozone sur l'iode donne naissance à un composé I_2O_5, qui serait d'après sa formule l'anhydride iodeux; mais il ne se comporte pas comme tel.

ACIDE IODIQUE. $n(HIO_3)$ $H_2I_2O_6$ (?).

P. M. n. 174.53.

164. On trouve l'acide iodique à l'état d'iodate dans le salpêtre du Chili.

Tandis que les composés oxygénés du chlore et du brome sont fortement endothermiques et ne peuvent être obtenus par union directe de l'halogène à l'oxygène, on peut former l'acide iodique HIO_3, en oxydant l'iode, soit par l'acide nitrique concentré (D. 1.5), soit par le chlore en présence de l'eau.

$$I_2 + 6H_2O + 5Cl_2 + Aq = 10HCl.Aq + H_2I_2O_6.$$

On obtient ainsi des cristaux incolores, très denses, qui se décomposent à 170° en eau et anhydride iodique, I_2O_5.

Les sels de l'acide iodique se forment :

1° Par l'action de l'iode sur une base (v. **163**).

$$6KOH + 3I_2 = 5KI + KIO_3 + 3H_2O.$$

2° Par l'action de l'iode sur une solution concentrée de chlorate ; il se dégage du chlore.

$$2KCLO_3 + I_2 = K_2I_2O_6 + Cl_2.$$

Le chlore ne se dégage pas ; il agit sur l'iode en présence de l'eau pour donner de l'acide iodique.

L'iode déplace donc le chlore de ses combinaisons hydrogénées, tandis qu'il est déplacé par lui dans les iodures. Ce fait résulte de ce que l'iode est un élément moins métalloïdique que le chlore.

L'acide iodique n'est pas complètement analogue à l'acide chlorique, il se comporte comme un acide plus faible, tandis que l'acide iodhydrique et l'acide chlorhydrique sont de même force. Les iodates sont en général peu solubles, alors que les chlorates sont tous solubles. On connaît en outre des iodates acides.

L'acide iodique oxyde l'acide iodhydrique ; un mélange d'iodure et d'iodate traité par un acide fort donne de l'iode.

$$5KI + KIO_3 + 6HCl = 6KCl + 5HI + HIO_3 = 6HCl + 3I_2 + 3H_2O.$$

165. L'anhydride iodique. I_2O_5 est une poudre blanchâtre très dense qui se dissout dans l'eau en engendrant de l'acide iodique et se décompose à 300°.

C'est un corps exothermique, dont la chaleur de formation est de 48000 cal.

On ne connait pas la constitution de l'acide iodique. Il existe probablement sous diverses modifications résultant de la condensation de plusieurs molécules HIO_3 (v. plus loin HPO_3).

ACIDE PERIODIQUE. H_5IO_6.

166. On obtient l'acide periodique en décomposant le periodate de baryum $Ba_5 (IO_6)_2$ par l'acide sulfurique étendu.

$$Ba_5 (IO_6)_2 + 5H_2SO_4 = 2H_5IO_6 + 5BaSO_4.$$

On filtre le sulfate de baryum et l'on évapore la solution dans le vide.

L'acide periodique est un acide pentabasique. Il forme en effet des sels neutres de la forme M_5IO_6. Le periodate de baryum $Ba_5(IO_6)_2$ est soluble dans l'eau. On connait aussi des periodates acides. Le periodate bimétallique de sodium $Na_3H_2IO_6$ est fort peu soluble ; il précipite par addition d'acide periodique à une solution d'un sel de sodium.

Les periodates neutres s'obtiennent par l'action de la chaleur sur les iodates :

$$5BaI_2O_6 = Ba_5 (IO_6)_2 + 4I_2 + 9O_2.$$

Les periodates neutres sont fort résistants à l'action de la chaleur, le periodate de baryum peut être porté à la température du rouge sans qu'il se décompose.

Il existe des periodates de la formule MIO_4, analogues aux perchlorates et qui dérivent d'un acide HIO_4, résultant de l'élimination de deux molécules d'eau aux dépens de l'acide H_5IO_6.

La pentabasicité de l'acide périodique lui assigne la formule $(HO)_5 IO$ (v. **150**) ; l'iode y est donc au moins pentavalent. Entre les deux formules possibles :

$$\begin{array}{ccc} HO & OH & \\ HO-I{\Large<}OH & \text{et} & \cdots \\ HO & O\text{-}OH & \end{array}$$

on adopte la seconde, la première faisant de l'acide périodique un corps du type de l'eau oxygénée, ce qui est très peu probable (v. **162**).

L'acide HIO₄, est un anhydride imparfait de l'acide H₅IO₆, il a pour formule de structure :

$$HO \cdot I \underset{\diagdown O}{\overset{\diagup O}{\leqq O}}$$

L'iode étant un élément heptavalent, on en conclut qu'il en est de même pour le chlore, qui lui est complètement analogue. La formule de l'acide perchlorique que nous avons adoptée (v. **162**) se trouve ainsi justifiée.

GÉNÉRALITÉS SUR LA FAMILLE DES HALOGÈNES.

167. La comparaison entre les différents halogènes nous montre qu'à mesure que leur poids atomique augmente, leur volatilité diminue, leur coloration est plus intense et l'énergie dégagée dans leurs combinaisons avec l'hydrogène ou les métaux devient plus faible, comme le démontre le tableau suivant :

Poids atomique.	Point d'ébullition.	Coloration.	Chaleur de formation de l'hydracide.	du sel de potassium.
Fluor 38.91	— 187	jaune pâle	38.500	110 600
Chlore 35.18	— 33.6	jaune	22.000	105.700
Brome 79.34	+ 63	rouge	12.000	95.300
Iode 125.89	+ 184	violette	400	80.100

Les acides chlorhydrique, bromhydrique et iodhydrique sont également forts, tandis que l'acide fluorhydrique est un acide assez faible. Ce dernier est d'ailleurs aberrant à d'autres égards. Le point d'ébullition des trois autres hydracides est d'autant plus élevé que l'halogène dont dérive l'acide est plus volatil.

HCl.	.	.	.	.	.	.	Point d'ébullition	— 83.7
HBr	.	.	.	.	.	.	—	—	— 64.9
HI	.	.	.	.	.	.	—	—	— 34.1.

L'acide fluorhydrique, résultant de l'union de deux éléments aussi volatils que l'hydrogène et le fluor, devrait bouillir au-dessous de –100° si la régularité dans les variations du point d'ébullition se conservait, tandis qu'il bout à + 19°. Nous avons déjà eu l'occasion de signaler (v. **131**) les différences existant entre les caractères des fluorures et ceux des chlorures, bromures et iodures.

Si l'affinité des halogènes pour l'hydrogène va en diminuant à mesure que leur poids devient plus grand, on observe le phénomène inverse, mais moins régulier, quant à leur tendance à s'unir à l'oxygène ; les chaleurs de formation des acides du type $H(Hal)O_3$ sont respectivement de :

$$HClO_3,Aq = + 23.900 \text{ cal.}$$
$$HBrO_3.Aq = + 12.400 \text{ cal.}$$
$$\frac{1}{2} H_2I_2O_6.Aq = + 55.800 \text{ cal.}$$

Le brome a donc pour l'oxygène une affinité moindre que le chlore. Le fluor ne se combine pas à l'oxygène.

L'affinité des halogènes pour les métalloïdes et les métaux et leur aptitude à saturer complètement les valences des éléments auxquels ils sont unis est en raison directe de leur activité chimique. Les fluorures sont donc les plus stables parmi les combinaisons halogénées d'un élément; ce sont aussi les composés dans lesquelles celui-ci décèle la plus grande capacité d'attraction, ainsi que nous aurons l'occasion de le reconnaître ultérieurement à maintes reprises (comparer d'ailleurs ICl_3 et IFl_5).

La volatilité des combinaisons que contractent les halogènes avec les métalloïdes va en décroissant des fluorures aux iodures.

Les composés halogénés métalliques sont plus ou moins facilement volatils. Tous sont fusibles ; leur points de fusion s'abaisse des fluorures aux iodures, comme le montre par exemple la comparaison des différents sels haloïdes de potassium et de calcium :

KFl	+ 885°	$CaFl_2$	1330°
KCl	+ 790°	$CaCl_2$	780°
KBr	+ 750°	$CaBr_2$	760°
KI	+ 705°	CaI_2	740°

La même gradation s'observe pour la volatilité, mais les températures d'ébullition, souvent très élevées, n'ont en général pas été mesurées avec précision.

Encore une fois les fluorures s'écartent ici plus des autres sels haloïdes que ceux-ci ne le font entre-eux.

Dissolutions.

168. Lorsqu'on place du sucre au fond d'un vase renfermant de l'eau, le sucre se dissout. La solution sucrée qui se forme est plus dense que l'eau; si elle n'était soumise à aucune autre action que celle de la pesanteur, elle se maintiendrait donc au fond du vase et les couches superficielles du liquide ne renfermeraient que de l'eau pure.

L'expérience démontre qu'il n'en n'est pas ainsi; même lorsque le liquide est maintenu dans un repos complet, le sucre pénètre dans les couches supérieures et après un temps plus ou moins long, s'est réparti uniformément dans tout le liquide; sa concentration est la même dans toutes les parties de la dissolution. Le corps dissous tend donc à occuper le plus grand volume possible.

Le phénomène que nous venons de décrire est identique à celui que nous avons étudié sous le nom de diffusion (v. **72**) pour les gaz.

Seulement il est a remarquer que, tandis que les gaz sont tous miscibles en toutes proportions, il n'en n'est pas de même pour les liquides. Si une dissolution de sucre, l'alcool, l'acide sulfurique, se mélangent en toutes proportions avec l'eau, celle-ci n'est pas miscible au mercure; elle ne l'est que partiellement à l'éther.

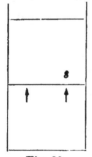

Fig. 26.

Cette répartition uniforme du corps dissous ne peut se faire que grâce à un mouvement de translation de ses molécules au sein du liquide et celui-ci ne sera en équilibre que lorsque à travers une section s du liquide (fig. 26) il passe autant de molécules de corps dissous dans un sens que dans l'autre.

169. Si nous solidifions la section s, de manière à la rendre imperméable aux molécules du corps dissous, elle sera soumise à une série de chocs, qui auront pour conséquence une pression exercée sur la face frappée. Le liquide ne saurait être en équilibre que lorsque les pressions exercées sur deux faces d'une surface quelconque prise dans ce liquide seront égales, ce qui n'est possible que quand le nombre de molécules frappant la surface sera le même pour ses deux faces; lorsque leur concentration sera uniforme.

Cette pression exercée dans un liquide par les corps dissous est la **pression osmotique**.

Nous verrons plus loin que sa valeur peut être assez considérable ; dans une solution normale de sucre à 0° la pression osmotique atteint 22 atmosphères. Cependant il est impossible de reconnaître son influence sur les parois des vases. Il semble à première vue étrange qu'une fiole ou un vase mince complètement remplis et dans lesquels on agite du sucre avec de l'eau, n'éclatent pas sous la pression exercée par le sucre dissous.

Mais ce fait s'explique aisément si l'on songe que la couche limite d'un liquide est le siège d'une force centripète, tendant à réduire le volume du liquide et dont l'intensité se chiffre par des milliers d'atmosphères. La pression osmotique disparait complètement à côté de la tension superficielle ; la couche limite du liquide, qu'elle soit au contact de l'air ou d'un corps solide, constitue ainsi une coque dont la résistance à l'extension est telle que l'effet dilatateur de la pression osmotique ne peut se manifester.

170. Pour mettre la pression osmotique en évidence, il faut supprimer la couche limite du liquide ; on y arrive à l'intervention de **membranes semi-perméables**. On désigne sous cette appellation des membranes perméables à l'un des constituants d'une dissolution mais imperméables aux autres. Les membranes semi-perméables servant à l'étude des phènomènes osmotiques doivent être imperméables aux corps dissous, de manière à être soumis à l'action des chocs de leurs molécules, tout en se laissant traverser par le dissolvant, dont la continuité n'est ainsi pas interrompue par la membrane, laquelle devient une paroi limite pour les molécules dissoutes sans l'être pour le dissolvant. La tension superficielle de ce dernier n'intervient plus à la surface de la membrane et l'action de la pression osmotique devient sensible.

L'une des plus parfaites parmi les membranes semi-perméables est celle que forme le précipité de ferrocyanure de cuivre. Lorsqu'une dissolution de ferrocyanure de potassium est mise en contact avec une solution d'un sel cuivrique ($CuSO_4$), il se forme à la zône de contact une lamelle très mince de ferrocyanure de cuivre, insoluble dans l'eau, mais perméable à ce liquide tandis qu'elle est imperméable aux sels dissous.

Une telle membrane n'est pas maniable; sa fragilité est telle qu'elle se déchire au moindre attouchement. Pour la rendre rigide et capable de servir de paroi à un appareil permettant la mesure de la pression osmotique, Pfeffer a imaginé de la produire dans les pores d'un vase en biscuit (porcelaine poreuse). Il imprègne la paroi du vase poreux d'une solution étendue de ferrocyanure de potassium; lorsque la solution a parfaitement imbibé la paroi de porcelaine, il verse à l'intérieur du vase une dissolution étendue (3 %) de sulfate de cuivre qui, pénétrant à son tour dans la paroi poreuse, y rencontre la solution de ferrocyanure de potassium. Il se fait dans chaque pore une membrane semi-perméable de ferrocyanure de cuivre à laquelle la paroi de porcelaine sert de soutient.

Pour mesurer la pression osmotique, on introduit la dissolution dans la cellule ainsi préparée, on adapte un manomètre à air libre au vase poreux, que l'on immerge ensuite dans l'eau.

Dans une cellule de Pfeffer la membrane sémi-perméable, fixée à son squelette de porcelaine, ne peut céder sous les chocs des molécules du corps dissous, et celles-ci sont rejetées vers l'intérieur de la cellule.

Mais si l'action de la pression osmotique sur la membrane sémi-perméable ne peut se traduire par un déplacement de la paroi, elle détermine une réaction égale et de signe contraire de la part des molécules d'eau imprégnant la membrane. Cette réaction peut s'exercer librement, puisque l'eau peut circuler à travers la paroi sémi-perméable et il en résultera une pénétration de l'eau dans la cellule osmotique. L'eau pénètre donc dans celle-ci avec une force égale à la pression osmotique s'exerceant sur la paroi. Son entrée dans la cellule détermine une augmentation de pression hydrostatique mesurable au manomètre. Ainsi s'explique le fait en apparence paradoxal, qu'une pression agissant de l'intérieur vers l'extérieur sur une membrane sémi-perméable provoque une rentrée de liquide dans la cellule et une pression hydrostatique. Cette pression hydrostatique tend à s'opposer à la pénétration ultérieure de l'eau. Tant que la cause déterminante de cette pénétration, c'est-à-dire la réaction de l'eau vis-à-vis de la pression osmotique, l'emporte sur la pression hydrostatique, l'eau continue à entrer dans la cellule et le manomètre à monter ; l'arrêt du phénomène se produit quand la pression hydrostatique devient égale à la force qui provoque la pénétration de l'eau.

Nous pouvons écrire pour cet état d'équilibre :

Pression hydrostatique = Réaction de l'eau = Pression osmotique.

La mesure de la pression hydrostatique nous permet donc de déterminer la pression osmotique.

Pfeffer a trouvé ainsi que dans une dissolution à 1 %, le sucre exerçait une pression osmotique de 0,649 atmosphère à 0° et que la pression exercée est proportionnelle à la concentration du sucre.

Dans une solution normale de sucre (le poids moléculaire du sucre est 342), renfermant 34.2 % de sucre, la pression sera par conséquent de :

$$0.649 \times 34.2 \text{ atm.} = 22.19 \text{ atmosphères.}$$

C'est-à-dire, exactement celle qu'exerce une molécule gramme d'un corps gazeux, enfermée à 0° dans un volume d'un litre.

L'expérience a démontré que des solutions équimoléculaires ont même pression osmotique ; une molécule-gramme d'un corps quelconque, exception faite pour les électrolytes (sels, bases et acides), dissoute dans un litre de dissolution, exerce à 0° une pression de 22.19 atm.

La pression osmotique augmente avec la température ; si p_0 est la pression à 0° exercée par un corps dissous, à t degrés la pression devient :

$$p_t = p_0 (1 + \alpha t).$$

Dans cette expression α a une valeur constante, indépendante de la nature du corps dissous et égale à 0.003667.

La relation entre la pression osmotique et la température est identique à celle qui lie la pression d'un gaz à la température.

Les lois de Boyle-Mariotte, de Gay-Lussac et la règle d'Avagadro sont exactement applicables aux pressions osmo-

tiques exercées par les corps dissous, et s'expriment par la même formule :

$$pv = \mathrm{RT} \tag{1}$$

dans laquelle p est la pression osmotique, v le volume de la dissolution, T la température absolue et Q la constante 84200.

Remarque. — De même que les lois des gaz sont des lois limites, qui ne se vérifient que pour les gaz idéaux (v. **31**), de même la relation (**1**) n'est rigoureusement applicable qu'à un corps dissous dans une masse infiniment grande de dissolvant ; elle est pratiquement d'autant plus exacte que la solution est plus étendue.

171. Nous avons reconnu antérieurement tout le parti que l'on peut tirer de l'application du principe d'Avogadro à la détermination du poids moléculaire des corps gazeux. L'extension de ce principe aux dissolutions permet de même de déterminer la grandeur moléculaire d'un corps dissous par la mesure de la pression osmotique qu'il exerce dans une solution de concentration connue.

Soit x le poids moléculaire cherché, une dissolution à 1 °/. exercera une pression osmotique de $\dfrac{220\mathrm{T}}{273\,x}$ atmosphères. Une dissolution renfermant A °/. exercera donc une pression

$$\mathrm{P} = \frac{220\mathrm{T}.\mathrm{A}}{273.x} \quad \text{d'où} \quad x = \frac{220\mathrm{A}.\mathrm{T}}{273.\mathrm{P}}$$

Mais la mesure de la pression osmotique absolue est une opération difficile en raison de la difficulté que l'on rencontre à construire une cellule osmotique étanche. La nature nous fournit heureusement des membranes sémi-perméables qui permettent, sinon de mesurer directement les pressions osmotiques, du moins de les comparer entre elles.

La membrane cellulaire des cellules végétales est perméable à l'eau et aux corps dissous, tandis que la couche limite du protoplasme cellulaire est imperméable aux corps dissous, tout en se laissant traverser par l'eau, elle constitue ainsi une membrane sémi-perméable. Le protoplasme est imprégné du liquide cellulaire, dans lequel les substances dissoutes exercent une pression osmotique qui applique la couche limite protoplasmatique contre la paroi cellulaire.

Si l'on plonge une cellule dans une dissolution dont la pression osmotique est supérieure à celle du liquide cellulaire, celui-ci cédera de l'eau à la dissolution et l'enveloppe protoplasmatique **va** se contracter. Elle se décolle plus ou moins complètement de la paroi cellulaire, la cellule entre en **plasmolyse**.

Si au contraire la pression osmotique intérieure l'emporte sur la pression osmotique extérieure, la cuticule protoplasmatique gonfle, la cellule entre en **turgescence**.

On peut, par tatonnements, arriver à trouver une dissolution de concentration telle qu'elle soit **isotonique**, c'est à dire en équilibre osmotique, avec le liquide cellulaire de la cellule choisie.

En ayant soin d'opérer avec des cellules végétales identiques, on peut rechercher les concentrations isotoniques de différentes dissolutions. Ces concentrations c, c_1, c_2... etc. sont en raison directe des poids moléculaires m, m_1, m_2... des corps dissous :

$$c : c_1 : c_2 \cdots = m : m_1 : m_2 \ldots$$

Il suffit alors de connaître l'un des poids moléculaires, pour pouvoir déterminer tous les autres.

Remarque. — Les concentrations s'entendent ici dans le sens physique (v. **107**).

On se sert de préférence, pour déterminer l'isotonisme de diverses solutions, de cellules ayant un protoplasme coloré, telles que les cellules épidermiques de la nervure médiane du *tradescantia discolor*. La méthode ne réussit plus lorsque les substances étudiées ont une action toxique sur le protoplasme.

172. Les procédés que nous venons de décrire sont fort intéressants au point de vue théorique et historique; leur valeur expérimentale est moindre, car, sans parler des difficultés que nous avons déjà signalées, il y a lieu de noter que l'on n'a pu trouver jusqu'à présent de membranes absolument imperméables à tous les corps dissous.

Il existe, par contre, une relation très remarquable entre la pression osmotique et la tension de vapeur du dissolvant, relation qui conduit à deux méthodes des plus fécondes pour la détermination des poids moléculaires.

173. La pression d'un corps dissous amène une diminution de tension de vapeur du dissolvant. Cette diminution est fonction de la pression osmotique, et nous pouvons la déterminer.

Soit un vase **A**, fermé inférieurement par une membrane sémi-perméable S et portant à sa partie supérieure un **tube mano** mètrique *t*. Il est immergé dans un vase B, renfermant le dissolvant pur. Le tout est enfermé dans une cloche C, vidée d'air, qui se sature par conséquent de la vapeur du dissolvant.

Lorsque l'équilibre osmotique sera établi, la solution se sera élevée dans le tube manomètrique jusqu'à une hauteur *h*, mesurant la pression osmotique ; celle-ci est en effet égale à $h \times d$, *d* étant la densité de la dissolution.

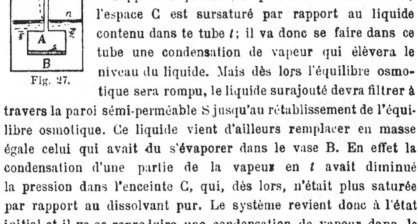

Fig. 27.

La pression exercée par la vapeur du dissolvant pur à la surface de la dissolution dans le tube *t*, doit être égale à la tension de vapeur de la dissolution. S'il n'en n'était pas ainsi elle serait ou plus forte ou plus faible.

Supposons qu'elle soit plus forte. Dans ce cas, l'espace C est sursaturé par rapport au liquide contenu dans te tube *t*; il va donc se faire dans ce tube une condensation de vapeur qui élèvera le niveau du liquide. Mais dès lors l'équilibre osmotique sera rompu, le liquide surajouté devra filtrer à travers la paroi sémi-perméable S jusqu'au rétablissement de l'équilibre osmotique. Ce liquide vient d'ailleurs remplacer en masse égale celui qui avait du s'évaporer dans le vase B. En effet la condensation d'une partie de la vapeur en *t* avait diminué la pression dans l'enceinte C, qui, dès lors, n'était plus saturée par rapport au dissolvant pur. Le système revient donc à l'état initial et il va se reproduire une condensation de vapeur dans le tube *t*, suivie d'une nouvelle filtration du liquide condensé à travers S. L'appareil sera le siège d'un mouvement perpétuel, ce qui est une impossibilité. La tension de vapeur du dissolvant au niveau *h* ne peut donc être supérieure à celle de la dissolution. On démontrerait de la même manière qu'elle ne peut être plus petite. La tension de vapeur *p'* de la dissolution est donc inférieure à celle du dissolvant p du poids d'une colonne de vapeur de hauteur h, poids que nous pouvons calculer.

On déduit de la formule :

$$pv = RT,$$

qui s'applique à une masse de vapeur M égale à la molécule-gramme que le centimètre cube de vapeur pèse :

$$\frac{M}{v} = \frac{M.p}{RT}. \tag{1}$$

Le poids de la colonne de vapeur de hauteur h et de base 1 est donc

$$\frac{Mph}{RT}.$$

Donc

$$p' = p - \frac{Mph}{RT} = \frac{p}{RT}(RT - pMh). \tag{2}$$

La hauteur h se déduit d'autre part de la pression osmotique de la dissolution. Si celle-ci renferme n molécules de substance dissoute pour N molécules de dissolvant, la pression osmotique P satisfait à la relation.

$$PV = nRT, \tag{3}$$

V étant le volume de la dissolution.

Si la solution est étendue, condition essentielle pour que la loi des gaz et par conséquent la formule (3) soit applicable, sa densité ne diffère pas sensiblement de celle du dissolvant. Cette densité d est égale à

$$\frac{NM}{V}$$

car NM est le poids du dissolvant.

De la formule $d = \dfrac{NM}{V}$ on tire la valeur de V; en l'introduisant dans (3), il vient :

$$P = \frac{nRTd}{NM}.$$

Or, $P = hd,$ d'où $h = \dfrac{nRT}{NM}$ \hfill (4)

en remplaçant h par sa valeur dans (2), on trouve finalement

$$p' = p - \frac{np}{N} \quad \text{ou} \quad \frac{p - p'}{p} = \frac{n}{N}. \tag{5}$$

La dépression de la tension de vapeur est donc indépendante de la nature du dissolvant et du corps dissous ; elle ne dépend que du rapport des nombres de molécules des deux composants de la dissolution.

L'expérience confirme cette déduction ; pour $n = 1$ et $N = 100$, on trouve que la dépression de la tension de vapeur varie de 0,0096 à 0,0109, pour tous les dissolvants dont la vapeur est normale, c'est-à-dire obéit sensiblement aux lois des gaz, hypothèse que nous avons admise pour établir la relation (5).

174. La formule (5) n'est pas absolument rigoureuse : si l'on y fait $n = N$ on trouve $p' = 0$; une telle solution n'aurait plus de tension de vapeur, ce qui est absurde.

Dans le raisonnement qui précède, nous avons supposé que la densité de la vapeur était invariable dans toute la hauteur de la colonne h, ce qui est inexact. En réalité p et h sont deux variables liées par relation

$$dp = \delta.dh.$$

δ étant la densité $\dfrac{M}{v}$ de la vapeur; donc :

$$dp = \frac{M}{v} \cdot dh.$$

ou en combinant avec l'égalité $pv = RT$

$$dp = \frac{Mp}{RT} dh \quad \text{ou} \quad \frac{dp}{p} \cdot \frac{RT}{M} = dh$$

en intégrant depuis o jusque h il vient

$$h = \frac{RT}{M} \, l \, \frac{p_o}{p_h},$$

p_o étant la pression au niveau n. p_h la pression à la hauteur h.

Si nous remplaçons h par la valeur tirée de (4) (§ **173**), il vient :

$$\frac{n}{N} = l \, \frac{p}{p'}.$$

On peut écrire

$$l \, \frac{p}{p'} = l \left(1 + \frac{p - p'}{p'} \right),$$

$\dfrac{p - p'}{p}$ est toujours plus petit que 1; on peut donc développer en série :

$$\frac{n}{N} = \frac{p - p'}{p'} - \frac{1}{2} \left(\frac{p - p'}{p'} \right)^2 + \frac{1}{3} \left(\frac{p - p'}{p'} \right)^3 \cdots .$$

Comme $\dfrac{p - p'}{p}$ est petit en solution étendu, nous pouvons négliger les termes de la série de degré supérieur à 1; on trouve ainsi

$$\frac{n}{N} = \frac{p - p'}{p'} \quad \text{ou} \quad \frac{n}{N + n} = \frac{p - p'}{p} . \tag{6}$$

175. Cette dernière formule satisfait mieux aux exigences expérimentales que la formule (5). Les deux valeurs que ces formules donnent à la dépression de la tension de vapeur se rapprochent d'autant plus que *n* est plus petit par rapport à N.

Les relations que nous venons d'établir ont été trouvées expérimentalement par Raoult. Elles permettent la détermination du poids moléculaire d'un corps dissous, si l'on connaît celui du dissolvant. Le nombre *n* est en effet égal au quotient du poids de substance dissoute par le poids moléculaire cherché.

La recherche d'un poids moléculaire par cette méthode exige deux mesures de tension de vapeur, opérations assez délicates. Il est plus simple de déterminer l'élévation du point d'ébullition du dissolvant provoqué par la présence du corps dissous.

La présence d'un corps dissous diminuant la tension de vapeur, élève la température d'ébullition, comme il est facile de le reconnaître dans la fig. 28. Les courbes AB et A'B' représentent les variations des tensions de vapeur du dissolvant et de la dissolution avec la température. Les points E et E', dont l'ordonnée est de 760^{mm}, pression atmosphérique normale, y sont déterminés par les températures t_1 et t_2,

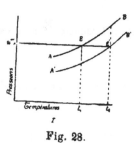

Fig. 28.

lesquelles sont donc respectivement les températures d'ébullition du dissolvant et de la dissolution.

L'élévation de la température d'ébullition E $= t_2 - t_1$ est liée au poids moléculaire du corps dissous par la relation :

$$E = t_2 - t_1 = K \frac{s}{Sm}.$$

Dans cette formule S est le poids du dissolvant, *s* celui du corps dissous et *m* le poids moléculaire de ce dernier. K est une constante qui dépend de la nature du corps dissous.

176. Démonstration de la formule. — Si nous dissolvons une quantité *ds* de substance dans S gr. de dissolvant, *m* et M étant les poids moléculaires respectifs des composants de la dissolution, les nombres de molécules présentes sont de

$$n = \frac{ds}{m} \quad \text{et} \quad N = \frac{S}{M}. \tag{1}$$

La dépression dp de la tension de vapeur sera donnée par l'expression

$$\frac{dp}{p} = \frac{ds.M}{m.S} \qquad (2)$$

qui se déduit directement des formules (6) § **174** et (1) § **176**, en remplaçant $p - p'$ par dp et en supprimant au dénominateur le terme en ds.

La température absolue d'ébullition sera $T + dT$, à laquelle correspond la pression $p + dp$ du dissolvant pur. La formule de Clapeyron

$$\frac{dp}{dT} = \frac{\omega}{(v - v_1)T},$$

dans laquelle ω représente la chaleur latente de vaporisation de l'unité de poids du liquide, v le volume de l'unité de poids de la vapeur et v_1 celui du liquide qui l'engendre, T la température absolue d'ébullition à la pression p, nous donne une relation entre p et T.

Comme v_1 est très petit par rapport à v, ce terme peut être négligé et la formule simplifiée devient :

$$\frac{dp}{dT} = \frac{\omega}{vT} \cdot \qquad (3)$$

Si nous appliquons cette formule à une masse de vapeur égale à une molécule-gramme, nous pouvons y remplacer v par $\dfrac{RT}{p}$, la chaleur latente de vaporisation sera ωM et l'expression (3) prend la forme :

$$\frac{dp}{dT} = \frac{\omega M p}{RT^2} \quad \text{ou} \quad \frac{dp}{p} = \frac{\omega M}{RT^2} \cdot dT. \qquad (4)$$

En remplaçant $\dfrac{dp}{p}$ par sa valeur tirée de (2) et en simplifiant, on trouve :

$$dT = ds \frac{RT^2}{\omega.S.m} \cdot \qquad (5)$$

Cette relation entre l'élévation du point d'ébullition et la concentration de la solution n'est applicable qu'à des dissolutions infiniment étendues; sous forme intégrée elle se transforme et devient, la concentration s_0 du corps dissous à la température T_0 étant nulle :

$$\left[\frac{1}{T_0} - \frac{1}{T_1}\right] = \frac{s}{Sm.\omega} \quad \text{ou} \quad T_1 - T_0 = t_2 - t_1 = E = \frac{s.T_2 T_1}{Sm.\omega} \cdot$$

Si T_1 diffère peu de T_0 on peut sans grande erreur remplacer $T_0 T_2$ par T_0^2; la formule devient alors applicable à des solutions étendues, mais de concentrations finies et se réduit à :

$$T_1 - T_0 = t_2 - t_1 = \frac{s R T_0^2}{Sm.\omega} \cdot$$

Le facteur $\dfrac{RT_0^2}{\omega}$ est constant pour un même dissolvant, nous pouvons donc le remplacer par une constante K, et la formule prend la forme donnée plus haut.

Pour rendre le terme $\dfrac{R}{\omega}$ homogène, il faut exprimer R en calories. Or,

$R = \dfrac{pv}{T}$; pour une molécule-gramme à 0°, $p = \dfrac{1033}{c^\circ}$ gr.; $v = 22230 c^3$, $T = 273^\circ$ donc

$$R = \dfrac{1033 \text{ gr.} \times 22230 c^3}{42400 \text{ gr. } cm \times c^{m2} \times 273} = 1,99 \text{ petites calories ou sensiblement 2 calories.}$$

La valeur de K est donc égale au quotient du double du carré de la température absolue d'ébullition par la chaleur latente de vaporisation. On peut ainsi déterminer à priori la valeur de la constante, mais il est plus commode de l'établir expérimentalement en mesurant l'élévation de la température d'ébullition produite dans le dissolvant par une quantité déterminée d'un corps de poids moléculaire connu.

Si $\dfrac{s}{m} = 1$ et $S = 100$, c'est-à-dire si une molécule-gramme de substance est dissoute dans 100 gr. de dissolvant :

$$t_i - t_1 = E_m = \frac{K}{100} \quad \text{ou} \quad K = 100 \, E_m.$$

E_m est ce qu'on appelle **l'élévation moléculaire du point d'ébullition**. En voici la valeur pour quelques dissolvants :

Eau	5.2.	Ether	21.1
Sulfure de carbone	23.7.	Acétone	17.25
Alcool éthylique	11.5.	Benzol	27.3
		Nitrobenzol	50.1

177. La diminution de tension de vapeur qui s'observe dans les dissolutions a pour conséquence un abaissement du point de congélation du dissolvant. Nous avons vu antérieurement que le point de congélation d'un liquide est déterminé par le point d'intersection des courbes de tension de vapeur du liquide LL' et du corps solide SA. Soit A ce point, p et t ses coordonnées, pour le dissolvant pur. Les tensions de vapeurs de la dissolution étant inférieures à celles du dissolvant, la courbe SS' qui représente la variation de ces tensions avec la température viendra couper la courbe SA en un point A' dont les coordonnées t' et p' définissent la position ; t' est la température de congélation de la

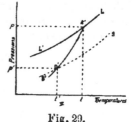

Fig. 29.

dissolution. La différence $t-t'=E$ des points de congélation est donnée par la formule :

$$E = k \frac{s}{m.S}$$

dans laquelle S est le poids du dissolvant, s celui du corps dissous et m le poids moléculaire de ce dernier. k est une constante, dépendante de la nature du dissolvant et qui a pour valeur $\frac{2T_{,}}{w}$, T, étant la température absolue de congélation du dissolvant et w sa chaleur latente de fusion.

La formule est complètement identique à celle que nous avons établie pour l'élévation du point d'ébullition.

178. Démonstration de la formule. — Soit dp_s la diminution de tension de vapeur du corps solide produite par un abaissement dT de température. Le rapport $\frac{dp_s}{dT}$ est donné par la formule de Clapeyron

$$\frac{dp_s}{dT} = \frac{\omega}{(v-v_1)T},$$

w étant la chaleur latente de sublimation, v le volume de la vapeur et v_1 celui du corps solide qui fournit cette vapeur.

Si nous appliquons cette formule à une quantité de vapeur égale à une molécule-gramme $v = \frac{RT}{p_s}$ ou $\frac{2T}{p_s}$ **(176)**, si nous négligeons en même temps le terme v_1, insignifiant à côté de v, la formule devient :

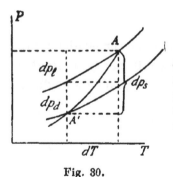

Fig. 30.

$$dp_s = \frac{w M p_s}{2T^2} dT. \qquad (1)$$

Or, dp_s est égal à $dp_l + dp_d$, dp_l étant la diminution de tension produite par l'abaissement dT de température dans le dissolvant pur en surfusion et dp_d la dépression de tension de vapeur du liquide produite par une quantité ds de substance dissoute (v. fig. 30).

Nous savons déjà que

$$dp_l = \frac{\omega M p_l}{2T^2} dT \quad \text{et} \quad dp_d = \frac{ds.M.p_l}{mS}.$$

En remplaçant dp_l et dp_d par ces valeurs dans l'expression

$$dp_s = dp_l + dp_d.$$

et en combinant avec (1), il vient :

$$\frac{\omega M p_l}{2T^2} dT + \frac{ds.M p_l}{mS} = \frac{w M p_s}{2T^2} dT.$$

D'où :
$$p_l\, ds = (w p_s - \omega p_l) \frac{mS}{2T^2}\, dT.$$

Or, la *température de congélation* $p_s = p_l$, donc

$$ds = (w - \omega) \frac{mS}{2T^2}\, dT. \tag{2}$$

Le facteur $w - \omega$ représente la différence entre la chaleur latente de sublimation et la chaleur latente de vaporisation du liquide. Cette différence est égale à la chaleur latente de fusion λ du dissolvant.

La formule (2) prend ainsi la forme

$$dT = \frac{2T^2}{\lambda} \cdot \frac{ds}{Sm}.$$

Cette relation, identique à celle que nous avions trouvée pour l'élévation du point d'ébullition, la chaleur latente de fusion remplaçant la chaleur latente de vaporisation, est justifiable des mêmes considérations que celle que nous avons développées plus haut.

Si l'on intègre de T_0 à T_1, sachant que pour T_0, $s = 0$, on trouve :

$$\frac{1}{T_0} - \frac{1}{T_1} = \frac{2s}{S.m.\lambda}$$

ou encore
$$E = T_1 - T_0 = \frac{s}{Sm} \cdot \frac{2T_0 T_1}{\lambda}. \tag{3}$$

En remplaçant $T_0 T_1$ par T_0^2 (v. **176**) et en posant $\frac{2T^2}{\lambda} = k$ (4), on obtient finalement :

$$E = \frac{ks}{Sm}.$$

179. De même que plus haut, nous pouvons dans cette formule poser $\frac{s}{m} = 1$ et $S = 100$; dès lors

$$100\, E_m = k,$$

E_m est l'abaissement moléculaire du point de congélation; c'est l'abaissement du point de congélation produit par la dissolution d'une molécule-gramme de substance dans 100 grammes de dissolvant.

Valeur de E pour quelques dissolvants :

Eau	18.4	Phénol	74.
Acide acétique	27.7	Nitrobenzol	70.7
Benzol	49.	Bromure d'éthylène	118.

Ces constantes ont été établies en mesurant l'abaissement E produit par un poids déterminé de corps de poids moléculaires

13

connus; si l'on calcule la constante pour l'eau à l'aide de la formule (4), on trouve

$$100\,E_m = k = \frac{2 \times 273^2}{80.3} = 1850,$$

c'est-à-dire une valeur très voisine de celle trouvée expérimentalement.

De la formule $E = \dfrac{ks}{Sm}$, on déduit directement

$$m = \frac{ks}{SE}.$$

Si s, S et k sont connus, la détermination de E permettra de trouver le poids moléculaire du corps dissous.

180. La détermination de l'abaissement du point de congélation ou **cryoscopie** et celle de l'élévation du point d'ébullition ou **ébullioscopie** nous fournissent ainsi deux procédés nouveaux pour l'établissement du poids moléculaire. Ils ont le grand avantage de pouvoir être utilisés à des températures aussi basses qu'on le voudra (il suffit de faire choix d'un dissolvant convenable). La mesure de la densité de vapeur, jadis l'unique moyen de détermination du poids moléculaire, présentait le grave inconvénient de n'être pas applicable aux corps non volatils, ainsi qu'à ceux qui se décomposent par la chaleur. En outre très souvent il ne permettait pas d'établir le poids moléculaire à basse température.

Les déterminations cryoscopiques se font le plus souvent dans l'appareil de Beckmann (fig. 31).

Cet appareil comprend un tube cylindrique A, auquel est soudé latéralement un tube A'. Dans le tube A plonge un thermomètre D divisé en centièmes de degré. Le bouchon qui fixe le thermomètre livre passage à la tige d'un agitateur en platine I.

Le tube A est immergé dans un vase C, renfermant un bain réfrigérant dont la température est inférieure de quelques degrés aux points de congélation que l'on doit observer. Pour éviter un refroidissement trop rapide du dissolvant, on interpose entre le tube A et la source de froid, un manteau d'air réalisé à l'aide d'une éprouvette B.

On introduit dans A un poids connu de dissolvant, on laisse la température descendre un peu au-dessous du point de congélation du dissolvant, puis on agite le liquide en surfusion. La congélation se produit et le thermomètre remonte jusqu'au point de congélation que l'on note.

On retire ensuite le tube A du bain réfrigérant ; lorsque la fusion du dissolvant est obtenue, on introduit par A' un poids déterminé du corps dont on veut établir la grandeur moléculaire ; quand il s'est dissous, on refroidit derechef jusqu'à surfusion. On provoque la congélation par agitation et on lit le nouveau point d'arrêt du thermomètre.

On peut d'ailleurs répéter les mesures avec une même masse de dissolvant, en ajoutant de nouvelles quantités de la substance à étudier. Dans ce cas le poids *s* représente la somme des poids de matière successivement mises en expérience.

Les mesures ébullioscopiques se font dans un appareil également imaginé par Beckmann et représenté par la fig. 32.

Le tube A, analogue au tube cryoscopique et dans lequel plonge

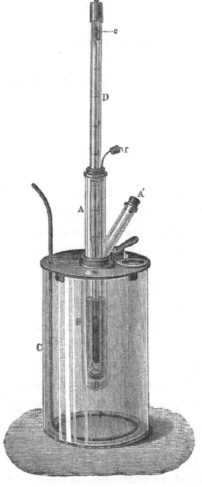

Fig. 31.

un thermomètre au $^1/_{100}$° de degré, reçoit un poids connu de dissolvant. Dans le fond est soudé un fil de platine pour assurer une ébullition régulière. Le manchon D, dans lequel on introduit une certaine quantité du liquide mis en expérience, sert à empêcher le refroidissement du tube ébullioscopique par l'air extérieur et permet ainsi de maintenir la température constante. Tout l'appareil

est chauffé sur une plaque d'asbeste; des réfrigérants C et C'
assurent la condensation de la vapeur et préviennent les pertes de
liquide. Lorsque le thermomètre a pris sa position d'équilibre,
on lit la température
d'ébullition t_o. On introduit ensuite par
le réfrigérant C un
poids connu du corps
à étudier ; le thermo-
mètre s'élève et se
fixe à t_1. La différence
$t_1 - t_o$ est égale à E.

On peut évidem-
ment, comme dans
les mesures cryosco-
piques ajouter suc-
cessivement de nou-
velles quantités de
substances.

181. Les deux métho-
des exigent la mesure de
différences de tempéra-
tures dépassant rare-
ment 2 degrés et qui doi-
vent, si l'on veut obtenir
des résultats quelque

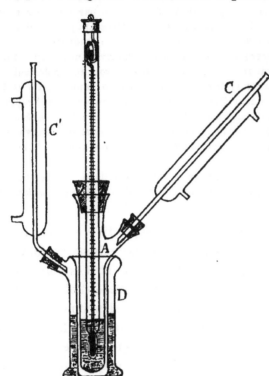

Fig. 32.

peu exacts, être appréciées au 1/100e, voire même au 1/1000e de degré. Un
thermomètre permettant une telle approximation ne comporte jamais qu'une
échelle embrassant au plus une dizaine de degrés. Pour effectuer des mesures
dans des dissolvants variés, dont les points de fusion ou d'ébullition sont
parfois fort différents les uns des autres, il faudrait donc disposer d'une série
d'instruments très couteux.

Beckmann a heureusement tranché la difficulté en employant un thermomètre
à point zéro arbitraire.

La tige de l'instrument se termine par une ampoule (v. fig. 32), renfermant
du mercure, ce qui permet de faire varier la quantité de mercure contenue
dans le réservoir et d'amener la colonne thermométrique en regard de la graduation pour les températures qu'il faut observer.

Soit par ex. à opérer une mesure ébullioscopique dans l'alcool, dont la
température d'ébullition est de 78°. On plonge le réservoir du thermomètre
de Beckmann dans un bain de température voisine de 78°, ce dont on

s'assure à l'aide d'un thermomètre ordinaire. Si le thermomètre de Beckmann était réglé pour une température inférieure à 78°, le mercure va s'élever dans la tige jusque dans l'ampoule supérieure où il formera une gouttelette adhérente à la colonne thermométrique. On élève alors la température du bain de 2 à 3 degrés, puis on détache la gouttelette de mercure par un léger choc latéral appliqué sur la tige de l'instrument. En se contractant par refroidissement, le mercure atteindra à 78° un niveau compris dans la graduation.

Supposons que l'instrument ainsi réglé doive être employé à une température plus basse, p. ex. à 0°. Il faudra introduire dans le réservoir un supplément de mercure. A cet effet on chauffe le thermomètre jusqu'à ce qu'une partie de la colonne mercurielle pénètre dans l'ampoule supérieure, puis couchant rapidement l'instrument, on lui imprime quelques chocs de manière à faire adhérer à la gouttelette terminant la colonne, une partie du mercure en réserve; on laisse ensuite refroidir. La colonne en se retirant, entraîne avec elle la masse de mercure adhérente.

Par quelques tatonnements on arrive à introduire dans le réservoir la quantité de mercure voulue pour que la température de 0° soit comprise dans la graduation du thermomètre.

La méthode ébullioscopique est plus expéditive que la cryoscopie, mais elle est moins précise pour les raisons suivantes : 1° Une partie du liquide passe à l'état de vapeur et il est impossible de déterminer avec précision la perte que le dissolvant subit de ce chef. 2° Le point d'ébullition varie avec la pression atmosphérique, ce qui rend la rigueur des mesures des plus aléatoires les jours de bourrasque. 3° La méthode n'est applicable que pour les corps qui n'ont pas de tension de vapeur sensible à la température d'ébullition du dissolvant. Il faut que l'écart entre les points d'ébullition des deux constituants de la solution soit d'au moins 100°.

182. Dissociation des corps dissous. — Si une molécule se dédouble au sein du dissolvant en n molécules plus simples, la valeur de E deviendra n fois plus grande, puisque cette grandeur est proportionnelle au nombre de molécules dissoutes, mais indépendante de leur nature.

Quelle est la valeur de E dans le cas d'une dissociation incomplète? Représentons par α le **coefficient de dissociation**, c'est-à-dire le rapport des molécules dissociées au nombre total de molécules, $(1 - \alpha)$ est alors le rapport du nombre des molécules intactes au nombre total. Une molécule deviendra donc

$$n\alpha + (1 - \alpha) \text{ molécules}$$

et la variation ébullioscopique ou cryoscopique, au lieu d'être égale à E sera de

$$E_1 = [n\alpha + (1 - \alpha)] E$$

d'où nous tirons la valeur de α

$$\alpha = \frac{E_1 - E}{(n - 1) E}. \tag{1}$$

Si n est connu, c'est-à-dire si nous connaissons l'équation de dissociation, la formule (1) nous permet de déterminer expérimentalement α.

Observation. — Il ne faut pas perdre de vue que la dissociation est soumise aux lois de l'équilibre chimique : elle sera liée à la concentration par l'expression :

$$\alpha^n C^n = K(1 - \alpha) C. \tag{2}$$

C représentant la concentration moléculaire de la solution en supposant que le corps ne subisse aucune dissociation.

La formule (2) peut encore s'écrire :

$$\frac{\alpha^n . C^{n-1}}{1 - \alpha} = K \tag{3}$$

On reconnaît immédiatement que α tend vers zéro à mesure que C croît.

La dissociation sera nulle pour une concentration infinie, c'est-à-dire en l'absence de dissolvant. Au contraire α tend vers l'unité à mesure que C décroît et prendra cette valeur pour une concentration nulle, c'est-à-dire quand le corps dissocié sera dissous dans une masse infinie de dissolvant.

Dans le cas, le plus simple et le plus fréquent où $n = 2$, la formule (3) prend la forme

$$\frac{\alpha^2 . C}{1 - \alpha} = K. \tag{4}$$

Or, $C = \frac{N}{V}$, N est le nombre de molécules dissoutes et V le volume du dissolvant; remplaçons dans (4) C par cette valeur :

$$\frac{\alpha^2 . N}{(1 - \alpha) V} = K. \tag{5}$$

Cette dernière formule est d'un emploi très fréquent.

Théorie de l'ionisation.

188. Dissolution aqueuse des sels, des acides et des bases.
— Quand on détermine le poids moléculaire d'un sel, d'une base ou
d'un acide dissous en se servant de l'eau comme dissolvant, on
trouve une valeur plus faible que le poids moléculaire minimum
déduit de la formule chimique. Le poids moléculaire de ces corps en
solution aqueuse diminue au fur et à mesure que l'on opère avec
des solutions plus étendues, pour atteindre plus ou moins rapidement une valeur limite $\dfrac{m}{n}$. Si nous représentons le poids moléculaire théorique par m, la valeur limite de n est 2 pour les acides
monobasiques, les bases du type MOH, les sels de la forme M^rR^r,
de 3 pour les acides bibasiques H_2R'' les bases du type $M''(OH)_2$,
les sels de la forme $M^{2r}R'_2$ et M'_2R^{2r} (r est un nombre indiquant la
valence du groupe M ou R).

Cette valeur limite est atteinte à des dilutions relativement
faibles pour la plupart des sels, les acides forts et les bases puissantes : la pression osmotique s'écarte au contraire peu de sa
valeur théorique pour les acides et les bases faibles, même à de
fortes dilutions.

Si le poids moléculaire devient n fois plus petit, il est évident
que le nombre de molécules devient n fois plus grand; le phénomène est donc un cas de dissociation des molécules en particules
plus simples. Nous sommes ainsi amenés à admettre que la molécule
HCl p. ex. se dissocie, ce qui n'est possible que si elle se dédouble
en un atome d'hydrogène et en un atome de chlore. Cette hypothèse a été émise en 1887 par Arrhenius qui l'a fondée sur les
considérations tirées de l'étude de la conductibilité électrique des
dissolutions.

184. On sait que l'eau pure ne conduit pas le courant. Pour
qu'elle devienne conductrice il faut y dissoudre soit un sel, soit un

acide, soit une base, c'est-à-dire précisément les corps qui présentent un poids moléculaire trop petit en solution aqueuse. Cette conductibilité électrique est liée à la décomposition des corps dissous, dont les constituants apparaissent aux électrodes. Les métaux apparaissent au pôle négatif, les radicaux négatifs auxquels ils sont unis, au pôle positif.

On appelle **ions** les produits de dédoublement d'un électrolyte; l'ion positif se rendant à la cathode est le **cation**, l'ion négatif qui marche vers l'anode, est l'**anion**.

Puisqu'il n'y a pas passage de courant sans mise en liberté de métal à la cathode, de radical négatif à l'anode, on doit en conclure que ce sont les ions qui servent de supports à l'électricité mise en mouvement par le passage du courant, le cation se chargeant d'électricité positive, l'anion d'une quantité égale d'électricité négative. Les charges des deux ions doivent nécessairement être égales, car si l'on retire les électrodes du voltamètre on trouve l'électrolyte à l'état neutre.

Lorsqu'on fait passer des courants d'intensité égale à travers des solutions de sels différents, on constate que les quantités décomposées des différentes combinaisons sont **équivalentes** (Loi de Faraday).

C'est ainsi qu'un courant de 95.77 ampères donne lieu à la décomposition de 0.00894 gr. d'eau par seconde, 0.001 gr. d'hydrogène se dégageant au pôle négatif, 0.00794 gr. d'oxygène au pôle négatif. Le même courant électrolysera pendant le même temps 0.03618 gr. d'acide chlohydrique, 0.08034 gr. d'HBr, 0.127 gr. d'HI, c'est-à-dire des quantités contenant le même poids d'hydrogène (0.001 gr.). Nous en conclurons que 0.03518 gr. de chlore, 0.07934 gr. de brome, 0.126 gr. d'iode, 0,00794 gr. d'oxygène etc., transportent les mêmes quantités d'électricité négative. Ces poids sont exactement entre eux comme les équivalents chimiques de ces éléments.

De même le courant qui libère 1 gr. d'hydrogène au pôle négatif, y transporte 23 gr. de sodium, 32 gr. de cuivre, 31 gr. de zinc, 9 gr. d'aluminium, soit encore une fois, des quantités équivalentes.

Un atome-gramme d'hydrogène transporte 95770 coulombs

d'électricité positive; il en est donc de même pour un atome-gramme de sodium, un demi-atome-gramme de cuivre, de zinc, un tiers d'atome-gramme d'aluminium.

Un atome-gramme de chlore, de brome, d'iode, un demi-atome-gramme d'oxygène, etc. transportent 95770 coulombs négatifs.

S'agit-il d'un résidu halogénique complexe, on remarque que la charge électrique transportée par un équivalent-gramme est aussi de 95770 coulombs. Cette quantité d'électricité négative est trans-portée p. ex. par 83 gr. de ClO_3, 62 gr. NO_3, $\dfrac{96}{2}$ gr. SO_4, $\dfrac{95}{3}$ gr. PO_4.

La charge électrique d'un atome ou d'un radical-gramme est donc égale à $n \times 95770$ coulombs, n étant sa valence. Si un atome peut mettre en jeu un nombre variable de valences, il prendra aussi des charges électriques différentes. Ainsi le fer peut-être bivalent (**ferrosum**) ou trivalent (**ferricum**). Un atome de ferrosum charge 95770×2, un atome de ferricum 95770×3 coulombs.

On entend par **équivalent électrochimique** le poids d'un élément ou d'un radical prenant la même charge que l'unité de poids d'hydrogène abstraction faite du signe. Il se confond avec l'équi-valent chimique.

185. Hypothèse de Grotthus. — Grotthus expliqua les phéno-mènes d'électrolyse en admettant que les molécules d'un électrolyte sont à l'état neutre avant le passage du courant, le métal étant électro-positif, le résidu halogénique électro-négatif. Les charges électriques des deux constituants sont égales.

L'immersion des électrodes oriente d'abord les molécules de

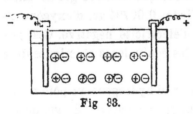

Fig 33.

manière à ce que les atomes positifs se tournent vers la cathode, les atomes négatifs vers l'anode. Il se produit ainsi des filets moléculaires dont l'extrémité **négative** est tour-née vers l'anode, l'extrémité **posi-tive** vers la cathode (fig. 33).

La charge positive de l'anode attire ensuite l'atome négatif de la première molécule. A l'extrémité positive du filet l'atome positif est attiré par l'électrode négative qui neutralise sa charge et lui permet ainsi de se dégager.

Il se produit ainsi une nouvelle file terminée du côté de la cathode par un atome ou un radical négatif, du côté de l'anode par un atome positif (II).

Cette file subit alors une transformation ; l'atome positif libre se combine au radical négatif de la molécule voisine et ainsi de proche en proche, de telle sorte qu'il se produit une nouvelle file moléculaire (III) renfermant une molécule de moins que la file primitive. Dans ce nouveau filet moléculaire se fait derechef une orientation des atomes de chaque molécule vers les électrodes de signe contraire (IV) et l'électrolyse reprend par le mécanisme déjà décrit.

Le passage du courant à travers un électrolyte avec mise en liberté des produits de dédoublement aux électrodes absorbe nécessairement une quantité d'énergie électrique égale à l'énergie chimique restituée aux produits de décomposition. Ce travail s'accomplit aux électrodes; il est mesuré par la différence de potentiel entre l'électrolyte et l'électrode recouverte par le produit de décomposition (v. plus loin).

Une deuxième cause de dépense de travail est due à la résistance de l'électrolyte ; elle se traduit par l'**effet Joule** (élévation de température du liquide conducteur). On peut la réduire au dessous d'une limite donnée en diminuant l'épaisseur du liquide conducteur et en augmentant convenablement la surface des électrodes.

Si l'on effectue l'électrolyse en se servant d'électrodes formées du même métal que l'ion positif de l'électrolyte, il n'y a plus d'énergie chimique à restituer, puisque l'électrolyte se reforme constamment à l'anode.

On constate dans ces conditions que l'on peut faire passer un courant à travers l'électrolyte à l'aide d'une différence de potentiel aussi petite qu'on le voudra; ce fait infirme l'hypothèse de Grotthus. Celle-ci explique bien le transport des charges électriques de l'anode à la cathode par les ions, mais elle exige que le passage du courant absorbe, outre la quantité de travail correspondant à l'effet Joule, une certaine quantité d'énergie pour permettre aux ions de deux molécules voisines de s'unir. Considérons deux molécules M_1R_1, M_2R_2. M_1 étant voisin de la cathode.

Pour que R_1 puisse s'unir à M_2, l'attraction de M_2 pour R_2 doit être vaincue. Or, cette attraction est plus forte que celle exercée par M_1 sur R_1 puisque la distance M_2R_1 est plus grande que M_2R_2. La formation de la molécule M_2R_1 ne pourra donc se faire que moyennant l'intervention d'une force adjuvante. Il faudrait, par consé-

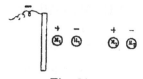

Fig. 34.

quent, employer une force électromotrice de grandeur donnée, d'autant plus grande que la distance séparant les molécules les unes des autres dans une file sera plus grande, c'est-à-dire que la solution est plus étendue, ce qui est contraire à l'expérience.

Le travail à faire pour séparer les ions des autres est donc nul ; il faut qu'ils soient indépendants avant que l'électrolyse commence.

C'est ce principe qui constitue la base de **l'hypothèse d'Arrhénius.**

186. Les électrolytes dissous dans l'eau se dissocient plus ou moins complètement en métal et en résidu halogénique (OH étant compté comme tel) ; en même temps ces deux produits de dissociation s'unissent à des charges électriques égales, mais de signe contraire, provenant de la décomposition de l'électricité neutre contenue dans le milieu.

Le métal fixe de l'électricité positive, le métalloïde l'électricité négative.

On admet généralement que l'électricité n'est pas une grandeur susceptible de variations continues et que sa constitution est analogue à celle de la matière. De même que la théorie atomique fait de celle-ci un agrégat de molécules, de dimensions finies, formées par la réunion d'atomes s'attirant les uns les autres, de même l'hypothèse actuellement accréditée sur la nature de l'électricité admet qu'elle est constituée de particules électriques, positives ou négatives, de dimensions invariables, les **électrons.** Ces électrons, comme les atomes matériels, sont doués de capacité

attractive; en se combinant entre-eux un électron positif et un
électron négatif forment une *molécule* d'électricité neutre, un
neutron.

Mais les électrons ne se combinent pas qu'à des électrons de
signe contraire; ils peuvent aussi s'unir à des atomes matériels et
leur valence vis-à-vis d'un atome est égale à l'unité. La dissociation
électrolytique est une réaction d'un genre spécial que nous pouvons formuler de la manière suivante, ε représentant un électron :

$$MR + \underset{\text{neutron}}{\overset{+\ -}{\varepsilon.\varepsilon}} \ \rightleftarrows \ \overset{+}{M\varepsilon} + \overset{-}{R\varepsilon}.$$

**La charge électrique est de 95770 coulombs par équivalent-
gramme** (H = 1). Si l'on adopte comme base de poids atomique
O = 16, la charge d'un équivalent gramme (8 gr. O) est de 96540
coulombs.

Un gramme d'hydrogène est donc capable de se combiner à une masse
électrique de 95770 coulombs.

Comme l'atome d'hydrogène pèse environ 1.5×10^{-24} gr. et qu'il peut fixer un
électron positif, un électron est approximativement une masse électrique de
14×10^{-20} coulombs.

On appelle *électro-affinité* la force attractive provoquant l'union
d'un atome avec un électron; elle est d'autant plus prononcée que
l'élément est plus actif.

La combinaison d'un atome avec un électron constitue un **ion**.
Un ion n'est donc pas un atome libre ; aussi ses propriétés ne
sont-elles pas celles de l'atome isolé telles que nous les rencontrons
par exemple dans les éléments à l'état naissant. Un ion d'hydrogène
est aussi différent d'un atome d'hydrogène que ce dernier l'est de
l'acide iodhydrique. Pour transformer celui-ci en hydrogène il faut
lui enlever l'iode; de même, pour amener un ion à l'état d'atome,
il faut le séparer de sa charge électrique. C'est ce qui se fait au
contact des électrodes dans l'électrolyse. Les ions, attirés vers les
électrodes de signe contraire à celui de leur charge, y perdent leur
électron qui se combine à un électron de signe contraire fourni par
l'électrode et est ramené ainsi à l'état d'électricité neutre. Les ions
se transforment alors en atomes neutres, sont donc à l'état naissant et dès lors y manifestent toutes les propriétés et les allures
actives de l'atome isolé. Ils peuvent soit se combiner à eux-mêmes,
soit réagir sur l'eau ou sur les électrodes.

On a objecté à l'hypothèse d'Arrhenius que si le chlorure de sodium, p. ex., était dissocié au sein de l'eau en chlore et en sodium, celui-ci devrait décomposer l'eau et mettre l'hydrogène en liberté. Cet argument est sans valeur, car l'ion de sodium n'est pas du sodium libre et pour pouvoir décomposer l'eau il devrait être dépouillé d'abord de sa charge électrique.

Ces énormes charges électriques maintiennent les ions de signe contraire dans le voisinage les uns des autres et les empêchent de quitter la solution.

Un ion ne peut être extrait de la solution par aucun procédé.

187. On peut se faire une idée de l'intensité des forces qui maintiennent les ions dans le voisinage immédiat les unes des autres par les considérations suivantes.

Isolons dans une solution normale d'un électrolyte, NaCl p. ex. une sphère d'un volume égal au litre. Son rayon est de 6.2 ^{cms}. Si nous pouvions extraire de la dissolution 1/10000000 du sodium sous forme d'ions et le faire passer à l'extérieur de la sphère, celle-ci renfermerait naturellement un excès d'ions de chlore égal à 1/10000000 d'atome-gramme. La sphère aurait donc une charge électrique négative de 9577.10^{-7} coulombs soit $9577 \times 10^{-7} \times 3 \times 10^9 = 3375 \times 10^4$ unités électrostatiques (1 coulomb $= 3 \times 10^9$ unités électrostatiques). Son potentiel atteindrait de $\dfrac{2875 \times 10^4 \times 300}{6.2} = 1397 \times 10^6$ volts.

Si nous supposons les ions de sodium répartis uniformément à la surface extérieure de la sphère, les ions de chlore au contraire au centre de celle-ci, la force nécessaire pour les maintenir en cette situation serait de

$$\dfrac{\overline{2875}^2 \times 10^8}{6.2^2} = 215 \times 10^{11} \text{ dynes ou } 210 \times 10^6 \text{ kilogrammes}$$

L'énergie électrique que possède la sphère du fait de la présence des ions de chlore sera de $\dfrac{95570}{10^7} \times 1397 \times 10^6$ soit environ 133.8×10^4 joules ou 1365×10^3 kilogrammètres ou 3200 grandes calories. Sa transformation en énergie thermique, p ex. par décharge, suffirait à vaporiser 5 litres d'eau.

188. On représente les ions par les mêmes symboles que les atomes ou les radicaux qui les forment, mais en affectant ces symboles de points ou d'apostrophes suivant que l'ion est positif ou négatif. Le nombre de ces points ou d'apostrophes indique la valence de l'ion. Ainsi Na· est un ion positif monovalent, Fe·· et Fe··· sont les ions positifs du Ferrosum et du Ferricum; Cl′, NO′$_3$, SO″$_4$ sont des ions négatifs mono et bivalents.

189. La dissociation d'un électrolyte en ions est un phénomène différent de la dissociation provoquée par l'action de la chaleur, ou dissociation thermique. Celle-ci exige une dépense d'énergie égale à celle que la molécule a dégagée en se formant aux dépens de ses éléments. La dissociation électrolytique donne lieu à une variation d'énergie bien différente; car si les constituants de la molécule se sont séparés, ce qui entraîne la même dépense d'énergie que la dissociation thermique, il se fait d'autre part une combinaison de chaque atome avec sa charge électrique, qui donne lieu à un dégagement d'énergie.

Pour distinguer la dissociation thermique de la dissociation électrolyte, on a donné à celle-ci le nom d'**ionisation.**

La variation d'énergie que produit cette transformation est mesurable au calorimètre; elle n'est en effet autre chose que la chaleur de dissolution Q' de l'électrolyte.

$$AB = A' + B' + Q' \qquad (1)$$

Si AB est solide ou gazeux le terme Q' est la somme de la chaleur latente de liquéfaction et de la chaleur dégagée dans la transformation de la molécule liquide en ions.

Un ion possède une quantité d'énergie différente de celle de l'atome dont il dérive; nous ne connaissons pas la différence, puisque les éléments ne se présentent généralement pas à l'état d'atomes, mais nous pouvons établir quelle est la différence entre les quantités d'énergie que renferment les deux systèmes, constitués l'un par les éléments à l'état moléculaire, l'autre par les ions correspondants.

Unissons en effet les éléments à sec; il se dégage une certaine quantité d'énergie 2Q mesurable au calorimètre.

$$A_2 + B_2 = 2AB + 2Q \qquad (2)$$

Dissolvons ensuite les deux molécules AB dans une très grande quantité d'eau, de telle sorte que la dissociation électrolytique soit complète; il se dégage une quantité d'énergie 2Q'. Partis du système $A_2 + B_2$ nous avons obtenu le système $2A' + 2B'$, avec un dégagement d'énergie total $2Q + 2Q'$. La thermodynamique enseigne que la différence d'énergie interne entre l'état initial et l'état final ne dépend pas de la voie suivie; si donc nous avions pu transformer directement les molécules A_2 et B_2 en deux ions A' et deux ions B', nous eussions observé la même variation d'énergie interne $2Q + 2Q'$. Nous pouvons donc écrire.

$$A_2 + B_2 = 2A' + 2B' + 2(Q + Q').$$

La quantité $Q + Q' = q$ est la chaleur de formation de la molécule AB au sein de l'ion.

Si nous considérons deux électrolytes AB et AC ayant l'ion A commun, nous reconnaissons que la différence de leurs chaleurs de formation au sein de l'eau est la différence des chaleurs de formation des ions B et C. En effet :

$$A_2 + B_2 = 2A + 2B' + q$$
$$A_2 + C_2 = 2A + 2C' + q'$$

Cette différence doit donc être indépendante de la nature de l'ion commun, ce que démontrent p. ex. la comparaison des chaleurs de formation des chlorures et des iodures.

$$K + \tfrac{1}{2} Cl_2 + Aq = K^\cdot + Cl' + Aq + 101.1 \text{ cal.}$$
$$K + \tfrac{1}{2} I_2 + Aq = K^\cdot + I' + Aq + 75.0 \text{ cal.}$$
différence 26.1.

$$H + \tfrac{1}{2} Cl_2 + Aq = H^\cdot + Cl' + Aq + 39.3 \text{ cal.}$$
$$H + \tfrac{1}{2} I_2 + Aq = H^\cdot + I' + Aq + 12.2 \text{ cal.}$$
différence 26.1

Donc quand un atome de chlore déplace un atome d'iode d'un iodure en solution, il y aura un dégagement de chaleur constant de 26 grandes calories, qui nous représente la différence des quantités d'énergie dégagée quand $\frac{1}{2} I_2$ ou $\frac{1}{2} Cl_2$ passent à l'état d'ion.

Le déplacement d'un élément par un autre dans une solution aqueuse dégage une quantité d'énergie constante.

Ce fait était connu depuis longtemps ; la théorie de l'ionisation en a la première fois fourni l'explication.

190. Il se présente des exceptions apparentes. Elles sont dues au fait que le produit formé n'est pas au même degré d'ionisation que celui dont il dérive. C'est ce qui se présente p. ex. pour les fluorures. Ceux-ci sont fortement ionisés ; l'acide fluorhydrique l'est très peu.

Quand on fait agir le fluor sur de l'acide chlorhydrique dissous, lequel est complètement ionisé, il se produit un certain nombre de molécules HFl, non dissociées. Si le fluor agit au contraire sur le chlorure de sodium Na· + Cl', il se fait du chlore et le fluorure de sodium reste complètement ionisé.

Les quantités de chaleur dégagées ou absorbées doivent donc différer dans les deux cas de l'énergie dépensée ou absorbée par la formation des molécules HFl non dissociées.

191. Si nous connaissions la chaleur de formation d'un seul ion, nous pourrions en déduire celle de tous les autres. On a pu établir que la chaleur de formation de l'ion d'hydrogène est sensiblement nulle; la transformation $H_2 = 2H$ absorbe 1600 calories, soit 800 cal. par ion gramme. L'énergie renfermée dans une molécule d'hydrogène est donc à très peu de chose près la même que celle que possèdent deux ions d'hydrogène.

Il en résulte que la chaleur dégagée dans la formation d'un acide au sein de l'eau est, à 800 cal. près, celle de son ion négatif.

Le tableau ci-dessous donne la chaleur de formation de quelques ions négatifs importants :

$$\tfrac{1}{2}Fl_2 = Fl' + 51500 \text{ cal.} \qquad \tfrac{1}{2}I_2 = I' + 14000 \text{ cal.}$$
$$\tfrac{1}{2}Cl_2 = Cl' + 40100 \text{ cal.} \qquad \tfrac{1}{8}S_8 = S'' + 7300 \text{ cal.}$$
$$\tfrac{1}{2}Br_2 = Br' + 29200 \text{ cal.}$$

L'énergie dégagée dans la formation des ions positifs s'obtient en retranchant de la chaleur de formation des sels métalliques dissous, la chaleur de formation de l'ion négatif. Nous la donnons ici telle qu'on la déduit de la chaleur de formation des chlorures :

$$K = K· + 60700 \text{ cal.} \qquad\qquad Fe = Fe··· + 8600 \text{ cal.}$$
$$Na = Na· + 36100 \text{ cal.} \qquad\quad H = H· - 800 \text{ cal.}$$
$$Ca = Ca·· + 107400 \text{ cal.} \qquad Pb = Pb·· - 1800 \text{ cal.}$$
$$Mg = Mg·· + 106800 \text{ cal.} \qquad Cu = Ca·· - 17600 \text{ cal.}$$
$$Zn = Zn·· + 32600 \text{ cal.} \qquad\quad Au = Au··· - 5200 \text{ cal.}$$
$$Fe = Fe·· + 21100 \text{ cal.}$$

Les ions de tous les métaux qui déplacent l'hydrogène des acides ont une chaleur de formation positive; pour les autres, la chaleur de formation est négative.

192. La dissociation électrolytique est liée aux mêmes conditions d'équilibre que les autres phénomènes chimiques. Considérons le cas le plus simple d'un électrolyte se dédoublant en deux ions.

Remarquons que la concentration de ces deux ions est la même ; nous pourrons donc appliquer la formule (v. 182) :

$$\frac{\alpha^2 N}{(1 - \alpha) V} = K \qquad (1)$$

α représentant le coefficient de dissociation électrolytique. D'autre part, la mesure de la conductibilité électrique permet de déterminer α. En effet, si nous connaissons la conductibilité limite μ_∞, mesurée sur une solution très étendue, nous pourrons déduire le degré de dissociation α à une concentration $\dfrac{N}{V}$ en mesurant la conductibilité électrique μ_v à cette concentration, puisque la conductibilité électrique est proportionnelle au coefficient de dissociation. Nous aurons donc :

$$\frac{1}{\alpha} = \frac{\mu_\infty}{\mu_v} \quad \text{ou} \quad \alpha = \frac{\mu_v}{\mu_\infty}.$$

La concordance entre les valeurs de α trouvées, et par la mesure des conductibilités étectriques, et par cryoscopie, est en général des plus satisfaisantes et constitue un des meilleurs appuis de la théorie d'Arrhénius.

Nous reconnaissons que α tend vers zéro quand V décroit, et devient égal à 1 pour $V = \infty$. Tous les électrolytes sont donc complètement dissociés quand la dilution est infinie ; ils ne le sont plus du tout en l'absence d'eau. Comme la conductibilité électrique est proportionnelle au degré d'ionisation, elle doit devenir nulle en l'absence d'eau. C'est ce qu'on observe pour les électrolytes liquides anhydres. Ainsi l'acide chlorhydrique liquéfié ne conduit pas le courant.

La valeur de la constante d'équilibre est très variable d'une combinaison à l'autre. Si K est grand, l'ionisation sera fort avancée même à une faible dilution; c'est notamment le cas pour les sels métalliques des acides forts, et surtout pour les sels des métaux alcalins. En solution décime-normale, on peut les considérer pratiquement comme totalement dissociés.

14

193. En ce qui concerne les acides, on constate que plus leur fonction acide est prononcée, plus ils sont dissociés à concentration égale. La même relation se retrouve entre la fonction basique et le degré d'ionisation des hydroxydes métalliques. Les bases et les acides forts sont donc ceux qui ont une constante de dissociation K élevée. Chez les acides et les bases faibles, cette constante est au contraire petite.

Les acides se dissocient d'après le schéma

$$HR \rightleftharpoons H \cdot + R'$$

les bases suivant l'équation

$$MOH \rightleftharpoons M \cdot + (OH)'.$$

Nous savons que c'est à l'hydrogène basique qu'appartient la fonction spéciale des acides, à l'hydroxyle la fonction basique des hydroxydes métalliques.

Puisque plus une solution contient d'ions dhydrogène, plus son caractère acide est prononcé, ce doit être cet ion qui imprime le caractère acide : l'hydrogène non ionisable ne communique pas de caractère acide à une molécule.

C'est ainsi que l'acide acétique $C_2H_4O_2$, s'électrolyse en donnant un atome d'hydrogène au pôle négatif, tandis que le radical $C_2H_3O_2$ se rend au pôle positif. Un seul des quatre atomes d'hydrogène peut donc passer à l'état d'ion; c'est le seul qui possède la fonction d'hydrogène basique.

Pour les bases, c'est aux ions OH' contenus en solution qu'est du le caractère basique. Plus ils seront nombreux, plus ce caractère sera accentué.

Si la base ou l'acide sont anhydres, il n'y a plus de dissociation, donc plus d'ions. Aussi les acides et les bases anhydres sont sans action sur le papier de tournesol, ils ne le colorent qu'en présence de l'eau.

Comme l'ionisation est d'autant plus forte que la dilution de la solution est plus grande, à une dilution infinie tous les électrolytes doivent être complètement dissociés; tous les acides sont donc également forts. Quand on parle de la force relative des acides, il doit toujours être tenu compte de la concentration (v. **142**).

L'augmentation de la dissociation avec la dilution nous explique pourquoi il se produit un dégagement ou une absorption de chaleur quand on étend une dissolution concentrée d'un électrolyte. Les solutions concentrées étant incomplètement ionisées, leur dilution s'accompagne d'une variation d'énergie due aux progrès de l'ionisation.

194. L'eau est son propre dissolvant, mais elle n'est guère ionisée, de là une conductibilité électrique presque nulle. L'ionisation de l'eau se fait essentiellement suivant l'équation :

$$H_2O \rightleftharpoons H^{\cdot} + OH'.$$

Aussi l'eau peut-elle suivant les cas jouer le rôle d'un acide ou celui d'une base très faible.

On a trouvé par différentes méthodes indépendantes que la concentration des ions d'hydrogène dans l'eau est de 1.1×10^{-7}. Celle des ions OH' étant la même, la valeur des deux membres de l'équation d'équilibre

$$C_{H^{\cdot}} \times C_{OH'} = k C_{H_2O}$$

est de 1.21×10^{-14}.

Comme il y a dans un litre 55 molécules d'eau $C_{H_2O} = 55$ donc $k = 2.2 \times 10^{-16}$.

L'ion OH' de l'eau subit, mais à un degré exceptionnellement faible, une nouvelle dissociation :

$$OH' \rightleftharpoons O'' + H^{\cdot}$$

La concentration des ions d'oxygène est donc tout à fait insignifiante (v. plus loin électrolyse).

195. Une solution étendue d'un sel métallique ne renferme plus que des ions ; elle possèdera donc à la fois les propriétés des ions positifs et des ions négatifs. C'est pourquoi (v. **131**), les caractères des solutions salines sont additifs. Tous les sels d'un même métal donnent le même ion en solution ; de même tous les sels d'un même acide ont un ion négatif semblable. Ce que nous appelons les caractères d'un métal dans ses sels dissous sont, en réalité, les caractères de l'ion métallique ; les caractères des sels d'un acide donné sont ceux de l'ion constitué par le résidu halogénique.

C'est ainsi, p. ex., que l'ion de cuivre est bleu ; tous les sels de cuivre dont l'anion est incolore sont bleus en solution étendue, quoiqu'ils puissent avoir une autre couleur à sec : tels CuCl₂ qui est brun. Le fer forme un ion bivalent Fe$\cdot\cdot$ vert, un ion trivalent Fe$\cdot\cdot\cdot$ jaune.

Parmi les anions colorés, nous citerons (CrO₄)" jaune, (MnO₄)' pourpre.

196. Action réciproque de deux électrolytes renferment un ion commun.

Si nous considérons les deux électrolytes binaires *ab* et *ad*, leur dissociation est liée aux conditions

$$C_a \times C_b = K.C_{ab} \tag{1}$$
$$C_a \times C_d = K'.C_{ad} \tag{2}$$

C_a, C_b, C_d étant les concentrations des ions, C_{ab}, C_{ad} celles des molécules non dissociées.

Quand à une solution contenant l'électrolyte *ab*, nous ajoutons *ad*, celui-ci va s'ioniser à son tour, et la concentration des ions *a* sera augmentée. Le produit $C_a \times C_b$ prendra une valeur qui serait incompatible avec la condition (1), si les valeurs de C_b et C_{ab} restaient les mêmes. C_b devra diminuer, tandis que C_{ab} croîtra. L'introduction de *ad* a donc pour effet de faire rétrograder la dissociation de *ab*.

Si K est petit, c'est-à-dire si *ab* est un électrolyte peu dissociable, tandis que K' est grand, l'introduction de *ad* augmentera considérablement le nombre d'ions *a* et la dissociation de *ab* sera réduite à des proportions minimes, qui pourront être pratiquement négligeables. Nous formerons ainsi un grand nombre de molécules *ab*.

On arrête par conséquent la dissociation d'un électrolyte par l'addition en quantité convenable d'un deuxième électrolyte ayant un ion commun avec le premier.

197. La solubilité d'un corps n'est en général pas infinie, elle ne peut dépasser une certaine valeur pour une température donnée.

Si par l'addition successive de *ad* nous donnons à C_a une valeur telle que la concentration correspondante de *ab*, $C_{ab} = \dfrac{C_a \times C_b}{K}$

dépasse la limite de solubilité de *ab*, ce composé *ab* ne pourra être maintenu en solution ; il précipitera à l'état solide. A partir de ce moment la concentration de *ab* restera constante, quelle que soit la quantité de l'ion *a* ajoutée (v. **125**).

L'addition de nouvelles quantités de *ad* provoque il est vrai une nouvelle rétrogradation dans l'ionisation de *ab*, mais les molécules *ab* qui se forment ne prennent plus part au maintien de l'équilibre, puisqu'elles précipitent.

Le produit $C_a \times C_b$ ne peut donc, pour une température donnée, dépasser une certaine valeur, égale à K*s*, *s* étant la concentration de la solution saturée. Le produit K*s* s'appelle le **produit de solubilité**.

On pourra par conséquent faire disparaître plus ou moins l'ion *b* du milieu ; il suffit de donner à C_a une valeur suffisamment grande.

Ex. : 1° Si à une solution de chlorure de sodium nous ajoutons de l'acide chlorhydrique concentré, nous augmentons la concentration de l'ion Cl′ jusqu'à dépasser la valeur limite du produit $C_{Na} \times C_{Cl'}$ et le chlorure de sodium précipite ;

2° Ajoutons du chlorure de potassium à une solution concentrée de chlorate de potassium ; nous augmentons la concentration de l'ion K·, et nous obtenons une précipitation de chlorate de potassium.

Plus le produit de solubilité K*s* sera petit, plus il sera facile de faire disparaître l'un ou l'autre des ions *a* ou *b* de la solution.

198. Action réciproque de deux électrolytes à ions différents.

Si nous mélangons des dissolutions de deux électrolytes *ab* et *cd* les conditions d'équilibre seront :

$$C_a \times C_b = KC_{ab} \qquad (1)$$
$$C_c \times C_d = K'C_{cd} \qquad (2)$$
$$C_a \times C_d = K''C_{ad} \qquad (3)$$
$$C_b \times C_c = K'''C_{bc}. \qquad (4)$$

Lorsque la dilution est suffisante et que K et K′ sont grands, les deux électrolytes étaient tous deux complètement dissociés avant le mélange. Si K″ et K‴ sont grands également, les corps *ad* et *bc* seront aussi intégralement dissociés et le fait du mélange ne changera rien au système. Nous n'avions en effet primitivement que des ions a, b, c, d; après le mélange nous ne retrouvons que les mêmes ions. Aussi le mélange de deux systèmes semblables ne provoque-t-il aucune variation d'énergie. Ce fait était connu depuis longtemps : la théorie de l'ionisation a permis de l'expliquer.

Quand on mélange p. ex. des solutions étendues de NaCl et de KNO₃, on n'observe aucun dégagement de chaleur. Il faut se pénétrer de ce fait qu'une telle solution ne contient pas de chlorure et de nitrate de potassium et de sodium, mais uniquement des ions de K·, Na·, Cl′, NO′₃.

Il n'en n'est plus de même, si les concentrations deviennent plus fortes ou si la valeur de l'une des constantes d'équilibre est faible.

Dans ces conditions les constituants du système seront partiellement à l'état non dissocié et cette fraction sera d'autant plus grande pour chacun d'eux que sa constante de dissociation est plus petite.

Supposons pour fixer les idées que K'' soit petit; la concentration de ad deviendra considérable et les ions a et d disparaîtront en grande partie de la solution. La formation de ad entraînera une modification dans la quantité d'énergie électrique du système et par conséquent une variation thermique.

C'est ce qui se présente, p. ex., quand on fait agir un acide fort sur le sel d'un acide faible; laissons réagir l'acide chlorhydrique, acide fort, sur une dissolution de fluorure de sodium (HFl est un acide faible). La concentration des ions H· est telle que le produit $C_H · \times C_{Fl'}$ est bien supérieur à la valeur maxima qu'il peut atteindre; il va donc se produire des molécules HFl jusqu'à ce que la condition

$$K = \frac{C_{Fl'} \times C_{H·}}{C_{HFl}}$$

soit satisfaite, et les ions Fl′ disparaîtront en grande partie. Cette formation d'HFl sera accompagnée d'une variation d'énergie appréciable au calorimètre.

199. L'un des cas les plus intéressants d'action réciproque de deux électrolytes est celui qui concerne l'action d'un acide fort sur une base forte. Les équations d'équilibre sont :

$$C_{H^.} \times C_{R'} = KC_{HR} \qquad (1)$$

$$C_{M^.} \times C_{OH'} = K'C_{MOH} \qquad (2)$$

$$C_{M^.} \times C_{R'} = K''C_{MR} \qquad (3)$$

$$C_{H^.} \times C_{OH'} = K'''C_{H_2O} \qquad (4)$$

L'eau n'est pas sensiblement dissociée (v. **194**), K''' est extrêmement petit. Presque tous les ions H' et OH· vont disparaître et il restera un système formé de :

$$M^. + R' + HOH.$$

La réaction consiste donc, quels que soient l'acide et la base, en l'union des ions H· et OH' pour former une molécule d'eau

$$H^. + OH' = H_2O.$$

Aussi la chaleur de neutralisation d'un équivalent d'acide fort par une base forte est elle constante et égale à 13600 calories, c'est-à-dire que l'union d'un ion-gramme H· avec un ion-gramme OH' dégage 13600 calories.

Si l'acide est incomplètement ionisé, à mesure que les ions H· disparaissent à l'état d'eau, les molécules HR restantes régénèrent des ions H· et R', car la condition d'équilibre (1) doit être satisfaite. Mais à mesure que les nouveaux ions d'H· se forment, ils disparaissent à leur tour et il se fait ainsi que l'acide finit par être transformé complètement. Comme cette ionisation progressive de l'acide entraneî une dépense ou un dégagement d'énergie, la chaleur de neutralisation sera plus grande ou plus petite que 13600 cal. Généralement elle est plus petite, car la chaleur d'ionisation des acides est le plus souvent négative. Elle est positive pour l'acide phosphorique et surtout pour l'acide fluorhydrique, qui est de tous les acides connus celui dont la chaleur de neutralisation est la plus forte (16110 cal. au lieu de 13600 en solution 1/4 normale).

La différence 16110 — 13600 soit 25100 calories entre la chaleur de neutralisation des acides forts et celle de l'acide fluorhydrique représente la chaleur d'ionisation des molécules non ionisées de ce dernier. En solution 1/4 normale, l'acide fluorhydrique est ionisé à 7 %, les molécules non ionisées représentent donc 93 % de l'acide;

la chaleur d'ionisation d'une molécule-gramme d'acide sera donc de $\frac{25100}{0.93} = 2699$ calories.

Le même raisonnement s'appliquerait à une base faible mise en présence d'un acide fort.

200. On voit par cet exemple comment on peut déterminer la chaleur d'ionisation d'une combinaison. On ne saurait la déduire directement de la chaleur de dissolution (**v. 193**), même lorsque le composé que l'on dissout est liquide. On peut s'en convaincre par l'exemple que nous venons d'étudier. La chaleur de dissolution de l'acide fluorhydrique anhydre liquide est de 5200 cal. soit environ le double de la chaleur d'ionisation. La variation d'énergie interne qui accompagne la dissolution d'un liquide dans un autre peut avoir d'autres causes encore que l'ionisation. S'il n'en était pas ainsi, des liquides non ionisables, comme l'alcool, se mélangeraient à l'eau sans qu'il se fasse de variation thermique, tandis qu'on observe le contraire dans l'immense majorité des cas.

201. Hydrolyse. — Si nous dissolvons le sel d'un acide ou d'une base très faibles dans l'eau, nous devons tenir compte de la présence des ions H· et OH′, due à l'ionisation de l'eau. La concentration de ces ions peut être supérieure à celle que comportent les conditions (1) et (2) (**v.199**) et dans ce cas le sel se transformera en partie soit en base soit en acide (voir plus loin, notamment, hydrogène sulfuré).

202. Précipitation des électrolytes. — Dans les conditions générales d'équilibre :

$$C_a{}^{\cdot} \times C_b{}' = K C_{ab} \qquad (1)$$
$$C_c{}^{\cdot} \times C_d{}' = K' C_{cd} \qquad (2)$$
$$C_a{}^{\cdot} \times C_d{}' = K'' C_{ad} \qquad (3)$$
$$C_b{}' \times C_c{}^{\cdot} = K''' C_{bc} \qquad (4)$$

nous trouvons aussi l'explication des phénomènes de précipitation des électrolytes.

Il peut se faire que le produit des concentrations des ions dans l'une des égalités atteigne une valeur telle que la concentration correspondante des molécules non dissociées corresponde à la saturation de la solution.

Supposons qu'il en soit ainsi pour (3). Le produit $C_a \cdot \times C_{d'}$ est donc le produit limite de solubilité. Si la concentration de l'un des ions a ou d augmente encore, C_{ad} ne croîtra plus, mais le composé ad disparaîtra de la solution de manière à conserver au produit $C_a \cdot \times C_{d'}$ sa valeur limite (v. **197**).

Si cette valeur limite est très faible le nombre d'ions $a \cdot$ et d' qui pourront exister simultanément en solution sera aussi très petit et le système final sera constitué d'une forte proportion d'ions b' et $c \cdot$, ainsi que de bc non ionisé, à côté d'une quantité minime des corps ad et ab et d'ions $a \cdot$ et d', quantité qui dans certains cas peut devenir négligeable ; tandis que ad aura précipité pratiquement d'une manière totale.

Ex. : Ajoutons du nitrate d'argent à une solution de NaCl. Les conditions (1) (2) (3) (4) deviennent :

$$C_{Na \cdot} \times C_{Cl'} = KC_{NaCl}$$
$$C_{Ag \cdot} \times C_{NO_{3'}} = K'C_{AgNO_3}$$
$$C_{Na \cdot} \times C_{NO_{3'}} = K''C_{NaNO_3}$$
$$C_{Ag \cdot} \times C_{Cl'} = K'''C_{AgCl}$$

Le produit de solubilité $C_{Ag \cdot} \times C_{Cl'}$ est extrêmement faible ; les ions $Ag \cdot$ et Cl' provenant de la dissociation de NaCl et AgNO₃ vont donc disparaître presqu'entièrement du milieu à l'état de chlorure d'argent insoluble.

Nous pouvons reconnaître la présence d'un ion a dans une solution en ajoutant à celle-ci un autre ion d tel que le produit des concentrations de $C_a \times C_d$ soit limité à une valeur très petite. Il se formera un précipité ad, dès que $C_a \times C_d$ aura dépassé la valeur limite ks.

Plus C_d sera grand, plus C_a pourra être petit ; il y a donc avantage, comme l'expérience l'a montré depuis longtemps, à employer un excès de composé renfermant l'ion d, **qui constitue un réactif de l'ion a**.

On reconnaît facilement par ce qui précède qu'un électrolyte ab peut réagir non seulement par les ions déjà préexistants dans sa dissolution, mais par la masse totale des ions qu'il pourrait fournir si son ionisation était complète. Il suffit en effet que, soit a, soit b disparaisse sous forme d'une combinaison insoluble ou peu ionisée pour que l'équilibre d'ionisation $a \cdot + b' \rightleftharpoons ab$ ne puisse être atteint, ce qui amènera progressivement l'ionisation totale des molécules ab.

C'est ainsi qu'un acide agit sur une base non seulement par les ions d'hydrogène contenus dans la dissolution, mais s'ionise progressivement jusqu'à disparition pratiquement totale ; que dans une solution de bromure, l'ion d'argent précipite non pas uniquement les ions de brome présents au moment de l'addition du réactif, mais tous les ions de brome que peut produire le bromure par ionisation complète. **Les molécules non ionisées nous représentent donc des ions en réserve, à l'état potentiel,** suivant l'heureuse expression d'Ostwald.

203. Quand un élément n'est pas sous forme ionisable dans une combinaison, nous ne pouvons plus le déceler en solution par voie de précipitation.

Ex. : 1° Nous connaissons un composé chloré, l'acide chloracétique $C_2H_3ClO_2$. Ce corps s'ionise suivant l'équation :

$$C_2H_3ClO_2 \rightleftharpoons (C_2H_2ClO_2)' + H\cdot$$

Le chlore n'est donc pas à l'état d'ion dans la solution d'acide chloracétique, aussi n'obtenons-nous aucun précipité par addition du nitrate d'argent à cette dissolution.

2° Ajoutons une solution de cyanure de potassium KCN à une solution de nitrate d'argent.

L'ion d'argent s'unit à deux ions CN' pour former un ion négatif complexe $Ag(CN)_2'$, il disparaît donc de la dissolution ; aussi celle-ci ne précipite plus par addition d'un chlorure.

Lorsqu'un élément ne se trouve pas en solution sous forme ionisable, ce ne sont pas seulement ses caractères par précipitation qui font défaut, mais encore tous les autres caractères de ses ions.

Ainsi l'ion de cuivre est bleu ; si l'on ajoute du cyanure de potassium à une solution d'un sel cuivrique, il se forme un ion complexe $Cu(CN)_4''$ et la solution devient incolore.

204. Il existe d'autres dissolvants que l'eau qui possèdent la propriété de déterminer l'ionisation des électrolytes, tels sont l'acide nitrique, l'acide formique, l'acide prussique et, à un degré beaucoup moindre, les alcools. Cette faculté paraît liée à une valeur élevée de la constante diélectrique; la valeur de cette constante est de 26 pour l'alcool, 62 pour l'acide formique, 80 pour l'eau et 95 pour l'acide prussique.

Plus le dissolvant est un diélectrique puissant, plus il entrave les attractions électrostatiques des ions et par conséquent la reformation des molécules neutres.

Un liquide peut être un dissolvant ionisant pour ses propres molécules; nous avons déjà reconnu qu'il en est ainsi pour l'eau (v. **194**), laquelle est très faiblement ionisée. Le même fait s'observe chez les électrolytes fondus; leur conductibilité électrique est liée à une ionisation plus ou moins profonde. Il en est de même pour les combinaisons solides conductrices et l'on a pu démontrer que la conductibilité électrique des baguettes d'oxydes métalliques, qui constituent le corps incandescent dans la lampe de Nernst et qui sont formées par des mélanges d'oxydes, est liée à une décomposition électrolytique, l'un des oxydes servant de dissolvant solide, les autres d'électrolytes. Le métal qui apparaît à la cathode est oxydé par l'air, ce qui régénère l'oxyde métallique.

Sulfurides.

SOUFRE.

P.A. 31.83 (32).   P.M. 254.6 (256).

205. Le soufre libre se rencontre abondamment dans le voisinage des volcans, notamment de l'Etna. Il est très largement représenté à l'état combiné par des sulfures et des sulfates.

Le soufre natif est accompagné de matériaux pierreux ; pour l'en séparer on le fond. Cette opération s'exécute aux environs de l'Etna dans des *calcaroni*.

Les *calcaroni* sont de grandes meules de 200 à 300 m³, limitées latéralement par des murs et disposées sur une aire présentant une inclinaison assez forte. On met le feu à l'intérieur de la meule. L'air pénétrant difficilement dans la masse, le soufre brûle lentement ; sa combustion partielle détermine la fusion du reste qui se réunit dans les parties inférieures de la meule. Il s'en s'écoule par un trou de coulée et est reçu dans des moules.

Le procédé est peu rationnel et ne se justifie que par la rareté du combustible en Sicile. Il entraîne une perte du tiers du soufre ; en outre il lance dans l'atmosphère des quantités considérables d'anhydride sulfureux, dont l'action sur la végétation est désastreuse. Aussi n'est-il autorisé qu'en hiver.

Une méthode plus scientifique consiste à introduire le minerai dans des cylindres en tôle, dans lesquels on injecte de la vapeur d'eau à 4 atmosphères, dont la température élevée provoque la fusion du soufre. Ce dernier se réunit dans le fond des cylindres et est évacué périodiquement par un trou de coulée, fermé pendant la fusion à l'aide d'un bouchon en bois.

Au Texas on trouve du soufre natif à des profondeurs assez considérables. On l'extrait en injectant de la vapeur d'eau surchauffée dans des tubes en fer à double circulation, pénétrant jusqu'au gisement. Le soufre fond et la vapeur sous pression le refoule jusqu'à la surface.

Pour purifier le soufre brut, on le distille dans des cornues. Le col de celles-ci débouche dans de grandes chambres en maçonnerie où la vapeur de soufre se condense (fig. 35). Au début, quand la chambre est encore froide, la vapeur passe directement de l'état gazeux à l'état solide et on récolte une poudre très légère, jaune, appelée **fleur de soufre**. Plus tard, la chambre de condensation s'étant échauffée, le soufre se condense sous forme d'un liquide d'un jaune d'or, que l'on coule en baguettes coniques (canons de soufre).

On extrait aujourd'hui une assez forte quantité de soufre des marcs de soude (v. industrie du carbonate de soude).

La production totale du soufre est d'environ 500000 tonnes, dont la Sicile fournit les 9/10.

206. Le soufre est un élément remarquable par les diverses formes allotropiques sous lesquelles il peut se présenter.

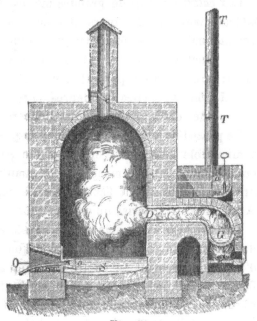

Fig 35.

A la température de 119°, il fond en un liquide jaune de miel, qui se prend par refroidissement en longues aiguilles prismatiques, transparentes, du système monoclinique.

Quand on laisse ces aiguilles se refroidir au dessous de 95°.5, la structure cristalline change ; les aiguilles se résolvent en un agrégat de petits cristaux d'aspect octaédrique. La forme octaédrique appartient en réalité au système rhombique et représente une deuxième modification allotropique du soufre constituant la forme stable au-dessous de 95°.5.

Inversement le soufre rhombique, chauffé au-dessus de 95°, se transforme en soufre prismatique.

Ces deux états allotropiques du soufre sont solubles dans le benzol, le sulfure de carbone, le pétrole. Quand on les dissout dans l'un de ces dissolvants et qu'on laisse cristalliser par refroidissement ou par évaporation, le soufre cristallise dans le système rhombique au-dessous de 95°5 ; dans le système monoclinique au-dessus de cette température, qui constitue un **point de transformation**.

On appelle ainsi une température à laquelle un système se transforme brusquement en un autre. Le passage de la forme rhombique à la forme prismatique est accompagné d'une absorption de chaleur de 800 cal. par atome-gramme de soufre (voir principe de Le Chatelier).

Les canons de soufre sont formés de soufre rhombique provenant de la transformation des aiguilles prismatiques qui s'étaient formées lors de la solidification.

On connait également plusieurs modifications allotropiques amorphes du soufre.

Quand on chauffe progressivement du soufre fondu le liquide s'épaissit et prend une teinte de plus en plus foncée; il est très visqueux à 170°, et reprend partiellement sa mobilité vers 230°. Si l'on coule le soufre à ce moment dans de l'eau froide, on obtient une masse jaune, transparente, amorphe, qui a la consistance du caoutchouc.

Cette modification allotropique est connue sous le nom de **soufre mou**. Elle est partiellement insoluble dans les dissolvants du soufre cristallisé et constitue une forme instable à la température ordinaire. Elle se transforme en peu de temps en une masse dure et opaque, renfermant du soufre rhombique.

Le refroidissement brusque du soufre visqueux a pour effet de diminuer considérablement la vitesse avec laquelle le soufre mou se transforme en soufre cristallisé et permet ainsi de le conserver pendant quelque temps. Si on laisse au contraire le soufre visqueux se refroidir lentement, il reprend sa mobilité et revient à l'état de soufre prismatique fondu pendant la période de refroidissement.

La transformation en soufre mou amorphe par une élévation suffisante de température ne se produit pas lorsque le soufre est absolument pur. La réaction :

Energie $+$ Soufre prismatique $=$ Soufre amorphe

est déterminée par certains catalyseurs gazeux, dont les plus actifs sont l'acide chlorhydrique et l'anhydride sulfureux. Comme ce dernier se produit toujours lorsqu'on chauffe le soufre à l'air, la formation du soufre mou s'explique aisément.

Le refroidissement brusque de la vapeur de soufre donne naissance à une autre modification allotropique amorphe, la **fleur de soufre**.

Quand on décompose un polysulfure par un acide, on obtient un précipité blanc-jaunâtre extrêmement tenu de soufre amorphe, qui reste longtemps en suspension dans le liquide en lui communiquant un aspect laiteux. De là, le nom de **lait de soufre** que l'on a donné à cette modification allotropique.

$$K_2S_2 + 2HCl = 2KCl + H_2S + S.$$

Toutes ces modifications amorphes sont constituées par des mélanges de soufre amorphe soluble dans le sulfure de carbone et de soufre amorphe insoluble dans ce dissolvant. Toutes fondent vers 115° et se transforment alors en soufre prismatique.

207. Le soufre bout à 448°. Sa densité de vapeur à la température d'ébullition est égale 6,6, ce qui correspond à la formule S_6 pour la molécule de soufre gazeux. Quand on élève la température de la vapeur on voit la densité diminuer peu à peu et atteindre 2.22 vers 1000°. Lorsqu'elle a atteint cette valeur, elle reste constante; elle correspond à un poids moléculaire de 64.

La vapeur est formée à cette température de molécules S_2. La molécule de soufre est donc constituée par un nombre variable d'atomes; à la température ordinaire on a pu établir cryoscopiquement qu'elle renferme 8 atomes ; elle se dissocie peu à peu à mesure que la température s'élève.

$$S_8 \rightleftharpoons 4S_2.$$

A 448° la dissociation est telle que la densité du système correspond à la formule moyenne S_6.

Le soufre a une affinité notable pour l'oxygène ; il brûle avec une flamme bleue en donnant de l'anhydride sulfureux.

$$S + O_2 = SO_2.$$

Le soufre liquide prend feu à l'air à 363°, dans l'oxygène pur à 282°. Sa vapeur a un point d'inflammation sensiblement inférieur ; il est de 285° dans l'air. A 100° la combustion lente du soufre est déjà importante dans l'oxygène pur. Ce fait se démontre en plaçant du soufre dans l'une des branches d'un tube coudé et scellé, rempli d'oxygène. La branche renfermant le soufre est chauffée à 100°, l'autre refroidie à — 180°. On observe que dans la partie refroidie subliment des cristaux d'anhydride sulfureux. Il a pu être établi de la même manière que l'oxydation du soufre est déjà sensible à la température ordinaire.

Le soufre se combine facilement à la plupart des métaux. La réaction a lieu très souvent avec un dégagement de chaleur telle qu'il y a production de lumière (S + Fe).

La valence du soufre est égale à six ; l'hexavalence du soufre est démontrée par l'existence d'un hexafluorure SFl_6. Mais toutes les atomicités de cet élément n'ont pas la même puissance attractive, aussi le soufre peut-il mettre en jeu 2, 4 ou 6 valences. Vis-à-vis des métaux et de l'hydrogène il se comporte comme un élément bivalent.

On a isolé récemment un hydrate de soufre $S_8.H_2O$, qui se dissocie facilement en ses composants.

208. Certaines bactéries, les *begeatoa* utilisent le soufre comme aliment respiratoire, c'est-à-dire comme source d'énergie. Elles absorbent de l'hydrogène sulfuré, l'oxydent partiellement et accumulent du soufre dans leur organisme. Ce soufre sert de réserve énergétique ; les bactéries l'utilisent à mesure de leurs besoins et l'oxydation de cet élément, à l'état d'acide sulfurique, leur fournit l'énergie nécessaire de leur développement.

Le soufre est employé à la fabrication de la poudre noire, des allumettes, des mèches soufrées. On en consomme grandes quantités pour préparer le sulfure de carbone, l'anhydride sulfureux, certaines matières colorantes. La viticulture utilise le soufre pour détruire l'*oïdium* de la vigne.

Combinaisons du soufre avec l'hydrogène.

Il existe plusieurs combinaisons du soufre avec l'hydrogène ; une seule a pu être bien étudiée, c'est H_2S, l'hydrogène sulfuré ou acide sulfhydrique.

Les autres sont des polysulfures d'hydrogène de la formule H_2S_n, n pouvant varier de 2 à 5. Ce sont des corps mal connus et peu importants.

HYDROGÈNE SULFURÉ. H_2S (acide sulfhydrique).

P.M. 33.83 (34).

209. L'hydrogène sulfuré se rencontre dans la nature ; il se trouve dans certaines eaux minérales (sources sulfureuses : Aix, Bagnères, etc.). C'est en outre un produit de putréfaction des matières organiques contenant du soufre (œufs pourris, purin).

Le soufre et l'hydrogène peuvent s'unir directement à chaud. On obtient de l'hydrogène sulfuré quand on fait passer un mélange d'hydrogène et de vapeurs de soufre dans un tube chauffé. Le phénomène est réversible et par conséquent incomplet.

L'hydrogène sulfuré se forme encore par l'action de l'hydrogène naissant sur certaines combinaisons oxygénées du soufre, comme l'acide sulfurique concentré (v. **77**).

$$H_2SO_4 + 8H = H_2S + 4H_2O.$$

On prépare l'hydrogène sulfuré par l'action de l'acide chlorhydrique ou de l'acide sulfurique étendu sur le sulfure de fer :

$$FeS + 2HCl = FeCl_2 + H_2S.$$

La réaction se fait à froid, l'hydrogène sulfuré gazeux se dégage.

210. L'hydrogène sulfuré est un gaz incolore, d'une odeur répugnante d'œufs pourris. C'est un corps extrêmement vénéneux. Il est soluble dans l'eau, qui en absorbe trois fois son volume. On peut

15

le liquifier sous une pression de 15 atmosphères à $+ 10°$. Il bout à $- 61°$.

L'affinité du soufre pour l'hydrogène est médiocre; la formation d'une mol-gramme d'hydrogène sulfuré dégage seulement 2700 cal. Aussi ce gaz se dissocie-t-il facilement. Si on le fait passer à travers un tube de verre chauffé, on voit se produire un dépôt jaune de soufre en aval de la partie chauffée.

L'hydrogène sulfuré est combustible; il s'enflamme facilement à une température peu élevée. Ce fait est dû à sa dissociation : le soufre formé prend feu (v. **207**) et allume l'hydrogène sulfuré. Lorsque la combustion s'effectue dans un excès d'air, il se forme de l'eau et de l'anhydride sulfureux :

$$2H_2S + 3O_2 = 2H_2O + 2SO_2.$$

Quand l'air est en défaut, comme c'est le cas lorsque l'hydrogène sulfuré brûle dans une cloche, l'hydrogène seul brûle et le soufre se dépose :

$$8H_2S + 4O_2 = 8H_2O + S_8.$$

Le dédoublement de l'hydrogène sulfuré n'exigeant pas une dépense d'énergie considérable, ce corps cède facilement son hydrogène aux corps qui en sont avides. C'est un réducteur énergique.

Ce pouvoir réducteur se manifeste surtout au sein de l'eau. L'hydrogène sulfuré s'ionise en solution pour donner $2H^\cdot + S''$. Or, l'ion de soufre ne retient que médiocrement ses charges électriques; aussi les abandonne-t-il à d'autres éléments dont la tendance à l'ionisation est plus prononcée, tandis que le soufre moléculaire précipite. C'est ainsi que l'iode agit sur l'ion de soufre :

$$2H^\cdot + S'' + I_2 = 2H^\cdot + 2I' + \tfrac{1}{8} S_8.$$

L'hydrogène sulfuré est transformé en acide iodhydrique.

Les réductions par l'hydrogène sulfuré reviennent donc à une perte des électrons négatifs de l'ion de soufre.

Au lieu de se fixer sur un atome à électro-affinité prononcée, ces électrons négatifs peuvent aussi soustraire des électrons positifs à un ion peu électropositif. Tel est notamment le cas pour l'ion ferrique $Fe^{\cdots}$, lequel abandonne facilement un de ses électrons pour se transformer en ion ferreux (Comparer chaleur de formation des ions $Fe^{..}$ et $Fe^{...}$ § 192).

$$\underbrace{6Cl' + 2Fe^{...}}_{2FeCl_3} + \underbrace{S'' + 2H^{.}}_{H_2S} = \underbrace{4Cl' + 2Fe^{..}}_{2FeCl_2} + \underbrace{2Cl' + 2H^{.}}_{2HCl} + \tfrac{1}{6}S_6 \downarrow$$

Nous aurons l'occasion de reconnaître que les phénomènes de réduction qui s'effectuent entre ions ont presque toujours un mécanisme analogue; l'ion réducteur abandonne des charges électriques négatives ou soustrait des charges électriques positives.

L'ion de soufre agit quelquefois comme réducteur en fixant de l'oxygène pour se transformer en ion SO_4'' beaucoup plus stable. C'est ainsi qu'il se comporte vis-à-vis de l'oxygène atmosphérique. Les solutions d'hydrogène sulfuré exposées à l'air se transforment partiellement en acide sulfurique :

$$2H^{.} + S'' + 2O_2 = 2H^{.} + SO_4''.$$

L'hydrogène sulfuré non ionisé peut d'ailleurs agir également comme réducteur. On observe notamment que dans ses solutions exposées à l'air il se fait, à côté d'acide sulfurique, un précipité de lait de soufre :

$$8H_2S + 4O_2 = 8H_2O + S_8.$$

211. L'hydrogène sulfuré est un acide bibasique; il peut donc s'ioniser en deux phases, la première donnant naissance aux ions $H^{.} + SH'$; l'ion SH' est susceptible de s'ioniser à son tour en $H^{.} + S''$.

Il est un fait de constatation générale que les acides polybasiques H_nR s'ionisent tout d'abord essentiellement comme des acides monobasiques, suivant le schéma :

$$H_nR = H^{.} + H_{n-1}R'.$$

L'ion $H_{n-1}R'$ s'ionise à son tour en $H^{.} + H_{n-2}R.''$ et ainsi de suite. Mais la deuxième phase d'ionisation, et plus encore la troisième, si l'acide est tribasique, se produit toujours plus difficilement et d'une manière plus incomplète. Un acide polybasique se comporte comme un acide plus fort pour son premier atome d'hydrogène que pour le second, etc. Le dédoublement des ions $H_n - {}_1R'$, $H_n - {}_2R''$ etc. se fait d'ailleurs d'autant plus aisément que l'acide H_nR est plus fort.

212. L'hydrogène sulfuré est un acide faible; sa première phase d'ionisation elle-même n'est guère prononcée: elle n'atteint pas 1/2 °/. en solution 1/16ᵉ normale. Quant à la seconde elle est si peu importante qu'elle n'est pas mesurable, quoiqu'elle ne soit pas nulle.

En effet, si nous faisons agir l'hydrogène sulfuré sur un excès de potasse caustique, nous obtenons du sulfure neutre de potassium.

$$H_2S + 2KOH = K_2S + 2H_2O. \tag{1}$$

Les deux atomes d'hydrogène de l'hydrogène sulfuré passent à l'état d'eau; ils sont donc tous deux ionisables (v. **193**).

Cette réaction se produit lorsqu'on fait arriver un courant d'acide sulfhydrique dans une solution de potasse.

Si l'on poursuit l'action de l'hydrogène sulfuré, le sulfure neutre se transforme en sulfure acide.

$$K_2S + H_2S = 2KSH. \tag{2}$$

ou en la réduisant aux composants qui réagissent :

$$S'' + H_2S = 2SH'.$$

L'ion SH' est en effet plus stable que l'ion S''.

Lorsque tous les ions S'' auront passés à l'état d'ions SH', c'est-à-dire quand le sulfure neutre sera intégralement transformé en sulfure acide, aucune réaction n'est plus possible. La solution refuse d'absorber de nouvelles quantités d'hydrogène sulfuré.

Donc, lorsque nous faisons agir l'hydrogène sulfuré à refus, nous obtiendrons à coup sûr le sulfure acide.

Si sur ce sulfure acide nous faisons agir une quantité de base rigoureusement égale à celle qui avait servi à le former, nous le transformerons en sulfure neutre :

$$2KSH + 2KOH = 2K_2S + 2H_2O. \tag{3}$$

Remarquons qu'il serait difficile de préparer directement le sulfure neutre par la réaction (1), car il est très délicat d'amener dans la potasse un volume exactement calculé d'H_2S, tandis qu'il est aisé de réaliser quantitativement la réaction (2), puisque l'exès de gaz s'échappe.

213. La réaction (3) est réversible ; l'eau décompose les sulfures neutres solubles avec formation de sulfures acides et d'hydroxydes métalliques.

Cette décomposition est un phénomène d'hydrolyse (v. **201**). Les sulfures neutres étant, comme tous les sels alcalins, ionisés d'une manière presque complète, ils donnent des ions S″ nombreux. Ces ions se trouvent en présence d'ions d'hydrogène fournis par l'eau et, si minime que soit la concentration de ces derniers, elle est suffisante pour donner au produit $C_{S''} \times C_H$. une valeur supérieure à celle qui correspond à l'équilibre d'ionisation de l'ion SH′, $C_H \times C_{S''} = kC_{SH'}$. Dès lors, il faut que les ions de soufre et les ions d'hydrogène s'unissent pour former des ions SH′ ; mais la disparition partielle des ions d'hydrogène va amener la rupture de l'équilibre d'ionisation de l'eau. De nouvelles molécules d'eau vont s'ioniser, les ions d'hydrogène formés s'uniront aux ions de soufre, tandis que les ions OH′ resteront et leur concentration allant ainsi croissant, il arrivera un moment où elle sera suffisante pour donner, multipliée par la concentration des ions d'hydrogène provenant de l'ionisation de SH′, un produit satisfaisant à la condition $C_H \times C_{OH'} = k'C_{H_2O}$. A ce moment la formation de nouveaux ions d'hydrogène est devenue impossible et l'hydrolyse s'arrête. Cette hydrolyse peut être représentée par l'équation

$$S'' + H_2O \rightleftharpoons SH' + OH'.$$

On reconnaît qu'elle est proportionnelle aux concentrations de l'eau et des ions de soufre. Elle sera donc d'autant moins importante que le sulfure est dissous dans une quantité d'eau moindre, puisque dans ces conditions l'ionisation du sel est peu prononcée et la concentration de l'eau réduite.

Les sulfures acides eux-mêmes n'échappent pas à l'action hydrolysante de l'eau, qui fournit assez d'ions H· pour provoquer une transformation appréciable suivant l'équation :

$$SH' + (H· + OH') \rightleftharpoons H_2S + OH'.$$

Aussi les dissolutions des sulfures acides ont-elles une réaction alcaline, due à la présence d'un excès d'ions OH′.

214. Nous avons traité dans les lignes qui précèdent le cas particulier de l'hydrolyse des sulfures. Il est clair que le même raisonnement est applicable à tout sel d'un acide HR, l'équation générale d'hydrolyse devenant :

$$M^{\cdot} + R' + H_2O \rightleftharpoons M^{\cdot} + RH + OH'$$

les quatre conditions d'équilibre qui la régissent étant celles du § **199**.

Si la base MOH est une base faible soluble, la concentration des ions OH' reste petite, puisqu'ils se combinent en grande partie aux ions M$^{\cdot}$ (v. **193**), ce qui permet à l'hydrolyse d'atteindre un degré plus élevé. Les sels qui dérivent à la fois des acides faibles et des bases faibles sont donc ceux qui s'hydrolysent le plus fortement. Lorsque, par surcroît, la base MOH est peu soluble dans l'eau, elle précipite ; sa concentration se limite ainsi à une valeur peu élevée et le produit $C_M \times C_{OH}$, ne pouvant dépasser le produit de solubilité kC_{MOH}, la concentration des ions OH' peut tomber au dessous des limites mesurables. Il en résulte que l'hydrolyse devient pratiquement totale.

C'est ce qu'on observe notamment pour les sulfures d'aluminium, de chrome et de magnésium, qui ne peuvent exister en présence de l'eau ; celle-ci les décompose intégralement en hydrogène sulfuré et en hydroxyde métallique qui précipite

$$MgS + 2H_2O = H_2S + Mg(OH)_2.$$

215. Les sulfures acides, que l'on désigne parfois sous la dénomination d'hydrosulfures, ne sont connus que pour les métaux alcalins et alcalino-terreux ; ils sont tous solubles dans l'eau.

216. Les sulfures neutres sont au contraire tous insolubles, sauf ceux des métaux alcalins.

Grâce à l'insolubilité des sulfures neutres, certains de ceux-ci peuvent être précipités par l'action de l'hydrogène sulfuré sur les sels métalliques correspondants.

Si dans une dissolution aqueuse d'un sel MR, nous faisons barboter un courant d'hydrogène sulfuré, celui-ci se dissout et s'ionise. Si faible qu'elle soit, cette ionisation fournit néanmoins un certain nombre d'ions de soufre.

Dans la discussion du phénomène qui se produit, nous avons à tenir compte des quatre condition d'équilibre d'ionisation :

$$C_M \cdot \times C_{R'} = kC_{MR} \tag{1}$$

$$C_H^2 \cdot \times C_{S''} = k'C_{H_2S} \tag{2}$$

$$C_H \times C_{R'} = k''C_{HR} \tag{3}$$

$$C_M^2 \times C_{S''} = k'''C_{MS} \tag{4}$$

Pour peu que la concentration de l'ion M soit appréciable, le premier membre de l'égalité (4) prendra une valeur supérieure au produit de solubilité $k'''s$ du sulfure. Celui-ci se précipitera donc partiellement (v. 197) et cette précipitation amène une disparition d'ions M· et S''. Cette disparition provoque une ionisation nouvelle de H_2S et de MR (conditions (1) et (2)), mais à mesure que les ions M· et S'' se reforment, ils sont transformés en MS insoluble. Le sel MR finirait donc par passer intégralement à l'état de MS, si la formation simultanée HR n'y mettait obstacle.

Quand HR est un acide puissant, il est fortement ionisé. Les ions H· vont constamment augmenter en nombre et leur concentration croissante sera un obstacle de plus en plus grand à l'ionisation de H_2S, car la concentration des ions S'' est donnée par la formule

$$C_{S''} = \frac{k'C_{H_2S}}{C_H^2} \tag{5}$$

dans laquelle C_{H_2S} est une constante, puisque la solution est constamment saturée d'H_2S.

La concentration des ions de soufre ira donc diminuant ; lorsqu'elle sera devenue égale à $C_{S''} = \dfrac{ks}{C_M}$ (condition (4)), C_M étant la concentration, correspondante à la solubilité du sulfure, des ions M· restants, la transformation s'arrêtera. Plus l'acide HR est fort, plus vite décroît la valeur de C_S ; la précipitation sera donc d'autant plus complète que cet acide est plus faible. Si nous ajoutons un acide fort et concentré au système en équilibre nous augmentons considérablement le nombre d'ions H· et provoquons une régression presque totale de l'ionisation de l'hydrogène sulfuré. Les ions S'' vont disparaître ; la condition d'équilibre (4) ne sera plus satisfaite et un certain nombre de molécules du sulfure dissous vont s'ioniser ; leur concentration diminue donc, la solution n'en sera plus saturée et une partie plus ou moins importante du sulfure précipité va passer en solution.

Le sulfure pourra même se dissoudre complètement si la concentration des ions de soufre n'atteint plus la valeur qui correspond au produit de solubilité.

Remarquons en outre que la concentration de H_2S ne peut s'élever au-dessus de la limite de solubilité de ce gaz, ce qui empêche la concentration de l'ion de soufre de dépasser une certaine valeur.

On réussit notamment très bien à dissoudre le sulfure de plomb, précipité par l'hydrogène sulfuré, en le traitant par l'acide chlorhydrique concentré. Pour d'autres sulfures, tels que le sulfure de mercure, il est impossible de réaliser la concentration suffisamment élevée d'ions d'hydrogène qui amènerait la dissolution.

La dilution favorise, au contraire, la précipitation. Si le sel MR dérive d'un acide fort, la dilution ne modifiera pas d'une manière sensible l'ionisation de l'acide HR et du sel MR, ceux-ci étant complètement ionisés. Si la dilution devient n fois plus grande, la concentration des ions H et M devient donc n fois plus petite. Mais l'égalité (5) nous montre que la concentration des ions de soufre devient alors n^2 fois plus grande, la solution étant supposée saturée d'acide sulfhydrique. Le produit $C_M.C_S$ sera donc $\frac{C_M}{n} \times C_S n^2$, soit n fois plus grand. Si primitivement, il avait atteint sa valeur limite égale au produit de solubilité, il faudra donc qu'une nouvelle quantité de sulfure précipite.

Il existe une série de sulfures dont le produit de solubilité est suffisamment petit pour qu'ils puissent être précipités par l'action de l'hydrogène sulfuré en présence d'un acide étendu : ils sont insolubles dans les acides forts étendus. Tels sont les sulfures de plomb, de cuivre, de mercure, d'argent, de bismuth, de cadmium, d'or et de platine. Certains métalloïdes comme l'arsenic, l'antimoine, l'étain forment aussi des sulfures insolubles, inattaquables par les acides étendus ; ils sont précipités par l'hydrogène sulfuré. La théorie de la précipitation de ces éléments sera faite plus loin (voir sulfure d'arsenic).

La plupart des sulfures insolubles sont colorés, beaucoup d'entre eux sont noirs. Leur formation se reconnaît donc aisément et peut servir à déceler la présence de l'hydrogène sulfuré.

Si l'on met un papier imprégné d'une solution d'un sel de plomb dans une atmosphère ne contenant même que des traces de ce gaz, le papier noircit rapidement.

Le produit de solubilité de certains sulfures métalliques est trop grand pour que la concentration des ions de soufre fournis par H_2S soit suffisante à satisfaire la condition

$$C_M \cdot \times C_s = Ks$$

lorsque l'acide HR est un acide fort. C'est le cas pour les sulfures de fer, cobalt, nickel, zinc et manganèse. Les sels d'acides forts de ces métaux ne peuvent donc être précipités par l'hydrogène sulfuré.

Mais, pour le zinc, le cobalt et le nickel, la précipitation est possible, quand leurs sels dérivent d'un acide faible. Si l'on ajoute à une dissolution de chlorure de zinc un sel de sodium d'acide faible, par exemple de l'acétate de sodium, NaAc, et qu'on la soumet à l'action de l'hydrogène sulfuré, l'ion Ac' fixe la majeure partie des ions $H^{.}$; la concentration des ions S'' peut alors atteindre une valeur suffisante pour amener la précipitation du sulfure de zinc.

On peut encore augmenter la concentration des ions S'' en opérant en présence d'hydrogène sulfuré comprimé au lieu de l'employer sous la pression atmosphérique. La concentration de ce gaz dans la dissolution augmentant proportionnellement à la pression qu'il exerce (**Loi de Dalton**), les ions de soufre seront plus nombreux dans le milieu liquide et, si la pression du gaz est suffisante, le produit de solubilité $C_s . C_M$ pourra être atteint, au moins pour certains sulfures. L'expérience a consacré ce fait pour les sulfures de cobalt et nickel, qui se forment lorsqu'on opère sous pression.

217. Les procédés que nous venons d'indiquer ne suffisent pas à élever la concentration des ions de soufre au degré nécessaire pour provoquer la précipitation des sulfures de fer et de manganèse qui sont attaqués par les acides, même les plus étendus (v. prépation de H_2S).

Si l'on remplace l'hydrogène sulfuré par l'un des sulfures alcalins, très fortement ionisés, on augmente considérablement la concentration des ions de soufre et on parvient ainsi à précipiter les sulfures de fer et de manganèse.

218. L'hydrogène sulfuré est un réactif analytique précieux; il permet de séparer de nombreux métaux à l'état de sulfures insolubles.

On s'en sert en outre en teinturerie et parfois comme corps réducteur.

L'hydrogène sulfuré fut découvert par Scheele.

---

219. Polysulfures d'hydrogène. — Ce sont des corps sans intérêt pratique. Leurs dérivés métalliques sont connus pour les métaux alcalins et alcalino-terreux. Ex. Na_2S_2. On les obtient en faisant bouillir les solutions de sulfures neutres avec du soufre. Ce sont des agents sulfurants énergiques qui se dédoublent aisément en sulfures neutres et soufre naissant.

Si l'on verse une solution de polysulfure alcaline dans de l'acide chlorhydrique étendu on obtient une huile jaunâtre dont la composition correspond à la formule H_2S_5 et qui se dédouble spontanément en hydrogène sulfuré et soufre.

Les polysulfures alcalins servent à la préparation des hyposulfites.

COMBINAISONS DU SOUFRE AVEC LES HALOGÈNES.

220. L'aptitude du soufre à saturer ses valences par les halogènes va en diminuant à mesure que le poids atomique de ceux-ci croît (v. **167**). On connaît un hexafluorure de soufre, un tétrachlorure de soufre SCl_4 et un chlorure S_2Cl_2. Le brome ne forme qu'un composé S_2Br_2, et l'existence des iodures de soufre est douteuse.

L'hexafluorure de soufre, SFl_6, se prépare par l'action du fluor sur le soufre. C'est un gaz d'une stabilité remarquable, inattaquable par la plupart des agents chimiques et qui ne se comporte pas comme le fluorure de l'acide sulfurique normal $(HO)_6S$. Son existence démontre d'une manière indiscutable l'hexavalence du soufre.

Le tétrachlorure de soufre, SCl₄, s'obtient en faisant réagir le chlore sur le soufre à -25°. Il se dissocie déjà à -20° en chlore et chlorure S₂Cl₂.

Le chlorure SCl₂, dont l'existence a été affirmé longtemps, n'est qu'un mélange de chlorure S₂Cl₂, de tétrachlorure SCl₄ et de chlore.

221. Le composé S₂Cl₂, le **chlorure de soufre** ordinaire, appelé quelquefois **sous-chlorure de soufre** est la seule combinaison stable du soufre et du chlore. On l'obtient par l'action du chlore sur le soufre fondu ou sur le sulfure de carbone. C'est un liquide d'un jaune orangé, d'une odeur désagréable, bouillant à 138°.

Il se décompose par l'eau suivant l'équation :

$$2S_2Cl_2 + 2H_2O = SO_2 + 4HCl + 3S.$$

Ses constituants ne sont pas unis d'une manière fort énergique, aussi cède-t-il facilement son chlore; il est utilisé aujourd'hui comme agent de chloruration, notamment pour fixer le chlore sur l'acétylène C₂H₂. (Préparation de C₂H₂Cl₄ et de C₂Cl₆). La réaction doit être catalysée par le fer.

Le chlorure de soufre est un excellent dissolvant du soufre; il est employé pour cette raison dans la vulcanisation du caoutchouc.

Combinaisons oxygénées du soufre.

222. Il existe quatre oxydes du soufre : S_2O_3, SO_2, SO_3, S_2O_7; l'anhydride sulfureux SO_2, et l'anhydride sulfurique SO_3 sont seuls importants.

A ces deux anhydrides correspondent les acides sulfureux H_2SO_3 et sulfurique H_2SO_4.

Nous connaissons d'autres oxacides du soufre :

H_2SO_2 l'acide hydrosulfureux,
$H_2S_2O_5$ »   hyposulfureux,
$H_2S_2O_8$ »   persulfurique,
H_2SO_5 »   monopersulfurique.

En outre il existe une série d'acides thioniques de la formule $S_n(SO_3H)_2$.

ANHYDRIDE SULFUREUX.

SO_2 P.M. 63.59 (64).

223. Ce corps est rejeté en grande quantité par les volcans.

Il s'obtient industriellement : 1° par la combustion du soufre, 2° par le grillage des sulfures métalliques.

Le grillage est l'opération qui consiste à chauffer un minerai dans un courant d'air. Le grillage des sulfures transforme le métal en oxyde et le soufre en anhydride sulfureux.

La pyrite FeS_2 est le sulfure le plus employé pour l'obtention de l'anhydride sulfureux :

$$4FeS_2 + 11O_2 = 2Fe_2O_3 + 8SO_2.$$

Le grillage s'effectue dans des fours spéciaux (fours à pyrite).

Si le minerai est en gros morceaux, on le brûle sur une grille G (fig. 36) à l'instar de la houille; la pyrite s'enflamme facilement et une fois la masse allumée, elle continue à brûler spontanément.

Quand la pyrite est en poudre on la dispose sur des plateaux A construits en pierres réfractaires. La pyrite fraîche est déposée sur le plateau supérieur a_1, par la porte de chargement p_1. Quand elle est suffisamment oxydée, elle est amenée successivement à l'aide de ringards sur a_2, a_3, tandis que des pyrites fraîches sont chargées sur a_1. L'air pénétrant par E, circule sur les diffé-

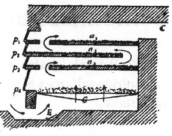

Fig. 36.

rents paliers et rencontre des pyrites d'autant moins oxydées qu'il est plus chargé d'anhydride sulfureux. Il se produit ainsi une oxydation méthodique. Les produits de grillage s'échappent par C et sont conduits dans des chambres à poussière où se déposent les particules solides entraînées.

L'oxyde ferrique est recueilli en p_4 et travaillé comme minerai de fer.

La métallurgie de beaucoup de minerais sulfurés exige un grillage préalable; l'anhydride sulfureux qui se forme dans cette opération peut être utilisé.

Le grillage donne un gaz mélangé d'oxygène en excès et d'azote (8 °/₀ SO₂) qui ne trouve son emploi que dans la fabrication de l'acide sulfurique.

L'anhydride sulfureux pur s'obtient : 1° par la décomposition des sulfites acides par l'acide sulfurique :

$$2NaHSO_3 + H_2SO_4 = Na_2SO_4 + 2H_2O + 2SO_2.$$

2° On le prépare dans les laboratoires en réduisant l'acide sulfurique concentré par le cuivre. La réaction ne se fait que vers 200° :

$$H_2SO_4 + Cu = CuO + \overbrace{\underset{H_2O + SO_2}{H_2SO_3}}$$

$$CuO + H_2SO_4 = CuSO_4 + H_2O.$$

On peut aussi réduire l'acide sulfurique par le carbone (charbon de bois); on obtient alors un mélange de SO_2 et de CO_2.

$$2H_2SO_4 + C = \underbrace{\frac{2H_2SO_3}{2H_2O + 2SO_2}} + CO_2.$$

224. L'anhydride sulfureux, appelé souvent improprement acide sulfureux, est un gaz incolore, d'une odeur irritante et dangereux à respirer. Il se liquéfie à -10° en un liquide incolore et mobile qui bout à -8°.

Une pression de 3 atmosphères suffit pour le condenser à la température ordinaire. Le froid produit par l'évaporation de SO_2 liquéfié est employé pour la fabrication de la glace. La chaleur de formation de l'anhydride sulfureux est de 69260 calories.

225. Acide sulfureux. — L'anhydride sulfureux est très soluble dans l'eau qui en dissout 70 vol. à 0°, 40 vol. à + 20°. Ce phénomène de dissolution n'obéit pas à la loi de Dalton et est accompagné d'un dégagement de chaleur notable (7500 cal.). La solution possède une réaction acide prononcée et se comporte comme une dissolution d'acide sulfureux H_2SO_3.

Ce dernier ne peut être isolé; il se dissocie en $H_2O + SO_2$. La solution saturée d'anhydride sulfureux dans l'eau constitue un système en équilibre, formé d'H_2SO_3 en présence de ses produits de dissociation, lesquels empêchent une décomposition plus profonde de l'acide (comparer avec HOCl.). On a pu isoler un hydrate, stable au dessous de 0°, de la formule $H_2SO_3.5H_2O$.

L'acide sulfureux possède un pouvoir réducteur très prononcé; il absorbe un atome d'oxygène pour se transformer en acide sulfurique. Ses solutions s'altèrent rapidement à l'air; elles sont aussi oxydées par l'iode en présence de l'eau (v. **128**).

L'acide sulfureux est un acide bibasique faible; l'ionisation se fait donc surtout d'après l'équation (v. **211**) :

$$H_2SO_3 \rightleftharpoons H^{\cdot} + HSO_3'$$

L'ion HSO_3' se dissocie plus difficilement; aussi l'acide sulfureux est-il un acide très faible par son deuxième atome d'hydrogène.

226. On obtient les sulfites acides en faisant agir l'anhydride sulfureux à refus sur les carbonates. Il se forme d'abord du sulfite neutre que l'excès d'anhydride sulfureux transforme en sulfite acide en présence de l'eau.

$$\underbrace{2Na^{\cdot} + CO_3''}_{Na_2CO_3} + \underbrace{2H^{\cdot} + SO_3''}_{H_2SO_3\,(H_2O + SO_2)} = \underbrace{2Na^{\cdot} + SO_3''}_{Na_2SO_3} + \underbrace{H_2CO_3}_{H_2O + CO_2}$$

$$\underbrace{2Na^{\cdot} + SO_3'' + H_2SO_3}_{2Na_2SO_3} = \underbrace{2Na^{\cdot} + 2HSO_3'}_{2NaHSO_3}$$

Les sulfites neutres se préparent par l'action des carbonates sur les sulfites acides. Il faut une quantité de carbonate égale à celle qui avait servi à la préparation du sulfite acide :

$$Na_2CO_3 + 2NaHSO_3 = 2Na_2SO_3 + H_2O + CO_2.$$

L'acide carbonique est un acide tellement faible qu'il se laisse déplacer par tous les autres. Aussi l'une des meilleures méthodes de préparation des sels consiste-t-elle à faire agir l'acide dont dérive le sel sur le carbonate métallique correspondant :

$$M_2CO_3 + 2HR = 2MR + H_2CO_3$$

$$(2M^{\cdot} + CO_3'') + 2\,(H^{\cdot} + R') = 2\,(M^{\cdot} + R') + \underbrace{H_2CO_3}_{H_2O + CO_2}$$

(l'acide carbonique n'est pas ionisé sensiblement).

En outre, l'acide carbonique est un corps très instable qui se décompose immédiatement en H_2O et CO_2 (**anhydride carbonique**). Ce dernier est gazeux et s'échappe. Il en résulte la rupture de l'équilibre et une transformation totale.

227. L'ion SO_3'' est fortement réducteur; il fixe un atome d'oxygène pour se transformer en ion SO_4''. Les solutions d'acide sulfureux absorbent assez rapidement l'oxygène de l'air pour passer à l'état d'acide sulfurique :

$$H_2SO_3 + \tfrac{1}{2}\,O_2 = H_2SO_4.$$

Les solutions de sulfites se comportent de même; cette réaction se fait avec une extrême lenteur lorsque le sulfite est rigoureusement pur; elle est catalysée d'une manière extraordinairement intense par certains catalyseurs, dont le plus énergique est l'ion de cuivre. On ne connaît pas d'exemple de catalyseur agissant à des concentrations aussi faibles; il suffit d'un ion-gramme de cuivre dans un million de tonnes d'une solution centi-normale de sulfite pour augmenter la vitesse de la réaction du tiers. Certains corps, comme le sucre, les phénols, paralysent cette catalyse.

L'ion SO_3'' est aussi oxydé par les halogènes (v. **128**). Ceux-ci oxydent en raison de leur tendance prononcée à passer à l'état d'ions; ils agissent sur les ions OH' de l'eau et leur soutirent leurs électrons : deux radicaux OH se transforment alors en eau et en un atome d'oxygène qui se fixe sur le corps réducteur.

$$SO_3'' + 2(H^{\cdot} + OH') + I_2 = SO_4'' + 2H^{\cdot} + 2I' + H_2O.$$

En notation moléculaire :

$$Na_2SO_3 + I_2 + Aq = Na_2SO_4 + 2IH + Aq.$$

228. L'ion SO_3'' forme avec l'ion de baryum un composé peu soluble; les sulfites neutres sont précipités de leur solution par addition d'un sel de baryum :

$$BaCl_2 + Na_2SO_3 = BaSO_3 + 2NaCl.$$

Le précipité de sulfite de baryum est soluble dans les acides forts.

Un précipité en présence d'eau se trouve en fait au contact avec sa solution saturée et, dans cette dernière, il est plus ou moins ionisé. Si l'on ajoute un acide fort à une solution saturée de $BaSO_3$, les ions SO_3'' fournis par ce sel vont se combiner aux ions d'hydrogène, le produit de solubilité du sulfite ne sera plus atteint et le précipité se dissoudra plus ou moins complètement. Si les ions d'hydrogène ajoutés sont en nombre suffisant pour maintenir constamment la concentration des ions SO_3'' au-dessous de celle qui correspond au produit de solubilité du précipité, celui-ci se dissoudra complètement.

Un précipité se dissout donc d'autant mieux dans un autre que son produit de solubilité est plus grand et qu'il dérive d'un acide plus faible.

229. Les sulfites neutres chauffés fortement se décomposent. Une molécule de sulfite cède son oxygène à trois molécules voisines qui se transforment en sulfate.

$$Na_2SO_3 + 3Na_2SO_3 = Na_2S + 3Na_2SO_4.$$

Cette réaction est comparable à celle qui amène la décomposition d'un hypochlorite en chlorure et chlorate (v. **157**).

Les sulfites étant les sels d'un acide faible, sont décomposés par les acides forts avec mise en liberté de SO_2 et formation d'eau :

$$Na_2SO_3 + 2HCl = 2NaCl + H_2O + SO_2.$$

On ne connaît guère que les sulfites acides des métaux alcalins et alcalino-terreux. Ils sont tous solubles dans l'eau.

230. Deux molécules de sulfite acide peuvent perdre une molécule d'eau :

$$Na - SO_2 \cdot O\boxed{H + HO} - SO_2Na = Na - SO_2 - O - SO_2Na + H_2O.$$

Il se forme ainsi le sel d'un anhydride imparfait $HSO_2 - O - SO_2H$, l'**acide pyrosulfureux**, inconnu à l'état libre.

231. L'acide sulfureux et les sulfites acides sont doués de propriétés bactéricides très marquées, fréquemment utilisées en brasserie. L'anhydride sulfureux a également sur les végétaux une action des plus nuisibles ; au voisinage d'usines qui lancent dans l'atmosphère des quantités sensibles de ce gaz (usines à grillage des minerais), la végétation dépérit rapidement. L'anhydride sulfureux décolore de nombreuses matières colorantes ; cette propriété est mise à profit dans le blanchîment de la paille et de la laine.

L'**anhydride sulfureux** est surtout utilisé à la fabrication de l'anhydride sulfurique et de l'acide sulfurique.

L'anhydride sulfureux est connu depuis longtemps ; il fut isolé par Priestley.

ANHYDRIDE SULFURIQUE. SO_3.

P. M 79 47 (80)

232. Ce corps se préparait jadis par la décomposition du sulfate ferrique $Fe_2 (SO_4)_3$.

$$Fe_2 (SO_4)_3 = Fe_2O_3 + 3SO_3.$$

On peut l'obtenir par l'action de l'anhydride phosphorique P_2O_5 sur l'acide sulfurique ; celui-ci est déshydraté :

$$H_2SO_4 + P_2O_5 = 2HPO_3 + SO_3.$$

On prépare actuellement l'anhydride sulfurique par union directe

16

de l'anhydride sulfureux à l'oxygène. Il faut faire intervenir un corps poreux, de préférence l'asbeste recouvert de mousse de platine (asbeste platiné) :

$$2SO_2 + O_2 \rightleftharpoons 2SO_3.$$

On se sert des gaz sortant des fours à pyrite (**v. 223**) qui contiennent encore une quantité suffisante d'oxygène. La présence de l'azote ne gêne pas, mais il faut débarrasser **complètement** les gaz des poussières entraînées.

La réaction ne se fait bien qu'entre des limites de température déterminées (400°-500°). Au dessous de 350° elle est trop lente, au dessus de 500° elle commence à se renverser et devient nulle à 900°.

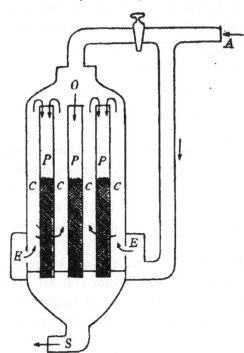

Fig. 87.

Elle s'accompagne d'un dégagement de chaleur notable, plus que suffisant pour maintenir le corps poreux à la température voulue; on est même obligé de refroidir le platine, pour ne pas dépasser 450°. Ce refroidissement est obtenu par les gaz mêmes qui viennent du four à pyrite, en appliquant le principe du contre-courant. La figure 37 représente la disposition de l'appareil.

Les gaz amenés par le tube A dans l'espace annulaire E, pénètrent dans le corps cylindrique C et circulent entre les tubes P contenant de l'asbeste platiné, qu'ils refroidissent, tandis qu'eux-mêmes s'échauffent à la température convenable à la réaction. Arrivés en O, ils passent dans les tubes P, se combinent et les vapeurs d'anhydride sulfurique mélangées d'azote s'échappent par S.

Certains corps ont sur l'action catalytique du platine une action paralysante qui le met rapidement hors de service. Parmi ces poisons du catalyseur, il faut citer en première ligne l'anhydride arsénieux, qui se trouve d'une manière constante dans les gaz provenant du grillage des pyrites, celles-ci étant toujours légèrement arsenicales. Pour l'éliminer on fait passer les gaz dans de longs canaux où la poussière se dépose, on précipite le brouillard d'anhydride arsénieux par un jet de vapeur d'eau, on lave les gaz dans des barboteurs, puis on les dessèche par un passage à travers de l'acide sulfurique concentré.

L'anhydride sulfurique que l'on obtient ainsi est dilué dans une masse de gaz inertes trop considérable pour pouvoir être condensé facilement. On le dirige dans de l'acide sulfurique concentré auquel il se combine pour donner de l'acide pyrosulfurique :

$$SO_3 + H_2SO_4 = H_2S_2O_7.$$

Il suffit de chauffer légèrement l'acide pyrosulfurique pour le décomposer en ses générateurs; l'anhydride sulfurique, très volatil, distille.

233. L'anhydride sulfurique est un corps solide existant sous deux modifications. La première se présente en prismes, fusibles à $+ 15°$; elle se combine à elle même pour former une molécule plus complexe, S_2O_6. Celle-ci cristallise en aiguilles soyeuses, fondant à $+ 25°$. Les deux formes ont le même point d'ébullition : $+ 46°2$.

L'anhydride sulfurique est extrêmement avide d'eau, à laquelle il s'unit pour former de l'acide sulfurique. Comme il est très volatil, ses vapeurs produisent au contact de l'air humide des fumées blanches épaisses d'acide sulfurique. Quand on le verse dans l'eau, il se produit une réaction tellement violente qu'elle peut prendre des allures explosives. Le dégagement de chaleur produit par l'union d'une molécule d'eau à l'anhydride sulfurique est de 21300 cal.

La formation de l'anhydride sulfurique est exothermique.

$$SO_2 + \tfrac{1}{2} O_2 = SO_3 \text{ (gazeux)} + 22730 \text{ cal.}$$

Il est à remarquer que la fixation du troisième atome d'oxygène sur le soufre ne se fait pas avec le même dégagement d'énergie que celle des deux premiers. La chaleur de formation de SO_2 est de 69260 cal., soit de 34630 cal. par atome d'oxygène fixé. Le troisième atome d'oxygène est moins solidement uni que les deux autres ; les six valences du soufre ne sont par conséquent pas équivalentes. Ceci nous explique pourquoi l'anhydride sulfurique se dissocie facilement en SO_2 et O_2. La dissociation est complète à 1000°. L'anhydride sulfurique se comporte souvent comme l'oxyde de SO_2.

ACIDE SULFURIQUE H_2SO_4. (Huile de vitriol).

P.M. 97.35 (98).

234. L'acide sulfurique se trouve rarement à l'état libre. On le rencontre dans l'eau ruisselant sur le flanc de quelques volcans ; il provient alors de l'oxydation d'eaux sulfureuses par l'oxygène atmosphérique. Certains mollusques gastéropodes du genre *Dolium* secrètent de l'acide sulfurique étendu. Cet acide est très répandu à l'état de sulfates, dont le plus important est le **sulfate de calcium**.

L'acide sulfurique se produit 1° par l'union de l'eau à l'anhydride sulfurique ; 2° par l'oxydation de l'acide sulfureux.

Les deux réactions conduisent à des méthodes industrielles de préparation. La première n'est appliquée que depuis quelques années et permet d'obtenir directement l'acide sulfurique à n'importe quel degré de concentration.

L'anhydride sulfurique mélangé d'azote et d'oxygène (**v. 232**), est dirigé dans de l'eau qui l'absorbe :

$$SO_3 + H_2O = H_2SO_4.$$

Ce procédé (**procédé par contact**) promet de déplacer peu à peu la deuxième méthode, la seule industrielle il n'y a pas bien longtemps encore.

Oxydation de l'acide sulfureux. — Les solutions d'acide sulfureux absorbent trop lentement l'oxygène atmosphérique pour que cette réaction puisse servir de base à un procédé industriel de préparation de l'acide sulfurique.

—

235. La fixation de l'oxygène sur un mélange d'anhydride sulfureux et de vapeur d'eau se fait au contraire instantanément en présence de certains oxydes de l'azote, l'anhydride azoteux N_2O_3 et l'hypoazotide NO_2. Ces oxydes sont obtenus par l'action de l'acide sulfureux sur l'acide nitrique HNO_3.

$$2HNO_3 + 2SO_2 + H_2O = N_2O_3 + 2H_2SO_4$$
$$2HNO_3 + SO_2 = H_2SO_4 + 2NO_2.$$

L'acide nitrique agit donc comme agent oxydant sur l'anhydride sulfureux et le transforme en acide sulfurique. Si la réaction s'arrêtait là, l'opération serait désastreuse au point de vue industriel, car l'acide nitrique coûte environ 10 fois plus cher que l'acide sulfurique.

Mais l'oxygène atmosphérique peut être fixé directement sur l'acide sulfureux ($H_2O + SO_2$), à l'intervention de N_2O_3 et de NO_2 qui agissent dans cette réaction comme catalyseurs. Le mécanisme de leur action ne saurait être convenablement exposé en ce moment, et nous traiterons cette question dans l'étude des composés oxygénés de l'azote.

Nous nous contenterons de dire actuellement qu'en théorie une quantité limitée d'hypoazotide ou d'anhydride azoteux peut transformer progressivement en acide sulfurique des quantités illimitées d'anhydride sulfureux, d'eau et d'oxygène. En somme, le fabricant ne devrait acheter que le sulfure de fer servant à la préparation de l'anhydride sulfureux. En fait, il se produit une certaine déperdition de N_2O_3 et de NO_2, qui nécessite une dépense de 1 kilog. d'acide nitrique pour 100 kilog. d'acide sulfurique préparé.

L'oxygène, les anhydrides azoteux et sulfureux, l'hypoazotide sont des gaz, l'eau est employée à l'état de vapeur ; les appareils doivent donc avoir une capacité énorme. Ils sont construits en plomb, le seul métal commun qui ne soit pas attaqué.

La figure 38 donne la disposition schématique de l'installation.

L'anhydride sulfureux est obtenu dans des fours A (fig. 38) par le grillage de la pyrite, quelquefois du sulfure de zinc (blende). Ce gaz, mélangé d'air en excès, traverse des canaux à poussière C et pénètre dans la tour de Glover G. Sur cette première partie de son trajet, on a placé des capsules N contenant du nitrate de sodium et de l'acide sulfurique, qui fournissent l'acide nitrique nécessaire. Dans beaucoup de fabriques, on introduit l'acide nitrique tout préparé dans la tour de Glover. Au sortir de la tour de Glover, les gaz pénètrent dans les chambres de plomb P. Celles-ci sont généralement au nombre de trois, leur capacité varie de 1500 à 4000^{m}³. Il faut 1/2 m³ de capacité par kilogr. de pyrite grillée en 24 heures. Une chaudière de vapeur fournit la vapeur d'eau nécessaire par les tubes V.

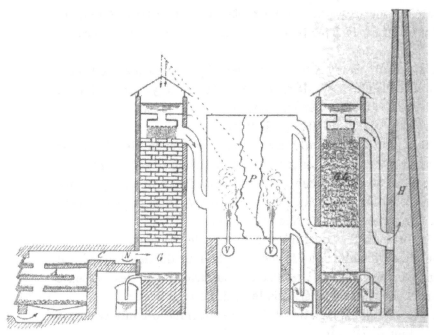

Fig. 38.

La circulation des gaz dans l'appareil et l'évacuation de l'azote restant est assurée par la cheminée H. L'appel d'air qu'elle provoque produirait infailliblement la perte des oxydes de l'azote qui seraient entraînés avec l'azote, si l'on n'intercalait entre les chambres de plomb et la cheminée un appareil destiné à retenir ces vapeurs nitreuses.

Cet appareil est constitué par la tour de Gay-Lussac. Cette tour GL, dans laquelle circule les gaz, est remplie de fragments de coke sur lesquels ruisselle constamment de l'acide sulfurique concentré.

Celui-ci absorbe les vapeurs nitreuses en s'y combinant ; il se fait un composé de la formule HNSO, l'acide nitrosyle-sulfurique.

L'acide sulfurique chargé d'acide nitrosyle-sulfurique est reçu au bas de la tour et envoyé au sommet de la tour de Glover.

L'acide sulfurique formé dans les chambres contient une forte proportion d'eau (30°-40 °/₀). Il est recueilli et refoulé également, en tout ou en partie, au sommet de la tour de Glover. Celle-ci constitue la partie la plus importante de l'installation.

C'est une tour en plomb de 3ᵐ de diamètre sur 10ᵐ de haut, dont les parois sont protégées par un revêtement en pierre réfractaire résistante aux acides ; elle est remplie de plaques perforées en grés.

Un dispositif convenable laisse ruisseler sur ces pierres l'acide venant des chambres de plomb et de la tour de Gay-Lussac, tandis que les gaz des fours pénètrent dans la tour par le bas.

Le rôle de la tour de Glover est triple :

1° Une partie de l'eau de l'acide étendu provenant des chambres est évaporée au contact des gaz chauds et l'acide se concentre ;

2° Les gaz se refroidissent. Ils sortent du four à une température très élevée (300°) et sont amenés à 70°, température la plus convenable à la formation de l'acide sulfurique ;

3° En présence de l'anhydride sulfureux, de l'oxygène et de l'eau, l'acide nitrosyle-sulfurique formé dans la tour de Gay-Lussac est décomposé, engendrant de l'acide sulfurique et des vapeurs nitreuses qui rentrent ainsi dans le cycle de réactions.

En fait, une grande partie de l'acide sulfurique produit se forme dans la tour de Glover.

A la partie inférieure de la tour de Glover, on recueille un acide à 80 °/₀ pouvant être utilisé à maints usages industriels, mais qui est souillé de trop d'impuretés pour pouvoir être concentré.

La concentration par évaporation de l'eau, en vue d'obtenir de l'acide très concentré, se fait sur l'acide provenant des chambres de plomb. Elle s'effectue dans des bacs plats en plomb, disposés en gradins, et chauffés inférieurement à feu direct ; ces bacs communiquent les uns avec les autres par des siphons. L'acide étendu coule lentement d'une manière continue dans le bac supérieur et se déverse successivement par les siphons dans les bacs inférieurs, plus fortement chauffés. On peut ainsi concentrer jusqu'à 80 %. Au delà, il faut chauffer à une température telle que le plomb serait fortement attaqué. On achève la concentration en distillant l'eau dans des cornues en platine, ou mieux en platine doré intérieurement, l'or étant moins attaqué que le platine par l'acide concentré

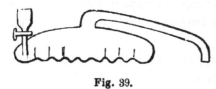

Fig. 39.

et chaud; la fig. 39 représente la coupe d'une cornue en platine. On ne peut pousser ainsi la concentration que jusqu'à 98 % d'acide, ce qui correspond environ à la composition $12H_2SO_4.H_2O$. En raison du prix très élevé des cornues de platine (une cornue coûte jusqu'à 150.000 frs), on emploie aujourd'hui un autre mode de concentration, consistant à faire barboter à travers l'acide à concentrer, les gaz chauds provenant d'un four à coke (système Kessler). On peut atteindre ainsi une concentration de 98,8 %.

La préparation de l'acide sulfurique tout à fait anhydre est basée sur le fait que quand on soumet une dissolution à la congélation, c'est le dissolvant pur qui cristallise d'abord. C'est ainsi, par exemple, que si on congèle de l'eau de mer on obtient de la glace pure, tandis que le sel s'accumule dans les portions restées liquides.

Quand on refroidit l'acide sulfurique à 97 % au-desous de zéro, l'acide pur cristallise. On expulse l'acide aqueux dans une turbine; en répétant plusieurs fois l'opération, on obtient finalement H_2SO_4 pur.

236. Celui-ci est un corps solide qui fond à + 10,5°. Il se dissocie déjà vers 30°, en émettant des vapeurs d'anhydride sulfurique, tandis que l'eau est retenue. Cette dissociation s'arrête quand la teneur en eau atteint environ 2 %. Un mélange d'acide sulfurique et de 2 % d'eau constitue l'état stable de l'acide sulfurique. Si la concentration en eau est moins forte, l'acide se dissocie ; si elle est plus grande on peut éliminer l'eau en excès en chauffant suffisamment. Ces 2 % d'eau sont donc nécessaires et suffisants pour entraver la dissociation de l'acide sulfurique.

L'acide à 93°-98° est un liquide huileux, incolore, inodore, d'une densité de 1,84. Il détruit rapidement et profondément la plupart des tissus animaux et végétaux : appliqué sur la peau il y produit des brûlures très profondes.

Il distille à 338° ; cette distillation n'est pas un vrai phénomène d'ébullition. L'acide sulfurique se dissocie à 338° en H_2O et SO_3 et sa vapeur est constituée d'un mélange de vapeur d'eau, de SO_3 et d'H_2SO_4 inaltéré, mélange dont la tension de vapeur totale est d'une atmosphère.

Dans les parties froides de l'appareil l'eau et l'anhydride sulfurique se recombinent ; on ne recueille donc que de l'acide sulfurique dans le condenseur et le phénomène simule une distillation (v. **98**).

On reconnaît que la vapeur n'est pas formée d'acide pur en prenant sa densité. Celle ci devrait être de $\dfrac{97.85}{2} = 48.67$ ($D_a = 1$), si la vapeur ne contenait que H_2SO_4 ; si la dissociation était complète, chaque molécule d'H_2SO_4 donnant naissance à deux molécules (H_2O et SO_3), la densité deviendrait deux fois plus petite, puisque le volume de la vapeur aurait doublé (**Loi d'Avogadro**), et serait égale à $\dfrac{97.85}{4} = 24.34$.

A la température d'ébullition on trouve une densité intermédiaire entre 48,6 et 24,8, preuve qu'il existe encore de l'acide inaltéré dans la vapeur. La dissociation n'est complète qu'à 450°.

Nous trouvons ici un exemple de l'application de la loi d'Avogadro à la mesure du degré de dissociation d'un composé volatil.

La chaleur de formation de l'acide sulfurique aux dépens de ses éléments est de 192900 cal.

$$\tfrac{1}{8} S_8 + 2O_2 + H_2 = H_2SO_4 + 192900 \text{ cal.}$$

237. L'acide sulfurique est un acide très fort. En solution normale, 45 °/₀ des atomes d'hydrogène de l'acide sont à l'état d'ions. Le dédoublement se fait surtout d'après le schéma $H_2SO_4 \rightleftharpoons H\cdot + HSO_4'$. Si cette ionisation se produisait exclusivement, elle porterait donc sur 90 °/₀ de l'acide.

L'ionisation de l'ion HSO_4' en $H\cdot + SO_4''$ est beaucoup moins prononcée, aussi l'acide sulfurique ne se comporte-t-il en solution comme un acide très fort que par un de ses atomes d'hydrogène. Cependant il ne faudrait pas en conclure que les ions SO_4'' sont en quantité négligeable ; en solution étendue, $^1/_{1000}$ normale, l'ionisation en ions SO_4'' est totale, et à des concentrations plus élevées la concentration des ions SO_4'' est encore notable (comparer avec H_2SO_3).

L'acide sulfurique possède sur la plupart des acides, et notamment sur les acides plus forts que lui, l'avantage d'être fixe. C'est pourquoi, quand il est concentré, il déplace à chaud tous les autres acides de leurs sels, l'équilibre étant rompu, par le départ de l'acide volatil (v. **135**). Aussi pratiquement, l'acide sulfurique est-il le plus fort des acides et il sert à la préparation de **tous** les acides volatils (HCl, HFl, etc.).

Le déplacement des acides volatils par l'acide sulfurique en présence des petites quantités d'eau que renferme toujours l'acide sulfurique, même concentré, s'explique comme suit : Les sels RM et H_2SO_4 sont plus ou moins fortement dissociés : il se produit un système formé des corps.

$$R' + M^{\cdot} + H' + HSO_4' + RM + MHSO_4 + RH + H_2SO_4.$$

Si la concentration de RH dépasse la limite de solubilité, cet acide se volatilise.

La condition d'équilibre $C_{R'} \cdot C_{H^{\cdot}} = KC_{RH}$, n'est alors plus satisfaite. Les ions R' et H· restés libres vont se combiner pour régénérer RH, tandis qu'il s'en produira de nouveaux aux dépens de H_2SO_4 et de RM restants.

Mais les nouvelles molécules HR formées se volatilisant à leur tour, le système s'épuisera peu à peu en ions H· et R' (tant libres qu'à l'état potentiel) et il ne restera finalement en présence que les ions M· et HSO_4' ainsi que du sulfate $MHSO_4$ non dissocié.

238. L'acide sulfurique forme deux espèces de sels, les sulfates neutres, du type M_2SO_4, et les sulfates acides $MHSO_4$. Ces derniers n'ont pu être isolés que pour les métaux alcalins.

Les sulfates acides connus sont tous solubles dans l'eau; il en est de même des sulfates neutres; font exception les sulfates de baryum, de plomb, de strontium et de calcium. Ce dernier est un peu soluble ($^1/_{400}$).

Si donc on ajoute une solution d'un sel de baryum ou de plomb à une solution d'un sulfate on obtient un précipité de sulfate de baryum ou de plomb. Le premier est insoluble, non seulement dans l'eau, mais aussi dans tous les réactifs. Sa formation constitue le meilleur caractère de l'ion SO_4''

$$\overbrace{BaCl_2} + \overbrace{Na_2SO_4} = BaSO_4 + \overbrace{2NaCl}$$
$$\overbrace{Ba^{\cdot\cdot} + 2Cl'} + \overbrace{2Na^{\cdot} + SO_4''} = BaSO_4 + \overbrace{2Na^{\cdot}} + \overbrace{2Cl'}$$

L'insolubilité du sulfate de baryum dans les acides résulte du fait que l'acide sulfurique est un acide fort. L'addition d'ions $H^{\cdot}$ ne réduit donc pas sensiblement la concentration de l'ion SO_4'', la valeur du produit $C_{Ba} \times C_{SO_4}$ ne peut ainsi tomber au dessous du produit de solubilité du sulfate de baryum, lequel est d'ailleurs fort petit, ce sel ne se dissolvant que dans 380000 fois son poids d'eau.

Beaucoup de sulfates se décomposent par la chaleur. Font exception les sulfates des métaux alcalins et alcalino-terreux, de magnésium et de plomb.

Quand on chauffe un sel il tend normalement à se décomposer comme l'acide dont il dérive, en donnant l'anhydride correspondant et un oxyde métallique :

$$H_2SO_4 = H_2O + SO_3, \quad M_2SO_4 = M_2O + SO_3.$$

Mais lorsqu'on chauffe l'acide, l'eau et l'anhydride peuvent se recombiner s'ils sont tous deux volatils. Comme les oxydes métalliques sont fixes l'action de la chaleur conduit sûrement à la formation de l'anhydride, lorsque ce dernier est volatil. En effet, la réaction inverse ne se produit plus, grâce à la séparation physique des produits de dissociation.

Il peut se faire que la température de dédoublement du sel soit si élevée que l'anhydride se décompose à son tour ; c'est ce qui se présente pour la plupart des sulfates : l'anhydride sulfurique formé se dissocie en anhydride sulfureux et oxygène

$$CuSO_4 = CuO + SO_2 + \tfrac{1}{2} O_2.$$

Ne font exception que les sulfates de fer (v. **232**) et d'antimoine.

Remarque. — L'action de la chaleur sur un oxysel peut servir à l'obtention de l'oxyde métallique.

239. L'acide sulfurique a une grande affinité pour l'eau. La dissolution dans une masse d'eau considérable (200 molécules) dégage 17000 cal.

Ce dégagement important d'énergie est dû en partie à la tendance prononcée du groupement SO₄ à passer à l'état d'ion. Aussi est-ce un fait de constatation générale que tous les acides forts se dissolvent dans l'eau avec un dégagement important de chaleur, ainsi que nous l'avons déjà reconnu pour les hydracides (voir notamment HCl).

Quand on mélange de l'eau à de l'acide sulfurique, il se produit une élévation de température très considérable, qui peut porter l'eau à l'ébullition et donner lieu à des projections dangereuses.

Aussi, lorsqu'on veut étendre l'acide sulfurique, doit-on toujours verser l'acide dans l'eau et ne jamais opérer dans l'ordre inverse.

L'acide sulfurique absorbe avidement la vapeur d'eau et peut pour cette raison servir à dessécher l'air ou d'autres gaz. Si dans une enceinte fermée on introduit de l'acide concentré, l'atmosphère se dessèche rapidement (Exsiccateurs). On débarrasse un gaz humide de la vapeur d'eau qu'il renferme en le faisant barboter dans des flacons contenant de l'acide sulfurique concentré (flacons dessécheurs).

L'affinité de cet acide pour l'eau est telle qu'il provoque la formation de l'eau aux dépens de certains corps qui contiennent de l'hydrogène et de l'oxygène. Beaucoup de matières organiques sont carbonisées par l'acide concentré (bois, sucre, cellulose, etc.). Le carbone que ces substances renferment, à coté d'hydrogène et d'oxygène, est mis en liberté par l'action de H_2SO_4.

Ex. : $C_{12}H_{22}O_{11} - 11H_2O = 12C.$
Sucre

Cette déshydration doit être interprétée de la manière suivante: Le sucre et les corps semblables sont dissociés, mais d'une manière analytiquement inappréciable, en eau et en carbone. L'acide sulfurique en absorbant les molécules d'eau déjà existantes, rompt l'équilibre de dissociation; celle-ci se poursuit donc jusqu'à carbonisation complète.

La grande affinité de l'acide sulfurique pour l'eau et le phénomène

thermique important qui accompagne cette combinaison explique
la destruction profonde que l'acide concentré produit dans les
tissus, toujours riches en eau.

240. L'acide sulfurique forme avec l'eau deux combinaisons
définies; l'une $H_2SO_4.H_2O$, cristallise en gros prismes fusibles à
$+ 7°$; l'autre $H_2SO_4.2H_2O$ fond à $-38,9°$.

Ces substancces ne sont pas de simples combinaisons additionnelles mais des corps définis, comme l'a montré l'étude cryoscopique des solutions concentrées d'acide sulfurique.

A l'oxyde SO_3 et au fluorure SFl_6 devrait correspondre un
hydroxyde $S(OH)_6$, que l'on peut considérer comme étant l'acide
sulfurique normal (v. **151**). Cet oxyde est l'hydrate $SO_3H_2.2H_2O$.
En perdant une molécule d'eau, il devient $(HO)_4S = O$, c'est-à-dire
l'hydrate $H_2SO_4.H_2O$. Une déshydratation encore plus profonde
conduit à un deuxième anhydride imparfait $(HO)_2S\diagup^O_{\diagdown O}$, qui est
l'acide sulfurique ordinaire.

Les acides $(HO)_6S$ et $(HO)_4S = O$ ne forment pas de sels.
Lorsqu'on les dissout dans une masse d'eau un peu forte, ils se
dédoublent en H_2O et H_2SO_4, ce qui paraît contraire à la loi des
masses. Cette anomalie n'est qu'apparente : l'équilibre

$$H_6SO_6 \rightleftharpoons 2H_2O + H_2SO_4$$

est rompu par addition d'eau, en raison de la tendance à la production d'ions SO_4''. Les molécules H_2SO_4 se transforment en ions $H^.$
et SO_4'', ionisation d'autant plus profonde que la dilution est plus
grande. Si la disparition par ionisation des molécules H_2SO_4, acide
fort, est plus importante que la reconstitution par hydratation
des molécules H_6SO_6, celles-ci doivent finir par être complètement
détruites.

Ainsi s'explique le dédoublement par dilution d'un certain
nombre d'hydrates formés par les électrolytes, hydrates qui
sont d'autant plus stables que la solution est plus concentrée.

241. L'acide sulfurique concentré est un corps oxydant; ce caractère ne se manifeste pas en solution étendue, car l'ion SO_4'' n'est
pas oxydant (les sulfates ne sont pas des corps oxydants).

Si l'acide sulfurique concentré est doué de propriétés oxydantes, c'est parce qu'il se dissocie aisément en eau et anhydride sulfurique. Or, ce dernier cède facilement un atome d'oxygène (v. 233). L'équilibre de dissociation $H_2SO_4 \rightleftharpoons H_2O + SO_3$ est ainsi rompu, et la réversibilité de la réaction :

$$H_2SO_4 (H_2O + SO_3) + R \rightleftharpoons H_2O + SO_2 + RO$$

est rendue impossible par le fait que l'anhydride sulfureux gazeux s'échappe.

Comme la dissociation de H_2SO_4 est d'autant plus importante que la température est plus élevée, on comprend pourquoi l'acide sulfurique manifeste surtout ses propriétés oxydantes à chaud (v. SO_2). Cette fonction oxydante est aujourd'hui mise à profit, notamment dans l'industrie de l'indigo (v. chimie organique).

Constitution de l'acide sulfurique. — Ce corps se forme par l'action de l'eau sur le chlorure de sulfuryle, qui est le chlorure d'acide correspondant :

$$SO_2 \underset{\overline{|Cl \quad H|} \; OH}{\overset{\overline{|Cl \quad H|} - OH}{+}} = SO_2 \overset{OH}{\underset{OH}{\diagup}} + 2HCl.$$

Ce chlorure d'acide s'obtient par l'union directe de SO_2 à Cl_2; sa formule est donc $Cl - SO_2 - Cl$. L'anhydride sulfureux pouvant être produit par l'action de l'eau sur SCl_4, a pour constitution $O = S = O$.

Le chlorure de sulfuryle s'écrira $\overset{O}{\underset{O}{>}} S \overset{Cl}{\underset{Cl}{<}}$ et H_2SO_4 est $\overset{O}{\underset{O}{>}} S \overset{OH}{\underset{OH}{<}}$.

La formule de structure de l'acide sulfurique montre qu'on peut le considérer comme l'anhydride imparfait de l'hexahydroxyde de soufre : $S(OH)_6$ (v. 240) qui, perdant successivement une, puis deux molécules d'eau devient :

$$\begin{matrix} H\,O & & OH \\ H\,/O - S - OH \\ H\,O & & OH \end{matrix} = \begin{matrix} O \\ >S - OH \\ HO \end{matrix} \overset{OH}{\underset{OH}{}} + H_2O$$

$$\begin{matrix} O & & O\,H \\ >S - O\,H \\ HO & & O\,H \end{matrix} = \begin{matrix} O \\ >S \\ HO \end{matrix} \overset{O}{\underset{OH}{<}} + H_2O.$$

242. L'acide sulfurique peut agir sur certains composés hydro-génés par un de ses hydroxyles; il se fait de l'eau et les deux restes moléculaires s'unissent. C'est ainsi qu'il se comporte par exemple vis-à-vis du benzol C_6H_6.

$$C_6H_6 + HO - SO_2 \cdot OH = H_2O + C_6H_5 - SO_2OH,$$

Il se forme dans ces réactions des dérivés contenant le radical

monovalent $- S \lessgtr \begin{smallmatrix} O \\ O \\ OH \end{smallmatrix}$, uni par une valence du soufie au reste de la

molécule. Ce radical SO_3H est connu sous le nom de **sulfonyle**; les corps qui le renferment sont des **dérivés sulfoniques**. L'acide sulfurique lui-même peut être envisagé comme l'hydroxyle de sulfonyle et se comporte souvent comme tel.

243. Usage de l'acide sulfurique. — Cet acide est le plus important de tous les produits chimiques; la quantité d'acide fabriquée annuellement dépasse 4 millions de tonnes. Il sert à la fabrication du sulfate de sodium, de l'acide chlorhydrique, de l'acide nitrique et de presque tous les acides. Les industries des graisses, des explosifs, des engrais chimiques, des matières colo-rantes, etc. en consomment des quantités colossales. Le transport de l'acide sulfurique se fait dans des wagons-citernes en fer, qui n'est pas attaqué par l'acide au maximum de concentration.

On dose les sulfates en les précipitant à l'état de $BaSO_4$; 100 p. $BaSO_4$ correspond à 42,041 p. H_2SO_4.

L'acide sulfurique était connu des alchimistes.

244. Acide sulfurique fumant. $H_2SO_4 + nSO_3$. — Quand on dissout l'anhydride sulfurique dans l'acide sulfurique concentré, il se fait une combinaison chimique.

SO_3 est l'oxyde du radical SO_2. Sous l'action de l'eau, l'atome d'oxygène fixé sur SO_2 abandonne ce radical par une de ses valences, et s'unit à l'un des atomes d'hydrogène de l'eau, tandis que OH restant vient saturer la valence devenue libre du radical $SO_2 =$

$$SO_2 = | O + \overset{H}{\underset{OH}{\diagdown}} O | = SO_2 \lessgtr \begin{smallmatrix} OH \\ OH \end{smallmatrix}$$

Un hydroxyde du type HO - R se comportera de la même manière et donnera lieu à la formation du composé $SO_2\begin{smallmatrix}OR\\OH\end{smallmatrix}$.

Or, H_2SO_4 peut se comporter comme l'hydroxyde du radical - SO_3H (v. **242**). Son action sur SO_3 se ramène donc à celle de HOR, R étant ici - SO_2 - OH et nous obtiendrons :

$$SO_3 = O + \begin{matrix}H\\ \\HSO_3\end{matrix}\!\!\!\diagdown O = SO_2\begin{smallmatrix}OH\\ \\O\\ \\SO_3H\end{smallmatrix} = SO_2\begin{smallmatrix}OH\\ \\O\\ \\SO_2\text{-}OH\end{smallmatrix} = H_2S_2O_7.$$

Cette réaction peut se répéter par l'action d'une deuxième molécule de SO_3 sur $H_2S_2O_7$, lequel peut être envisagé comme l'hydroxyde du radical - $SO_2 \cdot O$ - SO_2 - OH et ainsi de suite. Il se produira de la sorte des combinaisons d'une molécule d'acide sulfurique avec une ou plusieurs molécules d'anhydride, et dont la plus simple est $H_2S_2O_7$. Ce corps est connu sous le nom d'**acide pyrosulfurique** ou **disulfurique**. Cette dernière dénomination est due à ce que l'on peut considérer ce corps comme résultant de deux molécules d'acide sulfurique ayant perdu une molécule d'eau.

$$SO_2\begin{smallmatrix}OH\\ \\OH\end{smallmatrix} + \begin{smallmatrix}HO\\ \\HO\end{smallmatrix}SO_2 = H_2O + SO_2\begin{smallmatrix}OH\ HO\\ \\O\end{smallmatrix}SO_2.$$

Il existe de même des acides trisulfuriques, tétrasulfuriques produits par l'union de 2, 3 molécules de SO_3 à une molécule de H_2SO_4. Quoique théoriquement on puisse obtenir ces acides en déshydratant incomplètement l'acide sulfurique, la réaction ne réussit pas en fait. Mais on peut préparer les sels de l'acide pyrosulfurique en chauffant les sulfates acides correspondants :

$$KO - SO_2 - O\,H + HO - SO_2 - OK = KO - SO_2 - O - SO_2 - OK.$$

Ces sels s'obtiennent aussi par l'union de SO_3 aux sulfates neutres.

Les acides, di-, tri-, tétrasulfurique ont une double fonction ; ils sont à la fois des oxydes et des hydroxydes du radical négatif SO_2. Ce sont donc des acides et des anhydrides (v. **151**).

Ils possèdent autant de fois la dernière fonction qu'ils contiennent de molécules SO_3.

Ce sont des composés solides, cristallins, peu stables; ils se dissocient déjà à la température ordinaire en H_2SO_4 et SO_3; ce dernier s'échappe et produit des fumées épaisses au contact de l'air humide. De là le nom d'acide sulfurique fumant que l'on a donné à ces corps. Quand on les chauffe légèrement ils perdent tout l'anhydride sulfurique qu'ils contiennent et se transforment en acide sulfurique.

L'acide pyrosulfurique est solide; il fond à 35°. Sous l'action de l'eau il se décompose en donnant de l'acide sulfurique; ses sels deviennent des sulfates acides :

$$
\begin{array}{l}
H \\
H
\end{array}\!\!\!> O + O <\!\!\!\begin{array}{l} SO_2 \\ SO_2 \end{array} = 2\ \begin{array}{l} HO \\ HO \end{array}\!\!\!> SO_2
\qquad
\begin{array}{l}
H \\
H
\end{array}\!\!\!> O + O <\!\!\!\begin{array}{l} SO_2 \\ SO_2 \end{array} = 2\ \begin{array}{l} KO \\ HO \end{array}\!\!\!> SO_2.
$$

(with HO and KO groups attached to the SO_2 radicals as shown)

Les pyrosulfates (préparation, voir plus haut) se décomposent au rouge en anhydride sulfurique et sulfates neutres.

ANHYDRIDE PERSULFURIQUE. S_2O_7.

245. On l'obtient par l'action de l'effluve électrique sur un mélange d'anhydride sulfurique et d'oxygène. La réaction absorbe 13 800 cal.

L'anhydride persulfurique est liquide, cristallise à 0°, et se décompose spontanément en oxygène et anhydride sulfureux. Il se dissout dans l'eau pour donner l'acide persulfurique.

ACIDE PERSULFURIQUE. $H_2S_2O_8$.

246. Cet acide se forme par l'électrolyse de l'acide sulfurique à 50 %. A cette concentration, la solution ne renferme guère que des ions $H^\cdot$ et HSO_4' (v. **237**). A la cathode l'électrolyse dégage de l'hydrogène, tandis qu'à l'anode les deux radicaux HSO_4 s'unissent en une molécule :

$$2HO \cdot SO_2 \cdot O = HO \cdot SO_2 \cdot O \cdot O \cdot SO_2 \cdot OH.$$

L'acide persulfurique n'est connu qu'en solution. Ses sels s'obtien-

17

nent par l'électrolyse des sulfates acides. Le sel de potassium est très peu soluble, ce qui permet de le séparer facilement.

Il ressort de la formule de l'acide persulfurique que ce corps est de l'eau oxygénée dans laquelle les deux atomes d'hydrogène sont remplacés par le sulfonyle. Aussi cet acide et ses sels sont-ils des agents oxydants. Ils oxydent lentement les solutions d'iodures métalliques avec formation d'iode libre.

$$S_2O_8'' + 2I' = 2SO_4'' + I_2 \mid K_2S_2O_8 + 2IK = 2K_2SO_4 + I_2.$$

Le **persulfate de potassium** est le plus important des sels de l'acide persulfurique. On le prépare aujourd'hui industriellement.

Si l'on fait agir l'acide sulfurique étendu sur un persulfate on obtient une dissolution d'**acide monopersulfurique** $HO \cdot O \cdot SO_2 . OH$.

$$HSO_2 \cdot O \cdot O \cdot SO_4H + H_2O = HO \cdot O \cdot SO_2OH + H_2SO_4$$

lequel est le dérivé monosulfoné de l'eau oxygénée. Cet acide, encore peu étudié, est doué de propriétés oxydantes extrêmement énergiques, utilisées en chimie organique.

ACIDE HYDROSULFUREUX. $H_2S_2O_4$.

247. On obtient le sel de zinc de cet acide en réduisant l'anhydride sulfureux par le zinc.

$$2SO_2 + Zn = ZnS_2O_4.$$

Le sel de sodium se prépare en réduisant par le zinc une solution de **sulfite acide de sodium** saturée d'anhydride sulfureux, on le précipite de la dissolution par addition de NaCl (v. **197**).

$$2HSO_3Na + Zn + SO_2 = Na_2S_2O_4 + ZnSO_3 + H_2O.$$
$$Na_2SO_3 + H_2O + SO_2$$

L'acide lui-même n'a pas été isolé ; sa solution est d'un jaune orangé.

L'acide hydrosulfureux et ses sels possèdent des propriétés réductrices exceptionnelles ; ils absorbent très rapidement l'oxygène de l'air et passent à l'état de sulfites acides : $2Na_2S_2O_4 + H_2O + O = 2NaHSO_3$. C'est cette réaction qui a permis d'établir la formule de l'acide hydrosulfureux. On utilise les hydrosulfites pour réduire l'indigo bleu en indigo blanc (V. chimie organique).

Il est douteux que le **sesquioxyde de soufre**, S_2O_3, que l'on obtient en dissolvant de la fleur de soufre dans l'anhydride sulfurique, soit l'anhydride de l'acide hydrosulfureux. Cet oxyde est une substance solide bleue qui se dissocie facilement en $S + SO_2$.

ACIDE THIOSULFURIQUE OU HYPOSULFUREUX. $H_2S_2O_2$.
P.M. 113,3 (114).

248. Cet acide est inconnu par lui-même, mais quelques-uns de ses sels sont des composés importants.

Les hyposulfites se préparent : 1° par l'oxydation des bisulfures :

$$Na_2S_2 + 3O = Na_2S_2O_3.$$

2° Par la fixation du soufre sur les sulfites, réaction analogue à celle qui transforme les sulfites en sulfates.

$$Na_2SO_3 + S = Na_2S_2O_3. \quad | \quad SO_3'' + S = S_2O_3''. \cdot$$

La constitution des hyposulfites s'établit grâce au mode de formation suivant. On peut former les hyposulfites par l'action d'une molécule d'iode sur un mélange d'une molécule de sulfure et d'une molécule de sulfite :

$$SO_2 \Big\langle \begin{array}{c} Na \quad Na \\ + \quad S + I_2 \\ Na \quad Na \end{array} = 2NaI + SO_2 \Big\langle \begin{array}{c} Na \\ S\text{-}Na \end{array}$$

L'acide hyposulfureux est à la fois un oxacide et un **sulfacide**.

Quand on traite un hyposulfite par un acide, l'acide hyposulfureux mis en liberté se décompose immédiatement d'après l'équation :

$$H_2S_2O_3 = H_2O + SO_2 + S.$$

249. Les hyposulfites sont des agents réducteurs, l'ion S_2O_3'' cédant facilement une de ses charges électriques. Comme l'oxygène n'a guère de tendance à s'ioniser il n'agit pas sur les hyposulfites ; ceux-ci ne s'altèrent donc pas à l'air. L'iode au contraire, qui passe volontiers à l'état d'ion, est réduit. L'ion S_2O_3'' se transforme en ion S_4O_6'' des tétrathionates (**voir plus loin**).

$$2S_2O_3'' + I_2 = S_4O_6'' + 2I'. \quad \Big| \quad I_2 + \begin{array}{c} Na\text{-}S\text{-}SO_2Na \\ Na\text{-}S\text{-}SO_2Na \end{array} = 2NaI + \begin{array}{c} S\text{-}SO_2Na \\ | \\ S\text{-}SO_2Na \end{array}$$

L'inaltérabilité à l'air des hyposulfites les rend précieux pour la préparation de liqueurs titrées servant au dosage volumétrique de l'iode (**v. iodimétrie**). Une molécule d'hyposulfite équivaut à un atome d'iode.

Les hyposulfites sont employés dans l'industrie comme anti-

chlore, c'est-à-dire pour détruire l'excès de chlore dans les tissus blanchis à l'aide de cet agent.

L'action du chlore sur les hyposulfites est différente de celle de l'iode.

$$Na_2S_2O_3 + 4Cl_2 + 5H_2O = Na_2SO_4 + H_2SO_4 + 8HCl.$$

Les solutions d'hyposulfite de sodium possèdent la propriété de dissoudre les sels haloïdes d'argent (**v. argent**) et sont employés pour cette raison en photographie.

ACIDES DE LA SÉRIE THIONIQUE.

250. Ces acides résultent de la fixation de deux radicaux sulfonyles - SO_2H sur un groupe - S_n -. Dans les acides connus la valeur de n varie de 0 à 3. Les acides eux-mêmes n'ont pu être isolés, ils se dédoublent tous d'après l'équation.

$$S_n (SO_3H)_2 = H_2SO_4 + SO_2 + S_n,$$

$n = 0$. **Acide dithionique.** $HO_3S - SO_3H$. On obtient son sel de manganèse par la réaction : $3SO_2 + 2MnO_2 = MnS_2O_6 + MnSO_4$.

Son sel de baryum, préparé par l'action de Ba $(OH)_2$ sur le sel de manganèse, est soluble dans l'eau. (Différence avec H_2SO_3 et H_2SO_4). Quand on le traite par une quantité calculée d'H_2SO_4 étendu, il se fait un précipité de $BaSO_4$ et on obtient une solution d'acide dithionique qui peut être concentrée dans le vide jusqu'à atteindre une densité de 1,347.

Concentré plus fortement, l'acide se décompose en H_2SO_4 et SO_2.

$n = 1$. **Acide trithionique.** $HO_3S - S - SO_3H$. On prépare son sel de potassium par l'action de l'iode sur un mélange de sulfite et d'hyposulfite.

$$I_2 + NaSO_3Na + NaS.SO_3Na = 2NaI + NaSO_3 - S - SO_3Na.$$

L'acide lui-même est très instable ; ses solutions étendues se décomposent spontanément.

$n = 2$. **Acide tétrathionique.** $HSO_3 - S - S - SO_3H$. Préparation du sel de sodium (v. **249**). Son sel de baryum est soluble ; décomposé par H_2SO_4 étendu, il donne une dissolution d'acide tétrathionique, qui se conserve en solution étendue mais se détruit lorsqu'on essaye de le concentrer.

$n = 3$. **Acide pentathionique.** $HO_3S - S - S - S - SO_3H$. Cet acide se forme, à côté de beaucoup de soufre, par l'action de l'hydrogène sulfuré sur une solution d'anhydride sulfureux. La solution filtrée peut être concentrée dans le vide jusqu'à une concentration de 60 % d'acide. L'acide se décompose lorsqu'on chauffe ses dissolutions.

CHLORURES DES OX ACIDES DU SOUFRE.

251. Les combinaisons des radicaux des acides sulfureux, sulfurique et pyrosulfurique sont connus.

Chlorure de l'acide sulfureux ou **chlorure de thionyle** $SOCl_2$. On le prépare aujourd'hui par l'action de l'anhydride sulfurique sur le chlorure de soufre, à 80°.
$$SO_3 + S_2Cl_2 = SOCl_2 + SO_2 + S.$$

Il se forme par l'action du pentachlorure de phosphore sur les sulfites.

$$SO_3Na_2 + 2PCl_5 = 2POCl_3 + 2NaCl + SOCl_2$$

C'est un liquide incolore, bouillant à 78°, et que l'eau décompose en SO_2 et HCl.

Chlorures de l'acide sulfurique. I. Chlorure de sulfuryle. SO_2Cl_2. On l'obtient par union directe du chlore à l'anhydride sulfureux, en présence du camphre. C'est un liquide incolore, bouillant à 68°, et qui se dissocie au dessus de 180° en $SO_2 + Cl_2$.

Ce phénomène est à rapprocher de la dissociation de l'anhydride sulfurique. Cette dissociation facile fait que le chlorure de sulfuryle cède facilement ses deux atomes de chlore, aussi se comporte-il comme un agent de chloruration, notamment vis à vis des métaux et des substances organiques. (Comparer avec ICl_3).

$$SO_2Cl_2 + RH = SO_2 + RCl + HCl.$$

L'eau le décompose avec formation d'H_2SO_4 et d'HCl.

II. Chlorure de sulfonyle. $Cl-SO_3H$ (chlorhydrine sulfurique). On le prépare par union directe de l'acide chlorhydrique à l'anhydride sulfurique, réaction identique à la genèse de l'acide sulfurique par l'action de l'eau sur l'anhydride sulfurique.

Le chlorure de sulfonyle est liquide, bout à 158° et se dissocie complétement en ses générateurs à 200°. L'eau le décompose avec violence; il y a formation d'HCl et d'H_2SO_4

Il est fréquemment employé pour préparer des dérivés sulfonés organiques, car il peut réagir sur l'hydrogène hydrocarboné des substances organiques, suivant le schéma :

$$RH + ClSO_3H = RSO_3H + HCl.$$

Quelquefois c'est l'hydroxyle qui intervient et l'on obtient un chlorure d'acide sulfonique,

$$RH + HOSO_2Cl = H_2O + R-SO_2Cl.$$

Chlorure de pysosulfuryle. $ClSO_2-O-SO_2Cl$. On l'obtient dans un grand nombre de réactions, notamment par l'action du pentachlorure de phosphore sur l'anhydride sulfurique. Il est liquide, se dissocie déjà à sa température d'ébullition en Cl_2SO_2 et SO_3. L'eau le décompose en acide chlorhydrique et acide sulfurique.

SÉLÉNIUM Se.P.A. 78.58 (79).

252. Le sélénium est un élément assez rare, que l'on rencontre à l'état de séléniure double de cuivre et de plomb, la **zorgite**. On le trouve aussi quelquefois en petites quantités à l'état natif, dans certains échantillons de soufre. Le sélénium accompagne le soufre dans quelques pyrites. Lors du grillage de celles-ci, dans la fabrication de l'acide sulfurique, il passe à l'état d'anhydride sélénieux SeO_2; l'anhydride sélénieux est réduit par l'acide sulfureux dans les chambres de plomb; on retrouve le sélénium des boues qui se déposent dans ces chambres.

L'extraction du sélénium, qu'elle se fasse aux dépens de la zorgite ou des boues des chambres de plomb, comporte deux opérations. On transforme par oxydation le sélénium en acide sélénieux que l'on purifie par des procédés appropriés, puis on réduit cet acide par l'acide sulfureux.

$$H_2SeO_3 + 2H_2SO_3 = Se + 2H_2SO_4 + H_2O.$$

On obtient ainsi un précipité floconneux rouge de sélénium amorphe.

Ce corps, chauffé à 217°, fond ; le refroidissement lent de la masse fondue donne un produit cristallin, gris, à éclat légèrement métallique. C'est le sélénium cristallisé.

Le sélénium fondu, refroidi brusquement, se transforme en une masse vitreuse amorphe, d'un brun noirâtre, analogue au soufre mou. Les modifications amorphes du sélénium deviennent cristallines à 100°.

Le sélénium bout à 650°, mais ce n'est qu'à 1600° que sa vapeur prend une densité constante, correspondant à la formule Se_2

Le sélénium cristallisé conduit le courant électrique, mais sa conductibilité augmente considérablement lorsqu'il est soumis à l'action de la lumière ; elle est d'autant plus grande que l'intensité de la lumière est plus forte et disparaît rapidement lorsque l'éclairement du sélénium est suspendu. Cette propriété remarquable, inexpliquée jusqu'à présent, est mise à profit dans certains appareils de télégraphie optique.

Par ses propriétés chimiques le sélénium se rapproche complètement du soufre, mais son aptitude réactionnelle vis-à-vis des métaux et de l'oxygène est moindre, tandis que ses combinaisons halogénées sont plus stables.

Il forme une combinaison hydrogénée, H_2Se, analogue à H_2S, et qui peut être obtenue par union directe. L'**hydrogène sélénié** est un acide très faible, qui précipite les sels des métaux lourds avec formation de séléniures.

C'est un corps extrêmement toxique.

On connaît un **tétrachlorure de sélénium**, $SeCl_4$, solide, qui se dissocie à 180°, mais peut être sublimé à 180° dans une atmosphère de chlore, l'un de ses produits de dissociation.

L'**anhydride sélénieux**, SeO_2, produit de combustion de sélénium, est solide. Il se dissout dans l'eau pour former l'**acide sélénieux**, qui peut être isolé en beaux cristaux (comparer avec H_2SO_3). Les sélénites sont semblables aux sulfites. L'acide sélénieux se laisse réduire complètement par l'acide sulfureux à l'état de sélénium (voir plus haut).

Oxydé par le chlore ou le permanganate de potassium, l'acide sélénieux se transforme en **acide sélénique**, H_2SeO_4, corps solide cristallin fusible à 57°, très avide d'eau et qui forme avec elle un hydrate $H_2SeO_4.H_2O$ (comparer avec H_2SO_4). La concentration par évaporation des solutions d'acide sélénique donne un liquide sirupeux, contenant 96 % d'acide, tout à fait analogue à l'acide sulfurique, et dont on extrait l'acide pur par cristallisation.

Le séléniate de baryum est insoluble dans l'eau.

L'anhydride sélénique est inconnu.

TELLURE Te P.A. 126.7.

253. Le tellure est un élément très rare qui se rencontre à l'état natif sous forme de tellurures, dont le plus commun est le tellurure de bismuth. On fond ce dernier avec de carbonate de potassium ; il se forme du tellurure de potassium. La masse est reprise par l'eau et dans la solution on fait barboter de l'air. Le tellure précipite : $TeK_2 + O + H_2O = Te + 2KOH$. La purification du tellure brut est une opération très délicate, dont la description sort du cadre de cet ouvrage.

Le tellure fond à 452° et bout vers 1300°. Lorsqu'il a été fondu il se présente sous l'aspect d'une masse cristalline cassante, à éclat fortement métallique, d'une densité de 6,2.

Le tellure a un caractère métallique bien plus accusé que le sélénium. Il se dissout dans l'acide sulfurique et l'acide nitrique pour former des sels.

Il se combine à l'hydrogène pour donner de l'**hydrogène tellurié**, H_2Te, analogue à l'hydrogène sélénié. L'oxyde TeO_2, l'anhydride tellureux, obtenu en brûlant le tellure, a plutôt les propriétés d'une base que celles d'un anhydride.

L'acide tellurique, qui se prépare par oxydation de l anhydride tellureux TeO_2, a pour formule $Te(OH)_6$. A 160° il se transforme en H_2TeO_4, analogue par sa formule aux acides sulfurique et sélénique, mais en diffère totalement par ses propriétés.

Il est en effet presqu'insoluble dans l'eau ; chauffé au rouge il se dédouble en eau et en un oxyde TeO_3, tandis que l'acide sélénique ne donne pas d'anhydride. L'oxyde TeO_3, appelé **anhydride tellurique**, n'a aucune propriété des anhydrides ; il est inattaquable par l'eau et les solutions de bases.

Le tétrachlorure de tellure $TeCl_4$ est stable jusque 590°.

GÉNÉRALITÉS SUR LA FAMILLE DES SULFURIDES.

254. De même que dans la famille des halogènes, le caractère métalloïdique s'atténue chez les sulfurides à mesure que le poids atomique s'élève et le tellure ressemble extérieurement plus à un métal qu'à un métalloïde.

L'affinité pour les halogènes augmente de l'oxygène au tellure, tandis qu'elle décroît vis-à-vis des métaux.

La famille ne semble pas, à première vue, d'une très grande homogénéïté. Si le sélénium et le soufre sont des éléments extrêmement semblables, il ne paraît pas que l'oxygène soit leur proche parent. Même en faisant abstraction des grandes différences physiques entre l'oxygène et le soufre à l'état d'élément, on est frappé du fait que l'eau est liquide, tandis que H_2S, H_2Se et même H_2Te qui dérive d'un élément aussi peu volatil que le tellure, sont des gaz. L'eau, résultant de la combinaison des deux gaz bouillant, l'un à —252°, l'autre à —183°, devrait semble-t-il, être un corps d'une liquéfaction très difficile, tout au moins beaucoup plus volatile que H_2S. Il y a donc ici une anomalie dans les différences de propriétés, analogue à celle que nous avons constaté pour HCl et HFl. Et, de même que l'acide fluorhydrique est certainement à l'état liquide constitué de molécules complexes (v. **130**), de même on a pu démontrer que l'eau liquide n'a pas pour formule H_2O, mais un multiple assez élevé de cette formule, ce qui explique sa faible volatilité.

Ce caractère aberrant du premier élément de la famille, déjà reconnu chez le fluor, se retrouve donc pour l'oxygène. Si l'acide fluorhydrique est un acide beaucoup plus faible que les autres acides halogénés, il en est de même pour l'eau, comparée à H_2S, H_2Se et H_2Te.

Ceux-ci étant déjà des acides très faibles, on conçoit que chez l'eau la fonction acide soit amoindrie au point de ne plus se manifester dans les conditions habituelles. Cependant nous avons appris que l'eau peut parfois se comporter comme un acide, ainsi qu'en témoignent les phénomènes d'hydrolyse.

On peut se demander si, étant données les divergences d'allures de l'oxygène, sa place est bien à côté du soufre. Nous apprendrons plus tard que le soufre peut remplacer l'oxygène dans certaines combinaisons, notamment dans les acides et les alcools, sans que les allures essentielles de ces composés soient modifiées. C'est cette analogie de fonctions entre les composés sulfurés et oxygénés qui légitime la juxtaposition de l'oxygène et du soufre dans une même famille.

La tellure est plus aberrant encore que l'oxygène ; aussi certains chimistes ont-ils proposé de le distraire de la famille des sulfurides pour le rapprocher des éléments du groupe du platine.

Famille des azotides.

255. Les caractères généraux de la famille ont été indiqués antérieurement (v. 23). La valence des éléments de ce groupe est variable. Trivalents vis-à-vis de l'hydrogène, ils se montrent pentavalents à l'égard de l'oxygène et des halogènes. Ils peuvent former soit avec quatre atomes d'hydrogène, soit avec quatre radicaux organiques monovalents, comme le méthyle - CH_3, des radicaux du type général AzR, possédant une fonction métallique prononcée.

AZOTE N_2.

P.A. 13,94.   P.M. 27,88.   (28)

256. L'azote existe à l'état libre dans l'air qui en contient 78,4 %, en volume, 76 %, en poids. On le trouve à l'état combiné dans l'ammoniaque NH_3, les nitrates. C'est en outre l'élément caractéristique de la substance vivante de nos tissus, du **protoplasme**. Les matières albuminoïdes (analogues au blanc d'œuf) et leurs produits de destruction sont toutes des combinaisons azotées.

On prépare l'azote pur par l'oxydation de l'ammoniaque NH_3 que l'on peut faire passer sur de l'oxyde de cuivre chauffé au rouge.

$$2NH_3 + 3CuO = N_2 + 3H_2O + 3Cu.$$

Le meilleur agent oxydant de l'ammoniaque est l'acide nitreux NO_2H.

$$N{\overset{\textstyle O}{\underset{\textstyle OH}{}}} + H{\overset{\textstyle H}{\underset{\textstyle H}{-}}}N = N_2 + 2H_2O.$$

On réalise cette transformation en chauffant une dissolution de nitrite de sodium et de chlorure d'ammonium (combinaison de NH_3 avec HCl).

$$NO'_2 + NH^{\cdot}_4 = N_2 + 2H_2O \quad \text{(v. plus loin)}.$$

Cette réaction est exothermique; elle s'accélère donc spontanément. Elle est catalysée d'une manière très énergique par les acides (ions $H^{\cdot}$).

On peut aussi oxyder l'ammoniaque par les hypochlorites, ou lui enlever l'hydrogène par du chlore; cette dernière réaction est dangereuse. Il se forme en effet du chlorure d'ammonium, sur lequel le chlore peut agir en donnant du chlorure d'azote NCl_3, composé extraordinairement explosif.

$$2NH_3 + 3Cl_2 = 6HCl + N_2$$
$$6HCl + 6NH_3 = 6NH_4Cl.$$

Si le chlore est en excès :

$$NH_4Cl + 3Cl_2 = NCl_3 + 4HCl.$$

On peut extraire l'azote de l'air en absorbant l'oxygène par le phosphore (v. **4**) ou mieux par le cuivre. Dans ce dernier cas on fait passer l'air à travers un tube chauffé au rouge et contenant du cuivre :

$$nN_2 + O_2 + 2Cu = nN_2 + 2CuO.$$

L'azote que l'on obtient ainsi n'est pas pur; il est mélangé d'argonides, aussi est-il plus dense que l'azote extrait de l'ammoniaque. C'est l'observation de cette différence de densité qui a conduit à la découverte de l'argon.

257. L'azote est un gaz incolore, insipide, inodore, d'une densité de 0,969 (air = 1); un litre d'azote pèse 1,2505 gr. à 0° et sous 760 mm de pression. Il se liquéfie à — 194° sous la pression atmosphérique en un liquide incolore; sa température critique est de — 146°. Il se solidifie à — 214°.

La molécule d'azote est peu active, car l'azote a pour lui-même une très grande affinité. Cependant son inertie est moindre qu'on ne l'avait cru et à des températures élevées il se combine à un assez grand nombre d'éléments; il s'unit notamment facilement au magnésium, au calcium, au lithium ainsi qu'à quelques métalloïdes (bore, titane) pour donner des azotures :

$$3Mg + N_2 = Mg_3N_2.$$

Il se combine à l'oxygène sous l'action de l'étincelle électrique (voir plus loin), au carbone à la température de l'arc voltaïque. L'inactivité relative de l'azote disparaît dans ses combinaisons; il s'y comporte en effet comme un élément très actif et peu de combinaisons jouissent d'une aussi grande variété d'aptitudes réactionnelles que les composés azotés.

L'azote fut isolé par Rutherford en 1772.

Combinaisons hydrogénées de l'azote.

258. L'azote forme avec l'hydrogène trois combinaisons : NH_3 l'ammoniaque, N_2H_4 l'hydrazine, et N_3H l'azoïmide ou acide azothydrique. Dans ces trois combinaisons, l'azote se compose comme trivalent et les formules de structure de ces corps sont respectivement :

$$N\underset{\diagdown H}{\overset{\diagup H}{-H}} \qquad \overset{\displaystyle N\underset{\diagdown H}{\overset{\diagup H}{}}}{\underset{\displaystyle N\underset{\diagdown H}{\overset{\diagup H}{}}}{|}} \qquad \underset{N}{\overset{N}{\underset{\|}{}}}\diagdown NH.$$

L'ammoniaque est de beaucoup la plus importante de ces combinaisons.

AMMONIAQUE. NH_3.

P.M. 16.94 (17).

259. L'ammoniaque se produit dans la putréfaction de toutes les matières organiques azotées. C'est la forme sous laquelle l'azote des matières organiques revient le plus souvent à l'état de composé inorganique. Dans les phénomènes chimiques dont l'organisme des animaux est le siège, les matières albuminoïdes subissent des transformations par simplification progressive de leur molécule. L'azote qu'elles contiennent passe en majeure partie à l'état d'urée

$$H_2N - \underset{O}{\overset{C}{\|}} - NH_2,$$ chez les mammifères. C'est à cet état que l'azote

est éliminé de l'organisme.

Une fermentation transforme l'urée en ammoniaque et anhydride carbonique sous action de l'eau (Fermentation ammoniacale de l'urine).

$$CO\underset{\diagdown NH_2}{\overset{\diagup NH_2}{}} + \underset{H\diagup}{\overset{H\diagdown}{}}O = CO_2 + 2NH_3.$$

On a pendant longtemps extrait l'ammoniaque de l'urine ou d'autres déchets semblables que l'on abandonnait à la putréfaction. Aujourd'hui on obtient l'ammoniaque par l'action de la chaleur sur la houille, qui contient des matières organiques azotées.

On peut expliquer sommairement cette décomposition de la manière suivante. Les matières organiques de la houille contiennent C, H, N et O, ce dernier en quantité insuffisante pour transformer tout le carbone et l'hydrogène en anhydride carbonique et eau. Sous l'action de la chaleur, elles se décomposent et chaque élément obéit à ses affinités dominantes ; l'oxygène est fixé par le carbone et l'hydrogène. Il se forme CO, CO_2, H_2O et des composés hydrocarbonés partiellement oxydés (voir chimie organique) ; l'excès d'hydrogène se combine en partie au carbone, pour former des hydrocarbures $C_n H_m$, et à l'azote pour donner de l'ammoniaque ; il reste un résidu du carbone qui constitue le coke.

En fait, le phénomène est beaucoup plus compliqué. L'azote passe seulement partiellement à l'état d'ammoniaque, une autre fraction se dégage à l'état libre et il se forme également des combinaisons contenant à la fois du carbone, de l'azote et de l'hydrogène, comme l'aniline $CH_5 NH_2$, le cyanure d'ammonium $CN_2 H_4$ etc. Une partie de l'azote reste dans le coke.

On soumet la houille à la distillation, les hydrocarbures gazeux et l'hydrogène s'échappent ; ils constituent le gaz d'éclairage. Les composés moins volatils se condensent ; ils forment deux couches, l'une aqueuse, l'autre huileuse qui constitue le goudron de houille. L'eau absorbe l'ammoniaque et l'anhydride carbonique qui se dégagent, il se forme du carbonate d'ammoniaque $CO_3 N_2 H_8$ soluble.

Pour extraire l'ammoniaque de cette dissolution on y ajoute de la chaux éteinte et on chauffe ; l'ammoniaque est mise en liberté. On peut l'absorber par l'eau dans des tours analogues à la tour de Gay-Lussac (V.H_2SO_4).

$$CO_3 N_2 H_8 + Ca(OH)_2 = CaCO_3 + 2NH_3 + 2H_2O.$$

On peut aussi fixer l'ammoniaque par un acide. Ce corps s'unit en effet aux acides pour former des combinaisons salines solides que l'on purifie par cristallisation. Avec l'acide sulfurique il se produit du sulfate d'ammoniaque $2NH_3.H_2SO_4$.

Il suffit de chauffer ce sel avec de la chaux pour obtenir l'ammoniaque pure :

$$2NH_3.H_2SO_4 + CaO = 2NH_3 + H_2O + CaSO_4.$$

Pour retenir la vapeur d'eau qui se forme, on fait passer le gaz dans une colonne contenant de la chaux vive.

On peut remplacer l'acide sulfurique par l'acide chlorhydrique; on obtient ainsi le chlorhydrate d'ammoniaque que l'on décompose également par la chaux,

Comme modes de formation de l'ammoniaque, nous signalerons :

1° L'union directe de l'azote à l'hydrogène qui se fait, mais malaisement, sous l'action de l'effluve électrique. La combinaison se produit aussi à 1000° en présence de fer ou de nickel, qui agissent comme catalyseurs. La réaction conduit à un équilibre ; à 1000°, l'ammoniaque formée représente 0,02 % de la quantité théorique.

2° La réduction de l'acide nitrique par l'hydrogène naissant :

$$HNO_3 + 8H = NH_3 + 3H_2O.$$

260. L'ammoniaque est un gaz incolore, d'une odeur piquante, provoquant le larmoiement. Il se liquéfie sous 6 atmosphères de pression à + 10° et bout à — 34° à la pression atmosphérique. Le froid produit par l'évaporation de l'ammoniaque liquéfiée est utilisé dans certaines machines à glace.

Ce gaz est extraordinairement soluble dans l'eau qui en dissout 1000 fois son volume à 0°. La solution aqueuse est plus légère que l'eau; saturée à 15°, elle contient 35 % d'NH_3 (en poids). Sa densité est de 0.886. Les solutions de gaz ammoniac constituent l'ammoniaque du commerce; on en trouve rarement renfermant plus de 20 % d'ammoniaque.

La dissolution de l'ammoniaque dans l'eau est accompagnée d'un dégagement de chaleur notable ; il se fait une véritable combinaison chimique. Quand on fait bouillir la solution toute l'ammoniaque s'échappe.

L'ammoniaque est un composé exothermique. La formation d'une molécule-gramme dégage 11400 cal. L'énergie nécessaire pour détacher l'hydrogène de l'azote n'est donc pas bien considérable. Aussi les agents oxydants transforment-ils l'ammoniaque en eau et en azote (v. 256). Cependant elle ne brûle pas dans l'air, mais facilement dans l'oxygène pur. La flamme est très chaude.

261. L'ammoniaque possède la propriété de s'unir par addition à d'autres combinaisons. C'est, en effet, un composé non saturé, l'azote étant un élément pentavalent dont deux valences sont moins actives que les trois autres. Ce sont ces dernières qui sont saturées par l'hydrogène dans l'ammoniaque, dont la molécule tend à se compléter par la saturation des deux valences restées libres.

C'est ainsi qu'elle se combine par addition à des sels, notamment au chlorure de calcium. Le chlorure de calcium, fréquemment employé pour dessécher les gaz, ne peut donc pas être utilisé pour la dessiccation de l'ammoniaque.

Les plus importantes combinaisons par addition de l'ammoniaque sont celles que ce corps contracte avec les acides. Le mécanisme de la réaction est le suivant : un atome d'hydrogène basique de l'acide vient saturer la quatrième valence de l'azote et le reste de la molécule d'acide se fixe sur la cinquième valence. Exemple :

$$HNO_3 + NH_3 = N \begin{cases} H \\ H \\ H \\ H \\ NO_3 \end{cases} \qquad H_2SO_4 + NH_3 = N \begin{cases} H \\ H \\ H \\ H \\ SO_4H. \end{cases}$$

Dans le cas d'un acide pluribasique, comme H_2SO_4, le produit d'union possède encore la fonction acide, il reste en effet un ou plusieurs atomes d'hydrogène basique fixés sur le résidu halogénique. Aussi peut-il se produire une nouvelle combinaison avec une ou plusieurs nouvelles molécules d'ammoniaque. Exemple :

$$N \begin{cases} H \\ H \\ H \\ H \\ - SO_4H \end{cases} + NH_3 = N \begin{cases} H & H \\ H & H \\ H & H \\ H & H \\ - SO_4 & - \end{cases} N.$$

Un acide peut donc se combiner à autant de molécules d'ammoniaque qu'il possède d'atomes d'hydrogène basique. Dans ce cas le caractère acide a complètement disparu : l'acide est neutralisé. Si

le nombre de molécules d'ammoniaque fixées est inférieur à la basicité de l'acide, la fonction acide est conservée autant de fois qu'il
reste d'atomes d'hydrogène basique non combinés à l'azote.

262. Les combinaisons de l'ammoniaque avec les acides se
comportent comme des sels métalliques ; elles contiennent toutes un
radical NH_4, appelé **ammonium**, qui y joue le rôle d'un métal. De
même que $-NO_3$, $-OH$, etc. sont des radicaux négatifs ayant la
même valeur qu'un atome de chlore, de même il existe un radical
NH_4, monovalent, dont les propriétés sont celles d'un atome métallique. Pas plus qu'on n'a pu isoler les radicaux négatifs, on n'a
réussi à obtenir le radical $-NH_4$; il n'est connu qu'en combinaison
avec des radicaux négatifs ou avec un électron.

Dans ce dernier cas, il forme un ion métallique positif. En
solution aqueuse, les sels ammoniacaux, soumis à l'électrolyse,
se comportent comme des sels métalliques ; ils se dédoublent en
ions NH_4 positifs et en un ion négatif constitué par le résidu halogénique. Le cation NH_4 se rend au pôle négatif et là, comme tous
les radicaux complexes, se brise au moment où il perd sa charge
électrique. Il se transforme en NH_3 et H.

Mais si la cathode est formée de mercure, le radical NH_4 libéré
ne se rompt pas ; il s'unit au mercure pour former un amalgame.
On voit le mercure augmenter considérablement de volume et se
transformer en une masse spongieuse d'amalgame d'ammonium.
Cet amalgame est peu stable et se décompose rapidement en
hydrogène, ammoniaque et mercure.

L'ammonium se comporte comme un métal alcalin, mais de
caractère positif moins accusé que le potassium et le sodium. Ses
sels sont isomorphes avec les sels de potassium correspondants.

263. Isomorphisme. — On appelle **corps isomorphes** ceux qui
peuvent cristalliser dans le même système et la même forme
cristalline, et possèdent la propriété de former des cristaux mixtes,
c'est-à-dire, des cristaux constitués à la fois par les deux sels. Ainsi,
si nous plongeons un cristal de sulfate de zinc dans une solution
saturée de sulfate de magnésium, ce cristal grossira uniformément
par dépôt de ce dernier sel. Si nous préparons une dissolution
contenant à la fois du sulfate de magnésium et du sulfate de zinc et

que nous amenons la cristallisation par évaporation du dissolvant, nous n'obtiendrons pas des cristaux de sulfate de zinc et des cristaux de sulfate de magnésium, mais des cristaux homogènes mixtes, contenant à la fois les deux sels.

La faculté de former des cristaux mixtes n'est pas toujours absolue; si pour certains sels la miscibilité est possible en toutes proportions, d'autres ne peuvent se mélanger pour former des cristaux homogènes qu'entre certains limites.

La possibilité de former des cristaux mixtes est un meilleur criterium de l'isomorphisme que la similitude de forme cristalline. Certains corps en effet peuvent former des cristaux mixtes, sans posséder la même forme cristalline. Tels sont par exemple $NaClO_3$ et $AgClO_3$; le premier appartient au système cubique, le second au système tétragonal. On explique dans ces cas la formation de cristaux mixtes en admettant que les corps qui sont isomorphes, tout en ayant des formes cristallines différentes, peuvent tous deux cristalliser sous deux formes. Ainsi $NaClO_3$ pourrait cristalliser dans le système tétragonal. Mais l'une des formes est générale-ment trop instable pour se laisser isoler et ne peut apparaître que dans un cristal mixte, dans lequel sa production est forcée par la nécessité de concourir à la formation de l'agrégat cristallin. Dans certains cas (KNO_3), les deux formes ont pu être isolées.

Cette forme particulière d'isomorphisme est appelée **isodimor-phisme**.

Remarque. Il ne faut pas confondre les cristaux mixtes, dont la composition est variable et arbitraire, au moins entre certaines limites, avec les sels doubles, lesquels sont des combinaisons addi-tionnelles (v. **113**) se faisant en proportion définies, tandis que les cristaux mixtes sont analogues aux dissolutions d'un liquide dans un autre. Ce sont des dissolutions solides.

Et, de même que l'on a constaté que deux liquides se mélangent d'autant mieux qu'ils sont chimiquement plus semblables, de même on a observé très souvent que l'isomorphisme est lié à une analogie de constitution et de propriétés chimiques. Le zinc et le magné-sium sont deux métaux très voisins. C'est ainsi également que les chlorures, bromures, iodures d'un même métal sont isomorphes entre eux. Cette règle souffre des exceptions; il est des corps isomorphes qui ne sont pas semblables au point de vue chimique. Cependant, appliquée avec discernement, elle permet fréquemment d'établir ou de confirmer des analogies. L'isomorphisme des sels d'ammonium et des sels de potassium est considéré à juste titre comme une preuve que l'ammonium est un métal alcalin.

264. La formation de sels ammoniacaux par union directe de l'ammoniaque à un acide peut servir à reconnaître le gaz ammoniac. Si celui-ci est mis en présence d'un acide volatil, il produit des fumées blanches épaisses de sel ammoniacal, solide.

Les sels ammoniacaux ne sont pas stables. Sous l'action de la chaleur ils se dissocient en acide et ammoniaque. Nous distinguerons plusieurs cas dans ce phénomène.

1° L'acide est volatil à la température de dissociation. Dans ce cas il se volatilise avec l'ammoniaque, ces deux corps se réunissent dans les parties froides de l'appareil pour régénérer le sel ammoniacal, qui se dépose à l'état solide. Il se produit donc en apparence une sublimation du sel. Exemple : NH_4Cl (v. **266**).

2° L'acide est fixe à la température de dissociation. L'ammoniaque s'échappe seule et l'acide reste comme résidu. Exemple : $PO_4(NH_4)_3$.

3° L'acide agit par son oxygène sur l'hydrogène de l'ammoniaque pour former de l'eau. C'est le cas pour le nitrite d'ammonium (v. **267**).

$$NO_2NH_4 = N_2 + 2H_2O.$$

La plupart des sels ammoniacaux des acides organiques se comportent de même.

Exemple : $CH_3.CO_2NH_4 = CH_3 - CONH_2 + H_2O.$

265. L'ammoniaque peut se combiner non seulement aux acides, mais encore à l'eau :

$$NH_3 + HOH = NH_4OH.$$

La solution aqueuse possède une réaction alcaline prononcée, ce qui caractérise la présence de l'ion OH′; elle se comporte donc comme un hydroxyde métallique, aussi peut-elle, en agissant sur des sels, donner naissance à d'autres hydroxydes.

18

L'ion OH' forme avec beaucoup d'ions métalliques, par exemple Fe···, des combinaisons insolubles, ce qui permet de déceler sa présence. Si l'on ajoute un sel ferrique à une dissolution aqueuse d'ammoniaque, il se fait un précipité brun d'hydroxyde ferrique.

$$3NH_4OH + FeCl_3 = Fe(OH)_3 + 3NH_4Cl$$
$$3NH_4^{\cdot} + 3OH' + Fe^{\cdots} + 3Cl' = 3NH_4^{\cdot} + 3Cl' + Fe(OH)_3.$$

L'hydroxyde d'ammonium n'est pas aussi fortement ionisé que les hydroxydes alcalins; il se comporte comme une base plus faible. Sa chaleur de neutralisation par HCl n'est que 12200 cal. (v. **199**).

Quand on fait agir une base puissante sur un sel ammoniacal on obtient une transformation très profonde en hydroxyde d'ammonium :

$$K^{\cdot} + OH' + NH^{\cdot} + Cl' = K^{\cdot} + Cl' + (1 - \alpha)NH_4.OH$$
$$+ \alpha NH_4^{\cdot} + \alpha OH'. \qquad (I)$$

L'hydroxyde d'ammonium n'est connu qu'en solution ; dès qu'on essaye de l'isoler, il se détruit en H_2O et NH_3. Il se dissocie même au sein de l'eau :

$$NH_3 + H_2O \rightleftarrows NH_4OH \qquad (II)$$

Une solution saturée d'ammoniaque est un système en équilibre (v. **155**); si la température s'élève, la dissociation augmente et l'ammoniaque gazeuse s'échappe. Le dédoublement est total à 100°.

La disparition de l'ammoniaque entraîne une rupture de l'équilibre (II) et par conséquent un dédoublement d'une nouvelle quantité de NH₄OH. Il en résulte que l'équilibre d'ionisation :

$$NH_4^{\cdot} + OH' \rightleftharpoons NH_4OH$$

n'est plus satisfait, la concentration de NH₄OH ayant diminué. Des ions NH⁴, et OH' devront donc se combiner et NH₄OH se transformant de nouveau en NH_3 et H_2O, tous les ions NH⁴, et OH' finiront par disparaître.

Il en résulte que si l'on chauffe un sel ammoniacal avec une solution concentrée de base, il se dégagera de l'ammoniaque (équations I et II). C'est sur ce fait qu'est basée la préparation de l'ammoniaque.

266. Les principaux sels ammoniacaux sont :

Le **chlorure d'ammonium**, NH$_4$Cl appelé aussi chlorhydrate d'ammoniaque. On le prépare par l'union directe de HCl à NH$_3$.

Le produit brut est purifié par sublimation (v. fig. 40).

Les vapeurs qui se forment en A se condensent sur le dôme de l'appareil en croutes cristallines compactes semi-transparentes. C'est un sel soluble dans l'eau (37 p. dans 100 p. H$_2$O à 20°).

A l'état de vapeur il est dissocié en HCl et NH$_3$. La densité de vapeur varie, suivant la température, de 16.4 à 13.6.

La seconde valeur correspond à une dissociation complète ; la première,

Fig. 40.

obtenue à 350°, indique qu'à cette température le dédoublement n'est pas total et que la vapeur contient un certain nombre de molécules NH$_4$Cl non dissociées.

Le chlorure d'ammonium est employé comme électrolyte dans les piles Leclanché ; il sert aussi à décaper les surfaces métalliques chaudes dans la technique du soudeur. Son emploi est basé sur le fait qu'à haute température il se dissocie ; l'acide chlorhydrique transforme les oxydes infusibles qui recouvrent le métal en chlorures fusibles ou volatils.

Le **sulfate neutre d'ammonium** (NH$_4$)$_2$SO$_4$ est le plus important des sels ammoniacaux. Il s'obtient en neutralisant l'acide sulfurique par l'ammoniaque. C'est un sel fort soluble dans l'eau (76 p. dans 100 p. d'eau à 20°). Il sert surtout comme engrais chimique.

Le **nitrate d'ammonium** NO$_3$.NH$_4$ se dissout dans l'eau avec absorption notable de chaleur. La chute de température atteint 26° quand on ajoute 1 p. d'eau à 1 p. de sel (mélange réfrigérant).

Ce sel se décompose quand on le chauffe en donnant de l'oxyde azoteux, N$_2$O.

$$NH_4NO_3 = N_2O + 2H_2O.$$

C'est un agent oxydant très énergique à chaud ; il est employé pour cette raison en pyrotechnie. Il oxyde le carbone d'après l'équation :

$$2NH_4NO_3 + C = CO_2 + 2N_2 + 4H_2O.$$

La réaction donne lieu à un dégagement considérable de gaz et ne laisse pas de résidu solide, ce qui permet d'employer le mélange comme poudre sans fumée.

Le **carbonate neutre d'ammonium**. CO_3 $(NH_4)_2$ est un corps très instable qui perd déjà de l'ammoniaque à la température ordinaire pour donner du carbonate acide ; celui-ci se combine au carbonate neutre restant pour donner une combinaison additionnelle CO_3 $(NH_4)_2$. $2CO_3H$. NH_4, le **sesquicarbonate d'ammonium**, qui se sublime déjà à base température.

Le sesquicarbonate d'ammonium est très soluble dans l'eau. Sa dissolution perd NH_3 et CO_2 quand on la chauffe, aussi doit-on dissoudre le sel à froid.

Caractères des sels ammoniacaux. — (De l'ion NH_4.) Ces sels sont solubles dans l'eau ; leur solution chauffée avec KOH dégage NH_3 qui s'échappe et peut être reconnue par les fumées qu'elle produit en présence de l'acide chlorhydrique. Ils donnent avec l'acide chloroplatinique H_2PtCl_6, un précipité cristallin jaune $(NH_4)_2$ $PtCl_6$ de chloroplatinate d'ammonium.

Traités par le réactif de Nessler ils fournissent un précipité brun (v. **267**).

On dose les sels ammoniacaux en les précipitant à l'état de chloroplatinate qu'on filtre et qu'on calcine ; il reste un résidu de platine ; 196 de Pt correspondant à 18 d'NH_4.

Ou bien on distille avec une solution de soude ou de potasse caustique et on récolte l'ammoniaque dans une quantité connue d'un acide titré. La variation de titre permet de déterminer la quantité d'ammoniaque dégagée.

267. A côté des combinaisons par addition, l'ammoniaque peut aussi former des dérivés par substitution plus ou moins complète de l'hydrogène, soit par des métaux, soit par des métalloïdes ou des radicaux négatifs.

Si l'on fait agir un métal alcalin ou du magnésium sur l'ammoniaque, l'hydrogène est déplacé en tout ou en partie et se dégage. Avec le magnésium, le remplacement est total :

$$3Mg + 2NH_3 = Mg_3N_2 + 3H_2.$$

Les métaux peu métalliques ne produisent pas cette réaction.

Mais si l'on fait agir un oxyde ou un sel métallique sur l'ammoniaque, il peut se produire un échange entre le métal et l'hydrogène. Exemple :

$$NH_3 + RM = RH + N{<}^{M}_{H_2}$$

Cette réaction est provoquée ici, non plus par l'affinité de l'azote pour le métal, mais par celle de l'hydrogène pour R. Pour qu'elle puisse se faire, il faut que le métal M abandonne facilement le groupement négatif R ; il faut donc qu'il soit peu métallique. Aussi cette réaction réussit-elle surtout avec les composés des métaux peu actifs (métaux nobles, mercure, cuivre).

Si R est de l'oxygène ou OH il se produit de l'eau, laquelle ne se combine le plus souvent pas d'une manière stable à l'ammoniaque substituée formée, et l'on peut alors isoler celle-ci. Si, au contraire, HR est un acide, une réaction secondaire l'unit à l'ammoniaque substituée et il se fait un sel d'ammonium substitué. Exemple :

$$NH_3 + MR = NH_2M + HR$$
$$NH_2M + HR = (NH_3M)R.$$

On obtient ainsi des corps qui sont à la fois des dérivés par substitution et par addition.

Dans le cas où la substitution affecte plusieurs atomes d'hydrogène, il se produit un nombre de molécules d'acide supérieur à celui que peut fixer le produit de substitution ; l'excès se combine à l'ammoniaque non transformée. Exemple :

$$HgCl_2 + NH_3 = N{<}^{Hg}_{H} + 2HCl$$

$$HCl + N{<}^{Hg}_{H} = N{<}^{Hg}_{H}{-}H \atop{|}_{Cl}{\searrow}H$$

$$HCl + NH_3 = NH_4Cl.$$

Ces réactions se font souvent avec les solutions aqueuses d'ammoniaque ; c'est notamment le cas pour la dernière. Elles s'interprètent alors de la manière suivante :

$$\underline{HO'} + NH_4^{\cdot} + nM^{\cdot} = NH^{\cdot}_{(4-n)}M_n + nH^{\cdot} + OH'.$$

Mais une telle transformation est réversible et fréquemment il suffit d'une très faible concentration d'ions H· pour empêcher son évolution dans le sens direct. Il faut donc fixer l'ion H·, ce qui se fait par l'ion OH'. Ce dernier est fourni par l'excès d'hydroxyde d'ammonium. C'est pourquoi les sels ammoniacaux eux-mêmes, traités par les sels de métaux capables de se substituer à l'hydrogène ammoniacal, ne donnent pas de sels d'ammoniums substitués ; pour obtenir ceux-ci, il faut opérer en présence d'ammoniaque ou d'un hydroxyde alcalin (fournissant l'ion OH'). Si l'on ajoute du chlorure mercurique à une dissolution de chlorure d'ammonium, on ne constate aucune transformation ; l'addition de NaOH fait apparaître immédiatement un précipité blanc de NHgH$_2$Cl.

La nomenclature de ces sels d'ammoniums substitués se fait en plaçant le nom du métal comme seconde préfixe au mot ammonium. Une première préfixe indique le **nombre d'atomes d'hydrogène** substitués. Exemple : NHgH$_2$Cl est de chlorure de **dimercure-ammonium**.

L'un des dérivés les plus intéressants de ce type est celui qui se forme par l'action de l'iodure mercurique, en présence de potasse, sur un sel ammoniacal.

$$NH_4Cl + 2HgI_2 + 4KOH = IH_2N \underset{Hg}{\overset{Hg}{\diagdown\diagup}} O + 3KI + KCl + 3H_2O$$

ou
$$Cl' + NH_4^· + \begin{matrix} I - Hg - I \\ I - Hg - I \end{matrix} + \begin{matrix} HO' + K^· \\ HO' + K^· \end{matrix} + 2OH' + 2K^·$$

$$= N = H_2 \underset{Hg}{\overset{Hg}{\diagdown\diagup}} O + 4I' + 4K^· + Cl' + 3H_2O$$

$$\overline{NH_2Hg_2O} + I' = I - N \underset{H_2}{\overset{Hg_2 = O}{\diagdown\diagup}}$$

Le sel d'ammonium substitué qui se forme est un précipité brun, caractéristique pour tous les sels ammoniacaux. Pour l'obtenir on emploie le **réactif de Nessler**. C'est une dissolution d'iodure mercurique dans une solution d'iodure de potassium (v. **149**), additionnée d'un fort excès de potasse.

Les ammoniaques métalliques libres sont souvent des corps explosifs ; tel est par exemple NH$_2$ - Au = NH qui s'obtient par l'action de Au(OH)₃ sur NH₃. Cette instabilité résulte de la faible affinité du métal pour l'azote.

268. Si on fait agir sur l'ammoniaque les chlorures, bromures, iodures, les oxydes ou hydroxydes de radicaux, la tendance à la formation d'un hydracide ou de l'eau peut provoquer la substitution de l'hydrogène par des radicaux. C'est ainsi, que l'action de Cl(CH₃) sur l'ammoniaque peut donner lieu aux trois réactions suivantes :

$$NH_3 + ClCH_3 = NH_2(CH_3) + HCl$$
$$NH_3 + 2ClCH_3 = NH(CH_3)_2 + 2HCl \qquad (1)$$
$$NH_3 + 3ClCH_3 = N(CH_3)_3 + 3HCl.$$

Quand le radical qui remplace l'hydrogène a un caractère peu négatif, l'ammoniaque substituée formée conserve la propriété de s'unir aux acides. C'est ce que l'on constate, par exemple, pour les composés contenant le radical - CH₃ ; ils forment des sels analogues aux sels ammoniacaux. Quand au contraire le radical introduit dans la molécule d'ammoniaque est fortement négatif, l'ammoniaque substituée ne se combine plus aux acides. Exemple :

Sur l'ammoniaque faisons agir le chlorure de sulfonyle: Cl-SO₂H.

$$NH_3 + Cl \cdot SO_2H = NH_2 \cdot SO_2H + HCl.$$

L'acide chlorhydrique ne se combine plus à NH₂ - SO₂H, le radical sulfonyle ayant un caractère négatif très accusé.

Lorsque, dans les réactions où interviennent des chlorures, bromures ou iodures de radicaux, l'acide produit n'est pas fixé par l'ammoniaque substituée, il l'est toujours par NH₃ non transformée.

269. Quand le radical introduit dans l'ammoniaque est un radical d'acide le produit obtenu s'appelle une **amide.**

Les amides se forment souvent par l'action de la chaleur sur les sels ammoniacaux. On peut admettre que l'hydroxyle de l'acide s'élimine avec un atome d'hydrogène de l'ammoniaque ; les restes s'unissent :

Si l'on fait agir un anhydride sur l'ammoniaque, l'oxygène uni au radical se transforme en hydroxyle et il se produit une amide et un acide.

$$N \begin{cases} H \\ H \\ H \end{cases} + O \bigg\langle \begin{matrix} R \\ R \end{matrix} = N \begin{cases} H \\ H \\ R \end{cases} + HOR.$$

Si l'anhydride appartient à un acide bibasique, les deux molécules se fusionnent en une seule et on obtient un **acide amidé** (c'est-à-dire un corps possédant à la fois la fonction amide et la fonction acide).

$$N \begin{cases} H \\ H \\ H \end{cases} + O = R = N \begin{cases} \cdot R \cdot OH \\ H \\ H \end{cases}$$

On donne le nom général d'**amines** à tous les dérivés par substitution de l'ammoniaque qui ne sont pas des amides. Les amides et les amines importantes sont presque toutes des composés organiques.

Une amine ou une amide se combine d'autant plus facilement aux acides que ceux-ci sont plus forts; aussi l'introduction d'un radical négatif dans l'ammoniaque pourra-t-il empêcher l'union avec un acide faible, tandis qu'un acide fort formera encore un sel ammoniacal.

270. Parmi les amines nous signalerons les dérivés chlorés et iodés qui se produisent par l'action du chlore ou de l'iode sur l'ammoniaque. Une molécule Cl_2 est le chlorure de chlore; elle se comportera donc comme le chlorure d'un radical négatif.

Par son action sur l'ammoniaque le chlore détermine un remplacement total de l'hydrogène.

$$N \begin{cases} H \quad Cl \mid Cl \\ H + Cl \mid Cl \\ H \quad Cl \mid Cl \end{cases} = NCl_3 + 3HCl.$$

Le **chlorure d'azote** est un liquide jaune, huileux, insoluble dans l'eau, d'une odeur irritante.

En agissant sur l'ammoniaque, l'iode donne naissance à un corps solide noir, insoluble dans l'eau. qu'on appelle l'**iodure d'azote** et dont la constitution n'est pas encore établie avec certitude. C'est à n'en pas douter un corps compliqué dont la formule la plus probable est $I_3N = NH_2$.

Le chlorure et l'iodure d'azote sont remarquables par leur extraordinaire instabilité; ils comptent parmi les substances les plus explosives que nous connaissions. Le moindre attouchement suffit pour les faire détoner avec une violence redoutable.

271. L'ammoniaque est un corps important au point de vue industriel, il est utilisé notamment dans la préparation des sels ammoniacaux, du carbonate de soude et de nombreuses substances organiques. Ses solutions sont employées comme base faible.

L'ammoniaque fut isolée par Priestley en 1774, mais sa dissolution aqueuse était connue des alchimistes.

HYDRAZINE. $H_2N - NH_2$.

272. Ce corps est constitué de deux groupements NH_2, unis par une valence de l'azote. Il se forme par l'action de l'hydrogène naissant sur l'acide hyponitreux :

$$HO - N = N - OH + 6H = H_2 = N - N = H_2 + 2H_2O.$$

On peut le préparer en faisant agir à froid l'hypochlorite de sodium sur l'urée en excès :

$$NH_2 - CO - NH_2 + ClONa = H_2N - NH_2 + CO_2 + NaCl.$$

Le mécanisme de la réaction est moins simple en fait que ne l'exprime l'équation ; il ne saurait être étudié qu'en chimie organique (voir amides et amines). Pour éviter l'oxydation de l'hydrazine produite, on la combine au moment de sa formation avec l'aldéhyde benzoïque; on décompose ensuite l'hydrazone formée (voir plus bas) par un acide étendu.

$$NH_2 - NH_2 + O = CH \cdot C_6H_5 \rightleftharpoons H_2O + NH_2 - N = CH - C_6H_5.$$

aldéhyde benzoïque.   hydrazone.

Les autres modes de préparation sont du ressort de la chimie organique.

L'hydrazine est un liquide incolore qui bout à 113° et se solidifie à $+ 1°.4$ Elle est soluble dans l'eau en toutes proportions, et s'y combine pour former un hydroxyde :

$$H_2N \cdot N \begin{matrix} H \\ H \\ H \\ OH. \end{matrix}$$

La réaction dégage 6300 cal.

Cet hydroxyde est, à l'encontre de NH_4 OH, un corps stable qui distille à 119° et nécessite l'emploi d'agents déshydratants très énergiques (BaO) pour être dédoublé. Il est fort avide d'eau dans laquelle il se dissout avec dégagement de chaleur (1920 cal.). C'est une base puissante, aussi caustique que KOH, qui attaque les matières organiques et le verre ; elle réagit sur les acides pour former des sels et de l'eau :

$$H_2N \cdot NH_2 \cdot OH + HCl = H_2O + H_2N \cdot NH_2Cl + H_2O.$$

Ces sels peuvent se combiner additionnellement à une deuxième molécule d'acide en donnant des composés du type

$$\begin{matrix} H \\ H \\ H \\ R \end{matrix} N \cdot N \begin{matrix} H \\ H \\ H \\ R, \end{matrix}$$

beaucoup moins stables et qui perdent facilement une molécule d'acide.

Le plus important des sels d'hydrazine est le sulfate $(N_2H_4)_2H_2SO_4$; il est très soluble dans l'eau.

On connaît un grand nombre de dérivés de l'hydrazine résultant du remplacement d'un ou plusieurs atomes d'hydrogène par des radicaux monovalants ; le plus important d'entre eux est la phényl-hydrazine C_6H_5-NH-NH$_2$ (voir chimie organique).

L'une des réactions les plus remarquables de l'hydrazine et de ses dérivés est celle produite par les corps renfermant le groupement $> C = O$; il se fait un départ d'eau d'après le schéma :

$$> C \cdot O + H_2 N \cdot NH.R = > C = N \cdot NHR + H_2O.$$

On obtient ainsi des **hydrazones**, que les acides étendus décomposent par hydratation en leurs générateurs (voir plus haut).

L'hydrazine est un corps réducteur énergique ; il tend à passer à l'état d'azote en fixant deux atomes d'oxygène :

$$N_2H_4 + 2NaOCl = N_2 + 2NaCl + 2H_2O.$$

L'énergie dégagée dans la formation de l'hydrazine n'atteint que 1700 cal., ce qui explique la facilité avec laquelle ce corps s'oxyde.

AZOIMIDE OU ACIDE AZOTHYDRIQUE.

N_3H.

273. Ce corps se forme : 1° En faisant agir l'acide nitreux sur l'hydrazine.

$$\begin{matrix} NH_2 \\ | \\ NH_2 \end{matrix} + \begin{matrix} O \\ \diagdown \\ HO \diagup \end{matrix} N = 2H_2O + \begin{matrix} N \\ | \\ HN \end{matrix} \diagdown N.$$

2° On obtient son dérivé sodique par l'action de l'oxyde azoteux sur l'ammoniaque monosodée :

$$Na - N \boxed{H_2 + O} \diagup \begin{matrix} N \\ \| \\ N \end{matrix} = Na - N \diagup \begin{matrix} N \\ \| \\ N \end{matrix}$$

(Pour la préparation voir Chimie organique.)

N_3H est un liquide incolore, d'une odeur piquante, bouillant à + 37°, et très soluble dans l'eau à laquelle il communique une réaction acide prononcée.

C'est un acide monobasique fort : ses sels ressemblent beaucoup aux sels des hydracides par les réactions qu'ils présentent en solution ; c'est ainsi que les sels d'argent, de plomb et de mercurosum sont des précipités blancs analogues à $AgCl$, $PbCl_2$, Hg_2Cl_2.

L'acide azothydrique est un corps explosif au plus haut degré, ainsi que la plupart de ses sels. Ceux-ci se décomposent tous en azote et métal ; on a basé sur cette propriété un procédé d'obtention du rubidium et du cæsium, qu'on ne peut isoler autrement à l'état de pureté qu'avec les plus grandes difficultés. L'instabilité de l'azoïmide résulte de ce que ce corps est presqu'une molécule d'azote, état vers lequel l'azote tend dans toute son évolution chimique. Aussi N_3H est-il très fortement endothermique : sa chaleur de formation est de — 61600 cal.

Combinaisons oxygénées de l'azote.

274. L'azote forme cinq oxydes :

N_2O l'oxyde azoteux,

NO l'oxyde azotique,

N_2O_3 l'anhydride azoteux,

N_2O_4 l'hypoazotide,

N_2O_5 l'anhydride azotique.

Nous ne connaissons pas les hydroxydes correspondants, sauf pour N_2O, auquel se rattache $N_2(OH)_2$ l'acide hyponitreux.

Les hydroxydes $N(OH)_3$ et $N(OH)_5$, qui correspondent aux anhydrides azoteux et azotiques sont inconnus ; mais leurs anhydrides imparfaits $ON - OH$, l'acide nitreux, et $O_2N - OH$, l'acide nitrique, sont deux corps très importants.

Il existe en outre une combinaison oxygénée de l'azote qui se rattache étroitement à l'ammoniaque et à l'hydrazine ; c'est l'hydroxylamine NH_2OH.

HYDROXYLAMINE. NH_2OH.

PM. 32.81 (33).

275. On obtient l'hydroxylamine par l'action des acides étendus sur le fulminate de mercure (v. plus loin) ou en décomposant par un acide étendu le sel de potassium du dérivé disulfonique de l'hydroxylamine.

$$\begin{matrix} KSO_2 \\ KSO_2 \end{matrix} \Big\rangle NOH + 2H_2O = 2KHSO_4 + H_2NOH$$

L'hydroxylamine se forme encore par l'action de l'hydrogène naissant sur l'oxyde azotique :

$$NO + 3H = NH_2OH.$$

276. C'est un corps solide, fusible à $+ 33°$ et soluble dans l'eau en toutes proportions. Il se décompose avec explosion à $+ 130°$.

L'hydroxylamine, comme l'ammoniaque, possède la propriété de s'unir par addition aux acides pour former des sels de la forme

$$N \diagdown_{\text{R}}^{\diagup \text{OH}} H_2,$$ dont le plus important est le chlorhydrate.

Son caractère basique est moins prononcé que celui de l'ammoniaque.

L'hydroxylamine ressemble par beaucoup de ses propriétés à l'hydrazine ; l'étude des composés organiques démontre d'ailleurs que les radicaux NH₂ et OH ont fréquemment une signification analogue.

Comme l'hydrazine, l'hydroxylamine se laisse réduire par l'hydrogène naissant ; il se fait de l'eau et de l'ammoniaque.

L'hydroxylamine est un agent réducteur énergique ; les agents oxydants la transforment en acide nitreux :

$$NH_2OH + 2O = HONO + H_2O.$$

D'autres fois elle passe à l'état d'azote et d'eau.

De même que l'hydrazine, l'hydroxylamine réagit par son angle fonctionnel NH₂ sur les corps renfermant le groupement $= CO$; il se fait de l'eau et le radical $= N - OH$ vient prendre la place de l'oxygène. Il se produit ainsi des **oximes**.

$$\overset{R'}{\underset{R}{\diagup}} C = \boxed{O + H_2} N \cdot OH = \overset{R}{\underset{R'}{\diagup}} C = NOH + H_2O.$$

L'hydrogène hydroxylique des oximes est remplaçable par des métaux.

277. La plus remarquable des oximes est celle que forme l'oxyde de carbone $> C = O$ lui-même : c'est l'**acide fulminique** $C = NOH$.

Cet acide fulminique n'a pu être isolé mais il est connu par ses sels, dont le plus important est le **fulminate de mercure** $(C = N - O)_2 = Hg$. On l'obtient par l'action de l'acide nitrique sur l'alcool en présence du mercure. C'est un composé blanc, cristallin, insoluble dans l'eau, exceptionnellement endothermique. Sa chaleur de formation est de $- 62900$ cal. A l'état sec, il détone par le choc avec une violence extraordinaire ; l'étincelle électrique et une température supérieure à 163° provoquent également l'explosion, qui a lieu suivant l'équation :

$$(C = N - O)_2 Hg = 2CO + N_2 + Hg.$$

Le fulminate de mercure est un explosif très brisant ; il sert surtout à provoquer la déflagration l'autres explosifs(amorces). Une amorce de fulminate est noyée dans une charge l'un explosif moins sensible (poudre, dynamite). On provoque l'explosion du fulminate soit par le choc (cartouche de guerre), soit par l'étincelle électrique, soit à l'aide d'une mêche (mines). L'explosion du fulminate détermine la décomposition explosive de la charge.

Le fulminate de mercure, traité par un acide étendu, se décompose en acide fulminique ; ce dernier se dédouble à son tour par hydratation en acide formique CH_2O_2. et hydroxylamine, que l'on prépare de cette manière :

$$\text{ac. fulminique} + \begin{array}{c} C \\ + \\ O \end{array} \begin{array}{c} HOH \\ NOH \\ H_2 \end{array} = \begin{array}{c} H \\ O \end{array} \!\!\!\searrow\!\!\! \begin{array}{c} OH \\ C \end{array} + NH_2 \cdot OH.$$

ac. formique. hydroxylamine.

OXYDE AZOTEUX. N_2O.

P. M. 43.74. (44).

278. On prépare ce gaz par la décomposition du nitrate d'ammonium sous l'action de la chaleur :

$$NH_4 \cdot NO_3 = N_2O + 2H_2O.$$

C'est un gaz incolore, inodore, inaltérable à l'air, se liquéfiant sous 36 atmosphères de pression à 0° et bouillant à −87°. Il est assez soluble dans l'eau qui en dissout 1,3 fois son volume. Quand on le respire, il produit une ivresse gaie (d'où le nom de gaz hilariant qu'il a reçu), suivie d'une anesthésie profonde, mais de courte durée.

Il entretient la combustion, rallume une brindille de bois présentant un point en ignition comme le fait l'oxygène et forme avec les gaz combustibles des mélanges explosifs. L'oxygène est fixé par le combustible et l'azote se dégage. Comme l'oxyde azoteux est un composé endothermique (chaleur de formation −17500 cal), la combustion dans ce gaz dégage plus de chaleur que dans l'oxygène.

L'oxyde azoteux se distingue de l'oxygène : 1° par sa plus grande solubilité dans l'eau; 2° par le fait qu'il est sans action sur l'oxyde azotique.

279. A l'oxyde azoteux se rattache l'**acide hyponitreux**. HON=NOH, qui se produit par l'action de l'hydrogène naissant sur l'acide nitreux, ou encore par l'action de l'acide nitreux sur l'hydroxylamine.

$$HO \cdot N = O + H_2NOH = H_2O + HON = NOH.$$

On prépare son sel de potassium en traitant l'hydroxylamine-sulfonate de potassium par la potasse.

$$3KOH + HO - N \begin{Bmatrix} SO_3K \\ H \\ HOK \end{Bmatrix} + \begin{Bmatrix} KSO_3 \\ H \\ K \ OH \end{Bmatrix} N - OH = KON = NOK + 2K_2SO_4 + 4H_2O.$$

Le sel de potassium, traité par $AgNO_3$, donne un précipité d'hyponitrite d'argent, qui décomposé par HCl en solution éthérée, fournit l'acide hyponitreux lui même. Celui-ci est un corps solide, très explosif, se décomposant en N_2, H_2O et O. En solution, il se dédouble en N_2O et H_2O. L'oxyde azoteux n'est cependant pas l'anhydride de l'acide hyponitreux, car sa dissolution aqueuse ne possède aucun caractère acide.

L'acide hyponitreux est un acide bibasique; sa grandeur moléculaire a été établie en prenant la densité de vapeur de son éther.

OXYDE AZOTIQUE. NO.

P. M. 31.81 (32).

280. L'oxyde azotique se produit par l'union directe de l'oxygène à l'azote. La réaction conduit à un équilibre :

$$N_2 + O_2 \rightleftarrows 2NO,$$

dans lequel la concentration de l'oxyde azotique s'élève avec la température, ainsi que le fait prévoir à priori le caractère endothermique de la réaction.

Le volume d'oxyde azotique produit est de :

0,37 % du volume gazeux total à la température absolue de	1811°
0,64 % — — —	2033°
0,97 % — — —	2195°
5 % — — —	3200°.

La vitesse de la réaction augmente avec la température : la moitié de la quantité d'acide azotique qui peut se produire est formée après 0.58 secondes à 1500°, après 0,018 secondes à 2600°. Le système n'évolue donc pas très rapidement vers son état d'équilibre ; aussi pendant le refroidissement, le déplacement de l'équilibre vers l'état $N_2 + O_2$, stable aux basses températures ne se fait-il pas avec une vitesse considérable, ce qui permet de recueillir l'oxyde azotique formé à haute température, en le faisant passer brusquement à une température basse, pour laquelle sa vitesse de décomposition est sensiblement nulle. Ce fait a une importance considérable au point de vue de la préparation électrochimique de l'acide nitrique.

Les conditions de formation de l'oxyde azotique sont sensiblement les mêmes que celles de l'ozone ; on l'a obtenu notamment en faisant passer de l'air dans un tube chaud et froid (v. **106**) en platine chauffé à 1500°, la réfrigération brusque empêchant le renversement de la réaction. Mais les meilleurs rendements sont réalisés lorsqu'on fait jaillir un arc électrique de grande surface dans un courant d'air rapide. Au contact de l'arc, très chaud, l'oxygène et l'azote se combinent et le courant d'air entraîne rapidement l'oxyde azotique formé en des régions où la température est inférieure à 700°, et dans lesquelles la vitesse de décomposition de l'oxyde azotique est nulle.

Ce mode de formation de l'oxyde azotique est devenu aujourd'hui d'une importance industrielle et sociale exceptionnelle. Il permet de transformer, à l'intervention de l'oxygène et de l'eau, l'azote atmosphérique en acide nitrique. Or, l'agriculture consomme annuellement plusieurs millions de tonnes d'acide nitrique sous forme de nitrates, qu'elle tirait jusqu'à présent des gisements de nitrate de sodium du Chili. Mais on prévoit l'épuisement des ces gisements dans un délai plus ou moins rapproché et, comme l'emploi des engrais azotés est devenu indispensable pour faire produire au sol les récoltes abondantes dont nous tirons les matières organiques azotées nécessaires à notre existence, le problème de l'utilisation de l'azote atmosphérique est actuellement une question vitale pour l'humanité. Sa solution a été cherchée dans diverses voies ; on peut fixer l'azote sur le carbure de calcium, ou sur une mélange de chaux et de charbon (voir chimie organique, cyanamide), utiliser la faculté que possèdent certains microorganismes de fixer l'azote atmosphérique (voir cycle de l'azote). Mais le procédé le plus sûr et le plus économique, et qui paraît avoir donné la solution définitive du problème, est la transformation de l'air en oxyde azotique, à l'intervention de l'énergie électrique. Deux savants norwégiens, Birkeland et Eyde, sont parvenus à réaliser économiquement la préparation de l'acide nitrique par cette méthode; une usine utilisant 2500 chevaux-vapeurs fonctionne déjà et l'on compte produire cette année 20000 tonnes d'acide nitrique; l'installation pourra disposer éventuellement de 400000 chevaux, grâce à l'énorme puissance mécanique des chutes d'eau de Rujkanfos.

Les beaux résultats obtenus par Birkeland et Eyde sont dûs à l'emploi d'arcs voltaïques en forme de disque et de très grand diamètre, dont l'obtention est basée sur le principe suivant :

Lorsqu'on fait jaillir un arc voltaïque dans un champ magnétique puissant, perpendiculairement aux lignes de forces de ce champ, on constate que l'arc se déforme: il s'allonge et empiète de plus en plus sur les deux électrodes en prenant une forme semi circulaire, v. fig. 41. Ses dimensions augmentent jusqu'à ce qu'il se rompe et s'éteigne; il est alors remplacé par

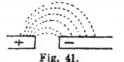

Fig. 41.

un autre arc qui subit les mêmes changements. Ce phénomène se répète, dans des conditions convenables, plusieurs centaines de fois par seconde et la succession rapide de ces arcs s'étendant en demi cercle, donne l'impression d'un disque semi circulaire continu. Si, au lieu de courant continu, on emploie un courant alternatif, le phénomène se produit l'une fois dans un sens, l'autre fois dans l'autre, et il apparaît un disque lumineux sensiblement circulaire. Avec une dépense de 30 kilowatts, on peut réaliser des arcs discoïdes de 1 m. de diamètre, de 2 m. avec 300 kilowatts. Or, 1 kilowatt-an fournit 450 k. d'acide nitrique.

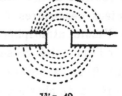

Fig. 42.

L'avantage de cette disposition est double : 1° Elle offre à l'air une énorme surface de contact avec l'arc pour une même dépense d'énergie électrique. 2° Elle permet de soustraire rapidement l'oxyde azotique formé aux zones de températures intermédiaires entre celle de l'arc et 700°, zones dans lesquelles l'équilibre se déplacerait en sens inverse.

La disposition schématique du four de Birkeland et Eyde est donnée en coupe par la fig. 43. L'arc (figuré en pointillé) jaillit entre

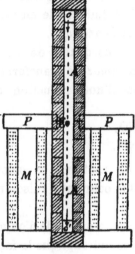

des électrodes creuses en cuivre, dans lesquelles se fait une circulation intérieure d'eau, empêchant l'échauffement et par suite l'usure rapide des électrodes. Dans la figure le point E représente l'extrémité d'une des électrodes.

En regard des électrodes sont placés les pôles P d'un puissant électro-aimant M, dans lequel circule un courant alternatif et qui crée le champ magnétique nécessaire à la production de l'arc discoïde.

L'espace dans lequel se produit l'arc est limité par une chambre très étroite A, en matériaux réfractaires, dans laquelle on fait circuler un courant d'air rapide

Fig. 43.

(25000 l. par minute). L'air entre en O et sort par O', à une température de 600° environ.

La transformation de l'oxyde azotique en acide nitrique sera exposée plus loin.

281. L'oxyde azotique s'obtient encore par la réduction de l'acide nitrique étendu (v. plus loin). Les agents réducteurs les plus appropriés sont le cuivre et les sels ferreux.

$$3Cu + 2HNO_3 = H_2O + 3CuO + 2NO$$
$$3CuO + 6HNO_3 = 3Cu(NO_3)_2 + 3H_2O$$
$$\overline{3Cu + 8HNO_3 = 3Cu(NO_3)_2 + 4H_2O + 2NO}$$

282. L'oxyde azotique est un gaz incolore, d'une liquéfaction difficile ; sa température critique est de —93°, son point d'ébullition de —142°. Un litre de ce gaz pèse 1.3426gr. à 0° et sous 760^{mm}.

Il est peu soluble dans l'eau qui en dissout 0.05 fois son volume à 20°.

La chaleur de formation de l'oxyde azotique est de —21600 cal. Malgré ce caractère fortement endothermique, l'oxyde azotique est le plus stable des composés oxygénés de l'azote ; ce qui résulte de la lenteur de la réaction de décomposition. Il se conserve indéfiniment à la température ordinaire et la vitesse de décomposition ne commence à devenir sensible que vers 700°. (Pour l'équilibre de dissociation, voir plus haut). Une amorce de fulminate de mercure provoque la décomposition explosive de l'oxyde azotique.

L'oxyde azotique possède la propriété remarquable de s'unir presque instantanément à froid à l'oxygène pour se transformer en hypoazotide : la réaction s'accompagne d'une réduction de volume d'un tiers :

$$2 NO + O_2 = 2NO_2$$
$$4 \text{ vol.} + 2 \text{ vol.} = 4 \text{ vol.}$$

Comme NO_2 est un gaz rouge, l'oxyde azotique se colore immédiatement au contact de l'air et constitue pour cette raison un excellent réactif de l'oxygène.

L'azote étant un élément tri- ou pentavalent, la molécule d'oxyde azotique est incontestablement non saturée, ce qui explique la facilité avec laquelle elle fixe l'oxygène.

On ne saurait admettre une formule double saturée ON - NO; la densité du gaz (15 pour $H = 1$) est incompatible avec cette hypothèse.

Quoique plus riche en oxygène et plus endothermique que l'oxyde azoteux, l'oxyde azotique ne cède pas facilement son oxygène aux corps combustibles; un charbon incandescent s'y éteint. Cependant le phosphore brûle dans l'oxyde azotique. Un mélange de vapeur de sulfure de carbone et d'oxyde azotique brûle avec une flamme bleue très éclairante, fort riche en rayons ultraviolets.

L'oxyde azotique se combine à froid aux sels ferreux pour donner un composé additionel brun, qui se décompose sous l'action de la chaleur.

ANHYDRIDE AZOTEUX. N_2O_3.

P. M. (?)

283. Lorsqu'on réduit l'acide nitrique relativement étendu ($D = 1.35$) par l'anhydride arsénieux, ou qu'on décompose un nitrite par un acide, il se produit un gaz rouge qui, refroidi à — 20°, se

condense aisément en un liquide bleu, cristallisant à très basses
températures en un corps solide également bleu; c'est l'anhydride
azoteux. Ce corps n'est stable qu'à des températures inférieures
à - 21°; au-dessus, il se dissocie d'après l'équation :

$$2N_2O_3 \rightleftharpoons 2NO + N_2O_4.$$

**A 50°, la valeur de la densité de vapeur fait admettre une dissocia-
tion complète.**

On en a conclu à la non existence de l'anhydride azoteux, mais
il est hors de discussion qu'un mélange équimoléculaire d'oxyde
azotique et d'hypoazotide N_2O_4 peut se dissoudre dans les bases
avec formation exclusive de nitrites et qu'il se comporte vis-à-vis
des amines aromatiques comme l'anhydride de l'acide azoteux.

Ce fait est dû à ce que la dissociation de N_2O_3 n'est pas tout à
fait complète, quoique la mesure de la densité de vapeur ne permette
pas de reconnaître la présence de N_2O_3. La minime quantité de
N_2O_3 inaltéré entre en réaction et disparaît; l'équilibre est alors
rompu; de nouvelles molécules de NO et N_2O_4 se combinent pour
reformer N_2O_3 qui disparaît à son tour et la réaction continue ainsi
jusqu'à disparition complète de NO et N_2O_4.

284. L'acide azoteux se dissout dans l'eau glacée pour donner
un liquide bleu, qui constitue une solution d'acide azoteux HNO_2. Ce
dernier n'est connu qu'en solution aqueuse. Il n'est pas un acide
très fort, aussi si l'on ajoute un acide fort à une solution de nitrite,
les ions H⋅ et NO_2' s'unissent pour donner de l'acide nitreux qui,
lorsque la solution est quelque peu concentrée, se dédouble
immédiatement par dissociation thermique en eau et anhydride
azoteux (ou en produits de décomposition de ce dernier).

$$2(H^{\cdot} + NO_2') \rightleftharpoons 2HNO_2 \rightleftharpoons H_2O + N_2O_3. \qquad (1)$$

Mais l'acide nitreux ne se conserve pas, même en solution
étendue; il se décompose progressivement d'après l'équation :

$$3HNO_2 = HNO_3 + 2NO + H_2O.$$

Nous donnerons plus bas (v. **286**) l'explication de cette réaction.

La molécule d'acide nitreux non ionisée est douée de propriétés
oxydantes, qui appartiennent probablement à l'anhydride azoteux

toujours présent dans le système en équilibre[1]. En présence d'un corps réducteur, il se fait de l'oxyde azotique :

$$R + 2HNO_2 = RO + H_2O + 2NO.$$

C'est ainsi que l'acide nitreux oxyde l'ion d'iode en présence d'ions d'hydrogène (acide iodhydrique); cette réaction permet de rechercher des traces de nitrites (Analyse des eaux potables). On ajoute à l'eau suspecte un iodure soluble (I_2Zn), de l'empois d'amidon et quelques gouttes d'acide sulfurique ; il se produit en présence de nitrite la coloration bleue caractéristique de l'iodure d'amidon.

$$2HNO_2 + 2I' + 2H^{\cdot} = I_2 + 2H_2O + 2NO.$$

285. L'acide nitreux possède une action oxydante remarquable, mais d'un autre genre, sur les corps du type XNH_2. La réaction peut se faire de deux manières différentes: Ou bien NH_2 est remplacé par OH ; il y a formation d'azote et d'eau :

$$\begin{array}{l} X \dashv N \vert H_2 \\ + HO \dashv N \vert = O \end{array} = \begin{array}{l} X \\ H \end{array}\Big\rangle O + N_2 + H_2O.$$

Cette transformation permet de passer du dérivé amidé au composé hydroxylique correspondant. On l'observe surtout pour les amines de la série grasse (v. chimie organique) et les amides. La formation de l'azote aux dépens du nitrite d'ammonium est un cas particulier de cette réaction ($X = H$).

Ou bien la réaction se fait par l'oxygène du radical $N = O$ qui se combine à l'hydrogène du groupement NH_2 pour former de l'eau ; ces deux atomes d'hydrogène sont remplacés par $= N-OH$.

$$XN\underline{H_2 + O} = NOH = XN = NOH. \tag{1}$$

Les composés ainsi produits sont connus sous le nom de **diazo** composés ; ils ont un caractère basique prononcé et échangent avec la plus grande facilité —OH contre des radicaux.

$$XN = N\underline{OH + O}R = XN = NR + H_2O. \tag{2}$$

Cette réaction s'observe surtout pour les amines de la série aromatique (v. chimie organique).

Comme HNO_2 est un corps instable, on le remplace dans ces

réactions par un mélange de nitrite de sodium et d'acide chlorhydrique ou sulfurique.

C'est sur la production d'une réaction du type (2) qu'est basée la
recherche des nitrites. On ajoute à l'essai dissous une solution de
chlorhydrate de paraamidobenzoate d'éthyle. Il se produit en présence d'un acide une très belle coloration rouge.

286. Les nitrites sont beaucoup plus stables que l'acide nitreux
lui-même; on prépare les nitrites des métaux alcalins par l'action
de la chaleur sur les nitrates correspondants :

$$NO_3K = NO_2K + O.$$

On fixe avantageusement l'oxygène par le plomb.

Les nitrites montrent des propriétés réductrices qui appartiennent à l'ion NO_2'; celui-ci tend à passer à l'état d'ion NO_3'; les
nitrites deviennent des nitrates. Ils sont notamment oxydés par le
permanganate de potassium et cette réaction peut servir à leur
dosage volumétrique.

Quant à l'acide nitreux lui-même, étant partiellement ionisé, il
devra manifester également des propriétés réductrices.

Il est oxydé par le permanganate de potassium et l'équilibre (1)
(§ **284**) étant ainsi rompu par la disparition d'ions nitreux,
l'oxydation devient totale.

Une solution d'acide azoteux renfermera d'autant plus d'ions NO_2'
qu'elle est plus étendue, mais ces ions nitreux agissent comme réducteurs sur l'agent oxydant qu'est l'acide nitreux non ionisé et
passent à l'état d'ions nitriques suivant la réaction:

$$\underbrace{2HNO_2}_{H_2O + N_2O_3} + H^{\cdot} + NO_2' \rightleftarrows H_2O + 2NO + \underbrace{H^{\cdot} + NO_3'.}_{HNO_3}$$

C'est ainsi que la solution d'acide nitreux se décompose peu à
peu en dégageant de l'oxyde azotique (v. **284**), par auto-oxydation
et auto-réduction. La réaction est réversible : l'acide nitrique
concentré est réduit par l'oxyde azotique avec formation d'anhydride azoteux.

Le nitrite de sodium est le plus important des sels de l'acide
nitreux, il est fabriqué industriellement pour la préparation des
azocouleurs (v. chim. organ.).

ACIDE NITRIQUE HNO₂.

P.M. 62.58. (63).

287. L'acide nitrique se rencontre quelquefois en petite quantité dans l'air (après les orages) et dans les eaux naturelles. Il est surtout représenté par ses sels, dont les plus importants sont ceux de potassium et de sodium. Le premier est le salpêtre ordinaire, le second le salpêtre du Chili.

Ces sels se sont formés dans la nature par l'oxydation de matières organiques azotées et de l'ammoniaque, en présence de carbonates, à l'intervention d'un ferment.

288. Fermentation. — Les ferments sont des organismes vivants, appartenant au groupe des végétaux inférieurs. Dans leur période d'activité physiologique, ils absorbent les substances **fermentescibles**, les utilisant soit comme aliment, soit le plus souvent comme source d'énergie. Au sein de leur organisme, ces substances subissent des transformations chimiques donnant naissance aux produits de fermentation, lesquels sont ensuite excrétés par le ferment.

L'activité d'un ferment figuré ne se manifeste que dans des conditions de milieu favorables. Il faut, outre la substance fermentescible, des matières alimentaires et une température convenable. Si toutes ces conditions sont réunies le ferment non seulement vivra, mais encore se multipliera.

Les causes retardatrices pour une fermentation sont celles qui exercent une influence noscive sur la vitalité du ferment. Parmi elles, il faut citer l'absence de nourriture, une température trop élevée ou trop basse et la présence de corps toxiques pour le ferment. Or, un produit de fermentation devient un poison pour l'agent qui le forme, quand sa concentration atteint une certaine valeur. Il en résulte que la fermentation se limite elle-même ; quand une certaine concentration des produits d'excrétion du ferment est atteinte, celui-ci perd de son activité et, si la concentration augmente encore, il finit par devenir complètement inactif.

Au début du phénomène de fermentation, la prolifération du ferment provoque une augmentation de la vitesse de fermentation, mais à un moment donné l'accumulation des produits de fermentation amène une diminution de la vitalité de la colonie; la multiplication s'arrête et la vitesse de fermentation, loin de croître, se réduit peu à peu par intoxication du ferment, dont l'activité vitale finit par devenir nulle. La courbe des vitesses de fermentation a donc un maximum et peut être représentée schématiquement par la fig. 45.

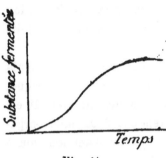

Fig. 44.

L'arrêt, qu'on pourrait appeler automatique, de la fermentation n'a pas pour conséquence la mort du ferment. A l'encontre de ce qui s'observe chez des organismes élevés, les manifestations vitales sont simplement suspendues; il s'en suit que la production de produits toxiques d'excrétion s'arrêtant, leur concentration n'atteint pas une valeur suffisante pour provoquer la mort du ferment. Aussi si ce dernier est placé à nouveau dans des conditions d'existences favorables, il pourra reprendre son activité fermentative première.

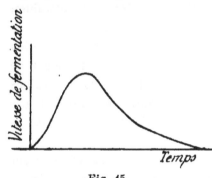

Fig. 45.

Il en est autrement lorsqu'on ajoute au milieu fermentescible un poison à dose suffisante pour tuer le ferment (antiseptique). La fermentation est alors définitivement empêchée. Une élévation de température amenant la coagulation des albumines, sièges des phénomènes vitaux chez tous les êtres vivants, doit naturellement avoir les mêmes conséquences (stérilisation).

Les abaissements de température, même excessifs (— 190°) n'ont au contraire qu'une influence paralysante sur le ferment, qui reprend son activité dès que la température se relève suffisamment (conservation des viandes par congélation).

Il paraît établi que l'action de beaucoup de ferments figurés est due à la sécrétion d'**enzymes**, appelés encore **ferments solubles**. Ceux-ci sont des catalyseurs qui provoquent la transformation caractéristique d'une fermentation donnée ; leur étude sera faite en chimie organique.

La fermentation nitrique est provoquée par des ferments habitant le sol et qui, à l'intervention de l'oxygène atmosphérique, oxydent l'ammoniaque et la transforment en acide nitrique. Il est démontré que dans ce phénomène interviennent deux micro-organismes différents ; un premier ferment fait passer l'ammoniaque à l'état d'acide nitreux ; l'oxydation de ce dernier en acide nitrique est provoquée par le ferment nitrique. Les acides nitreux et nitrique sont des poisons violents qui tueraient rapidement les ferments, s'ils n'étaient pas neutralisés à mesure de leur formation par des bases (carbonates) dont la présence est indispensable à la fermentation nitrique. Il se forme ainsi du nitrate de potassium, de sodium ou de calcium, suivant la nature du carbonate.

La fermentation nitrique n'est possible que dans un milieu poreux, facilement pénétrable à l'air. Aussi les gisements de salpêtre les plus importants se rencontrent-ils dans des régions sablonneuses (Indes, Arabie, Chili). Les murs poreux des étables sont fréquemment recouverts d'une cristallisation de nitrate de calcium.

289. L'acide nitrique se forme encore par l'action de l'eau sur l'hypoazotide ; cette réaction, qui permet de préparer l'acide nitrique aux dépens de l'air, sera étudiée plus loin (v. **304**).

Aujourd'hui la presque totalité de l'acide nitrique fournie par l'industrie est encore obtenue en chauffant le nitrate de sodium avec de l'acide sulfurique concentré :

$$Na\,NO_3 + H_2\,SO_4 = Na\,HSO_4 + HNO_3.$$

L'acide nitrique, qui est un liquide volatil, distille.

On pourrait, en chauffant à température élevée, provoquer la décomposition d'une deuxième molécule de nitrate par le sulfate acide ; cette opération n'est pas avantageuse au point de vue pratique.

On opère industriellement dans des cornues cylindriques A (fig. 46), dans lesquelles on charge le nitrate de sodium. L'acide

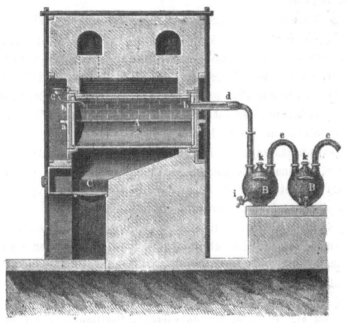

Fig. 46.

sulfurique est introduit par l'entonnoir *c* et les vapeurs d'acide nitrique sont condensées dans une série de touries B disposées en batterie, dont les dernières contiennent de l'eau, qui absorbe les vapeurs non condensées, et fournissent un acide plus ou moins étendu.

290. L'acide nitrique pur est un liquide incolore, d'une densité de 1.55 à 15°, fumant fortement à l'air et possédant une odeur piquante désagréable. C'est un corps très dangereux à manier; il corrode et détruit rapidement les tissus; la plupart des matières organiques sont oxydées avec une violence telle qu'elles peuvent prendre feu.

291. L'acide nitrique est un composé exothermique,

$$H_2 + 3O_2 + N_2 = 2HNO_3 + 83000 \text{ Cal.}$$

Il se dissocie aisément suivant l'équation :

$$4HNO_3 \rightleftharpoons 4NO_2 + 2H_2O + O_2.$$

La dissociation peut être provoquée par la lumière ; NO_2 qui se forme est un gaz rouge, qui se dissout dans l'acide nitrique et le colore en jaune.

Cette dissociation se produit encore quand on distille l'acide nitrique Ce dernier bout à 86° sous la pression atmosphérique. Il subit à cette température une dissociation assez sensible et sa vapeur contient, à côté d'acide nitrique inaltéré, de l'oxygène, de l'hypoazotide NO_2 et une certaine quantité de vapeur d'eau. Cependant la majeure partie de l'eau est retenue dans la cornue. L'hypoazotide formée colore en rouge l'atmosphère de l'appareil; lors de la condensation des vapeurs, il se dissout dans l'acide nitrique et lui communique une teinte jaune ou brune plus ou moins prononcée.

Après un certain temps, la production de vapeurs rouges cesse et l'atmosphère se décolore presque complètement.

L'arrêt de la dissociation est dû à ce que l'eau formée s'accumule dans l'acide non distillé ; elle empêche la décomposition de l'acide quand sa concentration est devenue suffisante (4 °/₀). A partir de ce moment elle distille de l'acide pur. La concentration de l'acide restant dans la cornue va donc aller en **décroissant** et quand elle atteint 68 °/₀, l'eau et l'acide restants distillent en un mélange homogène, bouillant à 120° et qui constitue l'**eau forte**. Celle-ci n'est pas une combinaison définie, car sa composition varie avec la pression atmosphérique; elle correspond approximativement à la formule $HNO_3.2H_2O$.

Le phénomène est comparable à celui que nous avons étudié dans la distillation des dissolutions d'acide chlorhydrique (v. **130**).

Un mélange d'eau et d'acide nitrique a une tension de vapeur inférieure à celle du composant en excès; il existe un système $HNO_3 + 2H_2O$ (l'eau forte) dont la tension de vapeur est minima et qui distille par conséquent à une température plus élevée que tout autre mélange d'eau et d'acide nitrique. Il doit constituer nécessairement le produit final de distillation, quelle que soit la composition initiale du système $HNO_3 + H_2O$. Aussi, lorsqu'on distille un acide renfermant plus de 32 °/₀ d'eau, la distillation fournit d'abord de l'eau jusqu'à ce que le mélange ait atteint la composition de l'eau forte, qui distille alors à 120°.

La distillation de l'acide nitrique pur comprend donc trois phases. On peut réduire la phase de dissociation en ajoutant une quantité d'eau suffisante, mais on récolte alors de l'eau forte comme produit final de distillation. On évite mieux la dissociation et l'on obtient dès la première distillation un produit à 98°-100 %, en distillant sous pression réduite.

L'acide nitrique concentré est très avide d'eau ; sa dissolution dans l'eau dégage 8200 cal. C'est un acide monobasique très fort ; en solution normale, il est ionisé à 80 %, et il nous offre avec l'acide chlorhydrique le type le plus parfait de la fonction acide.

292. L'acide nitrique est surtout remarquable par ses propriétés oxydantes. Il cède facilement un atome d'oxygène et se transforme en acide nitreux.

La réaction :

$$NO'_3 + R \rightleftharpoons NO'_2 + RO$$

est réversible et se limite rapidement par la formation d'ions NO'_2 réducteurs (v. **286**) ; il suffit d'une concentration très faible d'ions NO'_2 pour l'arrêter. Aussi les nitrates en solution neutre sont-ils dépourvus de pouvoir oxydant.

Mais si l'on opère en présence d'ions $H^{\cdot}$, l'ion NO'_3 s'y unit pour former de l'acide nitreux non ionisé. La nature du produit de réduction de l'acide nitrique dépendra du sort ultérieur des molécules d'acide nitreux. En aucun cas, celui-ci ne reste sous cette forme, ce qui rompt continuellement l'équilibre

$$R + H^{\cdot} + NO'_3 \rightleftharpoons HNO_2 + RO$$

et amène une réduction totale de l'acide nitrique.

Quand on opère avec de l'acide nitrique concentré, l'acide nitreux réagit sur l'excès d'acide nitrique ; ces deux corps perdent à frais communs les éléments d'une molécule d'eau et il se produit un anhydride mixte, l'hypoazotide N_2O_4.

La réaction est représentée par les équations : (R étant un corps réducteur).

$$R + HNO_3 = RO + HNO_2 \qquad (1)$$
$$HNO_2 + HNO_3 = H_2O + N_2O_4 \qquad (2)$$
$$\overline{R + 2HNO_3 = RO + H_2O + N_2O_4} \qquad (3)$$

Deux molécules d'HNO_3 fournissent donc un atome d'oxygène quand l'acide est concentré (60 °/₀ et plus).

Si l'acide est plus étendu (50 °/₀ environ) la présence de l'eau empêche la réaction (2) de se produire. Cette réaction est en effet réversible et si l'eau est en quantité suffisante, elle provoque même l'hydration de N_2O_4 qui aurait pu se former.

La réduction donnera donc de l'acide nitreux, mais celui-ci n'est pas encore stable à cette concentration (v. **284**); il se décompose au moment de sa formation en N_2O_3 et H_2O.

Nous aurons par conséquent les deux réactions successives :

$$2R + 2HNO_3 = 2HNO_2 + 2RO$$
$$2HNO_2 = N_2O_3 + H_2O$$
$$\overline{2HNO_3 + 2R = 2RO + H_2O + N_2O_3} \qquad (4)$$

Deux molécules d'HNO_3 fournissent deux atomes d'oxygène.

Lorsque l'acide nitrique est encore plus étendu (30 °/₀ et moins) l'acide nitreux peut rester dissous, mais il se dédouble en oxyde azotique et acide nitrique (v. **286**).

$$3HNO_2 = H_2O + HNO_3 + 2NO.$$

En combinant avec l'équation $3HNO_3 + 3R = 3HNO_2 + 3RO$, il vient :

$$2HNO_3 + 3R = H_2O + 2NO + 3RO.$$

Deux molécules d'HNO_3 cèdent trois atomes d'oxygène.

Tels sont les trois modes de réduction régulière de l'acide nitrique; la quantité d'oxygène disponible dépend donc de la concentration de l'acide. Suivant que l'on veut obtenir N_2O_4, N_2O_3 ou NO, on prendra de l'acide plus ou moins étendu. L'acide de densité 1,42 (70 °/₀) sert à la préparation de N_2O_4; de densité 1,35 (55 °/₀) à celle de N_2O_3; de densité 1,2 (32 °/₀) pour obtenir NO.

On choisira le corps réducteur de telle sorte qu'il agisse régulièrement sur l'acide de concentration voulue. Les métaux de la famille du cuivre et les sels ferreux se prêtent bien à la préparation de l'oxyde azotique; l'anhydride arsénieux As_2O_3 à celle de l'anhydride azoteux et de l'hypoazotide.

Dans les oxydations violentes l'acide nitrique peut être réduit à l'état d'oxyde azoteux et même d'azote :

$$2HNO_3 + 4R = 4RO + H_2O + N_2O$$
$$2HNO_3 + 5R = 5RO + H_2O + N_2$$

Quand l'agent réducteur est l'hydrogène naissant, il se forme de l'ammoniaque (v. **259**).

L'action de l'acide nitrique sur les métaux les transforme d'abord en oxydes. Ceux-ci réagissent secondairement sur l'acide en excès et donnent des nitrates. Tous les nitrates étant solubles dans l'eau, les métaux seront tous dissous par l'acide nitrique, à moins qu'ils soient inoxydables. L'or et le platine seuls résistent à l'action de cet acide.

Cette réaction est donc tout à fait générale et constitue une excellente méthode de préparation des nitrates, à condition que le métal n'agisse pas trop violemment (méthode impossible pour le potassium et le sodium).

293. Passivité du fer, du chrome et de l'aluminium. — Ces métaux possèdent la propriété curieuse de n'être pas attaqués par l'acide nitrique au maximum de concentration, tandis qu'ils le sont par l'acide étendu. De plus, après immersion dans l'acide concentré, ils deviennent inattaquables par l'acide étendu; ils sont devenus **passifs**. Cette passivité est probablement due à la production à la surface du métal, d'une couche très mince d'un oxyde insoluble dans l'acide nitrique dans le cas de l'aluminium et du chrome, d'une gaine gazeuse d'oxyde azotique dans le cas du fer; le métal étant ainsi protégé contre l'action de l'acide. Quand on le racle on enlève la couche protectrice et la passivité disparaît.

294. Lorsque le corps réducteur est un métalloïde, l'acide nitrique le transforme en un oxyde métalloïdique, lequel n'est pas une base, mais un anhydride, qui peut secondairement donner un acide au contact de l'eau.

$$P_2 + 10HNO_3 = P_2O_5 + 5H_2O + 5N_2O_4$$
$$P_2O_5 + 3H_2O = 2H_3PO_4$$
$$\overline{P_2 + 10HNO_3 = 2H_3PO_4 + 2H_2O + 5N_2O_4}$$

Cette réaction est employée pour la préparation de H_3PO_4, H_3AsO_4, $HSbO_3$.

295. L'acide nitrique peut oxyder par un autre mécanisme. En agissant par son hydroxyle sur des composés hydrogénés, il forme de l'eau : le radical NO_2 vient remplacer l'hydrogène enlevé :

$$XH + HONO_2 = X \text{-} NO_2 + H_2O.$$

Cette réaction se produit surtout avec facilité pour le benzol C_6H_6 et ses dérivés :

$$C_6H_5H + HONO_2 = C_6H_5NO_2 + H_2O.$$

Il se fait ainsi des composés dans lesquels le groupement - NO_2 est uni par l'azote à un radical (C_6H_5 dans l'exemple choisi). Ces corps sont connus sous le nom de **dérivés nitrés**. Nous citerons parmi les plus importants le nitrobenzol C_6H_5 - NO_2 et l'acide picrique.

296. Éthers nitriques. — Quand on fait agir un acide sur l'hydroxyde d'un radical hydrocarboné (c'est-à-dire formé de carbone et d'hydrogène) on peut remplacer l'hydrogène basique de l'acide par ce radical. Il se produit ainsi des éthers. (Pour les détails, voir chimie organique.)

Exemple :

$$(CH_3)OH + HNO_3 = (CH_3)NO_3 + H_2O.$$

Les éthers nitriques sont des composés fort importants dont le plus connu est la nitroglycérine. Ils jouent, ainsi que les dérivés nitrés, un rôle considérable en pyrotechnie où ils sont fréquemment utilisés comme explosifs. Ce n'est pas que les éthers nitriques et les dérivés nitrés se soient formés avec absorption d'énergie, mais ils n'en représentent pas moins des systèmes instables. Car si l'oxygène, au lieu d'être fixé sur l'azote pour lequel il n'a guère d'affinité, était uni au carbone et à l'hydrogène contenus dans la molécule, il se formerait un système de corps beaucoup plus stables.

Les éléments contenus dans les éthers nitriques tendent donc à se grouper autrement : C, H et O à l'état d'H_2O et de CO_2, tandis que l'azote se combinera à lui-même. Cette transformation dégage une quantité d'énergie très considérable et comme les produits formés sont gazeux, il y a augmentation énorme de volume lors de la décomposition, la chaleur dégagée étant transformée en travail mécanique.

Presque tous les explosifs utilisés, soit dans l'art militaire, soit dans l'industrie, sont soit des éthers nitriques, tels le coton poudre (poudre sans fumée) et la nitroglycérine (dynamite), soit des dérivés nitrés, tels l'acide picrique (mélinite), le trinitrotoluol.

La grande importance industrielle de l'acide nitrique réside principalement dans l'énorme développement pris par la fabrication de ces explosifs.

297. Les sels de l'acide nitrique ou nitrates sont tous solubles dans l'eau; le nitrate de bismuth et les nitrates de mercure sont décomposés par l'eau avec formation de sels basiques.

On appelle **sels basiques** des corps qui sont à la fois des oxydes ou hydroxydes métalliques et des sels.

$$\text{Bi}{\Big\langle}\begin{array}{l}NO_3\\NO_3\\NO_3\end{array} + 2H_2O \rightleftarrows \text{Bi}{\Big\langle}\begin{array}{l}OH\\OH\\NO_3\end{array} + 2HNO_3.$$

La transformation est réversible : un excès d'acide régénère le nitrate.

Les nitrates ne possèdent pas en solution les propriétés oxydantes énergiques de l'acide nitrique (v. **292**); mais à sec ils deviennent oxydants à des températures élevées.

Les nitrates chauffés avec du charbon ou d'autres corps réducteurs énergiques cèdent la totalité de leur oxygène (poudre à canon, v. KNO_3).

Les nitrates se décomposent tous par la chaleur; les nitrates des métaux alcalins et le nitrate d'argent se transforment en nitrites :

$$KNO_3 = KNO_2 + O.$$

Cette réaction est facilitée par la présence d'un corps réducteur (plomb). Les autres nitrates se décomposent comme le fait l'acide nitrique lui-même, c'est-à-dire en donnant un oxyde, de l'hypoazotide et de l'oxygène. Ils devraient se dédoubler en oxyde et anhydride azotique N_2O_5, (v. **238**), seulement ce dernier se décompose à son tour en $NO_2 + O$. Exemple :

$$Pb(NO_3)_2 \rightleftarrows PbO + \underset{\overline{2NO_2 + O}}{N_2O_5}$$

C'est un phénomène de dissociation; la réaction est réversible.

La décomposition des nitrates constitue une excellente méthode de préparation des oxydes métalliques.

298. Caractères des nitrates. — Tous les nitrates étant solubles, on ne peut les reconnaître par voie de précipitation; leurs caractères sont basés sur des phénomènes de coloration.

1° Une solution étendue de nitrate, additionnée d'un grain de **diphénylamine** et d'acide sulfurique concentré donne une magnifique coloration bleue (sensibilité $1/_{3000000}$).

2° Par addition de **brucine** et d'acide sulfurique concentré, il se produit une coloration rose.

3° On peut encore reconnaître les nitrates de la manière suivante: On verse leur solution dans une éprouvette, on y laisse tomber un cristal de sulfate ferreux, puis on fait couler de l'acide sulfurique concentré le long de la paroi du verre, de manière à éviter le mélange des deux liquides. H_2SO_4 descend au fond du tube et il se produit à la zone de séparation un anneau coloré en rouge brun (v. **282**).

299. Anhydride azotique N_2O_5. — Il s'obtient en distillant de l'acide nitrique avec de l'anhydride phosphorique, qui soustrait l'eau à l'acide :

$$2HNO_3 + P_2O_5 = 2HPO_3 + N_2O_5.$$

L'anhydride azotique est un corps solide cristallin, qui fond à 29° et bout à 50°, mais à cette température il commence à se décomposer en oxygène et hypoazotide.

800. Constitution de l'acide nitrique. — L'hydroxyle y est uni à l'azote et non pas à l'oxygène. En effet, dans les dérivés nitrés, l'azote est fixé directement sur le carbone, comme le prouve leur transformation sous l'action de l'hydrogène naissant :

$$XNO_2 + 6H = XNH_2 + 2H_2O.$$

L'enlèvement de tout l'oxygène du groupement NO_2 ne pourrait laisser l'azote fixé sur X, si X et N étaient séparés par l'oxygène.

La formule d'HNO_3 est donc :

$$HO - N{\nwarrow \atop \swarrow}^O_O \quad ou \quad HO - N{\nwarrow \atop \swarrow}^O_O$$

20

La première formule paraît la plus certaine, car HNO_3 est un composé saturé.

La Belgique produit environ 11,000 tonnes d'acide nitrique annuellement.

HYPOAZOTIDE. N_2O_4 ou NO_2.
P.M 91.4 — 45.7 (46).

301. Il se forme par l'action de l'oxyde azotique sur l'oxygène; cette réaction n'est possible qu'au dessous de 600°.

$$2NO + O_2 = 2NO_2.$$

On le prépare par l'action de la chaleur sur le nitrate de plomb, (v. **297**) ou bien en réduisant l'acide nitrique concentré ($D = 1,4$) par l'anhydride arsénieux.

A zéro, l'hypoazotide est un liquide incolore qui se congèle à —10°. Au dessus de zéro, il se colore peu à peu, devient jaune, puis brun et bout à +22°, en émettant des vapeurs colorées en jaune rougeâtre.

La coloration rouge des vapeurs devient plus intense à mesure que la température s'élève et atteint son maximum à 140°; à partir de ce point elle ne varie plus.

Si l'on détermine la densité de vapeur de l'hypoazotide, on constate qu'à zéro elle correspond à la formule N_2O_4. Au-dessus de cette température, la densité diminue progressivement jusque 140°; elle correspond alors à la formule NO_2 et reste invariable à des températures plus élevées.

L'hypoazotide N_2O_4, stable à de basses températures, se dissocie donc à mesure que la température s'élève; le phénomène est réversible et est régi par la condition d'équilibre:

$$KC_{N_2O_4} = C_{NO_2}^2. \qquad (1)$$

Si nous représentons par α le coefficient de dissociation et par V le volume occupé par une molécule-gramme de substance (91.4 gr.), la formule (1) devient (v. **183**):

$$K = \frac{\alpha^2}{(1 - \alpha) V}.$$

Le coefficient de dissociation dépend ici de la concentration (com parer avec IH, v. **148**).

Le parallélisme parfait entre la variation de la densité et l'intensité de la coloration démontre que la coloration rouge des vapeurs d'hypoazotide est due à NO_2.

302. L'hypoazotide, comme l'hypochloride (v. **160**), possède donc à l'état gazeux une formule deux fois plus petite que celle qui correspond à sa fonction. Il se comporte en effet comme l'anhydride mixte de l'acide nitrique et de l'acide nitreux et se dissout dans l'eau en donnant un mélange de ces deux acides :

$$N_2O_4 + H_2O = HNO_2 + HNO_3. \qquad (2)$$

En fait, la réaction n'est pas aussi simple ; l'acide nitreux formé se transforme par autoréduction en $NO + HNO_3$ (v. **286**) et cette dernière transformation est réversible. Les deux réactions se combinent ; la dissolution ne renferme donc pas des quantités équimoléculaires d'acide nitreux et d'acide nitrique, ce dernier est toujours en excès.

Plus la quantité d'eau est forte, moins la proportion d'acide nitreux détruite est importante.

Si l'on fait agir l'hypoazotide sur une dissolution concentrée d'hydroxyde alcalin, il se transforme en un mélange équimoléculaire de nitrite et de nitrate. L'autoxydation perturbatrice de l'acide nitreux ne se produit plus dans ce cas.

303. Il a été dit plus haut que la densité de l'hypoazotide reste invariable au-dessus de 140°. Cette proposition n'est exacte que si l'on ne s'écarte pas sensiblement de cette température. La densité ne se conserve en effet constante que jusque 180° ; au-dessus de ce point de l'échelle thermométrique, commence une dissociation en oxygène et oxyde azotique :

$$2NO_2 \rightleftharpoons 2NO + O_2$$

Ce dédoublement est total à 620°. Il absorbe une quantité d'énergie notable, l'oxydation de l'oxyde azotique dégageant 19900 calories.

L'hypoazotide est un gaz fort dangereux à respirer ; il produit une irritation très grave des poumons, qui peut entraîner très rapidement la mort.

Associé à certains liquides combustibles (sulfure de carbone, pétrole), il donne des mélanges explosifs de grande puissance (Panclastite).

304. C'est sur la formation de l'hypoazotide aux dépens de l'oxyde azotique et de l'oxygène et sur l'absorption de l'hypoazotide par l'eau ou par les bases que repose la préparation de l'acide nitrique aux dépens de l'air.

Le mélange d'oxyde azotique, d'oxygène et d'azote sortant du four électrique de Birkeland (v. **280**) est d'abord refroidi. La chaleur qu'il abandonne est partiellement employée à chauffer l'air frais que l'on amène au four, ou à concentrer l'acide nitrique étendu obtenu par absorption. Le refroidissement permet à l'oxygène en excès de s'unir à l'oxyde azotique pour donner de l'hypoazotide. Les gaz sont dirigés ensuite dans une série de tours analogues à la tour de Gay-Lussac (v. **235**), remplies de débris quartzeux. L'eau pure arrive dans l'avant-dernière tour, elle se charge d'hypoazotide, et donne ainsi un acide nitrique très étendu qui passe à l'aide d'un monte-jus dans la tour suivante, se concentre davantage et ainsi de suite. A la première tour on recueille un acide à 50 %, ne renfermant presque pas d'acide nitreux. En effet, plus l'acide est concentré, c'est-à-dire moins la quantité d'eau présente est forte, et plus l'acide nitreux formé par absorption de l'hypoazotide est détruit (v. **302**). De là l'absence presque complète d'acide nitreux dans la première tour. L'oxyde azotique régénéré est oxydé de rechef par l'air en excès et absorbé sous forme d'hypoazotide dans les tours suivantes.

Dans la dernière tour ruisselle un lait de chaux, qui absorbe les dernières traces d'hypoazotide et fournit un mélange de nitrite et de nitrate de calcium.

Le produit brut qui en découle est traité par de l'acide nitrique provenant de la première tour. Le nitrite de calcium est décomposé; il dégage N_2O_3, que l'on transforme en nitrite de sodium.

On neutralise ensuite l'excès d'acide nitrique par du carbonate de calcium; le nitrate de calcium produit est amené à cristallisation. Il peut être vendu comme engrais ou servir à la préparation de l'acide nitrique.

DÉRIVÉS HALOGÉNÉS DES ACIDES DE L'AZOTE.

305. Le chlorure de nitrosyle NOCl peut se former par union directe de l'oxyde azotique au chlore. Il se produit aussi par décomposition spontanée de l'eau régale (v. plus loin). On le prépare en chauffant l'acide nitrosylesulfurique avec du chlorure de sodium :

$$NO \cdot OSO_3H + NaCl = NOCl + NaHSO_4.$$

C'est un gaz, à odeur piquante, se liquéfiant à -5.6. Il se dissocie à 100°.

On ne connaît pas le chlorure de nitryle NO_2Cl.. Le seul dérivé halogéné de l'acide nitrique qu'on ait pu isoler est le fluorure de nitryle. NO_2Fl; c'est un gaz.

306. Eau régale. — On désigne sous ce nom un mélange d'acides nitrique et chlorydrique ; généralement on la prépare en ajoutant 1 p. d'HNO_3 (D = 1.2) à 3 p. d'HCl (D = 1.12). C'est un liquide coloré en jaune et qui ne se conserve pas ; il dégage peu à peu du chlore et du chlorure de nitrosyle :

$$3HCl + HNO_3 = 2H_2O + NOCl + Cl_2.$$

L'eau régale est un agent oxydant et chlorurant très énergique. C'est une source de chlore naissant, qui transforme tous les métaux en chlorures. L'or et le platiné même sont attaqués. Cette propriété de dissoudre l'or était connue des alchimistes et l'eau régale lui doit son nom (l'or était le roi des métaux pour les alchimistes).

Combinaisons sulfurées de l'azote.

307. On connaît deux sulfures d'azote; le premier a pour formule N_4S_4 et s'obtient par l'action du gaz ammoniac sur S_2Cl_2. C'est un corps solide cristallin, d'un rouge orangé et faisant explosion par le choc. Chauffé à 100°, il se dédouble en donnant de l'azote et du pentasulfure d'azote N_2S_5. Ce **pentasulfure d'azote** est un liquide très dense ($D = 1,9$), d'un rouge foncé, insoluble dans l'eau. Il se décompose à la longue en soufre et N_4S_4.

308. Beaucoup plus intéressantes sont les combinaisons azotées du radical sulfonyle SO_3H. On en connaît un grand nombre qui se rattachent à l'ammoniaque, à l'hydroxylamine et à l'acide nitreux.

309. Si l'on fait agir l'anhydride sulfurique sur l'ammoniaque, on obtient l'acide **amidosulfonique** (v. **269**) $NH_3 + SO_3 = NH_2 - SO_3H$.

Ce corps est fort stable et peu soluble dans l'eau. On prépare son amide $SO_2\diagdown{}^{NH_2}_{NH_2}$, par l'action de l'ammoniaque sur le chlorure de sulfuryle (v. **268**). Cette amide est très soluble dans l'eau.

Lorsqu'on traite le chlorure de sulfonyle par le gaz ammoniac on forme l'acide **imidosulfonique** $NH = (SO_3H)_2$; quant au dérivé **trisulfonique** de l'ammoniaque $N(SO_3H)_3$ appelé acide **nitrilosulfonique**, il s'obtient par l'action de l'acide nitreux sur l'acide sulfureux. En fait, on prépare son sel de potassium en faisant agir le sulfite acide de potassium sur une solution concentrée de nitrite de potassium (v. **310**).

310. En réagissant sur l'acide nitreux, les sulfites acides peuvent engendrer trois dérivés sulfoniques différents :

$$NO - OH + HSO_3K = N\diagdown{}^{OH}_{OH} \text{(I)}$$
$${}^{SO_3K}$$

$$NO - OH + 2HSO_3K = N\diagdown{}^{OH}_{SO_3K} + H_2O. \text{(II)}$$
$${}_{SO_3K}$$

$$NO - OH + 3HSO_3K = N(SO_3K)_3 + 2H_2O. \text{(III)}$$

La réaction inverse ne se fait pas. L'eau, en présence d'ions $H^{\cdot}$, dédouble les acides sulfoniques formés, avec production de sulfates acides. L'acide nitrilosulfonique se transforme ainsi en acide amidosulfonique (v. **308**).

$$N(SO_3K)_3 + 2HOH = H_2N - SO_3K + 2HO - SO_3K.$$

Quant au composé, $HO - N = (SO_3K)_2$, produit dans la transformation (II), il est décomposé par l'eau avec formation d'hydroxylamine, que l'on prépare de cette manière (v. **275**).

$$HO - N(SO_3K)_2 + 2H_2O = HO - NH_2 + 2HO - SO_3K.$$

Nous en déduirons que ce corps doit être considéré comme étant de l'hydroxylamine dans laquelle deux atomes d'hydrogène sont remplacés par le sulfonyle; aussi l'appelle-t on l'**acide hydroxylamine-disulfonique**.

Le dérivé monosulfoné $HSO_3 — N (OH)_2(I)$, l'acide dihydroxylamine-monosulfonique, se dédouble sous l'action de l'eau en acide sulfurique et oxyde azoteux. Il devrait se former de l'acide hyponitreux, mais ce dernier se décompose en eau et protoxyde d'azote :

$$(HO)_2N - SO_3H + H_2O = H_2SO_4 + \underbrace{(HO)_2NH}_{H_2O + NOH}$$

$$(NOH)_2 = H_2O + N_2O.$$

311. Le remplacement de l'hydrogène de l'acide nitreux par le sulfonyle donne naissance au composé $NO - O - SO_3H$, l'acide nitrosyle-sulfurique, improprement appelé **acide nitrosulfonique**, qui joue un rôle important dans la fabrication de l'acide sulfurique (v. **235**).

Ce corps peut s'obtenir notamment dans les réactions suivantes:

1° Par l'action de l'anhydride sulfureux sur l'acide nitrique fumant :

$$SO_2 + HONO_2 = HSO_3 - O \cdot NO. \qquad (1)$$

2° Par l'action de l'anhydride azoteux $(NO + NO_2)$ et de l'oxygène sur un mélange d'eau et d'anhydride sulfureux (H_2SO_3) :

3° Par l'action de l'anhydride azoteux sur l'acide sulfurique :

L'acide nitrosyle-sulfurique forme de gros cristaux, fusibles à $+ 73°$, que l'eau décompose avec formation d'anhydride azoteux $(NO + NO_2)$ et d'acide sulfurique. La réaction (3) est donc réversible; l'acide nitrosyle-sulfurique dissous dans l'acide sulfurique ne se décompose par l'eau que lorsque la concentration de celle-ci atteint 40 °/₀ environ.

L'acide nitrosyle-sulfurique se laisse réduire par l'anhydride sul-

fureux en présence de l'eau avec formation d'oxyde azotique et
d'acide sulfurique :

$$\begin{array}{l} \text{H - OH} \\ \text{NO - O - SO}_2\text{H} \\ + \text{SO}_2 \qquad == 2\text{NO} + 3\text{H}_2\text{SO}_4. \qquad (4) \\ + \text{NO - O - SO}_2\text{H} \\ \text{H - OH} \end{array}$$

L'acide nitrosyle-sulfurique est également réduit
à l'état de NO par le mercure, ce qui permet, non
seulement de le doser dans l'acide sulfurique brut,
mais encore de doser les nitrates.

312. Dosage des nitrates. — L'opération se
fait dans le nitromètre de Lunge (v. fig. 47).

La burette à gaz B est remplie de mercure. A
l'aide de l'entonnoir à robinet E on y introduit
d'abord la solution de nitrate, puis un grand excès
d'H$_2$SO$_4$ concentré. L'acide nitrique mis en liberté
est réduit par le mercure avec formation d'acide
nitreux, qui devient de l'acide nitrosyle-sulfurique,

Fig. 47.   lequel est à son tour transformé en oxyde azotique.

On mesure le volume de ce gaz et on réduit le volume lu à 0°
et à 760 mm. 1c^{3}NO correspond à 0,00282 gr. HNO$_3$.

313. Lorsqu'on fait réagir l'hypoazotide sur l'acide sulfureux
(H$_2$O + SO$_2$) il se forme un composé bleu, de la formule

$$O = N \begin{array}{l} \diagup \text{OH} \\ \diagdown \text{SO}_2\text{H} \end{array}$$ et que l'on appelle l'**acide nitrosisulfurique**.

Ce corps s'oxyde au contact de l'air pour donner le véritable
acide nitrosulfonique :

$$2O = N \begin{array}{l} \diagup \text{O} \boxed{\text{H} + \text{O} + \text{H}} \text{O} \diagdown \\ \diagdown \text{SO}_2\text{H} \qquad \text{HO}_2\text{S} \diagup \end{array} N = O == 2O = N \begin{array}{l} \diagup \text{O} \\ \diagdown \text{SO}_2\text{H} \end{array} + \text{H}_2\text{O}.$$

Mais l'acide nitrosulfonique subit immédiatement une transposition intramoléculaire qui le transforme en acide nitrosyle-sulfurique.

**314. Théorie du procédé de fabrication de l'acide sulfu-
rique dans la méthode dite des chambres de plomb.** — La
théorie de cette opération, la plus importante de toutes celles

que réalise l'industrie chimique, n'est pas encore complètement
élucidée aujourd'hui.

On s'accorde à admettre que la fixation de l'oxygène sur l'acide
sulfureux $(H_2O + SO_2)$ se fait par production intermédiaire
d'acide nitrosyle-sulfurique, lequel est détruit au moment même
de sa formation et devient de l''acide sulfurique et de l'anhydride
azoteux (ou $NO + NO_2$). Aussi cet acide nitrosyle-sulfurique
n'apparaît-il pas dans les chambres de plomb en marche normale,
mais on constate sa production dans une fabrication défectueuse,
lorsqu'il y a manque d'eau ; de là le nom de **cristaux de chambres
de plomb** que l'on a donné à ce corps. Mais il y a divergence
d'opinions quant au mode de formation de ce produit d'oxydation
intermédiaire.

Pour les uns, il se formerait directement aux dépens de l'anhydride azoteux, de l'oxygène et de l'acide sulfureux, suivant le
mode de formation (2), § **311**.

Pour d'autres, qui invoquent l'instabilité extrême de N_2O_3,
surtout aux températures qui règnent dans les chambres, ce n'est
pas à ce corps, mais à l'hypoazotide que revient le rôle principal.
D'après leur théorie, de date récente, il se forme d'abord de l'acide
nitrosisulfurique, qui au contact de l'air devient de l'acide nitrosyle-
sulfurique (v. **313**). Ce dernier est dédoublé par l'eau avec formation d'acide sulfurique, d'hypoazotide, (v. **311, 3**) et d'oxyde
azotique. L'oxyde azotique devient de l'hypoazotide au contact
de l'air.

L'hypoazotide, ou l'anhydride azoteux si l'on admet la première
interprétation, sont ainsi constamment régénérés.

Dans la tour de Gay-Lussac ces corps, entraînés par le courant
d'air, sont fixés par l'acide sulfurique avec formation d'acide nitro-
syle-sulfurique(v. **311, (3)**) s'il s'agit de N_2O_3, d'acide nitrosyle-sulfurique et d'acide nitrique si les vapeurs nitreuses sont formées
d'hypoazotide :

$$N_2O_4 + HOSO_3H = HONO_2 + NO\text{-}O\text{-}SO_3H.$$

Il serait impossible de détruire l'acide nitrosylesulfurique ainsi
formé en envoyant dans les chambres de plomb l'acide que l'on

recueille au bas de la tour, puisque l'acide étendu qui se trouve dans ces chambres renferme moins de 40 °/₀ d'eau (v. 311). On sait que l'on assure la récupération des oxydes de l'azote en dirigeant l'acide de la tour de Gay Lussac dans la tour de Glover, où l'acide nitrosyle-sulfurique est réduit par $SO_2 + H_2O$ avec formation d'oxyde azotique (v. **311, 4**).

Ce dernier repasse enfin à l'état d'hypoazotide en présence de l'oxygène de l'air et le processus recommence.

Dans la théorie ancienne l'ensemble des réactions était représenté par le schéma suivant :

$$2HNO_3 + 2SO_2 + H_2O = 2H_2SO_4 + N_2O_3$$
$$N_2O_3 + O_2 + 2HSO_3H = 2NO \cdot O \cdot SO_3H + H_2O$$
$$H_2O + 2NO \cdot O \cdot SO_3H = 2H_2SO_4 + N_2O_3$$

Chambres de plomb et partie supérieure de la tour de Glover.

$$N_2O_3 + 2H_2SO_4 = 2NO \cdot O \cdot SO_3H + H_2O$$

Tour de Gay Lussac.

$$2NO \cdot O \cdot SO_3H + SO_2 + 2H_2O = 2NO + 3H_2SO_4$$
$$2NO + \tfrac{1}{2}O_2 = N_2O_3$$

Tour de Glover (partie inférieure).

La théorie nouvelle interprète les phénomènes de la manière suivante :

$$2HNO_3 + SO_2 = H_2SO_4 + NO_2$$

$$2NO_2 + 2H_2O + 2SO_2 = 2O = N - SO_3H \quad (^{OH})$$

Chambres de plomb et partie supérieure de la tour de Glover.

$$2O = N - SO_3H \; (^{OH}) + \tfrac{1}{2}O_2 = 2NO \cdot O \cdot SO_3H + H_2O$$
$$2NO \cdot O \cdot SO_3H + H_2O = 2H_2SO_4 + NO + NO_2$$
$$NO + O = NO_2$$

$$2NO_2 + H_2SO_4 = HNO_3 + NO \cdot O \cdot SO_3H$$

Tour de Gay Lussac.

$$2NO \cdot O \cdot SO_3H + 2H_2O + SO_2 = 2NO + 3H_2SO_4$$
$$2NO + O_2 = 2NO_2$$

Tour de Glover (partie inférieure).

Il existe encore d'autres explications de la marche des réactions, mais il n'est pas du cadre de ce cours de les discuter.

315. Cycle de l'azote. — L'azote joue dans la constitution des êtres organisés un rôle prépondérant, le protoplasme et les substances albuminoïdes étant des combinaisons azotées. Ces corps ont une composition extrêmement complexe ; leur structure est inconnue et leur reproduction par les procédés de laboratoire est jusqu'ici restée impossible. L'organisme vivant peut se les procurer de toutes pièces aux dépens d'un autre être vivant dont il se nourrit. C'est ce que font les animaux, qui sont incapables de fabriquer des matières albuminoïdes aux dépens de corps plus simples et sont obligés de les emprunter au règne végétal.

Les plantes, au contraire, absorbent dans le sol des composés azotés simples (nitrates et sels ammoniacaux) et édifient à leurs dépens dans leurs tissus la molécule complexe des albuminoïdes. La plante est donc un organisme capable d'effectuer des réactions synthétiques (voir aussi plus loin cycle du carbone). L'animal par contre est le siège d'un processus de dédoublement, ramenant les aliments qu'il a absorbés à l'état de combinaisons de moins en moins compliquées. La molécule albuminoïde subit chez lui une destruction progressive qui l'amène finalement à l'état de combinaisons très simples, telle l'urée, qui sont rejetées comme produits d'usure ; l'azote est même éliminé partiellement à l'état libre.

Les produits rejetés, sauf l'azote libre, peuvent être utilisés par les végétaux pour la réédification de la molécule organique. Si les végétaux étaient consommés sur place, le sol ne s'appauvrirait que lentement en matériaux azotés. Il n'en est plus de même quand les récoltes sont utilisées ailleurs ; aussi l'apport de composés azotés est-il indispensable pour conserver au sol sa fertilité. Il se fait sous forme de sulfate d'ammoniaque et surtout de nitrate de sodium, qui constituent des engrais chimiques.

Quelques végétaux possèdent la précieuse propriété de fixer l'azote libre. Telles sont les légumineuses. Les racines des plantes de cette famille sont recouvertes de colonies de champignons parasites microscopiques qui absorbent l'azote atmosphérique et le transforment en combinaisons organiques. L'enfouissement d'une récolte de légumineuses enrichit donc le sol en matériaux azotés formés aux dépens des réserves inépuisables d'azote de l'atmosphère.

AIR ATMOSPHÉRIQUE.

316. L'air est un mélange de nombreux gaz; il renferme, outre l'azote et l'oxygène, ses constituants principaux, les argonides (environ 1 °/.), de l'anhydride carbonique (0.05 °/.), de la vapeur d'eau en quantité variable, puis des quantités infimes d'hydrogène, de gaz hydrocarbonés. Les viciations locales peuvent introduire dans l'air bien d'autres gaz, tels SO_2, H_2S, NH_3.

Dans le cours de la publication de cet ouvrage il a été démontré que la teneur en hydrogène de l'air est beaucoup plus faible qu'on ne l'avait estimée antérieurement (v. **67**); elle n'est pas établie avec rigueur, mais est inférieure à $\dfrac{1}{1500000}$ en volume.

La teneur de l'air en azote et oxygène est d'une constance remarquable; quelles que soient la latitude, la longitude ou l'altitude, 100 vol. d'air sec renferment 78,1 vol. d'azote, 20,9 vol. d'oxygène et 0,94 vol. d'argonides; 100 gr. d'air sec, 75,5 gr. d'azote, 23,1 gr. d'oxygène et 1,30 gr. d'argonides.

La constance de la composition de l'atmosphère pourrait faire croire que l'air est une combinaison instable d'oxygène et d'azote. Il n'en est pas ainsi, ce que prouvent les arguments suivants :

1° La formule d'une combinaison d'azote et d'oxygène contenant 76 N pour 23 d'O correspondrait à un poids moléculaire beaucoup trop élevé pour concorder avec la densité de l'air (Loi d'Avogadro).

On pourrait invoquer, pour expliquer cette densité anormale, une dissociation très profonde de la combinaison, mais dans ce cas, le coefficient de dissociation dépendant de la température, il devrait en être de même pour la densité. Or la densité de l'air est invariable.

2° Quand on mélange de l'azote et de l'oxygène de manière à obtenir un gaz ayant la composition de l'air, on n'observe aucune modification thermique. Nous savons que toute union chimique est accompagnée d'une variation d'énergie du système; il ne se fait donc pas de combinaison.

3° Quand l'air se dissout dans l'eau, chaque gaz est absorbé indépendamment de l'autre, en obéissant à la loi de Henry. Il en résulte que le mélange d'azote et d'oxygène dissous n'a plus la composition de l'air : il renferme 35 °/₀ d'oxygène. Si l'air était une combinaison, sa dissolution aqueuse devrait contenir l'azote et l'oxygène dans les proportions que l'on retrouve dans l'atmosphère.

Il semble que la dépense continuelle d'oxygène dans les phénomènes respiratoires des êtres vivants et dans les phénomènes de combustion doive avoir pour conséquence une diminution progressive de la teneur de l'air en oxygène et une augmentation de la proportion d'anhydride carbonique. Cependant l'expérience a prouvé que la composition de l'air reste sensiblement constante. L'explication de ce fait sera donnée dans l'histoire du carbone.

317. Liquéfaction de l'air. — Quand un gaz se détend, il se refroidit. Si c'est un gaz parfait, ce fait ne s'observe que quand il y a production d'un travail extérieur par déplacement des résistances qui s'opposent à l'expension.

Dans la plupart des cas, la détente donne lieu à une dépense de travail interne, absorbant aussi de la chaleur. Cette dépense est d'autant plus grande que la pression initiale est plus forte. Elle résulte du fait qu'à des pressions élevées les gaz n'obéissent plus à la loi de la Mariotte. Ils possèdent alors une certaine cohésion, qui doit être vaincue lors de la détente, ce qui absorbe de la chaleur. L'utilisation du froid produit par la détente permet la liquéfaction de presque tous les gaz et notamment de l'air. On le réalise dans l'appareil de Linde (fig. 48). La pompe de compression P refoule par le tube JCD de l'air comprimé à 200 atmosphères. Cet air échauffé par la compression est refroidi à la température ordinaire (ou à 0°) dans le réfrigérant W et passe de là dans le tube intérieur BE du double serpentin D. Il arrive ainsi à la soupape de réduction R, réglée de telle manière que la détente du gaz amène une chute de la pression à 20 atmosphères dans la boîte T et le serpentin extérieur FC. Cette réduction énorme de pression provoque un refroidissement considérable de l'air, qui est ramené par le tube G à la pompe de compression.

Tout le serpentin va donc être refroidi par la détente ; l'air comprimé continuant à arriver dans BE, sera amené à la soupape R à

une température plus basse que dans le premier cycle et, au moment de la détente, sa température s'abaissera encore, provoquant
ainsi un nouveau refroidissement de DF. Après un certain temps
la température du serpentin s'abaisse à — 190°. A ce moment l'air
s'écoule à l'état liquide dans le réservoir TC et peut être soutiré
par V. Le robinet A sert à l'aspiration de nouvelles quantités

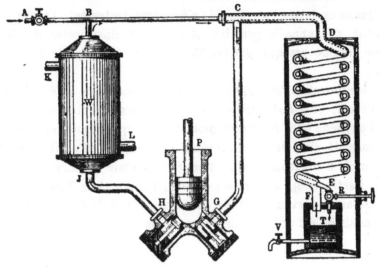

Fig. 48.

d'air extérieur. Tout le système de serpentins est placé dans une
enceinte mauvaise conductrice de la chaleur.

Pour que la détente produise un refroidissement, il faut que le
travail interne soit sensible. La liquéfaction sera donc d'autant plus
facile que le gaz est plus éloigné de l'état parfait. L'hydrogène sous
200 atmosphères de pression est encore un gaz trop parfait pour
que sa détente le refroidisse. Aussi doit-on, avant de le comprimer,
le refroidir à —190°, à l'aide d'air liquide, pour l'amener à un état
de gaz imparfait et pouvoir le liquéfier par détente.

Récemment Claude a construit des machines à liquéfier l'air,
dans lesquelles le gaz produit en se détendant un travail extérieur, qui absorbe une nouvelle quantité de chaleur. Le refroidissement ainsi obtenu vient s'ajouter à celui que détermine le
travail interne et l'on peut diminuer considérablement la pression initiale et l'abaisser à 30 atmosphères, la pression finale à la
détente étant réduite à 4 atmosphères.

L'air liquide est un liquide légèrement coloré en bleu, trouble par suite de la présence de CO_2 solide. On le débarrasse de cette impureté en le filtrant à travers un filtre en papier ; il devient ainsi parfaitement limpide. L'air liquide se conserve dans des récipients en verre à doubles parois, entre lesquelles on a fait le vide. Il sert de source de froid.

Quand on laisse l'air liquide s'évaporer lentement, l'azote, plus volatil, s'échappe le premier et l'on peut ainsi isoler de l'oxygène liquide presque pur (**v. 79**), à l'état d'un liquide d'un beau bleu.

Pour fournir à l'air liquide la chaleur nécessaire à l'évaporation de l'azote, on y fait barboter de l'air gazeux. Celui-ci se refroidit et l'oxygène qu'il renferme, moins volatil que l'azote, se condense et enrichit ainsi le résidu liquide en oxygène. En utilisant des appareils à condensation fractionnée (v. chimie organique, distillation fractionnée), on arrive à obtenir, d'une part de l'azote presque pur, d'autre part un liquide renfermant jusqu'à 96 °/₀ d'oxygène. La méthode est aujourd'hui industrielle.

ARGONIDES.

318. Quoique les éléments de cette famille n'appartiennent pas au groupe des azotides, leur histoire se rattache si étroitement à celle de l'air et de l'azote qu'elle en constitue en quelque sorte un appendice.

Lord Raleygh et Ramsay reconnurent en 1894 que l'azote atmosphérique était plus dense que l'azote extrait des combinaisons azotées. Comme celles-ci sont des individus chimiques bien définis, que l'hypothèse les considérant comme des mélanges était par conséquent inadmissible, les deux savants anglais en conclurent que l'azote atmosphérique devait renfermer une impureté plus dense que l'azote. Pour la séparer, ils opérèrent de deux manières différentes. La première est basée sur la faculté que possède l'azote de s'unir à l'oxygène sous l'influence de l'étincelle électrique et de donner ainsi de l'hypoazotide N_2O_4, que l'on peut absorber par la potasse. On retourne une cloche sur la cuve à mercure, on

y introduit de l'air, puis un excès d'oxygène et une solution concentrée de soude caustique. On fait passer à travers le mélange les
étincelles d'une bobine d'induction. Quand tout l'azote est transformé en hypoazotide, on enlève l'excès d'oxygène en introduisant
dans la cloche, soit du phosphore, soit une solution de pyrogallate
de potassium (corps réducteur très énergique). Il reste les argonides.

La deuxième méthode consiste à absorber d'abord l'oxygène par
le cuivre (v. **256**). Le résidu est dirigé dans un tube chauffé au rouge
et contenant de la limaille de magnésium. L'azote est absorbé et
l'on récolte les argonides purs. Le lithium et surtout le calcium
(ou un mélange de magnésium et de chaux) conviennent encore
mieux pour l'absorption de l'azote.

Un excellent procédé consiste à diriger l'air dans un tube chauffé
à 800° et renfermant du carbure de calcium CaC_2 ; l'azote et l'oxygène sont complètement fixés. L'addition de 10 °/₀ de chlorure de
calcium au carbone augmente énormément sa faculté d'absorption :

$$CaC_2 + O = CaO + C_2$$
$$CaC_2 + N_2 = \underset{\text{Cyanamide.}}{CaCN_2} + C.$$

Le gaz que l'on obtient ainsi n'est pas un corps pur. C'est un
mélange des divers argonides, que l'on sépare en les liquéfiant
d'abord, puis en soumettant le liquide à la distillation fractionnée.
Le plus important d'entre eux est l'**argon**, gaz incolore, qui bout à
-186°.1 ; son poids atomique est voisin de 39,6 ; sa molécule, comme
celle de ses congénères, est monoatomique (**v. 46**). Nous ne connaissons jusqu'à présent aucun moyen d'engager les argonides en combinaison ; ce sont des éléments d'une activité chimique nulle. Aussi
leur présence n'a-t-elle aucune influence sur les propriétés chimiques de l'azote extrait de l'air, c'est ce qui explique qu'elle soit
restée inaperçue jusqu'en ces dernières années.

Les autres argonides sont l'**hélium**, le **néon** (p. atomique 19,86),
plus volatil que l'argon, le **krypton** (p. atomique 81) qui bout à
—151,7 et le **xénon** (p. atomique 127) le moins volatil des argonides
(p. d'ébullition —109°). Tous ces gaz sont extrêmement rares.
Pour obtenir un gramme de crypton, il faut travailler 7000 kilogrammes d'air (6000 mètres cubes environ), un gramme de xénon
est fourni par 40000 kilogrammes d'air (32000 m³). Le néon est
encore plus rare.

C'est l'analyse spectrale seule qui permet de reconnaître leur présence ; ces éléments présentent des spectres très caractéristiques et très beaux.

319. Hélium. — L'analyse spectrale avait permis de reconnaître l'existence dans les protubérances solaires d'un élément inconnu à la surface du globe, dont le spectre possède une raie jaune caractéristique, et auquel on donna le nom d'hélium. On a constaté depuis que cet élément existe sur la terre : il se trouve en quantité excessivement minime dans l'atmosphère, certaines eaux minérales en renferment (source Raillère à Cauterets, Wiesbaden). On le rencontre également dans quelques minéraux rares, dont le plus riche en hélium est la **clévéïte**, une variété d'oxyde d'urane.

Ce minéral chauffé dans le vide, abandonne l'hélium.

Ce qui rend l'hélium particulièrement intéressant au point de vue théorique, c'est la genèse de ce corps par décomposition de certains éléments, comme le radium et l'urane ; cette décomposition s'accompagne de phénomènes de radioactivité ; nous y reviendrons à propos du radium.

L'hélium est le plus parfait de tous les gaz ; on n'est pas encore parvenu à le liquéfier. Il est employé au remplissage de thermomètres à gaz destinés à mesurer les températures très basses, auxquelles l'hydrogène n'obéit plus à la loi de Boyle-Gay Lussac. Son poids atomique est égal à 4. Comme les autres argonides, l'hélium est constitué de molécules monoatomiques.

L'existence de l'argon dans l'air avait déjà été entrevue par Cavendish.

Phosphore. P_4.

P. A. 30.79. (31).   P. M. 123.16 (124).

320. Le phosphore n'existe pas à l'état libre dans la nature; sa principale combinaison est le phosphate de calcium $Ca_3(PO_4)_2$, que l'on rencontre en grande quantité dans le Hainaut, la Floride, l'Algérie. Ce sel entre pour 86 $^o/_o$ dans la constitution de la matière inorganique du squelette des vertébrés.

On obtient le phosphore : 1° en chauffant au four électrique du phosphate de calcium avec du sable (anhydride silicique) et du charbon.

De même qu'un acide dérive de l'union de l'eau avec un anhydride, de même on peut considérer un sel comme résultant de la combinaison d'un oxyde métallique avec un anhydride. Le phosphate de calcium $Ca_3(PO_4)_2$ peut donc s'écrire :

$$3CaO.P_2O_5.$$

Dans la préparation du phosphore, l'anhydride silicique SiO_2 déplace P_2O_5 et ce dernier est réduit par le charbon.

On chauffe dans une cornue réfractaire à l'aide d'un arc. La réaction ne se fait qu'à une température très élevée (1200°—1400°.)

$$(3CaO).P_2O_5 + 3SiO_2 = 3CaSiO_3 + P_2O_5$$
$$P_2O_5 + 5C = \tfrac{1}{2}P_4 + 5CO.$$

2° En réduisant le métaphosphate de calcium ou l'acide phosphorique par le carbone (charbon de bois). L'interprétation de la réaction sera donnée plus loin. (V. acide phosphorique).

$$3Ca(PO_3)_2 + 5C = Ca_3(PO_4)_2 + 5CO + \tfrac{1}{2}P_4.$$

On mélange une solution de phosphate monométallique de calcium ou de l'acide phosphorique avec du charbon de bois pulvérisé. La pâte est très soigneusement séchée, puis chauffée dans une cornue. Lorsque la température atteint 650°—800° le phosphore distille et sa vapeur est condensée dans de l'eau froide: on obtient ainsi le phosphore blanc.

321. C'est un corps cristallin, d'un blanc légèrement jaunâtre, et transparent. Au-dessous de $+10°$, il est cassant; il devient mou comme de la cire au-dessus de $+20°$ et fond à $44°$. Il est insoluble dans l'eau; il se dissout assez facilement dans les huiles et surtout dans le sulfure de carbone.

Il est déjà volatil à la température ordinaire et répand une odeur alliacée spéciale. Sa température d'ébullition est $+287°$. Sa densité de vapeur, de même que les mesures cryoscopiques et ébullioscopiques, assignent à sa molécule la formule P_4. Le phosphore blanc a donc la même constitution que sa vapeur.

C'est un corps extrêmement vénéneux. L'inhalation de sa vapeur produit une maladie grave des os maxillaires (nécrose phosphorée).

L'activité chimique du phosphore blanc est très grande. Il s'oxyde lentement à l'air à la température ordinaire. Cette combustion lente, qui détermine une production d'ozone, est accompagnée d'un phénomène lumineux, la phosphorescence du phosphore. Cette phosphorescence ne se produit pas dans l'oxygène comprimé; certains corps, comme l'essence de thérébenthine, l'alcool, l'empêchent également.

L'oxydation lente s'accompagne d'un dégagement de chaleur qui porte peu à peu le phosphore à la température de $45°$, à laquelle commence la combustion vive (v. **13**). Celle-ci est exceptionnellement brillante; il se fait de l'anhydride phosphorique P_2O_5. En raison de cette oxydation si facile du phosphore blanc on est obligé de le conserver sous l'eau.

Le phosphore blanc se combine aussi à froid avec les halogènes; à chaud avec le soufre et tous les métaux.

322. Le phosphore blanc ne constitue pas la modification stable du phosphore. Il tend à se transformer en phosphore rouge, dont la molécule est beaucoup plus compliquée que celle du phosphore blanc. La transformation est d'une lenteur telle à la température ordinaire que le phosphore blanc se conserve indéfiniment, mais elle devient beaucoup plus rapide à température élevée. A $260°$ elle exige quelques jours, à $400°$ elle est explosive. Elle est faiblement catalysée par la lumière, très énergiquement au contraire par l'iode. Quand on fond du phosphore blanc dans une atmosphère d'anhydride carbonique et qu'on y projette un grain d'iode, il se fait une réaction violente et il se produit du phosphore rouge.

S'il ne se forme pas de phosphore rouge dans la préparation du phosphore blanc, c'est à cause du refroidissement rapide auquel on soumet la vapeur de phosphore pour la condenser. Les molécules P_4 de la vapeur sont ramenées à la température ordinaire avant qu'elles aient eu le temps de se transformer en phosphore rouge, et l'on peut ainsi isoler la forme instable (comparer avec soufre mou).

Le phosphore rouge n'est pas un individu chimique et une modification allotropique bien définie. Il n'est pas douteux qu'il existe plusieurs phosphores rouges différents; leur complication moléculaire est probablement d'autant plus grande que la température à laquelle ils ont été formés est plus élevée. Préparé à basse température, à l'intervention d'un catalyseur dont le meilleur est PBr_3, le phosphore rouge est d'un rouge clair intense; obtenu à haute température, comme c'est le cas pour le produit industriel, il est d'un rouge violacé très foncé.

On prépare le phosphore rouge en chauffant du phosphore blanc à l'abri de l'air pendant plusieurs jours à 280°. On lave la masse refroidie avec une solution de soude caustique qui n'attaque que le phosphore blanc (v. **324**).

Le phosphore rouge est insoluble dans tous les dissolvants et inaltérable à l'air. Il est inodore et sa toxicité est nulle. Son activité chimique est bien moindre que celle du phosphore blanc; elle est d'autant plus grande que la modification est moins compacte : le phosphore rouge clair est beaucoup plus apte à réagir que le phosphore violet.

Le nombre d'atomes constituant la molécule de phosphore rouge est inconnu, car on n'a pu déterminer le poids moléculaire de cette modification allotropique du phosphore, ce corps n'étant ni soluble, ni volatil.

Chauffé à 260°, le phosphore rouge se transforme en vapeur, cette vapeur est constituée de molécules P_4 de phophore blanc; aussi le phosphore rouge s'enflamme-t-il à cette température. La chaleur dégagée par la combustion de la vapeur provoque progressivement la transformation intégrale de tout le phosphore rouge.

Le phosphore rouge est souvent appelé phosphore amorphe. Il est très probable que ce n'est en réalité pas une modification amorphe, mais bien un corps à cristallisation mal définie. Ce qui milite en faveur de cette manière de voir, c'est qu'il est d'observation générale que lorsqu'un corps existe sous plusieurs modifications, dont l'une est amorphe, c'est celle-ci qui est la moins stable et la plus soluble. Or, c'est exactement l'inverse que l'on constate pour les modifications du phosphore. On a d'ailleurs obtenu du phosphore rouge en cristaux définis.

La transformation du phosphore blanc en phosphore rouge est accompagnée d'un dégagement d'énergie, variable d'après la modification de phosphore rouge engendrée, mais qui est en moyenne de 3710 cal. pour un atome-gramme.

Le phosphore rouge renfermant moins d'énergie chimique que le phosphore blanc, la combustion du premier dégage moins de chaleur que celle du second.

Le phosphore blanc est employé à la fabrication des allumettes phosphoriques, de l'anhydride et de l'acide phosphoriques. Le phosphore rouge est la base de la pâte dont on enduit les frottoirs des boîtes d'allumettes suédoises. La tête de celles-ci est garnie de sulfure d'antimoine et de chlorate de potassium, délayés dans un mucilage de gomme arabique. La friction de l'allumette sur le frottoir produit un dégagement de chaleur suffisant pour provoquer une transformation locale du phosphore rouge en phosphore blanc, ce dernier s'enflamme et met le feu à la tête de l'allumette.

La production annuelle du phosphore est d'environ 8000 tonnes.

Le phosphore fut découvert par Brandt dans l'urine en 1669.

COMBINAISONS HYDROGÉNÉES DU PHOSPHORE.

323. On connaît trois combinaisons du phosphore et de l'hydrogène; la phosphamine gazeuse PH_3, la phosphamine liquide, P_2H_4 et la phosphamine solide, $P_{12}H_6$. Les deux dernières sont peu importantes.

PHOSPHAMINE GAZEUSE PH₃

P. M. 33.79 (34).

324. Ce corps peut se former par union directe dans l'action de l'hydrogène naissant sur le phosphore.

On l'obtient encore: 1° par l'action de l'eau ou de l'acide chlorhydrique sur le phosphure de calcium :

$$P_2Ca_3 + 6HCl = 2PH_3 + 3CaCl_2.$$

2° Par l'action du phosphore sur les hydroxydes alcalins ou alcalino-terreux en présence de l'eau : il se forme un hypophosphite et PH₃.

$$P_4 + 3H_2O + 3KOH = 3PH_2O_2K + PH_3.$$
Hypophosphite de K.

Le mécanisme de la réaction est le suivant: un atome de phosphore s'empare d'un atome d'oxygène et de -OK; trois atomes d'hydrogène naissant sont aussi mis en liberté; deux d'entre eux sont fixés par l'atome de phosphore, le troisième reste disponible. Si ce phénomène se répète trois fois, les trois atomes d'hydrogène non fixés se combinent à un quatrième atome de phosphore.

$$3\left[P + KOH + HOH = O = P\begin{matrix}OK\\H\\H\end{matrix} + H\right]$$
$$3H + P = PH_3.$$

Dans les deux modes de préparation que nous venons de décrire, il se forme toujours une certaine quantité de phosphamine liquide P₂H₄. Cette dernière est spontanément inflammable à l'air; sa présence provoque l'inflammation de PH₃ dès que celle-ci arrive en présence d'oxygène. On doit opérer pour cette raison dans des appareils que l'on a remplis au préalable d'un gaz inerte (hydrogène).

325. L'hydrogène phosphoré pur (voir plus loin) est un gaz incolore, insoluble dans l'eau et se liquéfiant à -82°. Il possède une odeur infecte et est très vénéneux. Il ne s'enflamme pas spontanément à l'air, mais enflammé, il brûle avec une flamme blanche éblouissante en se transformant en acide métaphosphorique :

$$PH_3 + 2O_2 = HPO_3 + H_2O$$

S'il contient de la phosphamine liquide, il s'allume spontanément (v. **326**).

Ce n'est pas un corps très stable; l'étincelle électrique (jaillissant entre des électrodes de charbon) le décompose; il y a augmentation de volume de moitié :

$$2PH_3 = \tfrac{1}{2}P_4 + 3H_2.$$

Quoique le phosphore soit l'analogue de l'azote, la phosphamine ne ressemble pas complètement à l'ammoniaque. Elle ne se dissout pas dans l'eau et ne forme pas d'hydroxyde PH_4OH. Elle se combine cependant aux acides chlorhydrique, bromhydrique et iodhydrique et donne ainsi des composés cristallins, de la formule $PH_4.Hal$, isomorphes avec les sels d'ammonium correspondants. Ce sont les **sels de phosphonium.** Ces corps sont très peu stables; l'eau les dédouble en acide et phosphamine. Cette réaction permet d'obtenir PH_3 pur, exempt de P_2H_4.

La phosphamine agit sur les sels d'argent et de cuivre pour donner des phosphures; la réaction est réversible.

$$PH_3 + 3AgNO_3 \rightleftharpoons PAg_3 + 3HNO_3.$$

326. Phosphamine liquide. P_2H_4. — Le mélange gazeux de phosphamines PH_3 et P_2H_4, obtenu par l'action de l'acide chlorhydrique sur le phosphure de calcium, est dirigé dans un tube en U fortement refroidi; P_2H_4 se condense. C'est un liquide incolore, bouillant à 58°, dont les vapeurs sont spontanément inflammables à l'air. La lumière le décompose en PH_3 et phosphamine solide $P_{12}H_6$, que l'on obtient de cette manière. P_2H_4, quoique correspondant à l'hydrazine, n'en a pas les propriétés et ne forme pas de sels.

La **phosphamine solide** $P_{12}H_6$ est un corps solide jaune s'enflammant dans l'air à 160°. La cryoscopie de sa dissolution dans le phosphore a établi son poids moléculaire.

COMBINAISONS HALOGÉNÉES DU PHOSPHORE.

327. Le phosphore forme avec les halogènes des composés du type PR_3 et PR_5; on connaît en outre un iodure, P_2I_4.

Les composés du type PR_5 sont en général peu stables; ils tendent à se dédoubler en $PR_3 + R_2$. Leur stabilité diminue avec le caractère métalloïdique de l'halogène qui les forme. C'est ainsi que PFl$_5$ est indécomposable par la chaleur; PCl$_5$ se dissocie facilement et PI$_5$ est à peine entrevu. Les dérivés chlorés sont de beaucoup les plus importants; ce sont les seuls que nous étudierons en détail; les propriétés des bromures, iodures et fluorures sont du reste très voisines de celles des chlorures.

Nous mentionnerons cependant le **pentafluorure de phosphore** PFl$_5$; c'est un gaz, stable encore à de très hautes températures et dont la densité de vapeur est normale. Ce fait prouve d'une manière indéniable la pentavalence du phosphore.

Chlorures de phosphore. PCl$_3$. PCl$_5$. Ces deux corps s'obtiennent par l'action du chlore sur le phosphore. Quand celui-ci est en excès, on obtient PCl$_3$; dans le cas contraire, c'est PCl$_5$ qui se forme.

328. Le **trichlorure de phosphore** PCl$_3$ est un liquide incolore d'une odeur piquante et bouillant à 78°.

C'est un chlorure d'acide, qui réagit sur l'eau en échangeant son chlore contre OH (v. **150**), il se fait de l'acide phosphoreux.

Cette réaction se produit aussi avec des corps du type ROH :

$$PCl_3 + 3ROH = P(OH)_3 + 3RCl.$$

Aussi le trichlorure de phosphore sert-il souvent à la préparation de chlorures d'acides :

$$3(C_2H_3O)OH + PCl_3 = P(OH)_3 + 3(C_2H_3O)Cl.$$
$$\text{ac. acétique.} \qquad\qquad\qquad \text{chlorure d'acétyle.}$$

329. Le **pentachlorure de phosphore**. PCl$_5$ est un corps solide d'un blanc jaunâtre, fumant à l'air humide, d'une odeur très irritante.

Il commence à se volatiliser vers 100° et sublime sans se fondre à 150°, son point d'ébullition étant inférieur à son point de fusion. Il ne s'agit pas ici d'une ébullition vraie, mais d'une dissociation. La vapeur a en effet une densité inférieure à 104 (H = 1) qui correspondrait à la formule PCl$_5$, mais supérieure à 52, densité d'un mélange de PCl$_3$ de Cl$_2$.

La vapeur de pentachlorure de phosphore est donc formée d'un mélange de PCl$_3$, de Cl$_2$ et de PCl$_5$ non dissocié, mélange dont la tension de vapeur est égale à une atmosphère à 150°. Dans les parties froides de l'appareil PCl$_3$ et Cl$_2$ se recombinent et le pentachlorure se dépose. A 300° la dissociation est complète.

Il y a dans le pentachlorure deux atomes de chlore moins solidement fixés que les trois autres et qui sont abandonnés assez facilement par le phosphore; aussi ce corps se comporte-t-il assez fréquemment comme agent chlorurant, car il fournit du chlore à l'état naissant.

Il agit sur l'eau un peu différemment des autres chlorures d'acides : il échange les deux atomes de chlore mobiles contre un atome d'oxygène et il se forme de l'oxychlorure de phosphore $POCl_3$:

$$Cl_2PCl_2 + OH_2 = POCl_3 + 2HCl.$$

Cette réaction se produit également avec tous les hydroxydes et la plupart des corps du type XOX' :

$$Cl_2PCl_2 + XOH = POCl_3 + XCl + HCl$$

$$Cl_2PCl_2 + XOX' = POCl_3 + XCl + X'Cl.$$

Le pentachlorure de phosphore est très fréquemment utilisé pour transformer les hydroxydes ou les oxydes en chlorures. Il faut mettre en œuvre une molécule de pentachlorure par atome d'oxygène à substituer (v- **150**).

330. Oxychlorure de phosphore. OPCl₃. — Il se prépare par l'action de l'eau sur le pentachlorure de phosphore. On peut aussi l'obtenir en oxydant le trichlorure par $KClO_3$.

C'est un liquide incolore, fumant à l'air et bouillant à + 110°. Il est le chlorure de l'acide phosphorique.

Bromures de phosphores Le tribomure de phosphore PBr_3 est un liquide très dense (D = 2.92), bouillant à 175°; le pentabromure est solide et forme des cristaux jaunes.

Iodures de phosphore. L'existense d'un pentaiodure est douteuse, mais on connaît un triiodure PI_3 cristallisant en lames pourpres, et un biiodure PI_2 ou P_2I_4. Ce dernier forme des aiguilles cristallines rouges et se décompose par l'eau en donnant de l'acide phosphoreux, de l'acide iodhydrique et du phosphore.

$$3PI_2 + 6H_2O = \tfrac{1}{4} P_4 + 2H_3PO_3 + 6HI$$

Combinaisons oxygénées du phosphore.

331. On connait trois oxydes de phosphore : P_4O, P_4O_6 et P_2O_5, dont le dernier seul est un anhydride.

Les combinaisons à la fois hydrogénées et oxygénées sont nombreuses. L'hydroxyde $P(OH)_5$, correspondant aux dérivés pentahalogénés ·· ··3 été isolé ; son premier dérivé par déshydratation partielle $(HO)_3 P = O$ est l'acide orthophosphorique, dont il existe deux anhydrides imparfaits $H_4P_2O_7$, l'acide pyrophosphorique et HPO_3, l'acide métaphosphorique, ce dernier étant l'analogue de l'acide nitrique.

Au trichlorure de phosphore correspond l'acide phosphoreux H_3PO_3 ; on a isolé plusieurs anhydrides imparfaits de cet acide Son anhydride est inconnu ; l'oxyde P_4O_6, qui par sa formule serait l'anhydride phosphoreux, n'en possède pas la fonction.

Il existe un anhydride imparfait et mixte des acides phosphoreux et phosphorique, l'acide hypophosphorique $H_4P_2O_6$.

Moins riches encore en oxygène sont l'acide hypophosphoreux H_3PO_2 et l'hydroxyphosphure d'hydrogène $(HP_4 - OH)n$, dérivé hydroxylique de la phosphamine solide.

Sous-oxyde de phosphore P_4O. Il se forme par l'action d'une solution alcoolique de potasse sur le phosphore. C'est un corps solide jaune, insoluble dans l'eau et inaltérable à l'air à la température ordinaire.

Hydroxyphosphure d'hydrogène P_4HOH. Son dérivé potassique se produit par l'action de KOH sur la phosphamine solide : $P_4H_2 + KOH = P_4H.OK + H_2$. Il se décompose au contact des acides en donnant P_4HOH, composé solide jaune.

ACIDE HYPOPHOSPHOREUX, H_3PO_2.

332. Ses sels se forment par l'action des bases sur le phosphore ; il se produit en même temps de la phosphamine. (v. **324**).

Pour obtenir l'acide on décompose son sel de baryum par l'acide sulfurique.

L'acide hypophosphoreux est un corps solide, très soluble dans l'eau. Il se comporte comme un acide monobasique, sa formule

de constitution est $O = P\underset{\displaystyle H}{\overset{\displaystyle OH}{\diagup}}H$; l'hydrogène hydroxylique seul est

basique.

C'est un corps réducteur très énergique, il tend à passer à l'état d'H_3PO_4, en absorbant deux atomes d'oxygène. Il peut même se réduire lui-même, une molécule enlevant de l'oxygène à une autre, qui devient PH_3

$$H_3PO_2 + H_3PO_2 = H_3PO_4 + PH_3.$$

Cette réaction se produit sous l'influence de la chaleur.

Les sels de l'acide hypophosphoreux se décomposent de la même manière.

L'acide hypophosphoreux réduit à l'état métallique les ions d'or, d'argent et de mercure.

333. La réduction d'un ion métallique par un corps avide d'oxygène n'est possible qu'à l'intervention de l'eau. Celle-ci cède son oxygène au corps réducteur et l'hydrogène de l'eau, fixant les électrons positifs de l'ion métallique réduit, passe lui-même à l'état d'ion.

La réduction amène donc la formation, tout au moins à l'état potentiel, de l'acide dont dérive le sel réduit. Exemple :

$$H_3PO_2 + 4Ag^{\cdot} + 4NO_3' + 2H_2O = H_3PO_4 + 4Ag + \overbrace{4H^{\cdot} + 4NO_3'}^{4HNO_3}.$$

L'acide hypophosphoreux se distingue de l'acide phosphoreux par la solubilité de son sel de baryum.

Les hypophosphites sont quelquefois employés en médecine.

TRIOXYDE DE PHOSPHORE. P_4O_6.

334. Ce corps se forme par la combustion lente du phosphore dans l'air sec. C'est un corps cristallin blanc, aisément sublimable, auquel sa densité de vapeur assigne à la formule P_4O_6. Il fond à 21°. L'eau le décompose en donnant de l'acide phosphorique, de la phosphamine et de l'oxyde P_4O. Ce n'est donc pas l'anhydride de l'acide phosphoreux.

ACIDE PHOSPHOREUX. H_3PO_3.

335. L'acide phosphoreux se prépare par l'action de l'eau sur le trichlorure de phosphore (v. **328**).

C'est un corps solide, cristallin, très soluble dans l'eau.

Il peut, comme H_3PO_2, se réduire lui-même, une molécule cédant son oxygène à trois autres et devenant de la phosphamine :

$$3H_3PO_3 + H_3PO_3 = 3H_3PO_4 + PH_3.$$

D'après sa genèse, l'acide phosphoreux devrait être $P{-}\begin{smallmatrix}OH \\ OH \\ OH\end{smallmatrix}$.

Mais il se produit une transposition des atomes dans la molécule et l'acide phosphoreux se comporte comme un acide bibasique ayant pour constitution $O = P{-}\begin{smallmatrix}H \\ OH \\ OH\end{smallmatrix}$.

On connaît cependant quelques dérivés de l'acide phosphoreux trihydroxylique.

Il est doué de propriétés réductrices puissantes et se transforme par oxydation en acide phosphorique.

Le phosphite de baryum est insoluble dans l'eau.

Il existe plusieurs anhydrides imparfaits de l'acide phosphoreux, tels $H_4P_2O_5$ ($2H_3PO_3 - H_2O$) et $H_7P_5O_{11}$ ($5H_3PO_3 - 4H_2O$).

ANHYDRIDE PHOSPHORIQUE. P_2O_5 ou P_4O_{10}

P.M. 140.90 (142) ou 281.8 (284).

336. Ce corps est le principal oxyde du phosphore. On le prépare par la combustion vive de cet élément; pour l'obtenir pur on doit opérer dans l'air sec. La figure 49 représente l'appareil servant à cette préparation.

Le phosphore est brulé dans la capsule d; l'anhydride phosphorique se dépose sur les parois de la botte a, puis tombe en g. Un bouchon c sert à régler l'arrivée de l'air.

Quand il est préservé d'une manière parfaite contre l'action de l'humidité, l'anhydride phosphorique constitue une masse

neigeuse, blanche, **extrêmement** légère qui fond au rouge clair et
se sublime au rouge blanc.

Il **existe** sous trois modifications, dont deux sont amorphes.
L'une d'entre elles se produit dans la combustion du phosphore, l'autre est vitreuse et peut être obtenue par fusion. La
forme cristalline s'ob-
tient quand on sublime
l'anhydride phospho-
rique.

La densité de va-
peur de cet anhydride
correspond à la for-
mule P_4O_{10} (2 fois
P_2O_5).

C'est un corps ex-
trêmement stable ; la
formation d'une mo-
lécule P_2O_5 dégage
369300 calories.

L'anhydride phos-
phorique est de tous
les corps connus le
plus avide d'eau. Il
s'y combine avec une

Fig. 49.

violence explosive en donnant d'abord de l'acide métaphosphorique,
puis de l'acide orthophosphorique.

Au contact de l'air humide il se transforme très rapidement en
une masse visqueuse d'acide métaphosphorique. Il constitue le plus
puissant agent de dessiccation que nous possédions et est utilisé
pour enlever aux gaz les dernières traces d'humidité. Un tube de
25 cm. de longueur, rempli d'anhydride phosphorique et dans
lequel un gaz passe à la vitesse 2 litres à l'heure, dessèche le gaz
au point que 40000 litres de ce dernier renferme moins de 0,001 gr.
de vapeur d'eau.

L'anhydride phosphorique déplace tous les autres anhydrides de
leurs combinaisons avec l'eau, dont il s'empare pour se transformer

en acide métaphosphorique; il décompose ainsi tous les acides. Cette réaction conduit à la méthode la plus générale et la plus sure de préparation des anhydrides (v. **299** et **282**).

ACIDE ORTHOPHOSPHORIQUE H_3PO_4.
P.M. 97.27 (98).

337. Cet acide est abondamment représenté dans la nature par quelques sels dont le plus important est le phosphate neutre de calcium $Ca_3(PO_4)_2$ la **phosphorite**, qui joue un rôle important dans la constitution du squelette des vertébrés.

On prépare l'acide phosphorique en oxydant le phosphore par l'acide nitrique étendu (v. **294**). On évapore le liquide jusqu'à consistance sirupeuse et on laisse cristalliser.

On prépare encore l'acide phosphorique en décomposant le phosphate de calcium par l'acide sulfurique étendu en excès :

$$Ca_3(PO_4)_2 + 3H_2SO_4 = 3CaSO_4 + 2H_3PO_4.$$

On ajoute de l'alcool pour insolubiliser complètement $CaSO_4$; on filtre et on évapore d'abord l'eau, puis l'acide sulfurique en excès. Il reste un résidu d'acide pyrophosphorique (v. plus loin), que l'on transforme en acide orthophosphorique par ébullition prolongée avec de l'eau. On concentre ensuite jusqu'à cristallisation.

338. L'acide phosphorique forme des cristaux très déliquescents, fusibles à 41°, solubles dans l'eau en toutes proportions.

Quand on chauffe l'acide phosphorique à 215°, deux molécules d'acide perdent une molécule d'eau et il se forme de l'acide pyrophosphorique $H_4P_2O_7$.

Au rouge la déshydration est plus profonde, une molécule H_3PO_4 perd une molécule d'eau et donne de l'acide métaphosphorique HPO_3, qui ne peut être déshydraté davantage. C'est le seul acide indécomposable par la chaleur.

La constitution de l'acide phosphorique se déduit de sa formation par l'action de l'eau sur l'oxychlorure de phosphore $OPCl_3$:

$$O=P\begin{cases} Cl \\ Cl \\ Cl \end{cases} + \begin{matrix} H \\ H \\ H \end{matrix}\begin{cases} OH \\ OH \\ OH \end{cases} = O=P\begin{cases} OH \\ OH \\ OH \end{cases} + 3HCl.$$

L'acide phosphorique doit être un acide tribasique et forme en effet trois espèces de sels : des phosphates monométalliques $M^{\alpha}(H_2PO_4)_{\alpha}$, des phosphates bimétalliques $M_2^{\alpha}(HPO_4)_{\alpha}$ et des phosphates trimétalliques $M_3^{\alpha}(PO_4)_{\alpha}$ (α marque la valence du métal).

L'acide phosphorique s'ionise tout d'abord en $H^{\cdot} + H_2PO_4'$ (v. 211); cette dissociation est moins prononcée que celle des acides forts : elle atteint 17 °/. en solution demi-normale (HCl 87 °/.). L'acide phosphorique se comportera donc en tant qu'acide monobasique comme acide moyennement fort. En présence d'un acide puissant employé en excès les ions H_2PO_4' passeront presque complètement à l'état d'acide phosphorique (voir deuxième mode de préparation).

L'ion H_2PO_4' peut subir une ionisation en $H^{\cdot}$ et HPO_4'', mais ce dédoublement n'est guère important; aussi les phosphates monométalliques se comportent-ils comme des acides faibles.

Si nous traitons un phosphate bimétallique par un acide, il se transformera en grande partie en ions $M^{\cdot}$ et H_2PO_4'. Soit p. ex., le phosphate bimétallique de sodium. En solution, il est fortement ionisé comme tous les sels de sodium. Mettons-le en présence d'un acide fort, tel l'acide chlorhydrique. La dissociation de HCl étant très profonde, le nombre d'ions $H^{\cdot}$ est incompatible avec la condition $C_H \cdot C_{HPO_4''} = KC_{H_2PO'_4}$, puisque H_2PO_4' s'ionise difficilement; la majeure partie des ions HPO_4'' et $H^{\cdot}$ qui étaient en solution vont se transformer en ions H_2PO_4' et le système sera surtout formé des ions $Na^{\cdot}$, Cl' et H_2PO_4', c'est-à-dire que nous aurons une solution constituée de chlorure et de phosphate monométallique de sodium.

L'ion HPO_4'' peut à son tour se dissocier en PO_4''' et $H^{\cdot}$, mais cette dissociation est si faible que les ions $H^{\cdot}$ contenus dans l'eau suffisent déjà à la limiter. Si un phosphate trimétallique est dissous dans l'eau, il donne les ions $M^{\cdot}$ et PO_4'''; mais l'eau hydrolyse le sel, la condition d'équilibre :

$$C_{H^{\cdot}} \times C_{PO_4'''} = kC_{HPO_4''}$$

étant incompatible avec les valeurs des concentrations des ions PO_4''', fournis par le sel, et des ions $H^{\cdot}$, provenant de l'eau. Ces ions d'hydrogène disparaissent en partie, il en résulte une augmentation de la concentration des ions OH', conséquence de la rupture de l'équilibre $H\cdot + OH' \rightleftharpoons H_2O$ et les ions OH' donnent à la solution une réaction alcaline.

La réaction $H_2O + PO_4''' \rightleftharpoons HPO_4'' + OH'$ étant réversible, les phosphates trimétalliques (l'ion PO_4''') peuvent exister en présence d'un excès d'ions OH'.

L'ion HPO_4'' fournit si peu d'ions $H\cdot$ qu'il n'a pas de réaction acide aux indicateurs ; aussi les phosphates bimétalliques sont-ils neutres au tournesol.

Si l'eau suffit déjà à provoquer la transformation de l'ion PO_4''' en ion HPO_4'', il en sera de même à plus forte raison pour les acides.

Aucun acide ne nous montre d'une manière plus frappante que l'acide phosphorique la dissociation progressive et inégale des acides polybasiques (v. **211**).

339. Les phosphates monométalliques sont tous solubles dans l'eau ; les phosphates bimétalliques et trimétalliques sont, au contraire tous insolubles, sauf ceux des métaux alcalins.

La plupart des phosphates trimétalliques et bimétalliques sont solubles dans les acides forts, qui les transforment en phosphates monométalliques solubles. Ne font exception que les phosphates de bismuth, d'étain, de mercure. Les phosphates trimétalliques de plomb et d'argent sont insolubles dans les acides forts étendus, mais solubles dans les acides concentrés.

Les phosphates trimétalliques et bimétalliques insolubles ont un produit de solubilité très faible. Dans la condition d'équilibre :

$$C_M^3 . C_{PO_4}''' = K . C_{M_3PO_4} \qquad (1)$$

le second membre a une valeur maxima très petite ; les ions $M\cdot$ et PO_4''' ne pourront donc se trouver en présence l'un de l'autre qu'à de très faibles concentrations. Si nous ajoutons un acide, les quelques ions PO_4''' qui se trouvaient en dissolution vont disparaître en majeure partie, car ils se combinent aux ions $H\cdot$ pour former l'ion H_2PO_4' ; une nouvelle quantité de M_3PO_4 passera en solution, s'ionisera et de rechef les ions PO_4''' disparaîtront. Le phosphate trimétallique finira ainsi par passer complètement à l'état d'ions

M· et H_2PO_4' c'est-à-dire de phosphate monométallique, si la concentration des ions H· ajoutés est suffisante.

Ce n'est que dans le cas où la concentration des ions PO_4''', si réduite qu'elle soit par la présence des ions H·, est supérieure à celle qui correspond à la valeur limite du produit C_M^3. C_{PO_4}, que le phosphate trimétallique ne se dissout pas. C'est ce qui arrive pour les phosphates de plomb et d'argent, dont le produit de solubilité est extrêmemeut petit.

Quand ajoute une solution neutre de nitrate d'argent à une dissolution de phosphate bimétallique de sodium, dont la réaction est également neutre au tournesol, il se fait un précipité de phosphate trimétallique d'argent et la dissolution rougit le papier de tournesol. Les rares ions PO_4''' fournis par HPO_4'' sont précipités à l'état de Ag_3PO_4, l'équilibre $HPO_4'' \rightleftharpoons H· + PO_4'''$ est rompu et la présence d'ions H· en excès devient décelable par l'indicateur.

Les phosphates de plomb et d'argent ne se dissolvent donc pas dans l'acide nitrique très étendu.

La résistance aux acides des phosphates de mercure, d'étain et de bismuth résulte, non seulement de leur faible produit de solubilité, mais encore du fait qu'ils sont très peu ionisés ; la quantité d'ions PO_4''' est inférieure à celle qui correspond au coefficient d'ionisation de l'ion H_2PO_4', même en présence de beaucoup d'ions H·.

La transformation des phosphates neutres en phosphates monométalliques solubles sous l'action des acides forts trouve une application importante dans la fabrication des engrais chimiques phosphatés. Les végétaux ont besoin d'aliments phosphorés. Le phosphate trimétallique de calcium $Ca_3(PO_4)_2$ est très peu soluble, aussi les plantes ne l'absorbent-elles que lentement et l'effet de cet engrais phosphaté sur leur croissance n'est pas assez rapide. Quand on désire fournir en peu de temps aux végétaux une quantité importante de nourriture phosphorée on emploie le phosphate monométallique de calcium, lequel est soluble. On l'obtient, mélangé de sulfate de calcium, par l'action de H_2SO_4 sur $Ca_3(PO_4)_2$. Ce mélange est connu sous le nom de **superphosphate**.

Caractères des phosphates Les phosphates neutres solubles (Na, K, NH_4) donnent des précipités blancs avec les sels de baryum, calcium, etc. ; ils précipitent en jaune par le nitrate d'argent. Ces précipités sont solubles dans les acides forts.

Ils reprécipitent par addition d'une base : les ions OH' font disparaître les ions d'hydrogène qui avaient transformé l'ion PO_4''' en ion H_2PO_4' ou même en acide phosphorique.

Il semble donc, au point de vue analytique, que les phosphates se dissolvent physiquement dans les acides forts et sont précipités de leur dissolution lorsqu'on détruit le dissolvant. Ce fait se retrouve pour tous les sels insolubles d'acides faibles, à condition que l'acide faible formé ne se dédouble pas au moment de sa formation (comme le fait l'acide carbonique). Si l'on dissout, par exemple, le fluorure de calcium dans l'acide chlorhydrique et qu'on ajoute une base, le fluorure reprécipite.

Le phénomène se représente schématiquement par la série d'équations suivantes :

$$MR \text{ (insoluble)} + H \cdot = M \cdot + HR$$
$$HR + OH' = R' + H_2O$$
$$M \cdot + R' = MR \text{ (insoluble)}.$$

Le caractère le plus important des phosphates neutres est celui que donne la mixture magnésienne. Ce réactif est une dissolution de chlorures d'ammonium et de magnésium, rendue alcaline par un excès d'ammoniaque; il produit dans les solutions de phosphates neutres un précipité de phosphate neutre double de magnésium et d'ammonium :

$$PO_4''' + Mg \cdot \cdot + NH_4^{\cdot} = Mg.NH_4PO_4.$$

Ce précipité est insoluble dans l'ammoniaque mais soluble dans les acides.

Tous ces caractères sont ceux de l'ion PO_4'''; comme ce dernier n'existe pas en présence d'acides, on ne peut rechercher les phosphates en solution acide par ces réactions.

En solution acide, on reconnaît les phosphates (l'ion H_2PO_4') par le molybdate d'ammonium. Une solution acide de molybdate d'ammonium donne avec les phosphates en solution acide un précipité jaune de phosphomolybdate d'ammonium. C'est le sel d'ammonium d'un anhydride imparfait fort complexe des acides molybdique et phosphorique ; sa composition est :

$n\text{MoO}_3 + (\text{NH}_4)_3\text{PO}_4 . 4\text{H}_2\text{O}$, (la valeur de n varie de 10 à 14).

Ce précipité est soluble dans l'ammoniaque. Cette base le transforme en molybdate et phosphate neutres d'ammonium, qui sont solubles.

ACIDE PYROPHOSPHORIQUE $\text{H}_4\text{P}_2\text{O}_7$.

340. Cet acide s'obtient en chauffant l'acide orthophosphorique à 215°. C'est un corps solide, vitreux et soluble dans l'eau.

Il résulte de l'élimination d'une molécule d'eau aux dépens de deux molécules d'acide orthophosphorique et a pour formule de consitution :

$$O = P \overset{\displaystyle OH}{\underset{\displaystyle O}{\diagdown}} OH \quad HO \overset{\displaystyle HO}{\underset{\displaystyle }{\diagup}} P = O.$$

L'acide pyrophosphorique est soluble dans l'eau ; quoiqu'il soit un anhydride imparfait, l'eau ne le décompose que très lentement et sa dissolution peut se conserver à froid pendant des mois. L'eau chaude le transforme beaucoup plus rapidement. Il diffère à cet égard fortement de l'acide pyrosulfurique qui est instantanément détruit par l'eau (v₁ **244**).

En présence des acides forts, l'hydratation de $\text{H}_4\text{P}_2\text{O}_7$ est rapide ; on a observé d'une manière générale que l'ion H⁺ agit catalytiquement comme accélérateur dans l'action de l'eau sur les anhydrides imparfaits.

L'acide pyrophosphorique est un acide tétrabasique ; on ne connaît que ses sels neutres et ses sels bimétalliques. Les premiers s'obtiennent par l'action de la chaleur sur les orthophosphates bimétalliques ; ils sont tous insolubles, sauf ceux des métaux alcalins. Les pyrophosphates bimétalliques, qui se forment en chauffant prudemment les orthophosphates monométalliques, sont solubles.

$$O = P \begin{matrix} ONa \\ OH \\ OH \end{matrix} \quad + \quad \begin{matrix} NaO \\ HO \\ HO \end{matrix} P = O \quad = \quad O = P \overset{\displaystyle ONa}{\underset{\displaystyle O}{\diagdown}} OH \quad \begin{matrix} NaO \\ HO \end{matrix} P = O.$$

Les pyrophosphates solubles sont encore plus résistants à l'action de l'eau que l'acide pyrophosphorique lui-même. L'ébullition prolongée avec les acides les transforme en orthophosphates acides. Les bases les décomposent en donnant des orthophosphates neutres.

Le pyrophosphate neutre d'argent est un précipité blanc, tandis que l'orthophosphate est jaune.

Le pyrophosphate neutre de magnésium $Mg_2P_2O_7$ est intéressant parce que c'est sous cette forme que l'on dose les phosphates.

Les phosphates en solution neutre sont précipités directement par la mixture magnésienne; le phosphate ammoniaco-magnésien formé est calciné :

$$2Mg.NH_4.PO_4 = Mg_2P_2O_7 + H_2O + 2NH_3.$$

Les phosphates en solution acide sont d'abord précipités à l'état de phosphomolybdate d'ammonium. Ce précipité est, après lavage, dissous dans NH_4OH; on obtient ainsi des ions PO_4''' que l'on précipite par la mixture magnésienne. Le précipité est alors transformé en pyrophosphate de magnésium. 100 p. de $Mg_2P_2O_7$ correspond à 63,96 p. P_2O_5.

ACIDE MÉTAPHOSPHORIQUE HPO_3 ou $H_nP_nO_{3n}$.

P.M. $n \times 79.39\,(80)$.

341. Quand on chauffe l'acide orthophosphorique au rouge, une molécule d'acide perd une molécule d'eau et se transforme en acide métaphosphorique :

$$\begin{array}{c} H\ O \\ H\ O \\ H\ O \end{array} \Big\rangle P = O \quad == \quad \begin{array}{c} HO \\ \\ O \end{array} \Big\rangle P = O.$$

Cet acide métaphosphorique se forme encore par l'action de l'eau sur l'anhydride phosphorique ou en chauffant le phosphate d'ammonium :

$$(NH_4)_2.HPO_4 = 2NH_3 + H_2O + HPO_3.$$

C'est un corps solide, transparent, d'aspect vitreux, d'où le nom d'acide phosphorique glacial qu'on lui donne parfois, soluble dans l'eau et déliquescent. Sa solution se conserve quelque temps inaltérée à froid; à chaud, surtout en présence des acides

(v. **339**), l'acide métaphosphorique s'hydrate rapidement et devient d'abord de l'acide pyrophosphorique, puis plus lentement de l'acide orthophosphorique.

Les solutions d'acide métaphosphorique coagulent l'albumine, ce qui distingue cet acide d'avec H_3PO_4 et $H_4P_2O_7$, lesquels ne possèdent pas cette propriété.

Les métaphosphates s'obtiennent par l'action de la chaleur sur les orthophosphates monométalliques :

$$\begin{matrix} NaO \\ HO \\ HO \end{matrix} \!\!\! > P = O = \begin{matrix} NaO \\ O \end{matrix} \!\!\! > P = O + H_2O.$$

Ils sont tous insolubles dans l'eau, sauf les métaphosphates alcalins.

L'acide métaphosphorique est un acide très fort, beaucoup plus ionisé que H_3PO_4 et $H_4P_2O_7$, aussi donne-t-il des précipités avec les sels de calcium et de baryum :

$$2PO'_3 + Ca^{\cdot\cdot} = Ca(PO_3)_2.$$

Les métaphosphates insolubles sont très difficilement attaqués par les acides. Ils se transforment lentement en présence d'ions d'hydrogène en phosphates monométalliques.

Comme l'acide métaphosphorique est un acide absolument fixe, il déplace tous les acides volatils, y compris l'acide sulfurique.

Les métaphosphates ne sont attaqués par l'eau qu'avec une extrême difficulté, quelques uns résistent complètement à son action.

On peut les transformer en orthophosphates par l'action des bases :

$$\begin{matrix} HO\ Na \\ HO\ Na \end{matrix} + \begin{matrix} NaO \\ O \end{matrix} \!\!\! > P = O = \begin{matrix} NaO \\ NaO \\ NaO \end{matrix} \!\!\! > P = O + H_2O.$$

Cette réaction est générale pour tous les anhydrides imparfaits. Tout anhydride imparfait, traité par une base, régénère le sel neutre de l'orthoacide.

Quelquefois l'ébullition avec une solution de base ne suffit pas ; il faut la fusion avec la base. On peut remplacer celle-ci par un carbonate, qui vaut une combinaison d'oxyde métallique et d'anhydride carbonique.

$$NaPO_3 + Na_2CO_3 = Na_3PO_4 + CO_2.$$

842. Un anhydride imparfait étant à la fois un acide et un anhy-dride, peut agir comme une combinaison de l'orthoacide avec l'anhydride. Aussi les métaphosphates se comportent-ils souvent comme des combinaisons d'orthophosphates neutres et d'anhydride phosphorique :

$$3NaPO_3 = Na_3PO_4 \cdot P_2O_5.$$

C'est ainsi qu'ils possèdent la propriété de mettre en liberté d'autres anhydrides, aux dépens de sels correspondants :

$$NaPO_3 + Na_2SO_4 = Na_3PO_4 + SO_3.$$

Cette réaction est mise à profit dans l'analyse par voie sèche.

La préparation du phosphore (v. **190**) est basée également sur le fait que les métaphosphates valent de l'orthophosphate neutre plus de l'anhydride phosphorique.

Par l'action de H_2SO_4 sur $Ca_3(PO_4)_2$, on obtient du phosphate monométallique $Ca(H_2PO_4)_2$. En chauffant, on décompose celui-ci en métaphosphate, qui représente de l'orthophosphate plus de l'anhydride phosphorique :

$$3Ca(PO_3)_2 = Ca_3(PO_4)_2 \cdot 2P_2O_5.$$

L'anhydride phosphorique virtuellement contenu dans le méta-phosphate est réduit par le charbon.

La réduction de l'acide phosphorique se fait d'après le même mécanisme : l'acide chauffé devient d'abord de l'acide métaphospho-rique, lequel est réduit à l'état de phosphore et d'acide ortho-phosphorique. Mais l'avantage du procédé git dans le fait que H_3PO_4 reformé rentre dans le cycle de réactions.

$$
\begin{aligned}
3H_3PO_4 &= 3HPO_3 + 3H_2O \\
3HPO_3 + 5C &= H_3PO_4 + 2P + 5CO \\
\hline
2H_3PO_4 + 5C &= 2P + 5CO + 3H_2O.
\end{aligned}
$$

843. L'acide métaphosphorique est connu sous plusieurs formes. On conçoit qu'une molécule H_3PO_4 puisse perdre une molécule d'eau, mais que cette élimination d'eau puisse aussi porter sur plusieurs molécules à la fois, n molécules d'acide pendant n molé-cules d'eau. Nous pourrons par exemple, par élimination de trois molécules d'eau aux dépens de trois molécules H_3PO_4, obtenir :

$$O = P - \begin{matrix} O \, H \\ OH \\ OH \end{matrix} \quad \begin{matrix} \\ OH \\ H\,O - P - OH \\ \| \\ O \end{matrix} \quad \begin{matrix} HO \\ HO \\ H\,O \end{matrix} - P = O$$

$$= O = P - \begin{matrix} O \\ OH \\ O \end{matrix} \quad \begin{matrix} \\ OH \\ P \\ \| \\ O \end{matrix} \quad \begin{matrix} HO \\ O \end{matrix} - P = O + 3H_2O.$$

Plusieurs de ces acides métaphosphoriques compliqués sont connus, au moins par leurs sels : leur formule générale est $H_nP_nO_{3n}$; n peut atteindre une valeur égale à 6.

ACIDE HYPOPHOSPHORIQUE. $H_4P_2O_6$.

344. Ce corps se produit par l'oxydation du phosphore à l'air humide; il a pu être obtenu à l'état cristallin et forme un hydrate $H_4P_2O_6 . 2H_2O$.

C'est un anhydride mixte de l'acide phosphoreux et de l'acide phosphorique, mais sa dissolution aqueuse se conserve sans décomposition appréciable. (Comparer avec $H_4P_2O_7$). Quoiqu'anhydride de l'acide phosphoreux, il ne possède pas le pouvoir réducteur caractéristique de ce dernier; aussi admet-on qu'il dérive, non pas de l'acide $(HO)_2HP = O$ mais de l'acide tribasique $P(OH)_3$ et on lui assigne la formule de structure :

$$O = P \begin{matrix} OH \\ -OH \end{matrix} \quad \begin{matrix} OH \\ OH \end{matrix} - P.$$

L'acide hypophosphorique est un acide tétrabasique; son sel bimétallique de sodium est peu soluble, ce qui permet de le séparer des acides phosphoreux et phosphorique qui se forment en même temps que lui dans l'oxydation du phosphore.

COMBINAISONS DU SOUFRE AVEC LE PHOSPHORE.

345. On a préparé plusieurs sulfures de phosphore, qui s'obtiennent en fondant le phosphore avec du soufre ; tous ces composés sont solides. Les deux plus importantes sont P_2S_3 et P_2S_5.

Le **trisulfure de phosphore** P_2S_3 est une masse cristalline, d'un gris jaune, inaltérable à l'air sec. On l'emploie dans la fabrication des pâtes d'allumettes, parce qu'il n'est pas à beaucoup près aussi vénéneux que le phosphore lui-même. La pâte doit contenir en même temps un corps oxydant. On obtient ainsi des allumettes qui s'allument sur n'importe quelle surface et ne sont pas de préparation dangereuse.

Le **pentasulfure de phosphore** P_2S_5, est remarquable par la facilité avec laquelle il échange son soufre contre de l'oxygène.

Arsenic. As$_4$.

P. A. 74.52 (75)   P. M. 298.8 (300).

346. L'arsenic est un élément fort répandu ; on le trouve à l'état natif, à l'état d'arséniures métalliques, de sulfoarséniures, dont le plus important est le **mispickel** FeAsS., de sulfures : As$_2$S$_2$ et As$_4$S$_3$. Il accompagne souvent le soufre et le phosphore dans leurs combinaisons, notamment dans les pyrites ; aussi l'acide sulfurique contient-il souvent de notables proportions d'arsenic. On en rencontre même des traces dans l'organisme.

On obtient l'arsenic par la distillation du mispickel :

$$FeAsS = FeS + As.$$

347. L'arsenic ainsi préparé est un corps solide cristallin, d'un gris noir, à aspect métallique, d'une densité de 5,7. Il se sublime sans se fondre vers 400°; sa densité de vapeur correspond à la formule As$_4$.

De même que le phosphore, l'arsenic peut présenter plusieurs modifications allotropiques. Le refroidissement brusque de la vapeur d'arsenic au-dessous de 0° donne naissance à une modification d'un jaune de soufre, soluble dans le sulfure de carbone ; elle cristallise de cette dissolution en rhombododécaèdres isomorphes avec le phosphore blanc, à laquelle elle est analogue. Comme le phosphore blanc, cette modification est instable et se transforme en arsenic métallique brillant, noir, qui est l'analogue du phosphore rouge. Mais tandis que la transformation du phosphore blanc en phosphore rouge est fort lente à la température ordinaire, la modification jaune de l'arsenic passe très rapidement à l'état d'arsenic métallique et ne se conserve qu'à des températures très basses (-80°) et à l'abri de la lumière ; celle-ci provoque sa transformation en quelques secondes, même à -190°.

Chauffé à l'air, l'arsenic s'oxyde et se transforme en anhydride arsénieux As_2O_3. Il se combine aisément au chlore, au soufre, et forme avec les métaux des arséniures dont les propriétés se rapprochent de celles des alliages. Le caractère métalloïque est fortement affaibli chez cet élément.

L'arsenic et toutes ses combinaisons sont de violents poisons.

L'arsenic métallique a peu d'applications. On l'ajoute en petite quantité au plomb, dont il facilite la coulée en grains.

HYDROGÈNE ARSÉNIÉ (Arsénamine) AsH_3

P. M. 77.5 (78).

348. Ce corps se prépare à l'état pur en traitant les arséniures de sodium ou de zinc par l'acide chlorhydrique. On l'obtient, mélangé d'hydrogène, par l'action de l'hydrogène naissant sur un composé soluble d'arsenic :

$$As_2O_3 + 12\,H = 2AsH_3 + 3H_2O.$$

349. C'est un gaz incolore, d'une odeur alliacée et d'une toxicité extrême. Il se liquéfie à -55° et se solidifie à -113.5°.

Il brûle avec une flamme bleue en donnant de l'eau et de l'anhydride arsénieux :

$$2AsH_3 + 3O_2 = As_2O_3 + 3H_2O.$$

Si l'on écrase la flamme à l'aide d'un objet froid (capsule de porcelaine), il se produit un dépôt noir-brun, miroitant, d'arsenic métallique. L'hydrogène arsénié est un corps peu stable : c'est un composé endothermique dont la chaleur de formation est de -36700 cal. Quand on le fait passer dans un tube de verre fortement chauffé, il se décompose en hydrogène et arsenic; celui-ci se dépose sous forme d'un anneau noir, brillant, en aval du point chauffé. Cet anneau est volatil à haute température.

L'hydrogène arsénié ne possède plus, comme NH_3 et PH_3, la propriété de se combiner aux acides. Il réagit sur certains sels métalliques en les transformant en arséniures ; d'autres fois, il se comporte comme un corps réducteur.

Lorsqu'on le fait agir sur une solution très concentrée de nitrate d'argent, il se produit un précipité jaune, constitué par une combinaison additionnelle de nitrate et d'arséniure d'argent :

$$AsH_3 + 6AgNO_3 = AsAg_3 . 3AgNO_3 + 3HNO_3.$$

L'eau décompose ce corps avec formation d'argent métallique, d'acide arsénieux H_3AsO_3 et d'acide nitrique :

$$3NO_3 \mid Ag.Ag_3 \mid As = 3HNO_3 + 6Ag + As(OH)_3$$
$$+ 3H \mid \text{——} \mid OH$$

En solution étendue le nitrate d'argent est réduit par l'arsénamine à l'état d'argent métalique :

$$6Ag\,NO_3 + 3H_2O + AsH_3 = 6Ag + 6HNO_3 + H_3O_3As.$$

Toutes ces réactions sont d'une grande sensibilité et permettent de reconnaître des traces d'hydrogène arsénié. On les met à profit pour la recherche de l'arenic.

L'appareil dont on se sert est l'appareil de Marsh (v. fig. 50). Ils se compose d'un flacon générateur qui fournit de l'hydrogène. On y introduit par l'entonnoir la substance dans laquelle on

Fig. 50.

veut rechercher la présence de l'arsenic. Il se produit un mélange d'hydrogène et d'hydrogène arsénié que l'on dirige, d'abord à travers un tube à boules contenant de la potasse caustique concassée, puis dans un tube en verre peu fusible, étiré à son extrêmité et présentant un ou plusieurs étranglements.

Quand l'air a été déplacé de l'appareil on allume le gaz à la sortie et on écrase la flamme sur une capsule de porcelaine. La présence d'arsenic s'accuse par la formation de taches brunes, brillantes, sur la porcelaine. Ces taches sont **solubles dans les chlorures décolorants,** qui les transforment en acide arsénique.

On chauffe ensuite le tube étranglé en amont d'un étranglement ; si le gaz contient de l'arsénamine, il se forme **en aval** du point chauffé un anneau **volatil**, gris ou noir brun.

On peut aussi présenter à l'orifice de l'appareil un fragment de papier imprégné d'une solution à 50 °/₀ de nitrate d'argent ; l'arsénamine y produit une tache jaune aréolée de noir.

Ces réactions permettent de déceler aisément 0.00001 gr. d'arsenic. Le tube à potasse sert à retenir l'humidité et l'hydrogène antimonié SbH_3, lequel est décomposé par la potasse et dont la présence pourrait donner lieu à des confusions.

CHLORURE D'ARSENIC $AsCl_3$.

350. On ne connaît qu'une seule combinaison de l'arsenic avec le chlore, c'est le trichlorure d'arsenic $AsCl_3$. Il peut s'obtenir par union directe. C'est un liquide incolore très volatil, bouillant à 134° et que l'eau décompose en anhydride arsénieux et acide chlorhydrique :

$$2AsCl_3 + 3H_2O \rightleftharpoons 2H_3AsO_3 + 6HCl. \qquad (1)$$

La réaction est réversible ; un mélange de chlorure de sodium et d'acide sulfurique concentré attaque l'anhydride arsénieux avec formation de chlorure d'arsenic. Ce dernier peut exister à l'état dissous dans les solutions concentrées d'acide chlorhydrique et s'échappe à l'état de vapeur lorsqu'on chauffe ces dissolutions. Il y a lieu à tenir compte de ce fait dans les recherches analytiques de l'arsenic.

Lorsqu'on ajoute à la dissolution un agent oxydant, l'anhydride arsénieux passe à l'état d'acide arsénique. L'équilibre (1) est ainsi rompu et le chlorure d'arsenic disparaît. En distillant la solution on obtient de l'acide chlorhydrique pur ; c'est de la sorte que l'on se procure cet acide pour les recherches toxicologiques.

COMBINAISONS OXYGÉNÉES DE L'ARSENIC.

351. On connaît les anhydrides arsénieux As_4O_6 et arsénique As_2O_4 ; à ce dernier correspondent des acides ortho, pyro et méta-arséniques, en tous points analogues aux acides phosphoriques. L'acide arsénieux n'est connu qu'en solution.

ANHYDRIDE ARSÉNIEUX As_4O_6

P. M. 393.36 (396).

352. On l'obtient en grillant les arséniures ou les sulfoarséniures :

$$4NiAs + 5O_2 = 4NiO + As_4O_6.$$
$$4FeAsS + 10O_2 = 2Fe_2O_3 + As_4O_6 + 4SO_2.$$

L'anhydride arsénieux est volatil et se condense dans de longs canaux en maçonnerie. On récolte ainsi une poudre blanche, très dense, connue sous le nom d'arsenic blanc, appelée aussi tout court arsenic ou encore mort aux rats. On le purifie par sublimation. Quand on le condense brusquement, on l'obtient à l'état de cristaux octaèdriques ; si le refroidissement est lent, il se forme des croutes amorphes, vitreuses et transparentes.

On connaît également une modification cristalline rhombique, qui est stable au-dessus de 200°, tandis que la forme octaèdrique représente l'état d'équilibre stable à la température ordinaire.

La modification vitreuse est moins stable que la modification cristalline et se transforme lentement en cette dernière ; elle perd alors sa transparence et prend l'aspect d'une masse porcelanique. C'est sous cette forme qu'on rencontre l'anhydride arsénieux dans le commerce La transformation a lieu avec dégagement de chaleur.

353. On observe, à de rares exceptions près, que lorsqu'un corps peut exister à l'état cristallin et à l'état amorphe, ce dernier constitue une modification instable et passe plus ou moins rapidement à la forme cristalline. Comme cette transformation exige une orientation des molécules et que celles-ci sont très peu mobiles dans un corps amorphe solide, la modification amorphe peut mettre un temps très long à s'organiser en un système cristallisé. Elle semble ainsi parfois constituer un état stable tandis qu'en réalité elle représente un système de faux équilibre (v. **90** et aussi plus loin verre). Pour l'anhydride arsénieux, le passage à l'état cristallin se fait en quelques mois dans l'atmosphère, dont la vapeur d'eau agit comme catalyseur positif ; la forme vitreuse se conserve des années dans l'air sec. Il est certains états amorphes qui peuvent se maintenir inaltérés pendant des siècles.

La forme cristalline est beaucoup moins soluble dans l'eau que la forme vitreuse ; celle-ci exige 25 p. d'eau pour se dissoudre, la première 80.

C'est là également un cas particulier d'un fait général. La solubilité des différentes modifications d'un corps polymorphe est d'autant plus faible que la modification est plus stable.

L'anhydride arsénieux se volatilise sans se fondre ; sa densité de vapeur lui assigne la formule As_4O_6. Vers 1600° cette molécule se dissocie en As_2O_3.

354. Tandis que l'oxyde P_4O_6 n'est pas l'anhydride de l'acide phosphoreux, As_4O_6 se dissout dans l'eau en donnant une solution qui se comporte comme de l'acide arsénieux H_3AsO_3. Cet acide n'a pu être isolé et n'est connu qu'en solution très étendue. (Pour se transformer intégralement en H_3AsO_3 un litre d'eau devrait dissoudre environ 3500 gr. d'anhydride arsénieux).

L'acide arsénieux est un acide tribasique très faible formant des sels de la forme M_3AsO_3 et des sels acides. Les sels neutres sont tous insolubles dans l'eau, sauf ceux des métaux alcalins. Il existe aussi des métaarsénites du type $MAsO_2$.

Les arsénites et l'acide arsénieux sont des corps réducteurs ; ils fixent un atome d'oxygène pour se transformer en arséniates :

$$M_3AsO_3 + O = H_3AsO_4.$$

Ce pouvoir réducteur est mis à profit pour le dosage des chlorures décolorants.

L'anhydride arsénieux et ses sels sont des corps extrêmement vénéneux ; certaines couleurs vertes (vert de Scheele, vert de Schweinfurt) qui sont des arsénites de cuivre, doivent être rejetés complètement pour la teinture des tissus et papiers d'ameublement.

ACIDE ARSÉNIQUE H_3AsO_4,

355. Cet acide, qui s'obtient en oxydant l'anhydride arsénieux par l'acide nitrique, est l'analogue parfait de H_3PO_4 ; il peut donner comme lui des acides pyro- et métaarsénique, mais qui se dissolvent dans l'eau en régénérant immédiatement H_3AsO_4.

L'acide **métaarsénique** $HAsO_3$ est bien moins stable que HPO_3; il se dédouble au rouge sombre en eau et **anhydride arsénique** As_2O_5. Ce dernier fond au rouge et se décompose à une température plus élevée en anhydride arsénieux et oxygène. L'eau le transforme rapidement en acide arsénique.

L'acide arsénique est un corps oxydant qui cède facilement un atome d'oxygène ; il est employé dans la préparation de la fuchsine en raison de cette propriété.

Les arséniates sont semblables aux phosphates : l'arséniate ammoniaco-magnésien est insoluble comme le phosphate; il existe de même un arséniomolybdate d'ammonium insoluble. L'arséniate d'argent Ag_3AsO_4 est rouge, tandis que Ag_3PO_4 est jaune. Il est soluble dans les acides.

SULFURES D'ARSENIC.

356. On connait trois sulfures d'arsenic As_2S_2, As_4S_4 et As_2S_3.

Le premier est le **réalgar**, c'est un corps rouge qui se trouve dans la nature et ne présente guère d'intérêt pour nous.

As_2S_3 est un minéral jaune, appelé **orpiment**. On peut l'obtenir artificiellement sous forme d'un précipité jaune, par l'action de l'hydrogène sulfuré sur l'anhydride arsénieux en solution acide :

$$As_2O_3 + 3H_2S = As_2S_3 + 3H_2O.$$

Il est insoluble dans l'eau et les acides (sauf HNO_3 qui l'oxyde et le transforme en H_3AsO_4), mais soluble dans les bases et les sulfures alcalins.

357. La formation du sulfure d'arsenic aux dépens de l'anhydride arsénieux dissous, c'est-à-dire de l'acide arsénieux, ne s'explique que par la présence dans la dissolution d'ions As⋯, il faut donc que l'acide arsénieux s'ionise suivant l'équation :

$$As(OH)_3 \rightleftharpoons As^{\cdots} + 3OH',$$

et se comporte comme une base.

Comme il s'ionise aussi suivant le type acide, sa dissolution représente un état d'équilibre entre ces deux modes d'ionisation et les molécules As(OH)₃ :

$$As^{\cdots} + 3OH' \rightleftharpoons As(OH)_3 \rightleftharpoons AsO_3''' + 3H^{\cdot}.$$

Il est évident que les concentrations des ions H· et OH' sont liées à la condition d'équilibre :

$$C_{H^{\cdot}} \times C_{OH'} \rightleftharpoons KC_{H_2O} \quad (K = 2.2. \times 10^{-16});$$

elles sont donc très faibles.

Mais si nous faisons réagir ce système en équilibre de manière à ce que l'un des ions disparaisse, l'équilibre est rompu et la dissolution se comportera comme si elle n'était ionisée que suivant un seul type.

En traitant par H₂S, en amenant donc des ions S'', nous transformons l'ion As⋯ en As₂S₃, dont le produit de solubilité est assez petit pour être dépassé, si minime que soit le nombre d'ions As⋯. Dès lors de nouvelles molécules As(OH)₃ vont s'ioniser suivant le type basique ; leur disparition partielle détermine la rupture de l'équilibre : AsO₃''' + 3H· ⇌ As(OH)₃; les ions AsO₃''' et H· vont donc se combiner. Si, à mesure que la rupture de l'équilibre provoque la formation d'ions As⋯, ceux-ci sont précipités à l'état de sulfure, le système évoluera dans le sens de leur production jusqu'à ce que toutes les molécules AsO₃H₃, les ions AsO₃''' et H· aient disparu et la solution se comportera exclusivement comme une base.

Quand au contraire, nous ajoutons des ions OH' (une base) à la dissolution, ce sont les ions H· qui disparaîtront; l'équilibre se déplacera dans le sens de la formation de ces ions et par conséquent d'ions AsO₃''' et, si la concentration des ions OH' ajoutés est suffisante, H₃AsO₃ se comportera exclusivement comme un acide.

Le nombre d'hydroxydes qui sont ainsi capables de s'ioniser suivant deux types différents, de jouer, suivant les conditions dans lesquelles on les place, le rôle de base ou le rôle d'acide, est assez grand et nous en rencontrerons encore maints exemples par la suite.

358. Le sulfure d'arsenic est un sulfoanhydride. Le soufre, analogue de l'oxygène, peut le remplacer dans les acides et les anhydrides; on connait des sulfacides et des sulfoanhydrides correspondant aux oxacides et à leurs anhydrides. De même que les oxydes et hydroxydes métalliques transforment les acides et les anhydrides en sels, d'où leur nom de bases, de même les sulfures alcalins agissent sur les sulfacides et les sulfoanhydrides pour donner des sulfosels. Un sulfure métalloïdique est un **sulfoanhydride**, un hydrosulfure métalloïdique un **sulfacide**, un sulfure ou un hydrosulfure alcalin une **sulfobase**.

Les deux équations suivantes montrent le parallélisme entre les combinaisons sulfurées et oxygénées :

$$As_2O_3 + K_2O = 2KAsO_2$$
anhydride arsénieux   métaarsénite de K

$$As_2S_3 + K_2S = 2KAsS_2$$
anhydride sulfoarsénieux   métasulfoarsénite de K

Les sulfoarsénites alcalins sont solubles dans l'eau ; une solution de sulfure de sodium dissoudra donc le sulfure d'arsenic.

L'action des hydroxydes métalliques est plus complexe. Elle se fait d'après les équations suivantes :

$$As_2S_3 + 6NaOH = As_2O_3 + 3Na_2S + 3H_2O \qquad (1)$$
$$As_2O_3 + 6NaOH = 2Na_3AsO_3 + 3H_2O \qquad (2)$$
$$As_2S_3 + 3Na_2S = 2Na_3AsS_3$$

$$\overline{2As_2S_3 + 12NaOH = 2Na_3AsO_3 + 2Na_3AsS_3 + 6H_2O.}$$

L'action des oxybases sur un sulfoanhydride le transforme en un mélange en quantités équimoléculaires d'oxysels et de sulfosels.

Si l'on ajoute un acide à une dissolution de sulfoarsénite soluble, on précipite le sulfure d'arsenic.

Les sulfacides sont en général des acides faibles et instables. Lorsqu'on met leur ion négatif en présence d'ions $H^\cdot$, il se fait transitoirement le sulfacide, mais ce dernier se dédouble immédiatement en sulfoanhydride et hydrogène sulfuré :

$$6K^\cdot + 2AsS_3''' + 6H^\cdot + 6Cl' = 6K^\cdot + 6Cl' + 2H_3AsS_3$$
$$2H_3AsS_3 = As_2S_3 + 3H_2S.$$

La solubilité des sulfoanhydrides dans les sulfures alcalins est mise à profit dans l'analyse pour séparer les sulfures métalliques des sulfures métalloïdiques (sulfures d'As, Sb, Sn^{IV}) précipités par H_2S ; on peut ultérieurement extraire ces derniers de leur dissolution en y ajoutant de l'acide chlorhydrique.

Le **pentasulfure d'arsenic** As_2S_5 s'obtient par l'action de H_2S sur H_3AsO_4 ; c'est un précipité jaune ressemblant beaucoup à As_2S_3 ; il se décompose facilement en $As_2S_3 + S_2$.

COLLOÏDES.

359. Lorsqu'on fait agir l'hydrogène sulfuré sur une dissolution ne renfermant que de l'anhydride arsénieux, il ne se fait pas de précipité de sulfure d'arsenic, mais le liquide se colore en jaune. L'addition d'un acide ou d'un autre électrolyte (NaCl p. ex.), provoque la formation immédiate de flocons jaunes de sulfure d'arsenic. Si l'on recueille ce dernier après quelque temps sur un filtre et, qu'après lavage, on essaye de le redissoudre dans l'eau on n'y parvient plus, tandis qu'il se fait une dissolution partielle du précipité fraichement obtenu.

Il semble donc exister deux modifications du sulfure d'arsenic, l'une soluble dans l'eau, l'autre insoluble; la forme soluble étant précipitée de sa dissolution aqueuse en présence d'électrolytes et se transformant alors rapidement et d'une manière irréversible en la modification insoluble.

Mais lorsqu'on étudie les propriétés de la dissolution de sulfure d'arsenic soluble, on constate qu'elle se différencie profondément des solutions vraies. Son point d'ébullition et son point de congélation sont ceux de l'eau pure et la pression osmotique y est nulle. La présence du sulfure d'arsenic ne provoque donc pas l'apparition des propriétés caractéristiques des dissolutions.

De plus le liquide manifeste des propriétés optiques particulières : si l'on dirige un puissant faisceau de lumière dans de l'eau pure ou dans une vraie solution, on constate que ces milieux se comportent comme **optiquement vides** (Spring); le trajet du faisceau de lumière n'y est pas visible. Lorsqu'on fait la même expérience avec la dissolution de sulfure d'arsenic, le trajet de la lumière devient visible dans le liquide, ce qui prouve que la lumière ÿ subit des réflexions. Ces réflexions doivent se faire sur des particules dont la dimension est bien supérieure à celle des molécules simples, mais inférieure à celles des particules solides visibles à l'œil nu ou au microscope.

On connaît d'autres corps qui se mélangent à l'eau pour donner des liquides dont les propriétés physiques sont semblables à celles de la dissolution de sulfure d'arsenic. Telles sont notamment la gélatine, la gomme arabique, l'albumine, tous corps incristallisables. Leurs solutions évaporées fournissent un résidu amorphe, vitreux, dont la colle offre l'exemple le plus parfait. D'où le nom de **colloïdes** que l'on a donné à ces substances. Cette dénomination a été étendue ensuite à tous les corps dont les solutions possèdent les caractères essentiels des colloïdes primitifs.

360. Parmi les propriétés des solutions colloïdales, il en e une tout à fait caractéristique, c'est de ne pas traverser certaines membranes organisées, comme le parchemin, alors que ces membranes sont perméables aux substances cristallisables dissoutes.

Si nous plaçons une solution contenant un mélange de substances cristalloïdes et colloïdes dans un vase A, dont la paroi inférieure est formée d'une membrane en parchemin G, et que nous laissons flotter ce vase dans un autre vase *b*, contenant de l'eau pure, comme le représente la fig. 50, les deux liquides vont tendre à se mélanger à travers la membrane jusqu'à

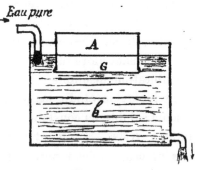

Fig. 50.

ce que leur composition soit la même; les corps cristalloïdes vont donc passer de A vers *b*; l'eau pure de *b* vers A; mais les corps colloïdes, pour lesquels la membrane G est imperméable, seront retenus en A. Si nous renouvelons constamment l'eau en *b*, tous les cristalloïdes finiront par être enlevés de la solution en A qui ne contiendra plus que les colloïdes dissous.

Ce phénomène s'appelle **dialyse**, l'appareil dans lequel on le réalise, un **dialyseur**.

361. Certains colloïdes, comme la gélatine, la gomme, séparés de l'eau par évaporation ou par précipitation (v. plus loin), ont la faculté de pouvoir, après dessiccation, se mélanger de rechef à l'eau pour former une solution colloïdale. D'autres, comme le sulfure d'arsenic, une fois amenés à l'état sec, ne se dissolvent plus.

Les colloïdes sont précipités de leurs dissolutions lorsqu'on ajoute à celles-ci un corps ionisable. Tous les ions n'ont pas une action précipitante égale ; l'ion d'hydrogène est à cet égard le plus actif. Cette propriété des électrolytes, et en particulier des acides, de précipiter les colloïdes est fréquemment mise à profit dans l'analyse chimique et dans l'industrie. Si l'on traite par H_2S une solution d'acide arsénieux acidifiée par l'acide chlorhydrique, le sulfure d'arsenic précipite immédiatement.

362. Un corps à l'état colloïdal est en somme constitué par des particules de dimensions relativement considérables, résultant de la réunion de plusieurs molécules simples. Ces particules sont trop petites pour obéir à l'action de la pesanteur, mais elles sont assez grandes pour réfléchir la lumière. Leurs dimensions ont pu être établies avec une certaine précision, grâce à des procédés optiques particuliers, connus sous le nom d'ultramicroscopie. Elle paraît osciller entre $0,001 \mu$ et 1μ (μ est le micromillimètre). L'état colloïdal étant un état intermédiaire entre la dissolution proprement dite et la suspension grossière de particules visibles, on conçoit que l'on puisse y rencontrer toutes les gradations possibles, depuis la particule volumineuse qui, sans être visible à l'œil nu, rend le liquide trouble, jusqu'à la particule de dimensions voisines de celles de la molécule simple, particule pouvant exister à l'état de dissolution véritable et exercer une pression osmotique, abaisser le point de congélation, etc. Des molécules simples très volumineuses comme le molécule d'albumine pourront déjà par elles-mêmes constituer des particules donnant aux dissolutions les propriétés de l'état colloïdal.

Antimoine, Sb.

P. A. 119.52 (120.2).

363. Cet élément se trouve surtout à l'état de trisulfure Sb_2S_3, la **stibine**.

On l'obtient en chauffant la stibine avec du fer :

$$Sb_2S_3 + 3Fe = 2Sb + 3FeS$$

L'antimoine est blanc, il a l'aspect extérieur d'un métal et cristallise en grandes lames ; il est doué d'un bel éclat métallique. C'est un corps très cassant. Il fond à 624° et se volatilise vers 1400°. Sa densité est de 6,7.

A froid, il est inaltérable à l'air ; chauffé jusqu'à sa température de fusion, il s'enflamme et brûle en répandant des fumées blanches d'oxyde. Il se combine à froid au chlore avec dégagement de lumière. L'acide nitrique l'attaque et le transforme en acide antimonique.

Il possède la propriété de former des sels ; on connaît un sulfate d'antimoine ; il se rapproche donc fortement des métaux. Il contracte avec les métaux vrais des combinaisons qui ont toutes les propriétés des alliages. Sa présence dans ceux-ci en augmente notablement la dureté. C'est pourquoi l'on allie souvent l'antimoine au plomb (plomb durci pour pompes à acides, pour accumulateurs). L'alliage de 20 °/₀ d'antimoine pour 80 °/₀ de plomb est employé pour faire les caractères d'imprimerie.

HYDROGÈNE ANTIMONIÉ SbH_3.

364. Ce corps ressemble beaucoup à l'hydrogène arsénié : ses modes de formation sont similaires, ainsi que ses propriétés chimiques.

C'est un gaz très vénéneux, plus instable que l'arsénamine et très fortement endothermique (chaleur de formation -87000 cal.); aussi est-il explosif. Il se décompose au contact de la potasse caustique solide.

Il se distingue de l'hydrogène arsénié par les caractères suivants:

1° Il brûle avec une flamme verdâtre; si l'on écrase la flamme, il se produit une tache noire, veloutée, **insoluble dans les hypochlorites;**

2° L'anneau que l'on obtient dans le tube de Marsh est double; il se forme en amont et en aval du point chauffé. La chaleur rayonnée par la flamme produit la décomposition de l'hydrogène antimonié avant qu'il ait passé dans la partie la plus chaude du tube;

3° Cet anneau est beaucoup moins volatil que l'anneau d'arsenic, il a aussi un aspect plus métallique.

COMBINAISONS HALOGÉNÉES DE L'ANTIMOINE.

865. Nous connaissons deux chlorures d'antimoine : $SbCl_3$ et $SbCl_5$, qui peuvent se préparer tous deux par l'action du chlore sur l'antimoine, en employant un excès d'antimoine pour l'obtention de $SbCl_3$, de chlore pour préparer $SbCl_5$.

Le trichlorure d'antimoine peut encore se former par l'action de l'acide chlorhydrique concentré sur le trisulfure ou sur l'oxyde d'antimoine Sb_2O_3:

$$Sb_2O_3 + 6HCl = 2SbCl_3 + 3H_2O. \qquad (1)$$

On évapore d'abord l'eau de la solution puis on distille $SbCl_3$.

Le trichlorure d'antimoine est un corps solide cristallin, ne fumant pas à l'air, qui fond à $+ 73°$ et bout à $+ 224°$. Il se dissout sans altération dans une petite quantité d'eau; quand la masse d'eau devient considérable, il se comporte comme un chlorure d'acide et se décompose suivant l'équation :

$$Aq + 2SbCl_3 + 3H_2O \rightleftharpoons Sb_2O_3 + 6HCl + Aq. \qquad (2)$$

Nous avons déjà constaté que l'anhydride arsénieux peut

également être attaqué par HCl avec formation de chlorure
d'arsenic, mais l'antimoine étant moins métalloïdique que l'arsenic, le trichlorure d'antimoine se rapproche déjà plus des
chlorures métalliques, et peut exister en présence d'une quantité
d'eau notable. Remarquons que la réaction (1) est un mode de
formation d'un sel métallique, la décomposition inverse (2) une
réaction de chlorure d'acide, c'est-à-dire de chlorure métalloïdique.
On peut reconnaître par ce fait combien est artificielle la division
des éléments en métalloïdes et métaux, puisque dans une même
combinaison un élément peut se comporter comme métal ou
métalloïde.

Le **pentachlorure d'antimoine** $SbCl_5$ est un liquide jaune, se
solidifiant à — 6°, fumant fortement à l'air et qui tient plus des
chlorures métalloïdiques que le trichlorure d'antimoine. C'est
un fait d'observation générale que plus un élément met de valences
en jeu et plus son caractère métallique s'affaiblit, plus les propriétés
métalloïdiques s'accentuent.

Le pentachlorure d'antimoine forme avec l'eau deux hydrates
$SbCl_5.H_2O$ et $SbCl_5.4H_2O$. Une quantité d'eau plus forte le décompose
en acide antimonique. Il se dissocie aisément en $SbCl_3 + Cl_2$ et
ne peut être distillé sans décomposition que sous pression réduite.
Il est employé comme source de chlore naissant.

On ne connaît qu'un seul bromure $SbBr_3$ et un seul iodure d'antimoine SbI_3. Il
existe deux fluorures. Le **trifluorure** $SbFl_3$ (ex $Sb_2O_3 + HFl$ dissous) est solide,
soluble dans l'eau sans décomposition. Il est employé en teinture comme mordant
(v. plus loin). Le **pentafluorure** $SbFl_5$ (ex $SbCl_5 + HFl$ anhydre), est liquide,
bout à 156° et est volatil sans décomposition (comparer avec PFl_5).

COMBINAISONS OXYGÉNÉES DE L'ANTIMOINE.

866. Elles dérivent de l'antimoine trivalent ou pentavalent.
L'antimoine possédant un caractère métalloïdique beaucoup moins
prononcé que ses congénères, l'oxyde antimonieux Sb_2O_3 et
l'hydroxyde $Sb(OH)_3$ peuvent jouer le rôle, soit d'anhydride
et d'acide, soit de base. Dans les composés antimoniques l'antimoine
se comporte au contraire comme un métalloïde et Sb_2O_5 ne possède
que la fonction anhydride.

L'oxyde d'antimoine Sb$_4$O$_6$ peut être obtenu par combustion de l'antimoine. Il est isomorphe avec As$_4$O$_6$ et comme ce dernier existe sous deux modifications cristallines, l'une octaédrique, l'autre prismatique, mais c'est la dernière qui est la forme stable à froid. Il est tout à fait insoluble dans l'eau, il se dissout dans l'acide chlorhydrique à l'instar d'une base pour donner SbCl$_3$ (v. **365**).

D'autre part Sb$_4$O$_6$ et l'hydroxyde correspondant Sb(OH)$_3$ se dissolvent dans les solutions concentrées de bases pour former des antimonites :

$$Sb_4O_6 + 2KOK \rightleftharpoons 4Sb(OK)_3 + 6H_2O.$$

La réaction est réversible; l'eau décompose les antimonites par hydrolyse, surtout à chaud.

L'hydroxyde antimonieux Sb(OH)$_3$ peut former un anhydride imparfait O = Sb - OH qui se comporte suivant les cas comme un acide monobasique faible ou comme l'hydroxyde d'un radical Sb = O, l'**antimonyle,** qui constitue un ion métallique monovalent, et dont le dérivé le plus important est l'émétique (**tartrate double de potassium et d'antimonyle**).

Le chlorure d'antimonyle O = SbCl est insoluble; il se produit par l'action de l'eau sur SbCl$_3$.

367. Les acides antimoniques sont analogues aux acides de l'arsenic par leurs formules, mais se comportent comme des acides très faibles. Ils sont tous insolubles dans l'eau.

L'anhydride antimonique Sb$_2$O$_5$ se forme par calcination de l'acide métaantimonique HSbO$_3$, qui s'obtient lui-même en attaquant l'antimoine par l'acide nitrique. Sb$_2$O$_5$ ne se comporte pas comme un anhydride vis-à-vis de l'eau, sur laquelle il est sans action, mais il est attaqué par les bases en fusion et se transforme alors en antimoniates M$_3$SbO$_4$. Ces antimoniates décomposés par un acide donnent l'acide orthoantimonique H$_3$SbO$_4$. A 100° H$_3$SbO$_4$ se transforme en acide pyro- ou paraantimonique H$_4$Sb$_2$O$_7$, qu'une température de 175° dédouble en eau et acide métaantimonique.

Le composé le plus important dérivant des acides antimoniques est le pyro- ou paraantimoniate bimétallique de potassium K$_2$H$_2$Sb$_2$O$_7$, qui constitue un réactif précieux pour les sels de sodium. Le para-antimoniate bimétallique de sodium est en effet l'un des rares sels de sodium insolubles dans l'eau.

Quand on chauffe un oxyde quelconque d'antimoine à l'air il se transforme en un oxyde Sb_2O_4 ; celui-ci est un composé blanc jaunâtre, fixe et que l'on peut considérer comme le métaantimoniate d'antimonyle $O = Sb — SbO_3$.

SULFURES D'ANTIMOINE.

368. On connait un trisulfure Sb_2S_3 et un pentasulfure Sb_2S_5. La trisulfure naturel (**Stibine**), se présente en prismes rhombiques noirs, d'un bel éclat métallique. C'est un corps aisément fusible et volatil au rouge.

On obtient les sulfures d'antimoine hydratés par l'action de l'hydrogène sulfuré sur les composés antimonieux ou antimoniques solubles. Ce sont des précipités rouges qui se comportent comme des sulfoanhydrides et sont semblables aux sulfures d'arsenic. Ils s'en distinguent par leur solubilité dans l'acide chlorhydrique concentré :

$$Aq + Sb_2S_3 + 6HCl \rightleftharpoons 2SbCl_3 + 3H_2S + Aq.$$

Au pentasulfure d'antimoine correspond un acide sulfoantimonique H_3SbS_4 inconnu, dont le sel de sodium est appelé sel de Schlippe.

GÉNÉRALITÉS SUR LA FAMILLE DES AZOTIDES.

369. Ce groupe d'éléments forme une famille très naturelle; mais comme pour les deux autres familles que nous avons étudiées, le premier élément s'écarte quelque peu de ses congénères. La combinaison hydrogènée NH_3 est moins volatile que PH_3 et même que AsH_3 et son caractère acide est négatif, c'est-à-dire moins prononcé encore que chez PH_3 et AsH_3 (comparer avec HFl et H_2O).

Tandis que les composés oxygénés des autres éléments de la famille sont fortement exothermiques, les combinaisons oxygénées de l'azote sont endothermiques ou n'ont qu'une chaleur de formation très faible. L'azote ne forme pas d'acide du type H_3XO_4 ; on lui connait, par contre, une série d'oxydes qui n'ont pas leurs correspondants pour les autres éléments. Les éléments de rang impair (N et As) forment des combinaisons au maximum moins stables que les éléments de rang pair P et Sb.

Les dérivés pentahalogénés de l'azote ou de l'arsenic sont inconnus. Le tableau suivant résume quelques constantes physiques des azotides et de leurs principales combinaisons.

	Poids atomique	Point de fusion	Point d'ébullition	Combinaison hydrogénée XH_3		Comb. oxygénée X_2O_5 Chaleur de formation
				Point d'ébullition	Chaleur de formation	
Azote . .	13.93	— 210°	— 194°	— 38.5°	+ 12200 cal.	+ 11900 solide.
Phosphore.	30.75	44.4	+ 287'	— 85°	— 11600	+ 369900
Arsenic .	74.45	500°	au rouge	— 54.8°	— 36700	+ 219400
Antimoine.	119.52	624°	+ 1500°	— 17°	— 86800	—

Famille des carbonides.

370. Cette famille comprend une série d'éléments tétravalents qui n'ont d'affinité chimique prononcée que pour l'oxygène et le fluor ; leur caractère métalloïdique est peu accusé et leurs combinaisons avec les métaux se rapprochent beaucoup des alliages.

Le carbone et le silicium sont remarquables par la tendance que possèdent leur atomes à constituer des groupements complexes en s'unissant à eux-mêmes par une ou plusieurs valences. Cette faculté de former des groupes de plusieurs atomes est surtout marquée chez le carbone et nous lui devons l'extraordinaire richesse en combinaisons de cet élément. On en connaît plus de 120000 ; leur étude fait l'objet de la chimie organique ; l'usage s'est cependant conservé de traiter en chimie inorganique l'histoire des combinaisons oxygénées et sulfurées du carbone.

CARBONE C.

P.A. 11.92 (12) P.M (?).

371. Le carbone existe à l'état libre sous forme de diamant et de graphite. L'anthracite, la houille, contiennent du carbone libre plus ou moins pur. Toutes les substances organiques sont des dérivés du carbone.

Le carbone se rencontre dans l'écorce terrestre, surtout à l'état de carbonates, dont le plus important est le calcaire.

La carbone est remarquable par la grande diversité de formes allotropiques qu'il présente Nous connaissons deux modifications cristallines et plusieurs modifications amorphes de cet élément.

372. Diamant. — C'est la forme de carbone la plus pure ; on le trouve dans certaines roches (itacolumite, serpentine) de l'Inde, du Brésil et surtout du Griqualand (Kimberley). Les gisements de l'Inde sont épuisés, ceux du Brésil sont devenus pauvres et la plupart des diamants proviennent du Cap.

Le diamant cristallise en octaèdres réguliers ou en formes dérivées de celui-ci; très souvent les **arêtes** du solide sont courbes. De plus, il est souvent incolore et transparent; on rencontre cependant des échantillons colorés. Le **bord** est du diamant presque noir, dont les cristaux ne sont pas définis.

Le diamant est remarquable par sa réfringence (2.42) et son pouvoir dispersif, auxquels il doit ses feux. C'est la forme allotropique la plus dense du carbone (D = 3.5).

Le diamant est le plus dur de tous les corps connus; il n'est égalé sous ce rapport que par le bore cristallisé. Aussi raye-t-il tous les corps et n'est-il entamé par aucun; on doit l'user par sa propre poussière.

Le diamant n'acquiert tout son éclat et ses feux que par la taille. Cette opération consiste à créer un certain nombre de nouvelles faces, d'abord par clivage, ensuite par usure contre un disque en acier huilé, recouvert de poussière de diamant.

Les fragments abattus par clivage sont utilisés comme pierres de minime valeur; ceux dont les arêtes sont courbes sont employés à couper le verre.

Le diamant ne brûle pas dans l'air, mais chauffé au rouge blanc dans une atmosphère d'oxygène, il se transforme en anhydride carbonique. En pesant le diamant brûlé et en absorbant l'anhydride carbonique formé, on a établi le poids atomique du carbone.

Chauffé à une température très élevée à l'abri de l'air (au delà de 2000°) le diamant se transforme en graphite.

Reproduction artificielle du diamant. — Le carbone est soluble dans certains métaux fondus, tels que la fonte, l'argent, et d'autant plus que la température est plus élevée; il se sépare sous forme de graphite quand le métal se refroidit.

Moissan est parvenu à obtenir artificiellement le diamant en dissolvant du carbone dans de la fonte à très haute température (3000°) et en soumettant la masse fondue à un refroidissement brusque par coulée, soit dans du plomb fondu, soit dans du mercure. Le refroidissement brusque produit la formation rapide d'une croûte épaisse de métal solidifié, qui s'oppose aux déformations ultérieures de la masse par refroidissement.

Or, la fonte possède la propriété d'augmenter de volume en passant de l'état liquide à l'état solide ; l'inextensibilité de la coque solide extérieure empêche la fonte encore liquide de se dilater par solidification. Les masses centrales vont donc subir une compression de plus en plus forte, à mesure que la solidification et, par conséquent, la cristallisation du carbone progressent.

Sous l'influence de cette pression énorme le carbone se dépose dans les parties centrales sous forme de diamant, tandis que dans les parties périphériques du lingot on le trouve à l'état de graphite.

La cristallisation du carbone sous forme de diamant dans le fer exige l'intervention d'une pression considérable, que le refroidissement brusque du métal permet de réaliser. Si le refroidissement est lent, la croûte extérieure, d'abord mince, cède progressivement aux pressions internes, elle se dilate et la pression dans les portions restées liquides n'atteint pas la grandeur nécessaire à la cristallisation du diamant.

On peut aussi dissoudre le carbone dans la mélaphyre fondue (la mélaphyre est la roche dans laquelle on trouve le diamant au Cap); par refroidissement on obtient de petits cristaux de diamant. L'intervention d'une pression énergique ne semble pas nécessaire dans ce cas.

Les diamants artificiels sont très petits et sans valeur marchande ; leur prix de revient est bien supérieur à celui des diamants naturels de même taille.

Le diamant sert, outre son usage dans la joaillerie, à garnir les tiges de perforatrices destinées à entamer les roches très dures. On emploie à cet usage le diamant noir mal cristallisé (bord).

373. Graphite. — On le trouve surtout en Sibérie, à Ceylan, en Californie. Il se forme par cristallisation du carbone dans la fonte, quand celle-ci se refroidit lentement.

Le graphite cristallise dans le système hexagonal. C'est un corps noir, opaque, d'une densité de 2 à 2,5 ; il est mou, doux au toucher et adhère facilement aux surfaces contre lesquelles il est frotté. C'est un bon conducteur de la chaleur et de l'électricité.

Le graphite est encore plus difficilement combustible que le diamant, mais il se laisse oxyder par un mélange de chlorate de potassium et d'acide nitrique ; il se transforme alors en un corps jaune, explosif, l'acide graphitique, dont la constitution est inconnue. Le permanganate de potassium transforme le graphite en acide mellitique $C_6(CO_2H)_6$; la molécule de graphite contient donc au moins 12 atomes de carbone.

Le graphite est employé à la fabrication des crayons, de creusets réfractaires, d'électrodes ; on s'en sert en galvanoplastie pour rendre conductrice la surface des moules.

374. Carbone amorphe. — L'action de la chaleur sur la plupart des matières organiques a pour effet de les dédoubler en combinaisons volatiles, constituées surtout d'eau, d'anhydride carbonique, de substances hydrocarbonées, et en composés non volatils, de plus en plus riches en carbone et pauvres en hydrogène et en oxygène. Si l'action de la chaleur est suffisamment intense, la composition du résidu fixe se rapprochera très fortement de celle du carbone pur : la substance sera carbonisée, c'est-à-dire transformée en charbon. Le **charbon** est du carbone plus ou moins pur provenant de la destruction de matières organiques.

La carbonisation ne fournit jamais de carbone pur, le produit renferme toujours de petites quantités d'hydrogène et d'oxygène.

Le charbon le plus pur est le charbon de sucre, obtenu en chauffant le sucre en vase clos.

Le **Coke** est le produit de décomposition de la houille sous l'action de la chaleur. On l'obtient comme sous-produit dans la fabrication du gaz d'éclairage.

On chauffe la houille dans des cornues en grès ; la décomposition donne de l'hydrogène, des hydrocarbures gazeux qui sont recueillis dans les gazomètres, de l'eau, de l'ammoniaque de l'anhydride carbonique, du cyanure d'ammonium, de l'hydrogène sulfuré et des matières organiques volatiles plus ou moins complexes dont l'ensemble constitue le goudron de houille. Eau et goudron sont condensés ; NH_3 et CO_2 se dissolvent dans l'eau de condensation,

H₂S et le cyanure d'ammonium sont fixés par de l'oxyde de fer. Tous ces corps constituent des sous-produits importants de la fabrication du gaz. Le résidu restant dans la cornue est le coke de gaz.

Quand on brûle de la houille en masses assez fortes, la combustion partielle provoque la transformation en coke des parties non brûlées. Lorsque cette transformation est suffisamment avancée on éteint brusquement sous un jet d'eau froide, et on obtient un coke compact.

Ce procédé primitif présentait un grave défaut; les produits de la décomposition de la houille, gaz, goudron, etc. brûlent et sont perdus pour l'industrie.

On construit actuellement des fours à coke, dans lesquels le gaz produit est recueilli, et sert à chauffer le four à coke lui-même; on condense en même temps les goudrons.

La fig. 51 donne la disposition demi-schématique d'une coupe transversale d'un tel four. La houille est introduite par les orifices de chargement O dans les fours F. Ceux-ci sont des chambres en maçonnerie réfractaire de 10 m. de long., 0,70 m. de haut et 0,50 à 0,60 m. de large, fermées à leurs faces antérieures par des portes mobiles en fer. Les produits volatils de décomposition s'échappent par les conduits C; le goudron, l'eau se condensent dans le barillet B et dans des appareils d'épu-

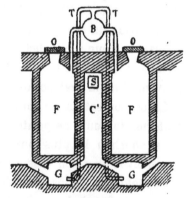

Fig. 51.

ration non représentés dans la figure. Les gaz combustibles sont conduits par les tubes T dans les canivaux C où ils sont enflammés; ils chauffent ainsi la partie inférieure du four; les produits de combustion incandescents circulent dans les parois par les canaux C', chauffent latéralement le four et s'échappent par S. Quand la transformation en coke est achevée, on ouvre les portes, on refoule la masse de coke incandescente à l'extérieur et on l'éteint sous un jet d'eau froide.

Le coke de four est un corps poreux gris, à éclat plus ou moins métallique; il est d'autant plus dur, plus compact et plus sonore qu'il a été obtenu à température plus haute. Il s'enflamme aussi plus difficilement mais donne en brûlant une température plus élevée. A cet égard le coke de four est bien supérieur au coke des usines à gaz.

Le coke contient environ 90 °/₀ de carbone, 8 °/₀ de cendres, 2 °/₀ d'oxygène, d'azote et d'hydrogène réunis.

Il est surtout employé en métallurgie (Hauts fourneaux). La Belgique produit environ 2,5 millions de tonnes de coke.

Charbon de cornue. — Dans les cornues à gaz, les composés hydrocarbonés volatils qui se forment dans la distillation de la houille se décomposent au contact des parois incandescentes de la cornue en hydrogène et en carbone. Celui-ci se dépose sur les parois, formant une croûte compacte dont l'épaisseur devient telle à la longue que la cornue est mise hors de service. La modification de carbone amorphe qui se produit ainsi est connue sous le nom de charbon de cornue.

C'est un charbon d'un gris noir, compact, dur, sonore, bon conducteur de la chaleur et de l'électricité; il est très difficile à enflammer, ne brûle que dans des fourneaux alimentés d'air par une soufflerie, mais produit alors une température extrêmement élevée. On l'emploie comme anode en électrolyse ainsi que pour la fabrication des crayons de lampes à arc.

Noir de fumée. — Quand un hydrocarbure brûle dans un défaut d'oxygène, l'hydrogène seul s'oxyde complètement et le carbone non brûlé se libère dans la flamme à l'état de parcelles extrêmement tenues qui constituent le noir de fumée. On obtient ce dernier dans l'industrie en brûlant des matières volatiles riches en carbone telles que des graisses, des résines, de la naphtaline ($C_{10}H_8$). La combustion du camphre donne un noir de fumée très fin, qui sert à faire l'encre de Chine.

Le noir de fumée n'est jamais du carbone pur; il renferme toujours des matières hydrocarbonées non oxydées qu'on enlève partiellement par un lavage à la benzine; les produits non solubles sont détruits après par le chlore.

On obtient du carbone pur par l'explosion de l'acétylène en vases clos :

$$C_2H_2 = C_2 + H_2.$$

Le noir de fumée est la forme la moins compacte du carbone ; c'est celle qui s'allume le plus facilement ; il se combine à froid au fluor.

Il sert à la fabrication des encres grasses.

Les matières organiques infusibles et fixes se carbonisent sous l'action de la chaleur en gardant leur forme. Tels sont notamment le bois et les os.

Le **charbon de bois** se forme, soit en chauffant le bois dans des cornues, soit en le soumettant à une combustion incomplète (**fours de boulangers**). La braise des boulangers est obtenue à basse température. On fabrique le charbon de bois en grand en entassant les buches de bois en meules, que l'on recouvre d'un revêtement de terre, de feuilles mortes et dans lequel on laisse quelques orifices pour permettre à l'air de pénétrer.

On met le feu à la meule ; la combustion lente d'une partie de la masse provoque la carbonisation du reste. Quand on juge la transformation suffisamment avancée, on bouche les orifices d'accès d'air et on laisse refroidir. On obtient ainsi le charbon de forêts. Il est plus dur, plus compact, plus sonore que la braise.

Le charbon de bois possède une surface énorme ; chaque paroi cellulaire du bois s'étant transformée en charbon. Grâce à cette grande surface il condense les gaz avec une facilité remarquable ; il peut, par exemple, absorber jusque 90 fois son volume apparent d'ammoniaque. Quand on le chauffe, les gaz condensés s'échappent. On appelle **adsorption** cette faculté que possèdent certains corps d'en fixer d'autres à leur surface. Le charbon de bois est employé pour cette raison comme désodorisant ; il adsorde les matières odorantes.

On emploie encore le charbon de bois dans la fabrication de la poudre à canon.

Charbon d'os ou noir d'animal. — L'action de la chaleur sur les os carbonise la matière organique qu'ils renferment ; on obtient ainsi un charbon mélangé de phosphate et de carbonate de calcium ;

on peut enlever ces derniers par un traitement à l'acide chlorhydrique étendu. Le charbon d'os fixe les matières colorantes ;
on l'emploie surtout pour décolorer les jus sucrés dans l'industrie
sucrière.

375. Houille. — Les matériaux ligneux et herbacés enfouis
dans le sol à la suite de mouvements géologiques subissent, sous
l'action combinée de la chaleur, de l'humidité et de la pression, une
décomposition plus ou moins profonde.

Les végétaux renferment surtout de la cellulose $C_6H_{10}O_5$;
l'oxygène qui y est contenu passe à l'état d'H_2O et de CO_2 ; l'hydrogène non combiné à l'oxygène se dégage sous forme de méthane
CH_4 et il reste du carbone. Mais le mécanisme du dédoublement
est en réalité beaucoup plus complexe ; il est comparable à la
décomposition pyrogénée (v. **374**), la substance organique s'ache-
minant de plus en plus vers la molécule de carbone, tandis que les
éléments minéraux, oxygène, azote, soufre, etc. tendent à passer
à l'état de combinaisons inorganiques ; la nature des combinaisons très compliquées qui constituent la houille nous est encore
inconnue.

La transformation complète en carbone demande des périodes
géologiques très longues ; elle est d'autant plus profonde que la
fossilisation est plus ancienne (étage inférieur du carbonifère).
Elle atteint son maximum dans l'anthracite.

L'**anthracite** nous fournit le produit ultime de transformation ;
c'est du carbone presque pur : 94-97 °/₀ de carbone. Les houilles
contiennent de 75 à 93 °/₀ de carbone ; on les divise en houilles
maigres et houilles grasses. Les premières sont plus carbonisées
que les houilles grasses et contiennent par conséquent moins
de matières volatiles ; le **lignite** a subi une carbonisation beaucoup
moins profonde et se trouve d'ailleurs dans des terrains bien plus
récents (terrains tertiaires). Beaucoup de lignites conservent encore
la structure du bois qui les a formés.

La tourbe est de formation actuelle, elle se produit par l'altération des végétaux herbacés.

On conçoit qu'on puisse trouver tous les degrés de transition
possible entre l'anthracite et le lignite.

La production totale de houille (y compris l'anthracite) du globe est d'environ 840 millions de tonnes (1905). Le premier rang, au point de vue de la production, est occupé par les États-Unis (350 millions de tonnes, 1905) qui fournissent en outre presque la totalité de l'anthracite. Viennent ensuite l'Angleterre (230) et l'Allemagne (120). La Belgique extrait 23 millions de tonnes de houille ; elle ne possède pas de gisements d'anthracite ni de lignite.

376. Le carbone est un corps absolument infusible ; on a pu le volatiliser à la température de l'arc voltaïque.

C'est un élément peu actif ; il ne se combine avec facilité qu'à l'oxygène et au fluor ; ce dernier est le seul élément auquel il puisse s'unir à froid.

Il s'enflamme d'autant plus facilement dans l'oxygène qu'il est plus divisé. Le diamant prend feu dans l'oxygène entre 800° et 875°, le graphite entre 650° et 700°, les variétés de carbone amorphe entre 300° et 500°. Cette combustion vive est précédée d'une combustion lente qui, pour la braise de boulangers, est déjà décelable à 100°. La chaleur de combustion d'un atome-gramme de carbone diamant est de 94800 cal., celle du graphite de 94800 cal., du carbone amorphe de 97650 cal. Un kilogr. de carbone amorphe dégage 8100 grandes calories en se transformant en CO_2.

A 300° le carbone se combine au soufre ; à la température de l'arc voltaïque il s'unit à l'hydrogène pour donner de l'acétylène C_2H_2, à l'azote pour former du cyanogène C_2N_2.

Ces dernières réactions sont endothermiques (v. **127**). A de très hautes températures le carbone se combine aussi à la plupart des métaux pour former des carbures. Il réduit également presque tous les oxydes métalliques ou métalloïdiques ; très souvent il s'unit à l'élément réduit pour former un carbure.

377. Le carbone est soluble dans différents métaux et lorsque la solution n'atteint pas une concentration suffisante, il peut arriver qu'elle se solidifie sans que le carbone s'en sépare : il se fait une **dissolution solide**. Les corps solides peuvent en effet parfois constituer des mélanges homogènes, et nous en avons déjà montré des exemples dans les cristaux mixtes que forment les corps isomorphes. Mais les cristaux mixtes ne sont pas des dissolutions solides. En effet, si sur un cristal se dépose une couche d'un corps isomorphe, jamais celui-ci ne pénètre dans l'intérieur du cristal. Dans les dissolutions solides au contraire, il se fait une diffusion lente réciproque des corps mis en contact, absolument comme dans le cas de liquides miscibles. Seulement, étant donnée la mobilité excessivement réduite des molécules à l'état solide, cette pénétration réciproque, qui caractérise la dissolution, ne se fait qu'avec une extrême lenteur.

Le carbone nous fournit un exemple d'un phénomène de l'espèce. Si l'on chauffe un barreau de fer dans un lit de charbon, le carbone pénètre peu à peu dans le fer, quoiqu'à la température à laquelle on opère, il soit bien loin de sa température de volatilisation Ce fait est appliqué journellement en métallurgie (v. cémentation). De même lorsqu'on met au contact deux métaux parfaitement décapés, on constate fréquemment qu'ils diffusent lentement l'un dans l'autre, et cela à des températures qui peuvent être inférieures de plusieurs centaines de degrés de leur point de fusion (Spring).

Cette diffusion, tout à fait analogue à celle des liquides, doit avoir la même origine. Dans les corps solides constituant ainsi des mélanges homogènes, existe une pression osmotique, mais dont l'action est entravée par la rigidité des corps solides.

Combinaisons oxygénées
du Carbone.

378. Le carbone forme trois oxydes : le sous-oxyde C_3O_2, l'oxyde de carbone CO et l'anhydride carbonique CO_2. A ce dernier correspond l'acide carbonique H_2CO_3, qui n'est connu qu'en solution, mais dont la plupart des sels ont été isolés.

379. Sous-oxyde de carbone C_3O_2. — L'étude du mode de formation de ce corps ressort de la chimie organique.

C'est un gaz d'une odeur très irritante, attaquant vivement les muqueuses et qui bout à $+7°$. Il se dissout dans l'eau avec formation d'acide malonique (v. chim. organique), $HO.CO - CH_2 - CO.OH$. Cette réaction ainsi que son mode de formation lui assignent la formule $O = C = C = C = O$. L'étude de ce corps, de découverte toute récente, n'est encore qu'entamée.

OXYDE DE CARBONE, CO.

P.M. 27.80 (28).

380. Ce corps se forme par la réduction incomplète de l'anhydride carbonique. Cette réaction ne se fait qu'à température élevée et sous l'action d'agents réducteurs puissants, tels que le zinc, le sodium :

$$Zn + CO_2 = CO + ZnO.$$

Le magnésium et l'aluminium agissent trop énergiquement: ils enlèvent la totalité de l'oxygène. Le carbone lui-même peut servir à réduire l'anhydride carbonique :

$$CO_2 + C = 2CO.$$

Cette réaction se produit quand on brûle sur une grille du carbone en couches épaisses. L'oxygène de l'air pénétrant par la grille se transforme en CO_2; celui-ci doit traverser des couches de combustibles portées au rouge par la chaleur dégagée dans la combustion des couches inférieures. Il est réduit au contact du carbone incandescent et transformé en oxyde de carbone (réchauds).

L'oxyde de carbone se forme encore dans la réduction par le carbone des oxydes difficilement réductibles :

$$ZnO + C = Zn + CO.$$

Quand on fait passer de la vapeur d'eau sur du coke chauffé au rouge, elle est réduite. A 600° il se forme de l'hydrogène et de l'anhydride carbonique ; mais au-dessus de 900° il y a production d'oxyde de carbone :

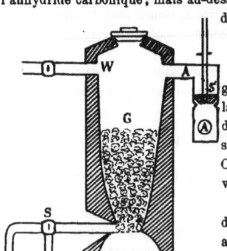

$$H_2O + C = H_2 + CO.$$

Cette réaction s'exécute en grand dans l'industrie ; le mélange d'hydrogène et d'oxyde de carbone obtenu est connu sous le nom de **gaz à l'eau**. On opère de la manière suivante :

Le générateur G est rempli de coke ou d'anthracite qu'on allume et que l'on porte au rouge blanc en y insufflant de l'air par V. La soupape S est placée de manière que la com-

Fig. 52.

munication avec E soit fermée. L'air insufflé sous pression brûle partiellement le coke et bientôt celui-ci est porté au rouge blanc ; il s'échappe un mélange d'azote et d'oxyde de carbone qui est recueilli par A. On arrête alors l'arrivée de l'air, on abaisse la soupape S' qui ferme A, on tourne S de manière à faire communiquer G avec E et par W on lance de la vapeur d'eau. Celle-ci traverse le coke incandescent de haut en bas et se réduit, le mélange d'hydrogène et d'oxyde de carbone sort par E ; il est lavé et recueilli dans un gazomètre.

La réduction de l'eau par le carbone est endothermique et ne se réalise qu'à une température élevée :

$$H_2O + C = H_2 + CO - 28000 \text{ cal.}$$

Aussi le coke se refroidit-il rapidement ; après quelques minutes on interrompt l'accès de la vapeur d'eau et on recommence l'insufflation d'air pour reporter le coke au rouge. L'opération comporte ainsi une série d'injections alternatives d'air et de vapeur d'eau.

Le gaz à l'eau est remarquable par la haute température qu'il développe en brûlant; un fil de platine fond facilement dans la flamme de ce gaz brûlant dans l'air.

Le mélange d'oxyde de carbone et d'azote, connu sous le nom de **gaz d'air**, peut aussi être employé comme combustible (v. plus loin).

On obtient l'oxyde de carbone dans les laboratoires en décomposant l'acide oxalique par l'acide sulfurique concentré; ce dernier sert d'agent déshydratant :

$$\frac{O=C\cdot O\,H}{O=C\cdot O\,H}\,O = CO_2 + CO + H_2O.$$

On dirige le mélange de CO_2 et CO dans de la potasse caustique qui absorbe CO_2.

381. L'oxyde de carbone est un gaz incolore, inodore, d'une liquéfaction difficile : sa température critique est de — 139°; il bout à — 190° sous la pression atmosphérique. C'est un poison redoutable : il se combine à l'hémoglobine du sang et la rend incapable de fixer l'oxygène. Le séjour dans une atmosphère contenant 1/2 °/₀ de d'oxyde de carbone est rapidement mortel.

CO est une molécule non saturée; or, les quatre valences du carbone sont rigoureusement équivalentes, et il n'y en a que deux qui soient utilisées dans l'oxyde de carbone; aussi ce corps possède-t-il la propriété de se combiner par addition, notamment à des sels métalliques également non saturés. C'est ainsi qu'il est absorbé par les solutions de chlorure cuivreux. Cette réaction a un intérêt pratique; elle permet de doser l'oxyde de carbone dans les gaz des foyers.

A 100°, l'oxyde de carbone se combine au nickel pour former un composé liquide volatil bouillant à 43°, le nickeltétracarbonyle $Ni\,(CO)_4$.

L'oxyde de carbone se combine au chlore sous l'action excitatrice des rayons solaires pour donner $COCl_2$, le chlorure de carbonyle.

Malgré la grande affinité du carbone pour l'oxygène, l'oxyde de carbone ne se combine à l'oxygène qu'au rouge ; il brûle dans l'air avec une flamme bleue peu éclairante en se transformant en CO_2 :

$$CO + O = CO_2.$$

La combustion de l'oxyde de carbone dégage 68200 calories par molécule gramme ; quand le carbone diamant brûle directement à l'état de CO_2, il se dégage 94300 cal. ; la chaleur de formation d'une molécule-gramme de CO est donc de 26100 cal.

La différence importante que l'on observe entre la chaleur dégagée dans la fixation du premier et du deuxième atome d'oxygène, malgré l'équivalence des quatre atomicités du carbone, est due à ce que dans la formation de CO le carbone, corps solide et absolument fixe, doit être transformé en un composé gazeux ; ce passage de l'état solide à l'état gazeux absorbe une quantité importante d'énergie.

Quand le carbone brûle en se transformant en CO il ne dégage donc que 1/4 environ de la quantité de chaleur qu'il pourrait fournir en passant à l'état de CO_2. Les appareils de chauffage dans lesquels il y a formation d'oxyde de carbone non brûlé donnent ainsi lieu à un gaspillage de combustible d'autant plus grand que la quantité d'oxyde de carbone formée est plus forte. Aussi le dosage de l'oxyde de carbone dans les gaz de foyers a-t-il une importance sérieuse dans l'industrie.

L'énergie considérable qui se dégage dans la fixation de l'oxygène sur l'oxyde de carbone fait de celui-ci un corps réducteur énergique. Il réduit à chaud de nombreux oxydes métalliques, tels CuO, Fe_2O_3 :

$$CuO + CO = Cu + CO_2.$$

Ces réactions sont mises à profit en métallurgie.

382. L'industrie utilise en outre l'oxyde de carbone comme gaz de chauffage dans les **fours Siemens.** Ceux-ci comprennent deux parties distinctes : le gazogène et le four proprement dit.

Le gazogène est un foyer à grille dans lequel on brûle le combustible en couches épaisses (fig. 53). La houille se transforme en oxyde de carbone, mais il se forme en même temps des hydrocarbures volatils (gaz d'éclairage) par distillation des couches supérieures. Ces derniers, mélangés à l'oxyde de carbone et à un grand excès d'azote (70 %) constituent le gaz de gazogène. Si l'on emploie du coke pour alimenter le foyer on n'obtient que de l'oxyde de carbone.

Ces gaz combustibles sont conduits au four. Le principe fonda-

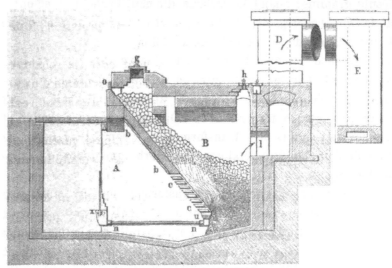

Fig. 53.

mental du four Siemens est d'utiliser la chaleur perdue des produits de combustion à chauffer l'air et le combustible avant leur arrivée dans le four. Pour pouvoir réaliser le chauffage préalable du combustible, il faut que ce dernier soit gazeux; le gazogène est l'appareil qui transforme, avec perte de chaleur il est vrai, le carbone ou la houille en combustible gazeux.

La disposition du four Siemens est donnée schématiquement par la fig. 54.

L'air et le gaz arrivent respectivement par G' et G. Quand les valves A et B occupent la position indiquée sur la figure, ils passent dans les chambres R₂ et R₁,

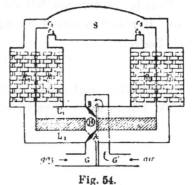

Fig. 54.

remplies de briques réfractaires, et sont dirigés ensuite vers le four
où ils débouchent par les lunettes C_3 et C_4. Ils brûlent ; leurs produits
de combustion s'échappant par C_1 et C_2, doivent traverser les
chambres R_1 et R_2 remplies également de briques réfractaires. Ils
cèdent leur chaleur à ces briques et les chauffent au rouge clair,
puis passent par les canivaux L_1 et L_2 dans la cheminée H. Quand
les chambres R_1 et R_2 ont été portées à une température suffisante,
on renverse la position des valves A et B (pointillé). Le gaz et l'air
doivent alors traverser R_1 et R_2 et s'échauffent très fortement,
tandis que les produits de combustion vont chauffer R_3 et R_4.

Quand les chambres R_1 et R_2 se seront refroidies, R_3 et R_4
seront devenues chaudes et on renversera de nouveau la direction
du courant gazeux par la manœuvre de A et B. On arrive ainsi
par un renversement périodique dans la circulation des gaz, à
amener constamment au four de l'air et du combustible portés à
de hautes températures (jusque 1300°) ce qui assure un rendement
thermique utile bien supérieur à celui des fours ordinaires
(v. Flamme).

Les avantages de cette disposition sont multiples, malgré la perte
due à ce que la chaleur dégagée dans la formation de l'oxyde
de carbone ne soit pas utilisée. Cette perte est compensée et bien
au delà par le gain que réalise l'échauffement de l'air et de l'oxyde
de carbone. Outre l'élévation considérable de température, l'emploi
de combustible gazeux donne les avantages suivants :

1° Elle permet de travailler à volonté dans un milieu oxydant,
neutre ou réducteur, suivant la quantité d'air admise.

2° Elle évite le refroidissement du four que produit le chargement de combustible dans les fours à chauffage direct.

3° Elle permet l'utilisation de combustible de qualité inférieure ;
celui-ci ne doit en effet servir qu'à fournir l'oxyde de carbone,
la chaleur qu'il développe en brûlant n'ayant pas d'importance au
point de vue du rendement thermique.

L'oxyde de carbone a été isolé par Pristley.

ANHYDRIDE CARBONIQUE CO_2
P.M. 43,68 (44).

383. Ce gaz se trouve normalement en petite quantité dans l'air (v. **316**) (0,04 °/₀ en volume). Les volcans en rejettent souvent des quantités colossales. Beaucoup d'eaux minérales sont fortement chargées d'anhydride carbonique. Il existe en outre des endroits nombreux où le gaz s'échappe du sol (grotte du chien à Naples), mofettes.

Il se produit:1° Par la combustion complète du carbone et de tous les corps qui en renferment.

2° Par l'action de la chaleur sur les carbonates neutres, sauf ceux des métaux alcalins :

$$CaCO_3 \rightleftharpoons CaO + CO_2.$$

Ce phénomène est réversible; on assure la transformation en permettant à l'anhydride carbonique de s'échapper à mesure qu'il se produit.

3° Les carbonates acides se décomposent aisément en carbonates neutres, eau et anhydride carbonique :

$$2NaHCO_3 = Na_2CO_3 + H_2O + CO_2.$$

4° Par l'action d'un acide sur un carbonate. On emploie généralement le marbre et l'acide chlorhydrique étendu :

$$CaCO_3 + 2HCl = CaCl_2 + H_2O + CO_2.$$

5° La fermentation alcoolique transforme le glucose en anhydride carbonique et alcool C_2H_6O :

$$C_6H_{12}O_6 = 2C_2H_6O + 2CO_2.$$

L'anhydride carbonique est un produit de la respiration des animaux et de la respiration nocturne des végétaux.

Les procédés 2 et 4 sont employés dans l'industrie.

384. L'anhydride carbonique est un gaz incolore, inodore, d'une saveur légèrement piquante, plus dense que l'air; 1 litre de CO_2 pèse 1,97 gr. (environ 2 gr.), à 0° et sous la pression de 760ᵐᵐ. Cette densité élevée fait que ce gaz s'accumule facilement dans les dépressions du sol (caves, grottes, puits) et peut en rendre l'atmosphère irrespirable. Ce n'est pas un gaz fort vénéneux, quoiqu'il ne soit pas complètement inoffensif comme on l'a cru longtemps, mais il n'entretient pas la respiration. Il éteint les corps en combustion; une bougie plongée dans une atmosphère d'anhydride carbonique s'éteint immédiatement. L'anhydride carbonique se liquéfie à 0° sous une pression de 36 atmosphères; l'augmentation de pression nécessaire pour amener la liquéfaction est d'environ une atmosphère pour une élévation de température de 1°. La température critique de ce gaz est $+ 31,3°$.

CO_2 liquide bout à $- 78°$ à la pression atmosphérique et se transforme instantanément à l'air libre en une masse neigeuse d'anhydride carbonique solide. Le point de fusion de CO_2 est en effet supérieur à son point d'ébullition; il est de $- 56,7°$ (sous 5 atmosphères de pression).

On trouve dans le commerce des bombes remplies d'anhydride carbonique liquéfié. Ce liquide a un coefficient de dilatation énorme; à $+ 30°$ son volume est 1 $^1/_2$ fois plus grand qu'à 0°. **Il doit être tenu compte de ce fait dans le remplissage de ces tubes.**

L'anhydride carbonique solide est employé comme source de froid. Mélangé à de l'éther ou de l'acétone, il produit un abaissement de température allant jusque $- 83°$.

L'anhydride carbonique est un corps extrêmement stable; il ne commence à se dissocier sensiblement qu'à 2000° en CO et O_2; cette dissociation n'entre donc pas en ligne de compte dans la plupart des appareils de chauffage, dont la température n'excède pas 2000°.

385. L'anhydride carbonique est soluble dans l'eau; celle-ci en dissout 1,7 fois son volume à 0°; le phénomène obéit à la loi de Dalton jusqu'à 14 atmosphères. La dissolution a une réaction très légèrement acide et doit être envisagée comme de l'acide carbonique H_2CO_3 très fortement dissocié. A basse température et sous une pression supérieure à 13 atmosphères peut exister un hydrate $H_2CO_3.8H_2O$, qui se dissocie dès que la pression devient inférieure à 13 atmosphères.

Quand on chauffe une solution d'anhydride carbonique à l'ébullition tout le gaz s'échappe; la dissociation de H_2CO_3 est donc complète à 100°.

L'acide carbonique est un acide bibasique très faible qui forme deux espèces de sels : les carbonates neutres et les carbonates acides (bicarbonates). Ceux-ci ne sont connus à l'état isolé que pour les métaux alcalins ; les bicarbonates des autres métaux ne peuvent exister qu'en solution étendue.

386. Les carbonates neutres sont tous insolubles dans l'eau, sauf ceux des métaux alcalins. Les carbonates solubles ont en solution une réaction fortement alcaline, due à une hydrolyse profonde :

$$CO_3'' + H_2O = HCO_3' + OH' \qquad (1)$$
$$HCO_3' + H_2O = H_2CO_3 + OH' \qquad (2)$$

Quelques carbonates dérivant de bases très faibles $Al_2(CO_3)_3$, $Fe_2(CO_3)_3$, $Cr_2(CO_3)_3$ se décomposent même complètement au moment où ils se forment en présence de l'eau, avec précipitation des hydroxydes métalliques correspondants :

$$\left\{ \begin{array}{l} 2AlCl_3 + 3Na_2CO_3 + 3H_2O = 2Al(OH)_3 + 6NaCl + 3CO_2 \\ 2Al\cdots + 3CO_3'' + 3(H + OH') = 2Al(OH)_3 + 3CO_2. \end{array} \right.$$

Les carbonates neutres se décomposent tous par la chaleur, sauf ceux de potassium et de sodium. Le carbonate de baryum ne se dissocie qu'au rouge blanc. Le carbonate mercurique n'existe pas ; il se décompose déjà totalement à la température ordinaire.

387. Les carbonates acides sont tous solubles dans l'eau. L'ion HCO_3' tend moins énergiquement que CO_3'' à fixer l'ion $H\cdot$, aussi l'hydrolyse des carbonates acides est elle beaucoup moins prononcée que celle des carbonates neutres (équation (2)). Cependant leur dissolution possède une réaction nettement alcaline.

Par contre les carbonates acides sont beaucoup moins résistants à l'action de la chaleur ; ils se dissocient déjà, même en solution, à des températures peu élevées selon le schéma :

$$2MHCO_3 \rightleftharpoons M_2CO_3 + H_2O + CO_2$$
$$2HCO_3' \rightleftharpoons CO_3'' + H_2O + CO_2.$$

Cette réaction est réversible ; l'équilibre est lié à la condition :

$$C_{HCO_3'}^2 = K C_{CO_3''} \times C_{H_2O} \times C_{CO_2}. \qquad (1)$$

Cette condition nous apprend que les carbonates acides seront d'autant moins dissociés que la solution sera plus étendue.

La dissociation des carbonates acides des métaux alcalins n'est guère importante dans leurs solutions à la température ordinaire; ils peuvent en être extraits par voie de cristallisation. Leur dissociation commence à être sensible vers $+ 40°$; elle est presque totale à $100°$.

Les autres bicarbonates sont beaucoup moins résistants; ils ne peuvent exister qu'en dissolution étendue, la concentration de l'eau devant être très forte pour empêcher leur dissociation.

La condition (1) nous montre encore que la dissociation est d'autant moins profonde que la solution contient plus de CO_2 dissous. Or, la solubilité de CO_2 est proportionnelle à la pression que ce gaz exerce à la surface du liquide; plus sa tension sera forte, plus grande sera la tendance à la production du carbonate acide. L'eau chargée d'anhydride carbonique dissout les carbonates neutres insolubles, car elle les transforme en carbonates acides solubles. On peut mettre ce fait en évidence en faisant barboter de l'anhydride carbonique dans une solution de chaux éteinte $Ca(OH)_2$. Il se produit d'abord un précipité floconneux de $CaCO_3$, qui disparaît quand on maintient le courant de gaz carbonique pendant un temps suffisant :

$$Ca(OH)_2 + CO_2 = CaCO_3 + H_2O$$
$$CaCO_3 + H_2O + CO_2 = Ca(HCO_3)_2.$$

La dissolution est surtout active dans les eaux carboniques souterraines, où l'anhydride carbonique se trouve souvent dissous en grandes proportions, grâce à la pression élevée sous laquelle il est maintenu. Quand ces solutions concentrées arrivent à la surface, le gaz dissous s'échappe, sa concentration diminue donc fortement et le carbonate acide se décompose partiellement en carbonate neutre qui, étant très peu soluble, se dépose (Eaux pétrifiantes).

L'évaporation de l'eau d'une solution de bicarbonate provoque de même un dépôt de carbonate neutre; la concentration C_{H_2O} devenant trop faible, la condition d'équilibre (1) n'est plus satisfaite et le carbonate acide se dédouble en donnant du carbonate neutre qui se dépose.

Tous ces phénomènes jouent un rôle très important dans les modifications de l'écorce du globe, qui renferme d'énormes quantités de calcaire $CaCO_3$. Celui-ci se dissout dans les eaux fluviales qui tiennent toujours CO_2 en dissolution. L'eau peut dissoudre ainsi jusque 3 gr. de carbonate neutre de calcium sous forme de carbonate acide, $Ca(HCO_3)_2$. Quand l'eau s'évapore le bicarbonate se décomposera en laissant un résidu de carbonate neutre insoluble (**stalactites, stalagmites, concrétions calcaires**).

Le carbonate acide de calcium se rencontre donc dans la plupart des eaux naturelles; l'eau de mer en contient une proportion constante. Les animaux marins lui empruntent le calcaire nécessaire à l'édification de leurs coquilles (molusques et polypiers). Des bancs immenses de fossiles calcaires forment l'un des terrains les plus importants de l'époque secondaire (crétacé).

Le carbonate acide de calcium dissous dans l'eau de mer est toujours plus ou moins dissocié. Sa dissociation cesse quand la pression de l'anhydride carbonique de l'atmosphère est égale à la tension de dissociation. La mer joue donc le rôle de régulateur pour la teneur en anhydride carbonique de l'atmosphère; **cette teneur est celle qui correspond à la tension de dissociation de** $Ca(HCO_3)_2$, à la température actuelle.

Quand on chauffe à l'ébullition une dissolution de carbonate acide de calcium, il se décompose complètement en carbonate neutre qui précipite, tandis que CO_2 s'échappe; les incrustations de chaudières doivent en grande partie leur origine à la décomposition par l'ébullition des carbonates acides de calcium et de magnésium que les eaux renferment. Le carbonate neutre qui se forme est cristallin et adhère très fortement aux parois sur lesquelles il se dépose; de là la formation dans les chaudières de croûtes compactes et dures dont la présence présente des inconvénients et même des dangers sérieux.

On peut débarrasser l'eau du carbonate acide de calcium qu'elle tient en solution en y ajoutant de la chaux : il se forme du carbonate neutre insoluble qu'il suffit de laisser déposer :

$$Ca(HCO_3)_2 + Ca(OH)_2 = 2CaCO_3 + 2H_2O.$$
$$\downarrow$$

Caractères des carbonates neutres. — Ils sont tous insolubles dans l'eau sauf ceux de K, Na et NH$_4$. Les carbonates solubles donnent avec les sels de baryum un précipité blanc, soluble dans l'acide acétique, avec dégagement de CO$_2$.

Les carbonates acides chauffés à 100° se décomposent tous en carbonates neutres que l'on peut reconnaître par les caractères qui viennent d'être donnés. Les carbonates neutres insolubles, traités par un acide, dégagent CO$_2$.

L'anhydride carbonique fut identifié par van Helmont.

388. Cycle du carbone. — Le carbone subit à la surface du globe dans le cours des siècles une série de métamorphoses des plus intéressantes pour la géologie. Il est hautement probable que dans les premiers âges de la terre, lorsque celle-ci s'était déjà suffisamment refroidie pour que la croûte terrestre fut constituée, l'atmosphère ne renfermait pas d'oxygène et était constituée essentiellement d'azote, de vapeur d'eau et d'anhydride carbonique.

Les premiers végétaux ont, dans leur processus d'assimilation synthétique, absorbé l'eau et l'anhydride carbonique pour constituer leurs tissus et en particulier leurs composants hydrocarbonés, tels que la cellulose, l'amidon, etc., tandis qu'ils dégageaient de l'oxygène libre. Lorsque celui-ci eut atteint une concentration suffisante, la vie animale devint possible. Cependant les végétaux ne font pas disparaître totalement l'anhydride carbonique qu'ils ont absorbé pendant leur vie ; après leur mort, la destruction de la substance organique par putréfaction ou fossilisation ramène dans l'atmosphère la presque totalité du carbone sous forme d'anhydride carbonique ; une fraction minime passe seulement à l'état de tourbe, puis de houille ou de carbone pur (v. plus haut). On a établi que tandis que les végétaux absorbent annuellement un cinquantième (48000 millions de tonnes) de l'anhydride carbonique contenu dans l'atmosphère, il faudrait en réalité 10000 ans pour que tout l'anhydride carbonique fut enlevé à l'air.

On a calculé que la quantité du charbon fossile est sensiblement équivalente à la masse d'oxygène atmosphérique (1200 trillions de tonnes).

La désagrégation des silicates est une deuxième cause de disparition de l'anhydride carbonique. Les roches silicatées et notamment les feldspaths sont attaquées dans le cours des siècles par l'acide carbonique. Les feldspaths, silicates d'aluminium et de métaux alcalins ou alcalino-terreux, les silicates magnésiens sont transformés en carbonates acides solubles de potassium, sodium, calcium ou magnésium; l'aluminium reste à l'état de silicate basique d'aluminium, l'argile.

Les carbonates solubles, entraînés par les eaux, passent dans l'Océan; le carbonate de calcium est utilisé par les animaux marins à l'édification de leur coquille, et formera après la mort de l'organisme un dépôt sédimentaire qui a pu atteindre dans certains terrains plusieurs centaines de mètres d'épaisseur et représente plus de 30000 fois le poids de l'anhydride carbonique actuellement renfermé dans l'atmosphère.

L'anhydride carbonique aurait donc disparu depuis longtemps de l'atmosphère si les volcans n'en rejetaient continuellement des quantités énormes. En outre la combustion vive des combustibles et l'oxydation physiologique des substances organiques déversent annuellement dans l'atmosphère des masses considérables d'anhydride carbonique, formées au dépens de l'oxygène de l'air. On peut évaluer à un milliard de tonnes la quantité de carbone brûlée annuellement sous forme de houille, de pétrole, de bois, etc., ce qui représente plus de 3,7 milliards de tonnes d'anhydride carbonique, soit une consommation de 2,7 milliards de tonnes d'oxygène. Un homme adulte expire journellement 0,9 kilogr. d'anhydride carbonique, ce qui correspond à une production annuelle de 400 millions de tonnes d'anhydride carbonique pour l'espèce humaine. En ajoutant l'anhydride carbonique fourni par les animaux, on ne ferait pas une erreur considérable en fixant à 5 milliards de tonnes la quantité d'anhydride carbonique total d'origine physiologique ou industrielle déversée par an dans l'atmosphère, ce qui correspond à une soustraction de 4 milliards de tonnes d'oxygène.

La majeure partie de l'anhydride carbonique que reçoit l'atmosphère est absorbée par l'Océan. En effet, à toute augmentation de tension de ce gaz, correspond une régression de la dissociation des carbonates acides dissous dans la mer (v. **387**).

Néanmoins il paraît démontré qu'à l'époque actuelle cette teneur va en augmentant et ce fait est rassurant pour l'avenir de l'humanité. Nous venons de voir en effet que tout le carbone que nous brûlons et celui qui entre dans la constitution de nos tissus a pour origine l'anhydride carbonique de l'atmosphère, tandis que l'anhydride carbonique fixé sous forme de carbonates est devenu inutilisable.

Toute l'énergie développée dans nos moteurs thermiques et dans notre organisme a pour origine l'énergie potentielle accumulée dans le carbone et dans l'oxygène. Si ce dernier est disponible en quantité inépuisable il n'en est pas de même du carbone et de ses combinaisons organiques, et l'on pourrait prévoir le moment où nos réserves énergétiques en charbon étant épuisées, la vie deviendrait impossible à la surface du globe.

Ce sont les végétaux qui reconstituent continuellement ces réserves, et cela d'autant plus activement que la teneur de l'air en anhydride carbonique est plus élevée.

Les parties vertes des plantes absorbent de l'eau et de l'anhydride carbonique et sous l'influence des rayons solaires les transforment en composés de la formule générale $C_nH_{2m}O_m$, en même temps qu'il se dégage de l'oxygène :

$$nCO_2 + mH_2O = C_nH_{2m}O_m + nO_2.$$

Les plus importants de ces hydrates de carbone sont la cellulose, l'amidon et les sucres ; la cellulose et l'amidon ont pour formule $p(C_6H_{10}O_5)$.

La réaction de synthèse des hydrates de carbone absorbe une quantité énorme d'énergie ; la formation d'une molécule de cellulose exige p. 680400 calories; cette énergie est fournie par les radiations solaires.

La respiration **diurne** des végétaux donne ainsi lieu à un dégagement d'oxygène; la présence de chlorophylle est indispensable à cette fonction.

Il est à remarquer que les végétaux sont aussi le siège de phénomènes d'oxydation, qui dégagent de l'anhydride carbonique; ce dégagement est peu important comparé à celui de l'oxygène.

Pendant la nuit il n'y a pas production d'oxygène et les plantes n'exhalent plus que de l'acide carbonique.

Les animaux absorbent les hydrates de carbone et les oxydent, réaction exothermique qui dégage l'énergie nécessaire à leur existence ; leur vie est exothermique. Les végétaux sont au contraire le siège de réactions endothermiques et reçoivent du soleil l'énergie nécessaire pour les produire.

Les plantes nous servent de nourriture et aussi de combustible, tant par elles-mêmes que par leurs produits de fossilisation ; il en résulte qu'en dernier ressort toute l'énergie utilisée à la surface du globe nous est fournie par le soleil.

LA FLAMME.

389. La flamme est le phénomène lumineux que l'on observe quand des gaz se combinent et sont portés à l'incandescence par la chaleur dégagée dans leur union chimique. Les corps solides ou liquides qui brûlent avec flamme sont ceux qui peuvent donner naissance à des composés combustibles volatils à la température d'inflammation. Les corps fixes, tels que le fer, le coke, le graphite brûlent sans flamme ; le pétrole, l'huile, la paraffine, au contraire, se volatilisent partiellement à la température d'inflammation ; il se produit une flamme, dont la température élevée détermine une volatilisation continue du combustible liquide dont la mèche est imbibée. Le bois, la houille se décomposent par la chaleur en donnant naissance à des composés volatils qui brûlent avec flamme, tandis qu'il reste un résidu fixe de charbon. Quand le dégagement des matières volatiles a cessé, la flamme tombe, on n'observe plus que l'incandescence du charbon se combinant à l'oxygène.

Généralement l'un des gaz qui intervient dans la combustion est l'oxygène, mais d'autres gaz peuvent provoquer des phénomènes de combustion avec flamme. C'est ainsi qu'un jet d'hydrogène brûle avec une flamme verdâtre dans une atmosphère de chlore, en donnant de l'acide chlorhydrique.

Dans la plupart des flammes l'un des gaz s'échappe en jet dans une atmosphère de l'autre et la flamme se produit à la zone de contact dont la forme détermine celle de la flamme.

Le premier gaz est le combustible, le second le gaz comburant. Généralement le comburant est l'air, mais on conçoit que la situation puisse être renversée et que l'on puisse enflammer un jet d'air ou d'oxygène dans une atmosphère d'hydrogène ou de gaz d'éclairage : on obtient ainsi une **flamme renversée**.

On peut réaliser une telle flamme dans le dispositif suivant (fig. 55).

Un verre de lampe est fermé inférieurement par un bouchon à travers lequel passent deux tubes t et t_1 dont les orifices sont au même niveau. t est relié à la canalisation de gaz ; t_1 débouche librement dans l'air.

On enlève le verre, et on allume le gaz, dont on règle le débit de manière à réaliser une flamme de petites dimensions. On replace le verre sur le bouchon ; l'air pénétrant par t_1 assure la combustion du gaz. On augmente alors peu à peu le débit de gaz ; la flamme grandit d'abord, puis on la voit se dérouler, prendre la forme d'un plan de séparation divisant le verre en deux parties, s'enrouler ensuite en sens inverse, se réduire et

Fig. 55.

venir se placer sur le tube t_1. Dès ce moment l'air brûle dans l'atmosphère de gaz d'éclairage dont l'excès peut être allumé à l'orifice supérieur du verre de lampe.

Quand un jet de gaz combustible est enflammé, ses molécules diffusent dans l'atmosphère ambiante et la combinaison s'effectue dans la zone de mélange ; celui-ci devient nécessairement d'autant plus complet que les molécules combustibles sont plus éloignées de l'orifice de sortie. A l'intérieur de la zone incandescente existe donc une région dans laquelle le gaz combustible est inaltéré, froid et sombre. Cette portion interne de la flamme est la plus épaisse à la base, s'effile progressivement et porte le nom de **cône froid** ou **cône obscur**.

On peut mettre sa présence en évidence en plaçant un carton de papier perforé dans une flamme un peu épaisse, le papier se carbonise dans la zone extérieure, tandis que les portions placées dans la zone centrale restent indemnes.

390. Pouvoir éclairant de la flamme. — Certaines flammes, comme celle de l'hydrogène, de l'oxyde de carbone brûlant dans l'air sont très peu lumineuses; d'autres, comme celles du gaz d'éclairage, de l'acétylène, sont au contraire douées d'un pouvoir éclairant remarquable. La luminosité d'une flamme dépend d'abord de sa température; les corps chauds sont d'autant plus lumineux que leur température est plus élevée. En outre, plus la flamme contiendra une masse considérable de particules chaudes, plus elle émettra de lumière. C'est ainsi que la flamme de l'hydrogène, presqu'invisible dans les conditions habituelles, devient lumineuse dans l'oxygène comprimé.

Les corps solides dont la masse sous un même volume est beaucoup plus forte que chez les gaz, émettront donc à égalité de surface, une quantité de lumière beaucoup plus grande. C'est à la présence de particules solides de carbone dans la plupart des flammes que celles-ci doivent leur pouvoir éclairant.

Tous les combustibles servant à l'éclairage sont des combinaisons contenant du carbone et de l'hydrogène. A la périphérie de la flamme, où l'air est en excès, le carbone et l'hydrogène brûlent simultanément, mais dans les parties plus profondes, où l'air n'a plus que difficilement accès, la quantité d'oxygène est insuffisante pour oxyder à la fois le carbone et l'hydrogène et ce dernier brûle seul. Le carbone se dépose dans ces régions à l'état de particules extrêmement tenues de noir de fumée, qui sont portées à l'incandescence par la chaleur dégagée dans la combustion de l'hydrogène. Ces particules de carbone sont entraînées dans la zône périphérique et y brûlent à leur tour. Si l'on introduit un corps froid dans une telle flamme, on abaisse la température du carbone au-dessous de son point d'inflammation, et il se dépose à la surface du corps froid.

Quand on allume un combustible hydrocarboné dans un appareil où l'air n'a pas un accès suffisant, le carbone n'est pas brûlé, même dans la zone périphérique, et la flamme devient fumeuse.

La flamme du gaz d'éclairage, d'une bougie, etc. renferme donc trois zones; une zone interne *a*, obscure et froide, une zone médiane *b*, lumineuse, de combustion incomplète, dans laquelle se forment des particules de carbone, et qui doit à ce fait son

pouvoir éclairant; enfin une zone extérieure *c*, peu éclairante, de combustion complète, le plus souvent invisible, car elle est masquée par l'éclat de la zone lumineuse. On peut la mettre en évidence en y introduisant un fil de platine recouvert de chlorure de cuivre : le sel se volatilise et colore en bleu verdâtre le manteau extérieur de la flamme.

Si l'on fournit au gaz combustible de l'air en quantité suffisante dans toute l'épaisseur du jet, la combustion du carbone se fait en même temps que celle de l'hydrogène et le pouvoir éclairant dispa-

Fig. 56.   raît. C'est ce qu'on réalise à l'aide du brûleur de Bunsen. Cet appareil permet de mélanger le gaz avant sa combustion avec une certaine quantité d'air, par un dispositif spécial dont est munie la cheminée de la lampe.

Le pouvoir émissif lumineux des corps ne varie pas seulement avec leur état physique et leur température, mais aussi avec leur nature. On constate à cet égard des différences énormes. C'est chez certains oxydes métalliques que l'on trouve le pouvoir émissif lumineux le plus grand; tels la chaux, la magnésie. Les composés les plus remarquables à cet égard sont les oxydes de certains métaux rares; comme l'oxyde de thorium, de cérium. L'association d'une petite quantité d'oxyde de cérium (1 %) à l'oxyde de thorium augmente le pouvoir émissif dans des proportions énormes (voir thorium).

Cette propriété d'un mélange d'oxyde de thorium et d'oxyde de cérium est mise à profit dans les becs ..uer. Ceux-ci sont des brûleurs de Bunsen dans la flamme ... ..is est suspendu un manchon formé d'un réseau d'oxyde de thorium associé à 1 % d'oxyde de cérium. Le manchon, porté à une très haute température, émet une lumière éblouissante.

391. Température de la flamme. — Elle dépend tout d'abord de la chaleur dégagée dans les réactions chimiques qui se font dans la flamme. Nous savons que les réactions exothermiques se limitent par le processus inverse de dissociation, qui absorbe de la ch leur (**v. 138**); il en résulte que la chaleur dégagée n'atteint jamais sa valeur théorique. Il est une deuxième cause qui abaisse sensiblement la température de la flamme; c'est l'accroissement progressif de la chaleur spécifique des gaz avec la température. L'influence de cet accroissement est encore plus important que celui de la dissociation.

La température d'une flamme dépasse rarement 2000°; elle atteint 2500° dans la flamme de l'hydrogène brûlant dans l'oxygène.

Influence de l'azote de l'air sur la température de la flamme. La chaleur dégagée dans la combustion se répartit entre les produits de combustion, le combustible et le gaz comburant. Quand celui-ci est l'air, à côté de l'oxygène utile on trouve environ 80 % d'azote, inutiles à la combustion, mais qui absorbent la majeure partie de la chaleur dégagée. Si l'on effectue la combustion dans l'oxygène pur cette énorme déperdition de chaleur, due à la présence de l'azote, ne se produit plus et la température de la flamme s'élève considérablement.

La flamme de l'hydrogène ou du gaz brûlant dans l'air ne permet pas de fondre le platine; ce métal fond aisément dans une flamme alimentée par de l'oxygène. Généralement on insuffle ce gaz à l'intérieur de la flamme (chalumeau oxhydrique). Un bloc de chaux placé dans le jet du chalumeau oxhydrique, y devient d'un blanc éblouissant.

Une troisième cause intervient pour abaisser la température de la flamme. Dans la plupart des appareils les gaz comburants et combustibles qui alimentent la flamme y arrivent froids. Ils absorbent donc une quantité de chaleur considérable pour être amenés en équilibre de température avec les gaz incandescents de la flamme.

Cette cause impor   de déperdition de chaleur peut être évitée en chauffant au préai...e soit le combustible, soit le comburant, soit tous deux. Cette opération s'exécute le plus économiquement en employant les produits de combustion chauds qui s'échappent de la flamme à chauffer l'air et le gaz. Certains appareils d'éclairage (lampe Siemens) réalisent une disposition de ce genre. Mais c'est surtout dans les appareils de chauffage que l'utilisation de la chaleur des produits de combustion, jadis perdue, trouve une application importante (v. **382**) pour élever la température de l'air et du gaz combustible.

Refroidissement de la flamme. — Toute cause qui refroidit la flamme en diminue le pouvoir éclairant; si le refroidissement est suffisamment intense, les gaz peuvent être amenés à une température inférieure à leur point d'inflammation et la flamme s'éteint.

Les toiles métalliques possèdent une action refroidissante très énergique, à laquelle elles doivent la propriété de couper les flammes. Si l'on écrase une flamme par une toile métallique on voit que la flamme ne traverse pas celle-ci ; le réseau métallique refroidit les gaz qui le traversent au-dessous de leur point d'inflammation. Cette propriété est mise à profit dans la construction des lampes de sûreté des mineurs. La flamme y est entourée d'un manchon en toile métallique ; si la lampe est plongée dans une atmosphère grisouteuse l'explosion peut se produire dans l'enceinte limitée par la toile métallique, mais ne la franchit pas.

COMBINAISONS DE CARBONE ET DU SOUFRE.

392. Il paraît se former un monosulfure de carbone $C=S$, analogue de l'oxyde de carbone, lorsqu'on fait passer des vapeurs de bisulfure de carbone CS_2, diluées d'azote, sur du cuivre chauffé au rouge. Ce monosulfure, encore très imparfaitement connu, est gazeux.

SULFURE DE CARBONE CS₂.
P.M. 75.57 (76).

393. On prépare le sulfure de carbone par union directe en faisant passer des vapeurs de soufre sur du coke chauffé au rouge. Pour obtenir un produit pur, on agite le sulfure de carbone brut avec du mercure métallique.

Le sulfure de carbone est un liquide insoluble dans l'eau, incolore, très réfringent ($\alpha_D = 1.6303$ à 17°) et dont le pouvoir dispersif est remarquable ($\alpha_H - \alpha_A = 0,0914$). Cette propriété est mise à profit dans certaines recherches réfractométriques. Pur, le sulfure de carbone pur n'a pas une odeur désagréable, mais le produit commercial possède généralement une odeur infecte de choux pourris. La densité du sulfure de carbone est de 1.292 à 0°; il se congèle à —113° et bout à 46°.

C'est un corps très vénéneux et d'un maniement dangereux à cause de son extrême inflammabilité. Sa vapeur s'enflamme déjà à 150°; il n'est donc pas besoin d'une flamme pour provoquer l'inflammation du sulfure de carbone et comme il est extrêmement volatil on doit absolument éviter de le manier dans le voisinage d'objets chauds. Il brûle avec une flamme bleue, peu éclairante en formant $CO_2 + SO_2$.

Cette facile inflammabilité s'explique par le caractère endothermique du sulfure de carbone, dont la formation s'accompagne d'une absorption d'énergie égale à 19000 cal.

Le sulfure de carbone est un dissolvant précieux pour les graisses, les résines, le caoutchouc et le soufre; les applications de cette propriété sont nombreuses. C'est en outre un insecticide puissant; on l'utilise pour la destruction du phylloxera.

Le sulfure de carbone est le sulfanhydride correspondant à l'anhydride carbonique; il se combine aux sulfures alcalins pour former des **sulfocarbonates** de la forme M_2CS_3. Ces sulfocarbonates sont en général solubles; traités par l'acide chlorhydrique ils donnent de l'**acide sulfocarbonique** H_2CS_3, le seul sulfacide inorganique que l'on ait pu isoler. Quoique plus stable que l'acide carbonique, l'acide sulfocarbonique se dédouble lentement en H_2S et CS_2. Les sulfocarbonates se décomposent par l'anhydride carbonique de l'air en présence de l'eau :

$$H_2O + CO_2 + K_2CS_3 = K_2CO_4 + H_2S + CS_2.$$

Le sulfocarbonate de potassium est quelquefois employé pour cette raison au lieu et place du sulfure de carbone pour détruire le phylloxera.

On connaît aussi un oxysulfure de carbone $O = C = S$. Il peut se former par union de l'oxyde de carbone au soufre, à la température du rouge, mais il se prépare en décomposant les sulfocyanures (v. chim. organ.) par un acide fort.

L'oxysulfure de carbone est un gaz à odeur piquante, soluble dans son volume d'eau.

Silicium Si.

P.A. 28.18. (28.4) P.M. inconnu.

394. Le silicium est après l'oxygène l'élément le plus abondamment répandu à la surface du globe. On le trouve surtout à l'état d'anhydride silicique SiO_2 et de silicates.

On le prépare en réduisant l'anhydride silicique par le magnésium :

$$SiO_2 + 2Mg = 2MgO + Si.$$

On obtient ainsi du silicium amorphe. Ce dernier est soluble dans le zinc fondu ; par refroidissement il se produit des cristaux octaèdriques brillants, noirs, de silicium cristallisé. Le silicium fond à 1450° et se volatilise vers 3000°.

Le silicium amorphe peut être considéré comme l'analogue du noir de fumée, le silicium cristallisé du diamant ou du graphite. L'aptitude réactionnelle est beaucoup plus marquée dans la modification amorphe.

Le silicium se combine à froid au fluor, au rouge à l'oxygène, au chlore, au brome et à l'azote ; il a pour le fluor et l'oxygène une affinité énorme. Ses combinaisons oxygénées ne se laissent réduire par le charbon qu'à des températures très élevées.

Si l'on chauffe au four électrique entre 1800° et 2200° un mélange de quartz et de coke, le charbon réduit la silice en formant de l'oxyde de carbone et du carbure de silicium SiC :

$$SiO_2 + 3C = 2CO + SiC.$$

Le carbure de silicium est connu sous le nom de **carborundum**. C'est un corps transparent, cristallisé, inattaquable par tous les acides, d'une dureté presqu'égale à celle du diamant et qui est employé en remplacement de ce dernier pour le polissage et l'usure des matériaux les plus durs. Un mélange de carborundum et d'argile, cuit à haute température, sert à faire des meules d'une dureté exceptionnelle.

Le silicium se combine à de nombreux métaux pour former des siliciures qui ont l'aspect et les propriétés d'alliages (voir aussi carbone). En réduisant par le charbon à très haute température des mélanges de certains oxydes métalliques et d'anhydride silicique, on obtient des alliages du silicium, dont quelques uns, notamment les **ferrosiliciums**, ont acquis une importance technique considérable.

395. Le siliciure de magnésium, attaqué par l'acide chlorhydrique donne de **l'hydrogène silicié** SiH_4, impur, gaz incolore, très vénéneux et qui s'enflamme spontanément à l'air. Le siliciure d'hydrogène tout à fait pur ne s'enflamme qu'à chaud.

FLUORURE DE SILICIUM $SiFl_4$.
P.M. 103.74 (104).

ACIDE FLUOSILICIQUE H_2SiFl_6.

396. Ce composé, la plus importante des combinaisons halogénées du silicium, se forme par l'action de l'acide fluorhydrique sur l'anhydride silicique. On chauffe un mélange de sable et de fluorure de calcium avec un grand excès d'acide sulfurique concentré, lequel sert partiellement à fixer l'eau formée :

$$2CaFl_2 + 2H_2SO_4 = 4HFl + 2CaSO_4. \tag{1}$$
$$4HFl + SiO_2 = SiFl_4 + 2H_2O.$$

Le fluorure de silicium est un gaz incolore, d'une odeur piquante, fumant fortement à l'air. Il se solidifie à $-102°$. L'eau le décompose en donnant de l'acide silicique, dont il est le fluorure.

$$SiFl_4 + 4H_2O = Si(OH)_4 + 4HFl. \tag{2}$$

La réaction (1) est donc réversible ; c'est afin de réduire la concentration de l'eau que l'on ajoute un excès d'acide sulfurique concentré.

Lorsque la transformation inverse se produit, l'acide orthosilicique formé se décompose immédiatement en formant de la silice gélatineuse, un anhydride imparfait de la formule $H_4Si_3O_8$. L'équation de décomposition exacte du fluorure de silicium est donc :

$$3SiFl_4 + 8H_2O = H_4Si_3O_8 + 12HFl. \qquad (3)$$

Si l'on dirige du fluorure de silicium dans de l'eau, la silice gélatineuse formée obturerait rapidement l'ouverture du tube de dégagement; on évite cet inconvénient en plongeant l'orifice du tube dans du mercure.

Lorsque le fluorure de silicium est dissous dans de l'eau renfermant déjà de l'acide fluorhydrique, il n'est plus décomposé, mais il se combine à $2HFl$ pour donner de l'acide fluosilicique :

$$2HFl + SiFl_4 = H_2SiFl_6.$$

La réaction de décomposition du fluorure de silicium par l'eau est donc plus complexe que ne l'exprime l'équation (3), car l'acide fluorhydrique formé fixe les deux tiers du fluorure de silicium :

$$3SiFl_4 + 8H_2O = H_4Si_3O_8 + 12HFl$$
$$12HFl + 6SiFl_4 = 6H_2SiFl_6$$
$$\overline{9SiFl_4 + 8H_2O = 6H_2SiFl_6 + H_4Si_3O_8}$$

L'acide fluosilicique n'a pu être obtenu jusqu'ici à l'état isolé ; on en connaît un hydrate solide $H_2SiFl_6.2H_2O$. Quand on chauffe ses dissolutions, il se décompose avec dégagement de fluorure de silicium.

L'acide fluosilicique est un acide bibasique fort. Outre les méthodes générales d'obtention des sels, on peut, pour former les fluosilicates, faire agir l'acide fluorhydrique sur les silicates (**402**) ou encore combiner le fluorure de silicium aux fluorures métalliques.

Les fluosilicates de potassium et de baryum sont insolubles dans l'eau et les acides : l'ion fluosilicique $SiFl_6''$ est donc un excellent réactif de ces deux métaux :

$$2KCl + H_2SiFl_6 = 2HCl + K_2SiFl_6.$$
$$\downarrow$$

Les fluosilicates sont plus stables que l'acide fluosilicique lui-même; ils ne se décomposent qu'au rouge, en laissant un résidu de fluorure :

$$K_2SiFl_6 = 2KFl + SiFl_4.$$

L'acide fluosilicique n'est pas une vraie combinaison additionnelle : HFl est fixé sur SiFl, grâce à la mise en jeu de valences supplémentaires du fluor (comparer HFl, **130**).

CHLORURES DE SILICIUM.

397. Le **tétrachlorure de silicium** SiCl, s'obtient par union directe ou en chauffant au rouge dans un courant de chlore un mélange de charbon et d'anhydride silicique :

$$SiO_2 + 2C + 2Cl_2 = SiCl_4 + 2CO.$$

Les affinités du chlore pour le silicium et de l'oxygène pour le carbone agissent simultanément pour décomposer la silice.

Le tétrachlorure de silicium est un liquide incolore, bouillant à 59° et fumant fortement à l'air humide. C'est en effet un chlorure d'acide que l'eau glacée décompose en acide chlorhydrique et acide orthosilicique H_4SiO_4. Celui-ci se dédouble secondairement pour former des anhydrides imparfaits.

La vapeur de tétrachlorure de silicium en passant sur du silicium chauffé au rouge blanc se transforme en **hexachlorure de silicium** $Cl_3Si - SiCl_3$, dans lequel deux atomes de silicium constituent un groupement hexavalent.

L'hexachlorure de silicium est liquide : il se dédouble au rouge en silicium et tétrachlorure de silicium. La réaction :

$$3SiCl_4 + Si \rightleftarrows 2Si_2Cl_6$$

est donc réversible. Au rouge blanc la réaction évolue dans le sens direct, mais à une température un peu plus basse, elle se fait partiellement en sens inverse et le silicium formé se dépose sur les parois du tube dans lequel on opère. On peut donc sublimer du silicium dans une atmosphère de tétrachlorure de silicium.

L'eau froide décompose l'hexachlorure de silicium en donnant l'**acide silicioxalique**.

$$Si_2Cl_6 + 4H_2O = \begin{matrix} O = Si \cdot OH \\ | \\ O = Si \cdot OH \end{matrix} + 6HCl.$$

L'acide silicioxalique est tout à fait analogue par sa formule à l'acide oxalique

398. L'existence de l'hexachlorure de silicium et de l'acide silicioxalique nous montre que le silicium, comme le carbonne, possède la faculté de former des groupements pluriatomiques en s'unissant à lui-même. Les combinaisons siliciées qui appartiennent à ce type ont de très grandes ressemblances avec des combinaisons carbonées correspondantes. Dans le cours des dernières années on en a obtenu un assez grand nombre; on a pu notamment préparer des alcools siliciés. Leur étude a prouvé nettement leur parenté avec les combinaisons similaires du carbone mais elle n'est guère possible que dans un cours de chimie organique; nous nous bornons donc à signaler l'analogie indiscutable entre le carbone et le silicium. Nous ferons remarquer en outre que le silicium est avec le carbone le seul élément qui manifeste une tendance à la formation de noyaux pluriatomiques stables. Nous avons déjà rencontré des groupements pluriatomiques de l'oxygène dans l'eau oxygénée, du soufre dans les acides thioniques et les polysulfures, de l'azote dans l'hydrazine et l'azoïmide, mais nous avons reconnu en même temps que pour ces éléments, les groupements de cette nature étaient instables et ce d'autant plus qu'ils étaient plus complexes.

399. Chloroforme silicique $HSiCl_3$. Ce corps, qui doit son nom à la similitude de formule qu'il présente avec le chloroforme $HCCl_3$, s'obtient par l'action de l'acide chlorhydrique gazeux sur le silicium diamant. C'est un liquide bouillant à 33°. L'eau le décompose en donnant l'anhydride siliciformique $H (Si = O) - O - (Si = O) H$.

Combinaisons oxygénées du silicium.

On ne connaît qu'un seul oxyde du silicium, c'est l'anhydride silicique SiO_2, auquel correspond l'acide orthosilicique $Si(OH)_4$, qui existe en solution et dont on a pu isoler quelques anhydrides imparfaits.

ANHYDRIDE SILICIQUE SiO_2.

P.M $n \times$ 59.94 (60).

400. Il se rencontre en quantité énorme à l'état cristallisé et amorphe. Au premier état appartiennent le quartz (sous différentes modifications de forme et de couleur) et la tridymite; au second, le jaspe, l'agate, le silex, la silice à infusoires, etc. L'opale est de la silice amorphe hydratée.

Le **quartz** est la modification la plus importante de l'anhydride silicique. Il cristallise en prismes hexagonaux transparents terminés par des pyramides à six faces. Quand il est pur il est incolore et transparent et porte le nom de cristal de roche; fréquemment les cristaux sont colorés par des impuretés. Le sable est formé de grains de quartz, très souvent arrondis par frottement (sable de mer). La densité du quartz est égale à 2.6.

Le quartz est dur et tenace; il est infusible au feu de forge, mais on peut le fondre au chalumeau oxyhydrique (point de fusion $\pm$ 1700); il devient alors pâteux et se laisse même travailler comme le verre, qu'il remplace parfois dans la construction d'appareils devant supporter des températures très élevées (creusets, tubes, etc.). Les objets en quartz fondu sont remarquables par leur résistance aux variations brusques de température.

Le quartz est inattaquable par la plupart des réactifs; tous les acides, sauf l'acide fluorhydrique (v. $SiFl_4$) sont sans action sur lui, de même que les solutions alcalines. Il est attaqué par les bases et les carbonates fondus et se transforme en silicate :

$$SiO_2 + Na_2CO_3 = Na_2SiO_3 + CO_2.$$

La **tridymite** est une forme rare de silice cristallisée.

Silice amorphe. — Le silex, l'agate, le jaspe sont de la silice amorphe compacte ; le tripoli et la silice à infusoire (Kieselguhr) de la silice amorphe à l'état divisé. Ces deux dernières roches sont constituées par les carapaces siliceuses d'êtres microscopiques (infusoires et diatomées). La silice à infusoires est une poudre très légère qui possède la propriété remarquable de pouvoir absorber un volume énorme de liquide. On l'utilise pour cette raison dans la fabrication de la dynamite.

On obtient artificiellement la silice amorphe par l'action de la chaleur sur les acides siliciques, sous forme d'une poudre blanche amorphe, rude au toucher.

La silice amorphe se distingue de la silice cristallisée par sa solubilité dans les solutions alcalines.

Les grès sont généralement formés de grains de quartz réunis par un ciment de silice amorphe.

La silice, tant cristallisée qu'amorphe, est un corps d'une grande importance industrielle. Les pierres siliceuses sont des matériaux de construction de premier ordre ; le sable sert à la fabrication du mortier et du verre, de pierres artificielles, etc.

ACIDE SILICIQUE H_4SiO_4.

P.M. 95,6 (96).

401. L'acide orthosilicique est l'hydroxyde de silicium $Si(OH)_4$; on l'obtient à l'état dissous par l'action de l'acide chlorhydrique étendu sur un orthosilicate soluble, également en solution étendue.

Quand on verse une solution d'acide chlorhydrique dans une solution concentrée de silicate de sodium, il se produit un précipité gélatineux d'acide orthosilicique qui se dissout aisément dans un excès d'acide chlorhydrique et est également un peu soluble dans l'eau.

Il se forme donc par l'action de l'acide chlorhydrique en excès sur un orthosilicate une dissolution contenant outre l'acide silicique, de l'acide chlorhydrique en excès et un chlorure métallique; on sépare l'acide orthosilicique par dialyse (v. **360**).

L'acide orthosilicique appartient en effet au groupe des colloïdes (v. **359**); ses solutions précipitent par l'action de la chaleur ou par addition d'un acide fort et concentré. Si on laisse sécher l'acide silicique coagulé on obtient une poudre blanche amorphe d'acide métasilicique H_2SiO_3 qui correspond à l'acide carbonique H_2CO_3. H_4SiO_4 subit donc par dessiccation une déshydratation partielle.

Par l'action du fluorure de silicium sur l'eau il se forme un autre anhydride imparfait, la **silice gélatineuse** $H_4Si_3O_8$ provenant de trois molécules H_4SiO_4 ayant perdu quatre molécules d'eau.

On conçoit que les anhydrides imparfaits de l'acide silicique puissent être très nombreux; ils répondraient à la formule générale $mH_4SiO_4 - nH_2O$, la valeur de n étant plus petite que $2m$.

Tout anhydride imparfait pouvant être considéré comme une combinaison de l'acide normal avec un certain nombre de molécules d'anhydride, on peut aussi assigner à ces acides la formule $pH_4SiO_4 + qSiO_2$.

402. Presque tous ces acides sont inconnus par eux-mêmes, mais on trouve dans la nature un nombre énorme de silicates, de constitution parfois très complexe et dont la composition s'exprime par la formule $pM_4SiO_4 + qSiO_2$, le rapport de p à q n'étant pas nécessairement un rapport simple comme pour les acides condensés appartenant au type des pyro- ou des métaacides.

Tous les silicates sont insolubles dans l'eau, sauf ceux des métaux alcalins. L'acide silicique est un acide très faible dont les solutions rougissent à peine le tournesol. Aussi les dissolutions des silicates de potassium et de sodium ont-elles une réaction nettement alcaline, décelant une hydrolyse prononcée.

L'anhydride carbonique de l'air décompose les silicates alcalins en présence de l'eau et les transforme en carbonates et acide silicique. Au rouge c'est la réaction inverse qui se produit; l'anhydride silicique décompose les carbonates avec formation de silicates et dégagement d'anhydride carbonique. La décomposition des silicates alcalins par l'anhydride carbonique joue un grand rôle dans les transformations géologiques de l'écorce terrestre (voir **carbone**)

Les silicates insolubles se divisent en deux groupes : les silicates attaquables et les silicates inattaquables par les acides. Beaucoup de silicates doivent à leur complexité moléculaire une résistance remarquable aux acides ; un grand nombre de silicates naturels (feldspaths, grenats, etc.) sont dans ce cas. D'autres, au contraire, surtout ceux dont la molécule est simple, sont attaqués par les acides et transformés en acide silicique ou en silice gélatineuse.

La résistance des silicates aux acides n'est qu'apparente, tous sont attaqués à la longue par les acides, même très faibles, et certains d'entre eux ne paraissent inaltérables qu'en raison de la lenteur avec laquelle ils réagissent.

Tous les silicates sont attaqués par les bases et les carbonates alcalins en fusion et transformés en orthosilicates alcalins et en oxydes ou carbonates métalliques. Ex. :

$$CaSiO_3 + 2Na_2CO_3 = CaO + 2CO_2 + Na_4SiO_4.$$

Ils passent ainsi à l'état de combinaisons attaquables par les acides : ils sont **désagrégés.**

On peut aussi désagréger par l'acide fluorhydrique ; aucun silicate ne résiste à l'action de cet acide. Le silicium passe à l'état de fluorure de silicium, le métal à l'état de fluorure. Ces deux corps se combinent dans la mesure possible pour former des fluosilicates. Ex.

$$CaSiO_3 + 6HFl = \underbrace{CaFl_2 + SiFl_4}_{CaSiFl_6} + 3H_2O$$

$$Ca_2SiO_4 + 8HFl = CaSiFl_6 + CaFl_2 + 4H_2O$$

$$CaSi_2O_5 + 10HFl = CaSiFl_6 + SiFl_4 + 5H_2O.$$

Si l'on chauffe au rouge le produit de désagrégation, le fluorure de silicium s'échappe et il reste des fluorures, attaquables par les acides.

403. Quand on fond certains silicates complexes et qu'on les refroidit rapidement, ils deviennent pâteux, puis leurs particules perdent toute mobilité, sans que l'on puisse reconnaître un point de solidification précis. Ils se figent en une masse amorphe, rigide, plus ou moins transparente et qui constitue un **verre.** Un corps qui a été fondu et est passé ainsi progressivement à l'état rigide sans présenter de point de solidification déterminé, n'est pas un corps solide ; c'est un liquide en surfusion, dont les particules ont perdu leur mobilité. Il est dans un état d'équilibre instable; les liquides en surfusion cristallisent en général sous l'influence du moindre dérangement de l'état d'équilibre instable dans lequel ils se trouvent. Le passage à l'état cristallin d'une substance amorphe rigide peut également se produire, mais on sait combien les liquides sirupeux, dans lesquels la mobilité des molécules est réduite, cristallisent mal. Les sirops de sucre nous en fournissent un exemple journalier. Aussi, en raison de la viscosité presque infinie d'un tel liquide rigide, les molécules ne s'orientent que très difficilement pour former des particules cristallines et la cristallisation peut exiger des temps très longs, se comptant même par siècles.

C'est ce qui se présente notamment pour le verre, qui devient cristallin à la longue, ou sous l'influence de certaines causes souvent mal connues. Il perd alors sa transparence.

Les mélanges de silicates doubles possèdent à un haut degré la propriété de se transformer en verre par fusion (de se vitrifier). Les verres usuels sont des mélanges, à composition variable, de silicates doubles d'un métal alcalin et de calcium. Dans le cristal, le calcium est remplacé plus ou moins complètement par du plomb. Ces silicates sont très riches en anhydride silicique ; la composition d'un bon verre se rapproche de la formule :

$$6SiO_2 . Na_2O . (K_2O) . CaO . (PbO).$$

Plus la teneur en silice est élevée, plus le verre est dur, peu fusible et inattaquable aux acides ; une trop grande proportion de silice rend le verre cassant ; une forte proportion de soude ou de potasse donne au verre une grande fusibilité mais le rend attaquable par les acides et même par l'eau. Plus le verre contient de chaux par rapport aux bases alcalines, moins il est fusible et attaquable.

Le verre se fait en chauffant jusqu'à fusion parfaite, soit dans des creusets, soit sur la sole d'un four Siemens (four à bassin), un mélange en proportions convenables de sable blanc, de calcaire et de carbonate de sodium ou de potassium; on peut remplacer le carbonate de sodium par un mélange de sulfate de sodium et de charbon qui se laisse facilement attaquer par la silice.

404. A la famille des carbonides appartiennent encore deux métalloïdes beaucoup moins importants : le titane et le zirconium, dont le caractère négatif est moins accentué encore que celui du carbone et le silicium. Le zirconium est même un élément de transition entre le groupe des métaux et celui des métalloïdes et l'on connaît de véritables sels formé par ce carbonide.

TITANE Ti.
P. A. 47.8 (48).

405. Le titane est un élément fort répandu, mais ne se rencontre pas en masses considérables. On le trouve notamment à l'état d'oxyde titanique TiO_2, le **rutile**, la **brookite** et l'**anatase**; il accompague très fréquemment le fer dans ses minerais; il se retrouve alors dans la fonte.

On peut le préparer à l'état fondu en réduisant l'anhydride titanique par le charbon au four électrique; on obtient toujours un produit carburé.

La réduction du fluotitanate de potassium par le potassium donne du titane amorphe.

Le titane est attaqué par le chlore, le brome et l'oxygène à des températures élevées; il se combine aussi facilement à l'azote.

On connaît plusieurs **chlorures de titane** : un **bichlorure** $TiCl_2$, un **trichlorure** $TiCl_3$ ou Ti_2Cl_6 et un **tétrachlorure** $TiCl_4$. Les deux premiers ne sont pas des chlorures d'acide; le trichlorure se comporte même comme un sel et peut former des hydrates, tel $TiCl_3.4H_2O$, composé cristallin vert; sa solution aqueuse est violette et possède un pouvoir réducteur prononcé.

Le **tétrachlorure** (ex. $TiO_2 + 2C + 2Cl_2$ (v. **397**)) est au contraire un chlorure d'acide; c'est un liquide fumant à l'air et que l'eau décompose en donnant de l'acide titanique.

On reconnaît encore une fois ici que plus la valence d'un élément devient élevée, plus son caractère métalloïdique s'accentue (comparer avec $SbCl_3$ et $SbCl_5$).

Le **fluorure de titane** (ex. $TiCl_4 + 2HFl$) est solide; il forme avec $2HFl$ un acide fluotitanique, que l'on n'a pu isoler mais dont les sels sont isomorphes avec les fluosilicates.

Il existe plusieurs combinaisons oxygénées du titane; mais la seule qui ait été bien étudiée est l'oxyde TiO_2, l'**anhydride titanique**, analogue à SiO_2 et qui comme ce dernier est polymorphe.

On en connaît trois modifications cristallisées : le rutile, la brookite et l'anatase. On l'obtient à l'état amorphe par calcination de l'acide titanique H_4TiO_4. L'anhydride cristallisé n'est attaquable que par HFl et les bases en fusion (ou les carbonates). HFl donne de l'acide fluotitanique, les bases, des titanates. L'anhydride amorphe est soluble dans H_2SO_4 concentré en formant un sel basique $TiO_2 = SO_4$ que l'eau hydrolyse à chaud avec production d'acide titanique.

L'acide orthotitanique $Ti(OH)_4$ s'obtient en neutralisant par NH_3 une dissolution d'un titanate dans l'acide chlorhydrique. C'est une poudre amorphe blanche, insoluble dans l'eau, soluble à froid dans les acides forts. Il forme des sels avec certains acides; on a pu isoler un sulfate basique (v plus haut). Ces sels sont hydrolysés par l'eau et décomposés par les bases, même faibles. Soumis à la dialyse leurs solutions donnent de l'acide titanique colloïdal. Chauffé l'acide orthotitanique se transforme d'abord en **acide métatitanique** H_2TiO_3, puis en anhydride titanique.

L'acide titanique est un acide très faible, dont les sels sont encore plus hydrolysables que les silicates.

Sa solution dans un acide, traitée par l'eau oxygénée, prend une très belle coloration jaune d'or, due à la formation d'un peroxyde TiO_3 que l'on a pu isoler et dont la production en solution aqueuse peut servir à caractériser la présence, soit du titane, soit de l'eau oxygénée.

ZIRCONIUM Zr.

P. A. 89.7 (90.6).

406. Le zirconium est un élément rare que l'on trouve surtout à l'état d'orthosilicate, le zircon $ZrSiO_4$. Ce minéral fondu avec Na_2CO_3 donne du silicate de sodium soluble et du zirconate de sodium insoluble dans l'eau. Le zirconate est dissous dans un acide; la dissolution, traitée par NH_3, précipite l'hydroxyde de zirconium, lequel calciné donne la zircone ZrO_2

On obtient le zirconium métallique en réduisant son oxyde par le charbon au four électrique.

Comme ses congénères le zirconium existe sous plusieurs modifications allotropiques. A l'état cristallisé il a l'aspect d'un métal, ressemblant à l'antimoine, mais beaucoup plus dur.

Ses combinaisons ressemblent beaucoup à celles du titane. On ne connaît qu'un seul **chlorure** $ZrCl_4$; c'est un corps solide fumant à l'air. Le **fluorure** $ZrFl_4$ forme avec les fluorures métalliques des fluozirconates, isomorphes avec les fluotitanates.

Il existe deux oxydes : ZrO et ZrO_2. Ce dernier est la **zircone.** On en connaît deux modifications cristallines et une modification amorphe. A cet oxyde correspondent les hydroxydes $Zr(OH)_4$ et $ZrO(OH)_2$.

Ces deux hydroxydes sont plutôt des bases que des acides. Ils se dissolvent dans les acides pour former des sels plus stables que les sels de titane, mais qui se laissent cependant dédoubler par l'eau avec formation de sels basiques.

On connaît par exemple le nitrate $Zr(NO_3)_4.5H_2O$ et un nitrate basique $(NO_5)_2Zr(OH)_4.H_2O$, tous deux solubles dans l'eau.

La zircone chauffée fortement est douée d'un pouvoir émissif remarquable et a été employée pour cette raison dans la fabrication de manchons de becs à incandescence.

GÉNÉRALITÉS SUR LA FAMILLE DES CARBONIDES.

407. Les quatre éléments métalloïdiques de cette famille ont à l'état libre de très grandes analogies mais, tandis que dans les familles précédentes, le premier élément était beaucoup plus fusible que ses congénères, le carbone est le plus réfractaire de tous les éléments connus.

Dans les combinaisons oxygénées, le carbone présente une anomalie remarquable : alors que les oxydes de silicium, de titane et de zirconium sont des corps solides, très difficilement ou presque infusibles, l'anhydride carbonique est un gaz.

Les combinaisons hydrogénées des éléments de ce groupe n'ont ni caractère acide, comme c'est le cas pour HFl ou H_2S, ni caractère basique, ainsi qu'on l'observe pour NH_3.

Les fluorures, sauf CFl_4, ont la propriété de former avec $2HFl$ des acides du type H_2RFl_6.

Le chlorure de carbone CCl_4 est aussi aberrant ; si les chlorures de silicium, de titane et de zirconium sont des chlorures d'acide, le chlorure de carbone est un composé tout à fait indifférent.

Le tableau ci-dessous donne quelques constantes physiques des carbonides.

	Poids atomique	Point de fusion	Chaleur de formation			Point de fusion de RO_2
			de RH_4	de RFl_4	de RO_2	
Carbone . .	11.92	?	18.600		94.800	— 56.7
Silicium . .	28.18	1500	24.800	239.800	179.600	+ 1700°
Titane . . .	47.79	± 3000	—	—	—	+ 1560
Zirconium. .	89.7	> 3000	—	—	—	—

Bore, Bo.

P. A. 10.86 (11). P. M. inconnu.

408. Le bore est le seul représentant dans le groupe des métalloïdes d'une famille importante d'éléments trivalents.

Dans ses combinaisons le bore montre de grandes analogies avec le silicium: comme lui il se présente sous deux modifications, l'une amorphe, l'autre cristalline.

On le trouve dans la nature à l'état d'acide borique $(HO)_3Bo$ et de borates.

On obtient le bore métallique en réduisant l'anhydride borique Bo_2O_3 par le magnésium. Il se forme ainsi du bore amorphe. Pour obtenir le bore à l'état cristallin, on dissout le bore amorphe à très haute température dans l'aluminium fondu. Après refroidissement, on attaque le métal par l'acide chlorhydrique, qui dissout l'aluminium. Il reste un résidu de bore cristallisé et de borure d'aluminium; ce dernier est enlevé par un traitement à l'acide nitrique fumant.

Le bore amorphe est une poudre grise, douée d'une grande activité chimique. L'acide nitrique le transforme en acide borique. A chaud il se combine violemment à l'oxygène et à l'azote et décompose l'eau.

Le bore cristallisé se présente en cristaux incolores, du système quadratique, aussi durs que le diamant. Il est inattaquable par les acides, au rouge il s'oxyde à peine.

L'action de l'acide fluorhydrique (mélange de fluorure de calcium et d'acide sulfurique concentré) sur l'anhydride borique, donne du fluorure de bore $BoFl_3$ (Comparer avec $SiFl_4$). Le fluorure de bore est un gaz fumant à l'air, très soluble dans l'eau, qui le dédouble en acide fluorhydrique et acide borique. L'acide fluorhydrique s'unit au fluorure de bore pour former de l'acide fluoborique $HFl + BoFl_3 = HBoFl_4$, qui n'est connu qu'en solution. L'acide fluoborique est un acide fort; son sel de potassium est, comme le fluosilicate, peu soluble dans l'eau.

Le bore se combine au chlore pour donner un **trichlorure** $BoCl_3$, liquide très volatil, fumant à l'air et que l'eau décompose avec production d'acide borique.

ACIDE BORIQUE H_3BoO_3.

P.M. 61.5 (62).

409. L'acide borique est la seule combinaison importante du bore.

L'acide borique est un produit de l'activité volcanique ; il est rejeté en grandes quantités par les fumerolles de la Toscane, entraîné par de la vapeur d'eau. Pour recueillir l'acide borique, on fait barboter les vapeurs qui s'échappent des fumerolles dans des bassins maçonnés, remplis d'eau (Lagoni). L'acide borique se dissout ; il est amené à cristallisation par évaporation.

L'acide borique est solide, cristallise en paillettes nacrées solubles dans 25 fois leur poids d'eau froide. Il se laisse facilement entraîner par la vapeur d'eau. Chauffé à 100° il perd une molécule d'eau et se transforme en acide métaborique $nHBoO_2$ (Comparer avec HPO_3) :

$$nH_3BoO_3 = nHBoO_2 + nH_2O.$$

Il existe aussi un acide tétraborique $H_2Bo_4O_7$, qui se forme en chauffant l'acide borique à 160° : $H_2B_4O_7 = 4H_3BoO_3 - 5H_2O$.

H_3BoO_3 est un acide très faible ; on ne connaît pas de sels du type M_3BoO_3 ; les borates connus dérivent, soit de l'acide métaborique, soit de l'acide tétraborique. Tous ces sels sont fortement hydrolysés en solution.

Le borax $Na_2Bo_4O_7.12H_2O$ est le sel de sodium de l'acide $H_2Bo_4O_7$. Il cristallise avec douze molécules d'eau qu'il perd à chaud. Il fond au rouge en une masse vitreuse transparente. Comme c'est un anhydride imparfait, il se combine au rouge avec les oxydes métalliques pour donner des borates doubles, dont certains ont des colorations caractéristiques. Cette propriété est mise à profit dans l'analyse.

Les borates ont beaucoup d'analogies avec les silicates et comme eux forment facilement des verres ; l'anhydride borique peut d'ailleurs remplacer partiellement l'anhydride silicique dans les verres siliceux et cette propriété est appliquée dans la préparation de certains verres (verres d'Iéna).

H₂BoO₂ est un antiseptique faible qui a l'avantage de n'être pas très vénéneux.

Anhydride borique Bo₂O₂. Il s'obtient par l'action d'une température élevée sur les acides boriques. C'est une masse vitreuse, transparente, que l'eau transforme lentement en acide borique.

410. Le bore se combine avec incandescence à l'azote pour former un **azoture** BoN, corps solide blanc, d'une stabilité remarquable, que l'eau ne décompose qu'à 200° en acide borique et ammoniaque et qui ne s'altère pas à l'air, même au rouge. Il brûle dans la flamme du chalumeau oxhydrique. Le seul corps l'attaquant facilement est l'acide fluorhydrique, qui transforme en fluorborate d'ammonium :

$$BoN + 4HFl = NH_4BoFl_4.$$

Thermochimie.

411. La connaissance des variations d'énergie que détermine une transformation chimique est d'une importance théorique et pratique considérable. Jusqu'à présent c'est essentiellement à des réactions chimiques que nous avons recours pour nous procurer toute l'énergie nécessaire à nos travaux mécaniques; c'est exclusivement à elles que l'organisme animal s'adresse pour ses dépenses énergétiques.

Au point de vue théorique l'étude des variations d'énergie n'est pas moins intéressante. Si le principe du travail maximum ne constitue pas une vérité scientifique absolue, ne nous permet-il pas de prévoir dans un grand nombre de cas le sens d'une transformation chimique, et l'application du principe de Le Chatelier n'exige-t-elle pas la connaissance de la quantité de chaleur développée dans une transformation chimique, pour que nous puissions déterminer les variations de la constante d'équilibre?

La thermochimie étudie les phénomènes énergétiques dus exclusivement aux réactions chimiques et aux changements d'état qui peuvent en être la conséquence; ces phénomènes modifient les réserves d'énergie interne et d'énergie utilisable (v. plus loin) d'un système subissant une transformation chimique.

412. L'impossibilité de créer du travail aux dépens de rien, de réaliser le mouvement perpétuel, a conduit à la connaissance d'une vérité expérimentale d'une portée incomparable pour les sciences physiques : le principe de la conservation de l'énergie.

Si un système perd une partie de son énergie, il faut que le milieu ambiant ait gagné une quantité égale d'énergie sous l'une forme ou l'autre; la somme totale des variations d'énergie que subit le système et le milieu qui l'entoure doit être nulle. Ce raisonnement peut être étendu à l'Univers entier, et le principe de la conservation de l'énergie peut s'exprimer par la formule $\Sigma U = 0$, U représentant une variation d'énergie.

Lorsqu'un système se modifie chimiquement, le plus souvent il se fait un dégagement de chaleur q (positif ou négatif) et un travail extérieur W.

La thermochimie étudie les corps au repos, non électrisés; l'énergie qu'ils perdent sous forme de chaleur et de travail extérieur est donc fournie par leurs réserves d'énergie interne (v. 15); si U représente la perte d'énergie, il faut donc que :

$$U = q + W.$$

413. Lorsqu'un système est ramené à son état primitif dans une évolution plus ou moins complexe, on dit qu'il décrit un **cycle fermé**. Dans la série de transformations qu'il a subies, il aura absorbé une certaine quantité de chaleur Q positive ou négative, et aura effectué un travail positif ou négatif W; le principe **expérimental** de la conservation de l'énergie exige que :

$$Q = W,$$

donc $$U = q + W = 0.$$

Nous énoncerons donc le théorème : **la variation d'énergie interne d'un système décrivant un cycle fermé est nulle.**

Supposons par exemple que nous réduisions de l'oxyde de fer par l'hydrogène, suivant l'équation :

$$Fe_2O_3 + 4H_2 = 3Fe + 4H_2O. \qquad (1)$$

A cet effet nous chauffons l'oxyde de fer et l'hydrogène à la température t_1; nous fournissons à cet effet une quantité de chaleur $Q_1 = c(t_1 - t_0) + c_1(t_1 - t_0)$, c et c_1 étant les caloriques spécifiques de l'oxyde de fer et de l'hydrogène. Nous faisons ainsi du fait de la dilatation de ces corps un certain travail W_1.

Nous réduisons ensuite l'oxyde de fer par l'hydrogène, ce qui dégage une quantité de chaleur q, puis nous laissons refroidir à la température ordinaire t_0 le fer et la vapeur d'eau; il se dégage une quantité de chaleur $q_2 = c_2(t_1 - t_0) + c_3(t_1 - t_0)$, c_2 et c_3 étant les chaleurs spécifiques du fer et de la vapeur d'eau; il se fait en même temps un travail extérieur négatif W_2, les corps se contractant. La variation d'énergie interne totale est :

$$Q_1 - q - q_2 - W_2 - W_1 = u_1.$$

Si nous effectuons la réaction en sens inverse, en réduisant la vapeur d'eau par le fer et en ramenant l'oxyde de fer et l'hydrogène à t_0, nous reviendrons à l'état initial $Fe_3O_4 + 4H_2$, et la variation d'énergie interne sera u_2. On la calculerait de la même manière que précédemment, la température t_1' à laquelle nous effectuons la réduction pouvant d'ailleurs être différente de t_1.

Nous disons que u_2 doit être égale à $-u_1$. En effet, s'il n'en était pas ainsi, $u_2 \gtreqless u_1$. Supposons $u_1 > u_2$. En effectuant la transformation (1) puis en revenant à l'état $Fe_3O_4 + 4H_2$, le système aura repris sa composition chimique et sa température initiale; il n'aura donc subi aucun changement, mais l'ensemble des deux transformations nous aurait fourni une quantité d'énergie $u_1 - u_2$, sans qu'il restât d'autre trace de la transformation. Nous aurions créé de l'énergie aux dépens de rien, ce qui est expérimentalement démontré comme impossible. On prouverait de même que u_2 ne peut être plus grand que u_1.

Il en résulte que lorsqu'un système a passé d'un état A à un état B et revient à l'état A par la voie inverse de celle qu'il a suivie, la variation totale d'énergie interne est nulle.

Nous déduirons de cette proposition un corollaire fondamental au point de vue des mesures thermochimiques :

La variation d'énergie interne d'un système qui passe de l'état A à l'état B est indépendante de la voie suivie dans le changement d'état.

Pour arriver à l'état $3Fe + 4H_2O$ nous avons d'abord préparé Fe_3O_4 en brûlant du fer, ce qui a donné lieu à une variation d'énergie interne U_1', et nous avons ensuite réduit l'oxyde de fer par l'hydrogène, réalisant ainsi une variation interne U_1.

Notre état initial était donc $3Fe + 2O_2 + 4H_2$ à t_0; en passant à l'état final $3Fe + 4H_2O$ à t_0, nous avons obtenu une variation d'énergie interne totale $U_1 + U_1'$.

Mais nous pourrions aussi, partant du même état initial, arriver au même état final en soustrayant le fer au contact du mélange gazeux, en faisant détoner ce mélange, en le laissant refroidir à t_0 pour le remettre enfin en présence du fer; il se ferait dans cette évolution une variation d'énergie interne U_2.

Il faut que $U_2 = (U_1 + U_1')$, c'est-à-dire que la **variation d'énergie interne** soit indépendante de la voie employée à réaliser la transformation.

Supposons $U_2 > U_1 + U_1'$. Dès lors effectuons les transformations suivantes :

(I) $\begin{cases} 4H_2 + 2O_2 = 4H_2O \\ 3Fe + 4H_2O = 3Fe + 4H_2O \end{cases} + \begin{cases} \text{variation d'énergie interne } U_2. \end{cases}$

(II) $\begin{cases} 3Fe + 4H_2O = Fe_3O_4 + 4H_2 \\ \\ Fe_3O_4 = 3Fe + 2O_2, \end{cases}$ variation d'énergie interne $- U_1.$

variation d'énergie interne $- U_1'.$

Le système sera revenu à son état initial et la variation totale d'énergie interne qui résultera de son évolution totale sera :

$$U_2 - (U_1 + U_1') > 0.$$

Nous pourrions donc, chose impossible, réaliser une création d'énergie, sans qu'il restat trace de la transformation.

On démontrerait de même que U_2 ne saurait être plus petit que $U_1 + U_1'$; il faut donc que :

$$U_2 = U_1 + U_1', \text{ c. q. f. d.}$$

414. Nous traduisons analytiquement cette proposition en disant que la différentielle dU doit donc être différentielle exacte d'une fonction uniforme des variables indépendantes qui déterminent l'état du système.

Nous pouvons prendre par exemple comme variables indépendantes la température et les concentrations de l'hydrogène et de l'oxygène dans le système $H_2 + O_2 + H_2O$. Si, partant de l'état A, défini par les concentrations $C_{A(H_2)}$, $C_{A(O_2)}$, t_A, nous faisons subir au système une transformation qui l'amène à l'état B, défini par les concentrations $C_{B(H_2)}$, $C_B(O_2)$ t_B, la courbe AB (fig. 57) sera une courbe représentative des variations continues de l'énergie interne suivant l'évolution AMB, l'état M étant intermédiaire entre l'état A et l'état B. Chaque point de la courbe détermine en effet des valeurs C_H, C_O et t, auxquelles correspondent **une seule valeur** de U. Si nous suivons la voie ANB, les valeurs de C_H, C_O, t, pour chaque instant de la transformation, seront généralement différentes de celles fournies par le premier cycle,

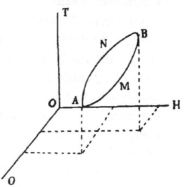

Fig. 57.

mais lorsque le système aura atteint l'état B, les valeurs de C_H, C_O et t seront identiques à celles qu'auraient donné l'évolution AMB.

415. U_B et U_A étant les valeurs de l'énergie interne du système pour les états B et A, Q la chaleur absorbée le long du cycle ouvert AB et W le travail extérieur effectué, nous aurons (v. **412**) :

$$U_B - U_A = Q - W.$$

Cette expression peut s'écrire sous la forme différentielle :

$$dU = dQ - dW.$$

Dans l'immense majorité des cas le travail extérieur consiste dans le déplacement d'une force constante : la pression atmosphérique, déplacement dû à un changement de volume; il est déterminé sans ambiguïté par l'intégrale :

$$\int_{v_A}^{v_B} p\,dv = p\,(v_B - v_A).$$

La perte d'énergie interne est alors égale à :

$$-\int_A^B dU = -Q + p\,(v_B - v_A).$$

Dans une transformation chimique évoluant à pression constante, le travail extérieur effectué est égal au produit de la pression par la différence-algébrique entre le volume des produits de la réaction et celui des corps réagissants. Si U_A et U_B représentent respectivement l'énergie interne des corps mis en réaction et des produits de la réaction, v_A et v_B leur volume

$$U_A - U_B = q + p(v_B - v_A)$$

q étant la chaleur dégagée dans la réaction.

Lorsque $v_A = v_B$ le travail extérieur devient nul, c'est-à-dire que pour les réactions s'effectuant sous volume constant, la variation d'énergie interne est égale à la chaleur dégagée.

Si les réactions se font entre des corps solides ou liquides et qu'elles ne donnent pas naissance à des produits gazeux, la variation de volume est si faible que le travail extérieur effectué peut être complètement négligé. Il en résulte que, quoiqu'on opère sous pression constante, la quantité de chaleur dégagée, mesurée au calorimètre, donne immédiatement la perte d'énergie interne. L'erreur commise en ne tenant pas compte du travail extérieur est plus petite que celles qui résultent des méthodes expérimentales adoptées dans les mesures calorimétriques.

416. Il en est autrement quand les transformations chimiques amènent la production d'un gaz ou que des réactions entre corps gazeux déterminent des changements permanents de volume (abstraction faite de la dilatation thermique).

Pour calculer le travail développé lorsqu'une molécule-gramme de gaz se forme, nous rappellerons qu'à 0° sous la pression de 760^{mm} de mercure, soit 1033.6 gr., le volume occupé par une molécule-gramme d'un gaz est de 22234 c^3 (H = 1). Le travail pv effectué est égal à $\dfrac{1033.6\,gr. \times 22234c^3}{c^2} = 22971062$ gr. cm.

Si dans la formule $pv = RT$ (v. **34.**(5)) nous remplaçons pv par sa valeur et T par 273, nous trouvons . R == 84143 gr. cm.

A une température quelconque T, le travail provoqué par l'apparition d'une molécule-gramme d'un gaz sera donc de 84143T gr. cm. ou de 1.974T petites calories (1.985T si l'on prend pour base de poids atomiques 0 = 16). On peut, avec une approximation suffisante dans la plupart des cas, admettre que ce travail est de 2T petites calories ou 0.002T grandes calories.

Lorsqu'une molécule-gramme de gaz disparaît le travail effectué est négatif; il est fait par les forces extérieures et se retrouve sous forme de chaleur.

D'une manière générale, si n_a et n_b sont les nombres de molécules gazeuses avant et après la réaction, le travail effectué sera de $(n_b - n_a)2T$ calories et la perte d'énergie interne aura pour valeur :

$$U_A - U_B = q + (n_b - n_a)2T \text{ cal.}$$

Or, $U_A - U_B$ est la chaleur de réaction à volume constant, nous aurons donc :

$$q_{\text{(vol. const.)}} = q_{\text{(press. const.}} + (n_b - n_a)2T \text{ cal.} \qquad (1)$$

Exemples. I. La dissolution d'un atome-gramme de zinc dans l'acide sulfurique étendu dégage à 18° 34200 cal. et il se fait une molécule-gramme d'hydrogène. Donc $n_b = 1$, $n_a = 0$; d'où :

$$q_{\text{(vol. const.)}} = 34200 \text{ cal.} + 582 \text{ cal.} = 34782 \text{ cal.}$$

On voit que le travail extérieur n'a ici que la valeur d'un terme de correction.

II. A 18° 2 gr. d'hydrogène en brûlant à l'air libre dégagent 69000 cal., lorsque l'eau est ramenée à l'état liquide. L'équation :

$$H_2 + \tfrac{1}{2}O_2 = H_2O$$

nous apprend que $n_i = 0$, $n_a = \frac{3}{2}$ donc

$$q_{(\text{vol. const.})} = (69000 - \tfrac{3}{2} \, 2 \times 291) \text{ cal.} = 68127 \text{ cal.}$$

417. En thermochimie il est de règle de rapporter les variations d'énergie (chaleur dégagé + travail effectué) à des quantités de matière égales aux unités de masse dont se servent les chimistes, c'est-à-dire aux molécules-grammes. Lorsqu'on dit que l'action de l'eau sur l'anhydride sulfurique dégage 23400 cal., on indique par là qu'une mol.-gr. de SO₃ agissant sur une mol.-gr. d'eau dégage 23400 cal. en se transformant en une mol.-gr. d'acide sulfurique.

De même, on dit que la chaleur de formation de l'acide chlorhydrique aux dépens de ses éléments est de 22000 cal., c'est-à-dire, qu'une demi mol.-gr. d'hydrogène plus une demi mol.-gr. de chlore se combinant pour former une mol.-gr. d'HCl perdent ainsi une quantité d'énergie égale à 22000 cal.

Les chaleurs de formation ont généralement été calculées en admettant comme base de poids atomiques $O = 16$ [1]. Aussi, pour éviter les discordances entre les indications de ce traité et celles de la plupart des travaux de thermochimie, nous avons adopté les chaleurs de la formation déduites des poids moléculaires établis sur la base $O = 16$. Pour les ramener à la base $H = 1$, il suffirait de diviser par 1,008.

Remarque. Il ne sera peut être pas inutile de faire observer ici que lorsqu'on parle de la chaleur de formation d'une combinaison aux dépens de ses éléments, il ne s'agit pas de l'énergie dégagée dans l'union d'atomes-grammes, attendu que, sauf quelques exceptions, nous ne manions les corps simples qu'à l'état de molécules pluriatomiques et que jusqu'à présent on n'est pas parvenu à établir la variation d'énergie accompagnant le dédoublement d'une molécule d'un élément en atomes. La variation d'énergie dans la réaction:

$$H + Cl = HCl$$

nous est complètement inconnue.

418. Les déterminations calorimétriques se font sous pression ou sous volume constant. Dans le dernier cas on opère en vase clos;

---

(1) Il en est notamment ainsi pour toutes les données réunies dans le traité de thermochimie de Berthelot.

c'est ainsi que se déterminent notamment les chaleurs de formation de tous les composés organiques (v. *Cours de Chim. organ.*, p. 65).

Très souvent on fait réagir les corps à l'état dissous. Soit, par exemple, la réaction A + B = AB s'effectuant au sein de l'eau; la variation d'énergie comprend : 1° la chaleur de formation de AB; 2° la chaleur de dissolution de AB; 3° et 4° les chaleurs de dissolutions de A et de B, comptées négativement.

Les valeurs thermiques des trois derniers termes sont déterminées individuellement pour chacun des corps intervenant dans la réaction.

419. Nous ne décrirons pas dans ce cours les méthodes calorimétriques utilisées par les chimistes, elles sont essentiellement analogues à celles qu'emploient les physiciens. Mais nous ferons observer que pour qu'une réaction chimique puisse être étudiée calorimétriquement, il faut qu'elle soit complète, sans complications secondaires et suffisamment rapide.

Or, dans bien des cas il n'est pas possible de réaliser ces conditions pour la mesure des chaleurs de formation. On est alors obligé de recourir à des méthodes indirectes, toutes basées sur le théorème formulé § **413.**

Il est, par exemple, impossible de brûler du carbone de manière à obtenir exclusivement de l'oxyde de carbone. Pour déterminer la chaleur de formation de ce corps, on choisit deux cycles, l'un réalisable, l'autre théorique, évoluant entre les mêmes états initiaux finaux. On brûle du carbone sous forme d'anhydride carbonique, et partant de l'état initial C + O₂ on arrive à l'état final CO_2. Il se dégage 94300 cal.

Le cycle théorique est le suivant :

$$C + \tfrac{1}{2} O_2 = CO. \tag{1}$$
$$CO + \tfrac{1}{2} O_2 = CO_2. \tag{2}$$

Il doit donner lieu à la même variation d'énergie interne, soit 94300 cal.

Si nous représentons par u_1 et u_2 les variations d'énergie interne qui accompagne les transformations (1) et (2), nous pouvons écrire

$$u_1 + u_2 = 94300 \text{ cal.}$$

Or, u_2 est mesurable calorimétriquement; sa valeur est de 68000 cal. D'où $u_1 = 26400$ cal.

Un exemple un peu plus compliqué est fourni par la recherche de la chaleur de formation de l'acide sulfurique. La réaction :

$$H_2 + \frac{1}{8} S_8 + 2O_2 = H_2SO_4 \tag{1}$$

est d'une exécution impossible.

Pour établir la chaleur de formation de l'acide sulfurique, on a réalisé le cycle :

$$
\left.
\begin{aligned}
H_2 + \tfrac{1}{2} O_2 &= H_2O + &69000 \text{ cal.} \\
\tfrac{1}{8} S_8 + O_2 &= SO_2 + &71000 \text{ cal.} \\
H_2O + SO_2 + Aq &= H_2SO_3.Aq + &7700 \text{ cal} \\
H_2O + H_2SO_3.Aq + Cl_2 &= H_2SO_4.Aq + 2HCl.Aq + &73900 \text{ cal.} \\
\hline
& &221600 \text{ cal.}
\end{aligned}
\right\} \text{(I)}
$$

Pour arriver à l'état final H_2SO_4, ce cycle doit être complété par les réactions :

$$
\left.
\begin{aligned}
2HCl + \tfrac{1}{2} O_2 &= H_2O + Cl_2 + Aq \\
\text{et} \quad H_2SO_3.Aq &= H_2SO_4 + Aq
\end{aligned}
\right\} \text{(II)}
$$

Ces deux transformations sont irréalisables en pratique dans un calorimètre, mais les réactions inverses ont pu être étudiées thermochimiquement :

$$
\begin{aligned}
H_2O + Cl_2 + Aq &= 2HCl.Aq + \tfrac{1}{2} O_2 + &10200 \text{ cal.} \\
\text{et} \quad H_2SO_4 + Aq &= H_2SO_4Aq &+ 17800 \text{ cal.} \\
\hline
& &28000 \text{ cal.}
\end{aligned}
$$

Donc la portion de cycle (II) absorbe 28000 cal.

Si nous la combinons au cycle (I), nous obtenons l'état final H_2SO_4; la variation d'énergie interne dans la réaction (1) est de 221600 — 28000 cal. soit 193600 cal.

L'immense majorité des chaleurs de formation ont été établies par voie indirecte; il en est notamment ainsi pour toutes celles qui sont relatives aux substances organiques (v. chim. org.).

420. Pour que les mesures calorimétriques soient comparables, il faut qu'elles soient faites à la même température. En effet la chaleur dégagée dans une réaction est fonction de la température et il en est de même du travail extérieur.

Pour établir la relation entre la température et la variation d'énergie interne, imaginons les deux cycles suivants :

I. Effectuons une transformation à la température invariable T_1, puis élevons la température des produits de la réaction à T_2. Soit U_{T_1} la variation d'énergie interne ($U_B - U_A$) due à la réaction ; pour obtenir la variation totale nous devons ajouter la chaleur absorbée pour élever la température de T_1 à T_2.

Si Σc_2 est la chaleur spécifique des produits de la réaction, la variation totale d'énergie sera :

$$U_{T_1} + \Sigma c_2 (T_2 - T_1).$$

II. Nous arrivons au même état final en partant du même état initial en élevant d'abord la température des corps réagissants de T_1 à T_2 ; si Σc_1 est la chaleur spécifique de ces corps, la quantité de chaleur absorbée sera $\Sigma c_1 (T_2 - T_1)$. Nous effectuons ensuite la transformation à la température invariable T_2 ; soit U_{T_2} la variation d'énergie interne due à la réaction ; la variation totale est $U_{T_2} + \Sigma c_1 (T_2 - T_1)$.

En vertu du principe de la conservation de l'énergie, il faut que

$$U_{T_1} + \Sigma c_2 (T_2 - T_1) = U_{T_2} + \Sigma c_1 (T_2 - T_1)$$

ou encore
$$\frac{U_{T_1} - U_{T_2}}{T_2 - T_1} = \Sigma c_1 - \Sigma c_2. \tag{1}$$

En passant à la limite

$$-\frac{dU}{dT} = \Sigma c_1 - \Sigma c_2. \tag{2}$$

Remarquons que la variation d'énergie interne est une somme de deux termes $-q$ et W. Si W est nul, on peut remplacer U_T par $-q$ dans les relations (1) et (2). C'est-à-dire que, même sous volume constant, la chaleur dégagée est fonction de la température.

Lorsque la réaction se fait entre molécules gazeuses, le travail extérieur est une fonction uniforme de T (voir **416**), il dépend donc également de la température.

Il ressort de ce qui vient d'être exposé que pour être tout à fait rigoureures, les mesures calorimétriques devraient être faites à température constante, ce qui n'est possible que dans le calorimètre à glace de Bunsen, dont l'emploi est malheureusement impossible dans un grand nombre de cas.

Afin d'éviter les erreurs dues à l'élévation de température que provoque la réaction elle-même, on emploie des calorimètres de grande capacité, de manière à réduire les limites entre lesquelles varie la température. Pour obtenir des résultats comparables entre eux, on convient de faire les déterminations calorimétriques à 18°.

La variation d'énergie interne est indépendante de la température lorsque $\Sigma c_1 - \Sigma c_2 = 0$ et que $(n_2 - n_1)$ est nul.

Ces conditions sont réalisées dans deux cas.

1° Lorsque les réactions se font entre corps solides et que le produit de la réaction est également solide.

Le travail extérieur est alors nul et d'autre part (v. Loi de Nauman et Kopp) la chaleur spécifique moléculaire de la combinaison est égale à la somme des chaleurs spécifiques des composants.

2° Lorsque les réactions se font entre des gaz voisins des gaz parfaits, qu'elles donnent naissance à des gaz également voisins de l'état parfait et se font sans changement dans le nombre de molécules.

La chaleur spécifique moléculaire des gaz parfaits est en effet la même pour tous; à pression constante elle est de $[6.89 - 0{,}0003\,(T - 273)]$ cal. D'autre part $n_2 = n_1$, le travail extérieur est donc nul.

On a démontré, par exemple, que les deux réactions :

$$I_2 + 2Ag = 2AgI \quad \text{et} \quad H_2 + Cl_2 = 2HCl$$

donnent lieu à des dégagements de chaleur indépendants de la température.

421. L'étude calorimétrique des réactions chimiques nous permet de déterminer les variations d'énergie interne que provoque une transformation, mais elle ne nous donne aucune indication sur le sens dans lequel celle-ci évoluera.

L'équation :

$$H_2 + Cl_2 = 2HCl + 44000 \text{ cal.}$$

nous apprend que la formation de 2 molécules-grammes d'HCl

s'accompagne d'une perte d'énergie interne de 44000 cal., mais de ce fait nous ne pouvons déduire, à priori, le sens de la réaction.

Le principe de la conservation de l'énergie et ses corollaires ne s'opposent pas à ce que nous prévoyions aussi bien le dédoublement **spontané** de deux molécules-grammes d'HCl en $H_2 + Cl_2$ avec absorption de 44000 cal., que le phénomène inverse.

422. Berthelot a défendu longtemps le principe du travail maximum (v. **139**), suivant lequel les transformations chimiques se faisant sans intervention d'énergie extérieure évolueraient dans le sens qui amène la perte maxima d'énergie interne.

Mais l'étude des réactions incomplètes et des réactions endothermiques a montré que le principe du travail maximum ne peut pas toujours servir de guide dans la prévision du sens d'une transformation.

En fait, ce n'est pas l'énergie interne qui tend vers un minimum, comme le démontrent l'évolution spontanée de nombreux phénomènes. Ainsi un kilogr. d'eau à 0°, qui s'écoule d'un glacier alpin placé à 2000 m' d'altitude, peut arriver finalement à la Méditerranée, à une température de 20°. Il a perdu 2000 kilogrammètres du fait de sa chute, mais il a gagné $20 \times 426 = 8520$ kilogrammètres en s'échauffant. Son énergie interne a donc augmenté de 6500 kilogrammètres quoique le parcours en sens inverse ne puisse jamais se réaliser spontanément.

Mais l'eau en descendant à la mer a perdu la faculté de faire un travail mécanique; la réserve d'énergie qui a diminué est de l'énergie potentielle, c'est-à-dire immédiatement transformable en travail.

Ce fait est d'observation générale. Si nous appelons **énergie libre** ou **énergie utilisable** la réserve d'énergie d'un corps grâce à laquelle il peut faire du travail, nous dirons que dans tout phénomène spontané, l'énergie libre tend vers un minimum.

L'énergie libre est évidemment une partie de l'énergie interne, et très fréquemment elle en constitue la part prépondérante; dans ce cas le signe de la variation d'énergie totale est le même que celui de l'énergie libre et le principe de la perte maxima d'énergie interne, c'est-à-dire du dégagement de chaleur maximum, devient approximativement exact.

423. Nous appelons **énergie chimique** l'énergie libre dont la transformation provoque l'évolution spontanée des phénomènes chimiques, et comme cas particulier de la loi générale formulée plus haut nous énoncerons la proposition que toute transformation chimique tend à réduire au minimum l'énergie chimique du système, à produire un travail maximum.

Mais nous ne pouvons déduire de cette proposition que toute la perte d'énergie libre pourra être **utilisée** sous forme de travail.

424. L'expérience journalière démontre que dans tous les appareils où nous utilisons une **transformation** d'énergie à produire du travail, le rendement utile de ces dispositifs est bien inférieur au rendement théorique. Si nous employons, par exemple, une chute d'eau ou tout autre corps pesant à soulever un fardeau, le travail réellement effectué est inférieur à la perte d'énergie potentielle. Et nous ne pourrions, en renversant le mouvement de la machine, relever toute l'eau qui a traversé la machine à son niveau primitif en laissant retomber le fardeau soulevé. En d'autres termes nos machines ne sont pas des appareils à fonctionnement parfaitement réversibles.

Dans une machine d'Atwood, le poids entraîneur doit toujours être plus lourd que le poids entraîné, car il faut vaincre le frottement de la poulie, si faible qu'il soit. Mais nous pourrions concevoir une machine d'Atwood idéale, fonctionnant sans frottement et dont le fil aurait un poids nul. Si les deux masses suspendus aux extrémités du fil étaient rigoureusement égales, le système n'aurait aucune tendance à se mouvoir; il est en équilibre, quelle que soit la position occupée par les deux masses P, P'. Les seul facteurs dont dépend cet état d'équilibre sont les poids P et P' des deux masses.

Si nous modifions l'un de ces deux facteurs, P par exemple, en lui faisant subir une variation infiniment petite Δp, la masse de poids $P + \Delta p$ va descendre, avec une vitesse infiniment petite et effectuera dans sa chute un travail $P' \times h$, ne différant de l'énergie potentielle qu'elle perd $(P + \Delta p)h$ que d'une grandeur infiniment petite.

Si nous enlevons à P l'excédant de charge pour le reporter

sur P′, le mouvement de la machine se renversera et nous soulèverons le poids P.

Nous pourrons donc, à l'aide d'une variation de poids infiniment petite $2\Delta p$, dont la limite est zéro, faire évoluer la machine dans un sens ou dans l'autre. Dans chacune de ces évolutions le système sera aussi voisin qu'on pourra l'imaginer de son état d'équilibre, défini par la condition $\Delta p = 0$; **l'évolution est devenue réversible** et c'est dans ces conditions que la machine fonctionne avec un rendement maximum.

425. Un phénomène est réversible lorsque, à chaque instant, les valeurs des variables qui déterminent l'état du système ne diffèrent qu'infiniment peu de celles qui correspondent à l'état d'équilibre. Dans ces conditions, il suffit d'un changement infiniment petit dans les valeurs d'une quelconque de ces variables pour provoquer une transformation, soit dans un sens, soit dans l'autre.

Pour bien faire comprendre la notion de réversibilité, nous donnerons encore quelques exemples de transformations chimiques qui théoriquement pourraient évoluer d'une manière réversible.

La décomposition de bioxyde de baryum nous fournit un exemple d'un phénomène dont on peut concevoir l'évolution réversible.

Si nous maintenons ce composé à une température invariable sous une pression exactement égale à la tension de dissociation, le phénomène se limitera par une équilibre :

$$BaO_2 \rightleftarrows BaO + \tfrac{1}{2} O_2.$$

Mais si nous diminuons la pression extérieure d'une quantité infiniment petite Δp, la transformation chimique se poursuivra jusqu'à dédoublement complet.

D'autre part une augmentation infiniment petite Δp de la pression extérieure amènera une recombinaison totale de l'oxyde et de l'oxygène.

Dans les deux cas il suffira d'une variation infiniment petite $2\Delta p$ de la pression pour changer le sens d'une réaction en voie d'évolution, ce qui constitue l'essence même de la réversibilité.

De même si nous chauffons à une température T sous une pression constante p, il s'établira un équilibre. Mais si la température de l'enceinte où nous maintenons le bioxyde de baryum, s'élève infiniment peu au-dessus de T, la décomposition progressera ; elle rétrogradera au contraire si la température extérieure est inférieure d'un infiniment petit à T.

Dans une transformation de cette espèce le système BaO_2 + BaO + O est donc à chaque instant dans un état qui ne diffère pas de l'état d'équilibre d'une grandeur finie ; nous sommes donc en droit de dire qu'une transformation réversible est consituée par une série **continue** d'états d'équilibre.

Mais si la pression p ou la température extérieure T diffèrent d'une quantité finie de la pression π ou de la température θ pour lesquelles il y a équilibre, la transformation ne pourra se faire que dans le sens de la combinaison (si $T < \theta$ ou $p > \pi$) ou de la décomposition (si $t > \theta$ ou $p < \pi$).

Un autre exemple de réversibilité nous est fourni par certains éléments galvaniques.

Si nous couplons en opposition deux éléments Daniell A et B dans lesquels les concentrations du sulfate de zinc et du sulfate de cuivre sont identiques, il ne se produira aucun changement dans le système ; celui-ci est en équilibre, les forces électromotrices des deux éléments étant égales.

Mais si nous augmentons d'une quantité infiniment petite la concentration du sulfate de cuivre de l'élément A, la force électromotrice de ce dernier augmentera et provoquera une électrolyse dans l'élément B, de telle sorte que du cuivre s'y dissoudra à l'électrode positive et du zinc se précipitera sur la lame de zinc constituant l'électrode négative.

La concentration du sulfate de cuivre dans l'élément B augmentera infiniment peu et un nouvel état d'équilibre s'établira dans le système A + B. Si de rechef nous augmentons de Δc la concentration de $CuSO_4$ dans l'élément A, l'électrolyse reprend à nouveau dans B, et ainsi de suite.

La réaction qui s'effectue dans l'élément Daniell est la suivante

$$Zn + CuSO_4 \rightleftharpoons ZnSO_4 + Cu. \tag{1}$$

Dans l'élément A, dont la force électromotrice est la plus grande, elle évolue en sens direct, tandis que dans l'élément B elle se fait en sens inverse et, pourvu qu'à chaque instant la différence des concentrations de $CuSO_4$ dans les deux éléments soit infiniment petite, nous parviendrons à effectuer une transformation complète dans le sens direct dans l'élément **A**, en sens inverse dans l'élément **B**. Dans ces transformations les deux piles constitueront des systèmes aussi voisins que possible de l'état d'équilibre : il suffirait d'un changement infiniment petit de l'une des variables déterminant l'état du système (concentration) pour provoquer une transformation inverse.

La réaction aura donc été conduite d'une manière réversible.

Nous pouvons encore concevoir l'évolution réversible de la réaction d'une pile de Daniell, en l'utilisant à produire du travail.

Pour éviter toute déperdition d'énergie électrique sous forme de chaleur nous construirons une pile dont la résistance intérieure soit nulle et nous lancerons le courant produit à l'aide de fils sans résistance dans un dynamo idéal dont les organes se meuvent sans frottement ; le travail électrique qui peut être fourni par la pile sera de e. q. (e $=$ force électromotrice, q $=$ quantité d'électricité).

Nous pouvons employer cette énergie, grâce à l'intermédiaire du dynamo, à soulever un poids, en nous servant d'une machine sans frottement. Si nous choisissons convenablement ce poids, il pourra être tel que son soulèvement constitue le travail maximum que la pile puisse produire et dans ce cas il sera déplacé avec une vitesse infiniment petite. Si sa vitesse est nulle, il se fait un équilibre, le dynamo cessera de tourner et la réaction chimique (1) s'arrête.

Une diminution infiniment petite de la charge à soulever permettra la production d'un travail se faisant avec une vitesse infiniment petite, tandis qu'une augmentation de poids de même ordre amènera une rotation du dynamo en sens inverse, un renversement du courant ; dans la pile la réaction (1) évoluera en sens inverse.

426. En pratique il est impossible de réaliser une transformation réelle d'une manière réversible : une évolution réversible constitue une limite idéale entre deux transformations irréversibles de sens contraire, limite dans laquelle chacun des états successifs que prendrait le système est un état d'équilibre, et qu'il n'a aucune

raison de quitter. Si une cause quelconque vient déranger cet état
d'équilibre le système se transformera dans un sens déterminé et le
phénomène devient réel, mais irréversible.

Tous les phénomènes naturels spontanés sont essentiellement
irréversibles. Il n'est possible de les faire évoluer en sens inverse
que moyennant une dépense de travail.

Tels sont, par exemple, l'expension d'un gaz dans un milieu vide,
les échanges de chaleur entre deux corps de températures différentes,
la chute d'un objet sur le sol, la transformation d'énergie mécanique
en chaleur par frottement, la décharge d'un condensateur, la combustion du charbon, et toutes les réactions chimiques spontanées.
Et il sera bon de faire observer que l'emploi si fréquent dans
le langage chimique du terme « Réaction réversible » a un sens
quelque peu différent de celui qu'on y attache en thermodynamique.
Il signifie qu'une réaction chimique irréversible finit par conduire
à un état d'équilibre, lequel peut être déplacé dans deux sens
différents suivant les modifications, infiniment petites ou de grandeur finie, que l'on fait subir aux facteurs de l'équilibre.

Dans quelques cas il est parfois possible d'établir des conditions
expérimentales qui s'écartent si peu de celles qu'exige l'état d'équilibre que nous pouvons sans erreur sensible considérer le phénomène comme évoluant d'une manière réversible. Il en est ainsi pour
les réactions chimiques qui se font dans certaines piles et ce fait
a une importance considérable au point de vue de l'énergétique
chimique.

427. Les exemples de transformations réversibles que nous
avons discutés nous font reconnaître qu'un processus doit fournir un
rendement maximum en travail mécanique, électrique ou chimique,
lorsqu'il évolue d'une manière réversible.

Si, par exemple, la pile actionnant un dynamo soulève un poids
avec une vitesse mesurable, elle ne fait pas le maximum de travail
qu'elle pourrait fournir. Si la tension de dissociation de BaO_2 est
supérieure à la pression extérieure, le travail fait par le déplacement de cette dernière n'est pas le plus grand possible.

L'étude d'un processus quelconque conduirait à la même conclusion et nous concluerons :

De tous les cycles qui permettent de passer d'un état initial A à un état final B, les cycles réversibles ont le rendement maximum.

428. Nous énoncerons maintenant la proposition suivante, l'une des formes particulières du deuxième principe de thermodynamique :

Le rendement d'un travail d'un cycle fermé, isotherme et réversible est nul; il est négatif pour un cycle fermé, isotherme et réel.

Pour effectuer un travail continu, c'est-à-dire illimité si le temps pendant lequel nous le produisons est infini, nous utilisons des moteurs, vivants ou inanimés, qui transforment de l'énergie chimique, thermique ou électrique en travail. Or, il est un fait de constatation expérimentale qui domine toutes les transformatios d'énergie : Un phénomène chimique ou physique ne peut provoquer qu'une transformation limitée d'énergie.

Il en résulte que le moteur, pour pouvoir produire du travail mécanique en quantité infinie devra, après avoir transformé une quantité finie d'énergie E en travail, grâce à un phénomène physique ou chimique dont il est le siège, revenir à son état initial, ou pour employer l'expression consacrée, il devra parcourir un cycle fermé. Il pourra alors répéter dans une deuxième évolution semblable à la première la transformation d'une nouvelle quantité d'énergie E et ainsi de suite.

Le moteur décrit donc une série de cycles fermés, dont chacun a un rendement E en travail mécanique.

Or, on constate que si le cycle fermé est le résultat d'une évolution s'effectuant à température constante, il faut dépenser plus de travail pour ramener à l'état initial le système constitué par le moteur que ce dernier n'en avait fourni.

Le rendement est donc négatif. Il serait nul dans le cas d'un cycle réversible.

Cette constatation est d'une importance aussi grande que celle de l'impossibilité du mouvement perpétuel. S'il n'en était pas ainsi, s'il existait un moteur capable de fonctionner à température constante, comme transformateur d'énergie thermique en travail, il suffirait de placer un tel appareil dans l'inépuisable réserve de chaleur constituée par l'océan ou par l'atmosphère, pour se procurer de l'énergie mécanique en quantité illimitée et sans frais. C'est l'insuccès constant de toutes les tentatives de ce genre qui a conduit à l'énoncé de la proposition formulée plus haut.

L'expérience a démontré que nous ne savons réaliser une disposition qui fonctionnerait à la fois comme machine motrice et comme machine à glace.

429. Pour obtenir un travail positif dans un cycle fermé, il faut que dans l'évolution du système il se fasse une variation de température; c'est ce que produisent les moteurs thermiques (à vapeur ou à gaz).

L'expérience nous apprend que des 8000 calories que produit la combustion d'un kilogr. de charbon sous le foyer d'une chaudière de machine à vapeur, il n'y en a qu'une fraction assez petite qui se retrouve sous forme de travail mécanique disponible; une grande partie est perdue par rayonnement, conductibilité et convexion, ou est employée à vaincre les frottements dans les organes de la machine. Ces pertes pourraient être réduites dans un moteur plus perfectionné et nous pouvons concevoir un moteur idéal dans lequel elles seraient réduites à zéro. Mais alors même que ce résultat serait atteint, la chaleur produite par la combustion du charbon et fournie à la vapeur ne serait pas intégralement transformée en travail. La machine ne fonctionne que pour autant que la vapeur se refroidisse, c'est-à-dire cède, soit à l'air ambiant, soit à un condenseur, une partie de la chaleur qu'elle a reçue à la chaudière.

Si nous représentons celle-ci par Q_1, par Q_2 la chaleur cédée au réfrigérant, l'énergie thermique transformée en travail sera $Q_1 - Q_2$; le rendement du moteur $\dfrac{Q_1 - Q_2}{Q_1}$.

On a établi que le rendement maximum d'un moteur thermique, lequel doit nécessairement évoluer suivant un cycle (idéal) fermé et réversible, est lié aux températures absolues T_1 de la source d'énergie thermique ou source chaude et T_2 du réfrigérant ou source froide par la relation :

$$\frac{Q_1 - Q_2}{Q} = \frac{T_1 - T_2}{T_1}. \tag{1}$$

Ce rendement maximum est fourni par un cycle spécial, le cycle de Carnot, dans lequel l'**agent de transformation** de l'énergie thermique est un gaz parfait; celui-ci emprunte à température constante la chaleur Q_1 à la source chaude et cède, également à température constante, la chaleur Q_2 au réfrigérant, la différence $Q_1 - Q_2$ se transformant en travail.

Mais on peut prouver que tout autre dispositif qui, dans un cycle fermé et réversible, emprunterait la même quantité de chaleur Q_1 à température constante T_1 et céderait à un réfrigérant de température constante T_2 une partie de cette chaleur, aurait le même rendement.

Supposons en effet deux cycles C et C′ remplissant cette condition, mais fournissant respectivement les travaux W et W′. Soit

$$W > W',$$

$$W = Q_1 - Q_2, \quad W' = Q_1 - Q_2' \quad \text{d'où } Q_2 < Q_2',$$

Si nous nous servons du cycle C pour produire du travail, nous transportons en même temps à la source froide une quantité de chaleur Q_2, par conséquent si le cycle est parcouru en sens inverse, en dépensant la quantité de travail W nous pouvons soustraire à la source froide une quantité de chaleur Q_2 pour la restituer à la source chaude.

Faisons fonctionner le cycle C en sens direct, le cycle C′ en sens inverse. Le résultat final de l'opération sera d'avoir obtenu un travail positif W — W′ en soustrayant à la source froide une quantité de chaleur $Q_2' - Q_2$. En répétant indéfiniment cette opération, nous pourrions tirer de la source froide une quantité de travail illimitée. Il suffirait alors de disposer d'une source chaude de capacité limitée et de deux appareils évoluant suivant les cycles C et C′ pour obtenir d'une source froide de capacité illimitée, comme l'océan, un travail positif infini, ce qui est impossible (v. **428**).

Donc W ne peut être plus grand que W′; on démontrerait de même qu'il ne peut être plus petit.

Connaissant le rendement du cycle de Carnot, nous connaîtrons par le fait même le rendement maximum de tous les cycles fermés absorbant de la chaleur à la température T_1 pour en dégager à une température T_2. C'est ce qui fait l'importance exceptionnelle des calculs de Carnot sur le cycle spécial qui porte son nom.

Pour tout cycle irréversible le rendement est plus petit que

$$\frac{T_1 - T_2}{T_1}.$$

Comme cas particulier nous remarquerons que si $T_2 > T_1$ le rendement est nécessairement négatif; c'est-à-dire qu'il est impossible, sans dépenser de travail, d'augmenter la réserve d'énergie thermique d'un corps aux dépens des réserves d'énergie thermique d'un autre corps dont la température est plus basse. C'est quelquefois sous cette forme qu'on énonce le deuxième principe de thermodynamique.

La relation (1) peut s'écrire sous la forme :

$$\frac{Q_1}{T_1} - \frac{Q_2}{T_2} = 0. \tag{2}$$

Remarquons que Q_2 est la chaleur reçue par la source froide, c'est-à-dire de la chaleur dégagée par le système en évolution. Si nous comptons positivement la chaleur absorbée, négativement la chaleur dégagée par le système, l'égalité devient :

$$\frac{Q_1}{T_1} + \frac{Q_2}{T_2} = 0. \tag{3}$$

Pour un cycle irréversible

$$\frac{Q_1}{T_1} + \frac{Q_2}{T_2} < 0.$$

430. Si nous réalisons le cycle fermé et réversible entre deux températures infiniment voisines $T + dT$ et T, la différence $Q_1 - Q_2$ devient dQ et l'égalité (2) donne :

$$dQ = Q \frac{dT}{T} \tag{4}$$

dQ est la quantité de chaleur transformée en travail ; un cycle fermé et réversible qui évolue entre les températures $T + dT$ et T fournit donc une quantité de travail

$$dW = Q \frac{dT}{T}. \tag{5}$$

Rendement d'un cycle ouvert. — L'égalité (5) nous permet de trouver une relation entre le travail maximum que peut fournir une transformation isotherme A → B et la variation d'énergie interne concommittante.

Si nous réalisons cette transformation d'une manière isotherme et réversible en mettant le système en communication thermique avec une source chaude de température T + dT, il emprunte à cette dernière une quantité de chaleur Q et fait un travail extérieur W. Pour revenir à l'état initial A, mettons le système en rapport avec une source de chaleur de température T et faisons l'évoluer d'une manière réversible en sens inverse à la température T; il subit un travail W — dW et dégage la qualité de chaleur Q — dQ.

Le travail fourni par le cycle fermé évoluant entre T + dT et T est

$$dW = dQ = Q\,\frac{dT}{T}.$$

Mais la chaleur absorbée dans le cycle A → B à aussi pour expression

$$Q = (U_B - U_A) + W$$

et $U_B - U_A = - q$, q étant la chaleur dégagée dans la réaction effectuée sous volume constant. En remplaçant Q par sa valeur dans (5) il vient

$$W = q + \frac{dW}{dT}\,T. \qquad (6)$$

$\frac{dW}{dT}$ est le coefficient thermique de rendement de la transformation. Lorsqu'on peut le mesurer expérimentalement, la relation (5) nous permet de calculer l'énergie utilisable sous forme de travail d'une transformation isothermique à la température T, connaissant la chaleur dégagée.

431. Si nous pouvons déterminer le travail fourni par un seul cycle ouvert, isotherme et réversible A → B suivant une voie déterminée, nous connaîtrons par le fait même le travail fait dans tout cycle A → B, isotherme et réversible.

En effet tous les cycles isothermes et réversibles A → B fournissent même travail extérieur. Supposons qu'il n'en soit pas ainsi, soit deux cycles A → B, C et C', W et W' leurs travaux extérieurs respectifs, et W > W'. En passant de A à B par le cycle C, nous bénéficions d'un travail + W, en revenant de B en A, nous dépensons un travail W'. Nous avons ainsi réalisé un cycle fermé, isotherme et réversible de fournissant un travail positif W — W', ce qui est impossible (v. **428**). Il faut donc que W = W'.

Nous verrons plus loin que nous disposons de deux méthodes pour déterminer le travail maximum que peut fournir une transformation chimique.

432. Dans le cycle spécial de Carnot les échanges d'énergie thermique se font dans deux évolutions dont chacune est isotherme, mais le plus souvent il n'en n'est pas ainsi : la température à laquelle se font les échanges thermiques varie d'une manière continue.

On démontre facilement, en décomposant un cycle réversible fermé quelconque en une infinité de cycles de Carnot évoluant entre deux adiabatiques infiniment voisines que, si dQ représente l'apport de chaleur dans une évolution infinement petite s'effectuant à la température T, T étant considéré comme variable, pour un cycle fermé et réversible on a :

$$\int \frac{dQ}{T} = 0.$$

Dans un cycle irréversible fermé

$$\int \frac{dQ}{T} < 0.$$

Cette inégalité est en somme la forme analytique la plus générale que l'on peut donner au deuxième principe de thermodynamique.

Dans l'intégrale $\int \frac{dQ}{T}$ les chaleurs absorbées sont comptées positivement, les chaleurs dégagées négativement.

Il n'est guère possible de démontrer rigoureusement l'inégalité $\int \frac{dQ}{T} < 0$ pour pour un cycle irréversible fermé, mais l'examen des cas particuliers qui déterminent l'irréversibilité démontre son exactitude. Dans les cycles irréversibles la somme des éléments positifs de l'intégrale est plus petite, la somme des éléments négatifs plus grande que pour un cycle réversible; si donc pour ce dernier $\int \frac{dQ}{T} = 0$; pour les cycles irréversibles on trouvera $\int \frac{dQ}{T} < 0$.

Un cycle est irréversible 1° Quand la température du système est inférieure à celle des sources chaudes auxquelles il emprunte de la chaleur.

Comme dans l'intégrale, T est la température de la source, les éléments positifs prennent une valeur plus petite que dans un cycle réversible; donc, au lieu de $\int \frac{dQ}{T} = 0$, nous trouverons $\int \frac{dQ}{T} < 0$.

2° Quand la température des sources froides est inférieure à celle du système. Le dénominateur des éléments négatifs de l'intégrale est plus petit que pour l'intégrale du cycle réversible donc $\int \frac{dQ}{T} < 0$.

3° Quand le travail extérieur fait est inférieur au travail maximum. Le système soustraira donc à la source chaude une quantité de chaleur inférieure à celle qu'il absorberait dans une transformation réversible; la somme des éléments positifs de l'intégrale est inférieure à celle d'un cycle réversible.

4° Lorsqu'au lieu de travail positif, le cycle fait un travail négatif. Ce dernier se transforme en chaleur qui passe à la source froide; les éléments négatifs de l'intégrale augmentent donc.

5° Quand une partie du travail effectué se transforme en chaleur. Celle-ci vient en décompte de la quantité de chaleur fournie par la source chaude; la somme des éléments positifs de l'intégrale diminue.

La valeur maxima que peut atteindre l'intégrale $\int \frac{dQ}{T}$ pour un cycle fermé est donc zéro, dans le cas, pratiquement irréalisable, d'un cycle réversible.

433. La relation $\int_A^A \frac{dQ}{T} = 0$, nous apprend que $\frac{dQ}{T}$ doit être une différentielle exacte, d'une certaine fonction S, appelée **entropie.**

Pour un état déterminé d'un système, la valeur de cette fonction est donc déterminée sans ambiguïté, à une constante d'intégration près, par les valeurs des variables dont dépend l'état du système; la variation de la fonction S quand un corps passe de l'état A à l'état B est indépendante de la voie suivie pour obtenir la transformation A ⟶ B, que le cycle ouvert A ⟶ B soit réversible ou non.

La variation $S_B - S_A$ dans un cycle réversible ouvert A ⟶ B étant égale à $\int_A^B \frac{dQ}{T}$; on pourrait l'établir en calculant l'intégrale. Mais pour pouvoir intégrer il faudrait connaître la fonction $Q = f(T)$ et dans la plupart des cas il n'en est pas ainsi.

434. Dans un cycle réel A ⟶ B $\int_A^B \frac{dQ}{T}$ n'est plus égale à la variation d'entropie $S_B - S_A$, mais est plus petite. En effet, si nous complétons le cycle irréversible A ⟶ B par un cycle réversible B ⟶ A, nous réaliserons un cycle fermé irréversible pour lequel :

$$\int_A^B \frac{dQ}{T} + \int_B^A \frac{dQ'}{T} < 0. \quad {}^{(*)} \tag{1}$$

Mais le cycle B ⟶ A étant réversible, $\int_B^A \frac{dQ'}{T} = S_A - S_B$ et l'inégalité (1) devient

$$\int_A^B \frac{dQ}{T} < S_B - S_A$$

(Cycle irréversible)

(*) Il faut observer expressément que Q a une valeur différente dans le cycle irréversible A ⟶ B et dans le cycle réversible évoluant entre les mêmes limites.

ou, en représentant par N une grandeur nécessairement positive :

$$S_B - S_A = \int_A^B \frac{dQ}{T} + N.$$

Cette égalité conduit à quelques conclusions remarquables :

1° Si $dQ = 0$, la variation d'entropie est positive. Dans un système thermiquement isolé qui évolue spontanément l'entropie augmente.

Si nous englobons dans le système transformateur d'énergie thermique que nous avons étudié jusqu'à présent, les deux sources auxquelles nous empruntons et nous cédons de la chaleur, ce système en se transformant subit une augmentation d'entropie.

Mais il n'est pas possible d'isoler les sources de chaleur du milieu ambiant, nous serons donc amenés à comprendre ce dernier dans le système, afin d'obtenir un système thermiquement isolé, c'est-à-dire incapable d'échanges thermiques avec l'extérieur et, de proche en proche, nous serons forcés de constituer un système unique de l'Univers entier et à formuler la célèbre proposition de Clausius : L'entropie du monde tend vers un maximum.

2° Si T est constant, l'intégrale $\int_A^B \frac{dQ}{T}$ devient $\frac{Q}{T}$.

Lorsque $Q = 0$; $S_B - S_A > 0$, c'est-à-dire que dans un système évoluant à température constante et sans recevoir de chaleur, l'entropie augmente.

3° Si tous les dQ sont positifs, c'est-à-dire si le système s'échauffe, l'entropie augmente.

435. L'égalité :

$$\int_A^B \frac{dQ}{T} + N = S_B - S_A \qquad (1)$$

n'a sous sa forme générale qu'un intérêt limité pour l'étude des transformations chimiques, puisque très souvent l'intégrale ne peut être calculée.

Il n'en est plus de même lorsque le cycle A⟶B devient isotherme. Dès lors nous pouvons intégrer et la relation (1) devient :

$$Q + NT = (S_B - S_A) T. \qquad (2)$$

Cette équation doit être homogène. Q est une énergie; $(S_B - S_A)$ T est le produit d'une variation d'entropie $\int_A^B \frac{dQ'}{T}$ par T, grandeur constante; ce produit a pour valeur Q'; par conséquent NT représente également une énergie et a pour valeur $Q' - Q$ ou $q - q'$ (q étant la chaleur dégagée). Cette différence est toujours positive; un cycle isotherme ouvert irréversible dégage toujours plus de chaleur que le cycle réversible.

Mais nous savons que $Q = U_B - U_A + W$ (v. **412**); W étant le travail extérieur effectué; en substituant dans (2) il vient

$$W = (U_A - TS_A) - (U_B - TS_B) - NT.$$

C'est-à-dire que le travail extérieur effectué dans une transformation **iso-therme** est toujours inférieur à l'accroissement pris en signe contraire de la fonction U — TS; il lui devient égal dans le cas d'un cycle réversible.

Or, ce dernier a un rendement maximum, par conséquent le travail le plus grand que peut fournir une transformation A ⟶ B est déterminé par la variation de la fonction U — TS. Cette fonction, que nous représenterons par F, est l'une des plus remarquables qu'étudie la thermodynamique; elle a reçu divers noms : c'est l'**énergie libre** de Helmholtz, l'**énergie utilisable** de Maxwell, le **potentiel thermodynamique interne** de Duhem.

La dénomination d'énergie libre ou d'énergie utilisable se conçoit naturellement, puisque c'est la variation de la fonction F qui donne la quantité maxima de travail qu'une évolution isotherme quelconque peut produire.

La mesure calorimétrique de la chaleur dégagée sous volume constant nous fait connaître la variation totale d'énergie que produit une réaction; la variation de l'énergie libre, la quantité maxima de travail que nous pouvons obtenir de cette transformation.

Il est d'ailleurs facile de vérifier que la variation du potentiel thermodynamique sous volume constant dans une transformation isotherme est égale au rendement maximum du cycle que nous avons calculé plus haut (v. **430**).

En effet en vertu du premier principe :

$$d\mathrm{W} = d\mathrm{Q} - d\mathrm{U} \quad \text{ou} \quad \int_A^B d\mathrm{W} = \int_A^B d\mathrm{Q} - \int_A^B d\mathrm{U}.$$

Comme le cycle est isotherme T est constant et nous pouvons écrire :

$$\int_A^B d\mathrm{W} = \mathrm{T}\int_A^B \frac{d\mathrm{Q}}{\mathrm{T}} - \int_A^B d\mathrm{U}.$$

Lorsque en outre le cycle est réversible W est maximum (**v. 427**) et $\frac{d\mathrm{Q}}{\mathrm{T}} = d\mathrm{S}$ donc :

$$\mathrm{W} = \mathrm{T}\,(\mathrm{S_B} - \mathrm{S_A}) - (\mathrm{U_B} - \mathrm{U_A}). = \mathrm{F_A} - \mathrm{F_B}.$$

436. Les différences $\mathrm{S_B} - \mathrm{S_A}$ et $\mathrm{U_B} - \mathrm{U_A}$ étant indépendantes de l'évolution du cycle A ⟶ B, la perte d'énergie utilisable $-\int_A^B d\mathrm{F}$ dans un cycle isotherme réversible ne dépend pas de la voie suivie pour passer de l'état A à l'état B. Cette proposition se confond avec celle que nous avons énoncée antérieurement : tous les cycles réversibles isothermes A ⟶ B ont même rendement.

L'énergie utilisable d'un système jouit donc, de même que l'énergie interne, d'être une fonction uniforme des variables qui déterminent l'état d'un système.

437. De l'égalité $\qquad \mathrm{F} = \mathrm{U} - \mathrm{TS} \quad \text{ou} \quad \mathrm{TS} = \mathrm{U} - \mathrm{F}$ $\qquad\qquad$ (1) nous déduisons que l'énergie inutilisable d'un système, appelée encore **énergie combinée** C, est égale au produit de son entropie par la température absolue.

Lorsque ce terme est très petit U et F sont de même signe, et peuvent même se confondre approximativement; dans ce cas la perte d'énergie interne, c'est-à-dire la chaleur dégagée sous volume constant, peut mesurer très sensiblement la perte d'énergie libre : le travail disponible. Au zéro absolu cette proposition est rigoureusement exacte et le principe du travail maximum serait d'une application générale à cette température limite (voir **139**).

Il existe des relations intéressantes entre les F, U, T, S et C. Nous en ferons connaître quelques unes.

On a
$$C = TS$$
donc
$$dC = TdS.$$

Or, dans un cycle ouvert **irréversible**, $dQ < TdS$; pour le cycle réversible $dQ = TdS$; donc pour un cycle quelconque :

$$dQ \leq dC. \tag{2}$$

Dans un cycle isotherme réel la chaleur absorbée est entièrement employée à augmenter la réserve d'énergie **combinée** et non pas l'énergie utilisable; les 80 calories que l'on fournit à un kilogr. de glace pour la fondre ne sont pas spontanément transformables en travail.

II. Si l'on représente par ω le travail subi par le système du fait de l'action des forces extérieures, il est évident que $\omega = - W$ donc $dW = - d\omega$. et l'égalité fondamentale :

$$dQ = dU + dW \text{ devient } dQ = dU - d\omega. \tag{3}$$

Or de (1) on déduit
$$dF = dU - TdS. \tag{4}$$

En combinant (3) et l'inégalité (2) on trouve

$$dU - d\omega \leq TdS. \tag{5}$$

De (3) et de (4) on tire

$$dF \leq d\omega. \tag{6}$$

Par conséquent tout le travail fait par les forces extérieures sert à augmenter l'énergie utilisable du système dans une transformation réversible, une partie seulement est transformée en énergie libre dans les processus irréversibles.

438. Conditions d'équilibre. — L'égalité $F_A - F_B - W = NT$ (7) dans laquelle NT est une grandeur toujours positive, nous apprend que si un système passe isothermiquement de l'état A à l'état B, la perte d'énergie utilisable est toujours plus grande que le travail effectué; elle ne lui est égale que dans le cas d'un cycle réversible.

Donc, si l'état A est un état d'équilibre et que nous en écartons le système pour le faire passer à un état voisin B, ce changement d'état devra correspondre à une variation positive de la fonction $F_A - F_B - W$; il faut, pour que le système quitte l'état d'équilibre que

$$F_A - F_B - W > 0. \tag{8}$$

La condition nécessaire et suffisante pour que le système se maintienne dans l'état d'équilibre A sera par conséquent :

$$F_A - F_B - W \leq 0. \tag{9}$$

Remarquons que $F_A - F_B - W$ n'est nul que dans le cas d'un cycle réver-

˙sible, or nous savons (v. **426**) qu'un tel cycle constitue une succession continue d'états d'équilibre.

Sous forme différentielle l'inégalité (9) devient :

$$- dF - dW \leqq 0. \tag{10}$$

Lorsque les forces extérieures admettent un potentiel, $- dW$ est une différentielle exacte et le premier membre de l'inégalité (10), pris un signe contraire est la différentielle d'une fonction $(F + W)$.

Quand les forces extérieures se réduisent à une pression invariable et constante (pression atmosphérique par exemple), on représente cette fonction par ζ et on l'appelle **potentiel thermodynamique total ou sous pression constante** et nous pouvons donner à la condition d'équilibre la forme :

$$d\zeta \geqq 0 \tag{11}$$

la fonction ζ ayant pour expression $U - TS + pV$.

Lorsque le système est maintenu sous volume constant, le travail des forces extérieures est nul et la condition d'équilibre se réduit à :

$$dF \geqq 0 \tag{12}$$

Les fonctions ζ et F sont décroissantes dans toute évolution spontanée; en effet l'inégalité (8) s'écrit sous forme différentielle :

$$- dF - dW > 0$$

c'est-à-dire $\qquad\qquad\qquad d\zeta < 0.$

Si l'évolution se fait sous volume constant $d\zeta = dF$ donc, pour ce cas, dans un phénomène spontané :

$$dF < 0.$$

Équilibre stable. Il est défini par la condition $d\zeta > 0$ ou $dF > 0$, puisque tout changement spontané du système en équilibre implique une valeur négative de $d\zeta$ ou de dF.

Équilibre indifférent. Ce cas se réalise lorsque $d\zeta = 0$ ou $dF = 0$, Si une tranformation n'amène pas de variation de ζ ou F l'équilibre est indifférent; ce cas, impossible à réaliser pratiquement, est fourni par les transformations réversibles (v. plus haut).

Équilibre instable. Quand ζ ou F passent par un maximum $d\zeta$ ou $dF = 0$, mais tout changement du système implique la condition $dF < 0$ ou $d\zeta < 0$. Or, nous avons reconnu antérieurement que c'est la condition qui régit toute tranformation isothermique spontanée; si F ou ζ sont maxima, pour tout changement apporté à l'équilibre le système tendra à s'en écarter davantage: l'équilibre est instable.

439. Potentiel chimique et affinité. — L'énergie interne et l'entropie d'un système sont nécessairement fonctions de sa composition, c'est-à-dire de la masse, exprimée en nombre de molécules de chacun de ses composants.

Si la pression est constante, les autres variables indépendantes dont les variations déterminent l'état du système sont la température et le volume. Nous écrirons donc :

$$U = f_1 (T, V, m_1, m_2, \ldots) \tag{1}$$

$$S = f_2 (T, V, m_1, m_2, \ldots) \tag{2}$$

m_1, m_2 ... étant les masses, exprimées en nombre de molécules, des différents composants. Si le système est homogène, s'il est constitué par un mélange de gaz ou par une dissolution, les fonctions U et S sont des fonctions continues.

En éliminant T entre les équations (1) et (2), nous obtenons la relation

$$U = \varphi (S, V, m_1, m_2, \ldots).$$

Un système placé dans des conditions identiques de température, mais constitué par des masses pm_1, pm_2 ..., aura une énergie interne, une entropie et un volume p fois plus grands et il satisfera à l'équation :

$$pU = \varphi (pS, pV, pm_1, pm_2 \ldots).$$

Dès lors : $$U = \frac{dU}{dS} S + \frac{dU}{dV} V + \frac{dU}{dm_1} m_1 + \frac{dU}{dm_2} m_2 + \ldots \qquad (3)$$

La dérivée partielle $\frac{dU}{dS}$ a pour valeur T. En effet sous volume constant $dU = dQ$, or $\frac{dQ}{dS} = T$ puisque $dS = \frac{dQ}{T}$ pour une transformation réversible et que nous pouvons, au moins théoriquement, supposer que l'accroissement d'entropie a été réalisé par voie réversible.

La dérivée partielle $\frac{dU}{dV}$ a pour valeur $- p$, p étant la pression extérieure uniforme et constante. En effet lorsque le volume change seul, l'accroissement d'énergie interne est égal au travail subi, c'est-à-dire à $- p dV$., dV étant l'accroissement de volume.

L'équation (3) peut se mettre sous la forme :

$$U - TS + pV = \mu_1 m_1 + \mu_1 m_2 + \ldots \qquad (4)$$

μ_1, μ_2, ... étant les dérivées partielles $\frac{dU}{dm_1}$, $\frac{dU}{dm_2}$ ...

Lorsque la température et la pression sont invariables, comme nous l'avons supposé, le premier membre de l'équation (4) représente le potentiel thermodynamique total ζ du système ; nous trouvons ainsi une nouvelle expression de cette fonction :

$$\zeta = \mu_1 m_1 + \mu_2 m_2 + \ldots \qquad (5)$$

ou sous forme différentielle :

$$d\zeta = \mu_1 dm_1 + \mu_2 dm_2 + \ldots \qquad (6)$$

C'est-à-dire si le nombre de molécules d'un composant 1 varie de dm, le potentiel thermodynamique total subit un changement $\mu_1 dm_1$. Les fonctions μ_1, μ_2 ... sont appelées **potentiels moléculaires** ou **potentiels chimiques**, des composants 1, 2... du système. .

Gibbs a défini le potentiel chimique comme suit .

Si à un système homogène on ajoute une quantité infiniment petite d'une substance, de telle sorte que le système reste homogène, que son volume et son entropie restent invariables, le quotient de l'accroissement d'énergie du système par la quantité de substance ajoutée est le potentiel chimique de la substance dans le système.

La condition d'équilibre étant $d\zeta = 0$, elle se formule en fonction des potentiels chimiques par l'égalité :

$$\mu_1 dm_1 + \mu_2 dm_2 \ldots = \Sigma \mu dm = 0. \qquad (7)$$

Un système en équilibre chimique doit en outre satisfaire à l'équation chimique qui formule les transformations possibles, soit :

$$\nu_1 \alpha_1 + \nu_2 \alpha_2 + \ldots \rightleftarrows n_1 A_1 + n_2 A_2 + \ldots \qquad (8)$$

Si dans la réaction chimique, une molécule gramme des composants A_1, A_2 augmente de dm, l'accroissement pour la masse totale de chacun d'eux sera $n_1 dm$, $n_2 dm \ldots$; les corps réagissants $\alpha_1 \alpha_2 \ldots$ subiront de ce chef des diminutions de masse moléculaire $\nu_1 dm$, $\nu_2 dm \ldots$.

Si dans l'égalité (6) nous remplaçons dm_1, dm_2 etc... par ces valeurs il vient :

$$d\zeta = (n_1 \mu_1 + n_2 \mu_2 + \ldots - \nu_1 \mu_1' - \nu_2 \mu_2' \ldots) dm \qquad (9)$$

et la condition d'équilibre (7) se transforme en

$$[n_1 \mu_1 + n_2 \mu_2 \ldots - (\nu_1 \mu_1' + \nu_2 \mu_2' \ldots)] dm = 0.$$

440. Affinité. — La dérivée partielle $\dfrac{d\zeta}{dm}$ du potentiel, prise en signe contraire, est la force qui tend à produire la variation dm, dans le cas d'une transformation chimique, à provoquer la réaction (8).

Or, cette force n'est pas autre chose que ce que nous avons appelé affinité au début de ce cours. Nous ne pouvions alors donner de cette cause efficiente des phénomènes chimiques une définition quelque peu rigoureuse.

L'affinité chimique qui entre en jeu dans la réaction générale (8) a donc pour valeur :

$$\Sigma \nu \mu' - \Sigma m \mu$$

soit la différence entre les potentiels chimiques des masses moléculaires réagissantes et les potentiels des masses moléculaires des produits de la réaction.

Dans le langage chimique courant on dit que les corps sont réagissant les uns sur les autres en raison de l'affinité, qu'ils sont sans action réciproque lorsqu'il n'y a pas d'affinité.

En thermodynamique nous traduisons analytiquement l'absence d'affinité par la condition

$$-\frac{d\zeta}{dm} = 0$$

l'existence d'affinité par l'inégalité

$$-\frac{d\zeta}{dm} > 0 \quad \text{ou} \quad \frac{d\zeta}{dm} < 0.$$

Ces deux conditions se confondent manifestement, la première avec la condition d'équilibre, la seconde avec celle qui régit une transformation spontanée (v. **437** et **438**).

Comme l'égalité $\dfrac{d\zeta}{dm} = 0$ ou $d\zeta = 0$ ne se vérifie, à part l'état d'équilibre dans lequel il y a absence de transformation, que pour des transformations réversibles, une réaction chimique thermodynamiquement réversible ne serait possible que si aucune affinité n'intervenait pour la provoquer; elle n'a par conséquent aucune raison de se produire; elle est pratiquement aussi impossible à réaliser spontanément que la mise en mouvement d'une machine d'Atwood dans laquelle les deux poids seraient identiques.

Si la transformation se fait sous volume constant $d\zeta$ devient dF (v. **438**); l'affinité a dans ce cas pour mesure $\dfrac{-dF}{dm}$; **elle est égale au quotient de la perte d'énergie libre par la variation de concentration du produit de la réaction.**

Lorsque cette variation est égale à l'unité, c. à. d. qu'il se fait une molécule-gramme du produit de la réaction, la valeur de la dérivée $\dfrac{-dF}{dm}$ est évidemment égale à la perte d'énergie libre qui accompagne la formation d'une molécule gramme du produit de la réaction. Or la perte d'énergie libre est une différence de deux termes $U - TS$; le premier U est égal à la différence d'énergie interne des composants U_c et celle des produits de la réaction U_r; S est de même la différence $S_c - S_r$ entre l'entropie des générateurs et celle des corps formés.

L'affinité a donc pour mesure $(U_c - U_r) - T(S_c - S_r)$. Mais $U_c - U_r$ est égale à la chaleur de réaction sous volume constant et est par conséquent directement accessible aux mesures physiques.

Dans le cas où la réaction se fait entre corps solides ou liquides, la variation d'entropie du système est généralement faible; si on la néglige on est amené à conclure que l'affinité a pour mesure la chaleur de formation sous volume constant. Mais cette proposition n'est qu'approximativement exacte; elle l'est d'autant plus que l'importance du terme $U_c - U_r$ devient plus grand, que la réaction est plus exothermique. Au zéro absolu elle serait rigoureusement exacte.

L'affinité étant la cause déterminante d'une réaction, plus la perte d'énergie interne dans une transformation chimique est grande et plus la transformation a de tendance à se produire; cette proposition n'est autre chose que le principe du travail maximum. Elle n'est par conséquent vraie que si dans l'expression $F = U - TS$, le terme en S est négligeable. Mais lorsque U est petit et que S a une valeur appréciable, le signe de F peut être aussi bien celui de S que celui de U et nous ne pouvons plus déduire le sens de la réaction du signe de U.

Dans ce cas il faudra donc recourir à la détermination de la perte d'énergie libre pour mesurer l'affinité.

441. La détermination du potentiel chimique des corps réagissants et de leurs produits de transformation peut évidemment servir à la détermination de l'affinité. Elle nous conduit en outre à des conséquences très intéressantes au point de vue de la théorie des équilibres.

Détermination du potentiel chimique. — Nous résoudrons ce problème dans le cas particulier d'un système homogène gazeux.

Le potentiel chimique total est égal au potentiel thermodynamique total sous pression constante (v. **439** (5)), et a pour valeur $U - TS + pV$.

Le terme U est égal à la somme Σu des énergies internes des composants. Or, l'énergie interne de chacun des composants est égale à

$$u_o + cT$$

u_o étant l'énergie interne au zéro absolu et c la chaleur spécifique du composant; c est lui même fonction de la température.

L'entropie d'un mélange gazeux est égale à la somme des entropies de ses composants, sous le volume total.

Or, l'entropie d'une molécule gramme d'un gaz parfait occupant le volume V à la température T est :

$$s = c_v \, l \, T + R \, l \, V + s_o \qquad (2)$$

c_v étant la chaleur spécifique sous volume constant (4.76 à 273), R la constante des gaz (2 cal.) et s_o la constante d'intégration.

En combinant cette égalité avec la formule des gaz $pV = RT$, il vient :

$$s = c_v \, l \, T + R \, l \, \frac{RT}{p} + s_o \qquad (3)$$

Si le composant intervient pour n molécules dans les N molécules du mélange, son entropie sera

$$S = n c_v \, l \, T + n R \, l \, \frac{RT}{\pi} + n s_o \qquad (4)$$

$\pi = np$ étant la pression exercée par les n molécules. Mais si P est la pression totale du mélange gazeux $\pi = \frac{Pn}{N}$; or $\frac{n}{N}$ est la concentration C. En remplaçant π par PC dans (4) il vient

$$S = n c_v \, l \, T + n R \, l \, \frac{RT}{PC} + n s_o. \qquad (5)$$

Le produit PV est égal à NRT; le potentiel thermodynamique total du système est donc :

$$\zeta = \Sigma n u_o + \Sigma n c_v T - T\Sigma n (c_v \, l \, T + R \, l \, \frac{T}{P} - R \, l \, C + l \, R + s_o) + NRT \qquad (6)$$

Posons : $$l \, R + s_o = k$$

et $$u_o + c_v T(1 - l \, T) - RT \, l \, \frac{T}{P} - kT = A$$

A est fonction de T et P, mais est indépendant de n et N.

L'égalité (6) devient

$$\zeta = \Sigma n A + RT\Sigma n \, l \, C + \Sigma n RT \qquad (7)$$

car $N = \Sigma n$.

En dérivant par rapport à n, il vient :

$$\frac{d\zeta}{dn} = A + RT + RT \, l \, C.$$

Or, $$\frac{d\zeta_1}{dn_1} = \mu_1 \quad (v. \, \mathbf{439} \, (6)),$$

donc $$\mu_1 = A_1 + RT + RT \, l \, C_1;$$

ou en représentant $A_1 + RT$ par B_1

$$\mu_1 = B_1 + RT \, l \, C_1. \qquad (8)$$

B_1 étant indépendant de C_1.

La condition d'équilibre dans le système est (v. $\mathbf{439}$ (9)) :

$$\Sigma n \mu = 0.$$

29

Si μ sont les potentiels des corps réagissants et μ' ceux des produits de la réaction
$$\Sigma\nu\mu' = \Sigma n\mu.$$

En remplaçant μ et μ' par leurs valeurs, on trouve :

$$\Sigma\nu B' + RT\Sigma\nu\,l\,C' = \Sigma n B + RT\Sigma n\,l\,C \qquad (9)$$

C étant la concentration des produits de la réaction, C' celle des corps réagissants. Nous pouvons encore écrire l'égalité (9),

$$\Sigma\,l\,\frac{C^n}{C'^\nu} = \frac{\Sigma n B' - \Sigma n B}{RT} \qquad (10)$$

n et ν sont déterminés par l'équation chimique de la réaction. B est indépendant de C; c'est une fonction de u_o, c'est-à-dire de la nature des corps réagissants, de T et de P. Si T et P sont invariables, B est donc exclusivement déterminé par l'espèce chimique des corps mis en présence, c'est-à-dire est une constante. Nous pouvons représenter le second terme de l'équation par l K et l'expression (10) prend alors la forme :

$$\Sigma n\,l\,\frac{C^n}{C'^\nu} = l\,K \qquad ou \qquad \frac{C_1^{n_1}.C_2^{n_2}.C_3^{n_3}\ldots}{C_1'^{\nu_1}.C_2'^{\nu_2}.C_3'^{\nu_3}\ldots} = K.$$

Cette égalité n'est autre que l'expression de la **loi des masses** que nous avons établie antérieurement en nous appuyant sur des considérations cinétiques (v. **133**).

La thermodynamique nous donne donc une démonstration rigoureuse de cette loi, démonstration indépendante de toute hypothèse sur le mouvement des molécules et leurs probabilités de rencontre.

Nous avons fourni la démonstration pour le cas d'un système gazeux, on peut l'étendre aux solutions étendues auxquelles les lois des gaz sont applicables, et même aux systèmes hétérogènes.

411. Un système hétérogène est formé d'une juxtaposition de systèmes homogènes, c'est-à-dire indédoublables par voie mécanique et qu'on appelle **phases** du système.

Un système gazeux ne comporte qu'une phase, quel que soit le nombre de ses composants; un système liquide peut former une ou plusieurs phases, suivant que les liquides sont miscibles ou non; un système solide comprend autant de phases que de composants, à moins qu'il s'agisse de dissolutions solides (v. **377**).

Un système hétérogène comporte toujours une phase gazeuse, dans laquelle sont représentés tous les composants du système (v. **109**).

De même si le système comporte une ou plusieurs phases liquides, chacune de celles-ci renferme tous les composants du système, aucun corps n'étant complètement insoluble.

Chacune des phases solides comprend également tous les composants d'un système. Nous avons appris en effet que les solides peuvent se dissoudre les uns dans les autres; si faible que soit cette solubilité, elle n'est jamais nulle, au moins théoriquement, et nous pouvons également appliquer les lois des gaz aux dissolutions solides.

Dans un système hétérogène, chacune des phases est donc constituée par l'ensemble de tous les composants. Dans chacune d'elles le potentiel moléculaire des composants est donné par une expression de la forme (8) et la condition d'équilibre d'une de ces phases est également

$$\Sigma n \mu = 0.$$

De plus pour que les différentes phases puissent coexister en équilibre il faut que le potentiel de leurs composants soit le même dans toutes les phases.

Soit en effet un système de deux phases I et II en équilibre, m_1 et m_2 les masses moléculaires d'un des composants dans ces deux phases. Si une quantité dm_1 de ce composant passe de la phase I à la phase II il faut, pour que le système se maintienne en équilibre que son potentiel thermodynamique reste constant, donc que $d\zeta = 0$. Or, $d\zeta = d\zeta' + d\zeta''$, ζ' et ζ'' étant les potentiels thermodynamiques des deux phases.

Mais $\qquad\qquad d\zeta' = -\mu_1 dm_1 \quad$ et $\quad d\zeta'' = \mu'_1 dm_1.$

La condition d'équilibre devient donc

$$(\mu'_1 - \mu_1)\, dm_1 = 0 \quad \text{d'où} \quad \mu_1 = \mu'_1.$$

Comme exemple concret on peut choisir un système dans lequel il y aurait une dissolution de sel en équilibre avec une certaine quantité de sel solide, la dissolution pouvant d'ailleurs renfermer d'autres composants que le sel. Si une quantité dm de sel se sépare à l'état solide, la phase solide subit un accroissement dm de sel, tandis que dans la phase liquide la quantité de sel diminue évidemment de dm. L'équilibre entre les deux phases exige que le potentiel moléculaire du sel dissous soit le même que celui du sel solide.

Mais on peut objecter que dans l'eau le sel est partiellement à l'état de molécules NaCl, en partie à l'état d'ions et se demander s'il s'agit du potentiel des molécules non dissociées ou du potentiel des ions.

Pour une température et une concentration donnée, l'équilibre d'ionisation

$$NaCl \rightleftharpoons Na^{\cdot} + Cl'$$

est complètement déterminé par les concentrations des trois composants NaCl, Na$^{\cdot}$ et Cl'. Or, la condition d'équilibre exige que les potentiels moléculaires de NaCl et de ses produits de dissociation soient égaux ·

$$\mu_{NaCl} = \mu_{Na^{\cdot}} + \mu_{Cl'}. \qquad\qquad (1)$$
$$\text{\footnotesize (neutre)}$$

D'autre part il est évident que le potentiel moléculaire d'une molécule de chlorure de sodium dissous est égal à la somme des potentiels des ions Na$^{\cdot}$ et Cl' au nombre de α (coefficient d'ionisation), et du chlorure de sodium non ionisé, dont les molécules sont au nombre de $(1-\alpha)$.

Le potentiel moléculaire de NaCl est donc :

$$\mu_{NaCl} = \alpha\mu_{Na^{\cdot}} + \alpha\mu_{Cl'} + (1-\alpha)\mu_{NaCl}$$
$$\text{\footnotesize Non dissocié}$$

Mais en vertu de (1)

$$\alpha\mu NaCl = \alpha\mu_{Na^{\cdot}} + \alpha\mu_{Cl'}.$$

D'où

$$\mu_{NaCl} = \mu_{NaCl}$$
$$\text{\footnotesize neutre}$$

Le potentiel moléculaire du sel total est égal au potentiel moléculaire des molécules supposées toutes à l'état neutre. Il est aussi égal au potentiel des molécules supposées toutes ionisées puisque

$$\mu_{\substack{(NaCl) \\ \text{neutre}}} = \mu_{Na^\cdot} + \mu_{Cl'}.$$

Il est donc indifférent d'admettre dans les raisonnements où interviennent les potentiels moléculaires de composés dissociables, que toutes les molécules sont dissociées ou qu'elles sont toutes intactes. On peut introduire *ad libitum* dans les calculs soit les potentiels moléculaires des molécules non dissociées, soit la somme des potentiels moléculaires des produits de dissociation.

442. Calcul du rendement d'un cycle ouvert isotherme. — La connaissance de la valeur du potentiel moléculaire nous permet de déterminer le rendement maximum d'une réaction isotherme. Ce rendement est égal à la perte d'énergie libre, c'est-à-dire à la différence entre l'énergie libre F_A des corps réagissants et celle F_B des produits de la réaction. Or,

$$F_A = \Sigma \nu \mu' \quad \text{et} \quad F_B = \Sigma n \mu \quad \textbf{(v. 439)}$$

si l'on opère sous volume constant.

En remplaçant $\Sigma \nu \mu'$ et $\Sigma n \mu$ par leurs valeurs tirées de **439** (8)

$$F_A - F_B = \Sigma \nu B' - \Sigma n B + RT\Sigma \; l \; C'^\nu - RT\Sigma \; l \; C^n.$$

Mais, $$\Sigma \nu B' - \Sigma n B = RT \; l \; K \quad \textbf{(439 (10))}.$$

D'où $$F_A - F_B = RT \; l \; K + RT\Sigma \; l \; \frac{C^{\nu'}}{C^n}. \tag{1}$$

Etant données les concentrations des composants d'un système, la connaissance de la constante d'équilibre nous permet de déterminer la quantité maxima de travail que nous pouvons obtenir de la transformation chimique isotherme dont ce système est le siège.

Si dans cette formule les concentrations des corps réagissants et des produits de la réaction restent invariables, ce à quoi on peut arriver en provoquant une réaction limitée dans un système de masse illimitée (ou très grande), le terme $RT\Sigma \; l.\,C$ devient constant. Nous pouvons alors donner à tous les corps intervenant la concentration 1 ; et l'expression (1) devient

$$F_A - F_B = RT \; l \; K.$$

La valeur de la constante d'équilibre prend ainsi une signification très intéressante. Son logarithme népérien nous représente le quotient de l'énergie utilisable d'une réaction chimique s'effectuant sous volume constant par le double de la température absolue ($R = 2$ cal.), lorsque les substances mises en œuvre se trouvent sous une concentration égale à l'unité (concentration conservée pendant la durée de la réaction) et que le produit de la réaction possède la concentration 1 après la transformation. Si les concentrations des corps réagissants et des produits de la réaction ne sont pas égales à l'unité, l'énergie utilisable est égale à la somme algébrique de RT l. K et du travail absorbé pour amener les composants du système avant et après la réaction à la concentration 1.

443. Nous pouvons appliquer les considérations qui précèdent à la détermi-

nation du travail maximum que peut fournir à la **température constante**
de 17° ou 290° absolus la transformation chimique

$$2H_2 + O_2 = 2H_2O$$

s'effectuant entre l'hydrogène et l'oxygène, tous deux à la pression atmosphérique, l'eau restant à l'état de vapeur saturée.

Dans ces conditions l'hydrogène et l'oxygène ont une concentration de
$\frac{1}{23.81}$, car à + 290° une molécule-gramme de gaz occupe un volume de 23,810 c⁵
sous la pression atmosphérique.

Si l'eau restait à l'état de vapeur saturée, comme à 290° sa tension est de
$1,91 \times 10^{-2}$ atmosphères, sa concentration serait de $\frac{1.91 \times 10^{-2}}{23.81}$.

Deux molécules d'hydrogène et une molécule d'oxygène donnant deux molécules de vapeur d'eau, la perte d'énergie libre $F = F_A - F_B$ serait

$$F = RT \left(l \frac{C_{H_2}^2 \times C_{O_2}}{C_{H_2O}^2} + l \, K \right)$$

si la réaction se faisait sans variation de volume; seulement trois molécules de
gaz donnant deux molécules de vapeur d'eau, il y a un travail subi de RT,
lequel vient augmenter l'énergie libre; la perte d'énergie libre sera donc de

$$\varphi = RT \left(l \frac{C_{H_2}^2 \times C_{O_2}}{C_{H_2O}^2} + l \, K \right) - RT$$

l'eau restant à l'état de vapeur.

Remplaçons les concentrations par leurs valeurs :

$$\varphi = RT \left(-3 \, l \, 23.81 - 2 \, l \, 1.91 \times 10^{-2} + 2 \, l \, 23.81 \right) + RT \, l \, K - RT$$

$$\varphi = RT \left(-l \, 23.81 - 2 \, l \, 1.91 \times 10^{-2} + l \, K \right) - RT. \tag{1}$$

Et $\qquad F_A - F_B = RT \left(-l \, 23.81 - 2 \, l \, 1.91 \times 10^{-2} + l \, K \right).$ (2)

La constante d'équilibre K est donnée par l'équation :

$$K C_{H_2}^2 \times C_{O_2} = C_{H_2O}^2.$$

L'étude expérimentale de la dissociation de l'eau a permis d'en déterminer la
valeur. Cette dernière est évidemment l'inverse de la constante de dissociation
de l'eau

$$x = \frac{C_{H_2}^2 \times C_{O_2}}{C_{H_2O}^2}.$$

On a établi qu'à la température de 17° la valeur de x est de 5.7×10^{-18}, donc
$K = 1.76 \times 10^{77}$.

En remplaçant K par sa valeur dans (2) et en substituant les logarithmes de
Briggs aux logarithmes népériens on trouve :

$$F_A - F_B = 2.302 \times 1,985 \times 290 \times 77 \, l \, 1.76$$

$$- 2.302 \times 1,985 \times 290 \, (l \, 23.81 + 2 \, l \, 1.91 - 4) = 107077 \text{ cal.}$$

soit pour une molécule-gramme d'eau 53538 cal.

La quantité maxima de travail extérieur que peut produire la formation d'une molécule d'eau aux dépens d'hydrogène et d'oxygène gazeux se trouvant tous deux à la pression atmosphérique, dans une réaction isotherme et conduite d'une manière réversible à la température ordinaire est donc de 58538 cal.

La chaleur de formation d'une molécule d'eau sous volume constante est de 68400 calories, si l'eau reste à l'état de vapeur de 57700 calories; la perte d'énergie interne est donc très sensiblement supérieure à la perte d'énergie libre et l'on reconnaît nettement à quelles erreurs on peut s'exposer en voulant déduire de la chaleur dégagée dans une réaction la quantité de travail que cette dernière pourra fournir.

Par des raisonnements de même genre on a calculé que le rendement de la combustion du charbon, à la température de 1000° est de 75757 calories; il atteindrait 92650 cal. si la combustion se faisait à 17°. La chaleur de combustion étant de 97500 calories, le rendement serait de 95 % à 17°.

444. Déplacement de l'équilibre avec la température. Formule de Le Chatelier. — La relation entre les concentrations, les corps présents, la constante d'équilibre et l'énergie utilisable nous permet de démontrer la formule de Le Chatelier-Van 't Hoff (v. **138**).

Le travail maximum fourni par une transformation chimique est donné par les deux relations

$$W = F_A - F_s = RT \Sigma \, l \, C + RT \, l \, K. \qquad \text{(I)}$$

$$W = Q - U \quad (\text{v. } \textbf{412}). \qquad \text{(II)}$$

Mais, $$\frac{dW}{dT} = \frac{Q}{T} \quad (\text{v. } \textbf{430}, 5).$$

Si nous différentions la première équation et si nous substituons à dW la valeur ainsi trouvée, il vient

$$\frac{dW}{dT} = \frac{Q}{T} = R\Sigma \, l \, C + R \, l \, K + RT \, d \, l \, K.$$

En remplaçant Q par U + W, on trouve :

$$U + W = RT\Sigma \, l \, C + RT \, l \, K + RT^2 \, d \, l \, K.$$

Or, $W = RT \, l \, K + RT\Sigma \, l \, C$, d'où

$$U = RT^2 \frac{d \, l \, K}{dT}.$$

Le gain d'énergie interne est égal à $-q$, q étant la chaleur dégagée dans la réaction sous volume constant, par conséquent

$$\frac{d \, l \, K}{dT} = \frac{-q}{RT^2}. \quad c.q.f.d. \qquad \text{(1)}$$

445. Quelques unes des déductions que l'on peut tirer de cette importante relation ont déjà été indiquées (v. **138**) antérieurement.

Nous remarquerons que si $q = 0$, K est constant; c'est-à-dire que l'équilibre ne se modifie pas par une variation de température. Nous rencontrerons des cas de l'espèce en chimie organique, notamment dans l'étherfication des alcools par les acides et dans le dédoublement des systèmes racémiques.

L'équation (1) n'est intégrable que pour autant que l'on connaisse la relation $q = f(t)$. Celle-ci est de la forme (v. **420**)

$$dq = (\Sigma c - \Sigma c')\, dt \qquad (2)$$

c et c' étant respectivement les chaleurs spécifiques des corps réagissants et des produits de la réaction. Lorsque $\Sigma c = \Sigma c'$, q est indépendant de T et l'expression intégrée devient : (R $= 2$ cal.).

$$l\, K = \frac{q}{2T} + c^{te} \qquad (3)$$

Mais la condition $\Sigma c - \Sigma c' = 0$ se retrouve rarement (v. **420**).

Les chaleurs spécifiques sont des fonctions de T de la forme

$$\iota = c_o + \alpha T + \beta T^2 + \cdots \qquad (4)$$

Connaissant les coefficients α et β (les termes de degré supérieur à deux peuvent être négligés en raison de la petitesse de leurs coefficients) pour les différents corps qui interviennent dans la réaction, on pourra également intégrer l'équation (1).

L'équation (3) sous forme d'intégrale définie prendra la forme

$$l\, K_2 - l\, K_1 = \frac{f(T_2)}{2T_2} - \frac{f(T_1)}{2T_1}. \qquad (5)$$

Si l'une des valeurs de K, K_2 par exemple, peut être établie expérimentalement par la mesure des concentrations des composants du système en équilibre, l'équation (5) permettra de calculer la constante K_1 pour des températures auxquelles quelques unes des concentrations sont si petites qu'elles échappent à nos moyens de détermination. Il est évident par exemple, que si le quotient $\dfrac{C_{H_2}^2 . C_{O_2}}{C_{H_2 O}^2}$ a pour valeur 5.7×10^{-78} (v. **443**), il n'y a aucun procédé expérimental qui permette la mesure des concentrations de l'hydrogène et de l'oxygène libre dans la vapeur d'eau à la température ordinaire (à $+290^o$ absolus) et la valeur de la constante de dissociation a été déduite de la détermination expérimentale de cette constante d'équilibre à la température absolue de 1566° et de la connaissance de la fonction $q = f(t)$ pour l'oxygène, l'hydrogène et la vapeur d'eau.

L'équation fondamentale (1) est encore intégrable lorsqu'on se limite à un intervalle de température suffisamment petit; le terme $\Sigma c - \Sigma c'$ de l'équation (2) prend alors assez souvent une valeur si minime que l'on peut considérer q comme indépendant de T.

Pour deux températures suffisamment voisines T_1 et T_2 nous aurons donc :

$$l\, \frac{K_1}{K_2} = \frac{q}{2}\left(\frac{1}{T_1} - \frac{1}{T_2}\right). \qquad (6)$$

Nous venons de voir que l'équation intégrée permet de déduire l'une des constantes d'équilibre de la connaissance de l'autre et de la chaleur de réaction.

Mais réciproquement, si l'expérience permet de déterminer K_1 et K_2, nous trouvons dans l'équation (6) un moyen d'établir la chaleur dégagée dans une transformation, lorsque la réaction ne se prête pas à une mesure calorimétrique.

448. L'exemple suivant montre jusqu'à quel point ce procédé peut fournir des résultats exacts. Il nous fournit en même temps l'occasion d'étudier un cas de détermination d'une constante d'équilibre de dissociation.

Cherchons à déterminer la chaleur de formation de l'hypoazotide N_2O_4 aux dépens de deux molécules NO_2. La réaction $2NO_2 \rightleftharpoons N_2O_4$ est liée à la condition d'équilibre

$$C^2_{NO_2} = KC_{N_2O_4}$$

pour laquelle $\quad K = \dfrac{\alpha^2}{(1-\alpha)V} \quad$ (v. **182**). $\qquad$ (1)

Si la masse gazeuse occupe les volumes V_1 et V_2 aux températures T_1 et T_2, α_1 et α_2 étant les coefficients de dissociation pour ces deux points de l'échelle thermométrique, l'équation (6) devient

$$l\,\frac{\alpha_2^2}{(1-\alpha_2)V_2} - l\,\frac{\alpha_1^2}{(1-\alpha_1)V_1} = \frac{q}{2}\left(\frac{1}{T_2}-\frac{1}{T_1}\right).\qquad (2)$$

Or, α peut se déduire de la densité du mélange aux températures correspondantes. Si l'hypoazotide n'était pas dissociée sa densité serait de 3.18. Le nombre de molécules étant accru dans le rapport de 1 à $2\alpha + (1-\alpha) = 1+\alpha$, la densité sera :

$$d = \frac{3.18}{1+\alpha}$$

d'où $\qquad \alpha_1 = \dfrac{3.18 - d_1}{d_1} \quad$ et $\quad \alpha_2 = \dfrac{3.18 - d_2}{d_2}.$

A 26.7° soit à 299.7°, en températures absolues, $d_1 = 2.65$ d'où $\alpha_1 = 0,1996$; à 111,3°, soit à 384,3° degrés absolus, $d_2 = 1.65$; d'où $\alpha_2 = 0,9267$.

Pour connaître K, il reste à calculer V_1 et V_2.

Si la molécule N_2O_4 n'était pas dissociée, elle occuperait un volume de $\dfrac{22.23T}{273} = 0,0815T$ litres sous la pression atmosphérique; mais comme elle se dissocie son volume sera donné par la proportion

$$\frac{V_1}{0,0815T_1} = \frac{3.18}{d_1} = 1,2 \quad \text{et} \quad \frac{V_2}{0,0815T_2} = \frac{3.18}{d_2} = 1.915.$$

En substituant dans l'équation (1) on trouve :

$$K_1 = \frac{0,1996^2}{0,8004 \times 0,0815 \times 299,7 \times 1,2} = 0,001693$$

$$K_2 = \frac{0,9267^2}{0,0733 \times 0,815 \times 1,915 \times 384,3} = 0,1948.$$

En remplaçant K_1 et K_2 par ces valeurs dans l'équation (2) on obtient :

$$U = 12740$$

ou en prenant comme base de poids atomiques $O = 16$, $U = 12900$.

On a déduit d'une méthode plus directe :

$$U = 12500$$

la concordance est satisfaisante, si l'on songe que l'intégration est faite pour un intervalle de température atteignant près de 100 degrés.

447. Cette méthode de détermination indirecte des chaleurs de formation est d'une application particulièrement facile pour les corps dissociables en composés gazeux, parce que l'on peut alors remplacer les mesures de concentration, toujours délicates, par une mesure de pression. Soit en effet V le volume occupé par un système gazeux comprenant $n_1, n_2, n_3 \ldots \nu_1, \nu_2$, molécules de chacun des composants.

La pression p_1 exercée par n_1 molécules satisfait à la condition :

$$p_1 V = n_1 RT.\tag{1}$$

Mais $\dfrac{n_1}{V}$ est la concentration C_1 d'où $V = \dfrac{n_1}{C_1}$; en substituant en (1) on trouve

$$C_1 = \frac{p_1}{RT}.$$

Si P est la pression totale du mélange gazeux comprenant $N = n_1 + n_2 \ldots + \nu_1 + \nu_2 \ldots$, molécules, il est évident que les pressions partielles de chaque composant seront :

$$p_1 = \frac{n_1}{N} P, \quad p_2 = \frac{n_2}{N} P \ldots \text{etc.}$$

La concentration d'un composant aura donc la formule générale :

$$C = \frac{nP}{NRT}.$$

En la remplaçant par cette valeur dans l'expression donnant la valeur de K, on obtient K en fonction de P et T

$$K = \frac{n_1^{n_1} n_2^{n_2} P^{n_1 + n_2 \ldots - (\nu_1 + \nu_2 + \ldots)}}{(NRT)^{n_1 + n_2 \ldots - (\nu_1 + \nu_2 \ldots)} \times \nu_1^{\nu_1} . \nu_2^{\nu_2} \ldots}.\tag{3}$$

Le facteur $\dfrac{n_1^{n_1} . n_2^{n_2} \ldots}{\nu_1^{\nu_1} . \nu_2^{\nu_2} (NR)^{n_1 + n_2 \ldots (\nu_1 + \nu_2 \ldots)}}$ est constant.

Si nous substituons cette valeur de K dans l'intégrale définie (6) **445**, il vient :

$$lK_1 - lK_2 = n_1 + n_2 \ldots - (\nu_1 + \nu_2 \ldots)\left[l\frac{P_1}{P_2} - l\frac{T_1}{T_2}\right] = \frac{q}{R}\left(\frac{1}{T_1} - \frac{1}{T_2}\right)$$

ou $\qquad q = R\left[n_1 + n_2 \ldots - (\nu_1 + \nu_2 \ldots)\right]\left(l\frac{P_1}{P_2} - l\frac{T_1}{T_2}\right) . \dfrac{T_1 T_2}{T_2 - T_1}.$ $\qquad$ (4)

Appliquons cette formule à la détermination de la chaleur de formation du sulfure d'ammonium NH_4SH. La dissociation de ce sel se fait d'après la formule

$$NH_4SH = NH_3 + H_2S.$$

Dans ce cas $v = 0$, puisque le sulfure d'ammonium est solide, $n_1 = n_2 = 1$. La formule (4) devient :

$$q = 2R \left(l\frac{P_1}{P_2} - l\frac{T_1}{T_2} \right) \frac{T_1 T_2}{T_2 - T_1} .$$

$$T_1 = 282.5° \qquad P_1 = 175\,mm.$$
$$T_2 = 298.1 \qquad P_2 = 501\,mm.$$

On trouve ainsi $\qquad\qquad q = -21410\ cal.$

q est ici la chaleur de dissociation ; c'est-à-dire la chaleur de formation prise en signe contraire. La mesure calorimétrique directe donne $q = 21640$ calories.

Loi des phases.

448. Dans un chapitre précédent (v. **441**) nous avons défini la notion de phase. Une phase est formée d'un certain nombre de composants, formant un ensemble homogène. Mais l'obtention d'une phase de composition déterminée peut être réalisée de bien des manières différentes.

Considérons, par exemple, une solution étendue d'acide chlorhydrique. Nous pouvons la préparer, soit en dissolvant de l'acide chlorhydrique gazeux dans de l'eau, soit en ajoutant de l'eau à une solution concentrée d'acide chlorhydrique commercial, soit enfin par mélange en proportions convenables de deux solutions, l'une plus concentrée, l'autre plus étendue que la solution que nous désirons obtenir.

La notion de composant d'une phase est donc assez élastique et la définition d'une phase peut varier suivant la méthode d'obtention. Mais quelle que soit cette méthode, il est certain que la phase HCl.Aq est définie sans ambiguïté au point de vue qualitatif quand nous l'appelons une solution d'acide chlorhydrique dans l'eau. De même quand nous disons qu'un corps solide est du sel, nous en donnons par là même une définition spécifique rigoureuse.

Peu importent les concentrations de l'eau et de l'acide chlorhydrique dans le liquide que nous appelons une solution d'acide chlorhydrique, la dimension et l'état de division de l'échantillon de sel. Le sel, l'eau et l'acide chlorhydrique sont des **composants indépendants**, le premier de la phase sel solide, les seconds de la solution d'acide chlorhydrique.

On entend d'une manière générale par composants indépendants, les corps dont l'émunération suffit pour définir qualitativement un système au point de vue chimique. Leur masse peut par conséquent varier dans certaines limites sans que la nature chimique du système soit modifiée de ce fait.

Mais le chlore, l'hydrogène et l'oxygène ne sont pas des composants indépendants du système HCl + H₂O, ce qui ressort immédiatement de la définition qui vient d'être donnée. Si pour 1 gramme d'hydrogène il y a plus de 35,18 gr. de chore, le système n'est plus une solution d'acide chlorhydrique, mais une dissolution de chlore dans l'acide chlorhydrique aqueux. Un raisonnement identique s'appliquerait à l'hydrogène ou à l'oxygène.

Le nombre de composants indépendants dépend des conditions dans lesquelles le système est placé. Ainsi la phase $H_2 + O_2 + H_2O$ est formée de 3 composants indépendants à la température ordinaire, car l'hydrogène et l'oxygène ne s'unissent pas à cette température pour former de l'eau. Mais à 2000°, ce système ne renferme plus que 2 composants indépendants. On peut d'ailleurs choisir comme constituants indépendants les couples H_2 et O_2, H_2O et O_2, H_2O et H_2, puisque la concentration de l'eau est liée à celles de l'oxygène et de l'hydrogène ou réciproquement.

On voit par cet exemple que le choix des composants indépendants est quelque peu arbitraire.

Mais si le choix des composants indépendants est jusqu'à un certain point facultatif, il n'en est pas de même de leur nombre, lorsqu'on fixe les conditions dans lesquelles le système est placé.

Le nombre maximum de phases qui peuvent constituer un système est lié au nombre de composants indépendants par une loi, appelée règle des phases.

Nous formulerons les deux propositions suivantes :

1° Le nombre de phases q que comporte un système formé de n composants indépendants ne peut être supérieur à $n + 2$.

2° L'état d'un système en équilibre est fonction d'un certain nombre de variables indépendantes. Le nombre de ces variables auxquelles on peut, dans les limites d'existence possible du système, donner des valeurs arbitraires est égal à $n + 2 - q$.

L'ensemble de ces deux propositions constitue la règle des phases. Cette règle est due à Gibbs; c'est à Bakhuis-Roozeboom que l'on doit surtout d'en avoir fait connaitre la portée.

449. Démonstration de la loi des phases. — Si nous considérons un système formé de n composants indépendants, si petite que soit la concentration d'un des composants dans une phase, nous pouvons toujours admettre qu'elle n'est pas nulle, aucun corps n'étant complètement fixe ou complètement insoluble, soit dans un liquide, soit même dans un solide. Soit q le nombre de phases du système; l'équilibre entre les différentes phases du système exige que pour chaque composant, on ait :

$$\mu'_1 = \mu''_1 = \ldots = \mu^q_1$$
$$\mu'_2 = \mu''_2 = \ldots = \mu^q_2$$
$$\mu'_n = \mu''_n = \ldots = \mu^q_n$$

μ'_1 étant le potentiel moléculaire du composant 1 dans la première phase, μ''_1 dans la deuxième, etc. Soit $q - 1$ relations pour chaque composant. En tout $(q-1)n$ équations.

Nous rappellerons que le potentiel moléculaire d'un composant d'une phase est fonction de la température, de la pression et des masses moléculaires m de tous les composants de la phase, ce qui ressort de l'équation (v. **439**)

$$U = \frac{dU}{dT} T + \frac{dU}{dp} dp + \mu_1 m_1 + \mu_2 dm_2 + \cdots$$

U, l'énergie interne de la phase, est évidemment une fonction de la masse moléculaire des composants du système.

P', P'' ... P^q étant les masses totales de chaque phase, ces grandeurs satisfont aux identités :

$$P' = m'_1 + m'_2 + \ldots + m'_n$$
$$P'' = m''_1 + m''_2 + \ldots + m''_n$$
$$P^q = m^q_1 + m^q_2 + \ldots + m^q_n$$

Mais dans chaque égalité les n masses moléculaires ne représentent que $n - 1$ variables indépendantes, car si nous faisons varier arbitrairement $(n - 1)$ d'entre elles, la dernière est déterminée sans ambiguité par la condition d'équilibre (v. **440**).

$$\Sigma1.C = C^{ste}.$$

Nous avons donc dans les q phases $q (n - 1)$ variables indépendantes. Si nous y adjoignons la température et la pression, nous reconnaissons que l'équilibre est défini par $q(n-1) + 2$ variables indépendantes, reliées entre elles par $n(q - 1)$ équations. L'équilibre est indépendant de P', P'' ... car la masse absolue d'une phase n'intervient pas comme facteur d'équilibre. Le nombre de variables indéterminées est donc de :

$$q(n - 1) + 2 - n(q - 1) = n - q + 2.$$

Ce nombre ne saurait être négatif, sinon le nombre d'équations serait supérieur au nombre de variables donc :

$$q \leq n + 2.$$

Avec n composants indépendants on ne peut former au plus que $n + 2$ phases en équilibre.

450. Si le nombre de phases q est inférieur à $n + 2$, $n - q + 2$ variables sont indéterminées et on peut sans rompre l'équilibre, leur donner des valeurs arbitraires.

Le nombre $n - q + 2$ est appelé **variance** du système. On dit que le système est invariant, monovariant, bivariant, etc., suivant que sa variance est égale à 0, 1, 2, etc.

451. L'étude de quelques systèmes en équilibre fera voir le parti que l'on peut tirer de la règle des phases.

Considérons d'abord un système formé d'un seul composant ; l'eau par exemple. Le nombre maximum de phases possible est de 3.

Le système peut n'être formé que d'une seule phase : vapeur, eau ou glace. La variance est égale à deux, nous pouvons choisir arbitrairement la température et la pression entre les limites d'existence possible de l'une des trois phases. Ainsi la vapeur d'eau peut exister à toutes les températures, et sa tension pourra prendre pour une température donnée toutes les valeurs arbitraires entre 0° et la tension de vapeur saturée.

De même l'eau liquide peut constituer un état d'équilibre pour toutes températures intermédiaires entre 0° et 365° (point critique) à des pressions arbitraires, pourvu que la pression soit supérieure à la tension de vapeur saturée à la température arbitrairement choisie. Le même fait se retrouverait pour la glace.

Système formé de deux phases en équilibre. — Ce système est monovariant et peut être constitué de la juxtaposition des phases 1° eau-vapeur, 2° eau-glace, 3° glace-vapeur, 4° glace α, glace β.

Les deux phases peuvent être en équilibre pour un nombre infini de valeurs différentes de la température ou de la pression, mais si nous choisissons arbitrairement la pression, de ce fait la température d'équilibre est fixée sans ambiguïté. Les relations entre ces deux variables déterminent un système de courbes, courbe des tensions de vapeur pour les systèmes eau-vapeur, glace-vapeur, courbes de point de fusion pour les systèmes eau-glace α, eau-glace β, une courbe de points de transition pour le système glace α, glace β. Les conditions d'équilibre de ces différentes phases ont été discutées antérieurement (v. **102** et **103**).

L'eau peut aussi former trois phases, mais alors la température et la pression sont déterminées et ne peuvent avoir qu'une seule valeur. Il existe deux points triples dans le champ des températures pressions (v. **102** et **103**); l'un est le point de congélation, auxquelles les trois phases, l'eau, la glace α et la vapeur d'eau constituent un état d'équilibre. La température et la pression qui le définissent sont respectivement $+ 0,0076°$ et $4,6^{mm}$. L'autre point triple est déterminé par la pression (2200 atm.) et la température ($- 22°$) auxquelles l'eau, la glace $\bar{\alpha}$ et la glace β sont en équilibre.

La loi des phases nous apprend que les quatre phases, vapeur d'eau, eau liquide, glace α et glace β ne sauraient coexister. Si par impossible, on parvenait à réaliser un tel système, immédiatement l'une des phases, la vapeur disparaitrait, puisque sa tension devrait atteindre 2200 atmosphères et qu'à $- 22°$ cette tension n'est que $0,65^{mm}$.

Système formé de deux composants indépendants. — Le nombre de phases peut être au maximum égal à 4; la variance à 0, 1, 2 ou 3.

Parmi les systèmes trivariants constituant un état d'équilibre et qui appartiennnent à cette catégorie, l'un des mieux étudiés est l'acide iodhydrique en présence de ses produits de dissociation. Les deux composants indépendants sont ici l'iode et l'hydrogène. Les trois variables indépendantes arbitraires sont la térmperuture et les concentrations de l'iode et de l'hydrogène. La pression n'est pas une variable indépendante, puisqu'elle est déterminée par les concentrations de l'iode et de l'hydrogène. Si on représente ces concentrations par x et y, on a $xy = kC_{iii}^2$ (k est indépendant des concentrations, mais est fonction de T).

Si l'on fixe T, cette équation doit être satisfaite pour des valeurs arbitraires de x et y, ce que confirme l'expérience. On sait que la dissociation de l'acide iodhydrique est indépendante de la pression.

Lorsque x est également donné, y seul peut varier. Enfin si x et y sont déterminés en même temps que T, le système est complètement défini.

Système à deux composants et à deux phases. — La variance est égale à 2.

Un exemple intéressant de ce cas est fourni par le système

$CuO + Cu_2O + O$. Ce système est réalisé dans la dissociation de l'oxyde de cuivre CuO à une température supérieure à 1000°.

Dans ces conditions l'oxyde cuivreux se dissout dans l'oxyde cuivrique fondu; il y a donc deux phases, l'une gazeuse, formée d'oxygène, l'autre liquide, dissolution de Cu_2O dans CuO.

Les composants indépendants sont l'oxygène et l'oxyde cuivreux. Les quatre variables sont la température, la pression et les concentrations de l'oxyde cuivrique et de l'oxyde cuivreux dans le liquide.

Les deux variances du système permettent de donner simultanément à la température et à la pression des valeurs arbitraires. Mais si la température devient constante, la pression seule reste arbitraire. Quand on augmente la pression de l'oxygène, une partie de Cu_2O se combine à l'oxygène pour former de l'oxyde CuO fondu; les concentrations de CuO et Cu_2O sont donc déterminées. La pression étant arbitraire l'oxyde cuivrique n'a donc pas de tension de dissociation constante pour une température donnée; cette proposition est vérifiée par l'expérience.

Si l'on chauffe de l'oxyde de cuivre au-dessus de 1000° jusqu'à ce que la pression de l'oxygène reste invariable, c'est-à-dire jusqu'à ce que l'équilibre soit obtenu, puis qu'on évacue une partie du gaz produit, on voit la pression se relever lorsque la communication avec la machine pneumatique est interrompue, mais sans reprendre sa valeur primitive.

Après chaque nouvelle évacuation, la pression d'équilibre prend une valeur plus petite.

L'oxyde cuivrique ne subit donc pas une dissociation analogue à celles du carbonate de calcium ou du bioxyde de baryum, dissociations caractérisées par une tension de dissociation invariable pour une température donnée. On a cru jadis pouvoir trouver dans ce fait une infirmation de la théorie de la dissociation. L'explication de cette anomalie apparente sera fournie un peu plus loin (v. **452**).

Nous concluerons de ces données expérimentales que la dissociation de l'oxyde cuivrique devient d'autant moins importante que ce corps a dissous une proportion plus forte d'oxyde cuivreux.

Un phénomène complètement analogue se retrouve dans le

système bivariant formé par une dissolution aqueuse d'un sel, surmontée de vapeur d'eau saturée.

Cette solution possède à une température invariable et pour une concentration donnée du sel dans l'eau, une tension de vapeur déterminée. Si nous évacuons la vapeur, le système n'est plus en équilibre ; une nouvelle quantité de vapeur va se produire, mais cette vaporisation amène une augmentation dans la concentration de la solution et par conséquent une diminution dans la tension de la vapeur saturée (v. **176**).

La pression de la vapeur d'eau diminuera donc après chaque évacuation et cette tension de vapeur n'est complètement déterminée que si nous nous fixons, en même temps que la température, les concentrations relatives du dissolvant et du sel.

Mais les systèmes $CuO + Cu_2O + O$ ou $H_2O + NaCl +$ vapeur deviennent monovariants, si au lieu de 2 phases, ils en comprennent 3. Dans ces conditions, à une température donnée, correspond une tension de dissociation constante dans le premier cas, une tension de vapeur invariable dans le second.

La coexistence de 3 phases dans le système $CuO + Cu_2O + O$ est réalisée au dessous de 1000° ; l'oxyde cuivrique et l'oxyde cuivreux étant dès lors tous deux solides.

Pour le système eau $+ NaCl +$ vapeur, nous avons 3 phases lorsque la solution est saturée et se trouve en présence de sel solide.

Le système $H_2O + NaCl$ est invariant lorsqu'il comporte les quatre phases : vapeur d'eau, solution saturée de NaCl, glace et sel solide. Ces quatre phases ne coexistent que si le mélange de glace et de sel est eutectique (v. **459**). Les concentrations du sel et de l'eau, la température et la tension de la vapeur d'eau sont donc complètement déterminées. La température est en effet celle du point de congélation du mélange ; la pression, la tension de vapeur de la solution à cette température.

452. On reconnait à ces exemples toute l'importance de la loi des phases ; les considérations qui précèdent nous permettent notamment de formuler la proposition corrective suivante à l'énoncé que nous avons proposé jadis de la loi de dissociation des systèmes liquides ou solides, donnant naissance à des composés gazeux.

Pour une température donnée, la tension des produits gazeux de dissociation n'est indépendante des masses relatives des composants fixes, que si le **système est monovariant**.

La théorie de la dissociation a d'abord été faite sur des systèmes monovariants ($BaO_2 + BaO + O$, $CaCO_3 + CaO + CO_2$, $Cl_2 + 10H_2O$ solide $+ Cl_2 +$ vapeur d'eau $+$ solution de chlore dans l'eau, etc.). C'est ce qui avait conduit à admettre une tension de dissociation constante, comme caractéristique de la dissociation. Tous ces systèmes sont formés de deux composants indépendants constituants trois phases.

Classification périodique
des éléments.

453. Quand on range les éléments dans l'ordre croissant de leurs poids atomiques, on obtient la série :

H. Li. Be. Bo. C. N. O. Fl. Ne. Na. Mg. Al. Si. P. S. Cl etc.
1. 7. 9. 11. 12. 14. 16. 19 20. 23. 24. 27. 28. 31. 32. 35.5.

Si nous laissons de côté l'hydrogène et les argonides, nous reconnaissons que du lithium au fluor il se produit une variation régulière des propriétés des éléments à mesure que le poids atomique augmente : Le caractère métallique s'atténue peu à peu jusqu'à apparition de la fonction métalloïdique la plus accusée. En même temps la valence augmente de 1 à 7 vis-à-vis de l'oxygène ; à l'égard de l'hydrogène elle croît de 1 à 4 du lithium au carbone pour redescendre ensuite progressivement jusqu'à l'unité (Fl).

A partir du fluor l'augmentation du poids atomique produit un changement brusque dans la variation, et d'un métalloïde très actif, on passe sans transition à un métal alcalin proche parent du lithium. Si nous plaçons le sodium sous le lithium nous obtenons les deux séries parallèles :

Li Be Bo C N O Fl (Ne)
Na Mg Al Si P S Cl (Ar.)

Nous constatons : 1° que dans la deuxième série les propriétés subissent la même variation progressive que dans la première ; 2° que les éléments qui se correspondent dans les colonnes verticales appartiennent aux mêmes familles naturelles.

Mendelejeff et Lothar Meyger ont étendu ce groupement à tous les éléments. Depuis que ces deux savants créèrent le système de classification (1869), quelques nouveaux éléments furent découverts.

Le tableau ci-contre, qui présente certaines différences avec le tableau primitif de Mendelejeff, représente la forme actuelle donnée

	I	II	III	IV	V	VI	VII	VIII	IX
1	H								
2	He 4	Li 6.97	Bo 9.01	Bo 10.86	C 11.92	N 13.28	O 15.87	Fl 18.91	
3	Ne 20	Na 22.83	Mg 24.1	Al 26.91	Si 28.18	P 30.75	S 31.83	Cl 35.18	
4	Ar 39.7	K 38.83	Ca 39.76	Sc 43.73	Ti 47.79	V 51	Cr 51.74	Mn 54.57	Fe 55.6 Ni 58.4 Co 59.07
5		Cu 63.12	Zn 64.91	Ga 69.5	Ge 71.9	As 74.52	Se 78.58	Br 79.34	
6	Kr 81.6	Rb 84.75	Sr 86.95	Y 88.23	Zr 89.7	Nb 93	Mo 95.8	—	Ru 100.9 Rh 102.2 Rd 106
7		Ag 107.11	Cd 111.15	In 113.1	Sn 118.1	Sb 119.44	Te 127.6 (125.3)	I 125.89	
8	X 128	Cs 131.9	Ba 136.4	La 138.9	Ce 133.2	Pr 139.4	Nd 142.5	Sa 149.2	Eu 150.4
9				Ga 156	Tb 158	Dy 161	Tu 169.4	—	
10				Yb 171.8		Ta 182.4	Wo 188	—	Os 189.55 Ir 191.6 Pt 198.4
11		Au 195.78	Hg 198.3	Tl 202.6	Pb 205.36	Bi 206.5	—	—	
12			Ra 224 (?)		Th 230.8		U 237.7		

à la classification des éléments proposée par Mendelejeff et Lothar Meyger.

Le groupe IX occupe une situation spéciale; il comprend trois triades d'éléments dont chacune est composée de métaux fort semblables (Fe, Ni, Co; Os, Ir, Pt), de poids atomiques peu différents et de volumes atomiques presque identiques. Tous ces métaux sont tenaces, ductiles; ils ont un point de fusion très élevé, qui s'abaisse dans chaque triade avec l'augmentation du poids atomique (Fe est moins fusible que Ni et celui-ci que Co); ils forment tous des ions colorés, se combinent avec l'oxyde de carbone, condensent aisément les gaz à leur surface. Ils peuvent mettre huit valences en jeu (OsO_4, $Ni(CO)_4$). Ce groupe servait de groupe de transition entre le groupe VIII des halogènes et le groupe II des métaux alcalins, dans la classification primitive de Mendelejeff. Mais depuis la découverte des argonides le tableau de Mendelejeff a reçu un complément important par l'adjonction du groupe de l'argon. Ces éléments, dont l'aptitude à s'unir à d'autres et par conséquent la valence paraît nulle, auxquels on ne saurait assigner un caractère métallique ou métalloïdique, sont venus se placer comme éléments de transition, entre le huitième groupe et le groupe des métaux alcalins.

L'hydrogène occupe une place spéciale dans le système; nous avons signalé dès le début de ce cours que cet élément ne se rattache à aucune famille naturelle connue.

Il y a certains éléments dont la place dans le tableau paraît en apparence paradoxale; tel est, par exemple, le manganèse, métal qui figure à côté des halogènes.

Nous apprendrons plus loin que cet élément forme un acide permanganique $HMnO_4$, analogue à l'acide perchlorique $HClO_4$, ce qui justifie sa place dans la classification.

De même nous voyons figurer dans le même groupe les métaux alcalins, qui représentent la fonction métallique la plus parfaite, des éléments comme le cuivre, l'argent, l'or, métaux peu actifs et dont les liens de parenté avec le potassium, par exemple, ne semblent pas fort évidents à première vue. La dissemblance n'est cependant pas aussi forte qu'on pourrait le croire; c'est ainsi que l'argent forme un oxyde qui est une base puissante, que son nitrate est isomorphe avec le nitrate de potassium et partage seul avec les nitrates alcalins la propriété de se décomposer par la chaleur en donnant un nitrite.

454. On reconnaît à l'examen du tableau de classification que les éléments y sont divisés en 9 groupes verticaux et 12 périodes horizontales, les mêmes fonctions physiques ou chimiques revenant périodiquement après une série de 9 ou de 12 éléments, d'où le nom de système périodique donné à cet essai de classification.

La première période, ne comprenant jusqu'à présent que l'hydrogène, et les périodes formées par les éléments de poids moléculaires élevés sont très incomplètes, ce qui permet de supposer qu'il existe encore un nombre assez considérable de corps simples à découvrir (v. plus loin).

Dans chacune des périodes, les propriétés métalliques s'affaiblissent régulièrement du deuxième groupe au huitième. Pour les périodes renfermant des éléments appartenant aux groupes I et IX, ceux-ci constituent des éléments de transition vers les périodes suivantes (v. **453**).

Les groupes verticaux comprennent au contraire des éléments de même famille. Pour tenir compte des ressemblances et des divergences entre les corps simples d'un même groupe, chacun de ceux-ci a été divisé en deux sous-groupes, alternant périodiquement et qui renferment des éléments analogues. C'est ainsi que dans le second groupe nous trouvons d'une part la série : potassium, rubidium et cœsium, formée par les métaux alcalins vrais; d'autre part la série : cuivre, argent et or, métaux analogues et consituant une famille naturelle. De même le groupe III comprend la famille homogène des métaux alcalino-terreux et la série des métaux magnésiens.

L'alternance n'est pas conservée pour les deux premières périodes. Nous remarquerons d'ailleurs que tous les éléments faisant partie de la première période sont quelque peu aberrants dans les groupes auxquels ils appartiennent, ainsi que nous l'avons déjà fait observer pour le fluor (v. **167**), l'oxygène (v. **254**) et l'azote (v. **369**) et que nous pourrons le constater ultérieurement pour le lithium.

Tandis que dans les périodes une variation positive du poids atomique diminue le caractère métallique, dans chaque groupe ou sous-groupe le caractère métallique croît avec le poids atomique. Exemple : le baryum est plus métallique que le strontium et celui-ci que le calcium ; le brome est moins métalloïdique que le chlore et ce dernier moins négatif que le fluor.

La valence augmente d'une unité lorsqu'on passe d'un groupe au suivant. Nulle dans le groupe I elle atteint 8 pour le neuvième groupe.

Ce ne sont pas seulement les propriétés chimiques mais aussi certaines propriétés physiques qui manifestent une transition régulière dans chaque période ; tel est le cas notamment pour la densité, le volume atomique (on appelle volume atomique le rapport du poids atomique à la densité prise à l'état solide), le point de fusion. Le tableau ci-dessous démontre ce fait pour la première période :

	Na	Mg	Al	Si	P(rouge)	S	Cl
Volume atomique . .	23.7	23.9	10.6	11.4	13.5	15.7	25.5
Poids spécifique. . .	0.97	1.75	2.67	2.49	2.14	2.06	1.33
Point de fusion (en degrés absolus) . .	369°	1023°	1123°	1723°	528°	388°	198°

Le volume atomique décroît du premier terme au quatrième pour se relever jusqu'au dernier ; le poids spécifique et le point de fusion s'élèvent au contraire jusqu'au silicium pour descendre ensuite jusqu'à l'halogène.

Une régularité semblable se retrouve dans les variations de propriétés physiques dans les groupes. Ainsi le magnésium fond à 1023°, le zinc à 676°, le cadmium à 593° (groupe III).

455. Ce qui caractérise essentiellement la classification périodique, c'est le principe que les propriétés physiques et chimiques d'un élément sont fonctions de la place qu'il occupe dans le système et par conséquent de son poids atomique.

Le caractère d'un élément est déterminé par la nature de ses voisins, et particulièrement par celle des voisins immédiats dans la période et le groupe auxquels il appartient.

Ce principe fondamental a été énoncé par Mendelejeff et lui a permis, fait exceptionnellement remarquable, de prévoir les propriétés d'éléments inconnus. Quand ce savant créa son système de classification, certains corps simples qui figurent actuellement au tableau étaient inconnus ; tels étaient le gallium (Ga), le germanium (Ge) et le scandium (Sc). Il existait donc des lacunes dans le système aux places occupées par ces éléments.

Mendelejeff prédit les propriétés de ces corps simples et de leurs composés les plus importants s'ils avaient existé, les déduisant de celles des éléments voisins. Quelques années plus tard on découvrait successivement le gallium, le scandium et le germanium et la còncordance entre les propriétés prédites par Mendelejeff et celles que l'on observa fut des plus saisissantes. Ce fait, qui n'a d'analogue dans la science que la découverte de la planète Neptune par Leverrier, a consacré la valeur du système de classification de l'illustre savant russe.

On ne peut néanmoins méconnaître que sous sa forme actuelle, il présente encore certaines imperfections, que plusieurs rapprochements sont quelque peu forcés et qu'il est des éléments qui ne figurent dans la famille naturelle à laquelle ils appartiennent que grâce à une interversion dans l'ordre des poids atomiques Le cas le plus frappant de l'espèce serait fourni par le tellure, dont le poids atomique serait supérieur à celui de l'iode et ferait placer cet élément, non dans le groupe des sulfurides, mais dans le groupe IX. Si le tellure n'a pas avec le soufre et le sélénium des analogies parfaites (v. **254**), il s'écarte néanmoins encore plus des métaux de la famille du platine et la famille des sulfurides est la seule dans laquelle on puisse convenablement le ranger.

Nous devons ajouter qu'il vient d'être publié un travail sur le poids atomique du tellure, qui assigne à cet élément le poids atomique 125,3. Si ce résultat se confirme, la place du tellure dans le système périodique ne serait plus discutable.

Malgré sa forme encore incomplète, le système périodique a rendu déjà de grands services à la science. L'impossibilité dans laquelle il se trouvait de placer certains éléments dans son tableau en leur conservant les poids atomiques admis à l'époque où il créa son système de classification, amena Mendelejeff à reviser ces poids atomiques pour plusieurs corps simples, notamment pour le beryllium, l'indium, l'or, l'osmiun. Ces prévisions furent confirmées par la suite. De même, il affirma le premier que l'aluminium devait être un métal trivalent, tandis qu'en se basant sur l'isomorphisme des sels d'aluminium et des sels ferriques, on admettait universellement que l'aluminium appartenait à la famille du fer, famille dans laquelle il était impossible de le faire figurer, étant donné son poids atomique 27.

De nombreux essais ont été tentés sans grand succès jusqu'aujourd'hui pour donner au système périodique une forme traduisant d'une manière plus parfaite la loi de la périodicité dans les propriétés des éléments, ainsi que pour lui trouver une expression mathématique.

On peut affirmer cependant que les caractères d'un élément sont une fonction de son poids atomique et par conséquent de la quantité de matière que renferme son atome, ce qui implique la notion de l'existence d'une matière unique primordiale, inconnue jusqu'à présent et dont les divers états de condensation constituent les atomes des corps que nous appelons des éléments.

En s'appuyant sur les transformations remarquables que présente le radium, on a émis l'hypothèse que les atomes seraient formés par la réunion d'un certain nombre d'électrons. Les électrons constitueraient ainsi la matière fondamentale dont les atomes des divers corps simples ne seraient que des états de condensation différents.

La classification périodique fait bon marché de l'ancienne division des corps simples en métaux et en métalloïdes; nous avons attiré l'attention, dès le début de ce cours, sur ce que cette subdivision présente d'artificiel. Le système périodique au contraire groupe tous les éléments en un tout dans lequel chacun des constituants sert de transition entre les éléments qu'il sépare.

456. La détermination de la place d'un élément dans le système périodique exige avant tout la connaissance de son poids atomique.

Nous avons déjà rencontré une méthode de détermination de cette constante, basée sur des procédés purement chimiques (v. **40**) et nous avons fait observer à ce propos que la méthode chimique n'impose pas la certitude.

La détermination du poids moléculaire d'une combinaison contenant un élément de poids atomique connu permet de fixer la valeur maxima du poids atomique.

Si nous reprenons l'exemple du chlorure de zinc (v. **48**) nous trouvons que le poids moléculaire de ce corps est égal à 133.4. L'analyse nous a appris que 133.4 de chlorure de zinc renferment 64.92 de zinc. Mais cette masse de zinc peut être constituée par un ou plusieurs atomes. 64.92 est la valeur maxima du poids atomique du zinc; mais l'atome de ce métal pourrait être 2,3.... n fois plus léger, n atomes constituant un groupement pesant 64.92 et capable de fixer deux atomes de chlore.

Le choix de la valeur de n est basée sur la loi de Dulong et Petit.

457. Loi de Dulong et Petit. Le produit du poids atomique d'un élément par sa chaleur spécifique, prise à l'état solide, est constant et égal à 6,4. Ce produit est la **chaleur atomique**, c'est-à-dire la quantité de chaleur nécessaire pour élever d'un degré la température d'un atome-gramme d'un élément.

Cette loi n'est qu'approximativement exacte ; la chaleur atomique des différents éléments se rapproche plus ou moins de 6,4 mais des écarts de quelques dixièmes ne sont pas rares.

Certains éléments dérogent complètement à la loi ; leur chaleur atomique n'atteint pas 5. Ex : C (1,8) Si. (4,6) Bo (2,8).

La loi ne saurait d'ailleurs être rigoureusement exacte car le travail interne qu'effectue la chaleur est d'importance bien différente suivant la nature des corps. Il est évident, par exemple, que pour les éléments dont la chaleur spécifique est prise dans le voisinage du point de fusion, la part de chaleur consacrée au travail interne est considérable, tandis qu'elle est presque nulle pour les corps très éloignés de leur point de fusion Ces derniers doivent donc avoir une chaleur spécifique atomique plus petite que les premiers; le carbone et le bore sont des éléments absolument réfractaires, de là l'aberration énorme de leurs chaleurs atomiques. Mais quand on détermine celles-ci à de hautes températures (1000°), c'est-à-dire plus proches du point de fusion, on observe que la discordance diminue sensiblement, et si la mesure des chaleurs spécifiques à très haute température était chose aisée, il est probable que vers 8000°, on trouverait pour le carbone et les autres éléments aberrants une chaleur atomique normale.

Ce sont surtout les métalloïdes à poids atomique peu élevé (< 30) qui font exception à la loi de Dulong et Petit ; pour les métaux cette loi se vérifie avec une exactitude très satisfaisante.

Fait remarquable, dans leurs combinaisons solides les éléments conservent leur chaleur atomique propre (Loi de Neumann et Kopp). **Le produit de la chaleur spécifique d'une combinaison solide par son poids moléculaire est égal à la somme des chaleurs atomiques de ses constituants.**

Exemples : La chaleur spécifique de $CaCO_3$ est égale à 0,203, son poids moléculaire 100 ; la chaleur moléculaire est donc 20,3.

Si nous faisons la somme des chaleurs atomiques nous trouvons d'autre part :

Chaleur atomique du calcium = ... 6.4
»   »   du carbone = ... 1.8
»   »   de 3 atomes d'oxygène 4×3 == 12.
Somme . . . 20.2

La concordance est des plus satisfaisantes.

On peut inversément déterminer la chaleur atomique et par conséquent la chaleur spécifique d'un élément à l'état solide en la déduisant de la chaleur moléculaire de ses combinaisons. C'est ce qui a été fait pour quelques éléments, tels que le chlore, l'hydrogène.

Quoique la loi de Dulong et Petit ne soit qu'approchée, elle permet néanmoins souvent de fixer le choix entre différents poids atomiques. Si nous reprenons l'exemple du chlorure de zinc nous aurons à choisir entre les poids atomiques 64.92, 32.46, 21.64, etc. La chaleur spécifique du zinc est de 0.0935. En divisant 6.4 par ce nombre nous trouvons 68.4. Des différentes valeurs possibles du poids atomique du zinc, c'est 64.92 qui se rapproche le plus de 68, et c'est elle que nous adopterons pour poids atomique du zinc.

Métaux.

458. Il n'est pas possible de donner des métaux une définition rigoureuse, puisqu'il n'existe pas de démarcation nette entre leur groupe et celui des métalloïdes. Il est plus exact de parler d'une fonction métallique, caractérisée par certaines propriétés physiques et chimiques, fonction plus ou moins accentuée chez tous les corps simples.

Les propriétés essentielles d'un corps possédant une fonction métallique, sont : 1° de conduire le courant électrique sans se décomposer : d'être un conducteur électrique de première classe et d'avoir un coefficient thermique de conductibilité électrique négatif. La conductibilité électrique des métaux augmente rapidement aux basses températures. Pour le carbone au contraire qui, comme on le sait, est également un conducteur de première classe, la conductibilité électrique s'élève avec la température; le coefficient thermique de conductibilité est positif.

Un deuxième caractère, que l'on a cru être général, des éléments à fonction métallique est d'être insolubles dans tous les dissolvants non métalliques. Tandis que les métalloïdes sont solubles dans certains dissolvants (eau, alcool, sulfure de carbone, etc.), les métaux ne se dissolvent que dans d'autres métaux fondus. Il s'agit, bien entendu, de la solubilité physique, n'altérant pas la nature physique des corps.

On a obtenu dans les dernières années des solutions colloïdales aqueuses d'un grand nombre de métaux (or, argent, platine, etc.), seulement sous cette forme, les éléments n'ont plus le caractère métallique.

Mais il paraît démontré que les métaux alcalins sont physiquement solubles dans l'ammoniaque liquéfiée et dès lors le caractère métallique n'est plus essentiellement lié à l'insolubilité de l'élément dans des dissolvants non métalliques.

La cryoscopie des dissolutions des métaux dans des dissolvants métalliques fondus, ainsi que la détermination de la densité de vapeur des métaux volatils, ont démontré que presque toujours les métaux sont constitués de molécules monoatomiques et l'on a voulu trouver dans ce fait une caractéristique de l'état métallique. Mais pas plus que les deux précédents, ce caractère n'a de valeur absolue; en effet les argonides ont des vapeurs monoatomiques (v. **318**); ensuite certains métaux sont à l'état dissous constitués de molécules plurioatomiques.

Le meilleur critérium de la fonction métallique d'un élément réside dans les propriétés basiques de son hydroxyde. Un élément joue le rôle d'un métal quand son hydroxyde s'ionise en formant des ions OH'.

Pour les métaux à caractère métallique très accusé, comme les métaux alcalins, l'ionisation suivant le type M· + OH' est le seul que l'on rencontre chez l'hydroxyde. Lorsque le caractère métallique s'atténue, à côté de ce type d'ionisation, on peut rencontrer l'ionisation suivant le type acide MO' + H·, lequel devient tout à fait prédominant chez les hydroxydes métalloïdiques.

459. Alliages. — Les phénomènes de dissolution d'un métal dans un autre méritent d'attirer notre attention, car ils ont au point de vue pratique une importance considérable. Ces dissolutions constituent **les alliages.**

Le phénomène de dissolution peut produire une vraie combinaison chimique, donnant lieu à un dégagement de chaleur qui est parfois considérable La dissolution du potassium et du sodium dans le mercure se fait avec production de chaleur et de lumière et la réaction est si violente qu'elle peut donner lieu à des explosions.

D'autres métaux se dissolvent l'un dans l'autre d'une manière purement physique. Dans ce cas le point de fusion du métal dissolvant est abaissé (v. **177**), proportionnellement à la quantité du métal dissous. Quand on laisse refroidir une telle dissolution, c'est presque toujours le dissolvant pur qui se solidifie d'abord, le métal dissous s'accumulant dans les portions restées liquides, à condition que la solution ne soit pas saturée. Ce phénomène est souvent mis à profit pour enricher un alliage en l'un de ses constituants (v. zinc).

La solubilité d'un métal dans un autre croît le plus souvent avec la température. Si l'on prépare à haute température une solution très-concentrée d'un métal dans un autre, le refroidissement amènera une séparation partielle du métal dissous, soit à l'état solide, soit à l'état liquide quand la séparation se fait à une température supérieure au point de fusion du métal dissous. Dans ce cas on obtient une superposition du métal pur et de sa solution saturée, par ordre de densité. Ce phénomène, très redouté des fondeurs, est connu sous le nom de **liquation** des alliages.

On voit donc que suivant les circonstances ce sera le métal dissolvant ou bien le métal dissous qui se sépareront lors du refroidissement. Dans les deux cas l'alliage, solidifié complètement, ne sera pas homogène, ce qui présente de graves inconvénients au point de vue technique.

On obtient au contraire un alliage solide homogène lorsqu'il est constitué par une combinaison de ses constituants. Cette combinaison peut être une vraie combinaison chimique, comme c'est le cas pour les amalgames des métaux alcalins, ou une combinaison additionnelle, le métal dissolvant jouant vis-à-vis du métal dissous le même rôle que l'eau de cristallisation dans certains sels. Il se fait lors de la solidification des cristaux renfermant du **métal de cristallisation** et si, la dissolution est préparée de manière à posséder la composition des cristaux, elle cristallise en masse homogène lors de la solidification.

Dans les deux cas précédents l'alliage solide est constitué par une seule phase. On peut encore obtenir un alliage solide techniquement homogène, **mais constitué par deux phases** quand, au moment de la solidification, le dissolvant et le métal dissous cristallisent simultanément.

Nous savons que la solubilité d'un corps dans un autre diminue en général avec la température et que le point de fusion s'abaisse avec la quantité de corps dissous. Nous pourrons ajouter à un dissolvant une quantité de corps dissous telle qu'à la température de congélation de la dissolution, celle-ci soit saturée. Le plus faible abaissement de température provoquera alors en même temps une solidification partielle du dissolvant et une cristallisation partielle du corps dissous. La cristallisation du dissolvant amène en effet une augmentation de concentration incompatible, puisque la solution est saturée, avec la solubilité du corps dissous.

Si S est la solubilité du corps dissous au moment où la cristallisation commence, Q la quantité de dissolvant et Δq la masse de dissolvant qui se sépare, la quantité du corps dissous pouvant se maintenir en dissolution est $S(Q - \Delta q)$, il faudra donc que $S \Delta q$ gr. cristallisent en même temps que Δq de dissolvant; le rapport en poids des deux espèces de cristaux est S.

La dissolution conservera ainsi une concentration constante et comme elle est maintenue à la température de congélation elle finira par se figer complètement. La composition du mélange de cristaux sera celle de la solution elle-même. Une telle dissolution se comporte donc au point de vue de sa solidification comme un corps homogène.

On a observé depuis longtemps que des solutions aqueuses possédaient cette propriété; elles sont connues sous le nom de **cryohydrates**. On a cru jadis que c'étaient des combinaisons additionnelles définies de l'eau avec les corps dissous, mais on a reconnu depuis qu'il n'en était rien; ce sont des systèmes formés de deux phases distinctes, intimement mélangées.

Le même phénomène se présente pour les dissolutions de métaux les uns dans les autres; les alliages analogues au cryohydrates sont appelés **eutectiques**; ils se solidifient en conservant la même composition pendant toute la durée du phénomène de congélation. Un alliage eutectique de plusieurs métaux est de tous les alliages possibles celui dont le point de fusion est le plus bas.

Beaucoup d'alliages sont à la fois des combinaisons chimiques et des dissolutions; il se fait une combinaison définie qui se dissout dans l'excès de l'un des métaux mis en œuvre.

Les métaux se dissolvent en général d'autant plus facilement les uns dans les autres qu'ils se ressemblent mieux; les alliages sont plus durs et plus tenaces que leurs constituants, mais ils sont moins ductiles.

La description des principaux alliages sera faite avec l'histoire des métaux qui entrent dans leur composition.

SELS MÉTALLIQUES.

460. Nous avons appris à connaître dans l'étude des métalloïdes les propriétés générales des sels des acides importants. La
théorie de l'ionisation nous a éclairés sur la nature dualistique
de ces combinaisons. Il nous reste à compléter ces connaissances
par l'examen des principaux procédés généraux de préparation
des sels.

I. Le procédé théorique qui consiste à faire agir le métal sur
l'acide n'est applicable pratiquement que sous trois conditions :
1° le métal doit déplacer l'hydrogène, être plus métallique que
celui-ci ; 2° il doit être bon marché ; 3° sa réaction sur l'acide ne
doit pas être trop violente. Il n'y a que le zinc, le fer et l'étain qui
remplissent ces conditions ; on prépare presque tous leurs sels par
cette méthode.

Quand l'acide est un corps oxydant, il peut transformer en sel un
métal moins métallique que l'hydrogène. Il oxyde d'abord le métal,
qui se transforme en base, laquelle passe à l'état de sel à mesure
qu'elle se forme, au contact de l'acide.

Tous les nitrates des métaux communs peuvent être obtenus par
cette réaction (v. HNO_3) ; il en est de même pour les sulfates de
cuivre, de mercure et d'argent. On ne prépare jamais ainsi les sels
des métaux alcalins.

II. On prépare un grand nombre de sels par l'action de l'acide
sur l'oxyde ou l'hydroxyde métalliques correspondants. Il faut
nécessairement que ces derniers corps soient d'obtention facile.
Cette méthode est surtout utilisée pour la préparation des sels
de mercure, de plomb, d'aluminium, de manganèse et de chrome.

III. Beaucoup de métaux se rencontrent dans la nature à
l'état de carbonates, qui constituent un excellent matériel pour
la préparation des sels. Il suffit de les traiter par l'acide correspondant au sel que l'on veut obtenir. Cette méthode est générale
pour la préparation des sels des métaux alcalino-terreux et de
magnesium.

IV. On obtient quelquefois les sels par l'action d'un anhydride sur les oxydes, les hydroxydes ou les carbonates. C'est le cas pour les sulfites.

V. On opère par double décomposition entre deux sels, de manière à obtenir un composé insoluble dont la production assure la transformation complète dans le sens nécessaire à la formation du sel désiré. La précipitation permet en même temps la séparation des produits de la réaction. Ex. : On prépare le chlorate de potassium, peu soluble, par double décomposition entre KCl et Ca(ClO₃)₂ :

$$2KCl + Ca(ClO_3)_2 = CaCl_2 + 2KClO_3.$$

Famille des métaux alcalins.

461. Elle comprend les plus actifs des métaux. Ce sont des éléments monovalents dans l'immense majorité de leurs combinaisons; leurs hydroxydes, très solubles dans l'eau, sont les bases les plus puissantes; leurs sels, presque tous solubles, sont profondément ionisés.

LITHIUM Li
P.A. 6.97.

462. Le lithium est un élément assez répandu, mais en quantités peu abondantes. On le trouve surtout à l'état de **triphylline**, phosphate de fer, de manganèse et de lithium et dans la **lépidolithe**, silicate du groupe des micas. On le rencontre aussi dans de nombreuses eaux minérales. Pour extraire le lithium on attaque par l'acide sulfurique concentré la lépidolithe, ayant subi une fusion préalable. On ajoute à la solution de sulfates de l'hydroxyde de baryum, qui précipite tous les métaux, sauf les métaux alcalins. On transforme ceux-ci en chlorures par addition de $BaCl_2$ et on extrait le chlorure de lithium par l'alcool.

On obtient le lithium par électrolyse de son chlorure fondu. Le lithium est un métal mou, blanc, le plus léger de tous les métaux; sa densité est de 0,59. Il fond à 180°.

Le lithium décompose l'eau à froid; il se combine à chaud avec grande facilité à l'azote pour donner un azoture.

Comme tous les éléments de la première période du système de Mendelejeff (**v. 454)** le lithium s'écarte quelque peu de ses congénères. Il forme un fluorure, un carbonate et un phosphate très peu solubles. Le chlorure de lithium est soluble dans l'alcool.

Les deux sels les plus importants du lithium sont le chlorure LiCl et le carbonate. Le **chlorure de lithium** cristallise au-dessus de 12° avec une molécule d'eau de cristallisation; au-dessous, on obtient le sel $LiCl.2H_2O$.

Le **carbonate de lithium** Li_2CO_3 est soluble dans 68 fois son poids d'eau à 15°. Il est employé en médecine.

SODIUM. Na.
P.A. et P.M. 22.88. (23).

463. Le sodium, comme le potassium, existe dans de nombreuses roches feldspatiques. La désagrégation des silicates sodiques amène dans l'océan du carbonate de sodium qui se transforme en chlorure en présence du chlorure de magnésium.

Les plantes marines absorbent des sels sodiques et dans leurs cendres on retrouve le sodium sous forme de carbonate.

Au point de vue technique la plus importante combinaison du sodium est le chlorure.

Le sodium s'obtient en réduisant la soude caustique par le carbure de fer, FeC_2; ce dernier est préparé en chauffant de la limaille de fer avec de la poix.

$$6NaOH + FeC_2 = 2Na + 2Na_2CO_3 + 3H_2 + Fe.$$

Aujourd'hui, on obtient industriellement le sodium par électrolyse de la soude caustique fondue. Le sodium est d'une préparation beaucoup plus facile que le potassium. (Prix 3,50 fr. le kilogr.)

C'est un métal blanc, mou, d'une densité de 0.97, fondant à $+96$ et bouillant à $742°$. Il agit violemment sur l'eau, moins énergiquement cependant que le potassium; l'hydrogène dégagé ne s'enflamme pas.

Le sodium est employé dans l'industrie comme agent réducteur puissant; il sert également à la préparation du bioxyde, du cyanure et de l'amidure (NH_2Na) de sodium.

Oxyde de sodium Na_2O. On a obtenu récemment cet oxyde en oxydant le sodium dans un défaut d'oxygène sous pression réduite. On distille ensuite l'excès de métal dans le vide.

C'est un corps solide, d'un blanc jaunâtre, qui se laisse réduire à chaud par l'hydrogène d'après l'équation :

$$Na_2O + H_2 = NaOH + NaH.$$

Sa chaleur de formation est de 91000 cal.

Bioxyde de sodium Na_2O_2. Quand on chauffe du sodium dans un courant d'air sec on obtient le bioxyde de sodium. On place le métal dans des caisses ouvertes en aluminium que l'on glisse dans des fours chauffés à $400°$.

Le bioxyde de sodium est une poudre blanche qui, traitée par l'eau, se décompose en soude caustique et eau oxygénée, laquelle se dédouble secondairement en donnant de l'oxygène; à sec c'est un corps oxydant très actif. Il est employé comme agent de blanchîment ainsi que comme source d'oxygène (oxylithe).

Hydroxyde de sodium NaOH **Soude caustique**. On l'obtient pure par l'action de l'eau sur le sodium.

Sa séparation industrielle est la même que celle de la potasse (v. **470**), à laquelle elle est très semblable par ses propriétés. Elle est moins avide d'humidité que l'hydroxyde de potassium et forme un hydrate $2NaOH.7H_2O$. On l'emploie de préférence à la potasse à cause de son prix moins elevé.

Fluorure de sodium NaFl. — Ce sel s'obtient en neutralisant l'acide fluorhydrique par le carbonate de sodium. Il est peu soluble dans l'eau (5 %). On l'emploie comme antiseptique ; on l'utilise même parfois pour la conservation des denrées alimentaires (lait), mais cette pratique est peu recommandable, les fluorures étant toxiques.

Chlorure de sodium NaCl. On l'extrait des gisements de sel gemme et de l'eau de mer qui en renferme environ 3.5 %. (Mer morte 22 %). Dans les pays chauds, l'eau de mer est évaporée dans de vastes bassins peu profonds (marais salants). Le sel cristallise d'abord, les bromures et iodures ainsi que les chlorures de magnésium, de calcium, etc. restent dans les eaux mères.

Dans les pays froids (Arkangel), on gèle l'eau de mer ; la glace cristallise pure et le sel s'accumule dans les portions non gelées, (v. **177**) dont on l'extrait finalement par évaporation dans des chaudières.

Le sel brut doit être raffiné. On le dissout dans l'eau et on ajoute une quantité suffisante de carbonate de sodium pour précipiter les métaux étrangers à l'état de carbonates. On filtre et on évapore dans des appareils en cuivre,

Le chlorure de sodium cristallise en cubes qui se groupent en trémies ; 100 p. d'eau dissolvent à 0° 36 p. de sel, 39 p. à 100°. La solubilité du sel est donc peu sensible aux variations de température. On fait cristalliser le chlorure de sodium en évaporant les solutions bouillantes et on enlève les cristaux à mesure qu'ils se forment. Le sel est insoluble dans l'alcool ; il fond à 770° et se volatilise au rouge clair.

Il sert de point de départ à la préparation de tous les composés sodiques.

Le **bromure** et l'**Iodure** de sodium sont très solubles et cristalisent à basse température avec $2H_2O$.

Le **chlorate de sodium**, beaucoup plus soluble que $KClO_3$, se prépare électrolytiquement (v. **159**) et est employé aujourd'hui au lieu et place du chlorate de potassium.

464. Sulfate de sodium. Na_2SO_4. — On le prépare en grand dans l'industrie : **1°** par l'action de l'acide sulfurique concentré sur deux molécules de chlorure de sodium.

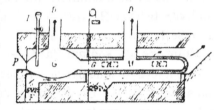

On introduit le sel par P dans les grandes capsules en fonte recouvertes d'un dôme. On

Fig. 58.

ajoute l'acide sulfurique par un tube en plomb T et on chauffe modérément en F. Il se forme du sulfate acide de sodium et de l'acide chlorhydrique; ce dernier se dégage par D et est absorbé par l'eau dans des tours à cascades.

Quand la transformation en sulfate acide est achevée on ouvre la porte à glissière G et à l'aide de ringards on fait passer le mélange de chlorure et sulfate acide de sodium dans la moufle en pierres réfractaires M, chauffée au rouge. HCl se dégage par D'. Par les portes H on brasse régulièrement la masse qui ne doit pas être chauffée à fusion. On détourne en H.

Le sulfate acide étant un déchet de fabrication de l'acide nitrique (v. **289**), peut également être utilisé à préparer le sulfate neutre en le chauffant dans des fours à moufle avec du sel de cuisine.

2° Par l'action d'un mélange d'anhydride sulfureux, de vapeur d'eau et d'air sur le chlorure de sodium (Procédé de Hargreaves) :

$$2NaCl + SO_2 + \tfrac{1}{2}O_2 + H_2O = Na_2SO_4 + 2HCl.$$

Le sel est aggloméré en briquettes et introduit dans de grands cylindres en fonte, maintenus à 500°, dans lesquels on lance par le bas les gaz de fours à pyrite et de la vapeur d'eau. Chaque colonne contient jusqu'à 50 tonnes de sel, la transformation dure trois semaines.

Le sel joue dans cette opération le rôle de catalyseur, d'agent de contact, pour provoquer la formation d'acide sulfurique(**v. 232**), aux dépens de SO_2, O et H_2O.

Le sulfate de sodium est soluble dans l'eau et en cristallise à l'état anhydre au-dessus de 33°. Sa solubilité diminue à mesure que la température s'élève; sa courbe de solubilité a l'allure représentée par la figure.

Au-dessous de 33° le sulfate de sodium cristallise avec dix molécules d'eau de cristallisation. Ce sel hydraté, appelé souvent sel de Glauber, forme de beaux cristaux monocliniques, dont la solubilité diminue très rapidement avec la température (100 p. d'eau dissolvent 184 p. de $Na_2SO_4.10H_2O$ à 30°, 12 p. à 0°).

Chauffé à 33° le sulfate de sodium hydraté subit comme beaucoup de sels hydratés une fusion spéciale, dite fusion aqueuse; l'eau de cristallisation se sépare de la particule cristalline et sert alors de dissolvant pour le sel anhydre. Mais dans le cas du sulfate de sodium la quantité d'eau libérée est insuffisante pour dissoudre tout le sel anhydre, ce dernier se dépose particulièrement en poudre cristalline.

A la température de 33°, sous la pression atmosphérique, peuvent donc coexister les quatre phases Na_2SO_4, $Na_2SO_4.10H_2O$, solution saturée de sulfate de soude et vapeur d'eau; le système est invariant (**v. 451**).

Au-dessus de 33°, le système est monovariant, car il ne comprend que trois phases, nous pouvons choisir comme variables indépendantes la température et la pression; la courbe O*a* (v. fig. 59) est alors le lieu géométrique des points (températures, concentrations pour lesquels les trois phases Na_2SO_4 anhydre, solution de sulfate de soude et vapeur d'eau, sont en équilibre.

De même au-dessous de 33°, le système est également monovariant; la phase solide qui peut coexister en équilibre **stable** avec une solution de sulfate de soude est $Na_2SO_4.10H_2O$ et la courbe O*h* est le lieu géométrique des points (*lc*) d'équilibre. Quant au point O, c'est un point de transition.

Ce serait une erreur de croire que les particularités que présente la solubilité du sulfate de sodium, et d'une manière générale les sels capables de fixer de l'eau de cristallisation, sont dues à ce que le sel hydraté et le sel anhydre sont **en dissolution** deux individualités chimiques différentes, ayant chacune une solubilité propre. Une dissolution de sulfate de sodium ne renferme que des molécules

Na$_2$SO$_4$, aussi bien au-dessous qu'au-dessus de 33°; **les sels hydratés n'existent en général qu'à l'état solide** (1). Mais pour une pression donnée au-dessous d'une certaine température (33° à la pression atmosphérique), la phase solide en équilibre avec la solution est le sel hydraté, au-dessus le sel anhydre.

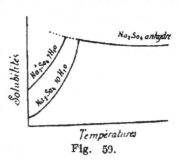

Fig. 59.

Il peut même exister plusieurs points de transition, correspondant à l'existence sumultanée de deux sels.

On connaît un deuxième hydrate du sulfate de sodium ayant pour formule Na$_2$SO$_4$.7H$_2$O. Cet hydrate ne peut subsister qu'à de basses températures et est bien plus soluble que le sel de Glauber; la courbe de solubilité de ces deux sels ne se coupe pas (v. fig. 59).

Le sel Na$_2$SO$_4$.7H$_2$O s'obtient lorsqu'on refroidit à $+5°$ une solution sursaturée de sel de Glauber; il constitue en présence de sa solution un état d'équilibre instable. Si au système formé par cet hydrate et sa dissolution on ajoute un cristal de sel de Glauber, la phase liquide étant sursaturée par rapport à ce dernier, il se fait une cristallisation abondante de SO$_4$Na$_2$.10H$_2$O. Dès lors, la solution n'est plus saturée par rapport à l'hydrate Na$_2$SO$_4$.7H$_2$O qui se dissout

---

(1) Cette proposition n'est pas en contradiction avec ce que nous avons dit antérieurement des hydrates de l'acide sulfurique (v. **240**), qui ne sont pas des composés additionnels véritables, mais de vraies combinaisons intramoléculaires. Il est clair que certains sels pourront former des combinaisons similaires, lesquelles auraient une existence propre au sein de l'eau. On conçoit, par exemple, l'existence d'un sulfate $\begin{matrix} NaO \searrow & \nearrow OH \\ & S \mathbin{=\!=} O \\ NaO \nearrow & \searrow OH \end{matrix}$ ou Na$_2$SO$_4$.H$_2$O, qui serait à l'état dissous un individu chimique et auquel ne s'appliquerait pas la proposition que nous venons de formuler.

progressivement, passe ensuite à l'état de sel de Glauber et disparaît ainsi intégralement.

Le sulfate de sodium se rencontre dans beaucoup d'eaux minérales' qui lui doivent des propriétés purgatives.

Le sulfate de sodium sert à la fabrication du verre et du carbonate de sodium. Le sel de Glauber est utilisé en médecine comme purgatif.

Le **sulfate acide de sodium** est un produit résiduel de la fabrication de l'acide nitrique.

Sulfite de sodium $Na_2SO_3.7H_2O$. Préparation v. acide sulfureux. Il forme de gros cristaux solubles dans 3 fois leur poids d'eau. Il est employé comme agent réducteur, notamment en photographie.

Le sulfite acide $NaHSO_3$ et le pyrosulfite $Na_2S_2O_5$ servent également ment d'agents réducteurs et sont utilisés en outre à la préparation des aldéhydes.

Nitrate de sodium $NaNO_3$. — Salpêtre du Chili (v. HNO_3). Il cristallise en rhomboèdres, est très soluble dans l'eau (85 p. dans 100 p. d'eau à 15°), et légèrement hygroscopique, ce qui fait rejeter son emploi dans la préparation de la poudre. Outre ses usages comme engrais chimique, il sert à la préparation de HNO_3, de $NaNO_2$, de KNO_3.

Nitrite de sodium $NaNO_2$. — On le prépare en grand dans l'industrie par l'action du plomb sur le nitrate de soude. Il est fort soluble dans l'eau. On s'en sert dans l'industrie des matières colorantes (Préparation des diazodérivés) (v. N_2O_3).

466. Carbonate de sodium (soude) Na_2CO_3. — On le prépare par deux méthodes :

1° Procédé de Leblanc. — Le point de départ est le sulfate de sodium, que l'on chauffe au rouge avec un mélange de charbon et de carbonate de calcium. Le carbone réduit le sulfate en sulfure, lequel fait double décomposition avec $CaCO_3$ pour donner CaS et Na_2CO_3 :

$$Na_2SO_4 + 2C = Na_2S + 2CO_2$$
$$Na_2S + CaCO_3 = Na_2CO_3 + CaS$$

On emploie un léger excès de carbone et de calcaire ; à la fin de l'opération il se fait de la chaux et de l'oxyde de carbone :

$$CaCO_3 + C = CaO + 2CO$$

CO vient brûler à la surface de la masse de consistance pateuse, l'apparition de cette flamme indique que la transformation est terminée.

Le sulfate de sodium nécessaire est obtenu dans les fours à sulfater. Le carbone s'emploie sous forme de houille ou de coke. On chauffe la masse sur la sole d'un four à réverbère, elle doit être

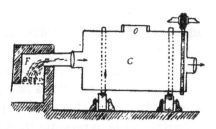

Fig. 60.

brassée dans ce cas ; cette opération exige de la part de l'ouvrier une grande expérience, aussi préfère-t-on employer actuellement des fours tournants (v. fig. 60). Ce sont de vastes cylindres en tôle, tapissés intérieurement de briques réfractaires, soumis à un mouvement de rotation autour de leur axe, ce qui assure un brassage régulier du contenu. Le chauffage se fait par le passage à travers les cylindres des flammes d'un foyer F. Le chargement et le défournement se font par O.

La masse à moitié fondue que l'on obtient est un mélange de Na_2CO_3 (44 %) de CaS (27 %), de CaO, de $CaCO_3$ et de charbon en excès. On épuise par l'eau. Le carbonate de sodium se dissout, le sulfure de calcium reste comme résidu insoluble. Une partie de la chaux passe également en solution et réagit sur le carbonate de sodium pour donner de la soude caustique que l'on rencontre toujours en proportion plus ou moins forte dans la soude préparée par le procédé Leblanc. On évapore la dissolution aqueuse ; il se forme de grands cristaux rhombiques $Na_2CO_3.10H_2O$, **le sel de soude**. Ces cristaux sont efflorescents, quand on les chauffe légèrement ils fondent dans leur eau de cristalisation. On peut chasser complétement celle-ci en chauffant à 100°. On obtient ainsi **la soude calcinée**.

Le procédé Leblanc présente l'avantage de fournir de l'acide chlorhydrique comme produit secondaire. Par contre, il entraîne une dépense considérable de combustible; en outre, il nécessite une consommation énorme d'acide sulfurique, lequel se transforme en fin de compte en sulfure de calcium. Ce sulfure de calcium renferme tout le soufre des pyrites achetées par le fabricant pour faire l'acide sulfurique. C'était jadis un déchet de fabrication (**marcs de sonde**); actuellement on récupère le soufre par le procédé de **Chance**.

On gâche le sulfure de calcium avec de l'eau en une bouillie que l'on introduit dans des cylindres en fer et on injecte à travers la masse un courant d'anhydride carbonique. Il se fait du carbonate de calcium et de l'hydrogène sulfuré :

$$CaS + H_2O + CO_2 = CaCO_3 + H_2S.$$

Le carbonate de calcium rentre dans la fabrication du carbonate de soude; l'hydrogène sulfuré est brûlé incomplètement en présence d'oxyde de fer; il se produit de l'eau et du soufre. Ce dernier peut être vendu ou servir à la préparation de l'acide sulfurique.

Le procédé Leblanc est détrôné de plus en plus par le **procédé de Solvay** ou **procédé à l'ammoniaque**. Solvay n'est pas l'inventeur de la réaction chimique qui caractérise cette méthode, laquelle est connue depuis 1838, mais on lui doit d'avoir résolu les nombreuses difficultés qui rendaient l'opération inexécutable dans l'industrie. Le procédé revient à obtenir un corps à l'intervention d'un autre qui coûte dix fois plus cher que le produit à préparer et dont il faut par conséquent réduire les pertes au minimum.

On part du chlorure de sodium, dont on prépare une saumure à 30 %. Cette saumure est d'abord saturée d'ammoniaque, on y fait ensuite arriver de l'anhydride carbonique à refus. Il se forme d'abord du carbonate neutre, puis du carbonate acide d'ammonium. Ce dernier entre en double décomposition avec le chlorure de sodium et fournit du carbonate acide de sodium, peu soluble, qui précipite :

$$NH_3 + H_2O + CO_2 = (NH_4)HCO_3.$$

$$(NH_4)HCO_3 + NaCl = NH_4Cl + NaHCO_3.$$

La carbonatation de la saumure ammoniacale se fait sous pression et à basse température dans de grands cylindres verticaux en cuivre, cloisonnées par des tôles perforées sur lesquelles ruissellent les saumures ammoniacales ; on foule par le bas l'anhydride carbonique comprimé.

Le carbonate acide de sodium est essoré et la solution de chlorure d'ammonium soigneusement recueillie. Le chlorure d'ammonium chauffé avec de la chaux régénère l'ammoniaque (v. **259**), qui rentre dans la fabrication. Le chlore du chlorure de sodium passe ainsi à l'état de chlorure de calcium.

Le carbonate acide de sodium est chauffé modérement ; il se décompose en carbonate neutre anhydre, eau et anhydride carbonique qui rentre dans le cycle de fabrication.

L'avantage du procédé Solvay réside dans la minime dépense de combustible ; il économise en outre les installations grandioses nécessaires à la fabrication de l'acide sulfurique. Mais dans le procédé Leblanc, le chlore du sel de cuisine passe à l'état d'acide chlorhydrique. Or, cet acide est un produit d'une valeur commerciale assez grande et sert de point de départ à la préparation du chlore. Dans le procédé Solvay au contraire, le chlore se retrouve à l'état de chlorure de calcium, que l'industrie ne réclame pas.

On a essayé d'extraire le chlore du chlorure de calcium, mais sans grand succès. En remplaçant l'oxyde de calcium par la magnésie dans le traitement du chlorure d'ammonium, on obtient du chlorure de magnésium dont on peut extraire le chlore. On mélange la solution de chlorure de magnésium avec de la magnésie ; il se forme un chlorure basique Cl - Mg - O - MgCl, que l'on peut déssècher en une masse poreuse.

Celle ci chauffée à 400° dans un courant d'air donne $2MgO + Cl_2$ (v. **121**). MgO rentre dans la fabrication ; le chlore mélangé d'air est employé pour préparer des chlorures décolorants.

On prépare encore le carbonate de sodium par électrolyse d'une solution de chlorure de sodium ; on fait arriver continuellement de l'anhydride carbonique dans le compartiment cathodique ; la soude caustique se transforme ainsi en carbonate de sodium.

Le carbonate de sodium est la soude de commerce. Il est soluble dans 7,5 p. d'eau à 15° dans 2,2 à 100°. Ses solutions chaudes déposent par refroidissement des cristaux $Na_2CO_3.7H_2O$ au-dessus de 36°, $Na_2CO.10H_2O$ au-dessous de cette température. (Comparer avec Na_2SO_4). La dissolution présente une réaction fortement alcaline.

La soude est un des produits les plus importants de la grande industrie chimique. Elle sert surtout à la fabrication du verre, des savons. Ses dissolutions sont employées pour le dégraissage dans l'économie domestique. La production de carbonate de soude dépasse 1,250.000 t. dont plus des 2/3 sont obtenus par le procédé Solvay.

Carbonate acide de sodium $NaHCO_3$. — Il se prépare dans le procédé Solvay. Il est médiocrement soluble dans l'eau : 10 %. Cette solution est peu alcaline; le carbonate acide s'y dissocie lentement à la température ordinaire, rapidement à 100°, en perdant CO_2 qui se dégage. Il est employé pour la préparation de l'anhydride carbonique et comme alcali doux.

Le **natron** est une espèce minérale que l'on trouve en Egypte et qui a pour formule $Na_2CO_3 + NaHCO_3 + 2H_2O$.

467. Caractères des sels de sodium (De l'ion $Na^.$). — Ils sont presque tous solubles dans l'eau; ne font exception que le périodate $NaIO_4$ et le para-antimoniate bimétallique $Na_2H_2Sb_2O_7$. On se sert d'une solution de para-antimoniate bimétallique de potassium pour reconnaître la présence de sels sodique qui donnent avec ce réactif un précipité cristallin.

Tous les composés volatils de sodium colorent la flamme en jaune. Cette réaction est d'une exquise sensibilité.

Le spectre de sodium est caractéristique; il est constitué par une jaune (raie D de Frauenhofer). Cette raie est en réalité constituée de deux raies très rapprochées $\lambda = 589.5$ et 589.9.

On dose le sodium à l'état de chlorure ou de sulfate; 100 p. de $NaCl$ correspondent à 39.4 p. de Na; 100 p. de Na_2SO_4 à 32,43 p.

Chaleur de formation de quelques composés de sodium :

	solide	dissous		solide	dissous
$NaFl$	110.700	110.100	$NaOH$	102.700	112.500
$NaCl$	97.900	96.600	Na_2SO_4	328.100	328.500
$NaBr$	89.800	89.500	$NaNO_3$	110.700	106.500
NaI	75.900	77.200	Na_2CO_3	270.800	276.400
Na_2O	91.200				

Toutes ces chaleurs de formation, sauf celle de l'oxyde, sont légèrement inférieures à celles des composés potassiques correspondants; le sodium est moins métallique que le potassium.

POTASSIUM. K.

P. A. et P. M. 38.82 (39).

468. Le potassium est un métal abondamment représenté dans la nature. On le trouve dans les résidus d'évaporation de l'eau de mer à l'état de chlorure KCl, la **sylvine**, et de chlorure double de potassium et de magnésium $MgCl_2.KCl$, la **carnallite**. Ces deux sels sont des matériaux dont on part pour la préparation de presque tous les composés de potassium.

Le minéral potassique le plus important est le **feldspath-orthose** c'est un silicate double d'aluminium et de potassium de la formule $KAl.Si_3O_8$. Ce feldspath est la base de roches très répandues : la plupart des roches les plus anciennes (granit, gneiss) contiennent de grandes quantités de feldspath orthose.

Malgré sa résistance apparente, ce minéral subit dans le cours des siècles une décomposition sous l'action de l'eau et de l'anhydride carbonique atmosphérique. Il se dédouble d'abord en silicate de potassium et silicate basique d'aluminium; ce dernier constitue l'argile.

$$K_2O.Al_2O_3.6SiO_2 + 2H_2O = K_2O.4SiO_2 + Al_2O_3.2SiO_2.2H_2O.$$

Orthose. Tétrasilicate de K. Argile.

Le silicate de potassium est décomposé à son tour par CO_2 en silice et en K_2CO_3 très soluble qui est enlevé par les eaux pluviales avec le silicate de potassium inaltéré, également soluble dans l'eau; c'est à ce silicate que les infusoires empruntent la silice nécessaire à l'édification de leur squelette.

Le sol arable contient toujours de petites quantités de composés potassiques solubles; ils sont fixés par les plantes sous forme de sels d'acides organiques. Quand on incinère des végétaux terrestres, ces sels sont transformés en carbonate de potassium qui se retrouve dans les cendres.

On obtient le potassium métallique : 1° En chauffant au rouge dans des cornues en fer un mélange de carbonate de potassium et de charbon (Procédé de Donny) :

$$K_2CO_3 + 2C = 2K + 3CO.$$

Le potassium se volatilise et est condensé dans des récipients plats en tôle.

L'opération est dangereuse, car la vapeur de potassium peut se combiner à l'oxyde de carbone pour donner un composé $K_6C_6O_6$, lequel au contact de l'air humide donne naissance à des composés explosifs.

2° On peut aussi réduire le sulfure de potassium par le fer on la potasse caustique par le magnésium :

$$2KOH + 2Mg = 2K + 2MgO + H_2.$$

Le potassium est un métal blanc, mou comme de la cire à la température ordinaire, qui fond à $+ 62°,5$ et bout à $+ 667°$. Sa densité est de 0,86 à 15°. Il réagit avec une grande violence sur l'eau, s'enflamme dans le chlore à la température ordinaire. Il enlève les halogènes à tous les autres éléments. Il forme avec l'hydrogène un **hydrure** KH, composé blanc cristallin n'ayant pas l'aspect métallique d'un alliage (v. **73**) et qui se dissocie vers 200° en ses générateurs.

Combinaisons oxygénées du potassium. Quand on chauffe le métal dans une atmosphère d'oxygène, il se transforme en un oxyde K_2O_2, le **peroxyde de potassium**. C'est un corps solide jaune qui se décompose violemment par l'eau en O, H_2O_2 et KOH.

L'oxyde de potassium K_2O se forme comme l'oxyde de sodium (v. **463**) auquel il est complètement analogue Sa chaleur de formation est de 84000 calories.

470. Hydroxyde de potassium KOH (Potasse caustique) — Ce corps, qui peut se former par l'action du potassium sur l'eau, se prépare par double décomposition entre l'hydroxyde de calcium et le carbonate de potassium :

$$K_2CO_3 + Ca(OH)_2 \rightleftharpoons 2KOH + CaCO_3.$$

Cette réaction est réversible; pour obtenir de la potasse caustique on fait bouillir une solution étendue de carbonate de potassium avec de la chaux éleinte. Le carbonate de calcium qui se forme est très peu soluble et son insolubilité entraîne la réaction.

Quand on met une solution de carbonate de potassium en présence de la chaux éteinte, celle-ci se dissout partiellement; elle est en effet un peu soluble dans l'eau. La solution contient alors les ions Ca··, OH′, K· et CO″, Le produit limite de solubilité (v. **165**) de CaCO₃ étant très petit, les ions Cä et CO″ disparaissent en majeure partie à l'état de CaCO₃; le produit des concentrations $C_{Ca} \times C_{OH}^2$ tombe alors au dessous du produit de solubilité de la chaux éteinte dont une nouvelle quantité se dissout, amenant ainsi un nouveau contingent d'ions OH′ et Ca··; ces derniers disparaissent à leur tour à l'état de CaCO₃. La solution s'enrichit ainsi peu à peu en ions OH′; sa concentration en ions K reste constante, tandis que les ions Ca et CO″ s'éliminent. La solubilité de la chaux éteinte va diminuer puisque l'un des facteurs de son produit limite de solubilité : C_{OH}, augmente constamment. Il arrivera un moment où la concentration des ions Ca sera égale à celle qui correspond à la solubilité de CaCO₃; dès lors la réaction s'arrête. Ce fait se produira d'autant plus tardivement que C_{OH} sera plus petit, que l'on opérera donc en présence d'une grande quantité d'eau;

Supposons l'équilibre obtenu, et doublons le volume de la dissolution. La concentration des ions OH′ et K· diminue de moitié, mais celle des ions Ca·· et CO″ restera la même, puisque le carbonate de calcium forme dépôt au fond du vase. Dès lors le produit de solubilité de l'hydroxyde de calcium n'est plus atteint, car la concentration limite de la chaux éteinte est liée à celle des ions Ca·· et OH′ par la condition :

$$C_{Ca(OH)_2} = k.C_{Ca}.C_{OH}^2. \tag{1}$$

Il va se dissoudre une quantité de chaux telle que le produit de solubilité de ce corps soit atteint. Or, l'un des termes de ce produit, C_{OH}^2, est devenu quatre fois plus petit par le fait de la dilution, l'autre terme C_{Ca} devrait par conséquent devenir quatre fois plus grand. Mais dès lors, la concentration des ions de calcium prendrait une valeur incomptatible avec la solubilité du carbonate de calcium. En effet la concentration des ions CO″ a diminué de moitié, pour que le produit de solubilité $S_{CaCO_3} = k'C_{Ca}.C_{CO_3}$ soit atteint, il suffit que la concentration des ions Cä double. Comme elle tend à devenir quatre fois plus forte du fait de la dissolution de la chaux, une certaine quantité de carbonate de calcium va se précipiter, c'est-à-dire que la réaction devient plus complète.

On démontrerait de la même manière qu'une diminution de volume de la solution amène l'évolution de la réaction en sens inverse.

Du fait que la chaux éteinte est une base biacide, que la concentration des ions OH' intervient donc à la deuxième puissance dans l'équilibre défini par la condition[1], l'état d'équilibre dépend de la dilution de la solution.

L'expérience a prouvé qu'il faut employer des solutions contenant au maximum 10 °/. de carbonate de potassium.

On décante la solution du précipité de carbonate de calcium et on évapore rapidement dans des capsules en fer ou en argent. On obtient ainsi de la potasse caustique plus ou moins pure; elle contient en effet les impuretés solubles du carbonate de potassium. En reprenant par l'alcool, on dissout KOH; les autres sels restent comme résidu insoluble. En distillant la dissolution alcoolique on obtient la potasse pure, dite potasse à l'alcool.

On se procure une potasse caustique très pure par double décomposition entre l'hydroxyde de baryum et le sulfate de potassium dissous. L'insolubilité pratiquement absolue du sulfate de baryum assure la rupture complète de l'équilibre, l'élimination totale des ions Bä et SO_4'' :

$$2K_2SO_4 + Ba(OH)_2 \rightleftarrows 2KOH + BaSO_4$$

On obtient aujourd'hui industriellement la potasse caustique par électrolyse du chlorure de potassium (voir chlore).

La potasse caustique est un corps blanc cristallin, très soluble dans l'eau et déliquescent. Elle est aussi soluble dans l'alcool. Sa solution saturée à froid contient 60 °/. de KOH; elle fournit par refroidissement un hydrate cristallisé $KOH.H_2O$. Ses solutions concentrées sont fort caustiques et détruisent rapidement les tissus. L'hydroxyde de potassium est la plus puissante des bases usuelles.

La potasse caustique est employée notamment dans la fabrication du savon vert et de l'acide oxalique. La médecine l'utilise quelquefois comme caustique.

471. Chlorure de potassium KCl. — Il s'obtient par l'action de l'eau chaude sur la carnallite. On dissout la carnallite brute dans une solution chaude de chlorure de magnésium; la carnallite seule se dissout, les autres sels étant insolubles dans les dissolutions de $MgCl_2$; on laisse ensuite refroidir. La carnallite se dédouble en $MgCl_2.6H_2O$ très soluble et chlorure de potassium qui cristallise.

Le chlorure de potassium est soluble dans 2,8 parties d'eau à 0°. Il sert de point de départ de la préparation de la potasse caustique et du salpêtre. C'est en outre un engrais chimique très important. On restitue au sol arable les sels de potassium enlevés par les récoltes (betteraves, blé, etc.) sous forme de chlorure de potassium ou de **kaïnite** $KCl.MgSO_4.3H_2O$.

Bromure de potassium KBr. — On le prépare en précipitant par le carbonate de potassium une solution de bromure ferreux (Ex. $Fe + Br_2$). Après filtration du carbonate ferreux, on fait cristalliser le bromure de potassium par évaporation. Ce sel cristallise en gros cubes incolores, solubles dans 1.5 fois leurs poids d'eau à 17°. Le bromure de potassium est employé en médecine et dans la fabrication des plaques et papiers photographiques.

Iodure de potassium IK se prépare comme le sel précédent. Il cristallise en cubes incolores, très solubles dans l'eau; la dissolution de 100 p. de sel exige 70 parties d'eau. C'est le plus important des iodures.

Chlorate de potassium $KClO_3$ (pour la préparation, voir acide chlorique). Il se dissout dans 33 parties d'eau à 0°, dans 1.6 à 100°. Il est employé en pyrotechnie, notamment dans la fabrication des allumettes suédoises, dont la pâte est essentiellement formée d'un mélange de chlorate de potasse et de sulfure d'antimoine. La teinture utilise également le chlorate de potasse comme agent oxydant. Enfin ce sel est un médicament.

Sulfure de potassium K_2S, s'obtient en réduisant le sulfate de potassium par le charbon :

$$K_2SO_4 + 4C = K_2S + 4CO.$$

Il se dissout sans altération dans une petite quantité d'eau ; une grande masse d'eau le transforme en hydrosulfure et hydroxyde (v. **213**).

On désigne sous le nom de **foie de soufre** un mélange de sulfure, de polysulfure et d'hyposulfite de potassium, obtenu en fondant du soufre avec du carbonate de potassium.

Le sulfate neutre de potassium K_2SO_4 se prépare par l'action du chlorure de potassium sur la **schoenite**, $MgSO_4.K_2SO_4$.

$$MgSO_4.K_2SO_4 + 2KCl = 2K_2SO_4 + MgCl_2.$$

Grâce à sa faible solubilité, il se sépare le premier de la dissolution. Le sulfate de potassium forme des cristaux durs, appartenant au système rhombique et terminés par des pyramides à 6 pans. Il est peu soluble dans l'eau (10 °/₀ à 15°).

Le sulfate acide de potassium $KHSO_4$ se forme par l'action de l'acide sulfurique sur le sulfate neutre. Il est assez soluble dans l'eau (80 °/₀). Sa solution a une réaction fortement acide et, lorsqu'elle est étendue, elle donne par cristallisation du sulfate neutre K_2SO_4. En effet dans ces conditions l'ion HSO_4 est presque complètement dédoublé en SO_4'' et $H^.$ (v. **237**) et comme le sulfate neutre est le moins soluble des corps qui peuvent se produire aux dépens des ions HSO_4', SO_4'', $K^.$ et $H^.$, c'est lui qui cristallise le premier, tandis que dans la solution s'accumule de l'acide sulfurique ($H^. + SO_4H'$). Pour obtenir $KHSO_4$ à l'état cristallisé on ajoute de l'acide sulfurique à la solution. On réduit ainsi la concentration des ions SO_4'' et le produit de solubilité du sulfate neutre n'est plus atteint.

Le sulfate acide de potassium fond à 200° et se décompose à 300° en eau et pyrosulfate $K_2S_2O_7$ (v. **244**), lequel se dédouble au rouge pour donner du sulfate neutre et de l'anhydride sulfurique.

472. Nitrate de potassium. Salpêtre KNO_3. — Il se forme dans la fermentation nitrique en présence de carbonate de potassium (v. **288**). On le prépare actuellement par double décomposition entre le chlorure de potassium et le nitrate de soude :

$$KCl + NaNO_3 \rightleftharpoons KNO_3 + NaCl.$$

Le salpêtre est très soluble à chaud, très peu à froid; la solubilité du sel varie au contraire peu avec la température.

Si l'on fait dissoudre à chaud un mélange de KCl et NaNO₃ et qu'on évapore la solution, il se produit aux dépens des ions Na· et Cl′ une certaine quantité de NaCl, lequel est à chaud le moins soluble des sels qui puissent se former. On élimine ainsi la majeure partie des ions Na· et Cl′; le chlorure de potassium et le nitrate de sodium ne peuvent plus se séparer lors du refroidissement. Mais à basse température le nitrate de potassium est très peu soluble; son produit de solubilité étant largement dépassé, il cristallise abondamment lorsqu'on laisse la solution se refroidir.

Le salpêtre obtenu ainsi est appelé **nitre de conversion**; il contient toujours des proportions assez fortes de sel de cuisine enrobé dans les cristaux et dont il doit être débarrassé par des cristallisations successives. Le salpêtre cristallise en grands prismes : 100 p. d'eau en dissolvent à 0°,13 p., à 100°,247 p.

Le salpêtre est employé à la fabrication de la poudre à canon.

473. Poudre à canon. — C'est un mélange de charbon de bois, de soufre et de salpêtre, contenant environ 75 % KNO₃ 12.5 % C et de S. Les proportions varient un peu de pays à pays et aussi suivant les usages auxquels on destine la poudre.

Le salpêtre servant à la préparation de la poudre doit être en cristaux microscopiques et ne peut contenir de chlorure ou de nitrate de sodium, qui rendraient la poudre hygroscopique. Le soufre employé est le soufre en canon; le charbon de bois est obtenu à basse température par la carbonisation d'essences à bois poreux (aulne, bouleau).

Après avoir pulvérisé et tamisé séparément les produits, on les mélange dans des moulins à boulets. On obtient ainsi une poudre très légère, le **pulvérin**. On ajoute 10 % d'eau et on broie sous des meules verticales; la poudre devient compacte.

Elle est ensuite, soit comprimée en gâteaux à la presse, soit **grainée** dans des tonneaux, puis séchée dans un courant d'air sec.

La poudre en gâteau est découpée en cylindres ou en prismes hexagonaux pesant de 40 à 100 gr⁳, qui servent au chargement des grosses pièces d'artillerie.

L'importance de cette fabrication diminue rapidement; les poudres sans fumée (v. chim. organique) ont remplacé presque complètement la poudre noire dans le chargement des armes de guerre.

Dans la déflagration de la poudre, le salpêtre oxyde le carbone et le soufre; il se fait surtout du sulfate, du carbonate et du sulfure de potassium K_2S, composés solides auxquels est due la fumée. En même temps se produisent des gaz : CO_2, CO et N_2; ceux-ci sont portés à très haute température par la combustion et développent une pression qui atteint 6000 atmosphères quand la poudre déflagre dans son propre volume. 1 kilog. de poudre en détonant peut faire un travail de 350.000 kilogrammètres.

L'équation chimique de combustion de la poudre est très compliquée.

474. Carbonate neutre de potassium. Potasse. K_2CO_3. — On peut le préparer 1° par le procédé de Leblanc (voir carbonate de soude).

2° Par l'action de l'anhydride carbonique sous pression sur un mélange de magnésie MgO et de chlorure de potassium en présence de l'eau :

$$2KCl + MgO + CO_2 = MgCl_2 + K_2CO_3$$
$$MgO + CO_2 = MgCO_3$$
$$MgCO_3 + H_2O + CO_2 + K_2CO_3 = 2KHCO_3.MgCO_3$$

Il se produit un carbonate double $2KHCO_3.MgCO_3.4H_2O$ soluble, qui se décompose à 120° en K_2CO_3 très soluble, H_2O, CO_2 et $MgCO_3$ qui précipite.

3° Par l'incinération des vinasses de betteraves. Après cristallisation du sucre des jus de betteraves, il reste des mélasses riches en sels organiques de potassium, qui leur donnent un goût détestable. Ces mélasses sont soumises à la fermentation alcoolique pour utiliser le sucre qu'elles contiennent encore et le résidu de fermentation, appelé vinasse, est incinéré. On obtient ainsi une quantité importante de carbonate de potassium.

4° Par le lessivage des cendres de bois. Ce procédé est employé dans les pays forestiers; il constitue un véritable gaspillage du bois, 1 stère de bois ne donnant en général que 1 kilogr. de carbonate de potassium. Les cendres sont lavées : K_2CO_3 se dissout; on le sépare par évaporation de la solution.

5° Par le lavage des laines brutes on enlève le **suint** qui représente jusque 60 °/₀ du poids de la laine brute. Le suint renferme des sels de potassium, des graisses, de la cholestérine etc. Les eaux de lavage sont évaporées et le résidu calciné fournit une potasse assez pure.

Le carbonate de potassium, vulgairement appelé potasse, est extrêmement soluble dans l'eau (110 °/₀ à 15°) et déliquescent; aussi est il difficile de l'obtenir à l'état cristallin. Il se présente généralement sous l'aspect d'une poudre grenue, blanche. Ses solutions sont sensiblement hydrolysées et doivent à la potasse caustique qu'elles renferment d'être assez fortement caustiques.

Le **bicarbonate de potassium** (ex. K_2CO_3 en solution concentrée $+ CO_2$) forme de beaux cristaux solubles dans 4 fois leur poids d'eau et qui se décomposent à 100° en carbonate neutre, eau et anhydride carbonique; il sert à préparer K_2CO_3 pur.

Silicate de potassium. — En fondant du carbonate de potassium avec les proportions convenables de silice, on obtient soit l'orthosilicate, soit le métasilicate de potassium. Ces silicates sont amorphes, vitreux et solubles dans l'eau. Leur dissolution est employée à la silicatisation des bâtiments.

Pour préserver les calcaires tendres de la dissolution par l'eau chargée d'anhydride carbonique, on les recouvre par pulvérisation d'une solution de silicate de potassium. Ce sel est décomposé par CO_2; il se forme du carbonate de potassium soluble qui est entraîné par les pluies et il reste un enduit de silice amorphe, lequel protège la pierre sousjacente contre les agents atmosphériques.

475. Caractères des sels de potassium. — Les sels de potassium sont presque tous solubles dans l'eau. L'ion K⁺ forme des sels insolubles avec les résidus halogéniques ClO'_4, $PtCl''_6$, $SiFl''_6$.

Le perchlorate de potassium $KClO_4$ est un précipité blanc cristallin.

Le chloroplatinate de potassium K_2PtCl_6 se forme par l'addition d'une solution d'acide chloroplatinique H_2PtCl_6 à un sel de potassium soluble ; c'est un précipité cristallin jaune.

La fluosilicate de potassium K_2SiFl_6 est gélatineux et transparent au moment de sa formation ; il devient cristallin à la longue.

Les sels volatils de potassium colorent la flamme en violet.

Si nous en exceptons le rubidium et le cœsium, le potassium est de tous les métaux celui dont les composés ont la chaleur de formation la plus élevée. Le tableau ci-dessous donne cette constante thermique pour quelques combinaisons aux dépens des éléments :

	solide	dissous		solide	dissous
KFl	118.200	114.500	KOH	104.600	117.100
KCl	105.700	106.800	K_2SO_4	344.300	337.000
KBr	99.300	94.100	KNO_3	119.000	110.700
KI	87.000	86.300	K_2CO_3	278.800	285.000

On dose le potassium à l'état de chlorure, de sulfate, ou de chloroplatinate. 100 p. de KCl équivalent à 52,46 % K, 100 p. de K_2SO_4 à 44,89 % de K, 100 p. de K_2PtCl_6 à 16.11 % de K.

RUBIDIUM Rb.
P. A. 84.75.

478. Le rubidium est un élément très peu abondant mais qui accompagne fréquemment le potassium. On le trouve dans la carnallite, la lépidolithe ; certaines plantes, telle la betterave, fixent les composés de rubidium renfermés dans le sol arable ; on retrouve le rubidium dans leurs cendres (0,3 % dans le salin de betterave).

On obtient le rubidium en réduisant l'hydroxyde par le magnésium.

Le rubidium est un métal mou, plus dense que l'eau (D = 1.52). Il fond à 38°.

Il ressemble extraordinairement au potassium ; son activité chimique est encore plus grande que celle de ce dernier. L'alun et le chloroplatinate de rubidium sont moins solubles que les sels potassiques correspondants, ce qui permet la séparation du rubidium et du potassium par voie de cristallisation fractionnée de ces sels.

CŒSIUM Cs.

P. A. 131.9.

477. Le cœsium est un métal très rare que l'on trouve dans quelques eaux minérales (Dürkheim, Bourbonne-les-Bains), dans certaines lépidolithes et dans un silicate double d'aluminium et de cœsium, le pollux.

On l'obtient à l'état métallique en réduisant l'hydroxyde par le magnésium.

Le cœsium est un métal mou, fusible à 26°, d'une densité de 1.88.

C'est le plus actif de tous les éléments métalliques; il prend feu à l'air à la température ordinaire. Son alun est presqu'insoluble dans l'eau (0,19 °/₀ à 0°); aussi peut on le séparer sous cette forme du potassium et même du rubidium.

Le spectre des composés de cœsium est caractérisé par deux superbes raies bleues.

Electrochimie

478. Electrolyse. — La décomposition d'un électrolyte comporte deux phénomènes distincts : le transport des ions vers l'électrode et la décharge de ces ions.

En raison de leurs énormes charges, des attractions électrostatiques puissantes qui les sollicitent, les ions de signe contraire provenant de la dissociation électrolytique ne peuvent guère s'éloigner spontanément les uns des autres d'une manière sensible.

Mais qu'un champ électrique soit créé dans l'électrolyte, c. à d. qu'il y apparaisse des forces électromotrices, les ions vont être sollicités suivant les directions des lignes de force de ce champ.

C'est ce qui se produit lorsqu'on immerge dans l'électrolyte des plaques conductrices dont le potentiel est inégal, c'est-à-dire des électrodes. Les ions positifs vont être attirés vers l'électrode négative, les ions négatifs vers l'électrode positive. Ils s'y débarrasseront de leurs charges électriques et seront transformés en atomes libres.

La vitesse avec laquelle s'effectue leur déplacement sera proportionnelle à la force propulsive, à la force électromotrice qui agit sur eux ; elle sera également fonction du frottement interne dans la solution. Elle dépendra encore de la température et enfin de la nature individuelle de chaque ion.

L'apport d'électricité positive à la cathode sera donc proportionnel à la vitesse c, au nombre p d'ions positifs et à la charge de ceux-ci ; de même pour l'électricité négative à l'anode. En l'unité de temps la cathode recevra $c \times p \times n$ électrons positifs, l'anode $a \times p' \times n'$ électrons négatifs, a étant de la vitesse de l'ion négatif, n et n' étant les valences des deux ions. Les produits np et $n'p'$ sont nécessairement égaux (v. **184**), et pour un ion-gramme ont la valeur $n \times 95770$ coulombs. ($H = 1$) ou $n \times 96540 (O = 16)$

478bis. La quantité d'électricité déversée sur les électrodes en l'unité de temps, c'est-à-dire l'intensité du courant qui traverse l'électrolyte, est la conductibilité de ce dernier.

On sait que l'intensité du courant qui traverse un conducteur ayant l'unité de longueur, l'unité de section, et dont les extrémités présentent une différence de potentiel d'un volt, est appelée **conductibilité spécifique** de ce conducteur. Nous la désignons par le lettre s.

Mais dans le cas d'un électrolyte dissous la conductibilité n'appartient qu'aux molécules ionisées de l'électrolyte. Si un centimètre cube de la dissolution renferme q grammes de sel dissous, de poids moléculaire m, la conductibilité spécifique est proportionnelle à $\frac{q}{m}$ et au coefficient d'ionisation. Nous aurons donc :

$$s = \frac{\alpha \times q}{m} \times k. \qquad (1)$$

k est une constante, fonction de la température. Si $q = m$,

$$s_1 = k\alpha \qquad (2)$$

s_1 est alors la conductibilité d'une dissolution qui renfermerait une molécule-gramme de sel au centimètre cube. On l'appelle **conductibilité moléculaire** de l'électrolyte et on la présente par μ.

Quand $\alpha = 1$, c.-à-d. quand l'électrolyte est complètement ionisé:

$$\mu = k.$$

Cette valeur limite de la conductibilité moléculaire se représente par μ_∞.

Le rapport $\frac{q}{m}$ est le nombre de molécules dissoutes dans l'unité de volume, c. à d. la concentration, que l'on peut encore exprimer par $\frac{N}{V}$, N étant le nombre de molécules dissoutes dans le volume V.

En remplaçant $\frac{q}{m}$ par $\frac{N}{V}$ dans (1), il vient :

$$s = \frac{N}{V}\alpha k = \frac{N}{V}\mu \quad \text{ou} \quad \mu = \frac{sV}{N} \qquad (3)$$

On sait que α est fonction de V (v. **192**) et que la dissociation électrolytique n'est totale qu'à des dilutions élevées: pour les sels métalliques $\alpha = 1$ pour $V = 10^7$. Si $\alpha = 1$:

$$\frac{sV}{N} = k, \qquad (4)$$

c. à d. que le produit de la conductibilité spécifique par le volume moléculaire devient constant, quelle que soit la valeur de V, et est égal à la conluctibilité limite. Celle-ci est donc accessible à nos mesures expérimentales ; en effet, la conductibilité C d'une dissolu- . tion dans une auge électrolytique quelconque est :

$$C = \frac{s.S.e}{l} \quad \text{ou} \quad s = \frac{C.l}{S.e} \qquad (5)$$

d'ou

$$k = \frac{C.V.l}{N.S.e} \qquad (6)$$

s étant la conductibilité spécifique, S la surface des électrodes, l la distance qui sépare celles-ci et e leur différénce de potentiel.

On peut d'autre part rechercher expérimentalement à quelle dilution l'ionisation est complète, par la détermination de la conductibilité de la dissolution.

Nous ne décrirons pas les procédés de mesure de conductibilité des électrolytes, pour l'étude desquels on consultera les ouvrages spéciaux. Nous dirons seulement, qu'afin d'éviter l'influence perturbatrice due à la polarisation des électrodes (v. plus loin), on se sert de courants alternatifs et on emploie un téléphone comme galvanomètre (Méthode de Kohlrausch).

479. La constante k a une autre signification qu'un facteur de proportionnalité. Nous venons d'apprendre qu'elle mesure également la conductibilité limite de l'électrolyte. En outre, il existe entre cette conductibilité limite et la vitesse avec laquelle les ions se déplacent, une relation des plus intéressantes.

Dans la formule (6) faisons $N = 1$, et $\frac{S}{V} = \frac{1}{l}$ (7) ; on trouve

$$C = \frac{ke}{l^2}. \qquad (8)$$

Que signifient les conditions (7)? La condition $\frac{S}{V} = \frac{1}{l}$ exprime que le volume V de la dissolution est celui de la colonne liquide interceptée entre les électrodes. N = 1 et α = 1 (4), impliquent que ce volume renferme une molécule-gramme d'électrolyte, celui-ci étant complètement ionisé.

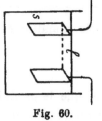

Quand e = 1 et l = 1 (9), c. à d. quand la différence de potentiel est d'un volt et la distance des électrodes d'un centimètre.

Fig. 60.

$$C = k. \tag{8}$$

Si dans ces conditions les deux ions positifs et négatifs de la molécule se mouvaient avec une vitesse d'un centimètre par seconde, après une seconde, tous se seraient portés sur les électrodes, qui auraient reçu une quantité d'électricité de $n \times 95770$ coulombs, n étant la valence des ions; et

$$k = C = n95770 \text{ coulombs.}$$

Mais la vitesse des ions est bien inférieure à 1 ; en outre elle est le plus souvent inégale pour le cation et l'anion. Elle est fonction de la nature individuelle de l'ion, du frottement interne dans l'électrolyte, de la température et de la force propulsive, c'est-à-dire de la force électromotrice. Soit a la vitesse de l'anion et c celle du cation lorsque la différence de potentiel est d'un volt aux extrémités d'une colonne d'un centimètre de longueur, à la température t_0 et dans un dissolvant qui soit de l'eau pure.

Après une seconde, dans l'auge electrolytique définie par les conditions (7) et (9), le nombre d'anions amenés à l'anode sera de a, le nombre de cations arrivés à la cathode de c. La région anodique aura perdu c ions positifs, la région cathodique a ions négatifs.

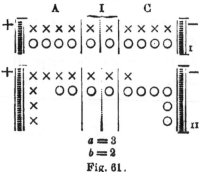

$a = 3$
$b = 2$
Fig. 61.

A l'anode il y aura donc un excédent de $a + c$ ions négatifs, à la cathode de $a + c$ ions positifs; ces ions devront se décharger au contact des électrodes. La quantité d'électricité transportée aux électrodes sera par conséquent de :

$$C = (a + c) \times n \times 95770 = k. \qquad (10)$$

La constante k est donc égale à la somme des vitesses des deux ions multipliée par la charge électrique des ions. Comme elle est égale à la conductibilité limite, on peut déterminer expérimentalement la somme $a + c$.

D'autre part on peut établir la valeur du rapport $\dfrac{a}{c}$. En effet, si Q était le nombre d'ions positifs dans le compartiment cathodique au début de l'électrolyse, le nombre d'ions négatifs lui était nécessairement égal. Après une seconde, le nombre d'anions est passé à $Q - a$. La quantité d'électrolyte non décomposé et représenté par ses ions est donc tombée à $Q - a$. Sa concentration sera égale à $\dfrac{Q - a}{v}$, v étant le volume de la cellule cathodique. De même à l'anode, la concentration de l'électrolyte restant sera $\dfrac{Q - c}{v}$. Dans les régions intermédiaires I (v. fig. 61), les concentrations seront restées invariables. Les diminutions de concentration de l'électrolyte dans le voisinage des électrodes sont donc entre elles comme les vitesses des ions de signe contraire et ces diminutions D peuvent être déterminées analytiquement :

$$\frac{a}{c} = \frac{D_{cath.}}{C_{an.}}. \qquad (11)$$

Des deux relations (10) et (11) on peut tirer les valeurs de a et c.

Dans les figures schématiques 61 qui représentent le phénomène de transport des ions, les ions positifs sont représentés par un cercle, les ions négatifs par une croix. La fig. I représente l'état de l'électrolyte avant la fermeture du circuit, la fig. II cet état après une certaine durée d'électrolyse. 3 ions négatifs ont quitté le compartiment cathodique, 2 ions positifs le compartiment anodique. A chaque électrode, 5 ions ont été libérés ; à la cathode la concentration de l'électrolyte a diminuée de deux molécules, à l'anode de trois. On reconnaît la vérification de l'égalité (11).

Un exemple tiré des expériences de Hittorf fera comprendre la méthode employée pour déterminer la vitesse des ions.

480. Une solution étendue de nitrate d'argent fut électrolysée. Il se déposa à la cathode 0,3208 gr. d'argent. L'équivalent électrochimique de l'argent étant 107.93 ($0 = 16$), le nombre de coulombs transportés pendant le temps de l'électro-lyse fut de : $\dfrac{96540 \times 0,3208}{107.93}$.

Divisé par le temps, ce nombre exprime la conductibilité C de la solution, donc :

$$C = \frac{N \times a \times S \times e}{V \times l \times t} \, k = \frac{NaSe}{V.l} \times (a + c) = \frac{96540 \times 0,3208}{107.93t},$$

ou $R(a + c) = \dfrac{0,3208}{107.93t}$, en représentant par R le facteur $\dfrac{NaSe}{96540.V.l}$.

Avant l'électrolyse un certain volume v de la solution renfermait à 1,4756 gr. d'argent, soit $\dfrac{1,4756}{107.93}$ équivalent-gramme. Après électrolyse ce même volume en titrait plus que $\dfrac{1,3065}{107,93}$ à la cathode, la diminution de concentration cathodique fut donc de :

$$\frac{0,1691}{107,93}.$$

Cette diminution est égale au produit de la vitesse a' de l'anion NO'_3 par le temps.

Or, il est évident que $a' = aR$, par conséquent,

$$\frac{0,1691}{107,93} = aRt.$$

En combinant avec $R(a + c) = \dfrac{0,3208}{107,93t}$ on trouve :

$$cR = \frac{0,1517}{107,93t}.$$

D'où

$$\frac{c}{a} = \frac{1517}{1691}.$$

La conductibilité moléculaire d'une solution de nitrate d'argent devient indépendante de la dilution pour une concentration $^n/_{1000}$. Cette conductibilité limite μ_∞ est de 115.1 à 18°.

Or, $\mu_\infty = k = (a + c) \times n \times 96540.$

Pour $AgNO_3$ $n = 1$, d'où

$$a + c = \frac{115.1}{96540} \frac{cm}{sec}. \tag{1}$$

Dans une dissolution $^n/_{1000}$ on a trouvé que le rapport $\dfrac{a}{c} = \dfrac{527}{473}$. $\tag{2}$

De (1) et (2) on déduit :

$$c = 0,000577 \text{ cm.} \quad a = 0,00063 \text{ cm. à } 18°.$$

481. Le produit de la vitesse d'un ion par sa charge soit $a \times 96500$ est la quantité d'électricité transportée par l'ion en l'unité de temps. On l'appelle **vitesse de transport de l'ion**.

La somme des vitesses de transport des deux ions est égale à la conductibilité limite de l'électrolyte.

La conductibilité limite est donc une grandeur qui ne dépend, pour une température donnée, que des vitesses de transport des ions constitutifs de la molécule et qui peut être établie a priori, connaissant ces vitesses de transport.

Les acides forts, les bases alcalines, les sels des métaux alcalins et d'argent, étant complètement ionisés à des dilutions qui ne sont pas trop élevées pour que la mesure de la conductibilité spécifique devienne aléatoire, on a pu déterminer directement la vitesse de transport de leurs ions.

Le tableau ci-dessous donne les vitesses de transport de quelques ions importants à 18° (O = 16) :

$H^{\cdot}$	$K^{\cdot}$	$Na^{\cdot}$	$Ag^{\cdot}$	OH'	Cl'	Br'	NO_3'
318	65.3	44.4	55.7	174	65.9	66.7	60.3

La connaissance de ces données permet de calculer la conductibilité limite et par conséquent le coefficient d'ionisation d'un électrolyte peu ionisé, pour lequel il serait impossible de mesurer expérimentalement cette grandeur. Aux dilutions extrêmes qu'il faudrait atteindre, les mesures de conductibilité spécifique deviennent en effet incertaines.

Exemple. Soit à déterminer la conductibilité limite de l'acide acétique. A la concentration 1 sa conductibilité moléculaire est de 1,2, elle n'atteint que 38 à la concentration $^n/_{1000}$; elle est donc encore très éloignée de sa limite, puisque celle-ci doit évidemment être supérieur à 318, vitesse de transport de l'ion $H^{\cdot}$. Mais à la dilution $^n/_{10000}$, l'acétate de potassium est totalement ionisé ; sa conductibilité limite a donc pu être mesurée ; elle est de 93.5.

Or, 93,5 = vitesse de transport de l'ion K + vitesse de transport de l'ion $C_2H_3O_2$, et la vitesse de transport de l'ion K = 65.3.

La vitesse de transport de l'ion acétique est donc :

$$93.5 - 65,3 = 28.2.$$

La conductibilité limite de l'acide acétique sera par conséquent :

28.2 + 318 (vitesse de transport de l'ion H·) = 346,2

et le coefficient d'ionisation de l'acide acétique en solution normale est de :

$$\alpha = \frac{\mu_{(\text{normale})}}{\mu_\infty} = \frac{1.2}{346.2} = 0,00359.$$

482. La vitesse avec laquelle les ions se déplacent est extrêmement faible, si on la compare à celle des molécules gazeuses ; les résistances au déplacement sont donc très considérables. Ce n'est d'ailleurs que par l'existence de ces résistances que la vitesse des ions reste invariable ; sinon cette vitesse devrait varier avec le temps, puisque les ions sont soumis à une force électromotrice continue et constante.

Le travail effectué à l'encontre de cette résistance se traduit par l'effet Joule ; la chaleur dégagée par le passage du courant est égale à $0,2387 R i^2 t$ calories, R étant la résistance de l'électrolyte, i l'intensité du courant et t le temps.

Pour le chimiste il est plus intéressant de déterminer l'effet Joule produit dans l'électrolyse d'un équivalent gramme d'électrolyte, c'est-à-dire dans le transport de 95570 coulombs. Si nous remplaçons it par 95570 dans la formule (1) et en tenant compte de la relation $i = \dfrac{e}{R + r}$, R étant la résistance de l'électrolyte, r celle du reste du circuit, nous trouvons :

$$(H = 1) \quad q = 22880 e \frac{R}{R + r}; \quad q = 23060 e \frac{R}{R + r} \text{ calories. } (O = 16).$$

L'effet Joule tombe à zéro lorsque la résistance R est nulle vis-à-vis de r ; nous pouvons donc réduire à volonté la dépense d'énergie qui se transforme en chaleur par une disposition appropriée de l'auge électrolytique.

483. Dans l'électrolyse d'un équivalent-gramme d'un électrolyte quelconque, le transport d'électricité est constant et égal à 95770 coulombs (96540). Nous la représenterons par A. L'énergie électrique dépensée correspondante est de eA (1) joules. e étant la force électromotrice qui meut ces masses électriques. Mais e n'est pas la force électromotrice du générateur d'électricité (pile, dynamo, etc.), sinon le travail dépensé dans l'électrolyse de quantités équivalentes de sels différents, par exemple KCl et CuCl₂ serait identique, ce qui est absurde, puisque l'énergie à restituer pour dédoubler ces deux combinaisons doit être bien différente. Et l'on constate en effet, lorsqu'on électrolyse un sel en se servant d'électrodes inattaquables, en platine ou en charbon par exemple, que l'intensité du courant n'est donnée par la formule

$$I = \frac{E}{R + r}, \qquad (2)$$

E étant la force électromotrice aux bornes du générateur, que dans les premiers instants de l'électrolyse, mais elle diminue très rapidement et peut même devenir nulle.

Comme la composition de l'électrolyte ne subit pas de modification importante pendant la période très courte où l'intensité du courant est normale, la résistance R ne doit pas avoir augmenté sensiblement, il faut donc que ce soit la force électromotrice qui ait diminué, au point de pouvoir tomber à zéro. Le générateur d'électricité ayant une force électromotrice constante, il faut que dans l'électrolyte prenne naissance une force électromotrice de signe contraire, qui s'oppose au passage du courant.

On observe en effet que le courant ne franchit l'auge électrolytique, que l'électrolyse continue n'est possible, que s'il existe une différence de potentiel déterminée entre les électrodes. L'auge est donc pendant l'électrolyse le siège d'une **force contre-électromotrice** ε qui s'oppose au passage du courant et qui doit être vaincue.

Le travail électrique effectué à l'encontre de cette force est εA pour un équivalent-gramme d'électrolyte décomposé. L'intensité du courant ayant pour expression générale

$$I = \frac{\Sigma e}{\Sigma r};$$

elle sera donnée dans l'électrolyse par la formule :

$$i = \frac{E - \varepsilon}{R + r}.$$

Quand $E > \varepsilon$, le courant passe et le travail électrique effectué par le transport de l'électricité sera de

$$(E - \varepsilon)A,$$

c'est-à-dire que $e = E - \varepsilon$ (voir formule (1)).

484. Quel est le siège de la force contre-électromotrice ε?

On peut exclure la surface de contact entre les fils conducteurs et l'électrode; il est en effet démontré que, contrairement à une opinion longtemps accréditée, les surfaces métalliques en contact, lorsqu'elles sont propres, ne sont le siège que de forces électromotrices infimes. On a trouvé, par exemple, qu'entre les métaux zinc-cuivre, la différence de potentiel n'est que de 0,006 volts. La force contre-électromotrice doit donc être localisée, ou dans l'électrolyte, ou à la surface de contact entre l'électrolyte et les électrodes.

On ne peut exclure complètement l'existance de forces électromotrices au sein du liquide; elles apparaissent à la suite des différences de concentration de l'électrolyte aux électrodes, résultant de l'électrolyse.

Soit en effet une section S de l'électrolyte; M· et R' les ions qu'il renferme : les ions M·, qui sont des molécules liquides et sont par conséquent animées d'un mouvement de translation, vont traverser cette section dans les deux sens et, si leur concentration est la même sur les deux faces de la section, en un

Fig. 62.

temps donné passeront autant d'ions M de A vers B que de B vers A. La charge électrique positive des enceintes A et B reste la même. Un raisonnemement semblable s'applique aux ions R' et par conséquent à la charge électrique négative. Il ne s'établira donc aucune différence de potentiel à la surface S de séparation.

Quand les concentrations C_A et C_B de l'électrolyte ne sont plus égales, il peut ne pas en être de même. Soit $C_A > C_B$, c la vitesse de l'ion M· et a celle de l'ion R'; en l'unité de temps passeront de A vers B un nombre d'ions M· proportionnel à c et C_A, de B vers A un nombre d'ions proportionnel à c et à C_B. L'excédent d'ions M· reçu par B sera :

$$m_1 = k \cdot (C_A - C_B)c.$$

38

De même l'excédent m_2 d'ions R' sera :

$$m_2 = k\,(C_A - C_B)\,a$$

k étant une constante de proportionalité.

Quand $a = c$, c'est-à-dire, quand les ions M et R se meuvent également vite, $m_1 = m_2$, l'espace B recevra un nombre égal d'ions M· et R', et le phénomène de diffusion n'aura d'autre effet que d'égaliser les concentrations dans les espace A et B, chacun de ceux-ci restant électriquement neutre.

Mais lorsque a est différent de $c_2, m_1 \lessgtr m_2$. Supposons $m_1 > m_2$;

le nombre d'ions M· reçu par B étant plus grand que le nombre d'ions R', B deviendra électropositif, et A électronégatif.

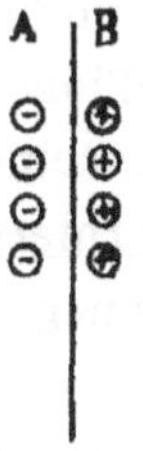

Les attractions électriques puissantes des ions de signe contraire contrebalanceront rapidement à l'influence de la diffusion inégale et empêcheront une séparation quelque peu importante des ions M· et R' ; de plus les ions séparés ne pourront pas s'écarter sensiblement et à la surface de séparation se constituera une couche double (fig. 63) siège d'une force électromotrice.

Fig. 63.

485. Comme l'électrolyse amène des différences de concentration entre les différentes régions de la colonne d'électrolyte (v. **480**); elle aura pour conséquence l'apparition de forces électromotrices au sein du liquide. Mais ces forces électromotrices sont toujours peu importantes ; elles n'atteignent le plus souvent que quelques millièmes de volt.

L'origine des forces contre-électromotrices élevées qui s'opposent au passage du courant ne saurait donc être recherchée dans l'électrolyte lui-même et ces forces contre-électromotrices doivent par conséquent siéger à la surface de séparation entre l'électrolyte et les électrodes. Nous rappelerons que cette force électromotrice ne préexiste pas ; elle apparaît au moment où l'électrolyse commence, augmente progressivement jusqu'à un maximum, constant pour un électrolyte de concentration et de température donnée. L'expérience démontre que ce maximum est atteint lorsque les électrodes sont recouvertes des produits de décomposition de l'électrolyte. La force contre-électromotrice tend à produire un courant de sens opposé à celui de l'électrolyseur, et les électrodes recouvertes des produits de l'électrolyse se comportent comme les pôles d'une pile en opposition avec la source d'électricité. Ces électrodes sont alors **polarisées** et la force électromotrice résultant de cet état est appelée **force électromotrice de polarisation.**

486. Pour élucider la genèse de cette force, demandons nous ce qui se passe quand un métal est plongé dans la solution d'un de ses sels, ce qui est évidemment le cas pour un dépôt galvanique produit sur une électrode.

Ce métal, comme tout corps solide au contact avec un liquide, tend à se dissoudre, mais en même temps, à passer à l'état d'ions. Les ions qu'il émettra dans la dissolution résultant de la combinaison d'atomes du métal avec des électrons positifs, ces derniers devront être fournis par des neutrons (v. **186**) et les électrons négatifs libérés resteront sur la plaque métallique, qui se chargera ainsi d'électricité négative, tandis que la dissolution, renfermant un excès d'ions positifs, deviendra électropositive.

Les attractions électrostatiques empêcheront cet excès d'ions positifs de se répandre dans le liquide et le maintiendront dans le voisinage immédiat du métal chargé d'électrons négatifs; il se formera ainsi à la surface de séparation du métal et de l'électrolyte une couche électrique double (v. fig. 64).

Nous constaterons donc une différence de potentiel entre le liquide et le métal, tendant à s'opposer à la pénétration de nouveaux ions positifs dans la dissolution. Aussi, en raison des énormes charges électrostatistiques des ions, la masse des ions émis par le métal sera toujours minime, elle est pratiquement impondérable. Mais la réaction :

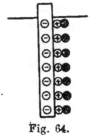

$$M + neutron = M\cdot + \ominus$$

Fig. 64.

est réversible, et liée à la condition d'équilibre :

$$C_{\scriptscriptstyle M\cdot} = kC_{\scriptscriptstyle M}^{\frac{1}{n}}, \qquad (1)$$

n étant le nombre d'atomes constituant la molécule du métal. Pour tous les métaux, sauf l'hydrogène, $n = 1$.

La concentration du métal, corps solide, est invariable pour une température donnée. Si la dissolution renferme déjà des ions métalliques $M\cdot$, le nombre d'ions fournis par le métal sera plus petit que si le liquide est de l'eau pure; la différence de potentiel entre le métal et l'électrolyte diminuera donc et, pour une concentration déterminée de l'ion $M\cdot$, le métal n'enverra aucun ion dans la dissolution. Il ne se produira donc pas de différence de potentiel.

Si la concentration de l'ion $M\cdot$ dépasse cette valeur, si $C_{M}\cdot > kC_{n}^{\cdot\cdot}$, au lieu d'un apport d'électricité positive à la dissolution, nous verrons les ions métalliques se déposer sur le métal, qui deviendra ainsi électropositif, tandis que l'électrolyte, renfermant alors un excès d'ions négatifs, deviendra électronégatif.

Le sens de la force électromotrice de contact dépend donc, pour un métal donné, de la concentration de ses ions dans l'électrolyte; la concentration à laquelle il est en équilibre avec cet électrolyte, varie suivant la nature individuelle du métal.

Pour qu'il y ait équilibre entre le métal et l'électrolyte, les ions des métaux fortement métalliques comme le magnésium, le zinc, devraient atteindre une telle concentration que celle-ci ne saurait être réalisée.

Les solutions des sels de métaux peu positifs comme le cuivre, l'argent, renferment au contraire, même lorsqu'elles sont très étendues, un nombre d'ions métalliques supérieur à celui qui correspond à l'équilibre. Aussi, ces métaux plongés dans la dissolution d'un de leurs sels deviennent-ils électronégatifs. Ils ne seaient électropositifs que pour des concentrations si faibles que le plus souvent elles ne sauraient être obtenues (v. aussi plus loin).

Le tableau suivant donne l'ordre de grandeur des concentrations auxquelles un métal serait en équilibre électrique avec la dissolution de ses sels, c'est-à-dire auxquelles cette dissolution serait saturée d'ions vis-à-vis du métal.

K	$= + 10^{50}$	H	$= + 10^{-4\cdot8}$
Mg	$= + 10^{78}$	Pb	$= + 10^{-4\cdot5}$
Zn	$= + 10^{17}$	Cu	$= + 10^{-20}$
Fe (bivalent)	$= + 10^{2}$	Ag	$= + 10^{-18}$
Ni	$= + 10^{-1\cdot7}$	Pt (tétrav.)	$= + 10^{-80}$

Une solution de sel de zinc devrait donc renfermer plus de 10^{17} ions-grammes de zinc, soit 6 trillions de tonnes pour que un barreau de zinc plongé dans le liquide devint électropositif; c'est dire que jamais ce fait ne saurait se constater.

Le cuivre au contraire ne peut être électronégatif qu'en solution $n/10^{20}$. Aussi, dans les solutions de sels cuivriques, même très étendues, ce métal se comporte-il comme électro-positif. Mais si l'on ajoutec du yanure de potassium a une solution de sel cuivrique, l'ion Cü se combine à deux ions CN'.

$$\text{Cü} + 2\text{CN} \rightleftharpoons \text{Cu (CN)}''_2.$$

et la réaction, quoique réversible, amène une telle diminution dans la concentration des ions de cuivre qu'une lame de cuivre plongée dans ce liquide y devient électronégative. Nous pouvons dans ce cas particulier renverser le signe de la charge électrique du cuivre.

487. Lorsque l'élément dont on veut déterminer le potentiel vis-à-vis de ses ions est gazeux, comme c'est le cas pour l'hydrogène, on se sert d'électrodes gazeuses. Celles-ci sont constituées par une lame de platine recouverte de platine poreux. Cette lame, immergée en partie dans l'électrolyte, baigne par sa partie émergée dans une atmosphère du gaz à étudier. Le platine poreux dissout ce dernier et s'en sature sur toute sa surface. Il est prouvé que de telles électrodes se comportent comme si elles n'étaient formées que du gaz rendu conducteur; en effet la force électromotrice qu'elles développent est indépendante de la nature du métal: une électrode de palladium saturée d'hydrogène a la même force électromotrice qu'une lame de platine également saturée de ce gaz.

Il est évident que le gaz se dissout, non seulement dans le platine poreux, mais aussi dans le liquide et que les deux solutions, étant en équilibre avec l'atmosphère qui les recouvre, sont aussi en équilibre entre elles.

Il importe d'observer que la concentration de l'électrode n'est plus une grandeur constante dans ces conditions. La concentration du gaz sur le platine poreux est en effet autant plus forte que la pression sous lequel il se trouve dans l'atmosphère est plus considérable; elle peut donc varier depuis zéro jusqu'à des valeurs très élevées.

C'est en utilisant des électrodes gazeuses que l'on a également déterminé le potentiel du chlore, de l'oxygène et d'autres métalloïdes gazeux, vis-à-vis de leurs sels dissous. Car il est évident que le phénomène que nous avons décrit pour un métal doit aussi se présenter pour un métalloïde; celui-ci passe en solution à l'état d'ions négatifs, le liquide devient électronégatif tandis que l'électrode, portant un excès d'électrons positifs, s'électrise positivement.

488. On ne peut déterminer des différences de potentiel entre un élément et ses ions que pour autant que cet élément n'attaque pas l'eau.

Si l'eau est décomposée par le métal, la différence de potentiel sera celle du système $H_2|H\cdot$, de même quand le métalloïde agit sur l'eau avec dégagement d'oxygène, la différence de potentiel est celle de l'électrode d'oxygène.

Nous donnons dans le tableau ci-dessous quelques différences de potentiels entre les principaux éléments et une solution renfermant un ion-gramme de l'élément au litre. Pour les corps qui attaquent l'eau (K, Na, Fl), ces potentiels ont été calculés. Pour l'oxygène la valeur donnée se rapporte à une solution acide normale.

K	+ 2,92	Pb	— 0,13	Fl₂	— 2,24
Na	+ 2.54	H₂	— 0.277	Cl₂	— 1.69
Ca	+ 2.28	Cu	— 0.6	Br₂	— 1.27
Mg	+ 2.26	Hg₂	-- 1.03	I₂	— 0.79
Al	+ 1.00	Ag	— 1.05	O₂	— 1.39
Zn	+ 0.49				
Fe	+ 0.06				
Ni	+ 0.05				

Les différences sont comptées positivement lorsque l'élément est électronégatif et la solution électropositive.

Entre une barre de zinc et une solution renfermant un ion-gramme de zinc, il y a donc une différence de potentiel de 0,49 volt, cette force électromotrice tend à refouler des charges positives vers la dissolution : on la compte positivement.

489. La connaissance de ces forces électromotrices entre l'électrolyte et les électrodes polarisées nous permet de calculer le travail électrique à faire pour dédoubler un électrolyte.

Soumettons par exemple à l'électrolyse une solution de chlorure de zinc, en nous servant d'électrodes en platine.

Les ions $Zn^{..}$ circulent dans le sens du courant, c'est-à-dire vers l'électrode négative. Les premiers ions qui se déchargeront au contact de l'électrode vont la recouvrir d'une couche de zinc métallique ; lorsque celle-ci sera constituée, l'électrode se comportera comme une lame de zinc, et entre elle et l'électrolyte se sera développée une force électromotrice ε_1, qui tend à refouler des ions positifs dans le liquide et s'oppose par conséquent à l'électrolyse. Cette force devra être équilibrée par une force électromotrice au moins égale, fournie par le générateur d'électricité, et le dépôt d'un ion-gramme de zinc sur l'électrode exigera donc une dépense de travail électrique de $\varepsilon_1 \times 2 \times 95770$ coulumbs, puisque un ion-gramme de zinc transporte 2×95770 coulumbs. Or, $\varepsilon_1 = 0,49$; la dépense de travail à la cathode sera de :

$$0,49 \times 2 \times 95770 \text{ Joules.}$$

A l'anode au contraire affluent les ions négatifs de chlore et lorsque l'électrode gazeuse de chlore se sera formée, elle sera le siège d'une force électromotrice de $\varepsilon_2 = -1,69$ volts, repoussant les ions de chlore vers l'électrolyte. La libération d'une molécule de chlore ne sera encore une fois possible que si la source de courant fournit une force électromotrice égale, mais de signe contraire ; il se fera par conséquent à l'anode, un travail électrique de $(-1,69 \times 2 \times -95770)$ Joules (la charge d'un ion de chlore est de -95770 coulombs). La différence totale de potentiel entre les deux électrodes est figurée par le schéma suivant. L'électrolyte est positif par rapport au zinc, il est négatif par rapport à l'électrode chlore ; la force électromotrice à surmonter pour faire passer une charge électrique positive du chlore vers le zinc sera donc de $\varepsilon_1 + \varepsilon_2$ et la dépense d'énergie électrique exigée par l'électrolyse d'une molécule gramme de chlorure de zinc sera, abstraction faite du travail dépensé à vaincre la résistance de l'électrolyte (effet Joule), de :

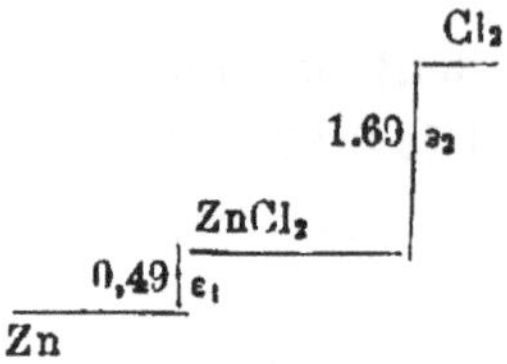

Fig. 65.

$$[0,49 - (-1.69)] \times 2 \times 95770 \text{ Joules.}$$

L'électrolyse continue n'est donc possible que si entre les électrodes existe une différence de potentiel d'au moins $0,49 + 1,69 = 2,18$ volts.

Si, au lieu d'électrolyser du chlorure de zinc, nous soumettrons à l'électrolyse une solution renfermant au litre une molécule-gramme de chlorure cuivrique $CuCl_2$, nous aurons à fournir à l'anode le même travail électrique de $-1.69 \times 2 \times -95770)$ coulombs; mais à la cathode la force électromotrice de polarisation est négative : les ions de cuivre sont sollicités vers l'électrode avec une force électromotrice de 0,6 volts. Au lieu d'exiger une dépense de travail de $\epsilon \times 2 \times 95770$ coulombs, le dépôt d'un ion-gramme de cuivre fournira ce travail électrique, lequel viendra en décompte de l'énergie électrique à fournir par le générateur. Le travail d'électrolyse sera par conséquent de $[-0,6 - (-1.69)] \times 2 \times 95770$ joules et exigera une différence de potentiel aux électrodes de $-0,6 + 1.69$ ou 1.09 volts.

490. Courant de polarisation. — Après avoir poursuivi l'électrolyse du chlorure de zinc pendant un temps suffisant pour polariser complètement les électrodes, nous interrompons l'électrolyse et nous relions les électrodes par un fil conducteur.

Ce fil va être parcouru par un courant, dit de polarisation, de sens inverse au courant d'électrolyse. En effet les électrons positifs de l'anode vont se combiner aux électrons négatifs de la cathode, ce qui permettra au zinc d'émettre dans la solution de nouveaux ions de métal, puisque les électrons négatifs qui formaient la couche double auront disparu. Le même phénomène se produira à l'anode, où du chlore libre se transformera en ions de chlore. Mais la production de ces nouveaux ions de zinc et de chlore amènera de nouvelles charges électriques sur les électrodes, charges qui se neutraliseront à leur tour et le fil conducteur sera ainsi le siège d'un courant tant qu'il y aura du zinc et du chlore libre aux électrodes.

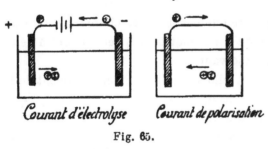

Courant d'électrolyse   Courant de polarisation

Fig. 65.

Dans l'électrolyte les ions de zinc en excès au voisinage de l'électrode zinc vont, en raison des attractions électrostatiques, cheminer vers l'électrode chlore, entourée d'un excès d'ions Cl'; il se fera donc dans la dissolution un courant dirigé du zinc vers le chlore, courant qui se maintiendra jusqu'à ce que la répartition des ions Cl' et Zn·· soit devenue uniforme dans le liquide. Ceci n'arrivera que lorsque tout le zinc et tout le chlore libre auront disparu de la surface des électrodes.

La force électromotrice de ce courant est évidemment égale à la somme algébrique des forces électromotrices qui refoulent le chlore et le zinc à l'état d'ions dans l'électrolyte, c'est-à-dire à la force électromotrice totale de polarisation (v. fig. 66).

Un raisonnement analogue s'applique à deux électrodes polarisées dans une solution de chlorure cuivrique. Il semble cependant que, les ions Cü ayant une tendance prononcée à se précipiter à l'état métallique sur l'électrode, la suppression de la pile électrolysante doive favoriser cette précipitation. Il n'en est rien.

Au moment où nous interrompons l'électrolyse, l'électrode chlore est au potentiel $+ 1,69$, l'électrode cuivre au potentiel $+ 0,61$. Si nous les relions métalliquement, leurs potentiels tendent à s'égaliser, le potentiel du cuivre va donc s'élever. Mais dès lors il n'y aura plus équilibre entre ce métal et ses ions, puisque la différence de potentiel Cu|Cü ne peut être supérieure à 0,6 volts.

Le cuivre va donc perdre une partie de sa charge positive au profit de l'électrolyte, ce qu'il ne peut faire qu'en passant à l'état d'ions, c'est-à-dire en se dissolvant.

Quant à l'électrode chlore, elle se comporte identiquement de la même manière que dans le cas du chlorure de zinc; elle émet donc constamment des ions de chlore dans la solution, tandis qu'elle envoie des électrons positifs sur le cuivre, maintenant ainsi ce dernier à un potentiel assez élevé pour qu'il continue à se dissoudre.

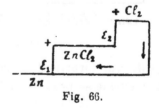

Fig. 66.

La force électromotrice du courant de polarisation sera de $+ 1,69 - 0,6 = 1,09$ volt. Si entre les électrodes polarisées nous intercalons non plus un fil, mais une pile de force électromotrice inférieure à la force électromotrice de polarisation ε, l'électricité circulera dans le sens du courant de polarisation et les électrodes se dissoudront; si au contraire $e < \varepsilon$, il se fera une électrolyse.

Lorsque $e = \varepsilon$, il y aura équilibre. Il suffira alors d'augmenter ou de diminuer e d'une quantité infiniment petite Δe pour obtenir soit une électrolyse soit un courant de polarisation. Le phénomène est devenu réversible; si Δe est positif, l'appareil électrolyseur fournira son rendement maximum et nous pouvons employer à le calculer les notions de thermodynamique étudiées antérieurement.

491. Énergie électrique et énergie chimique. — Electrolysons dans ces conditions de réversibilité et isothermiquement une molécule-gramme d'un sel, dans une masse d'électrolyte telle que la disparition d'une molécule-gramme d'électrolyte ne produise pas de variation sensible de concentration.

Nous aurons fourni à la cathode un travail électrique de $\varepsilon_1 \times n \times A$ joules ($A = 95770$ coulombs); à l'anode un travail de $\varepsilon_2 \times n.A$ joules; n est la valence du métal. S'il se fait une variation de volume du système, par exemple du fait d'un dégagement de gaz, la pression extérieure effectuera un travail P V.; la somme de ces travaux est égale à l'augmentation d'énergie libre dans l'auge électrolytique.

Donc à la cathode :

$$\varepsilon_1 n.A + PV = F_B - F_A. \tag{1}$$

Or,
$$F_B - F_A = -\left(RT \, l \, K + RT \Sigma \, l \, \frac{C'^v}{C^n} \right) \quad \textbf{(442)}. \tag{2}$$

Dans cette expression K est la constante d'équilibre de la réaction ion $\rightarrow$ métal ; elle est donc l'inverse de la constante k de l'égalité (1) § 486. C^n est la concentration du produit de la réaction, c'est à dire du métal déposé sur l'électrode, donc $n = 1$ (v. 486). C'^v est la concentration de l'ion dans l'électrolyte, v est aussi égal à 1 En remplaçant K par $\frac{1}{k}$ dans (2) et en combinant avec (1), il vient :

$$\varepsilon_1 = \frac{RT}{nA} \, l \, \frac{kC}{C'}. \tag{3}$$

car le travail extérieur dû au dépôt du métal sur l'électrode, est négligeable.

Si $T = 291$ ($t = 18°$), comme $A = 95770$ et $R = 84200$, le facteur $\frac{RT}{A}$, pour la température ordinaire, prend la valeur 0,0577.

A l'anode nous pouvons, même dans le cas où le métalloïde libéré est gazeux, opérer sous volume constant, en forçant le gaz à se dégager dans un espace de volume constant; le travail extérieur sera nul. Si cet espace est de capacité suffisante, la variation dans la pression exercée par le gaz sera négligeable et la concentration sur l'électrode et dans l'électrolyte peut être considérée comme constante. Le gain d'énergie libre du système à l'anode pourra être calculé par la formule (2) et nons trouverons, pour l'anode que

$$\varepsilon_2 = \frac{RT}{nA} \, l \, \frac{kC}{C'}, \quad \varepsilon_2 = 0,0577 \, l \, \frac{kC}{C'} \quad (T = 291).$$

492. La force électromotrice d'une électrode est donc donnée par la formule :

$$\varepsilon = \frac{RT}{nA} \, l \, \frac{kC}{C'} \cdot \qquad (3)$$

Nernst a donné pour expression de la force électromotrice d'une électrode la formule analogue :

$$\varepsilon = \frac{RT}{n.A} \, l \, \frac{P}{p}$$

dans laquelle p est la pression osmotique de l'ion en équilibre avec l'électrode. En comparant cette formule à celle que nous avons trouvé on voit que :

$$\frac{kC}{C'} = \frac{P}{p} \quad \text{ou} \quad \frac{kC}{P} = \frac{C'}{p} \cdot$$

Le terme P doit nécessairement être une pression ; Nernst l'a appelé **pression** ou **tension de dissolution** ; c'est la force qui pousse le métal ou le métalloïde de se dissoudre dans l'électrolyte sous forme d'ions.

La formule (3) qui nous donne la valeur de la force électromotrice à une électrode nous démontre que cette différence de potentiel n'est pas influencée d'une manière sensible par des changements légers de concentration de l'électrolyte, puisqu'elle varie en raison inverse du logarithme de cette concentration. Pour qu'elle passe du simple au double, il faudrait que la concentration de l'électrolyte devint 10 fois plus faible ; il résulte de cette relation logarithmique entre la force électromotrice et la concentration que, si l'électrolyse n'est pas poursuivie pendant un temps suffisamment long pour amener des changements notables dans la concentration de l'électrolyte, la force électromotrice peut être considérée comme constante.

C'est en appliquant la formule (3) que l'on établit par la mesure des forces électromotrices ε, la valeur de la constante kC. (v. **486.**)

493. Nous avons admis plus haut que dans cette formule C est une grandeur constante, ce qui n'est exact que pour autant que l'élément déposé sur l'électrode soit liquide ou solide. Encore, a-t-on reconnu que la concentration d'un métal divisé peut être différente de celle d'un métal compact ; les deux formes ont un potentiel différent vis-à-vis de l'électrolyte.

Lorsque l'électrode est gazeuse, comme c'est le cas pour l'hydrogène et l'oxygène, sa concentration peut varier depuis zéro jusqu'à des valeurs extrêmement élevées. Si :

$$\frac{kC}{C'} = 1, \quad \varepsilon = 0,$$

c'est-à-dire que l'électrolyse ne peut exiger aucun travail. C'est ce qui arriverait pour l'eau, par exemple, si les pressions de l'hydrogène et de l'oxygène, dans une électrolyse réversible, devenaient celles qui satisfont à l'équilibre de dissociation de l'eau à la température ordinaire. Pour des pressions encore plus faibles, la décomposition électrolytique de l'eau, au lieu d'absorber de l'énergie électrique, en dégagerait.

Le travail électrique nécessaire à l'électrolyse sera donc d'autant plus grand que la pression des gaz sur l'électrolyte est plus forte ; l'expérience a confirmé cette conclusion.

Il ne faudrait pas déduire de ce fait la proposition paradoxale que le principe de la conservation de l'énergie se trouve en défaut. En effet si nous parvenions à réaliser la décomposition de l'eau sous une pression suffisamment réduite d'hydrogène et d'oxygène pour que le dédoublement se fît sans dépense de travail, nous aurions, pour réaliser l'état final $H_2 + \frac{1}{2}O_2$ sous la pression atmosphérique, à effectuer un travail de compression exactement égal au travail électrique nécessaire à la décomposition de l'eau sous la pression atmosphérique.

494. Pour qu'il y ait électrolyse réversible, il faut que la force électromotrice de la source d'électricité soit supérieure de Δe à la force électromotrice de polarisation. Si elle lui est inférieure de Δe le courant circulera en sens inverse, avec disparition des éléments constitutifs des électrodes. Dans le premier cas l'énergie électrique $(\varepsilon_1 + \varepsilon_2)n\mathbf{A}$ dépensée dans l'électrolyse restitue aux éléments de la combinaison l'énergie libre qu'ils avaient perdu en se combinant, c'est-à-dire leur énergie chimique ; dans le second celle-ci est utilisée à fournir l'énergie électrique.

Ainsi que nous l'avions fait entrevoir antérieurement, lorsqu'une réaction chimique peut être utilisée à actionner une pile réversible, le rendement électrique de cette pile, exprimé par $(\varepsilon_1 + \varepsilon_2)nA$, mesure l'énergie chimique dégagée dans la réaction.

$$(\varepsilon_1 + \varepsilon_2)nA = \text{énergie chimique.}$$

495. Nous venons de parler de pile ; deux électrodes plongeant dans un électrolyte dont elles constituent les composants, forment en effet une pile. On a réalisé notamment la pile à gaz tonnant à l'aide de deux électrodes gazeuses d'hydrogène et d'oxygène. Par la mesure de la force électromotrice de cette pile on a établi le rendement énergétique maximum de la réaction $H_2 + \frac{1}{2} O_2 = H_2O$ et le résultat de cette recherche s'est trouvé en concordance très satisfaisante avec les données fournies par le calcul que nous avons exposés au § **443**.

496. Les piles usuelles sont cependant d'un autre type. Dans toutes, un métal, généralement le zinc, se dissout au pôle négatif en passant à l'état d'ions ; au pôle positif se dépose, en quantité équivalente à celle du métal dissous, soit de l'hydrogène, comme dans la pile de Volta, soit un autre métal, toujours moins métallique que le métal dissous. C'est du cuivre dans la pile Daniell, du mercure dans la pile de Clarke.

Nous avons reconnu que certains éléments (v. **425**), comme la pile Daniell, peuvent évoluer d'une manière réversible, si la force électromotrice opposée à la leur ne diffère de cette dernière que d'une grandeur infiniment petite. D'autres éléments sont au contraire irréversibles. Tel est notamment l'élément Bunsen. En effet au pôle positif, l'hydrogène libéré est oxydé par l'acide nitrique et cette réaction est irréversible.

Dans les piles réversibles, les électrodes conservent au point de vue chimique la même composition ; dans les piles irréversibles l'électrode positive peut se modifier : la phase électrode positive peut changer de nature. C'est ce qui passe dans la pile de Volta, dont la lame de cuivre se recouvre d'hydrogène. Il en résulte l'apparition d'une force électromotrice de polarisation ; **l'élément est polarisable.**

Dans certains éléments irréversibles on empêche la modification de l'électrode positive en faisant intervenir **un dépolarisant**, qui détruit le métal se déposant sur l'anode. Dans les piles de Bunsen et de Grove, par exemple, le pôle positif baigne dans de l'acide nitrique, lequel oxyde l'hydrogène produit dans la réaction chimique, source de l'énergie électrique.

497. Les éléments réversibles sont de loin les plus intéressants au point de vue théorique; en outre leur rendement est maximum (v. **427**) et peut être calculé par des méthodes thermodynamiques.

Nous étudierons plus spécialement l'un des plus connus d'entre eux, l'élément Daniell. On sait qu'il est constitué par une électrode de zinc plongeant dans une solution de sulfate de zinc et par une électrode de cuivre, plongée dans une solution de sulfate de cuivre. Les deux liquides sont séparés par un diaphragme.

Considérons d'abord l'élément en circuit ouvert. Le zinc devient électronégatif et entre lui et la solution de sulfate de zinc naît une différence de potentiel $\varepsilon_{Zn} = \dfrac{RT}{2A} \, l \, \dfrac{k C_{Zn}}{C_{Zn}}$ (v. **492**); l'électrolyte devenant électropositif, nous affecterons cette force électromotrice du signe $+$.

Quant au cuivre, il devient électropositif (v. **488**), entre lui et la dissolution se fait une différence de potentiel, $\varepsilon_{Cu} = \dfrac{RT}{2A} \, l \, \dfrac{k' C_{Cu}}{C_{Cu}}$; l'électrolyte étant électronégatif, la force électromotrice prend le signe $-$.

Si nous négligeons la différence de potentiel, insignifiante, entre la solution de sulfate de cuivre et la solution de sulfate de zinc, nous n'avons à tenir compte que des différences de potentiel ε_{Zn} et ε_{Cu}. Ces deux différences s'ajoutent, comme le montre le schéma ci-contre, où les différences positives de potentiel sont portées en ordonnées; la force électromotrice totale est donc de :

$$\varepsilon_{Zn} - (-\,\varepsilon_{Cu}) = 0,49 - (-0,60) = 1,09 \text{ volts.}$$

Fermons le circuit; à travers le conducteur de fermeture les charges de signe contraire des deux métaux vont se neutraliser, ce qui permet à de nouvelles molécules de zinc de passer à l'état d'ions, à de nouveaux ions de cuivre de précipiter à l'état métallique.

La quantité de zinc qui se dissout doit être équivalente à la quantité de cuivre précipité, puisque pour chaque nouvel ion de zinc qui se forme, deux électrons négatifs doivent disparaître sur la lame de zinc; ils ne peuvent être neutralisés que par deux électrons positifs fournis par le cuivre; il faut donc qu'un ion de cuivre passe à l'état métallique pour qu'un atome de zinc s'ionise.

Les ions SO_4'' en excès dans la solution de sulfate de cuivre vont, en raison des attractions électriques, s'acheminer vers les ions de zinc émis dans la solution de sulfate de zinc, l'électrolyte sera ainsi le siège d'un courant électrique de sens contraire au courant extérieur, comme le montre la figure 68, dans laquelle les flèches indiquent la marche des électrons positifs.

Grâce à cette circulation des ions positifs et négatifs dans l'électrolyte, celui-ci renfermera uniformément, sauf dans la couche double (v. **486**) en contact immédiat avec les électrodes, nombre égal d'électrons positifs et négatifs et se maintiendra par conséquent électriquement neutre. L'électrolyse n'aura d'autre effet qu'augmenter la concentration de la solution de sulfate de zinc, de diminuer celle du sulfate de cuivre. Comme la force électromotrice ne varie que médiocrement avec la concentration de l'électrolyte (v. **492**), la force électromotrice de la pile ne diminuera que lentement. Elle restera

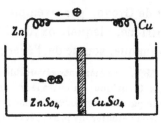

Fig. 68.

invariable si les solutions sont saturées et maintenues telles, ainsi qu'on le réalise en pratique en mettant des cristaux de sulfate de cuivre dans la cellule anodique.

498. La réaction chimique dont la pile Daniell est le siège peut se formuler

$$Zn + Cu\cdots = Zn\cdots + Cu.$$

Toute réaction chimique s'accompagne d'une variation d'énergie interne du système; si cette transformation est spontanée, l'énergie chimique, laquelle n'est qu'une fraction plus ou moins importante de l'énergie interne, diminue. Dans une pile réversible, cette perte d'énergie chimique est égale au travail électrique eA produit, le travail effectué à l'encontre de la pression extérieure étant généralement négligeable.

Mais on a cru longtemps que ce travail électrique avait pour mesure la variation d'énergie interne. Comme celle-ci est égale à la chaleur dégagée dans la réaction, lorsque cette dernière se fait sans production de travail mécanique ou électrique, on admettait que :

$$q = eA.$$

La proposition qui exprime cette égalité est appelée **règle de Thomson**.

Si on l'applique à la pile Daniell, on trouve une vérification très satisfaisante. La réaction

$$Zn + CuSO_4 = ZnSO_4 + Cu$$

dégage 50130 calories $(O = 16)$ soit $\dfrac{50130}{0,2387}$ joules. Le travail électrique étant de

$e \times 2 \times 96540$ coulombs $(O = 16)$, on trouve pour e

$$\frac{50310}{2 \times 96540 \times 0,2387} = 1.085 \text{ volts,}$$

tandis que la mesure directe donne 1.095.

L'écart entre la donnée du calcul et celle fournie par l'expérience est minime et avait été attribué à des erreurs expérimentales.

Mais on a reconnu depuis que la règle de Thomson, qui se confond en somme avec le principe du travail maximum, n'est qu'une expression approchée de la vérité; un grand nombre de piles n'y satisfont pas, notamment la pile de Clarke et la pile à gaz tonnant. On a même trouvé des piles (Bugarszky), qui fonctionnent grâce à une réaction endothermique, ce qui serait impossible si la règle de Thomson était exacte.

Cette proposition ne saurait être rigoureuse : l'énergie utilisable sous forme d'énergie électrique est en effet liée à la perte d'énergie interne par la relation

$$F = q + \frac{dF}{dT} T. \quad (v. \; \mathbf{430}).$$

la pile fonctionnant à la température constante T.

Or, $F = enA$; par conséquent

$$e = \frac{q}{nA} + \frac{de}{dT} T \quad (1) \quad \text{ou} \quad q = e.nA - nA \frac{de}{dT} T.$$

Si nous exprimons enA en calories, comme un joule vaut 0,2389 calories et que $A = 95770$ coulombs, $enA = 22879e$ calories (H = 1). Pour (O = 16) $enA = 23063e$ calories Les chaleurs de formation étant généralement données en calculant les poids moléculaires sur la base $O = 16$, nous adopterons cette dernière valeur pour le travail électrique produit dans une réaction chimique. La forule (1) devient donc

$$e = \frac{q}{n \times 23063} + \frac{de}{dT} T.$$

Cette formule est due à von Helmholtz.

On voit que la règle de Thomson n'est exacte : la force électromotrice n'est déterminée exclusivement par la chaleur de réaction, que si le terme $\frac{de}{dT} T$ est nul, c'est-à-dire au zéro absolu, ou bien quand la dérivée $\frac{de}{dT}$ est nulle. Cette dernière condition implique que la force électromotrice soit indépendante de la température. La dérivée $\frac{de}{dT}$ est en effet le coefficient thermique de la pile.

Ce coefficient peut être facilement établi par voie expérimentale. Pour la pile Daniell, il est de 0,000034, donc à 18°

$$e = \frac{50130}{23063} + 0,00034 \times 291 = 1.0942$$

tandis que la mesure directe donne 1.095; la concordance est, on le voit, des plus satisfaisantes.

Dans la pile de Bugarszky le terme $\frac{de}{dT} T$ a une valeur positive très grande, qui compense et au-delà la valeur négative du terme $\frac{q}{23063}$.

Quand le coefficient thermique de la pile est très faible, le produit $= e.23063$ est sensiblement égal à q; c'est ce qui se présente pour la pile Daniell; mais si la force électromotrice varie fortement avec la température, la règle de Thomson se trouvera complètement en défaut.

499. Si nous représentons le coefficient thermique de la pile par η, la formule qui exprime le rendement maximum de la pile est donc :

$$e = \frac{q}{n.23063} + \eta T.$$ \hfill (2)

On voit que si η est positif, le travail électrique fourni par la pile est supérieur à la chaleur de réaction, il lui est inférieur quand η est négatif.

Comme q est la perte d'énergie interne, c'est-à-dire de l'énergie totale des corps qui réagissent dans la pile, lorsque η est positif, il faut que l'élément absorbe de la chaleur au milieu ambiant quand il fonctionne comme source d'énergie électrique; si η est négatif, la chaleur dégagée est supérieure au travail électrique fourni et l'élément cède de la chaleur.

Il ne s'agit bien entendu pas ici de la chaleur due à l'absorption d'une certaine quantité d'énergie électrique pour vaincre la résistance de l'électrolyte, c'est-à-dire de l'effet Joule; tous nos raisonnements s'appliquent à des piles dont la résistance intérieure est négligeable à côté de la résistance extérieure (v. **484**).

500. La force électromotrice e est la somme des deux termes ε_1 et ε_2, forces électromotrices de contact entre l'électrolyte et les électrodes; chacun de ces deux termes doit être de la forme :

$$\varepsilon = \frac{q}{n.23063} + \eta T.$$ \hfill (2)

Dans cette expression q est la chaleur dégagée par la transformation du métal en ions à la cathode, des ions en métal à l'anode; c'est donc la chaleur d'ionisation (v. **192**), soit par elle-même, soit prise en signe contraire. Quant à η, c'est le coefficient thermique de la différence de potentiel entre l'électrode et l'électrolyte.

Connaissant la différence de potentiel entre un élément et une solution de ses ions ainsi que le coefficient thermique de cette différence de potentiel, nous saurons donc déterminer la perte d'énergie interne qui accompagne la transformation d'un métal en ions. C'est de la sorte que l'on a établi la chaleur d'ionisation du cuivre.

Le coefficient thermique de l'électrode est de 0,00076; la différence de potentiel $Cu|Cu^{..}$ de $-0,60$ à 291° absolus. L'ion cuivrique étant bivalent, on trouve :

$$-0,60 \times 2 \times 96540 - 0,00076 \times 291 = -17500 \text{ calories.}$$

Il faut donc fournir 17500 calories à un atome-gramme de cuivre ($O = 16$) pour le faire passer à l'état d'ion.

Connaissant la chaleur d'ionisation du cuivre on peut en déduire celle de tous les autres éléments.

Ainsi la réaction $CuSO_4 + Zn = ZnSO_4 + Cu$ qui, réduite aux corps réagissants, se formule :

$$Cu^{..} + Zn = Zn^{..} + Cu$$

dégage 50100 calories. Or, la transformation $Cu^{..} \rightarrow Cu$ dégage 17500 calories, donc $Zn = Zn^{..} + 32600$ calories.

Nous déduirons de cette donnée la chaleur d'ionisation de l'hydrogène. L'action du zinc sur un acide transforme deux ions $H^{.}$ en H_2, un atome de zinc en ion $Zn^{..}$ et dégage 34200 calories ; d'où :

$$2H^{.} = H_2 + 1600 \text{ calories} \quad \text{ou} \quad H = H^{.} - 800 \text{ calories}$$

On a calculé d'une manière analogue les chaleurs d'ionisation données au § 192.

501. Electroaffinité. — Le travail qui s'effectue à une électrode dans l'électrolyse et qui a pour sa mesure le produit de la force électromotrice par la charge électrique peut être considéré comme s'effectuant à l'encontre d'une résistance que l'ion oppose à sa décharge. L'ion étant un atome combiné à un électron, ce dernier est retenu avec une certaine force, qui doit être vaincue dans l'électrolyse, qui effectue au contraire un travail électrique lorsque l'élément s'ionise. Cette force est l'**électroaffinité** (v. **186**), terme dont la compréhension n'exige guère d'explications. Elle se mesure par la différence de potentiel entre l'élément et ses ions. Ce n'est pas une grandeur constante, puisqu'elle dépend de la concentration des ions dans l'électrolyte; nous avons reconnu notamment que le cuivre peut être aussi bien électropositif qu'électronégatif (v. 487), c'est-à-dire avoir une électroaffinité positive ou négative.

502. Substitution métallique et métalloïdique. — Si dans une solution de chlorure de cuivre nous plongeons une lame de zinc, nous constatons que le cuivre est précipité à l'état métallique, tandis que le zinc devient du chlorure de zinc, c'est-à-dire s'ionise. De même, le chlore en agissant sur un bromure dissous met du brome en liberté et passe à l'état d'ions Cl'.

Ces réactions chimiques se font parce qu'elles amènent une diminution dans l'énergie libre du système, diminution égale à :

$$\varepsilon_{Zn} - \varepsilon_{Cu} \quad \text{ou} \quad \varepsilon_{Cl} - \varepsilon_{Br}.$$

Il est à remarquer que ε étant une fonction de la concentration des ions, ε_{Zn} ou ε_{Cl} iront en diminuant tandis que ε_{Cu} ou ε_{Br} croîtront et il arrivera au moment où :

$$\varepsilon_{Zn} = \varepsilon_{Cu} \quad \text{ou} \quad \varepsilon_{Cl} = \varepsilon_{Br};$$

ces conditions seront réalisées lorsque :

$$l\,\frac{K C_{Zn}}{C_{Zn^{..}}} = l\,\frac{K' C_{Cu}}{C_{Cu^{..}}} \quad \text{ou} \quad l\,\frac{K C_{Br_2}}{C_{Br'}^2} = l\,\frac{K' C_{Cl^2}}{C_{Cl'}^2}.$$

La substitution prendra fin à ce moment. Il peut se faire que la concentration des ions de l'élément mis en liberté doive prendre une valeur si faible que pratiquement il soit totalement déplacé. C'est ce qui arrive notamment pour les sels d'or, lorsqu'on y plonge du zinc.

On dit qu'un métal est plus métallique, plus électropositif ou moins noble qu'un autre, lorsqu'il lui enlève ses charges électriques; de même, un métalloïde est d'autant plus métalloïdique ou plus électronégatif qu'il possède une électroaffinité plus grande pour les électrons négatifs.

Mais comme cette tendance d'un élément à passer à l'état d'ions est d'autant plus prononcée que ses ions sont moins nombreux, on conçoit que le caractère métallique ou métalloïdique soit variable et qu'un métal moins métallique qu'un autre puisse devenir plus métallique que lui, si la concentration de ses ions devient suffisamment faible. Le cuivre devient électropositif par rapport au zinc, il passe à l'état d'ions tandis que du zinc précipite si, dans une pile Daniell, la lame de zinc est plongée dans une solution de cyanure double de cuivre et de potassium (v. **486**).

D'autres métaux que le cuivre peuvent ainsi être élevés considérablement dans la série électrochimique, lorsqu'ils se trouvent au contact de dissolutions ne renfermant leurs ions qu'à des concentrations infimes. Tels sont notamment l'or et le platine, les moins métalliques des métaux. Dans des conditions convenables, le platine peut devenir plus métallique que l'hydrogène.

On réalise le plus souvent ces réductions de concentration nécessaires pour élever le caractère métallique d'un élément, en engageant ses ions dans un ion complexe. Tel est notamment le cas pour le cuivre et le platine, dont on combine les ions au cyanogène. La réaction :

$$Pt^{\cdot\cdot} + 4CN' \rightleftharpoons Pt(CN)_4''$$

est à ce point complète, que la concentration des ions de platine devient excessivement petite.

503. Lorsqu'un métal en déplace un autre, il le réduit ; la réduction au sein de l'eau consiste donc en une soustraction d'électrons positifs (v. aussi **210**). La substitution métallique est d'autre part une oxydation du métal substituant, puisque ce dernier en se dissolvant engendre, tout au moins à l'état potentiel, une combinaison avec un métalloïde ou un radical métalloïdique et que la fixation d'un groupement négatif, c'est-à-dire de l'équivalent de l'oxygène, est un phénomène d'oxydation, ce terme étant pris dans un sens général.

L'oxydation d'un métal est donc une fixation d'électrons positifs.

Mais une oxydation peut être aussi une soustraction d'électrons négatifs effectuée par le corps oxydant.

Lorsque l'iode déplace le soufre dans son action sur l'hydrogène sulfuré (v. **210**), il soustrait aux ions de soufre leurs charges négatives pour passer lui-même à l'état d'ions :

$$I_2 + S'' = 2I' + S.$$

Si l'ion de soufre est oxydé, réciproquement l'iode est réduit, en absorbant deux électrons négatifs.

504. Lorsqu'un ion a une valence variable, il peut perdre une partie des électrons dont il est chargé, dans le cas où il est saturé; fixer au contraire des électrons quand il dispose encore de valences libres.

Ainsi l'ion ferrique trivalent $Fe^{...}$ peut se laisser réduire à l'état d'ion ferreux bivalent, en cédant l'un de ses trois électrons, ce dernier étant fixé par un atome métallique, ou se combinant à un électron négatif engagé dans un ion médiocrement électro-négatif.

L'ion ferrique oxyde ainsi l'ion d'iode ou l'ion de soufre.

$$2Fe^{...} + S'' = 2Fe^{..} + S$$

$$2Fe^{...} + 2I' = 2Fe^{..} + I_2.$$

La dernière réaction est réversible : si la concentration des ions ferriques est considérable vis-à-vis de celle des ions $Fe^{..}$, leur potentiel de décharge $\varepsilon = RT \lg \dfrac{KC_{Fe^{...}}}{C_{Fe^{..}}}$ est supérieur au potentiel de l'iode libre vis-à-vis de ses ions, lorsque ces derniers sont en solution relativement concentrée. Quand, au contraire, la concentration des ions $Fe^{..}$ est importante, l'ion ferreux est oxydé par l'iode libre. Donc, si l'on veut mettre l'iode en liberté en oxydant par un sel ferrique, il convient d'employer un grand excès de ce dernier. Au contraire, on peut absorber l'iode par une solution concentrée de sulfate ferreux.

Par contre, l'ion ferreux est pratiquement transformé d'une manière complète en ion ferrique par le chlore, dont la perte d'énergie libre, quand il passe à l'état d'ion Cl' est de $1,69.A$ joules, soit bien supérieure au travail absorbé par l'oxydation de l'ion ferreux, lequel est d'environ $0,8.A$ joules.

On constate fréquemment que lorsqu'un élément possède une valence variable, il ne fixe pas tous les électrons avec la même intensité. Ainsi la transformation de l'ion ferrique en ion ferreux dégage de l'énergie, tandis que la réduction de l'ion ferreux en fer métallique en absorbe.

505. Les échanges d'électrons dont nous venons de parler se font au contact immédiat des corps réagissants, mais ils peuvent aussi se produire à distance, grâce à une liaison conductrice.

Le dispositif représenté dans la fig. 68 permet de réaliser ces conditions.

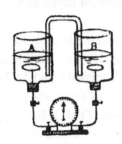

Fig. 68.

Dans la partie inférieure de deux vases A et B sont fixées deux électrodes de platine, reliées par un conducteur dans lequel est intercalé un galvanomètre ; le vase A renferme une solution de chlorure ferrique, le vase B une solution de chlorure de sodium. Un siphon amorcé, renfermant une solution de NaCl, complète le circuit. Sur l'électrode de platine du vase B, déposons un morceau de fer ; immédiatement, un courant électrique se manifeste dans le fil de A vers B ; le fer se dissout dans le vase B tandis que dans le vase A se forme du chlorure ferreux. L'ion ferrique perd un de ses électrons qu'il envoie à travers le fil au fer métallique, lequel devient ion ferreux. Les ions Cl′ devenus disponibles en A vont passer en B par le siphon.

Nous provoquons ainsi la réduction du sel ferrique par le fer sans qu'il y ait contact entre les deux substances, et nous produisons un courant électrique par l'échange d'électrons que détermine cette transformation.

Nous pouvons, grâce au même dispositif, provoquer l'ionisation du brome libre. Le vase A et le siphon renferment une dissolution de chlorure de potassium, le vase B une solution d'iodure. Si en A on ajoute du brome, il se fait de l'iode libre en B, quoique le liquide du siphon reste incolore ; dans le galvonomètre se produit un courant dirigé de A vers B ; l'iode cédant ses électrons négatifs au brome.

Les piles usuelles ne sont d'ailleurs pas autre chose que des appareils dans lesquels on provoque un échange d'électrons à distance, c'est-à-dire un courant électrique, à l'intervention d'un circuit fermé. A la cathode, il se fait une oxydation d'un métal, le plus souvent le zinc, qui s'ionise par apport d'électrons positifs fournis par l'anode. Ces électrons positifs sont libérés à l'anode, soit par un autre métal précipitant à l'état métallique (cuivre dans l'élément Daniell, mercure dans l'élément Clarke, hydrogène dans l'élément Volta), soit grâce à l'ionisation d'un métalloïde qui, se chargeant négativement à l'anode, rend disponible des électrons positifs lesquels se rendent à la cathode par le fil conducteur. Ce deuxième cas se rencontre notamment dans la pile à gaz tonnant.

Dans les piles à dépolarisant, la cause déterminante du courant est encore un échange d'électrons. Dans la pile Leclanché par exemple, c'est l'ion Mn $\cdots$ tétravalent, représenté par le bioxyde de manganèse, qui devient ion manganeux à l'électrode positive.

Dans les piles de Bunsen et de Grove, l'ion d'hydrogène se neutralise à l'anode, et cède au zinc ses électrons positifs; l'acide nitrique, en oxydant l'hydrogène mis en liberté, empêche la polarisation de l'électrode de platine ou de charbon.

506. Série électrochimique. — Le fait qu'un élément dépouille un autre élément de ses électrons permet de ranger tous les métaux en une série telle que chaque métal soit moins électropositif que celui qui le précède et plus que celui qui le suit; le rang que chaque élément occupe étant déterminé quantitativement par le potentiel de décharge de ses ions.

Une série analogue pourrait être établie pour les métalloïdes, tout au moins pour ceux qui peuvent exister à l'état d'ions négatifs.

Mais nous avons insisté plus haut sur le fait que le potentiel de décharge d'un ion n'est pas une grandeur constante; elle dépend de la concentration de cet ion. Un élément M_1 sera plus métallique qu'un autre M_2, tant que

$$\frac{KC_{M_1}}{C_{M_2}} > \frac{KC_{M_2}}{C_{M_2}} .$$

Pour pouvoir comparer les éléments entre eux au point de vue électrochimique, il faut donner aux concentrations de leurs ions une valeur égale, par exemple, égale à l'unité.

Leurs positions dans la série sont alors données par les différences de potentiel qui figurent au tableau de la page 510.

Famille du cuivre.

507. Cette famille comprend le cuivre, l'argent et l'or. Ces métaux occupent le premier rang parmi les métaux au point de vue de la conductibilité thermique et électrique, de l'éclat ; ils sont remarquablement ductiles.

Par leurs propriétés chimiques, ils montrent au contraire un caractère métallique assez peu accusé : ils ne déplacent pas l'hydrogène des acides ; le cuivre seul s'unit directement à l'oxygène. Aussi ne peut-on méconnaître que la place qu'occupe leur groupe dans le système périodique à côté des métaux alcalins ne se justifie que par des rapprochements quelque peu forcés.

La valence de ces métaux est variable ; le cuivre est monovalent ou bivalent, l'argent presque toujours monovalent ; la valence de l'or est égale à un ou à trois.

CUIVRE. Cu.

P. A. 63.12. (64).

508. Le cuivre est, après le fer, le métal le plus important au point de vue industriel. C'est un élément fort répandu dans la nature ; on le rencontre à l'état natif en masses considérables sur les rives du lac Supérieur. Parmi ses minerais, nous citerons l'oxyde cuivreux ou cuprite Cu_2O ; deux carbonates basiques de cuivre : la malachite et l'azurite ; la chalcosine (sulfure cuivreux) et surtout la **chalcopyrite** : $Cu_2S.Fe_2S_3$, le plus important des minerais de cuivre.

L'extraction du cuivre de l'oxyde et des carbonates est très simple ; on chauffe avec du charbon ; l'oxyde de cuivre est réduit à 'état métallique.

L'extraction du cuivre de la chalcopyrite est beaucoup plus compliquée ; elle est basée sur le principe que le cuivre a une grande tendance à passer à l'état de sulfure, le fer à l'état d'oxyde.

On soumet le minerai à un grillage partiel dans un four à réverbère[1] ou dans un four analogue à celui qui sert au grillage des pyrites. Le cuivre et le fer passent partiellement à l'état d'oxyde, Fe_2S_3 se transforme en FeS. On arrête alors le grillage et on chauffe fortement, soit dans un four à cuve (procédé allemand), soit sur la sole d'un four à réverbère (méthode anglaise) en présence de sable. CuO formé réagit sur FeS pour donner du sulfure de cuivre et de l'oxyde de fer. Les réactions successives de grillage et de réaction sont :

$$\text{Grillage} \begin{cases} Cu_2S + 4O = 2CuO + SO_2 \\ Fe_2S_3 + 8O = 2FeO + 3SO_2 \\ Fe_2S_3 + 2O = 2FeS + SO_2 \end{cases}$$

$$\text{Réaction} \quad 6CuO + 4FeS = 3Cu_2S + 4FeO + SO_2.$$

Le sable ajouté se combine à l'oxyde de fer pour donner un silicate ferreux très fusible qui constitue un laitier, tandis que le sulfure cuivreux brut fond et se dépose sous la couche de silicate ferreux. Lorsqu'on opère dans un four à cuve, la température doit être maintenue assez basse pour que l'oxyde de fer ne soit pas réduit par le charbon.

On obtient ainsi un sulfure de cuivre brut, contenant encore du fer, et sur lequel on répète la série d'opérations que nous venons de décrire : grillage imparfait, suivi de fusion avec du sable, jusqu'à ce que tout le fer ait passé à l'état de silicate. Le sulfure cuivreux pur est appelé cuivre noir ou **matte cuivreuse**.

(1) On distingue en métallurgie deux types principaux de four : 1° Le four à réverbère. Le corps à chauffer est placé dans une cuvette peu profonde, la sole ; les flammes d'un foyer indépendant ou d'un gazogène sont réfléchies (réverbérées) sur la sole par la voûte du four. Des régistres d'accès d'air permettent de travailler en milieu neutre, oxydant ou réducteur.

2° Le four à cuve, a une forme cylindrique : on y entasse des couches alternatives de combustible et du corps à chauffer ; on insuffle de l'air par la base qui porte également les orifices de défournement ou de coulée. Le chargement se fait par la partie supérieure. Le milieu est toujours réducteur.

On soumet celle-ci à un dernier grillage incomplet dans un four à réverbère, puis on chauffe très fortement; l'oxyde de cuivre formé réagit sur le sulfure cuivreux et donne du cuivre métallique :

$$2CuO + Cu_2S = 4Cu + SO_2.$$

La métallurgie du sulfure de cuivre pur naturel se réduit à cette dernière opération.

On peut aussi extraire le cuivre de la chalcopyrite par le procédé de Manhés, fort semblable au procédé Bessemer pour l'affinage de la fonte (v. Fer). La chalcopyrite fondue est coulée dans des cuves pyriformes en tôle (convertisseurs) revêtues intérieurement de briques siliceuses. Une disposition spéciale permet d'injecter de l'air sous pression à travers le minerai fondu. Le fer passe à l'état d'oxyde qui se combine au revêtement quartzeux et à du sable que l'on ajoute pour former un silicate fusible. Le soufre brûle à l'état d'anhydride sulfureux. L'arsenic que contient souvent le minerai passe à l'état d'anhydride arsénieux. On continue l'insufflation de l'air tant qu'il se dégage de l'anhydride sulfureux et on obtient du cuivre métallique qui, moins avide d'oxygène, ne peut s'oxyder qu'après les autres éléments.

Les minerais de cuivre pauvres (moins de 1 °/₀ de cuivre) et notamment les résidus de grillage des pyrites ayant servi à la fabrication de l'acide sulfurique sont traités par **cémentation**.

On transforme d'abord le cuivre en un composé soluble (sulfate ou chlorure). Lorsque le minerai est un oxyde on l'épuise par l'acide sulfurique étendu. S'il est sulfuré (pyrites imparfaitement grillées), on le soumet à un grillage chlorurant. A cet effet, on le mélange avec du sel et on le grille sur une sole tournante. Un dispositif convenable brasse continuellement le mélange. Le cuivre passe à l'état de chlorure cuivrique et le fer à l'état d'oxyde ferrique :

$$Fe_2S_2 + 9O = Fe_2O_3 + 3SO_2$$
$$SO_2 + 2NaCl + O_2 = Na_2SO_4 + Cl_2$$
$$2Cl_2 + Cu_2S + O_2 = 2CuCl_2 + SO_2.$$

On doit opérer à basse température pour éviter la volatilisation du chlorure cuivrique.

On épuise la masse par l'eau; la solution de chlorure cuivrique est mise en contact avec des rognures de fer, qui précipite le cuivre à l'état métallique. On opère de la même manière avec le sulfate de cuivre provenant du traitement par l'acide sulfurique des minerais oxydés.

Le cuivre brut que l'on obtient par tous ces procédés est impur et contient de petites quantités de nombreux métaux étrangers; lorsqu'il a été préparé par voie sèche, il renferme en outre du sulfure cuivreux. On le soumet au raffinage soit par voie sèche, soit par électrolyse.

Le raffinage par voie sèche se fait en fondant le métal sur la sole d'un four à réverbère. Quand la fusion est obtenue, on laisse largement pénétrer l'air. Le soufre, l'arsenic, l'antimoine passent à l'état d'oxydes volatils; le fer, le plomb et le zinc se transforment en oxydes fixes qui se combinent aux matériaux siliceux dont est recouverte la sole pour former des laitiers fusibles qui nagent à la surface du bain de métal et sont enlevés. Le cuivre s'oxyde partiellement et donne de l'oxyde cuivreux; celui-ci se dissout dans le métal et agit comme agent oxydant sur le sulfure cuivreux encore contenu dans le bain; il se fait un dégagement abondant d'anhydride sulfureux; le gaz se dissout aussi en partie dans le métal et s'en sépare par refroidissement en formant des soufflures. Pour éviter ce grave inconvénient et réduire l'excès d'oxyde cuivreux dissous, on brasse le métal fondu avec des tiges de bois vert; la décomposition du bois donne lieu à un dégagement d'eau, d'hydrocarbures et d'oxyde de carbone qui expulsent l'anhydride sulfureux dissous. On recouvre ensuite le métal de poudre de charbon de bois et on continue à brasser avec des tiges de bois. L'action réductrice des hydrocarbures et de la poussière de charbon amène la transformation de l'oxyde cuivreux en cuivre métallique.

Raffinage électrolytique. — Le métal est coulé en plaques épaisses (1 c^m) que l'on suspend par séries dans une auge électrolytique contenant une solution acide de sulfate de cuivre. Ces plaques sont reliées au pôle positif d'une dynamo à courant continu. Une série de plaques minces (0,5^{mm}) de cuivre pur alterne avec les plaques de cuivre brut et forme la cathode (fig. 69).

La tension aux bornes est de 0,1 à 0,2 volts; on associe 40 bains et plus en série.

On emploie une force électromotrice insuffisante pour décomposer les sulfates des métaux plus métalliques que le cuivre.

Le sulfate de cuivre se dédouble : le cuivre se porte à la cathode,

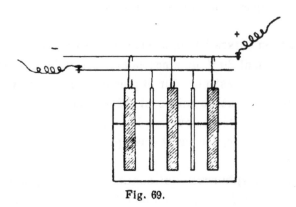

Fig. 69.

SO₄ à l'anode qu'il attaque en transformant les métaux en sulfates, l'arsenic en acide arsénique. Les sulfates des métaux nobles (Ag, Au) sont décomposés par le cuivre de l'anode; ces métaux sont précipités sous forme d'une boue qui se dépose au fond du bain. Les métaux plus métalliques que le cuivre passent en solution, de même que le sulfate de cuivre; mais celui-ci seul est électrolysé. L'acide arsénique se précipite à l'état d'arséniate de fer.

Le bismuth et l'étain se transforment en sulfates basiques, le plomb en sulfate insoluble. L'opération revient donc à transporter le cuivre de l'anode à la cathode, tandis que les métaux plus métalliques passent en solution, sauf le plomb; les métaux moins métalliques sont précipités à l'état métallique. Le cuivre électrolytique est remarquablement pur, on l'emploie à la fabrication des cables électriques. On extrait l'or et l'argent des boues précipitées au fond de l'auge.

La production mondiale du cuivre atteint 750.000 tonnes (1906), dont les États-Unis fournissent plus de la moitié.

509. Le cuivre est un métal rouge, d'une densité de 8.94, très malléable, fort ductile et qui se laisse très bien marteler à froid et à chaud. Il fond à 1084°. Le cuivre fondu dissout facilement certains gaz, notamment l'oxyde de carbone, l'anhydride sulfureux et l'hydrogène, qui s'échappent lors du refroidissement et donnent lieu à des soufflures ; il en résulte que le cuivre se laisse difficilement couler. Aussi lui préfère-t-on ses alliages dans la fabrication des pièces coulées. Les alliages les plus importants du cuivre sont :

Le **laiton** ou cuivre jaune, alliage de cuivre et de zinc, contenant généralement 30 °/₀ de zinc ; plus il est riche en zinc, plus il est jaune ; le laiton est plus dur et plus léger que le cuivre.

Le **bronze**, alliage de cuivre et d'étain, contenant de 5 à 20 °/₀ d'étain, on y ajoute quelquefois du zinc ; le bronze se coule très facilement ; il est dur, tenace et élastique, sa couleur varie avec sa composition.

Le **bronze phosphoreux**, qui contient du cuivre, de l'étain et du phosphore (jusque 10 °/₀), est un métal remarquable par sa dureté, sa ténacité et son élasticité. Il sert notamment à la fabrication de coussinets de machines.

Le **bronze d'aluminium** (Cu 90 °/₀, Al 10 °/₀). (v. Al).

L'**argent neuf** ou **maillechort** (Cu 50 °/₀, Zn 25 °/₀, Ni 25 °/₀).

510. A froid, le cuivre est inaltérable à l'air sec ; à l'air humide il se recouvre d'une couche verte de carbonate basique. Chauffé à l'air il se transforme en oxyde. En l'absence de l'air, il n'est pas attaqué par les acides sulfurique et chlorhydrique à froid ; à chaud, il réduit l'acide sulfurique concentré (v. SO_2). L'acide nitrique le dissout facilement.

Le cuivre forme deux séries de combinaisons : dans les composés cuivreux du type CuR, il est monovalent ; dans les composés cuivriques, du type CuR_2 il est bivalent.

511. Composés cuivreux. — L'atome de cuivre en s'unissant à un électron positif forme un ion Cu·. On a longtemps discuté la question de savoir si les composés cuivreux ne dérivaient pas d'un groupement Cu_2·· bivalent. Il est prouvé actuellement que l'ion cuivreux est bien monovalent. Ce fait a été établi par l'étude de l'équilibre entre le cuivre métallique, l'ion cuivreux et l'ion cuivrique.

Lorsqu'on met une solution d'un sel cuivrique au contact de

cuivre métallique, l'ion cuivrique est réduit à l'état d'ion cuivreux, par une réaction réversible qui se formulera, suivant que l'ion cuivreux est monovalent ou bivalent :

$$Cu^{\cdot\cdot} + Cu \rightleftharpoons 2Cu^{\cdot} \quad (1) \quad ou \quad Cu^{\cdot\cdot} + Cu \rightleftharpoons Cu_2^{\cdot\cdot} \quad (2)$$

Soit a la concentration des ions cuivriques au moment de l'équilibre, b la concentration des ions cuivreux, calculée en ions $Cu^{\cdot}$ monovalent, $\dfrac{b}{2}$ est alors la concentration calculée pour des ions cuivreux bivalents. L'équation (1) doit satisfaire à la condition

$$a = kb^2 \tag{3}$$

l'équation (2) à la condition

$$a = k\frac{b}{2} \cdot \tag{4}$$

(La concentration du cuivre métallique, corps solide, est constante). Dans le premier cas b est proportionnel à la racine carrée de a, dans le second à la puissance 1 de a.

Or, on constate que si l'on change les conditions d'expérience, en opérant avec des solutions de sel cuivrique de concentrations différentes, on ne trouve une valeur constante pour k qu'en adoptant la formule (3). C'est donc l'équation (1) qui représente exactement la réaction ; l'ion cuivreux est monovalent.

L'ion cuivreux est moins métallique que l'ion cuivrique ; il se décharge sous une force électromotrice inférieure de 0,125 volts à celle qu'exige l'ion cuivrique pour être transformé en cuivre métallique. Aussi la réaction $2Cu^{\cdot} \rightleftharpoons Cu^{\cdot\cdot} + Cu$, c'est-à-dire la transformation d'un sel cuivreux en cuivre et en un sel cuivrique se fait elle très facilement, notamment sous l'influence de la lumière.

Tous les sels cuivreux sont insolubles dans l'eau ; on ne connait bien que les sels des hydracides.

Oxyde cuivreux Cu_2O.—On le trouve à l'état naturel; il s'obtient par l'action du cuivre sur l'oxyde cuivrique, par l'action de la chaleur sur l'hydroxyde cuivreux ou encore par la dissociation de l'oxyde cuivrique au rouge. C'est un corps cristallin rouge.

Hydroxyde cuivreux $Cu(OH)$.—L'hydroxyde cuivrique $Cu(OH)_2$ est soluble dans les solutions de tartrates alcalins. Cette dissolution est connue sous le nom de **liqueur de Fehling.** Quand on la traite par un corps réducteur (glucose), l'hydroxyde cuivrique se transforme en hydroxyde cuivreux. Ce dernier est un précipité jaune qui se décompose déjà au dessous de 100° en Cu_2O et H_2O.

Chlorure cuivreux $CuCl$. — On l'obtient en réduisant le chlorure cuivrique par le cuivre ou par l'acide sulfureux, c'est-à-dire qu'on réduit l'ion cuivrique en présence d'ions de chlore :

$$2[Cu^{\cdot\cdot} + 2Cl'] + [2H' + SO_4''] + H_2O$$
$$= 2CuCl + 2[H' + Cl'] + [2H' + SO_4'']$$

ou $$2Cu^{\cdot\cdot} + SO_3'' + H_2O = 2Cu^{\cdot} + SO_4'' + 2H^{\cdot}$$

Le chlorure cuivreux est un corps blanc cristallin, insoluble dans l'eau mais soluble dans les solutions d'acide chlorhydrique. Cette solubilité est due à la formation d'un ion négatif complexe $CuCl_2'$: $CuCl + Cl' \rightleftharpoons CuCl_2'$, formation d'autant plus complète que l'ion de chlore est à une concentration plus élevée. Aussi la solution chlorhydrique de chlorure cuivreux précipite-t-elle quand on la dilue.

Le chlorure cuivreux est également soluble dans l'ammoniaque; il se fait un sel d'ammonium cuivreux. Cette dissolution est employée à absorber l'oxyde de carbone.

L'eau et la lumière dédoublent lentement le chlorure cuivreux en cuivre et en chlorure cuivrique.

Iodure cuivreux CuI. — C'est la seule combinaison connue de l'iode avec le cuivre. Quand on met des ions I' en présence d'ions cuivriques, ceux-ci oxydent les ions d'iode et le transforment en iode libre; il se fait des ions cuivreux qui s'unissent aux ions d'iode restants pour former de l'iodure cuivreux insoluble :

$$2Cu^{\cdot\cdot} + 4I' = 2CuI + I_2.$$

On peut enlever l'iode par l'acide sulfureux. L'iodure cuivreux est un précipité blanc, moins altérable à la lumière que le chlorure.

512. Composés cuivriques. — L'ion cuivrique est bleu, les dissolutions des sels cuivriques complètement ionisées ont toutes la même coloration. Mais les sels non ionisés peuvent avoir des colorations différentes. La plupart des composés cuivriques sont bleus ou verts à l'état solide.

Oxyde cuivrique CuO. — On l'obtient en chauffant le cuivre à l'air ou en calcinant le nitrate. C'est un corps noir cristallin, qui possède à haute température des propriétés oxydantes, mises à profit dans l'analyse organique. Il se dissocie au rouge en oxyde cuivreux et oxygène.

Hydroxyde cuivrique $Cu(OH)_2$. On l'obtient sous forme d'un précipité gélatineux bleu, en versant une solution d'un sel cuivrique dans une solution d'hydroxyde de sodium. Il se décompose léntement à la température ordinaire, rapidement au-dessus de 60°, en oxyde de cuivre et eau (v. **99**). Il est soluble dans l'ammoniaque, la solution est très intensément colorée en bleu (v. plus loin). L'hydroxyde cuivrique est une base faible, aussi tous les sels cuivriques sont hydrolysés en solution et ont une réaction acide.

Chlorure cuivrique $CuCl_2$. On le prépare à l'état anhydre par l'action du chlore sur le cuivre ; ce sel est jaune-brun et fortement hygroscopique. Quand on dissout l'oxyde de cuivre dans l'acide chlorhydrique et qu'on évapore, on obtient des cristaux verts $CuCl_2 . 2H_2O$, très solubles dans l'eau.

La solution étendue de chlorure cuivrique est bleue, mais quand elle renferme du sel non ionisé, la superposition de la couleur brune du chlorure anhydre $CuCl_2$ et de la couleur bleue de l'ion $Cu^{..}$ donne une coloration verte. En ajoutant un grand excès d'ions Cl', par exemple, sous forme d'HCl concentré, on réduit très fortement l'ionisation de $CuCl_2$ et la dissolution devient d'un jaune brunâtre.

Le chlorure cuivrique anhydre, chauffé à l'air, se transforme en chlore et en un chlorure basique $Cl - Cu - O - Cu - Cl$. Ce chlorure basique, chauffé dans un courant d'acide chlorhydrique, repasse à l'état de chlorure cuivrique.

C'est grâce à ces deux réactions que le chlorure cuivrique peut jouer le rôle de catalyseur dans la préparation du chlore par le procédé Deacon (v. **121**).

$$2CuCl_2 + O = Cu_2OCl_2 + Cl_2$$
$$Cu_2OCl_2 + 2HCl = 2CuCl_2 + H_2O$$
$$\overline{2CuCl_2 + O + 2HCl = 2CuCl_2 + Cl_2 + H_2O}$$

On connaît encore d'autres oxychlorures de cuivre ; l'un d'eux :

$$CuCl_2.3CuO.3H_2O,$$

constitue un minerai de cuivre, l'**atacamite**, que l'on trouve abondamment au Chili. On l'obtient artificiellement en traitant le cuivre par l'acide chlorhydrique en présence de l'air. Il est employé comme couleur (vert de Brunswick).

Sulfure de cuivre CuS. — Précipité noir qui se forme par l'action de l'hydrogène sulfuré sur un sel cuivrique. Il se décompose facilement en sulfure cuivreux et soufre.

Sulfate de cuivre $CuSO_4.5H_2O$. — C'est le plus important des sels de cuivre. On l'obtient dans l'industrie en grillant prudemment le sulfure. On le prépare encore par l'action de l'acide sulfurique concentré et chaud sur le cuivre (v. SO_2).

Il forme de beaux cristaux clinorhombiques bleus, solubles dans trois fois leur poids d'eau, efflorescents dans l'air sec. Chauffé vers 100°, il perd quatre molécules d'eau ; la cinquième molécule n'est éliminée qu'à 150°. Le sel anhydre est blanc ; il absorbe aisément l'eau pour reformer $CuSO_2.5H_2O$ bleu. On peut appliquer cette propriété pour reconnaître la présence de l'eau dans un liquide (alcool).

Le sulfate de cuivre est utilisé en galvanoplastie et en teinture. C'est un parasiticide qui forme la base de la bouillie bordelaise, employée à combattre la maladie des pommes de terre.

Nitrate de cuivre $Cu(NO_3)_2.6H_2O$. — Il cristallise en grandes tables bleues, fusibles à 26° dans leur eau de cristallisation ; il se sépare en même temps un hydrate $Cu(NO_3)_2.3H_2O$ (comparer avec $Na_2SO_4.10H_2O$). Ce dernier fond à 115° ; chauffé plus fortement, il perd de l'acide nitrique et se transforme en un sel basique.

Carbonate de cuivre. $CuCO_3$ est inconnu ; mais il existe plusieurs carbonates basiques, notamment $CuCO_3.Cu(OH)_2$ la **malachite** ; $2CuCO_3.Cu(OH)_2$, l'**azurite.**

La malachite est un minerai de cuivre vert que l'on trouve abondamment en Sibérie ; on l'utilise à faire des objets de fantaisie (vases, etc). L'azurite est bleue ; c'est un minéral assez rare.

Composés ammoniés du cuivre. — Les sels cuivriques traités par l'ammoniaque donnent un précipité bleu qui se dissout dans un excès de réactif pour former des sels d'ammonium cuprifère solubles, remarquables par leur magnifique coloration bleue foncée. Le radical métallique ammonium substitué, capable de former un ion métallique, n'est pas aussi simple que ceux que nous avons étudiés à propos de l'ammoniaque ; il résulte d'une substitution de l'hydrogène de l'ammonium par le cuivre et par le cupram-

$$Cu \diagup^{NH_3 -}_{\diagdown NH_3 -}$$ monium Cu dans l'ammoniumlui-même et a pour formule :

$$Cu \diagup^{NH_3 - NH_3}_{\diagdown NH_3 - NH_3}$$ ou $Cu(NH_2)_4$. Sa genèse s'interpète par l'équation :

$$Cu^{\cdot\cdot} + 4NH_4^{\cdot} + 4OH' \rightleftharpoons Cu(NH_3)_4^{\cdot\cdot} + 4H_2O.$$

Le plus important des sels de cuprammonium est le sulfate $Cu(NH_3)_4.SO_4.H_2O$, qui cristallise en grandes aiguilles d'un bleu indigo.

Comme toutes les réactions engendrant des ions complexes, la formation de l'ion cuprammonium est incomplète et la dissolution renferme encore assez d'ions $Cu^{\cdot\cdot}$ pour précipiter par l'ion S''.

Caractères des sels cuivriques (de l'ion $Cu^{\cdot\cdot}$). Les **hydroxydes** solubles donnent un précipité bleu de $Cu(OH)_2$.

NH_4OH donne un précipité bleu qui se dissout dans un excès de réactif; H_2S précipite les sels cuivriques en noir.

Le **ferrocyanure de potassium** donne avec les sels cuivriques un précipité brun marron; cette réaction est extrêmement sensible.

Les sels cuivriques ont une saveur désagréable et sont légèrement vénéneux.

On dose le cuivre à l'état métallique en le précipitant par voie galvanique sur une cathode en platine; ou bien encore à l'état d'oxyde cuivrique CuO, d'oxyde cuivreux Cu_2O ou de sulfure cuivreux Cu_2S. 100 p. de CuO correspondent à 79,83 p. de Cu ; 100 p. de Cu_2O à 88,80 de Cu; 100 p. de Cu_2S à 79,83 de Cu.

ARGENT, Ag.

P. A. 107.11 (107.94).

513. L'argent existe dans la nature surtout à l'état natif, à l'état de chlorure et de sulfure; il accompagne souvent le plomb dans ses minerais. Le travail métallurgique de ceux-ci fournit un plomb argentifère qu'on appelle **plomb d'œuvre**; quand la teneur en argent est suffisante (plus de 0,5 oo/oo), on extrait l'argent par **coupellation**.

Cette opération est basée sur le fait que le plomb fondu se transforme en oxyde au contact de l'air, tandis que l'argent est inaltérable.

Le plomb argentifère est fondu sur la sole d'un four à réverbère. Cette sole est faite d'une masse poreuse de chaux argileuse (marne). Quand le plomb est fondu, on lance à sa surface un courant d'air énergique. Le plomb se transforme en oxyde fusible qui surnage. Cet oxyde s'écoule par une rigole creusée dans le nez de la sole et que l'ouvrier approfondit à mesure que le plomb s'oxyde. A la fin de l'opération, l'oxyde de plomb est absorbé avec les autres oxydes étrangers par la sole et on voit apparaître la surface métallique brillante de l'argent fondu ; c'est le phénomène de l'**éclair**.

Les plombs pauvres sont enrichis, soit par pattinsonage, soit par zincage.

Pattinsonage. — Le plomb pur est moins fusible que le plomb argentifère (v. alliages). On fond le plomb argentifère, puis on le laisse refroidir lentement ; il se produit à la surface du bain de métal fondu des cristaux de plomb pur qu'on enlève successivement ; le métal resté liquide s'enrichit ainsi en argent. Les cristaux enlevés sont soumis à une deuxième fusion, suivie de cristallisation partielle, pour leur enlever l'alliage de plomb et d'argent qu'ils renferment encore et qui est ramené dans la première chaudière. L'alliage enrichi est également soumis à une cristallisation fractionnée et l'on poursuit cette série de fusions et de cristallisations jusqu'à ce qu'on ait obtenu un alliage assez riche pour être soumis à la coupellation.

Zincage. — On ajoute au plomb argentifère fondu 2 °/₀ de zinc ; tout l'argent passe à l'état d'un alliage de zinc, de plomb et d'argent qui forme une écume surnageant à la surface du bain métallique. On enlève cette écume et on la distille. Le zinc volatil est éliminé et le plomb argentifère peut être coupellé.

514. L'extraction de l'argent de ses minerais se fait parfois en fondant ces derniers avec du plomb ; l'argent est déplacé et s'allie au plomb en excès ; on coupelle ensuite l'alliage.

Si le minerai est formé d'argent natif ou de chlorure d'argent, on le traite par du mercure ; l'argent forme un amalgame. Quant au chlorure d'argent, il est réduit par le mercure qui dissout l'argent mis en liberté. Le mercure argentifère est ensuite distillé ; il reste un résidu d'argent.

Quand un minerai est sulfuré, on le transforme en chlorure.

Procédé mexicain. Le minerai pulvérisé est placé dans une vaste aire plane (patio) et arrosé d'une solution de chlorure cuivrique (mélange de $CuSO_4$ et de NaCl, obtenu par grillage de sulfure de cuivre en présence de chlorure de sodium) (v. **508**) La boue est piétinée pendant plusieurs jours par des mulets ; le chlorure cuivrique transforme le sulfure d'argent en chlorure :

$$Ag_2S + 2CuCl_2 = 2CuCl + 2AgCl + S.$$

Quand la transformation est achevée, on ajoute du mercure et l'on fait piétiner encore pendant plusieurs jours. L'amalgame d'argent est recueilli et distillé.

Procédé allemand. — On grille le minerai avec du sel :

$$2NaCl + Ag_2S + 4O = Na_2SO_4 + 2AgCl.$$

Le produit de grillage est broyé en présence de mercure dans des moulins spéciaux.

On se borne parfois à griller le sulfure de manière à le transformer en sulfate ; les sulfates des autres métaux, moins stables, se transforment en oxydes Le sulfate d'argent est enlevé à l'eau bouillante et réduit par le cuivre ou le fer.

On purifie l'argent brut par électrolyse. Le procédé est identique à celui qui sert pour l'obtention du cuivre électrolytique, mais l'électrolyte est une solution de nitrate d'argent.

La production mondiale de l'argent atteint 6000 tonnes, d'une valeur de 600 millions ; les Etats-Unis et le Mexique sont les plus forts producteurs de ce métal ; chacun de ces deux pays en fournit 1800 tonnes ; l'Allemagne intervient pour 500 tonnes dans la production.

L'argent pur est employé dans l'industrie pour la confection d'appareils distillatoires ; on en consomme de grandes quantités pour l'argenture du cuivre et de ses alliages (argenterie Christophle).

La couche réfléchissante des miroirs est obtenue aujourd'hui en déposant, par voie de réduction (v. plus loin), une mince couche d'argent métallique à la surface d'une glace.

L'argent pur résiste mal à l'usure, il est trop mou ; pour corriger ce défaut on l'allie au cuivre dans la fabrication des monnaies (90 °/₀ d'argent pour les pièces de 5 francs, 75 °/₀ pour la monnaie divisionnaire), de la vaisselle et des bijoux. Une grande quantité d'argent est consommée dans les arts photographiques.

515. L'argent est un métal blanc, d'une densité de 10,55, qui fond à 955° et bout vers 2000° ; il est assez mou, sa ductilité et sa malléabilité sont très grandes. C'est, de tous les métaux, celui qui conduit le mieux la chaleur et l'électricité.

516. Lorsqu'on chauffe le citrate d'argent dans un courant d'hydrogène, ou qu'on réduit à une dissolution très étendue de nitrate d'argent ($^1/_{10000}^e$ normale) par le formol en présence de silicate de sodium, on obtient une modification d'argent réduit, soluble dans l'eau avec une magnifique coloration rouge pourpre. Dans cette dissolution, l'argent est à l'état colloïdal (v. **359**) ; la dissolution peut être purifiée par dialyse ; on peut, d'autre part, précipiter l'argent colloïdal par addition d'un électrolyte, notamment de sulfate de sodium.

L'argent n'est pas le seul métal qui donne des solutions colloïdales ; on connaît aujourd'hui de nombreux métaux qui peuvent être dissous sous cette forme. On doit à Bredig un procédé très général d'obtention de solutions métalliques colloïdales ; il consiste à faire jaillir l'arc électrique à travers de l'eau, les électrodes étant formées par le métal à dissoudre. Il se fait une véritable pulvérisation du métal à la cathode, l'amenant à l'état de particules assez petites pour qu'elles puissent prendre l'état colloïdal.

Les solutions métalliques colloïdales sont généralement fortement colorées ; elles ne peuvent se conserver que si elles sont très étendues. Sous forme colloïdale un métal a perdu son caractère métallique : il ne conduit plus le courant électrique. Lorsqu'on le précipite de sa dissolution et qu'on le chauffe, il reprend les propriétés d'un métal ordinaire.

L'eau n'est pas le seul liquide qui puisse dissoudre les métaux à l'état colloïdal : le verre fondu jouit des mêmes propriétés vis-à-vis de certains métaux (argent, or, cuivre). Comme ces dissolutions sont également colorées, on utilise leur production pour la fabrication des verres de couleur. L'argent colore le verre en jaune, l'or et le cuivre en rouge rubis.

517. L'argent est inaltérable à l'air, même à chaud. Fondu, il dissout l'oxygène, mais ce gaz s'échappe lors de la solidification du métal, en boursoufflant la surface du lingot. Ce phénomène est connu sous le nom de **rochage.** Les acides chlorhydrique et sulfurique n'attaquent pas l'argent à froid ; l'acide sulfurique concentré et chaud est réduit avec production de sulfate d'argent et d'anhydride sulfureux. L'acide nitrique dissout l'argent à l'état de nitrate.

L'argent se comporte comme un métal monovalent ; toutes ses combinaisons importantes sont du type AgR et dérivent d'un ion Ag· monovalent ; on connaît quelques rares combinaisons argenteuses du type Ag_2R et un peroxyde Ag_2O_2.

L'argent se rapproche beaucoup des métaux alcalins ; son oxyde est une base très puissante, ses sels sont très fortement ionisés en dissolution, leurs solutions ne sont pas hydrolysées comme celles de la plupart des métaux lourds et notamment du cuivre. L'argent ne forme pas de sels basiques. Le nitrate d'argent est isomorphe avec le nitrate de sodium ; c'est le seul nitrate qui, avec ceux des métaux alcalins, se transforme en nitrite sous l'action de la chaleur ; le sulfate d'argent peut remplacer K_2SO_4 dans les sels doubles, etc.

Cependant l'électroaffinité de l'argent est médiocre (v. **486**) ; son ion se laisse facilement réduire à l'état métallique (v. notamment **349**). Parfois il est réduit à l'état pulvérulent, mais certains agents réducteurs (aldéhydes, tartrates) provoquent la formation d'un dépôt métallique uniforme et adhérent (miroir d'argent).

Oxyde d'argent Ag_2O. — Quand on ajoute une base à une dissolution d'un sel d'argent, on obtient un précipité brun d'oxyde d'argent, l'hydroxyde AgOH se décomposant déjà à la température ordinaire. Cependant l'oxyde d'argent humide se comporte dans beaucoup de réactions comme de l'hydroxyde d'argent. Il est un peu soluble dans l'eau ; cette solution possède une réaction alcaline prononcée. Ag_2O est soluble dans NH_4OH; il se forme de l'argent fulminant (v. NH_3).

Chlorure d'argent AgCl. — C'est l'un des principaux minerais d'argent. On l'obtient sous forme d'un précipité blanc caillebotté par l'action de l'ion $Ag^{\cdot}$ sur l'ion Cl'. Il fond à 487°, mais se volatilise déjà très légèrement à 300°. Il est très peu soluble dans l'eau (0,00152 gr.) au litre et dans l'acide nitrique, mais il se dissout plus facilement dans l'acide chlorhydrique concentré ($^1/_{316}^{\bullet}$) et surtout dans l'ammoniaque, les hyposulfites et les cyanures alcalins. Cette solubilité est due à la formation d'ions complexes; le chlorure d'argent réagit par exemple avec les cyanures alcalins de la manière suivante :

$$2K^{\cdot} + 2CN' + Ag^{\cdot} + Cl' \rightleftharpoons 2K^{\cdot} + Cl' + Ag(CN)'_2.$$

2KCN (Cyanure de potassium)

La formation de l'ion complexe $Ag(CN)'_2$ est si complète que l'ion d'argent disparaît au point que le produit de solubilité du chlorure d'argent n'est plus atteint.

Avec l'ammoniaque, il se fait une réaction analogue à celle que donnent les sels cuivriques (v. **512**) :

$$Ag^{\cdot} + 2NH_4^{\cdot} + 2OH' = Ag \cdot NH_3 - (NH_3)^{\cdot} + 2H_2O.$$

Le chlorure d'argent se décompose à la lumière, le chlore est mis en liberté et il se forme d'abord un chlorure argenteux Ag_2Cl, puis de l'argent métallique.

Bromure d'argent. — Il constitue un précipité caillebotté, blanc jaunâtre, qui se forme par l'action de l'ion Br' sur l'ion $Ag^{\cdot}$. Il est encore plus insoluble que le chlorure (0,00008 gr. au litre) et plus sensible à l'action de la lumière. Comme son produit de solubilité est inférieur à celui du chlorure d'argent, il se dissout plus difficilement dans l'ammoniaque. La réaction :

$$Ag^{\cdot} + 2NH_4^{\cdot} + 2OH' \rightleftharpoons Ag \cdot NH_3 - (NH_3)^{\cdot} + 2H_2O$$

n'est assez complète pour faire tomber le produit $C_{Br} \times C_{Ag}$ au-dessous du produit de solubilité d'AgBr, que lorsqu'on met en œuvre un grand excès d'ammoniaque.

Le bromure d'argent existe sous plusieurs modifications, se distinguant par leur couleur et leur solubilité.

Iodure d'argent AgI. — Précipité jaune encore moins soluble que le bromure (0,000003 gr. au litre). Il est insoluble dans l'ammoniaque (v. bromure), mais se dissout dans les cyanures alcalins. Il est beaucoup moins sensible à l'action de la lumière que les deux sels précédents.

On connaît deux modifications cristallines de l'iodure d'argent.

Le **sulfate d'argent** Ag_2SO_4 est peu soluble dans l'eau.

Nitrate d'argent $AgNO_3$. — C'est le plus important des sels d'argent; on le prépare en dissolvant le métal dans l'acide nitrique étendu C'est un sel incolore, cristallisant en grands prismes rhombiques, fusibles à 208°; il est très soluble dans l'eau : 100 p. d'eau en dissolvent 200 p. à froid. Il est inaltérable à la lumière. L'industrie des plaques et des papiers photographiques en consomme des quantités considérables. Le nitrate d'argent est caustique; il est employé comme tel en médecine (pierre infernale).

Caractéres des sels d'argent. Ion $Ag^.$. — On les reconnaît au précipité de $AgCl$ insoluble dans les acides, soluble dans NH_3, qu'ils fournissent par addition d'un chlorure.

H_2S les précipite en noir (Ag_2S), KOH en brun (Ag_2O), NH_3 donne un précipité d'oxyde, qu'un excès de réactif redissout.

On dose l'argent à l'état de chlorure 100 p. de $AgCl$ correspondent à 75.27 Ag

518. Photographie. — Beaucoup de sels d'argent, mais surtout le chlorure et le bromure, sont sensibles à la lumière. Ils se décomposent en donnant de l'argent métallique, si l'illumination a été suffisamment prolongée. Tous les rayons lumineux n'ont pas une action identique; les rayons violets et bleus sont les plus actifs, les rayons rouges ont au contraire une action très faible.

La photographie est basée sur cette transformation des sels d'argent par la lumière. Comme le bromure d'argent est le plus sensible des sels d'argent, c'est lui que l'on emploie de préférence. On le précipite au sein d'une solution chaude de gélatine et l'on obtient ainsi une émulsion de bromure d'argent, à laquelle on fait subir un **murissage**. Le murissage est un ensemble d'opérations ayant pour but de rendre le sel d'argent plus sensible à l'action de la lumière. L'émulsion est ensuite refroidie, découpée en morceaux, lavée à froid, puis fondue à nouveau et coulée sur des plaques de verre ; elle durcit par refroidissement en formant une pellicule adhérente : la **couche sensible.**

Si l'on expose la plaque à l'action de la lumière pendant quelques instants, dans une chambre photographique, elle ne paraît pas modifiée, mais le sel d'argent a subi une transformation moléculaire plus ou moins profonde sur la nature de laquelle on n'est pas encore définitivement fixé. Cette transformation, qui donne naissance à l'**image latente,** rend le bromure d'argent susceptible d'être réduit par certains corps réducteurs (hydroquinone, acide pyrogallique, etc.), qui sont sans action sur le bromure non illuminé et qu'on appelle des **développateurs.** Ceux-ci réduisent le sel d'argent à l'état d'argent métallique, d'autant plus énergiquement que l'action de la lumière a été plus intense. Quand le développement est terminé, il faut enlever le bromure d'argent non transformé, sinon la plaque ne pourrait être maniée à la lumière. Cette opération s'appelle le **fixage** : on plonge la plaque dans une dissolution d'hyposulfite de sodium.

On obtient ainsi un négatif ; la plaque est noire et opaque en tous les points qui ont subi l'action de la lumière.

L'hypothèse la plus accréditée sur la genèse de l'image latente consiste à admettre que le bromure d'argent est tranformé partiellement, sous l'action de la lumière, en bromure argenteux Ag_2Br et en brome, lequel est fixé par la substance constitutive de la pellicule (collodion, gélatine). Le bromure argenteux seul est réductible par les développateurs à l'état d'argent métallique ; ce dernier agit sur les molécules de bromure d'argent $AgBr$ avec lesquelles il est en contact, les amène à l'état de bromure argenteux, qui est réduit de rechef et ainsi de suite.

On conçoit que plus la substance émulsionnante fixe facilement le chlore ou le brome mis en liberté par l'action de la lumière, plus l'émulsion sera sensible. La gélatine est à cet égard bien supérieure au collodion, aussi le **procédé au gélatino-bromure** (émulsion d'AgBr dans la gélatine), a-t il supplanté tous les autres, la durée d'illumination pouvant être réduite dans des proportions énormes (jusque moins de 0,001 seconde).

Pour avoir une épreuve positive, on place sous la plaque une feuillé de papier recouverte d'une couche sensible ; partout où la lumière passe à travers le négatif, le papier est impressionné. Il existe des **papiers à développement** et des **papiers à virage**. Dans les premiers, l'illumination ne dure que quelques instants et le papier est développé comme une plaque. Les noirs de l'épreuve correspondent aux blancs du négatif, c'est-à-dire aux parties de celui-ci qui n'avaient pas été illuminées.

Dans les papiers à virage, on laisse la lumière agir un temps suffisant pour provoquer une décomposition profonde et visible du sel d'argent (AgBr, AgCl ou citrate d'argent) ; le dépôt d'argent n'est pas dû à l'action d'un développateur, mais à celle de la lumière elle-même. Quand l'impression est suffisante, on traite le papier par un sel d'or ou de platine (virage) ; l'argent déplace ces métaux et il se produit ainsi une image formée d'un dépôt d'or ou de platine, beaucoup moins altérable que l'argent (L'excès de sel d'argent est enlevé par fixage.)

OR, Au.

P. A. 195.74. (197).

519. L'or se trouve surtout à l'état natif, presque toujours inclus dans des roches quartzeuses. On le trouve fréquemment à l'état libre ou combiné dans certains sulfures, comme la pyrite ; les minerais transvaaliens sont presque tous pyriteux et les produits de grillage des pyrites européennes sont parfois assez aurifères pour comporter l'extraction du métal précieux.

La désagrégation des quartz aurifères par les eaux pluviales permet l'entraînement des paillettes d'or par les torrents ; ces paillettes très denses se déposent dans les endroits où la vitesse de l'eau n'est plus suffisante et il se forme ainsi des alluvions aurifères parfois très riches, qu'on appelle **placers**.

Extraction de l'or. — Lorsque l'or est en paillettes suffisamment lourdes, comme c'est le cas dans les alluvions aurifères, on le sépare mécaniquement en lavant à l'eau le minerai pulvérisé au besoin ; la gangue pierreuse est entraînée tandis que l'or, beaucoup plus dense, reste dans l'appareil de lavage.

Ce procédé, qui donne lieu à des pertes assez fortes, ne convient plus quand l'or est très divisé ou qu'il est engagé dans des minerais sulfurés. L'extraction du métal se fait alors par des procédés chimiques : l'**amalgamation**, la **cyanuration** et la **chloruration**. Actuellement on combine généralement les trois procédés.

Le minerai pour être exploitable doit renfermer plus de 8 grs d'or à la tonne; les gisements transvaaliens, les plus importants à l'heure actuelle, renferment habituellement de 20 à 30 grs d'or à la tonne.

La roche quartzeuse, désagrégée à la dynamite, est d'abord concassée dans des broyeurs à mâchoires. On l'introduit ensuite dans un mortier en fer (v. fig. 70) où elle est broyée sous un filet d'eau, par percussion d'un pilon très lourd. Il se fait ainsi une bouillie très fluide (pulpe) qui s'échappe continuellement à travers un tamis T placé latéralement, tandis qu'on recharge de nouvelles quantités de minerai par l'entonnoir E.

La bouillie se déverse sur un plan incliné formé de plaques de cuivre amalgamé; l'or divisé s'allie au mercure. On racle l'amalgame d'or formé et on extrait l'or par distillation.

Fig. 70.

On recueille ainsi environ les 3/4 de l'or contenu dans le minerai; les résidus, appelés « tailings », subissent une lévigation qui a pour effet de les concentrer, l'eau entraînant les particules terreuses plus légères. On arrive ainsi à éliminer 90 °/₀ de la gangue.

On épuise ces « concentrates » par le cyanure de potassium (Procédé de Forest) ; on emploie une solution de cyanure double de potassium et de sodium à 3 °°/₀₀. L'or est soluble dans les solutions de cyanure de potassium KCN, en présence de l'oxygène de l'air. Il se forme d'abord du cyanure d'or, de la potasse caustique et de l'eau oxygénée :

$$2Au + 2KCN + 2H_2O + O_2 = 2AuCN + 2KOH + H_2O_2.$$

L'eau oxygénée permet l'attaque d'une nouvelle quantité d'or :

$$2Au + 2KCN + H_2O_2 = 2AuCN + 2KOH.$$

Le cyanure d'or se combine au cyanure de potassium pour former un cyanure double soluble :

$$AuCN + KCN = K.[Au(CN)_2].$$

L'opération se fait dans de vastes réservoirs en tôle, munis d'un faux fond qui permet de soutirer la solution. Celle-ci est mise au contact de lames de zinc : l'or est précipité à l'état métallique.

Le dépôt d'or spongieux que l'on obtient est séché et fondu sous une couche de borax.

L'inconvénient du procédé réside dans la grande altérabilité du cyanure qui, d'une part s'oxyde à l'air en donnant du cyanate KOCN inactif, et d'autre part est décomposé par CO_2 en donnant de l'acide prussique HCN, excessivement vénéneux.

L'extraction de l'or par cette méthode a donné un développement énorme à l'industrie des cyanures (v. Chimie organique.)

Le cyanure de potassium n'enlève pas l'or aux minerais sulfurés. Pour travailler de tels minerais, ou bien on les grille après concentration et on les épuise ensuite par amalgamation ou par cyanuration. Ou bien on opère par chloruration (procédé de Plattner) ; le produit de grillage est délayé dans l'eau ; la boue très liquide est versée dans des bacs en bois dans lesquels on fait arriver un courant de chlore. L'or se transforme en $AuCl_3$ soluble. La solution est traitée par un sel ferreux qui précipite l'or à l'état métallique ;

$$Au^{\cdots} + 3Fe^{\cdot\cdot} = 3Fe^{\cdots} + Au.$$

Les principaux pays producteurs d'or sont : le Transvaal (160.000 kil.), la Californie (130.000 k.), l'Australie (130.000 k.) et la Russie (37.000 k.), l'Alaska (Klondyke). Ces productions se rapportent à l'année 1905. La valeur de la production mondiale a atteint cette année 1900 millions de francs ; elle a dépasé 2 milliards en 1906.

520. L'or est un métal jaune, assez mou, d'une densité de 19,33. C'est le plus ductile des métaux ; on peut le battre en feuilles ayant 0,0001 mm. d'épaisseur et qui sont transparentes à la lumière ; elles laissent passer une lumière verte. L'or fond à 1064°.

L'or est inaltérable à l'air, inattaquable par les acides, sauf par l'eau régale, qui le transforme aisément en chlorure. Il est attaqué par le chlore et le brome. Il s'allie facilement à l'argent, au mercure et au cuivre. Les alliages de cuivre et d'or sont plus durs, plus rouges que l'or pur.

L'or est l'étalon monétaire, 1 kilogr. d'or fin vaut 3340 francs.

Les monnaies d'or contiennent $^{900}/_{1000}$ d'or et 10 %. de cuivre; l'or à 18 carats contient $^{750}/_{1000}$, à 14 carats $^{585}/_{1000}$ d'or.

Outre ses usages dans la fabrication des monnaies et dans la joaillerie, l'or sert à la confection de cornues pour la concentration de l'acide sulfurique, auquel il résiste mieux que le platine. Les sels d'or sont employés en photographie (v. **518**), ainsi que pour la dorure des porcelaines.

L'or forme deux espèces de combinaisons; dans les premières, du type AuR, il est monovalent; dans les secondes, du type AuR_3, il est trivalent. Si l'or est l'un des plus métalliques parmi les métaux au point de vue physique, ses propriétés chimiques en font le dernier des métaux : il ne forme pas de sels et l'hydroxyde $Au(OH)_3$ se comporte comme un acide. Toutes les combinaisons de l'or, chauffées, se dédoublent en laissant un résidu d'or métallique.

La seule combinaison importante de l'or est le trichlorure $AuCl_3$, que l'on obtient en chauffant l'or dans un courant de chlore. Quand on dissout l'or dans l'eau régale, on obtient des cristaux bruns, déliquescents de la formule $HCl.AuCl_3$, ou plus exactement, $HAuCl_4$, le chlorure d'or du commerce. Ce corps se comporte comme un acide monobasique; il renferme l'anion $AuCl_4'$ qui donne des sels bien cristallisés.

Tous les corps réducteurs précipitent l'or métallique de ses combinaisons.

On dose l'or à l'état de métal : on dissout l'essai dans l'eau régale et on précipite l'or soit par le sulfate ferreux (v. **519**), soit par l'acide oxalique $C_2H_2O_4$.

Métaux alcalino-terreux.

521. Ce groupe forme une famille très homogène de trois métaux bivalents, puissamment métalliques, qui décomposent l'eau à la température ordinaire. Leur affinité pour l'oxygène est telle qu'on ne peut les obtenir en réduisant leurs oxydes par le carbone. Cette réduction n'est en effet possible qu'à la température du four électrique, mais à cette température le carbone en excès se combine au métal pour former un carbure de la formule MC_2.

Les oxydes de ces métaux décomposent l'eau en se transformant en hydroxydes, lesquels sont peu solubles.

Les sulfates alcalino-terreux sont insolubles dans l'eau.

Le calcium et le strontium ont plus d'analogies entre eux que le baryum et le strontium; le baryum est d'ailleurs beaucoup plus métallique que ses congénères.

CALCIUM Ca.

P. A. 39.76 (40).

522. Le calcium est un des métaux les plus répandus dans la nature; on le rencontre surtout à l'état de carbonate, de sulfate et de phosphate.

On peut préparer le calcium en fondant de l'iodure de calcium sec avec du sodium en excès. Il se fait de l'iodure de sodium et le calcium formé se dissout dans le sodium; il s'en sépare par refroidissement à l'état cristallin. On traite la masse par l'alcool absolu, qui dissout l'iodure de sodium et transforme le sodium en alcoolate de sodium soluble dans l'alcool; le calcium reste comme résidu.

On obtient aujourd'hui industriellement le calcium en électrolysant du chlorure de calcium fondu, ou un mélange de chlorure (100 p.) et de fluorure (16 p.) de calcium. On opère dans un creuset de charbon qui sert d'anode; la cathode est formée d'une tige de fer. On emploie un courant de 30 amp. sous une force électromotrice de 30 volts.

Le calcium est un métal d'un blanc d'argent, d'une densité de 1,52, qui fond à 770°. Sa dureté est supérieure à celle du plomb. L'air sec ne l'altère pas à froid; il se combine à chaud avec dégagement de lumière à la plupart des métalloïdes.

On prépare tous ses sels par l'action de l'acide correspondant sur le carbonate.

Hydrure de calcium. — Le calcium fondu se combine énergiquement à l'hydrogène pour former un **hydrure** CaH_2, qui est décomposé par l'eau avec production d'hydrogène et de chaux éteinte. Cet hydrure est fabriqué industriellement et vendu sous le nom d'**hydrolithe**; il sert à la préparation de l'hydrogène.

Fluorure de calcium $CaFl_2$. — On rencontre abondamment la fluorine dans les filons. Elle cristallise en gros cubes ou en octadres transparents, souvent colorés en bleu ou en jaune. Elle doit son nom au phénomène de fluorescence qu'elle présente souvent quand on la chauffe. On obtient artificiellement le fluorure de calcium sous forme d'un précipité cristallin par l'action de l'ion Fl' sur l'ion $Ca^{..}$. Il est très peu soluble dans l'eau (0,016gr au litre) et se dissout dans les acides forts. Il fond à 1330°; la vapeur d'eau le transforme au rouge en chaux et acide fluorhydrique.

Chlorure de calcium $CaCl_2$. — Quand on attaque le carbonate de calcium par l'acide chlorhydrique on obtient une solution qui, évaporée à chaud jusqu'à apparition d'une pellicule à la surface, se fige par refroidissement en une masse cristalline de $CaCl_2.6H_2O$. Ce corps est déliquescent et fond à 29,8°. En même temps, il se déshydrate et il se fait un hydrate $CaCl_2.4H_2O$ plus soluble, qui à 45.8°, perd encore deux molécules d'eau et devient $CaCl_2.2H_2O$. Celui-ci perd une molécule d'eau à 175°; mais l'hydrate $CaCl_2.H_2O$ ne peut s'obtenir qu'en vase clos; sa tension de dissociation étant de 840 mm. à la température de 175°, à laquelle il se forme. La solution saturée de chlorure de calcium bout à 169°. La courbe de solubilité du chlorure de calcium présente donc plusieurs points de transition (v. **464**).

Il existe un deuxième hydrate $CaCl_2.4H_2O$, isomère avec le premier et qui constitue une modification instable, il est par conséquent plus soluble; il se transforme par broyage en tétrahydrate stable.

On ajoute souvent du chlorure de calcium à l'eau, quand il est nécessaire de pouvoir porter celle-ci à des températures supérieures à 100°, sans être obligé d'opérer sous pression (Appareils de chauffage).

Chauffé au-dessus de 170° sous la pression atmosphérique, l'hydrate $CaCl_2.2H_2O$ perd son eau de cristallisation et se transforme en une masse poreuse, très déliquescente, que l'on peut granuler et qui sert à dessécher les gaz. Le chlorure de calcium fond à 723° en une masse cristalline blanche, employée à enlever l'eau aux liquides. Il est soluble dans l'alcool.

523. Oxyde de calcium, CaO. **Chaux vive.** — On obtient la chaux vive par la décomposition du calcaire (pierre à chaux) sous l'action de la chaleur. On entasse dans de vastes fours en maçonnerie des couches alternatives de combustible (coke, houille) et de pierre à chaux. L'allumage et le défournement se font par le bas. Sous l'action de la chaleur, le carbonate de calcium se dissocie en chaux et anhydride carbonique. Celui-ci est entraîné par le courant d'air qui règne dans le four et n'atteint pas la tension limite de dissociation. Il en résulte une transformation totale en chaux vive.

La chaux pure est une substance blanche, d'une densité de 3.3, amorphe, infusible aux plus hautes températures des fours usuels. Elle fond et peut même être volatilisée au four électrique.

Arrosée d'eau, elle se transforme avec dégagement important de chaleur et augmentation considérable de volume en hydroxyde de calcium, la chaux éteinte.

L'hydroxyde de calcium est blanc, pulvérulent, peu soluble dans l'eau (1/800.). Sa solution aqueuse constitue l'eau de chaux. On appelle lait de chaux une bouillie de chaux éteinte et l'eau.

L'hydroxyde de calcium se dissocie à chaud; la tension de dissociation atteint une atmosphère à 450°.

L'hydroxyde de calcium est une base forte et la moins chère de toutes les bases. Il sert à la préparation de la soude ou de la potasse caustique et par suite indirectement à l'obtention de tous les hydroxydes métalliques. La transformation $CaO + H_2O \rightarrow Ca(OH)_2$ est ainsi la réaction principale dont nous disposons pour former l'ion OH'.

524. Mortier. — La chaux éteinte est surtout employée dans la confection du mortier. Celui-ci est un mélange de chaux éteinte, de sable et d'eau.

La prise du mortier est due à une transformation de la chaux éteinte en carbonate de calcium par l'anhydride carbonique de l'atmosphère. L'eau de gâchage s'évapore d'abord partiellement. Cette évaporation rend la masse poreuse et permet à l'anhydride carbonique d'y pénétrer et de transformer la chaux en carbonate de calcium cristallin ; l'enchevêtrement des cristaux donne lieu à la production d'une masse solide et résistante. Comme l'eau de chaux produite par le gâchage est absorbée en partie dans les pores des matériaux de construction, les cristaux de carbonate de calcium se formeront à la fois dans la pâte du mortier et dans les portions superficielles des pierres à joindre. La masse de cristaux de carbonate de calcium est ainsi en partie engagée dans les pierres mêmes ; il en résulte une adhérence extraordinaire du mortier.

Le rôle du sable est purement physique ; il ne se combine pas à la chaux et peut être remplacé par des grains d'autre nature (cendres, etc.). L'introduction du sable a pour but de rendre la masse plus poreuse et de multiplier les surfaces d'adhérence des cristaux de carbonate de calcium avec des corps étrangers.

La prise du mortier peut durer des années ; elle se fait d'autant mieux que l'anhydride carbonique est plus abondant dans l'atmosphère ; elle donne lieu à une formation inévitable d'eau (suintement des murs) due à la réaction chimique :

$$Ca(OH)_2 + CO_2 = CaCO_3 + H_2O.$$

La chaux pure s'éteint vivement en augmentant beaucoup de volume (elle foisonne abondamment) ; la chaux éteinte qu'elle fournit est onctueuse au toucher. De là, le nom de **chaux grasse** que l'on donne aux chaux pures.

Si la pierre à chaux renferme beaucoup de matières étrangères, elle donne une **chaux maigre**, qui foisonne peu ou pas, s'éteint difficilement ; la chaux éteinte que l'on obtient est rude au toucher.

36

Quand la pierre à chaux contient de l'argile en quantité suffisante (au delà de 8 %), on obtient par calcination une chaux qui forme avec l'eau une pâte ayant la propriété de durcir spontanément, sans l'intervention de l'anhydride carbonique. Un tel mortier est dit **hydraulique**. La prise demande d'autant moins de temps que la teneur en argile est plus forte. Quand celle-ci dépasse 20 %, la prise se fait en quelques minutes et le produit est un **ciment**. Le **ciment romain** est obtenu en calcinant des calcaires argileux (ciment de Tournai).

Il ne suffit pas de mélanger de la chaux éteinte avec de l'argile pour former un ciment; l'argile doit avoir été cuite à haute température avec la chaux pour pouvoir être attaquée. La chaux désagrège l'argile (v. Silicates) et la transforme en silicate basique de calcium, $Ca_3SiO_5(3CaO.SiO_2)$, et aluminate de calcium $Al_2O_6Ca_3$ (v. Aluminium).

La prise est due à ce que ces corps fixent l'eau en se transformant en composés cristallins : $2CaSiO_3.5H_2O$ et $Al_2O_6Ca_3.3H_2O$; il se fait en même temps de l'hydroxyde de calcium; l'enchevêtrement des cristaux assure encore une fois l'adhérence et la rigidité de la masse.

Le **ciment Portland** est obtenu en cuisant à 1400° environ un mélange de calcaire (environ 75 %) et d'argile (25 %) ou d'un silicate semblable (briques pilées, etc.). On moule en briquettes et l'on cuit à une température suffisante pour que la masse s'agglutine par fusion partielle du silicate. Après cuisson, on broie au moulin à boulets et on tamise.

Certains silicates, très attaquables, possèdent la propriété de réagir sur la chaux éteinte à froid et de la transformer ainsi en un ciment. Tels sont le **trass** (Andernach), les **pouzzolanes**. Il suffit de les mélanger à de la chaux grasse pour obtenir un ciment.

525. Chlorure de chaux. — On appelle ainsi le produit que l'on obtient par l'action du chlore à froid sur la chaux éteinte humide. Malgré les nombreux travaux dont il a été l'objet, le chlorure de chaux est l'un des produits de la grande industrie chimique dont la constitution n'est pas encore élucidée d'une manière satisfaisante. Il semble formé essentiellement, non pas d'un mélange de chlorure et d'hypochlorite, mais d'un sel mixte $Ca\begin{smallmatrix}OCl\\Cl\end{smallmatrix}$, associé à une certaine quantié de chaux éteinte.

Le chlorure de chaux est une poudre blanche, ayant une légère odeur d'anhydride hypochloreux, et ne se dissolvant pas intégralement dans l'eau : il reste toujours un résidu de chaux éteinte insoluble.

Sa dissolution traitée par l'acide chlorhydrique ou carbonique ($H_2O + CO = H_2CO_3$) fournit, à l'état de chlore libre, tout le chlore renfermé dans le chlorure de chaux :

$$Cl' + OCl' + 2H\cdot = 2H_2O + Cl_2.$$

Le chlorure de chaux est le plus important des chlorures décolorants.

526. Sulfate de calcium $CaSO_4$. — On le trouve dans la nature (**anhydrite**). On rencontre en outre très abondamment le **gypse** : $CaSO_4.2H_2O$ ou **pierre à plâtre,** dont les échantillons translucides constituent l'albâtre. Le même hydrate s'obtient lorsqu'on précipite un sel de calcium par un sulfate soluble. Il est un peu soluble dans l'eau ($1/_{400}$). Les eaux qui en renferment sont dites séléniteuses ; elles doivent être rejetées comme eaux alimentaires et souvent comme eaux industrielles. Les incrustations de chaudière sont fréquemment dues au sulfate de calcium.

Chauffé à 107,3° le gypse se transforme par déshydratation en un hémihydrate $2CaSO_4.H_2O$, qui constitue le plâtre ordinaire. Le plâtre est une poudre blanche qui, au contact de l'eau, reprend rapidement $1\frac{1}{2}$ molécules d'eau de cristallisation. Lorsqu'on gâche le plâtre avec de l'eau, il fixe donc de l'eau de cristallisation ; si la quantité d'eau de gâchage n'est pas trop forte, toute la masse se prend rapidement (quelques minutes) en un conglomérat de cristaux ; le plâtre fait prise. Cette prise du plâtre est accompagnée d'une augmentation de volume qui rend la pâte éminemment propre au moulage. La prise rapide du plâtre est due au fait que l'hydrate $2CaSO_4.H_2O$ est plus soluble que le gypse. L'eau de gâchage dissout l'hémihydrate ; il se fait ainsi une solution sursaturée par rapport à l'hydrate $CaSO_4.2H_2O$ et celui-ci cristallise, puisqu'il constitue l'état d'équilibre stable au-dessous de 107° ; une nouvelle quantité de l'hémihydrate pourra donc se dissoudre et passer derechef à l'état de gypse et ainsi de suite jusqu'à transformation totale.

Quand le plâtre a été chauffé au-dessus de 130°, il devient complètement anhydre et perd la propriété de faire rapidement prise au contact de l'eau; il est brûlé. Il peut cependant s'hydrater à la longue, donnant une masse cristalline qui, se formant très lentement, est beaucoup plus dure que celle fournie par le plâtre ordinaire. L'anhydrite naturelle ne s'hydrate pas.

Le stuc est du plâtre gâché avec une solution de gélatine ou de colle; il est susceptible de prendre un beau poli.

527. Carbonate de calcium. Il existe sous deux formes cristallines : le **calcaire** ou **calcite** et l'**aragonite**. La première est de beaucoup la plus importante.

Le calcaire cristallise en rhomboëdres ; les cristaux transparents et bien définis constituent le spath d'Islande. Ils sont employés dans la construction des polarimètres (Nicols). Le marbre, la pierre de taille, le petit granit, sont du calcaire plus ou moins bien cristallisé, coloré souvent par des matières étrangères.

L'aragonite est plus rare; elle cristallise en prismes rhombiques et s'obtient artificiellement quand on précipite à chaud une solution d'un sel de calcium par un carbonate soluble.

$CaCO_3$ se trouve aussi en dépôts très abondants d'origine organisée, formés par les squelettes ou carapaces d'animaux. Généralement on n'y retrouve pas la forme cristalline quand ils sont d'origine assez récente. Dans les dépôts plus anciens, $CaCO_3$ a souvent pris la texture cristalline (petit granit).

Le carbonate de calcium commence à se dissocier d'une manière sensible vers 500°; à 812° la tension de dissociation est d'une atmosphère.

Le calcaire est soluble dans 56000 fois son poids d'eau pure; l'aragonite est un peu plus soluble. Le carbonate de calcium se dissout mieux dans l'eau chargée d'anhydride carbonique(v.**247**).

528. Carbure de Ca, CaC_2. — On l'obtient industriellement en chauffant jusqu'à fusion au four électrique un mélange de 100 p. de chaux avec 60 p. de poussière de charbon. L'opération exige une dépense considérable d'énergie électrique et n'est industriellement exécutable que dans les régions où l'on peut se procurer cette énergie à bon marché (chutes d'eau).

La réaction $CaO + 3C = CaC_2 + CO$ est fortement endothermique (-105350 cal.), ce qui explique qu'elle n'est possible qu'à des températures très élevées. De plus, elle est réversible. Quand l'oxyde de carbone est sous la pression atmosphérique, l'équilibre est réalisé à $1620°$. Au-dessus de cette température il se forme du carbure de calcium; à une température un peu inférieure, le carbure, chauffé dans une atmosphère d'oxyde de carbone, donne de la chaux et du graphite. Cette dernière transformation est exothermique et donne lieu à un phénomène d'incandescence très marqué. CaC_2 se présente comme une masse cristalline, dure, incolore et transparente quand il est pur; le produit industriel est le plus souvent coloré et opaque. Il se décompose au contact de l'eau et des acides en dégageant de l'acétylène C_2H_2 que l'on prépare de cette manière : un kil. de carbure pur donne 300 l. d'acétylène

$$CaC_2 + 2H_2O = Ca(OH)_2 + C_2H_2.$$

Phosphates de calcium. L'histoire des phosphates de calcium a déjà été faite en grande partie dans l'étude de l'acide phosphorique.

Le phosphate neutre, qui constitue la phosphorite et la partie essentielle du squelette des vertébrés, peut s'obtenir en précipitant un sel de calcium par le phosphate d'ammonium en présence d'ammoniaque.

Il existe des sels mixtes de calcium, dérivant à la fois de l'acide phosphorique et des acides fluorhydrique ou chlorhydrique. Ce sont les **apatites**. La fluorapatite, $Fl - Ca - PO_4 = Ca$. est un minéral très important, formant en Floride, en Espagne, des gisements considérables, et qui est employé à la fabrication des **superphosphates**. Le **phosphate bimétallique** de calcium $CaHPO_4$ forme deux hydrates $CaHPO_4.2H_2O$ et $2CaHPO_4.3H_2O$; ils sont très peu solubles dans l'eau.

Le **phosphate monométallique** $Ca(H_2PO_4)_2H_2O$ est très soluble, mais non hygroscopique quand il est pur : il constitue l'élément essentiel des superphosphates. On connaît aussi un phosphate de calcium dérivé de l'acide inconnu $(HO)_4P - O - P(OH)_4.Ca_4P_2O_9$ et qui constitue la base des scories Thomas (v. Fer). C'est un engrais phosphaté très recherché.

529. Caractères des sels de calcium (De l'ion Ca). — L'hydroxyde de calcium étant peu soluble, les solutions des sels de Ca précipitent par l'addition de NaOH ou de KOH, quand la dilution n'est pas trop forte. NH$_4$OH n'est pas une base assez puissante (suffisamment ionisée) pour précipiter les sels de calcium.

Les carbonates solubles donnent à froid un précipité floconneux de CaCO$_3$ amorphe, se transformant par le repos en cristaux de calcite. A 100°, il se produit un précipité cristallin d'aragonite.

L'acide sulfurique et les sulfates solubles précipitent CaSO$_4$. 2H$_2$O, pourvu que la dissolution soit suffisamment concentrée.

Le meilleur réactif du calcium est l'oxalate d'ammonium C$_2$O$_4$(NH$_4$)$_2$; il donne un précipité cristallin d'oxalate de calcium, insoluble dans l'eau et l'acide acétique, mais soluble dans les acides forts.

Les sels volatils de calcium colorent la flamme en rouge orangé.

On dose le calcium à l'état d'oxyde, de sulfate et de carbonate : 100 p. de CaO correpondant à 71.34 p. de Ca, 100 p. de CaSO$_4$ à 29.4 p., 100 p. de CaCO$_3$ à 40 p. de Ca.

STRONTIUM Sr.

P. A. 86.96. (87.6)

530. Ce métal est beaucoup moins répandu que le calcium ; ses principales combinaisons naturelles sont la **strontianite** SrCO$_3$ et la **célestine** SrSO$_4$. Il ressemble en tous points au calcium; ses sels ont les mêmes caractères ; ils se préparent aux dépens du carbonate et se distinguent des composés calciques correspondants par une moindre solubilité.

Le strontium se prépare par électrolyse du chlorure fondu.

Oxyde de strontium SrO. — Il se fait en décomposant le carbonate. Il réagit violemment sur l'eau pour donner l'**hydroxyde** Sr(OH)$_2$. Celui-ci est plus soluble que la chaux et forme un hydrate Sr(OH)$_2$.8H$_2$O cristallin, soluble dans 70 fois son poids d'eau à 15° et dans 2,4 fois son poids d'eau à 100°.

L'hydroxyde de strontium est employé dans l'industrie sucrière pour l'extraction du sucre des mélasses (v. chim. organ.).

On connaît un **bioxyde de strontium**, qui se forme par l'action de l'oxygène sur l'oxyde à température élevée (v. BaO_2).

Le **chlorure de strontium** $SrCl_2$ forme deux hydrates $SrCl_2.6H_2O$ et $SrCl_2.2H_2O$ peu solubles dans l'alcool. Ils ne sont pas déliquescents.

Le **nitrate de strontium** $Sr(NO_3)_2$ cristallise à chaud à l'état anhydre. A froid ses solutions saturées laissent déposer un hydrate $Sr(NO_3)_2.4H_2O$. Le nitrate de strontium est insoluble dans l'alcool.

On emploie ce sel en pyrotechnie (Flammes de Bengale).

Le sulfate de strontium est moins soluble que le sulfate de calcium (0,114 gr. au litre à 18°).

Les composés volatils de strontium communiquent à la flamme une magnifique coloration rouge.

BARYUM Ba.

P. A. 136.39 (137.4).

531. Se trouve surtout à l'état de **barytine** $BaSO_4$ et de **withérite** $BaCO_3$.

Le baryum se distingue de ses congénères par un caractère métallique plus accusé ; la chaleur de formation de ses combinaisons avec les métalloïdes est sensiblement plus forte que celle des dérivés de calcium et de strontium correspondants. Ses sels sont aussi beaucoup moins solubles. Tous les composés solubles de baryum sont très vénéneux, tandis que les sels de calcium et de strontium sont presque inoffensifs.

Le point de départ de la préparation des sels de baryum est le sulfate. Comme ce corps est inattaquable par tous les acides on doit d'abord le transformer en sulfure en le réduisant au rouge par le charbon :

$$BaSO_4 + 4C = BaS + 4CO.$$

Le sulfure de baryum traité par un acide se transforme en sel de baryum correspondant.

On obtient le baryum métallique par électrolyse d'une solution saturée de chlorure de baryum, la cathode étant formée de mercure. **Il se fait un amalgame de baryum, que l'on soumet à la distillation.**

Il faut chauffer à 850° pour éliminer complètement le mercure. On opère dans une atmosphère d'hydrogène.

Le baryum a une densité de 4. Il fond au-dessous de 1000° et se volatilise déjà facilement à 1150°.

Il attaque violemment l'eau et l'alcool, même à froid.

532. Oxyde de baryum BaO. — On ne peut obtenir cet oxyde en chauffant le carbonate, la tension de dissociation de ce sel étant trop faible. Mais en le chauffant avec du charbon au rouge blanc, on réduit l'anhydride carbonique à l'état d'oxyde de carbone, on rompt l'équilibre de dissociation :

$$BaCO_3 + C \rightleftharpoons BaO + 2CO$$

et l'on obtient de l'oxyde de baryum. On prépare encore cet oxyde par calcination du nitrate de baryum.

L'oxyde de baryum est une masse blanche, presqu'infusible et qui se combine à l'eau avec une énergie extrême pour se transformer en hydroxyde.

Hydroxyde de baryum $Ba(OH)_2$. — On le prépare par l'action de la vapeur d'eau sur un mélange de carbonate de baryum et de charbon chauffé au rouge blanc (v. BaO).

L'hydroxyde de baryum est, à l'encontre des hydroxydes de calcium et de strontium, complètement indécomposable par la chaleur. Il est relativement soluble dans l'eau. Sa solution laisse déposer par évaporation des cristaux tabulaires d'un hydrate $Ba(OH).8H_2O$, solubles dans 20 p. d'eau froide, dans 3 p. d'eau bouillante.

La baryte caustique est, avec les bases alcalines, la plus puissante de toutes les bases. On l'emploie en acidimétrie et dans le dosage de l'anhydride carbonique, qui la précipite à l'état de carbonate de baryum insoluble. Sa solution aqueuse est l'**eau de baryte**.

Lorsqu'on traite une solution concentrée de baryte caustique par l'eau oxygénée, on obtient un précipité cristallin blanc d'**hydrate de bioxyde de baryum** $BaO_2.8H_2O$. Le bioxyde de baryum lui-même se prépare par l'action de l'oxygène sur l'oxyde. Cette réaction a été étudiée antérieurement (v. **79 et 110**).

Chlorure de baryum $BaCl_2$ (Préparation : BaS ou $BaCO_3 + 2HCl$.) — Il cristallise de ses solutions aqueuses en tables rhombiques renfermant deux molécules d'eau de cristallisation. Ce sel hydraté est soluble dans 3 fois son poids d'eau à 10°; il est insoluble dans l'alcool (comparer $CaCl_2$ et $SrCl_2$) et dans les solutions d'acide chlorhydrique (v. **196**).

Nitrate de baryum (Préparation : $BaCO_3 + 2HNO_3$). Il cristallise en octaèdres. 100 p. d'eau en dissolvent 8 p. à 15°, 32 p. à 100°. Il est insoluble dans l'acide nitrique. On l'utilise en pyrotechnie.

Sulfate de baryum $BaSO_4$. La barytine forme de grands cristaux rhombiques très denses (D = 4.5). Quand on ajoute un sulfate soluble à une dissolution d'un sel de baryum, on obtient le sulfate de baryum sous forme d'un précipité blanc cristallin, insoluble dans l'eau et les bases. Il exige 434000 fois son poids d'eau pour se dissoudre. Il est un peu plus soluble dans l'acide chlorhydrique concentré, beaucoup plus dans l'acide sulfurique concentré (10 %).

On l'emploie sous le nom de **blanc fixe** comme couleur blanche, pour remplacer la céruse sur laquelle il a l'avantage de ne pas noircir par l'hydrogène sulfuré et d'être beaucoup moins vénéneux. Par contre, il ne couvre pas aussi bien. On l'utilise encore dans l'apprêtage du papier.

Le **carbonate de baryum** ($BaCO_3$) naturel constitue la withérite. Il cristallise en prismes rhombiques, isomorphes avec la célestine et l'aragonite.

Caractères des sels de baryum. — Les sels de baryum se distinguent des sels de calcium et de strontium par les caractères suivants :

Ils précipitent par H_2SiFl_6 en donnant $BaSiFl_6$ insoluble dans l'eau et les acides.

Ils donnent, avec les chromates solubles, un précipité jaune de $BaCrO_4$. Les sels volatils de baryum colorent la flamme en vert.

On dose le baryum à l'état de sulfate. 100 p. de $BaSO_4$ correspondent à 58,82 p. de Ba.

533. Le tableau ci-dessous donne les chaleurs de formation de quelques composés des trois métaux alcalino-terreux. Les données thermiques relatives au baryum sont sujettes au doute, attendu qu'on n'a pas encore pu obtenir du baryum pur.

	Solide.	Dissous.		Solide.	Dissous.
Fluorure de baryum	223.900	—	Hydroxyde de baryum	220.200	230.500
— strontium	225.800	—	— strontium	217.300	227.400
— calcium	218.400	—	— calcium	214.800	218.600
Chlorure de baryum	197.100	199.000	Sulfate de baryum	339.400	—
— strontium	184.700	195.800	— strontium	339.200	—
— calcium	169.900	187.400	— calcium	317.400	—
Oxyde de baryum	133.400	—	Nitrate de baryum	227.200	317.900
— strontium	131.200	—	— strontium	219.900	214.000
— calcium	131.500	—	— calcium	203.000	206.000

RADIUM Ra (?)

P. A. 224 (?)

534. La découverte de ce corps énigmatique étant intimement liée aux phénomènes de radioactivité qu'il manifeste, nous dirons quelques mots de ces manifestations curieuses de l'énergie.

Radioactivité. — Becquerel observa en 1896 que les composés d'urane ont la propriété d'impressionner les plaques photographiques et de rendre l'air conducteur de l'électricité, cette conductibilité électrique se manifestant notamment par la décharge d'électroscopes placés dans leur voisinage ; leur action est en somme très semblable à celle des rayons X.

Nous avons déjà dit (v. **186**) que l'on admet actuellement qu'une charge électrique résulte de la réunion d'un certain nombre de masses électriques très petites, d'électrons positifs ou négatifs.

Ces électrons, que l'on pourrait aussi appeler atomes électriques, ont, comme les atomes matériels, la faculté d'attirer soit d'autres électrons, soit des atomes matériels. Ils sont monovalents vis-à-vis de ces derniers et leur combinaison avec un atome chimique constitue un ion. En s'unissant avec un électron de signe contraire, ils engendrent une « *molécule* » d'électricité neutre. Celle-ci peut être dédoublée ; si les électrons qui résultent de ce dédoublement restent fixés sur un objet matériel, celui-ci est électrisé positivement ou négativement.

Mais les électrons peuvent aussi exister indépendants, sans être combinés sous forme d'ions ou fixés sur un objet matériel. Il suffit qu'ils soient animés d'une vitesse suffisante pour qu'ils puissent se détacher du support matériel auquel ils sont liés.

C'est le fait que l'on observe dans les rayons cathodiques, qui sont constitués par une projection d'électrons négatifs émanés de la cathode et animés d'un mouvement de translation dont la vitesse peut atteindre celle de la lumière.

Jusqu'à présent, on n'a pu observer que les électrons négatifs à l'état indépendant d'un support matériel. Les électrons positifs sont fixés beaucoup plus énergiquement par la matière et n'ont pas encore pu en être séparés.

535. Lorsqu'un électron négatif projeté par une décharge électrostatique suffisamment puissante pénètre dans un gaz, il peut, grâce à l'énergie cinétique énorme qu'il possède, amener la dislocation de molécules électriques neutres ; les électrons positifs et négatifs qui se produisent ainsi se fixent immédiatement sur des molécules gazeuses voisines ; il en résulte la formation de molécules gazeuses électrisées positivement ou négativement et qu'on appelle **ions gazeux**. La production de ces ions gazeux communique au gaz une conductibilité qui fait que des corps électrisés se déchargent dans un gaz ionisé. Cette conductibilité est temporaire ; peu à peu, les ions positifs et négatifs, agissant les uns sur les autres par attraction électrostatique, se neutralisent réciproquement : il se refait des molécules d'électricité neutre.

On a pu établir que les électrons négatifs ont une certaine masse, celle-ci est égale à environ $1/2000^e$ de celle d'un atome d'hydrogène.

536. Ce ne sont pas seulement les décharges dans les tubes de Plücker qui ont la faculté de provoquer l'émission d'électrons libres ; les composés d'urane jouissent de la même propriété, mais l'énergie radiante qu'ils fournissent résulte d'un phénomène plus complexe que la simple projection d'électrons négatifs ; ils dégagent d'autres rayons que les rayons cathodiques.

Cette propriété d'émettre des corpuscules électrisés, d'impressionner la plaque photographique et de rendre l'air conducteur, est appelée radioactivité. Elle se présente avec son maximum d'intensité chez les composés de radium, mais se retrouve à un moindre degré dans les composés d'urane, de thorium et de quelques autres corps encore peu connus, tels l'actinium, le polonium.

537. M. et M⁰ᵉ Curie avaient observé que des sels de baryum extraits des minerais d'urane (Pechblende de Joachimsthal), possédaient une radioactivité bien supérieure à celle des composés d'urane. Par un travail très délicat et très pénible, ils parvinrent à séparer de ces sels de baryum, transformés en bromure, une minime quantité d'un bromure dont la radioactivité était extraordinairement prononcée et n'augmentait plus par de nouvelles tentatives de purification.

Ce sel était caractérisé par un spectre spécial; il paraissait donc être un individu chimique défini. M. et M⁰ᵉ Curie donnèrent le nom de radium au nouvel élément que ce composé devait renfermer.

L'excessive rareté du radium (une tonne de pechblende n'en fournit que quelques décigrammes) n'a pas permis d'en faire l'étude chimique d'une manière sérieuse; on sait qu'il forme un **sulfate insoluble** comme le sulfate de baryum et dont la composition assignerait au radium un poids atomique de 225.

Notre manque de connaissances chimiques relatives au radium ne permet pas d'affirmer avec certitude que ce corps est bien un élément, un vrai corps simple. Il est même probable qu'il n'en est pas ainsi, ce que tendent à prouver les phénomènes remarquables qui accompagnent la radioactivité du radium.

Les sels de radium émettent trois radiations différentes :

1° Des radiations constituées d'électrons négatifs et qu'on désigne sous le nom de rayons β; ceux-ci semblent identiques aux rayons cathodiques et traversent comme eux une plaque épaisse d'aluminium.

2° Des radiations γ, résultant d'une modification des rayons β et qui sont encore plus pénétrants que ces derniers, mais ils ne se laissent pas dévier dans un champ magnétique. Ils sont de même espèce que les rayons X.

3° Les rayons α, qui sont au point de vue chimique les plus intéressants. Ces rayons sont en effet constitués par des ions gazeux, animés d'une vitesse énorme (2.5×10^9 cm. par seconde) et qui résultent de la fixation d'un électron positif sur une molécule monoatomique d'hélium.

Les radiations β et γ seules traversent le verre; il en résulte qu'un échantillon de bromure de radium conservé dans un tube de verre, perd de l'électricité négative. Comme des trois formes de radiation, les radiations α sont de beaucoup prépondérantes, le bromure de radium se charge ainsi d'électricité positive.

L'atome (?) de radium se décompose donc d'une manière continue en atomes d'hélium chargés d'électricité positive. Mais ce n'est pas là le seul produit de dédoublement. En même temps, se dégage un autre produit gazeux de décomposition, que l'on a appelé l'émanium ou radium α et que l'on peut condenser à -150°, tandis que l'hélium résiste à la liquéfaction.

L'émanium ne se conserve pas. Au bout de 4 ans, il s'est transformé en un corps solide, le radium A, et en hélium électrisé, en émettant donc des rayons α. La durée d'existence du radium A est extrêmement courte; en 3 minutes il se transforme par perte de rayons α en radium B. Celui-ci est dénué de radioactivité, mais après 2 minutes, il se transforme en radium C, radioactif et qui émet les 3 espèces de radiations. Après 28 minutes, le radium C est devenu du radium D, inactif, qui en 40 ans se transformerait intégralement en radium E, lequel émet des rayons α, β et γ et après 6 jours passe à l'état de radium F, probablement identique au polonium. Ce dernier se transforme en 143 jours, en perdant des rayons α (hélium) en un produit inactif qui n'a pas encore pu être étudié convenablement et que nous appellerons radium X. Quant à la durée de transformation du radium primitif en radium α et en hélium, elle atteindrait 1300 ans d'après Rutherford, le savant auquel on doit l'étude la plus complète de l'évolution successive du radium.

Si le radium n'a qu'une existence assez courte, on peut se demander comment cet élément (?) existe encore à la surface du globe. On suppose que le radium est lui-même un produit de transformation très lente de l'urane dont le dédoublement exigerait 500.000.000 d'années, donnée déduite de la radioactivité comparée de l'urane et du radium. Il se reformerait ainsi constamment de petites quantités de radium aux dépens des composés d'urane.

L'interprétation la plus satisfaisante du mécanisme du dédoublement du radium, consiste à admettre que ce corps n'est pas un élément, mais un radical, résultant de l'union de l'hélium avec un élément sur la nature duquel on n'est pas encore fixé, peut-être le radium X.

Ce radium serait ainsi l'analogue de l'ammonium, ou mieux du **sulfinium** $SH_3^{\cdot}$, radical inconnu mais dont on connaît des dérivés organiques.

Supposons que l'ion sulfinium $SH_3^{\cdot}$ puisse se dédoubler en H_2S, corps électriquement inactif et en un ion $H^{\cdot}$ libre et à l'état gazeux. Cet ion $H^{\cdot}$, c'est-à-dire la combinaison d'un atome d'hydrogène avec un électron positif, sera complètement analogue aux radiations α et l'hydrogène sulfuré au radium inactif B.

L'ionisation de l'hydrogène sulfuré, suivie de l'émission de deux ions gazeux et libres $H^{\cdot}$ et de la perte par l'ion de soufre restant de ses deux électrons négatifs, fournirait à la fois des radiations α et des radiations β (électrons négatifs). Cette décomposition serait absolument correspondante à la transformation du radium B en radium C, puis en radium D. Celui-ci correspondrait au soufre libre, inactif, seulement ce dernier est dans le cas de l'ion sulfinium le terme ultime de dédoublement, tandis que le radium D peut encore subir une simplification.

Le dédoublement du radium avec production d'électrons positifs et négatifs, a conduit certains savants à émettre l'hypothèse que ceux-ci constitueraient la matière primordiale dont seraient formés les atomes de tous les éléments (v. **455**). L'avenir démontrera peut-être si cette hypothèse est fondée.

538. L'émanation du radium isolée se dédouble spontanément en hélium et radium A. Mais en présence de l'eau, au lieu de donner de l'hélium elle forme du néon; au contact du sulfate de cuivre de l'argon. Seulement l'énorme dégagement d'énergie qui accompagne le dédoublement de l'émanium, déterminerait, selon Ramsay, une décomposition de l'atome de cuivre en lithium et en sodium. Ce serait là le premier exemple du dédoublement d'un élément en un autre de poids atomique plus faible.

Il est à remarquer que les trois produits gazeux de dédoublement de l'émanation sont tous trois des argonides et que, si les expériences de Ramsay sont confirmées, le cuivre se scinde en deux éléments appartenant au même groupe que lui dans le système de Mendelejeff. Les résultats obtenus par Ramsay seraient ainsi une confirmation remarquable de la valeur scientifique de cette classification et de l'hypothèse que nous venons de signaler sur la constitution des éléments.

Famille du magnésium.

539. Cette famille comprend cinq métaux : le béryllium, le magnésium, le zinc, le cadmium et le mercure. Les analogies entre les quatre premiers éléments sont très grandes; ce sont des métaux à caractère métallique franchement accusé, surtout chez le magnésium qui fait d'ailleurs transition entre ce groupe et la famille des métaux alcalino-terreux ; quant au mercure, il se rattache plutôt au groupe du cuivre.

BÉRYLLIUM Be.

P.A. 9.01.

540. Le béryllium, appelé aussi glucinium, est un métal rare que l'on trouve surtout à l'état d'émeraude ou de béryl, silicate double d'aluminium et de béryllium.

On désagrège ce silicate par fusion avec du carbonate de potassium et on reprend la masse par l'acide sulfurique. On précipite dans la dissolution l'aluminium par le carbonate d'ammonium en excès; le béryllium reste dissous dans la solution alcaline. On acidifie par HCl et on précipite enfin par l'ammoniaque le béryllium à l'état d'hydroxyde.

On obtient le métal en réduisant l'oxyde par le magnésium.

Le béryllium est un métal blanc, ductile, d'une densité de 1.8, un peu plus fusible que l'argent. Il ne s'altère pas à l'air, à froid, et ne décompose pas l'eau, même à 100°.

Son activité chimique est bien moindre que celle du magnésium et par de nombreux caractères il se rapproche de l'aluminium. Ce fait est à rapprocher des analogies du lithium avec les alcalino-terreux (v. **462**).

L'oxyde de béryllium BeO est difficilement soluble dans les acides; l'hydroxyde $Be(OH)_2$ est un précipité blanc gélatineux soluble dans les acides et dans les alcalis. Il peut donc s'ioniser suivant le type acide et former un ion BeO_2'' qui engendre des sels en s'unissant aux ions positifs (v. aussi Zn et Sb). Mais ces sels sont fortement hydrolysés et l'ébullition de leurs dissolutions provoque la reprécipitation de l'hydroxyde $Be(OH)_2$.

Le **sulfate de béryllium** $BeSO_4$ cristallise avec 7 molécules d'eau; il est isomorphe avec le sulfate de magnésium.

Le carbonate de béryllium est soluble dans l'eau, ce qui différencie nettement le béryllium des autres métaux du groupe III.

L'ion Be'' a une saveur sucrée; d'où le nom de glucinium que l'on a aussi donné à ce métal.

MAGNÉSIUM Mg.

P.A. 24.1. (24.36)

541. On rencontre surtout le magnésium à l'état de chlorure double de magnésium et de potassium, la **carnallite** $MgCl_2.KCl.6H_2O$, de carbonate, la **magnésite**; de carbonate double de magnésium et de calcium, la **dolomie**, l'une des roches les plus importantes de l'écorce terrestre et qui forme en certains pays des massifs montagneux énormes. On trouve aussi très abondamment des silicates de magnésium : la **serpentine**, $H_4Mg_3Si_2O_9$, orthosilicate acide; l'**écume de mer** $Mg_2Si_3O_8$, le **talc**, l'**asbeste**, etc. Certaines eaux de source contiennent du sulfate de magnésium.

On obtient le magnésium métallique en électrolysant la carnallite fondue dans un creuset en fer qui sert de cathode; l'anode est formée de charbon de cornue. On opère dans une atmosphère inerte (N ou H) pour empêcher le magnésium de s'oxyder. Pour purifier le métal on le distille.

Le magnésium est un métal blanc, d'une densité de 1.75, qui fond vers 750° et est volatil au rouge blanc. Il ne s'altère pas à l'air sec, mais se recouvre à l'air humide d'une couche d'oxyde qui le préserve d'une oxydation plus profonde. Ce métal est remarquable par son énorme affinité pour l'oxygène; aucun élément ne l'égale à cet égard: la formation d'une molécule-gramme de MgO dégage 143400 cal. Le magnésium brûle dans l'oxygène avec un éclat extraordinaire; la flamme est utilisée en photographie en raison de sa grande richesse en rayons actiniques. On a calculé que 10 °/₀ de l'énergie développée est dégagée sous forme d'énergie lumineuse. Le magnésium est à chaud un agent réducteur incomparable; il réduit tous les oxydes et est employé pour obtenir les éléments dont les oxydes ne se laissent pas réduire par le charbon (Bo, Si, **Cr**, etc.). Il brûle dans l'anhydride carbonique en mettant le carbone en liberté.

Le magnésium se combine au rouge naissant à l'azote pour donner un azoture, Mg_3N_2.

542. Oxyde de magnésium MgO. — On le prépare par la calcination du carbonate. C'est une poudre blanche amorphe légère qui devient compacte et cristalline à très haute température. La modification compacte cristalline est identique à la **périclase**, forme naturelle de la magnésie.

La magnésie est encore plus infusible que la chaux et comme, sous sa modification compacte, elle est inaltérable à l'air et à l'humidité, elle sert à la construction de briques pour les fours qui doivent résister à de très hautes températures (fours électriques, fours Martin).

Hydroxyde de magnésium $Mg(OH_2)$. — L'oxyde de magnésium léger se transforme au contact de l'eau en hydroxyde, lequel peut aussi s'obtenir par l'action des alcalis caustiques sur un sel soluble de magnésium. L'hydroxyde de magnésium est un corps amorphe, très peu soluble dans l'eau ($^1/_{100000}$.) Sa solution possède une réaction alcaline prononcée; $Mg(OH)_2$ est une base forte.

L'hydroxyde de magnésium est facilement soluble dans les solutions de sels ammoniacaux et ne se forme pas par l'action des bases sur les sels de magnésium en présence des sels ammoniacaux. L'action d'une base sur $MgCl_2$, par exemple, donne $Mg(OH)_2$ peu soluble qui précipite; il reste en solution un nombre restreint d'ions $Mg^{..}$ et OH'. Si l'on ajoute un sel ammoniacal, lequel est fortement ionisé, le produit des concentrations des ions OH' et $NH_4^.$ sera incompatible avec l'équilibre d'ionisation de NH_4OH, base faible. Les ions OH vont donc disparaître en grande partie, ce qui permettra à l'hydroxyde de magnésium de se dissoudre.

Chlorure de magnésium $MgCl_2$. — Quand on soumet la carnallite à l'action de l'eau surchauffée, elle se dédouble en KCl qui cristallise par refroidissement, et $MgCl_2$ que l on peut amener à cristallisation aux dépens de solutions très concentrées. On obtient ainsi des cristaux $MgCl.6H_2O$, déliquescents et qu'on ne peut déshydrater. L'eau hydrolyse en effet le chlorure de magnésium en donnant un oxychlorure :

$$2MgCl_2 + H_2O \rightleftharpoons Cl - Mg - O - Mg - Cl + 2HCl.$$

La réaction est réversible; on peut obtenir du chlorure de magnésium hydraté en dissolvant la magnésie dans l'acide chlorhydrique.

Pour préparer le chlorure de magnésium anhydre, on doit partir

37

du chlorure double de magnésium et d'ammonium. Les sels magnésiens forment avec les sels ammoniacaux des sels doubles de la
forme $MgR_2.NH_4.R$ qui sont beaucoup plus résistants à l'action
des réactifs que les sels de magnésium purs et qu'on peut notamment
déssécher sans qu'ils soient décomposés par l'eau. On prépare donc
$MgCl_2.NH_4Cl$, qu'on fait cristalliser, que l'on sèche et qu'on calcine.
NH_4Cl se sublime ; il reste du chlorure de magnésium anhydre.

Les solutions concentrées de chlorure de magnésium gâchées avec
de la magnésie donnent une pâte qui durcit rapidement par formation
d'oxychlorure de magnésium. Cette pâte sert à la fabrication de
pierres artificielles. L'oxychlorure de magnésium chauffé dans un
courant d'air, se décompose en MgO et Cl_2 (v. **121**).

543. Sulfate de magnésium. — Il forme avec l'eau plusieurs
combinaisons dont les plus importantes sont $MgSO_4.H_2O$, la
kieserite, sel peu soluble qui se rencontre abondamment à Stassfurt, et l'**epsomite** ou sel anglais $MgSO_4.7H_2O$.

La **kieserite** est peu soluble dans l'eau, insoluble dans les dissolutions de chlorure de sodium, ce qui permet sa séparation.
Elle cristallise dans le système monoclinique. Une ébullition prolongée avec l'eau la transforme en epsomite.

L'**epsomite** $MgSO_4.7H_2O$ ou sel anglais s'extrait de certaines
eaux minérales (Epsom). Elle est beaucoup plus soluble que la
kieserite et cristallise dans le système rhombique.

L'epsomite est le type d'une série isomorphe de sulfates de
métaux bivalents, cristallisant avec 7 molécules d'eau de cristallisation et qu'on appelle les **vitriols**. De ces 7 molécules d'eau, 6
s'éliminent facilement pour donner des sels du type de la kieserite,
la septième molécule est retenue beaucoup plus énergiquement.
Les métaux dont les sulfates peuvent former des vitriols sont :
$Mg^{..}$, $Zn^{..}$, $Cd^{..}$, $Fe^{..}$, $Co^{..}$, $Ni^{..}$, $Mn^{..}$, $Cr^{..}$, $Cu^{..}$. Les vitriols forment
avec les sulfates de K, Na, NH_4 des sulfates doubles cristallisant
avec six molécules d'eau.

Le sulfate double $K_2SO_4.MgSO_4.6H_2O$ est la **schœnite**. On l'obtient aux
dépens de la kaïnite $K_2SO_4. + MgSO_4 + MgCl_2 + 6H_2O$, en chauffant celle-ci sous
pression avec une solution de sulfate de magnésium. Il se fait du chlorure de
magnésium et un sel peu soluble, la langbeinite $K_2SO_4 2MgSO_4$. qui, au contact
de l'eau, se transforme en schœnite et sulfate de magnésium.

La schœnite sert de point de départ à la préparation du sulfate de potassium.

La **kaïnite**, (formule voir schœnite), l'un des plus importants parmi les sels extraits des gisements de Stassfurt, est utilisée comme engrais potassique.

Le sulfate de magnésium est employé pour l'apprêt des tissus, dans l'industrie des matières colorantes; tout le monde connaît son usage comme purgatif.

544. Carbonate de magnésium $MgCO_3$. — Le carbonate neutre de magnésium naturel est la **magnésite**. Il cristallise en rhomboèdres isomorphes avec la calcite.

Lorsqu'on fait agir de l'anhydride carbonique à refus sur de la magnésie en suspension dans l'eau, on obtient une solution de carbonate acide. Ce dernier, en se dissociant peu à peu, se transforme en carbonate neutre; au-dessous de 16°, il se dépose un hydrate $MgCO_3.5H_2O$ soluble dans 600 fois son poids d'eau et qui s'effleurit à l'air. Cet hydrate est beaucoup plus soluble dans les solutions de sulfate de magnésium. Au-dessus de 16°, se forme un hydrate $MgCO_3.3H_2O$.

En précipitant un sel de magnésium par un carbonate soluble, on obtient un précipité d'un carbonate basique, ou plus exactement un mélange, de composition variable, de carbonate et d'hydroxyde de magnésium.

La formation de l'hydroxyde est due à l'hydrolyse partielle du carbonate de sodium; comme l'hydroxyde de magnésium est beaucoup moins soluble que le carbonate; il précipite le premier, ce qui amène la disparition des ions OH' dans la solution de carbonate. D'où rupture de l'équilibre d'hydrolyse de Na_2CO_3 et formation de nouveaux ions OH' qui précipiteront à leur tour de l'hydroxyde de magnésium. L'hydrolyse étant fonction de la concentration, on comprend que la proportion d'hydroxyde de magnésium que renferme le précipité variera avec les conditions dans lesquelles la précipitation sera faite.

Le précipité obtenu est désigné en pharmacie sous le nom de **magnésie blanche**. Sa composition satisfait sensiblement à la formule $3MgCO_3.Mg(OH)_2.3H_2O$:

Caractères des sels de magnésium. — En l'absence de sels ammoniacaux, ils précipitent par la soude caustique en donnant $Mg(OH)_2$.

Na_2CO_3 donne un carbonate basique.

Les sulfures solubles précipitent $Mg(OH)_2$ (v. H_2S). :

$$MgCl_2 + Na_2S + 2H_2O = Mg(OH)_2 + H_2S + 2NaCl.$$

Tous ces caractères font défaut en présence de sels ammoniacaux.

Le vrai réactif des sels du magnésium est $(NH_4)_3PO_4$ qui précipite les sels magnésiens à l'état de $MgNH_4PO_4$ (v. H_3PO_4), précipité cristallin insoluble dans l'eau et dans l'ammoniaque.

Les sels de magnésium ne sont pas vénéneux, mais ils possèdent une saveur amère désagréable (Eau de mer).

On dose le magnésium à l'état de pyrophosphate de magnésium $Mg_2P_2O_7$, qui s'obtient par calcination du phosphate ammoniaco-magnésien; 100 p. $Mg_2P_2O_7$ correspondent à 21, 868 p. de magnésium.

ZINC, Zn.

P.A. 64.91 (65.4).

545. Le zinc se rencontre surtout à l'état de **sulfure (blende)**, de **smithsonite** $ZnCO_3$, appelée calamine par les mineurs. Les gisements zincifères les plus importants de l'Europe se trouvent à la région frontière de la Prusse et de la Belgique (Province de Liége) et en Silésie.

La blende est le principal minerai de zinc. La métallurgie du zinc est basée sur la volatilité du métal. On transforme d'abord le minerai en oxyde par grillage (v. H_2SO_4); on réduit ensuite l'oxyde par le charbon. La réduction de l'oxyde de zinc est difficile; il ne se forme pas d'anhydride carbonique, mais de l'oxyde de carbone. Les vapeurs de zinc qui s'échappent sont condensées par des dispositifs variables suivant les pays. Dans le procédé belge, on chauffe l'oxyde de zinc avec du charbon dans des cornues tubulaires en grès réfractaire (fig. 71). Ces cornues ont environ 1 m. de long et 15 cm. de diamètre intérieur; on adapte à l'ouverture une rallonge conique, servant à condenser les vapeurs de zinc et à laquelle fait suite un récipient cylindro-conique soutenu par un fil métallique.

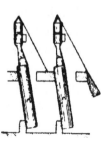

Fig. 71.

Les cornues chargées (30 k. de minerai, 12 k. de charbon)

sont disposées en séries horizontales superposées et chauffées dans un four à gaz de gazogène. Au début, les vapeurs de zinc se condensant dans le récipient froid passent directement de l'état gazeux à l'état solide en une poussière grise, contenant également les métaux plus volatils que le zinc, tels le cadmium et l'arsenic que contient le minerai et qui s'échappent les premiers. Cette poussière de zinc (Zinkstaub des Allemands) renferme toujours de l'oxyde de zinc formé par l'oxydation des vapeurs; c'est un agent de réduction très puissant, fréquemment employé dans les laboratoires et dans l'industrie (Cuves d'indigo).

Quand le condenseur s'est échauffé, le zinc se condense à l'état liquide et peut être coulé. Le zinc brut contient souvent des métaux étrangers et doit être raffiné par fusion. Le plomb et le fer se déposent, on décante le zinc que l'on fond ensuite avec du chlorure de magnésium; l'arsenic passe à l'état de chlorure volatil.

On obtient aujourd'hui le zinc pur par électrolyse de son chlorure. On peut électrolyser soit le sel fondu, soit une solution concentrée. Celle-ci doit être neutre. Le chlorure destiné à l'électrolyse industrielle s'obtient soit en dissolvant l'oxyde ou le carbonate dans l'acide chlorhydrique, soit en attaquant la blende par le chlore. Ce dernier provient lui-même de l'électrolyse du chlorure de zinc.

La production mondiale du zinc atteint 625,000 tonnes; la Belgique intervient pour 150,000 tonnes dans cette production. Les autres principaux producteurs sont les Etats-Unis (196,000 t.), la Silésie (135,000 t.) et la Westphalie (65,000 t.). Les plus importantes usines à zinc du monde sont celles de la Vieille-Montagne.

Le zinc est un métal d'un blanc-bleuâtre à texture cristalline, d'une densité de 6,9. Il est dur et assez cassant à la température ordinaire. Entre 100° et 150° il devient ductile et se laisse étirer en fils, marteler et laminer en tôles. Par écrouissage sa densité s'élève à 7,2. Au-dessus de 200° il devient de nouveau cassant; il fond à + 412° et bout à 950°.

Le zinc est le plus métallique des métaux usuels; il déplace l'hydrogène de tous les acides. Il agit sur les hydroxydes alcalins en remplaçant l'hydrogène de l'hydroxyle (v. **Hydrogène**). Cependant, à froid, le zinc ne s'altère guère à l'air, car il se recouvre d'une pellicule compacte d'oxyde qui le préserve d'une attaque plus profonde. Chauffé jusqu'à volatilisation, le zinc s'enflamme à l'air et brûle avec une flamme bleue très brillante.

En raison de son inaltérabilité à l'air, le zinc est employé pour la couverture des édifices; on en recouvre aussi le fer pour protéger ce métal de la rouille (**fer galvanisé**). Le dépôt n'a rien de galvanique, il est obtenu en immergeant les pièces de fer bien décapées dans un bain de zinc fondu. Le zinc entre en outre dans la composition de nombreux alliages.

546. Oxyde de zinc. ZnO. — Se prépare en brûlant le zinc à l'air ; il se présente alors sous forme de flocons très légers, connus sous le nom de **blanc de zinc**. On peut aussi calciner le carbonate.

L'oxyde de zinc est blanc à froid, jaune à chaud. Le blanc de zinc est employé comme couleur blanche. Il couvre bien et a sur la céruse l'avantage de ne pas noircir par l'hydrogène sulfuré et d'être beaucoup moins vénéneux.

L'hydroxyde de zinc $Zn(OH)_2$ s'obtient sous forme d'un précipité gélatineux blanc lorsqu'on traite un sel de zinc par la soude caustique, en évitant l'emploi d'un excès de soude. Ce précipité est soluble dans les acides et dans un excès de soude.

La solubilité dans la soude est due au fait que l'hydroxyde de zinc, peut s'ioniser à la fois comme base et comme acide :

$$Zn^{\cdot\cdot} + 2OH' \rightleftharpoons Zn(OH)_2 \rightleftharpoons ZnO'_2 + 2H^{\cdot}$$

$$(I) \quad Zn \quad (OH)_2 \quad (II)$$

$$\text{insoluble.}$$

Les deux types d'ionisation coexistant, les concentrations des ions $H^{\cdot}$ et OH' sont liées l'une à l'autre par la condition d'équilibre d'ionisation de l'eau.

L'addition d'une base (d'ions OH') en excès faisant disparaître les ions $H^{\cdot}$ rompt l'équilibre II; de nouvelles molécules de $Zn(OH)_2$ vont s'ioniser suivant le type acide, ce qui amène la dissolution progressive de l'hydroxyde de zinc insoluble. Celui-ci ayant intégralement disparu, la rupture continuelle de l'équilibre (II) amène une disparition des molécules dissoutes $Zn(OH)_2$ et conduit à une régression presque totale de l'ionisation suivant le type I. La dissolution ne renferme plus qu'une proportion très faible d'ions $Zn^{..}$, ce métal ayant passé à l'état d'un ion complexe négatif ZnO''_2. Cependant la concentration des ions de $Zn^{..}$ n'est pas réduite au point qu'on ne puisse déceler ceux-ci par l'introduction d'un ion formant avec eux un composé à produit de solubilité très faible : l'ion S'' précipite du sulfure de zinc.

547. On prépare la plupart des sels de zinc par dissolution du métal dans l'acide correspondant.

Chlorure de zinc. $ZnCl_2$. — On l'obtient à l'état anhydre en chauffant le zinc dans un courant de chlore. C'est un sel blanc, fusible à 130°, très soluble et déliquescent. L'évaporation de ses solutions concentrées le transforme partiellement en un sel basique $Zn\!<^{Cl}_{OH}$, lequel est soluble dans les solutions concentrées de chlorure de zinc et en est précipité par dilution suffisante.

Une pâte formée d'oxyde de zinc et d'une solution concentrée de chlorure de zinc durcit rapidement par formation d'oxychlorure. Cette pâte est utilisée comme lut.

Les solutions de chlorure de zinc sont employées pour l'injection des pièces de bois (billes de chemin de fer), afin de les protéger de l'attaque des vers. Le chlorure de zinc sert aussi comme caustique en thérapeutique.

Sulfate de zinc. $ZnSO_4.7H_2O$. — C'est un vitriol; il est employé en médecine.

Sulfure de zinc. ZnS. — Le sulfure de zinc naturel, la blende, cristallise en tétraèdres réguliers transparents, d'un éclat adamantin, presque toujours colorés en jaune.

Le sulfure de zinc précipité est blanc; il se forme par l'action de l'ion de zinc sur l'ion de soufre (v. **216**) et se dissout dans les acides forts, même étendus Comme ce sulfure est blanc, l'hydrogène sulfuré ne noircit pas les peintures au blanc de zinc.

On connaît aussi un sulfure de zinc colloïdal.

Quand on ajoute une solution de $ZnSO_4$ à du sulfure de baryum dissous il se fait une double décomposition qui transforme les deux métaux en sels insolubles :

$$BaS + ZnSO_4 = BaSO_4 + ZnS.$$

Le mélange de ZnS et de BaSO₄ est une masse blanche qui est employée en peinture sous le nom de **lithopone**.

Le **carbonate neutre de zinc** $ZnCO_3$ est un minéral important, il cristallise en rhomboèdres isomorphes avec la calcite. Par l'action des carbonates solubles sur solution d'un sel de zinc on obtient un précipité de carbonate basique, analogue à la magnésie blanche.

Caractères des sels de zinc. (De l'ion Zn˙˙). — Ils précipitent à l'état d'hydroxyde par la potasse et la soude. Un excès d'alcali dissout le précipité (v. plus haut).

NH₄OH les précipite également et un excès de réactif redissout le précipité. Il se forme un ion d'ammonium substitué dans lequel une partie de l'hydrogène du radical NH₄ est remplacée par du zinc. Cet ion complexe forme des sels solubles.

Les carbonates solubles précipitent les sels de zinc en blanc (v. $ZnCO_3$).

L'hydrogène sulfuré ne précipite pas le zinc en solution acide; en solution neutre, les sels des acides forts sont précipités très incomplètement. Les sulfures solubles précipitent complètement ZnS blanc.

On dose le zinc à l'état de sulfure ou d'oxyde. Dans ce dernier cas le sel de zinc est précipité à l'état de carbonate que l'on calcine ensuite. 100 p. de ZnS correspondent à 67,1 p. de Zn; 100 p. de ZnO correspondent à 80,34 p. de Zn.

Le zinc n'était pas connu des anciens et sa métallurgie est récente; ce n'est qu'à la fin du dix-huitième siècle qu'on parvint à l'extraire de ses minerais.

CADMIUM Cd.

P.A. 111.55 (112.4).

548. Ce métal assez rare accompagne souvent le zinc dans la blende et la calamine, notamment dans les minerais belges.

Lorsqu'on extrait le zinc de minerais cadmifères, le cadmium étant plus volatil que le zinc, se retrouve dans les premières portions du métal distillé (poussière de zinc).

On le sépare du zinc par distillation fractionnée.

Le cadmium est un métal d'un blanc grisâtre; il fond à 321.7 et bout à 778°. Sa densité est de 8.64 à 17°.

Les alliages de cadmium sont remarquables par leur fusibilité. Un alliage formé de 8 p. de bismuth, 4 p. de plomb, 2 p. d'étain et 2 p. de cadmium (alliage de Wood), fond à 86°.

Les propriétés chimiques du cadmium et de ses sels sont **très** semblables à celles du zinc et nous ne parlerons que des composés de cadmium qui présentent des différences sensibles avec les combinaisons zinciques similaires.

L'oxyde de cadmium est brun; l'hydroxyde est blanc et ne se dissout pas dans la soude en excès.

Le sulfure de cadmium est jaune et précipite en solution acide par l'hydrogène sulfuré. Il est employé comme couleur jaune dans la peinture à l'huile (jaune de cadmium); c'est une couleur chère.

549. Les sels haloïdes de cadmium sont moins ionisés que les sels de zinc correspondants et leur degré d'ionisation va en diminuant du fluorure à l'iodure. Ce dernier n'est ionisé qu'à 20 °/₀ en solution ⁿ/₁₀. De plus, dans l'ionisation de l'iodure de cadmium, une partie des ions I' (50 °/₀ en solution ⁿ/₁₀) se combinent à des molécules d'iodure non dissocié pour former un anion complexe CdI_4''. La dissolution renferme donc les composants CdI_2, Cd'', I' et CdI_4''.

Le cadmium constitue à cet égard un élément de transition entre le zinc, dont les sels ont une ionisation sensiblement normale, et le mercure, dont les sels haloïdes (sauf le fluorure) sont encore plus anormaux quant à leur ionisation (v. plus loin).

MERCURE Hg.
P.A. 198,5. (200)

550. Le mercure se rencontre surtout à l'état de sulfure HgS, le **cinabre**; on le trouve aussi à l'état métallique. Les principaux gisements sont à Almaden (Espagne), à New-Almaden (Californie), à Idria (Autriche), au Caucase. La production totale du mercure atteint 4000 tonnes (Prix 5 frs le kilogr. environ).

Pour extraire le mercure du cinabre, on grille ce minerai dans un four à grilles superposées: $HgS + O_2 = Hg + SO_2$. Les vapeurs de mercure qui se forment sont condensées dans des appareils de forme variable. Le mercure est vendu dans des bouteilles en fer contenant 34.5 k. de métal. Le mercure brut renferme des métaux étrangers; pour le purifier on le fait tomber en gouttelettes très fines à travers une couche épaisse d'acide nitrique étendu : les métaux étrangers se dissolvent tandis que le mercure n'est guère attaqué. Le mercure devant servir à la construction d'appareils de physique est distillé dans le vide.

Le mercure est le seul métal liquide à la température ordinaire. Il se congèle à —39°4 en un métal solide, ressemblant à l'argent, et bout à +357°3, mais il est légèrement volatil à la température ordinaire. Sa densité à 0° est de 13,595. Il ne s'altère pas à l'air à la température ordinaire, mais s'oxyde vers 300°. Il se combine à froid aux halogènes et au soufre. Les acides chlorhydrique et sulfurique sont sans action sur lui à la température ordinaire; l'acide nitrique l'attaque d'autant plus facilement que sa concentration est plus forte.

Le mercure possède un pouvoir dissolvant remarquable pour beaucoup de métaux auxquels il se combine pour former des amalgames.

Cette combinaison se fait avec dégagement de chaleur et de lumière pour le potassium et le sodium. Le mercure dissout facilement l'or et l'argent; certains procédés d'extraction de ces métaux de leurs minérais sont basés sur cette propriété. L'amalgame d'étain, le tin est mou et a servi à l'étamage des glaces.

Le mercure est employé dans la construction de nombreux appareils de physique. La métallurgie de l'argent et de l'or en utilise des quantités considérables.

Le mercure métallique est très vénéneux; l'inhalation de ses vapeurs produit des intoxications graves.

551. Le mercure se distingue des autres métaux de sa famille par une activité chimique bien moindre et par la propriété qu'il possède de former deux séries de combinaisons. Dans l'une, celle des composés mercuriques, dérivant de l'oxyde HgO, il se comporte comme un métal bivalent, formant un ion $Hg^{..}$ peu métallique; dans l'autre, se rattachant à l'oxyde Hg_2O et qui est constituée par les composés mercureux, un atome de mercure ne possède qu'une valence active. Ces combinaisons résultent de l'union de deux atomes de mercure en un groupement - Hg - Hg - bivalent.

Ce fait est prouvé par l'étude de l'équilibre que s'établit entre une solution de nitrate d'argent et du mercure métallique. La réac_tion qui s'accomplit se notera :

$$Hg + Ag^{\cdot} \rightleftharpoons Ag + Hg^{\cdot} \quad ou \quad 2Hg + 2Ag^{\cdot} \rightleftharpoons 2Ag + Hg_2^{\cdot\cdot}$$

suivant que l'on admet la formation de l'ion $Hg^{\cdot}$ ou de l'ion $Hg_2^{\cdot\cdot}$.

L'argent formé se dissout dans le mercure pour former un amalgame. Si l'on opère avec des quantités de solution de nitrate d'argent suffisantes il se fait un amalgame solide Ag_2Hg_4, la concentration de l'argent moléculaire ainsi que celle du mercure seront donc constantes et la première équation devra satisfaire à la condition : $\dfrac{C_{Ag^{\cdot}}}{C_{Hg^{\cdot}}} = K$, la seconde à la condition : $\dfrac{C^2_{Ag^{\cdot}}}{C_{Hg_2^{\cdot\cdot}}} = k$

Si l'on fait une série de déterminations de la constante d'équilibre, en employant des solutions de nitrate d'argent de concentra_tions différentes, les concentrations des ions argentiques et mercureux réalisées au moment ou l'équilibre est obtenu devront satisfaire à l'une ou l'autre des deux conditions :

$$\frac{C_{1\,Ag^{\cdot}}}{C_{1\,Hg^{\cdot}}} = \frac{C_{2\,Ag^{\cdot}}}{C_{2\,Hg^{\cdot}}} = \frac{C_{3\,Ag^{\cdot}}}{C_{3\,Hg^{\cdot}}} \cdots\cdots = K$$

ou

$$\frac{C^2_{1\,Ag^{\cdot}}}{C_{1\,Hg_2^{\cdot\cdot}}} = \frac{C^2_{2\,Ag^{\cdot}}}{C_{2\,Hg_2^{\cdot\cdot}}} = \frac{C^2_{3\,Ag^{\cdot}}}{C_{3\,Hg_2^{\cdot\cdot}}} \cdots\cdots = k$$

selon que l'ion mercureux est $Hg^{\cdot}$ ou $Hg^{\cdot\cdot}_2$. C'est la deuxième condition qui se vérifie : l'ion mercureux est donc formé de deux atomes de mercure associés (Comparer avec ion cuivreux. 511).

552. L'ion mercurique est beaucoup moins métallique que les ions similaires de zinc et de cadmium.

Les sels mercuriques sont facilement hydrolysables; leurs solutions ont une réaction nettement acide et plusieurs d'entre eux ne peuvent exister qu'en présence d'un excès notable d'ions $H^{\cdot}$, c'est-à-dire en solution fortement acide. Tel est notamment le cas pour le sulfate et le nitrate.

Par contre, l'ion mercurique forme avec les ions Cl', Br', I', des combinaisons résistant à l'hydrolyse. Ce fait est dû à ce que ces sels sont très peu ionisables; leur dissociation électrolytique est d'autant moins prononcée qu'ils dérivent d'un halogène moins actif. La faible concentration des ions $Hg^{..}$ et Hal' rend l'hydrolyse insignifiante.

Le fluorure mercurique ne se comporte pas du tout comme les autres sels haloïdes du mercure (comparer avec HFl) : il est très facilement hydrolysable.

553. L'ion mercurique se combine facilement à des ions négatifs pour engendrer des ions négatifs complexes.

Nous avons reconnu que les composés halogénés de certains métalloïdes ont la faculté de s'unir à des sels haloïdes, aux hydracides, pour former des combinaisons relativement stables.

Lorsque cette réaction se fait au sein de l'eau, elle donne naissance à un ion complexe résultant de la fixation d'un ou plusieurs ions négatifs halogénés sur la molécule du composé halogéné métalloïdique. L'exemple le plus net d'un phénomène de ce genre est fourni par la formation des fluosilicates :

$$2K^{.} + 2Fl' + SiFl_4 = 2K^{.} + SiFl_6'$$

Les sels haloïdes et certains sels d'acides organiques, en particulier les cyanures et les oxalates, dérivant de métaux peu métalliques possèdent également la faculté de s'unir à des ions négatifs, de même espèce que ceux dont ils dérivent, pour former des ions négatifs complexes, dans lesquels se trouve engagé le métal. Tel est notamment le cas pour les sels haloïdes de mercure, le cyanure d'argent (v. **203** et chim. organ. **123**) :

$$K^{.} + Cl' + HgCl_2 \rightleftharpoons K^{.} + HgCl_3'$$

Il en résulte la formation de sels doubles, d'une espèce particulière, dont un seul métal est ionisable à l'état d'ion positif, l'autre, concourt avec un certain nombre d'atomes d'halogène ou de résidus halogéniques à la formation de l'ion négatif. Au contraire dans les sels doubles que nous avons définis au début de ce cours (v. **65**) et qui dérivent d'acides pluribasiques, chaque métal est ionisable comme métal. Exemple :

$$KNaSO_4 \rightleftharpoons K^{.} + Na^{.} + SO_4''$$

554. On constate que les métaux ont une tendance d'autant plus prononcée à s'engager dans des radicaux négatifs ionisables que leur caractère métallique est moindre, leur électro-affinité moins prononcée. L'ion mercurique doit à son caractère peu métallique une aptitude très marquée à s'unir aux ions Cl', Br', I', pour engendrer des ions complexes négatifs. Il se fait ainsi des ions monovalents de la forme $HgHal'_3$ ou $HgHal''_4$. (v. **553**).

La formation de ces ions complexes étant une réaction réversible, la concentration des ions $Hg^{..}$ garde toujours une valeur appréciable, mais elle peut devenir suffisamment faible pour que certains caractères des sels mercuriques fassent défaut dans la solution. Une dissolution d'iodure mercurique dans l'iodure de potassium ne précipite plus par la potasse caustique (ion OH'), la concentration des ions $Hg^{..}$ étant insuffisante pour que le produit de solubilité de l'oxyde de mercure soit atteint.

555. Oxyde mercurique. HgO. — Par l'addition d'un sel mercurique soluble à une solution de soude ou de potasse caustique, on obtient un précipité jaune d'oxyde de mercure ; c'est une modification amorphe et légère. Quand on chauffe du mercure à l'air à 350°, ou que l'on calcine le nitrate de mercure, on obtient une modification cristalline rouge de l'oxyde de mercure, beaucoup plus compacte. La modification jaune devient rouge à chaud. A 500°, l'oxyde de mercure se décompose en mercure et oxygène. L'oxyde jaune en suspension dans l'eau se comporte comme une base puissante :

$$HgO + H_2O \rightleftharpoons Hg(OH)_2 \rightleftharpoons Hg^{..} + 2OH'.$$

L'hydroxyde de mercure peut exister en solution, mais à une concentration très faible.

556. Chlorure mercurique. $HgCl_2$ **(sublimé).** — On le prépare en chauffant un mélange de sulfate mercurique et de chlorure de sodium ; le chlorure mercurique sublime :

$$HgSO_4 + 2NaCl = HgCl_2 + Na_2SO_4.$$

C'est un corps cristallin blanc d'une densité de 7.2, soluble dans 15 p. d'eau froide, beaucoup plus soluble dans l'alcool et l'éther, (1 p. dans 3 p. d'alcool, 1 p. dans 4 p. d'éther). Il fond vers +307°. Il est extrêmement vénéneux ; c'est le plus puissant et le plus sûr des antiseptiques connus. Outre ses usages fréquents en médecine et en hygiène, nous signalerons son emploi pour la conservation des bois.

Le chlorure mercurique s'unit aux chlorures alcalins pour former des sels doubles, tels que $KHgCl_3$ et K_2HgCl_4. Ces sels, appelés **chloromercurates**, sont les sels d'acides chloromercuriques $HHgCl_3$ ou H_2HgCl_4 instables, et sont ionisables en donnant des ions complexes $HgCl_3'$ ou $HgCl_4''$. Ils sont beaucoup plus solubles que le sublimé lui-même, aussi a-t-on préconisé d'associer ce dernier au chlorure de sodium pour la préparation de solutions désinfectantes. Les dissolutions obtenues de cette manière ne se troublent pas lorsqu'on emploie à leur préparation des eaux renfermant des carbonates dissous (eaux naturelles), la disparition partielle des ions mercuriques empêchant la précipitation d'oxyde de mercure. Mais comme il est démontré que c'est à l'ion mercurique qu'appartient l'action bactéricide du chlorure mercurique, il en résulte que l'addition de chlorure de sodium doit diminuer sensiblement cette action et ne saurait être recommandée.

L'acide chloromercurique lui-même est inconnu mais on a pu isoler un hydrate $H_2HgCl_4.H_2O$ de l'acide chloromercurique H_2HgCl_4. Il se dissocie à $-5°$.

Iodure mercurique. HgI_2. — Ce corps existe sous deux modifications cristallines : la première, rouge, est stable à froid ; la seconde, jaune, se produit à chaud. L'iodure mercurique est insoluble dans l'eau, mais se dissout aisément dans les iodures alcalins pour former des sels doubles solubles (v. plus haut). Cette dissolution, additionnée de soude caustique, est un réactif très sensible de l'ammoniaque.

557. Sulfate mercurique. $HgSO_4$. — On le prépare par l'action de l'acide sulfurique concentré en excès sur le mercure. Il se fait en même temps de l'anhydride sulfureux :

$$H_2SO_4 + Hg = HgO + SO_2 + H_2O$$
$$HgO + H_2SO_4 = HgSO_4 + H_2O.$$

C'est une poudre cristalline blanche, un peu soluble dans H_2SO_4 et qui ne se décompose qu'au rouge. Une petite quantité d'eau le transforme en un hydrate $HgSO_4.H_2O$, une quantité d'eau plus forte le décompose d'après l'équation :

$$3HgSO_4 + 2H_2O = 2H_2SO_4 + Hg_3SO_6 \ (HgSO_4.2HgO).$$

Hg_3SO_6 est un précipité jaune appelé turbith minéral, soluble dans 2000 fois son poids d'eau ; c'est le seul sel connu de l'acide orthosulfurique $S(OH)_6$. (v. **241**).

Sulfure de mercure. HgS. — Le sulfure de mercure naturel est le **cinabre.** On peut le préparer artificiellement sous deux modifications: l'une, amorphe et noire, que l'on obtient en précipitant un sel mercurique par H_2S ; l'autre, cristalline, rouge, qui se forme quand on pulvérise du mercure avec du soufre. Cette modification rouge possède des tons variables suivant son mode de préparation ; c'est une matière colorante rouge et inaltérable employée en peinture (vermillon, cinabre). Elle constitue l'état d'équilibre stable. Le sulfure de mercure est le plus inattaquable des sulfures métalliques; il ne se dissout que dans l'eau régale.

558. Dérivés ammoniacaux des sels mercuriques. — Lorsqu'on fait agir l'ammoniaque sur les sels mercuriques solubles, on obtient des précipités, généralement blancs, et qui sont des sels de mercure-ammonium (v. **267**) ; la substitution de l'hydrogène ammoniacal pouvant être plus ou moins profonde. Les sels connus dérivent des trois ions $NH_2 - Hg - NH_3$, le mercurammonium, $HgNH_3$, le dimercurammonium et de l'ion $(HO - Hg)_2 = NH_2$ ou

$O \big\langle {Hg \atop Hg} \big\rangle NH_2$ le dioxymercurammonium.

Le chlorure $Hg(NH_3)_2Cl_2$ est le **précipité fusible.** On l'obtient par l'addition d'une solution de sublimé à une solution bouillante d'ammoniaque et de NH_4Cl. Il se dédouble facilement par la chaleur en sublimé et ammoniaque.

Le chlorure $HgNH_2Cl$ **est le précipité blanc.** On le prépare à froid. Il se décompose par la chaleur en ammoniaque, azote et chlorure mercureux.

L'hydroxyde de dioxydimercurammonium $(HO - Hg)_2 = NH_2OH$ ou **base de Millon** se forme par l'action de l'oxyde de mercure sur l'ammoniaque. C'est une poudre jaune cristalline, qui se décompose à la lumière. Dans l'air sec, il se transforme en anhydride. $O \big\langle {Hg \atop Hg} \big\rangle H_2N - OH$. Son iodure est le précipité qui donne le réactif de Nessler avec les sels ammoniacaux (v. **267**).

559. Sels mercureux. — L'ion mercureux se distingue de l'ion mercurique par un caractère métallique beaucoup plus accusé, aussi ces sels sont-ils beaucoup moins hydrolysés en solution et ne forment guère de sels doubles.

Presque tous les sels mercureux sont insolubles ; ils ont une tendance prononcée à se dédoubler en mercure et sels mercurique ; la lumière accélère singulièrement cette transformation.

L'ion mercureux est moins vénéneux que l'ion mercurique.

Oxyde mercureux. Hg_2O. (Ex. $Hg_2(NO_3)_2 + KOH$). — C'est un précipité noir qui se décompose rapidement à la lumière en mercure et oxyde mercurique.

Chlorure mercureux (calomel). $HgCl$. — On l'obtient sous forme d'un précipité blanc en ajoutant un chlorure soluble à une solution de nitrate mercureux. On le prépare par voie sèche en chauffant un mélange intime de mercure et de sublimé : le calomel sublime.

Le chlorure mercureux est une poudre cristalline blanche, qui se sublime sans décomposition : sa densité de vapeur est 117,2 ($H = 1$) et correspond à la formule $HgCl$ ou $Hg + HgCl_2$. La vapeur de calomel est en fait formée de mercure et de sublimé, que l'on peut séparer par diffusion.

Iodure mercureux. — C'est un précipité vert qui se forme par l'action de l'iodure de potassium sur un excès de nitrate mercureux. Un excès d'iodure de potassium (d'ions I') le dédouble en iodo-mercurate de potassium soluble et en mercure :

$$(1) \quad Hg_2I_2 \rightleftharpoons Hg_2 + 2I' \qquad Hg_2^{\cdot\cdot} \rightleftharpoons Hg^{\cdot\cdot} + Hg \quad (2)$$
$$Hg^{\cdot\cdot} + 3I' \rightleftharpoons HgI_3' \quad (3).$$

La réaction (3) faisant disparaître les ions mercuriques, rompt l'équilibre (2) et permet ainsi une transformation totale.

Nitrate mercureux. $Hg_2(NO_3)_2 2H_2O$. — Il s'obtient par l'action de l'acide nitrique sur un excès de mercure ; il cristallise en grandes tables rhombiques. C'est le seul sel mercureux important soluble, encore nécessite-t-il pour se dissoudre la présence d'acide nitrique : l'eau pure le décompose en un sel basique $Hg \big\langle {}^{OH}_{NO_3}$ jaune et amorphe.

L'ammoniaque en agissant sur les sels mercureux donne des précipités noirs, que l'on a considérés longtemps comme des sels de mercurosammonium. On a reconnu que ces corps sont des mélanges de mercure et de sels de mercuricammonium :

$$Hg_2Cl_2 + 2NH_3 = Hg = NH_2Cl + Hg + NH_4Cl.$$

Presque tous les composés de mercure sont ou ont été employés en médecine, en raison de leurs propriétés parasiticides, de leur pouvoir bactéricide et de leur action spécifique sur le virus syphilitique. Le calomel est un purgatif.

Caractères des sels mercureux. — Les hydroxydes alcalins les précipitent en noir Hg_2O ; NH_4OH les transforment en sels de mercurosammonium insolubles et noirs.

Les chlorures solubles les précipitent en blanc ; les iodures solubles donnent un précipité vert d'iodure mercureux, qu'un excès de réactif transforme en iodomercurate soluble et mercure.

HgS précipite les sels mercureux en noir.

Caractères des sels mercuriques. — Les hydroxydes solubles donnent un précipité jaune d'HgO.

NH_4OH les transforme en sels d'ammonium substitué blancs et insolubles.

Les iodures solubles les précipitent en rouge, le précipité est soluble dans un excès de réactif.

H_2S donne du sulfure de mercure noir.

Tous les sels de mercure sont réduits à l'état de mercure métallique par les solutions de chlorure stanneux ; dans le cas de sels mercuriques il se forme transitoirement du chlorure mercureux insoluble, lequel est réduit à son tour :

$$2Hg^{..} + Sn^{..} = Sn^{IV} + Hg_2^{..}$$
$$Hg_2^{..} + Sn^{..} = Sn^{IV} + Hg$$

On dose le mercure à l'état de sulfure HgS ; 100 p. de HgS correspondent à 86.2 p. de Hg.

Le tableau ci-dessous donne les chaleurs de formation de quelques composés des métaux magnésiens :

	Solide.			Solide.
Oxyde de magnésium	143.300	Bromure de cadmium		75.200
Chlorure de —	151.000	Sulfate de —		223.550
Sulfate de —	302.300	Oxyde mercurique		20 700
Bromure de —	121.700	Chlorure —		53 800
Oxyde de zinc	85.000	Iodure —	(rouge)	29,500
Chlorure de —	97.200	Sulfate —		165.100
Sulfate de —	231.100	Oxyde mercureux		44.400
Bromure de —	90.000	Chlorure —		62 600
Oxyde de cadmium	65.700	Iodure —		28.800
Chlorure de —	98.200	Sulfate —		175.000

Métaux trivalents.

ALUMINIUM AL.

P.A. 26.91. (27.1).

560. L'aluminium est au point de vue de la masse le plus important des constituants métalliques de l'écorce terrestre.

On le trouve à l'état d'oxyde Al_2O_3, le **corindon**, d'hydroxyde $Al(OH)_3$, **l'hydrargyllite**, et de dérivés par déshydratation partielle de celui-ci, tels $O = Al - OH$ le **diaspore** et $Al_2O_3 = (OH)_2$ la **bauxite**, minéral très important au point de vue de l'obtention de d'aluminium et de ses dérivés. La **cryolithe** $AlFl_3 . 3NaFl$ est également un minerai important d'aluminium. Mais ce métal est surtout

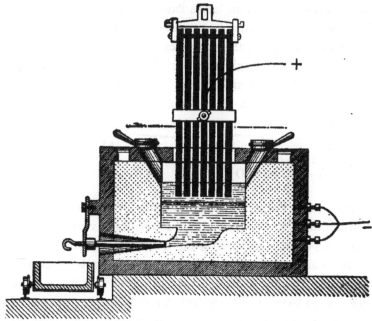

Fig. 72.

représenté par des silicates dont le plus abondant est le **feldspath orthose** (voir K) $Al_2K_2Si_6O_{16}$, dont la désagrégation fournit l'argile. Les **schistes**, si abondants dans les terrains primaires, sont d'origine **argileuse**.

On obtient l'aluminium par l'électrolyse d'un mélange de cryolithe et d'oxyde d'aluminium (**alumine**) fondus (**Procédé de Héroult**) (fig. 72). Le four de Héroult se compose d'une cuve en tôle épaisse, tapissée intérieurement d'un revêtement en charbon de cornue relié par des bornes au pôle négatif d'une puissante dynamo à courant continu. Le four forme ainsi la cathode de la cuve électrolytique.

L'anode est formée par un faisceau de barres de charbon de cornue, qui peut être abaissé ou élevé à volonté. La cuve est munie d'un orifice de coulée, fermé par un bouchon, permettant de recueillir le métal fondu dans un wagonnet. On charge le four d'une petite quantité de cryolithe et l'on abaisse l'anode jusqu'à ce que l'arc voltaïque jaillisse; la cryolithe fond, devient conductrice ce qui permet de relever l'anode et d'ajouter une nouvelle charge qui entre à son tour en fusion. On ajoute alors un mélange de cryolithe et d'alumine et on laisse l'anode plonger dans l'électrolyte fondu. AlFl₃ contenu dans la cryolithe s'électrolyse : l'aluminium se dépose dans la cuve qui forme la cathode tandis que le fluor se porte à l'anode. Il réagit sur l'oxyde d'aluminium dissous en donnant du fluorure, qui régénère la cryolithe, et de l'oxygène, lequel oxyde le charbon et se transforme en oxyde de carbone :

$$2AlFl_3, 3NaFl :$$

$$6Fl \qquad\qquad 2Al$$

$$Al_2O_3 + 6Fl = 2AlFl_3 + 3O$$
$$3O + 3C = 3CO$$

A mesure que l'alumine est ainsi transformée, on en ajoute de nouvelles quantités. On voit que la cryolithe devrait servir indéfiniment; cependant une certaine quantité de fluor disparaît à l'état de fluorure de carbone, ce qui nécessite l'introduction de cryolithe fraîche. L'électrolyte reste fondu grâce à la chaleur dégagée par le passage du courant. La différence de potentiel aux bornes est en moyenne de 5 volts : le nombre d'ampères atteint 1000.

L'opération nécessite une dépense considérable d'énergie électrique; environ 31 chevaux-heures pour un kilogr. de métal; elle n'est réalisable dans des conditions économiques que lorsque l'on peut se procurer la force motrice à bon marché. A la fabrique de Neuhausen, la plus puissante fabrique d'aluminium du monde, la force motrice est fournie par une dérivation du Rhin.

La production d'aluminium métallique atteint approximativement 14.000 t. ; le prix du kilogr. est de deux francs environ.

561. L'aluminium est un métal blanc, léger (D = 2.6, après écrouissage 2.75) qui fond à 660°. Sa dureté est environ celle du fer; il est ductile et tenace, inaltérable à l'air humide. Toutes ces qualités, jointes à sa légèreté, en font un métal précieux au point de vue technique. Malheureusement on ne connaît pas encore de procédé de soudure convenable ; les pièces d'aluminium doivent être obtenues par coulée.

L'aluminium ne décompose pas l'eau à la température ordinaire, car il est recouvert d'une pellicule très mince d'oxyde qui empêche une attaque ultérieure. Mais si l'on amalgame l'aluminium, après avoir soigneusement décapé la surface, le mercure empêche l'oxyde de former une couche compacte et l'on voit le métal se recouvrir rapidement d'efflorescences blanches d'oxyde. L'aluminium amalgamé, plongé dans l'eau, la décompose énergiquement, même à froid, avec dégagement d'hydrogène et formation d'$Al(OH)_3$. Il n'est donc un métal indifférent que parce qu'il est recouvert d'une couche protectrice d'oxyde.

L'aluminium a pour l'oxygène une affinité énorme: $2Al_2 + 3O_2 = 2Al_2O_3 = 391000$ cal.; cependant il ne brûle que quand il est réduit en feuilles minces. A haute température, il réduit presque tous les oxydes métalliques avec dégagement de chaleur. Comme celle-ci se localise dans un volume relativement petit, que le produit d'oxydation est fixe et ne se dissocie pas, la déperdition de chaleur est faible et la température atteint des valeurs qui ne sont réalisées que par l'arc voltaïque ($> 3000°$). Aussi tous les métaux peuvent-ils être obtenus à l'état fondu en réduisant leurs oxydes par l'aluminium ; Al_2O_3 formé fond également. (**Procédé Goldschmidt**). On prépare ainsi industriellement le chrome et le manganèse fondus. Cette méthode a sur le procédé au four électrique l'avantage de ne **pas donner de métaux carburés.**

On opère comme suit : on mélange intimement la poudre d'aluminium avec un léger excès de l'oxyde à réduire ; on introduit le mélange dans un creuset garni intérieurement de magnésie. On place à la surface du mélange une amorce formée d'aluminium et de bioxyde de baryum, à laquelle on met le feu à l'aide d'un ruban de magnésium. La mise à feu de l'amorce donne une température suffisante pour enflammer le mélange d'aluminium et d'oxyde. Celui-ci est porté au blanc éblouissant et le métal se réduit en un lingot sous la couche d'alumine fondue. Le phénomène est si rapide que la paroi extérieure du creuset ne s'échauffe pas jusqu'au rouge.

Goldschmidt a donné le nom de **thermite** à un mélange d'oxyde de fer et d'aluminium ; la chaleur dégagée quand on l'allume est énorme et est utilisée notamment pour la soudure autogène des rails.

L'aluminium forme quelques alliages importants ; nous signalerons 1° le **bronze d'aluminium** : (90 °/₀ Al., 10 °/₀ Cu). C'est un métal d'un jaune d'or, plus tenace que l'acier, très dur et élastique. 2° Le **magnalium**, alliage de magnésium et d'aluminium, métal blanc, très homogène et qui est employé pour la confection d'instruments de physique.

562. L'aluminium est un métal trivalent, comme le prouvent les densités de vapeur de son chlorure et de nombreuses combinaisons organiques.

Les acides sulfurique et nitrique ne l'attaquent pas à froid ; par contre l'acide chlorhydrique et tous les mélanges qui peuvent donner cet acide (ion Cl' en présence d'un acide, même faible) le transforment en chlorure avec dégagement d'hydrogène (grave inconvénient dans l'emploi de l'aluminium pour les ustensiles de cuisine).

Les alcalis caustiques (KOH et NaOH) sont décomposés à froid par l'aluminium, avec dégagement d'hydrogène (v. hydrogène) ; il se forme des aluminates Al(ONa)₃

563. Oxyde d'aluminium (alumine). Al_2O_3 — On le trouve à l'état cristallin dans la nature, c'est le corindon. Il est souvent coloré par de minimes quantités de matières étrangères.

Le corindon transparent rouge est le rubis; bleu, le saphir;

vert, l'émeraude orientale. Le plus souvent, le corindon est opaque et les cristaux sont mal définis. Il constitue alors l'émeri. Le corindon est, après le diamant, le plus dur de tous les minéraux ; réduit en poudre, il sert au polissage.

L'alumine fond à la température du chalumeau oxhydrique ; on l'obtient encore à l'état fondu en réduisant les oxydes métalliques par l'aluminium. A l'état cristallisé, il est inattaquable par les acides. On obtient l'oxyde d'aluminium amorphe par l'action de la chaleur sur l'hydroxyde. C'est une poudre blanche, rude au toucher, qui se dissout dans les acides quand elle n'a pas été portée à une haute température. Sous l'action d'une température élevée, elle se transforme en une modification compacte, inattaquable par les acides.

Les oxydes métalliques existent souvent sous plusieurs modifications : les unes légères, attaquables par les acides ; les autres compactes et réfractaires à l'action des réactifs. On doit considérer ces modifications compactes comme résultant de la combinaison de plusieurs molécules en une seule : on peut concevoir un oxyde simple $O = Al - O - Al = O$ qui donnerait naissance, par exemple, à une molécule :

$$
\begin{array}{ccccc}
 & Al & — O — & Al & \\
 \diagup & | & & | & \diagdown \\
O & O & & O & O \\
 \diagdown & | & & | & \diagup \\
 & Al & — O — & Al & \\
\end{array}
$$

On constate fréquemment que le passage de la forme divisée à la forme compacte est accompagné d'un dégagement de chaleur, preuve qu'il se fait une véritable combinaison chimique. Les oxydes étant insolubles et fixes, il est impossible de déterminer leur poids moléculaire, mais il n'est pas douteux que dans beaucoup de cas, celui-ci devra être fort élevé.

L'expérience a prouvé que la complexité moléculaire augmente l'inertie de la molécule (v. aussi acide silicique, acide métaphosphorique, phosphore rouge). Les oxydes cristallisés appartiennent généralement à la modification compacte.

L'alumine, sous toutes ses formes, est soluble dans les alcalis fondus : elle se transforme en aluminate (v. plus loin).

564. Hydroxyde d'aluminium. Al(OH)₃. — Il existe dans la nature ; c'est l'hydrargyllite ; on l'obtient artificiellement par l'action de NH₄OH sur un sel d'aluminium ou bien par la décomposition des aluminates.

C'est une base très faible ; les sels d'aluminium sont profondément hydrolysés en solution et possèdent une réaction nettement acide. L'hydrolyse peut être telle que le sel se dédouble complètement en hydroxyde d'aluminium qui précipite. C'est le cas notamment pour le sulfure d'aluminium (**v. 214**). Si l'on soumet la dissolution d'un sel d'aluminium à la dialyse, il ne reste sur la membrane dialysante de l'hydroxyde colloïdal que l'action de la chaleur coagule. C'est sur cette propriété qu'est basé l'emploi des sels d'aluminium dans le **mordançage des tissus**. On appelle ainsi l'opération qui consiste à traiter un tissu de manière à le rendre apte à fixer les matières colorantes. Les sels d'aluminium constituent des **mordants**.

Pour mordancer par les sels d'aluminium, on plonge le tissu dans une solution de sulfate d'aluminium, puis dans un bain d'acétate de sodium. Ces deux sels pénètrent successivement dans l'intérieur des fibres, mais l'acétate d'aluminium qui se forme dans la fibre est presque complètement hydrolysé en solution :

$$Al^{...} + 3Ac' + 3H_2O = Al(OH)_3 + 3HAc.$$

(L'acide acétique est un acide faible).

La paroi de la fibre joue le rôle de dialyseur ; l'acide acétique et le sulfate de sodium traversent cette paroi mais l'hydroxyde d'aluminium est retenu. Or cet hydroxyde possède la propriété de se combiner aux matières colorantes basiques pour former des combinaisons insolubles, des **laques**, que le lavage n'enlève par conséquent plus. Il suffit donc de tremper le tissu après mordançage dans un bain de matière colorante pour former à l'intérieur de la fibre une couleur indélébile qui ne disparaîtra que par l'usure de la paroi fibreuse.

Al(OH)₃ peut former des dérivés par déshydratation partielle, tel O = Al — OH ; la **diaspore**.

L'hydroxyde d'aluminium, de même que l'hydroxyde de zinc (**v. 546**) peut s'ioniser suivant le type acide. Aussi est-il soluble dans les dissolutions d'hydroxydes alcalins, l'excès d'ions OH′ favorisant la formation des ions AlO_3''' et par conséquent la disparition des ions $Al\cdots$.

L'hydroxyde d'aluminium peut donc se comporter comme un acide, mais c'est un acide faible, s'ionisant surtout suivant le type $H\cdot + AlO_3H_2'$. Cet ion AlO_3H_2' perd facilement une molécule d'eau, se transformant en ion $O = Al - O'$. L'acide correspondant est $O = Al - OH$, la diaspore. Quant à l'ion bivalent $HO - Al = O_3''$, deuxième terme d'ionisation de l'acide $Al(OH)_3$, il peut par déshydration se transformer en l'ion $''O_2 - Al - O - Al - O_2''$; ion négatif de la bauxite $(HO)_2 - Al - O - Al - (OH)_2$.

Les dérivés métalliques de l'hydroxyde d'aluminium et de son produit de déshydration partielle, la diaspore, sont les **aluminates**. Ils appartiennent au type AlO_3M_3 ou $Al = O - OM$. Les aluminates alcalins sont solubles dans l'eau ; les autres sont insolubles.

On prépare l'aluminate de sodium, le plus important d'entre eux, en chauffant fortement dans un courant d'air un mélange de sulfate de sodium, de charbon et de bauxite, laquelle vaut de l'oxyde d'aluminium (Procédé Peniakoff) :

$$3Na_2SO_4 + 6C + 9O = 3Na_2CO_3 + 3SO_2 + 3CO_2$$
$$3Na_2CO_3 + Al_2O_3 = 2Na_3AlO_3 + 3CO_2 \qquad (2)$$

$$(3) \quad 3Na_2SO_4 + 6C + 9O + Al_2O_3 = 2Na_3AlO_3 + 6CO_2 + 3SO_2.$$

On peut aussi l'obtenir par fusion directe du carbonate de soude avec de l'oxyde d'aluminium (réaction (2), lequel se comporte dans cette réaction comme un anhydride.

L'aluminate de sodium est fortement hydrolysé en solution et possède une réaction alcaline. L'aluminate trimétallique donne par évaporation sa solution des cristaux d'aluminate monométallique ; la solution renferme de la soude caustique :

$$Na_3AlO_3 + 2H_2O = NaAlO_2 + 2NaOH.$$

Les acides décomposent les aluminates avec formation de $Al(OH)_3$: si l'acide est très faible, il ne réagit pas sur l'hydroxyde d'aluminium, qui précipite. C'est notamment le cas pour l'acide carbonique ; quand on traite une solution d'aluminate de sodium par l'anhydride carbonique on obtient un précipité de $Al(OH)_3$; la réaction (2) est donc réversible : à froid, CO_2 déplace Al_2O_3.

$$2Al(ONa)_3 + 3(H_2O + CO_2) = 3Na_2CO_3 + 2Al(OH)_3. \qquad (4)$$

Les réactions (3) et (4) ont été appliquées à la préparation du carbonate de sodium.

Il suffit de calciner l'hydroxyde d'aluminium pour obtenir l'oxyde; c'est ainsi qu'on prépare au dépens de la bauxite (qui contient toujours du fer) l'oxyde d'aluminium pur nécessaire à l'extraction de l'aluminium.

En présence d'un sel ammoniacal, les aluminates donnent un précipité d'hydroxyde d'aluminium. L'ion $NH_4^{\cdot}$ fixe l'ion OH' de l'eau, car l'ammoniaque est une base faible; la concentration des ions $H^{\cdot}$ devient ainsi suffisante pour assurer la précipitation de l'hydroxyde d'aluminium :

$$AlO_3''' + 3H_2O + 3NH_4^{\cdot} = Al(OH)_3 + 3NH_4OH.$$

565. Chlorure d'aluminium. $AlCl_3$. — Quand on chauffe l'aluminium dans un courant de chlore, il brûle et se transforme en chlorure anhydre, qui sublime en cristaux blancs très volatils. Sa densité de vapeur vers 400° correspond à la formule Al_2Cl_6, à 700° à la formule $AlCl_3$. Deux molécules $AlCl_3$ se groupent donc à basse température en une particule $2AlCl_3$.

Ce fait se retrouve pour beaucoup de corps volatils; aussi les mesures de densité de vapeur prises en vue d'établir le poids moléculaire, doivent-elles être faites à des températures assez éloignées du point d'ébullition (v. **48**) ou encore sous pression réduite, une diminution de pression provoquant la dissociation des particules complexes.

Le chlorure d'aluminium se comporte comme un chlorure d'acide : il fume à l'air humide en dégageant de l'acide chlorhydrique et se transforme en oxyde; projeté dans l'eau, il donne lieu à une réaction très vive : il se forme également HCl et $Al(OH)_3$.

Mais la réaction $AlCl_3 + 3H_2O \rightleftharpoons Al(OH)_3 + 3HCl$ est réversible : l'hydroxyde d'aluminium est soluble dans l'acide chlorhydrique; si l'on concentre la solution, on obtient des cristaux $AlCl_3 . 6H_2O$ qu'on ne peut déshydrater : quand on les chauffe, ils donnent HCl et de l'oxyde d'aluminium (comparer avec $MgCl_2$).

Le chlorure d'aluminium anhydre est employé en chimie organique comme agent de condensation.

Le **fluorure d'aluminium** (ex. $Al(OH)_3 + 3HFl$) existe sous une modification soluble, mais quand on concentre ses dissolutions, il se précipite à l'état cristallin et devient insoluble dans l'eau. Il forme avec le fluorure de sodium un fluorure double $AlFl_3.3NaFl$, la cryolithe, l'un des composés d'aluminium les plus importants au point de vue de l'extraction de ce métal.

Il est inattaquable par les acides lorsqu'il a été chauffé.

Il est intéressant d'autre part d'observer que, tandis que les sels haloïdes d'aluminium sont très facilement décomposés par l'eau, le fluorure d'aluminium résiste fort bien et n'est attaqué qu'au rouge.

566. Sulfate d'aluminium. $Al_2(SO_4)_3.18H_2O$. — Il se prépare en chauffant l'argile pure (kaolin) avec de l'acide sulfurique. Il cristallise avec $18H_2O$ et est très soluble dans l'eau, ce qui rend sa purification assez difficile.

Les sulfates des métaux trivalents possèdent la propriété de former avec les sulfates alcalins des sulfates doubles de la forme $M^{III}(SO_4)_2X.12H_2O$ qu'on appelle des **aluns**. (X est un métal alcalin). $M^{...}$ peut-être l'aluminium ou un métal de sa famille, ou encore $Fe^{...}$. $Cr^{...}$. $Mn^{...}$. Ces aluns cristallisent en octaèdres, en général peu solubles dans l'eau, ce qui rend leur purification aisée. Chauffés, ils perdent facilement leur eau de cristallisation.

Les aluns, comme les vitriols (v. **543**), sont de vraies combinaisons additionnelles et ne représentent des corps définis qu'à l'état cristallin. A l'état dissous, ils sont complètement dissociés en leurs générateurs (ou en ions correspondants), ce qui peut se démontrer cryoscopiquement. Leurs dissolutions ne fournissent d'ailleurs d'autres caractères que ceux des ions SO_4'', M^{III} et $X^.$. Ils se distinguent ainsi profondément des sels doubles dont la genèse est due à la formation d'ions complexes, comme les chloromercurates, par exemple (v. **553**).

Le plus important des aluns est l'alun de potasse. $Al(SO_4)_2K,12H_2O$, que l'on prépare industriellement en ajoutant du sulfate de potassium en quantité calculée à une dissolution de sulfate d'aluminium. Il cristallise en gros cristaux octaèdriques, quelquefois en cubes. Il est employé comme mordant.

567. Silicates d'aluminium. — L'orthosilicate d'aluminium est un minéral peu important, mais il forme des sels doubles et un silicate basique qui comptent parmi les constituants les plus importants de l'écorce terrestre (feldspath, argile).

Le **feldspath orthose,** le plus important des feldspaths, a pour formule :

$$O = Si \overset{O}{\underset{O}{<}} Al - O - Si - O - Si - OK$$
$$\qquad\qquad\qquad\qquad \overset{\shortparallel}{O} \qquad\quad \overset{\shortparallel}{O}$$

Sa **désagrégation** par l'eau et l'anhydride carbonique (v. **388**) donne un silicate basique d'aluminium

$$\overset{OH}{|} \qquad\qquad \overset{OH}{|}$$
$$HO - Al \overset{O}{\underset{O}{<}} Si \overset{O - Al - O}{\underset{O}{<}} Si \overset{O - Al - O}{\underset{O}{<}} Si \overset{O}{\underset{O}{<}} Al. - OH$$

qui, à l'état pur, constitue le **kaolin** (terre à porcelaine). L'**argile** est du kaolin plus ou moins mélangé de quartz et d'oxyde de fer. Le kaolin pur est blanc et infusible. Le kaolin et l'argile constituent la matière première de toutes les poteries. Le kaolin ou l'argile, gâchés avec de l'eau, donnent une pâte douce et ductile, se moulant aisément dans des formes. Lorsqu'on sèche cette pâte et qu'on la cuit ensuite à haute température, elle s'agglutine en une masse poreuse à cassure terreuse ; seulement, il se produit en même temps une rétraction énorme qui rend le kaolin pur impropre à la fabrication des poteries. Quand on ajoute à la pâte du quartz, du feldspath, etc., on évite cette rétraction. L'argile cuite à haute température devient inattaquable par les acides et la plupart des réactifs ; on ne peut l'attaquer que par fusion avec des oxydes ou des carbonates (v. H_4SiO_4) et par HFl.

La **porcelaine** est formée d'une pâte de kaolin et de feldspath ; la cuisson à très haute température (1400°) produit une fusion partielle du feldspath, à laquelle la porcelaine doit sa texture compacte et sa demi transparence.

La **couverte** de la porcelaine, c'est-à-dire la couche d'émail dont on la recouvre, est formée de feldspath fondu.

La pâte de la faïence est formée de kaolin quartzeux, elle ne subit pas de fusion partielle, elle est poreuse et grenue ; la cuisson se fait à une température moins élevée que celle de la porcelaine.

Les poteries vulgaires sont faites d'une argile moins pure, souvent ferrugineuse. La présence d'oxyde de fer rend la masse plus fusible, aussi ces matériaux ne résistent-ils pas à l'action d'une température très élevée. Les briques réfractaires contiennent une très forte quantité de quartz qui les rend infusibles.

La terre à briques ordinaire est une argile quartzeuse contenant de l'oxyde de fer et du calcaire. Dans la cuisson, il se forme un silicate de fer, aisément fusible, qui agglutine la masse.

568. Outremer. — Ce corps, si fréquemment employé comme couleur minérale, est un composé d'aluminium de constitution inconnue.

Le lapis-lazuli est de l'outremer naturel. On l'obtient artificiellement en chauffant un mélange de carbonate de soude, de kaolin, d'argile, de soufre et de colophane, dans des creusets fermés ou dans des fours à moufle. Le matériel des moufles ou creusets doit être poreux et laisser filtrer l'air, dont le contact est indispensable pour donner l'anhydride sulfureux qui transforme le produit incolore primitivement formé, l'outremer blanc, en bleu d'outremer.

L'outremer est un produit bleu, insoluble dans l'eau, inaltérable à l'air et à la lumière. Les acides le décomposent en dégageant de l'hydrogène sulfuré et en donnant un dépôt de soufre. Il semble que l'outremer soit un mélange de silicate double de sodium et d'aluminium et de polysulfure de sodium.

569. Caractères des sels d'aluminium. Les alcalis caustiques les précipitent en blanc ; un excès de réactif dissout le précipité.

L'ammoniaque précipite $Al(OH)_3$. L'hydrogène sulfuré est sans action.

Les carbonates et les sulfures solubles précipitent $Al(OH)_3$, Al_2S_3 et $Al_2(CO_3)_3$ étant décomposés par H_2O.

On dose l'aluminium en le précipitant à l'état d'$Al(OH)_3$ que l'on calcine : 100 p. Al_2O_3 correspondent à 53 p. Al.

Chaleur de formation de quelques composés d'aluminium :

Oxyde d'aluminium	330300 cal.	Chlorure d'aluminium	161800 cal.
Hydroxyde »	393000 »	Bromure »	321980 »
Fluorure »	249000 »	Sulfate » dissous	875700 »

Métaux rares du groupe de l'aluminium.

570. Tandis que l'aluminium est un métal léger, ne formant qu'un seul type de combinaisons, les autres éléments de sa famille sont des métaux lourds qui peuvent manifester une valence variable.

Gallium P. A. 69. Lecocq de Boisbaudran découvrit par l'analyse spectrale cet élément excessivement rare dans une blende de Pierrefitte ; ce métal se rencontre dans certains échantillons de blende. Il fut décrit par Mendelejeff sous le nom d'ékaluminium avant sa découverte (v. **455**).

Le gallium est un métal blanc, dur; d'une densité de 6 et qui fond à 30°, mais il reste facilement en surfusion. S'il n'était aussi rare, il conviendrait admirablement comme liquide thermométrique, pour la mesure de températures élevées.

Il décompose les acides avec dégagement d'hydrogène. Chauffé dans un courant de chlore, il se transforme en **trichlorure**, $GaCl_3$, corps solide, fusible à 75°, fumant à l'air et bouillant à 215°. Le trichlorure, chauffé en présence de gallium, donne un **bichlorure** $GaCl_2$, que l'eau décompose avec formation de trichlorure, d'hydrogène et d'hydroxyde $Ga(OH)_3$.

Le sulfate de gallium forme des aluns avec les sulfates alcalins. Le spectre du gallium a deux raies caractéristiques dans le violet $\lambda = 4173.2$ et 403,3.

571. Indium. P. A. 113. Ce métal est également très rare et accompagne le zinc dans quelques blendes. Il fut découvert en 1863 par Ruch et Richter dans une blende de Freiberg par l'analyse spectrale.

L'indium est un métal blanc, très mou, fusible à + 155°, d'une densité de 7,1. Il se montre mono, bi ou trivalent ; mais à l'état d'ion, il est toujours trivalent.

Le trichlorure $InCl_3$ s'obtient par l'action du chlore sur l'indium. Chauffé dans un courant d'acide chlorhydrique, l'indium passe à l'état de **bichlorure** $InCl_2$, lequel est volatil ; sa densité de vapeur a permis d'établir sa grandeur moléculaire. $InCl_2$ est décomposé par l'eau avec formation d'indium métallique et de trichlorure.

Le **monochlorure d'indium** $InCl$ (ex. $InCl_3 + In$) est un liquide rouge que l'eau décompose comme le bichlorure.

L'oxyde d'indium In_2O_3 ne ressemble pas beaucoup à l'alumine ; il est volatil et de plus bien moins stable : il se laisse réduire par l'hydrogène.

L'hydroxyde $In(OH)_3$ est au contraire très semblable à $Al(OH)_3$ et possède comme ce dernier un caractère faiblement acide. C'est une base faible dont les sels sont hydrolysés.

L'hydrogène sulfuré précipite les sels d'indium à l'état de sulfure, In_2S_3 jaune, en présence d'acétate de sodium (v. **216**). A cet égard, l'indium se rapproche du zinc et du cadmium, et l'on avait même, avant Mendelejeff, fait de l'indium un analogue du zinc. Le sulfate d'indium cristallise avec $3H_2O$, mais peut former des aluns.

Le spectre de l'indium est caractérisé par deux superbes raies, l'une bleue, $(\lambda = 4511)$; l'autre, violette $(\lambda = 4102)$.

THALLIUM. Tl.
P. A. 202,61. (204,1).

572. Le thallium est beaucoup plus répandu que les deux métaux précédents, mais il ne se trouve jamais en masses importantes. On le rencontre surtout dans les pyrites et les chalcopyrites, dans les blendes. Lors du grillage des pyrites thallifères, l'oxyde de thallium volatil est entraîné et se dépose dans les canaux à poussière ou passe même dans les chambres de plomb; il y est transformé en sulfate qui se retrouve dans les boues de chambres de plomb, lesquelles sont de véritables mines d'éléments rares (v. sélénium).

Pour extraire le thallium, on neutralise ces boues par la chaux, on épuise par l'eau et l'on précipite à l'état de chlorure thalleux, peu soluble. On transforme ce chlorure en sulfate et l'on précipite la solution de sulfate de thallium par le zinc. On peut aussi électrolyser la solution.

Le thallium est un métal blanc, très dense $(D = 11.85)$ ressemblant au plomb, mais encore plus mou, qui fond à $290°$. Ce métal est remarquable par les analogies qu'il présente avec un grand nombre d'éléments. Physiquement, il ressemble très bien au plomb, mais au point de vue chimique, il se rapproche à la fois des métaux alcalins vrais, des métaux du groupe du cuivre, et quelque peu de l'aluminium.

A l'état de métal, il se comporte comme un élément assez actif; il se combine à froid à l'oxygène, surtout en présence de l'eau, se transformant alors en oxyde Tl_2O ou hydroxyde thalleux $TlOH$; il décompose les acides avec dégagement d'hydrogène et se range dans la série électrochimique à côté du fer. Il se combine avec violence aux halogènes.

Le thallium forme deux ions: l'ion thalleux $Tl^{\cdot}$ monovalent, et l'ion thallique $Tl^{\cdot\cdot\cdot}$ trivalent.

573. L'ion thalleux se rapproche à la fois des ions alcalins et de l'ion cuivreux. C'est un ion de caractère métallique prononcé.

L'hydroxyde $TlOH$ est très fortement ionisé et soluble dans l'eau Cet hydroxyde se présente en cristaux jaunes; sa solution est caustique, attaque le verre et absorbe énergiquement l'anhydride carbonique pour former un carbonate soluble (à 5 %), dont les solutions, comme celles des carbonates alcalins, ont une réaction alcaline.

Les sels haloïdes de l'ion thalleux, sauf $TlFl$, sont tous insolubles.

Le chlorure thalleux est blanc, comme $PbCl_2$: il est légèrement soluble dans l'eau chaude. **L'iodure thalleux** TlI, le plus insoluble des sels thalleux, est jaune et cristallin comme PbI_2.

Le **sulfate** Tl_2SO_4 (ex. $Tl + H_2SO_4$) est isomorphe avec le sulfate de potassium et indécomposable par la chaleur. Il est assez peu soluble dans l'eau (4.8 °/₀ à 20°.)

Le **nitrate** $TlNO_3$, isomorphe avec KNO_3, est l'un des plus solubles parmi les sels thalleux.

L'ion thalleux est précipité à l'état de sulfure noir par les sulfures solubles ou par l'hydrogène sulfuré en solution faiblement acide.

574. A l'encontre de l'ion thalleux, l'**ion thallique** est très peu métallique; tous ses sels, sauf les sels haloïdes sont hydrolysés à tel point que l'eau les décompose presqu'intégralement en hydroxyde thallique $Tl(OH)_3$ et qu'ils ne peuvent exister qu'en solution fortement acide; les sels haloïdés eux-mêmes sont hydrolysés d'une manière sensible. Le thallium trivalent s'engage aussi très facilement dans des anions complexes (v. **554**), notamment en concurrence avec les halogènes. Il forme ainsi deux ions $TlCl_4'$ et $TlCl_6'''$.

L'ion thallique se réduit aisément à l'état thalleux; réciproquement ce dernier ne passe à l'état thallique qu'à l'intervention d'agents oxydants énergiques, comme le permanganate de potassium ou le chlore.

L'**oxyde thallique** Tl_2O_3 est une poudre brune, qui se forme par combustion du thallium à l'air. Il se décompose au rouge en $Tl_2O + O_2$.

L'hydroxyde thallique $Tl(OH)_3$ se forme par l'action de l'eau sur les sels thalliques. Ces derniers, traités par NH_4OH, donnent un précipité brun d'un anhydride imparfait $O = Tl - OH$, qui se transforme déjà au-dessous de 100° en Tl_2O_3.

Cet hydroxyde ne ressemble guère à l'hydroxyde d'aluminium avec lequel il ne présente qu'une analogie de formule; il est insoluble dans les bases.

Chlorure thallique. $TlCl_3$. (Ex. $TlCl + Cl_2$). Ce sel forme plusieurs hydrates. Il se décompose aisément en chlore et chlorure thalleux.

Le chlorure thallique se combine à trois molécules de chlorure pour former des sels doubles dérivant d'un ion $TlCl_6'''$. L'ion des plus curieux parmi ces composés est le chlorure double de thallosum et de thallicum Tl_4Cl_6, $Tl_3(TlCl_6)$.

Ce sel, dont la formule brute est Tl_2Cl_3, ne dérive pas d'un ion $Tl_2^{...}$ trivalent; **un seul des deux atomes de thallium s'y trouve à l'état ionisable.**

Nous rencontrons en chimie organique (v. Bleu de Prusse) d'autres sels présentant les mêmes particularités, à un degré encore plus nettement accusé.

On ne connaît pas d'alun de thallium.

Le thallium peut remplacer, sous forme de silicate thalleux, les silicates alcalins dans le cristal (v. **403**). On obtient ainsi des verres doués d'une réfrangibilité très élevée (D = 1,96) et qui sont employés notamment pour imiter le diamant.

Tous les composés de thallium sont très vénéneux.

Les analogies du thallium avec l'aluminium ne sont que lointaines, ainsi que nous l'avons déjà remarqué à propos de l'hydroxyde thallique; mais si l'on n'a pu isoler un alun de thallium, on a cependant obtenu des cristaux mixtes de cet alun et de $(NH_4)Al(SO_4)_2$. $12H_2O$. Aussi, faute de lui trouver une meilleure place, a-t'on rangé le thallium dans le groupe de l'aluminium.

Le spectre du thallium est caractérisé par une magnifique raie verte.

Terres Rares.

575. Le groupe des métaux trivalents renferme une deuxième série de métaux qui se rattachent plutôt au bore. Ce sont le scandium, l'yttrium, le lanthane, le gadolinium, et l'ytterbium. Leurs oxydes et ceux de quelques autres éléments peu répandus, forment le groupe des **terres rares**.

Comme l'indique cette dénomination, les espèces minérales qui renferment ces métaux sont peu abondantes ; nous citerons comme les principaux minerais des terres rares, deux phosphates : la **monazite**, et le **xénotime** ; la **samarskite**, un tantaloniobate et la **gadolinite** qui sont des silicates. Quoique tous les métaux des terres rares n'appartiennent pas à la famille du bore dans le système périodique, il n'est aucun groupe d'éléments aussi semblables Leur rareté, mais surtout leur extrême similitude d'allures, rend la séparation de ces éléments des plus pénibles ; dans aucun domaine de la chimie, les difficultés analytiques ne sont aussi grandes, et elles sont telles, que l'existence de maints éléments appartenant à ce groupe a été affirmée, puis niée à maintes reprises, et qu'aujourd'hui encore, il en est plusieurs dont on ne peut affirmer d'une manière formelle l'individualité chimique. G. Urbain vient notamment de reconnaître que les composés décrits comme des combinaisons de l'ytterbium sont des mélanges renfermant un élément non encore décrit et qu'il a appelé lutécium.

Sauf le scandium et l'yttrium, tous les éléments de ce groupe ont des poids atomiques compris entre 139 (Lanthane) et 173 (Ytterbium). Ceux dont l'existence comme élément défini paraît établie avec certitude sont : le scandium, l'yttrium, le lanthane, le cérium, le praséodidyme, le néodidyme, le samarium, l'europium, le gadolinium, le terbium, le dysprosium, l'ytterbium et le lutécium. L'erbium, l'holmium, le thullium sont douteux. La plupart de ces éléments ne sont pas connus à l'état libre ; les mieux étudiés d'entr'eux sont le lanthane et surtout le cérium (v. plus loin pour ces métaux).

Tous ces métaux sont très avides d'oxygène ; le lanthane paraît même avoir une chaleur d'oxydation plus forte que le magnésium (149000 calories par atome d'oxygène fixé).

Leur caractère métallique paraît assez variable ; leurs hydroxydes sont en tout cas des bases beaucoup plus fortes que l'hydroxyde d'aluminium.

Le traitement des terres rares en vue de l'extraction des sels de cérium et de thorium laisse un résidu important, renfermant surtout du lanthane. Ce résidu, transformé en chlorure, donne par réduction électrolytique, un alliage complexe des métaux des terres rares. Cet alliage, appelé **métal mixte**, est doué de propriétés réductrices plus énergiques encore que celles de l'aluminium et est employé au lieu de ce dernier pour réduire à l'état métallique certains oxydes métalliques (v. vanadium).

Les oxydes de ces métaux out la formule générale M_2O_3, quoique certains d'entre eux, comme le cérium, engendrent des combinaisons du type MO_2.

Les sulfates ne forment généralement pas d'aluns et cristallisent avec $8H_2O$. Ces métaux forment des carbures que l'eau décompose avec production d'acé-ty'ène, tandis que le carbure d'aluminium donne du méthane.

Tous les métaux rares précipitent, même en milieu acide, par l'acide oxalique, qui est le réactif par excellence des terres rares (v. cérium).

Beaucoup d'entre eux ont des sels colorés, par exemple, le praséodidyme et le néodidyme; le spectre d'absorption de leurs solutions est le plus souvent dis-continu et les bandes d'absorption sont nettement tranchées, ce qui permet la détermination exacte de leur position. Ce sont les seuls éléments dont les combinaisons présentent cette curieuse particularité, qui fait ressembler leur spectre à un spectre solaire (raies de Frauenhaufer).

On divise les métaux rares en quatre groupes: 1. Le groupe de l'yttrium, com-prenant l'yttrium, le scandium, l'erbium; 2. le groupe du cérium, renfermant le cérium, le lanthane, le néodidyme, le praséodidyme et le samarium; 3. le groupe du terbium, comprenant le terbium, le gadolinium et l'europium; 4. le groupe de l'erbium, formé par le dysprosium, l'erbium, le thullium (?) et l'holmium (?).

Cette classification est plutôt empirique mais elle est la seule que l'on puisse adopter, étant donnée l'insuffisance de nos connaissances sur ces éléments.

Il sort du cadre de cet ouvrage de décrire les méthodes de séparation des terres rares ainsi que de faire l'histoire individuelle de ces éléments curieux, dont l'étude a fait des progrès énormes au cours des dernières années.

Le plus important métal du groupe, le cérium, sera étudié sommairement dans l'histoire de la famille des carbonides.

Métaux tétravalents.

576. Ces éléments, qui représentent la famille des carbonides dans la classe des métaux, se divisent en deux groupes : le premier comprend le cérium et le thorium; le second est constitué par le germanium, l'étain et le plomb.

GROUPE DU CÉRIUM.

Les métaux de ce groupe se rattachent à la fois au zirconium et aux métaux des terres rares (v. **575**), le cérium se rapprochant plutôt de ces derniers et le thorium du titane et du zirconium. Ce sont des métaux lourds, ayant pour l'oxygène une affinité très considérable ; comme la zircone, leurs oxydes n'ont pas de fonction anhydride et les hydroxydes sont exclusivement basiques.

CÉRIUM Ce
P. A. 139 (140).

577. Le minéral le plus riche en cérium est la **cérite**, silicate de terres rares dans lequel l'oxyde de cérium prédomine, mais la cérite est assez rare et de préférence on extrait le cérium de la **monazite**, ou plutôt des sables à monazite. La méthode d'extraction sera décrite à propos du thorium.

Le cérium métallique s'obtient par électrolyse du chlorure fondu. C'est un métal assez mou, d'une densité de 7. Il est inaltérable à l'air sec mais s'oxyde à l'air humide; on doit le conserver sous du benzol. Il décompose lentement l'eau à froid, réagit énergiquement sur les acides avec dégagement d'hydrogène, s'enflamme à l'air à 180° et brûle avec un éclat exceptionnel; le phénomène est encore plus brillant que la combustion du magnésium, mais dégage moins de chaleur. L'oxyde de cérium se laisse réduire par le magnésium.

Le cérium est tétravalent mais ses combinaisons les plus stables, les sels céreux, appartiennent au type CeR_3. Seul l'**oxyde cérique** CeO_2 est plus stable que l'oxyde céreux Ce_2O_3; on l'obtient en calcinant l'oxalate ou les nitrates céreux et cérique. C'est une poudre jaune infusible, inattaquable par HNO_3 et HCl. Il se dissout dans ces acides en présence de l'eau oxygénée qui le réduit (v. **118**) et il se fait des sels céreux. L'acide sulfurique l'attaque avec formation d'un mélange de sulfates céreux et cérique.

L'oxyde cérique entre pour 1 °/₀ dans la constitution des manchons Auer.

L'ion cérique, Ce˙˙˙˙ a une tendance exceptionnellement prononcée à passer à l'état d'ion céreux; la différence de potentiel Ce˙˙˙˙ et Ce˙˙˙ est supérieure au potentiel de décharge des ions de chlore et d'oxygène. Aussi l'ion cérique ne peut-il exister en présence d'ion Cl'; il se fait un sel céreux et il se dégage du chlore. L'ion Ce˙˙˙˙ a donc un caractère oxydant des plus prononcés.

Le **sulfate cérique** $Ce(SO_4)_2$, obtenu en attaquant CeO_2 par l'acide sulfurique, ne peut exister qu'à l'état non ionisé; au contact de l'eau, il donne lieu à un dégagement d'oxygène et se transforme en sel céreux.

Certains sels cériques basiques, dérivant de l'ion CeO˙˙ ou d'ions analogues (CeOH˙˙˙), sont stables en présence de l'eau, dans laquelle ils sont insolubles.

Le plus important des sels céreux est le sulfate $Ce_2(SO_4)_3$ que l'on prépare en dissolvant l'oxyde cérique dans l'acide sulfurique. On chauffe jusque 400°; on obtient ainsi une poudre blanche hygroscopique, ne se dédoublant en C_eO_2 et SO_2 qu'à une température très élevée.

Ce sulfate anhydre partage avec tous les sulfates anhydres des terres rares et le sulfate de thorium la propriété d'être facilement soluble dans l'eau glacée (60 p. dans 100). Si l'on élève la température de la solution, il se fait un sulfate hydraté $Ce_2(SO_4)_3 9H_2O$ ou $Ce_2(SO_4)_3 8H_2O$: ces deux sels sont fort peu solubles et ce d'autant moins que la température est plus élevée. Tous les sulfates des terres rares forment à chaud des hydrates de la forme $M_2(SO_4)_3.8H_2O$ qui sont beaucoup moins solubles que le sel anhydre; leur solution précipite par conséquent quand on la chauffe. Une méthode de séparation des terres rares est basée sur la précipitation fractionnée des sulfates hydratés.

Le sulfate céreux forme avec les sulfates alcalins des sels doubles encore moins solubles dans l'eau que le sulfate hydraté $Ce_2(SO_4)_3 8H_2O$, ils sont encore plus insolubles dans les solutions de sulfates alcalins. On peut, en appliquant cette propriété, isoler le cérium des autres métaux des terres rares.

Le **nitrate de cérium** $Ce(NO_3)_3.6H_2O$ se prépare par double décomposition aux dépens du sulfate de cérium et du nitrate de baryum, ou en attaquant l'oxalate par l'acide nitrique. C'est un sel très soluble, employé à la fabrication des manchons Auer.

L'oxalate de cérium $Ce_2(C_2O_4)_3.10H_2O$ précipite par addition d'acide oxalique ou d'un oxalate à la dissolution d'un sel céreux.

THORIUM. Th.

P. A. 230.8 (232.5).

578. Le thorium accompagne presque toujours les terres rares, quoique son oxyde n'appartienne pas à ce groupe. On le trouve à l'état de **thorite,** métasilicate de thorium; mais ce minéral, très riche en thorium, est rare. Le vrai minerai du thorium est la **monazite.** Les besoins de l'éclairage au gaz par incandescence ont donné une extension énorme à l'industrie des sels de thorium et l'on a reconnu que la monazite, considérée jusque vers 1890 comme une curiosité minéralogique, était très abondante dans des sables, les **sables à monazite,** que l'on rencontre en grandes quantités au Brésil, dans la Caroline, etc. Ces sables ne renferment pas beaucoup de thorium, la monazite étant surtout un phosphate de cérium ; leur teneur moyenne en thorine ThO_2 est de 1 à 2 %.

Les détails des méthodes d'extraction industrielle sont tenus secrets. La marche générale de l'opération est la suivante : Le minéral est broyé, on en forme une pâte avec de l'acide sulfurique concentré et on chauffe progressivement dans un four à sole jusque 300°, de manière à transformer les terres rares et la thorine en sulfates anhydres et à chasser l'acide sulfurique. La masse sèche est broyée et projetée par petites portions dans de l'eau glacée ; les sulfates se dissolvent : le sable et autres impuretés sont filtrés.

On précipite par l'acide oxalique le thorium et les terres rares à l'état d'oxalates. Les oxalates insolubles sont séparés, filtrés et épuisés par une solution d'oxalate d'ammonium qui forme avec l'oxalate de thorium un sel double soluble. On filtre les oxalates des terres rares ; la solution traitée par l'acide nitrique donne un précipité d'oxalate de thorium brut, que l'on transforme en oxyde par calcination.

La fabrication des manchons Auer exige une thorine tout-à-fait exempte de terres rares ; pour purifier la thorine on la transforme en sulfate anhydre en chauffant jusqu'à siccité avec de l'acide sulfurique concentré ; on dissout dans l'eau glacée, puis on chauffe vers 60° ; il se précipite un sulfate hydraté $Th(SO_4)_2,4H_2O$, qui passe ensuite à l'état de $Th(SO_4)_2,8H_2O$, encore moins soluble ; on purifie ce sulfate en le faisant passer de rechef à l'état anhydre et en répétant l'opération qui vient d'être décrite.

Lorsque le sel est pur on le précipite par l'ammoniaque : on obtient de l'hydroxyde $Th(OH)_4$ que l'on dissout dans l'acide nitrique.

Le thorium métallique pur n'a pas été isolé. La réduction de la thorine par le charbon au four électrique donne un métal carburé de densité 11. Le thorium ne forme qu'un ion tétravalent $Th^{\cdots\cdots}$ L'hydroxyde $Th(OH)_4$ est une base faible, aussi les sels de thorium sont-ils complètement hydrolysés en présence d'un anion d'acide faible, avec précipitation d'hydroxyde. On peut précipiter l'hydroxyde thorique par addition de nitrite de sodium à une solution de sulfate de thorium. (Méthode de séparation du thorium d'avec les terres rares) :

$$Th^{\cdots} + 4NO_3' + 4H_2O = Th(OH)_4 + 4HNO_3$$

L'oxyde de thorium ThO_2 ou thorine est blanc, infusible ; il s'obtient par calcination du nitrate ; il constitue la partie essentielle des manchons Auer. (v. plus bas).

Parmi les sels de thorium nous citerons le sulfate $Th(SO_4)_2$ (Préparation v. plus haut) Il est soluble dans l'eau glacée ; à chaud, il se transforme en hydrates peu solubles, dont l'un des mieux étudiés est l'hydrate $Th(SO_4)_2.5H_2O$. Il ne donne pas de sulfate double peu soluble avec les sulfates alcalins, ce qui permet la séparation du thorium et du cérium (v. **577**).

Le nitrate de thorium $Th(NO_3)_4.6H_2O$ est le plus important des sels de thorium. Il forme de gros cristaux très solubles.

Les composés thoriques sont radioactifs, mais incomparablement moins que les sels de radium.

579. Manchon Auer. — Les manchons des becs à incandescence sont faits d'un tissu de coton tricoté, que l'on imprègne d'une solution de nitrate de thorium associé à 1 °/₀ de nitrate de cérium. Après dessiccation le manchon est passé au collodion, afin de le rendre plus maniable. Lorsque le manchon est porté dans la flamme d'un brûleur de Bunsen le coton et le collodion brûlent, les nitrates sont décomposés avec formation d'un squelette réticulé, constitué d'une dissolution solide d'oxyde de cérium dans l'oxyde de thorium, laquelle possède un pouvoir émissif extraordinaire pour les radiations visibles du spectre.

L'oxyde de thorium et de cérium employés isolément émettent beaucoup moins de lumière que la dissolution solide ; la composition qui rayonne le plus des rayons éclairants renferme 0,9 °/₀ d'oxyde céreux.

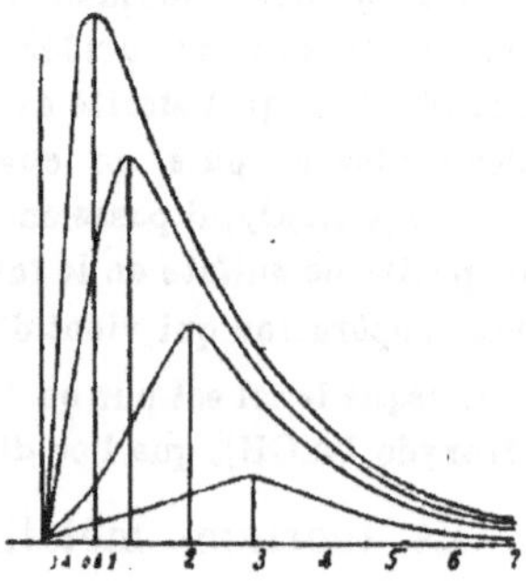

Pour qu'un corps émette une lumière intense, il faut qu'il soit porté à une température élevée et que son pouvoir émissif soit considérable pour

Fig. 73

les radiations dont la longueur d'onde correspond à la partie visible du spectre et surtout pour les rayons jaunes : $\lambda = 0,59\mu$.

La répartition du pouvoir émissif total entre les différentes longueurs d'onde est fort inégale, la courbe des répartitions a sensiblement la forme donnée par la fig. 73. L'aire de la courbe mesure le pouvoir émissif total A mesure que la température augmente, le maximum s'élève très fortement et s'approche en même temps de l'origine de la courbe : c'est-à-dire, que le pouvoir émissif augmente relativement beaucoup pour les radiations de courte longueur d'onde tandis qu'il change peu pour les radiations de grande longueur, il en résulte que l'énergie rayonnée devient d'autant plus riche en rayons lumineux et surtout en rayons bleus que la température de la source chaude est plus élevée ; à basse température au contraire, l'énergie rayonnée est surtout constituée de radiations obscures (de grande longueur d'onde.

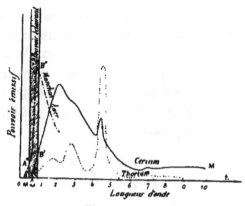

Fig. 74

Les deux courbes de la figure 74 nous représentent les pouvoirs émissifs de l'oxyde de thorium et de l'oxyde de cérium. Le premier a un pouvoir émissif faible, il ne rayonne donc qu'une partie minime de la chaleur qu'il reçoit. Son pouvoir émissif est surtout peu marqué pur les radiations visibles, aussi émettra-t-il peu de lumière quoiqu'il puisse atteindre une température très élevée, en raison du peu d'énergie qu'il perd par rayonnement.

L'oxyde de cérium a, au contraire, un pouvoir émiss f considérable ; mais à des températures peu élevées, l'émission maxima se constate pour des radiations trop longues pour être visibles. L'importance considérable de l'aire B B' ML, c'est-à-dire du pouvoir émissif pour les radiations infrarouges, fait que l'oxyde de cérium émet la majeure partie de la chaleur qu'il reçoit et sa température ne pourra s'élever suffisamment pourqu'il devienne fortement lumineux.

Mais si l'on associe une petite quantité d'oxyde de cérium à l'oxyde de thorium, la dissolution solide aura un pouvoir émissif total qui sera sensiblement celui de l'oxyde thorique et pourra prendre une température très élevée, à laquelle la courbe de répartition des radiations émises par l'oxyde de cérium aura son maximum reporté entre les ordonnés A et B et l'aire d'éclairement de A B B' sera devenue A'B A''B'.

GROUPE DU PLOMB.

580 Ce groupe comprend trois éléments de caractère métallique assez peu accusé ; la fonction métallique croît avec le poids atomique. Le germanium fait nettement transition entre la classe des métaux et celle des métalloïdes

Ces éléments forment deux types de combinaisons ; ils sont bivalents ou tétravalents. Ils se comportent comme des métaux dans les combinaisons du type MX_2, comme des métalloïdes dans les composés de la forme MX_4.

Leur affinité pour l'oxygène va en décroissant du germanium au plomb.

GERMANIUM.

581. Cet élément, excessivement rare, se trouve sous forme d'argyrodite AgGeS à Fribourg. Il fut découvert par Winkler en 1886, mais Mendelejeff l'avait décrit dès 1872 sous le nom d'ékasilicium ; la concordance entre les propriétés qu'il avait assignées au métal et à ses combinaisons, et celles qu'on leur reconnut après la découverte du métal est des plus remarquables (**v. 455**), comme le montre le tableau de comparaison :

EKASILICIUM Es.	GERMANIUM Ge.
Propriétés assignées par Mendelejeff.	Propriétés observées.
Poids atomique, 72.3.	72.7.
Poids spécifique, 5.5.	5.469.
Volume atomique, voisin de 13.	13.1
EsO_2. Poids spécifique, 4.7.	GeO_2. 4.703.
Sera exclusivement un anhydride.	GeO_2 n'a aucune propriété basique.
$EsCl_4$ sera un liquide, de densité de 1.9 et bouillant au-dessous de 100°.	$GeCl_4$ est un liquide, de densité 1.9 et bout à 86.
L'ékasilicium formera un acide H_2EsFl_6 dont le sel de potassium est peu soluble, mais plus soluble que K_2SiFl_6.	Il existe un sel K_2GeFl_6, soluble dans 34 p. d'eau bouillante.
L'ékasilicium formera une combinaison $Es(C_2H_5)_4$, qui sera un liquide de densité 0,96, bouillant à 160°.	Le germanium forme un composé $Ge(C_2H_5)_4$, liquide, de densité légèrement inférieure à 1° et bouillant à 160°.
Le sulfure EsS_2 sera soluble dans $(NH_4)_2S$.	GeS_2 se dissout dans les sulfures alcalins.

Le germanium métallique s'obtient en réduisant l'oxyde GeO_2 par le charbon ; c'est un métal blanc, cristallisant très bien et fusible à 900°. Inaltérable à froid dans l'air, il y brûle à température élevée.

Les combinaisons du germanium bivalent sont peu connues ; le sulfure GeS est brun, insoluble dans les bisulfures alcalins Le chlorure $GeCl_2$ est soluble dans l'eau et doué de propriétés réductrices puissantes.

L'oxyde germanique GeO_2, produit de combustion du germanium, est un anhydride; il est un peu soluble dans l'eau, (1/100); la dissolution a les propriétés d'un acide faible.

Le **fluorure germanique** GeFl₄ est un gaz tout à fait analogue à SiFl₄ et se combine aux fluorures métalliques pour donner des fluogermanates.

Le **bisulfure de germanium** GeS₂ est blanc et précipite en solution acide; il est soluble dans l'eau et dans les sulfures alcalins. C'est un sulfoanhydride -

Les analogies frappantes du germanium et de l'étain ressortiront de l'étude de ce dernier élément.

ETAIN. Sn.
P. A. 118.15. (119)

582. L'étain se trouve surtout à l'état d'oxyde SnO₂ la **cassitérite** dont on l'extrait en réduisant le minerai par le charbon dans un four à cuve : $SnO_2 + 2C = Sn + 2CO$.

L'étain brut est raffiné par fusion ; on sépare ainsi un alliage peu fusible de l'étain avec le fer et l'arsenic.

L'étain fondu est brassé à l'aide d'une tige de bois vert ; les métaux très oxydables, comme le zinc, viennent former une pellicule d'oxyde à la surface du bain de métal, tandis que l'oxyde stannique est réduit par les gaz hydrocarbonés qui se dégagent.

Les principaux gisements d'étain se trouvent dans la presqu'île de Malacca et les îles qui l'entourent (Banca, Billington). L'étain de Banca est d'une pureté remarquable. La production mondiale atteint 98000 tonnes ; la valeur du métal est variable (environ 5 fr. le kilogramme en 1907).

L'étain est un métal blanc, d'un bel éclat métallique ; il fond à 233° et bout vers 1600°. Sa densité est de 7.3. Il possède une tendance prononcée à la cristallisation (métaux moirés) et cristallise dans le système tétragonal. La flexion des barres d'étain produit un bruit particulier (cri de l'étain), dû à la friction des cristaux les uns sur les autres. L'étain est un métal fort ductile lorsqu'il est pur et qu'on peut laminer en feuilles très minces (papier d'étain).

A la température de 195°, laquelle est un point de transition, l'étain change de forme cristalline et se transforme en cristaux rhombiques. Ce changement de structure rend le métal fragile au point qu'il se laisse pulvériser.

La forme tétragonale, instable au-dessus de 195°, l'est aussi au-dessous de $+ 20°$. A des températures inférieures à $+ 20°$, l'étain se transforme lentement en une poudre grise, l'**étain gris**, de densité 5.8 : des blocs ou des objets d'étain peuvent ainsi se réduire peu à peu en poussière. Ce changement d'état, appelé peste de l'étain, se fait souvent avec une lenteur telle que les pièces semblent inaltérables ; il est d'autant plus rapide que la température se rapproche de -48°, à laquelle la vitesse de transformation est maxima. On a constaté que des objets d'étain, même soumis à des gelées intenses (tuyaux d'orgue) peuvent parfois se conserver fort bien. Mais ils sont alors dans un état d'équilibre instable, et il suffit de les toucher en un point avec de l'étain en poussière, pour voir la peste de l'étain attaquer le point touché et envahir peu à peu tout l'objet.

Pour combattre la peste de l'étain, qui peut causer des dommages irréparables, il suffit de chauffer les objets atteints à 40° ; la transformation de l'étain gris se fait instantanément.

L'étain n'est pas altérable à l'air à la température ordinaire ; les acides organiques sont sans action sur lui ; il sert pour cette raison à recouvrir d'autres métaux afin de les protéger de l'oxydation ou de l'attaque des acides faibles (étamage du fer et du cuivre). Le fer étamé ne rouille pas, mais si la couche d'étain est détruite en un point, l'air humide attaque plus rapidement le fer dénudé que le fer non étamé. Ce fait est du à ce que le fer et l'étain forment avec l'eau un couple voltaïque dans lequel le fer, plus métallique que l'étain, forme le pôle négatif, c'est-à-dire l'élément attaqué par l'électrolyte (**v. 496**). Le contraire s'observe pour le fer galvanisé, le zinc étant plus électropositif que le fer.

Les serpentins des appareils servant à la distillation de l'eau sont faits de tubes d'étain.

Parmi les alliages de l'étain, nous citerons la soudure des plombiers (Pb et Sn 50 °/₀) le bronze et le tin des glaces.

L'étain est attaqué par l'acide chlorhydrique, dont il déplace l'hydrogène avec formation de chlorure stanneux ; l'acide nitrique l'oxyde et le transforme en acide stannique.

L'étain forme deux séries de combinaisons; dans les unes, du type SnR_2 (composés stanneux), il est bivalent; dans les autres, de la forme SnR_4 (composés stanniques), il est tétravalent.

40

583. Composés stanneux. — L'étain au minimum forme un ion métallique Sn$\cdot\cdot$ dont l'électroaffinité est assez forte, l'étain métallique déplaçant l'hydrogène des acides.

Les composés stanneux sont caractérisés par leurs propriétés réductrices énergiques : ils réduisent notamment les sels d'or, d'argent, de mercure, à l'état métallique ; l'ion ferrique est réduit à l'état d'ion ferreux.

L'ion stanneux forme de véritables sels, mais ceux-ci sont aisément hydrolysables, l'hydroxyde stanneux étant une base faible.

L'hydroxyde stanneux, qui se fait en traitant le chlorure stanneux (sel d'étain) par une solution de carbonate de soude, est un précipité blanc, soluble dans les acides et dans les bases [v. $Zn(OH)_2$]. Sa solution alcaline se décompose à chaud : il se fait un stannate et de l'étain métallique précipite

$$2SnO_2'' = SnO_4''' + Sn.$$

Le plus important des composés stanneux est le **chlorure stanneux** $SnCl_2$. On l'obtient sous forme d'hydrate, $SnCl_2.2H_2O$, en dissolvant l'étain dans l'acide chlorhydrique et en évaporant la solution. L'hydrate forme de beaux cristaux transparents, très solubles dans l'eau (270 p. de sel dans 100 p. d'eau) et dans l'alcool. Ses solutions absorbent l'oxygène de l'air avec formation d'un oxychlorure stannique insoluble.

Chauffé, l'hydrate perd son eau de cristallisation ; il fond à 250° et bout à 610°. Sa densité de vapeur correspond à la formule $SnCl_2$.

Les propriétés réductrices du chlorure stanneux sont d'une application fréquente dans les laboratoires et dans l'industrie des matières colorantes.

Le **sulfure stanneux** SnS, est obtenu sous forme d'un précipité brun foncé par l'action de l'hydrogène sulfuré sur les sels stanneux ; il est insoluble dans les monosulfures alcalins et se comporte donc comme un sulfure métallique, mais il se dissout dans les solutions de polysulfures qui le transforment d'abord en sulfure stannique, lequel est un sulfoanhydride (v. **358**) :

$$SnS + S_2'' = SnS_2 + S''.$$

584. Composés stanniques. — Ils dérivent de l'ion Sn$\cdots\cdot$. Celui-ci a un caractère métallique très peu accusé et l'étain au maximum se comporte surtout comme un métalloïde. Le chlorure stannique n'est pas un sel (v. plus loin) et l'hydroxyde stannique est un acide.

Oxyde stannique SnO_2. L'oxyde stannique naturel, la cassitérite, constitue le principal minerai d'étain. Il cristallise en beaux cristaux du système tétragonal, généralement bruns ou noirs, isomorphes avec le rutile.

L'oxyde stannique artificiel, obtenu en chauffant l'acide stannique ou en brûlant l'étain, est une poudre blanche amorphe ; fortement calciné, il est inattaquable par les acides.

On l'emploie au polissage des métaux, du verre, sous le nom de potée d'étain ; les verres renfermant de l'oxyde d'étain sont blancs et opaques, aussi utilise-t-on cet oxyde dans la fabrication du verre opale et de l'émail pour tôles.

L'hydroxyde stannique $Sn(OH)_4$ ou acide orthostannique n'est connu qu'à l'état humide : on l'obtient par l'action de l'ammoniaque sur les solutions de chlorure stannique. C'est un précipité gélatineux blanc qui, isolé, se transforme assez rapidement en un anhydride imparfait H_2SnO_3, l'**acide stannique** ordinaire. On devrait appeler ce corps acide métastannique mais on réserve ce nom à un polymère $H_{10}Sn_5O_{15}$ de l'acide H_2SnO_3 qui se forme par la conservation de l'acide stannique.

L'acide orthostannique peut s'obtenir en solution colloïdale par dialyse d'une solution de chlorure stannique.

On ne connaît pas d'orthostannates : les **stannates** connus appartiennent au type M_2SnO_3 ; on obtient les stannates alcalins par fusion de l'étain avec les nitrates correspondants. Ils sont solubles dans l'eau ; leur solution est fortement alcaline, conséquence d'une hydrolyse profonde, qui donne naissance à un acide stannique colloïdal. Ce dernier, comme $Al(OH)_3$, (v. **564**) possède la propriété de former des laques avec les matières colorantes, aussi le stannate de sodium Na_2SnO_3 est-il employé comme mordant. On l'obtient en fondant l'étain avec du nitrate de sodium.

L'acide métastannique polymérisé se prépare en attaquant l'étain par l'acide nitrique. C'est une poudre blanche, insoluble dans l'eau, dans les acides sulfurique et nitrique, mais soluble dans l'acide chlorhydrique étendu. L'addition d'un excès de HCl à cette solution précipite le chlorure de métastannyle $H_6Cl_2Sn_5O_{16}$.

L'acide métastannique est un acide bibasique, donnant des sels de la formule $M_2H_8Sn_5O_{15}$.

Le **chlorure stannique** $SnCl_4$ se prépare par l'action du chlore sur l'étain. C'est un liquide bouillant à 114° et fumant fortement à l'air. Il est soluble dans l'eau, avec laquelle il contracte diverses combinaisons additionnelles cristallines.

Dissous dans une grande quantité d'eau, le chlorure stannique est complètement hydrolysé en acide chlorhydrique et hydroxyde stannique colloïdal, que l'on peut séparer par dialyse.

Lorsqu'on traite l'hydrate $SnCl_4.5H_2O$ par l'acide chlorhydrique gazeux, on obtient une masse cristalline constituée par l'hydrate de l'**acide chlorostannique** $H_2SnCl_6.6H_2O$, fusible à + 18°. L'acide chlorostannique, analogue à l'acide fluosilicique (v. **396**) se dissocie facilement en HCl et $SnCl_4$. Il forme des sels cristallisant en général fort bien, que l'on obtient par union du chlorure stannique aux chlorures correspondants. Le sel d'ammonium $(NH_4)_2SnCl_6$ est employé comme mordant sous le nom de Pinksalz. Ce sel est en effet hydrolysé avec formation d'hydroxyde stannique colloïdal :

$$(NH_4)_2SnCl_6 \rightleftharpoons 2NH_4Cl + SnCl_4. \quad SnCl_4 + 2H_2O \rightleftharpoons Sn(OH)_4 + 2HCl.$$

Les solutions concentrées de chlorure stannique ne conduisent pas le courant électrique ; $SnCl_4$ n'est donc pas ionisé. Mais lorsqu'on dilue la solution, le chlorure stannique s'hydrolyse lentement et la formation d'acide chlorhydrique amène une conductibilité électrique dont la mesure permet de suivre les progrès de l'hydrolyse.

Le **sulfure stannique** SnS_2 précipite en jaune par l'action de H_2S sur une solution de chlorure stannique. C'est un sulfoanhydride, soluble dans les sulfures alcalins, avec formation de sulfostannates.

On prépare aussi le sulfure stannique par voie sèche, en chauffant un mélange d'étain, de soufre et de chlorure d'ammonium. Obtenu ainsi, il porte le nom d'**or mussif** et est employé à la dorure du bois.

PLOMB.

P. A. 205.36. (206.9).

585. Le plomb se rencontre surtout dans la nature à l'état de **galène** PbS ; on trouve plus rarement le sulfate et le **carbonate**; la galène est le seul minérai important.

On en extrait le plomb : 1° En chauffant avec du fer, dans un four à cuve :

$$PbS + Fe = FeS + Pb.$$

Le plomb et le sulfure de fer fondent et se superposent par ordre de densité à la base du four ;

2° On grille imparfaitement la galène dans un four à cuve : il se produit un mélange d'oxyde et de sulfate de plomb ; quand le grillage est suffisant, on laisse la galène inaltérée réagir sur PbO et $PbSO_4$; il se forme du plomb et de l'anhydride sulfureux :

$$PbS + 3O = PbO + SO_2$$
$$PbS + 2O_2 = PbSO_4$$
$$PbS + 2PbO = 3Pb + SO_2$$
$$PbSO_4 + PbS = 2Pb + 2SO_2.$$

Le plomb est souvent argentifère ; on en extrait l'argent par les procédés décrits plus haut (v. Ag.) ; l'oxyde de plomb que l'on obtient par coupellation est réduit par le charbon.

La production mondiale de plomb atteint 950.000 tonnes ; les Etats-Unis et l'Espagne sont les plus forts producteurs de ce métal. La Belgique a produit en 1906 23.700 tonnes de plomb.

586. Le plomb est un métal d'un blanc bleuâtre, mou, ductile, mais peu tenace. Sa densité est de 11,4 ; il fond à 324° et bout vers 1600°.

A froid, le plomb se recouvre rapidement à l'air d'une couche grise d'un oxyde inférieur Pb_2O, qui le protège d'une oxydation plus profonde. Le plomb fondu s'oxyde au contraire très facilement et se transforme en oxyde PbO.

Ce métal ne décompose pas l'eau à froid, mais il s'oxyde à l'air en présence de l'eau ; il se forme de l'hydroxyde $Pb(OH)_2$ légèrement soluble. La présence de carbonates dissous empêche cette dissolution. Les composés du plomb étant très vénéneux, on ne doit pas employer de tuyaux en plomb pour les canalisations d'eau pure ; leur usage est sans inconvénient quand l'eau contient du carbonate acide de calcium, comme c'est le cas pour la plupart des eaux potables.

Le plomb est peu attaquable par les acides ; au contact de la plupart des acides minéraux, il se recouvre d'une couche mince de sel insoluble (PbCl₂, PbSO₄, PbFl₂, etc.) qui le préserve d'une attaque plus profonde. L'acide nitrique l'attaque vivement. Les acides organiques (ac. acétique) le dissolvent en présence de l'air :

$$Pb + O + 2(C_2H_3O_2)H = Pb(C_2H_3O_2)_2 + H_2O.$$

L'emploi du plomb et de ses alliages doit être complètement rejeté pour la construction d'ustensiles de cuisine et des appareils servant au débit de la bière ou d'autres liquides contenant des acides organiques.

La grande résistance du plomb aux acides minéraux le fait employer dans la construction des appareils destinés à la fabrication des acides sulfurique et fluorhydrique et des pompes à acides. Le plomb pur étant trop mou pour ce dernier usage, on l'allie à l'antimoine (jusqu'à 30 %), ce qui lui donne de la dureté (plomb dur). L'alliage de 60 % de plomb, 25 % d'antimoine et 15 % d'étain sert à la fabrication de caractères d'imprimerie.

587. Le plomb est un métal tétravalent; on a pu préparer des combinaisons du plomb avec quatre radicaux monovalents, comme Pb(CH₃)₄, dont on a établi le poids moléculaire par la mesure de leur densité de vapeur. Cependant les combinaisons de ce type sont rares ; la plupart des composés du plomb sont du type PbR₂, le métal ne mettant en jeu que deux valences. Le plomb est remarquable par la facilité avec laquelle il forme des sels basiques.

588. Dérivés du plomb bivalent. — Le plomb forme un ion bivalent, plus métallique que ses congénères, et remarquable par la faible solubibilité de presque tous ses sels d'acides minéraux. Il n'a guère de tendance à la formation d'ions complexes.

Oxyde de plomb PbO. —On l'obtient en chauffant le plomb fondu dans un courant d'air. S'il est préparé à une température supérieure à son point de fusion, il est rose, cristallin et s'appelle la **litharge**; formé à température plus basse, il est jaune et amorphe ; c'est le **massicot**.

Il est légèrement soluble dans l'eau, à laquelle il communique une réaction alcaline. Fondu, il attaque énergiquement les matériaux siliciés (porcelaine, grès, etc.) avec formation de silicates plombiques très fusibles. Chauffé vers 400° dans un courant d'air, il se transforme en un oxyde rouge plus riche en oxygène, le minium (**v.** plus loin).

L'oxyde de plomb est surtout employé à la fabrication de la céruse et du cristal.

L'hydroxyde de plomb $Pb(OH)_2$, (ex $Pb(NO_3)_2 + NH_4OH$) est un précipité gélatineux blanc, soluble dans la soude caustique avec formation d'oxyde double $Pb(ONa)_2$, le plombite de sodium.

Cet hydroxyde est donc ionisable suivant le type acide

Chlorure de plomb $PbCl_2$. C'est un précipité blanc cristallin, soluble dans l'eau bouillante ; il se combine facilement avec les oxydes de plomb pour former des chlorures basiques, par exemple, Cl-Pb-O-Pb-Cl. Ces chlorures, que l'on prépare par fusion du chlorure de plomb dans l'oxyde, sont employés comme couleurs jaunes (jaune de Cassel.)

L'iodure de plomb PbI_2 est jaune,

Sulfure de plomb PbS. — Le sulfure de plomb naturel est la galène; il cristallise en gros cubes d'un noir grisâtre, très denses et doués d'un bel éclat métallique. Lorsqu'on précipite un sel de plomb par l'hydrogène sulfuré, on obtient un sulfure de plomb amorphe, d'un brun noirâtre. Ce sulfure de plomb noir se produit chaque fois qu'un composé de plomb est soumis à l'action de gaz renfermant de l'hydrogène sulfuré ; c'est à sa formation qu'est due la teinte jaune ou brune que prennent les blancs dans les anciens tableaux (v. céruse).

Sulfate de plomb. — L'anglésite est du sulfate de plomb naturel. Elle forme de beaux cristaux rhombiques isomorphes avec la barytine.

On peut la former en oxydant à chaud la galène ; ce procédé est industriel ; on injecte de l'air comprimé à travers de la galène fondue.

On obtient le sulfate de plomb précipité par l'action de l'ion SO_4'' sur l'ion de plomb, sous forme d'un précipité pulvérulent, insoluble dans l'eau et les acides fort étendus. Il se dissout assez sensiblement dans l'acide sulfurique concentré (formation d'un sulfate acide ?) ; la dissolution précipite par addition d'eau.

Le sulfate de plomb est indécomposable par la chaleur.

Nitrate de plomb. $Pb(NO_3)_2 (Ex PbO + HNO_3)$. — C'est le seul sel minéral important de plomb qui soit soluble: (50 p. dans 100 p. d'eau à 20°). Il cristallise en octaèdres, insolubles dans l'acide nitrique.

589. Carbonate de plomb. — Le carbonate neutre $PbCO_3$ se trouve dans la nature: c'est la **cérusite**, isomorphe avec la calcite; on ne peut le préparer artificiellement, mais on connaît un carbonate basique très important, la céruse.

Céruse. La composition de la céruse est variable d'après son mode de préparation ; généralement, elle correspond à la formule $HO \cdot Pb \cdot CO_3 \cdot Pb \cdot CO_3 \cdot Pb \cdot OH$. Quel que soit le procédé employé, la préparation de la céruse revient à faire agir CO_2 sur l'acétate basique de plomb. $Pb\overline{Ac_2} \cdot Pb(OH)_2$.

L'acétate basique de plomb est l'un des rares sels basiques solubles ; il se forme, soit par l'action des vapeurs d'acide acétique sur le plomb en présence de l'air humide, soit par l'action de l'acétate de plomb sur l'oxyde de plomb en présence d'eau.

Dans la **méthode hollandaise**, on enroule des feuilles de plomb en spirale ; on les place dans des pots en grès à faux fond, lequel contient du vinaigre. On recouvre ces pots d'une plaque de grès et on les enterre dans du fumier. Le vinaigre s'évapore lentement en présence de l'oxygène; ses vapeurs attaquent le plomb et il se fait de l'acétate basique de plomb, lequel est transformé en céruse par l'anhydride carbonique produit dans la fermentation du fumier :

$$2CO_2 + 3Pb\overline{Ac_2} \cdot Pb(OH)_2 = 2PbCO_3 \cdot Pb(OH)_2 + 3Pb\overline{Ac_2} + 2H_2O.$$

L'acétate neutre de plomb en présence de l'air transforme une nouvelle quantité de plomb en acétate basique, lequel passe de nouveau à l'état de céruse. Quand la transformation est achevée, ce qui demande un temps fort long, on déterre les pots ; la lame de plomb est transformée en une feuille friable de céruse que l'on broie finement. Ce procédé fournit la céruse la plus estimée.

Dans la **méthode allemande** on opère d'après le même principe; le plomb coulé en grilles est suspendu dans des chambres et soumis à l'action de vapeurs d'acide acétique et d'anhydride carbonique ; ce dernier est fourni par un foyer.

Méthode française. On opère par voie humide. On prépare une bouillie légère d'oxyde de plomb et d'eau, on ajoute 1 °/₀₀ d'acide acétique et l'on fait agir l'anhydride carbonique sous pression (3 atmosphères). Il se forme d'abord une petite quantité d'acétate basique de plomb que l'anhydride carbonique transforme en céruse et acétate neutre de plomb ; celui-ci, en présence de l'oxyde de plomb, régénère le sel basique. La réaction continue ainsi jusqu'à transformation complète de l'oxyde de plomb en céruse.

Quelle que soit la méthode employée, le rôle de l'acétate neutre de plomb est celui d'un catalyseur, qui permet à l'anhydride carbonique de transformer PbO en céruse. L'union directe de l'anhydride carbonique à l'oxyde de plomb est trop lente pour pouvoir être appliquée industriellement ; par contre, la formation de l'acétate basique et l'attaque de ce dernier se font très rapidement. Aussi, une minime quantité d'acétate de plomb ou d'acide acétique suffit-elle ; on la retrouve inaltérée après la transformation.

La céruse est une poudre blanche amorphe, employée comme couleur blanche. Elle couvre admirablement bien, mais présente le double inconvénient de noircir par l'hydrogène sulfuré et d'être d'une manipulation dangereuse.

590. Dérivés du plomb tétravalent. — Le plomb tétravalent se comporte comme un métalloïde ; l'existence d'un ion $Pb^{\cdots\cdots}$ est douteuse. En tout cas, si cet ion existe, il ne peut subsister qu'en présence d'un fort excès d'ions $H^{\cdot}$, la réaction d'hydrolyse $Pb^{\cdots\cdots} + 2H_2O \rightleftharpoons PbO_2 + 4H^{\cdot}$ étant pratiquement totale en solution neutre.

Le **bioxyde** PbO_2 est un anhydride. On l'obtient en décomposant un plombate, et en particulier le minium, par l'acide nitrique étendu. C'est une poudre cristalline brune, insoluble dans l'acide nitrique étendu, qui réagit sur l'acide chlorhydrique avec dégagement de chlore. Il se décompose par la chaleur en oxygène et oxyde PbO. Aussi est-il, surtout à chaud, un agent oxydant énergique.

Sa formule de structure est $Pb\!\!\begin{array}{c}\nearrow O\\\searrow O\end{array}$ et non pas $Pb\!\!\begin{array}{c}\diagup O\\|\\\diagdown O\end{array}$ car il ne donne pas d'eau oxygénée par l'action des acides, comme le font les oxydes qui contiennent le groupement - O - O - (v.**115**). La première formule est encore prouvée par la formation de PbO_2 aux dépens de l'eau et du tétrachlorure de plomb $PbCl_4$.

Le plomb appartient à la famille du carbone ; PbO_2 est donc l'analogue de CO_2 et SiO_2 ; lui correspondent les **acides ortho-plombique** $Pb(OH)_4$ et **métaplombique** $O = P = (OH)_2$ que l'on n'a pu isoler jusqu'ici, mais dont on connaît les sels. On obtient les plombates en chauffant les oxydes métalliques basiques correspondant avec PbO en présence de l'air ; ils dérivent presque tous de l'acide métaplombique :

$$CaO + PbO + O = CaPbO_3. \qquad (1)$$

Les plombates alcalins sont solubles dans l'eau ; si l'on ajoute à leur dissolution une solution de nitrate de plomb, on obtient un précipité rouge de plombate de plomb, identique au minium. Celui-ci est donc un plombate de plomb.

Dans la préparation du minium (v. **587**), une partie de l'oxyde de plomb joue le rôle de base vis-à-vis du bioxyde de plomb formé par l'action de l'oxygène sur le reste de l'oxyde et il se fait un mélange d'orthoplombate $Pb_2 \equiv (PbO)_4$ et de métaplombate de plomb. $Pb = (PbO_3)$.

La constitution du minium se déduit aussi de la manière ont il réagit sur l'acide nitrique. Le plomb bivalent seul est ionisable et passe à l'état de nitrate ; l'acide plombique formé se décompose en même temps en eau et anhydride :

$$Pb_2O_3 + 2HNO_3 = Pb(NO_3)_2 + PbO_2 + H_2O$$
$$Pb_3O_4 + 4HNO_3 = 2Pb(NO_3) + PbO_2 + 2H_2O.$$

Les plombates, chauffés fortement, se décomposent suivant une réaction inverse de leur mode de formation :

$$CaPbO_3 = PbO + CaO + O \qquad (2)$$

On a basé sur l'ensemble des réactions (1) et (2) un procédé industriel d'extraction de l'oxygène de l'air (procédé de Kassner).

Le minium est une couleur rouge fort usitée (peinture du fer) ; le bioxyde de plomb joue un rôle important dans la constitution des accumulateurs électriques.

591. Théorie élémentaire des accumulateurs. — Quand on électrolyse de l'acide sulfurique étendu entre des électrodes en plomb, l'ion SO_4'' se rendant à l'anode y transforme d'abord le plomb en sulfate; celui-ci est peu soluble, reste à la surface du métal et, en présence de nouveaux ions SO_4'', devient $Pb(SO_4)_2$. Le sulfate tétraplombique est hydrolysé par l'eau avec formation de PbO_2 et de H_2SO_4. L'anode se recouvre donc peu à peu de bioxyde de plomb, tandis que l'eau disparaissant de l'électrolyte, l'acide sulfurique se concentre ; la différence de potentiel entre les électrodes s'élève peu à peu jusqu'à 2,6 volts. A ce moment, l'accumulateur est formé et chargé.

Si l'on relie alors les deux électrodes, l'accumulateur se comporte comme une pile, dans laquelle circule un courant de sens inverse au courant de charge et dont l'électrode recouverte de PbO_2 est le pôle positif. L'acide sulfurique est électrolysé; l'ion $H\cdot$ marchant dans le sens du courant réduit PbO_2 en PbO qui devient $PbSO_4$ au contact de l'électrolyte ; SO_4'' se rendant sur le plomb le transformera également en $PbSO_4$; le courant se maintiendra tant qu'il y aura du bioxyde de plomb à sa surface de l'électrode positive. La force électromotrice tombe rapidement de 2,6 volts à 2 v. et se maintient à ce niveau pendant la plus grande durée de la décharge ; elle descend à 1.8 volts quand l'oxyde de plomb est intégralement réduit.

La réaction chimique qui fournit l'énergie électrique du courant de décharge est représentée par l'équation :

$$Pb + 2H_2SO_4 + PbO_2 = 2PbSO_4 + 2H_2O.$$

Pour obtenir un accumulateur de grande capacité, on emploie des lames de plomb ondulées ou gauffrées; on y produit par réduction électrolytique un dépôt de plomb poreux de manière à réaliser une surface métallique active considérable.

Tétrachlorure de plomb $PbCl_4$. Lorsqu'on fait agir le chlore sur une solution de bichlorure de plomb dans l'acide chlorhydrique il se fait une solution d'**acide chloroplombique** H_2PbCl_6, analogue aux acides chlorostannique (v. **584**) et fluosilicique (v. **396**) ; en ajoutant du chlorure d'ammonium, on obtient du chloroplombate d'ammonium peu soluble, qui cristallise.

Ce sel d'ammonium, traité par H_2SO_4 concentré devrait donner de l'acide chloroplombique, mais ce dernier se dédouble en acide chlorhydrique et en tétrachlorure de plomb $PbCl_4$. Le tétrachlorure de plomb est un liquide jaune, très dense (D = 3.18), qui distille à 105° dans une atmosphère de chlore et se décompose à une température plus élevée.

592. Tous les composés de plomb, même ceux qui sont insolubles , sont extrêmement vénéneux. L'ingestion journalière ou la pénétration par la peau de petites quantités de ces corps produit rapidement des phénomènes d'intoxication grave dont les ouvriers qui manient les composés de plomb (plombiers, peintres) sont trop fréquemment victimes.

Caractères des sels de plomb (de l'ion Pb$\cdot\cdot$). Ils précipitent par les chlorures solubles, les iodures ; l'iodure PbI$_2$ est jaune.

KOH donne un précipité blanc de Pb(OH)$_2$, soluble dans un excès de réactif. NH$_4$OH précipite également Pb(OH)$_2$, mais un excès de réactif ne dissout pas le précipité.

H$_2$S précipite PbS noir, insoluble dans HNO$_3$ étendu ; H$_2$SO$_4$ du sulfate de plomb blanc, les chromates PbCrO$_4$ jaune.

Tous ces précipités, sauf PbS, sont solubles dans les solutions d'acétate ou de tartrate d'ammonium.

On dose surtout le plomb à l'état de PbO et de PbSO$_4$: 100 p. de PbO correspondent à 92.82 p. de plomb ; 100 p. de PbSO$_4$ à 68.29 de plomb.

Chaleur de formation de quelques combinaisons de l'étain et du plomb.

	Solide.		Solide.
Oxyde stanneux	73800 Cal.	Oxyde de plomb	50300 Cal.
Chlorure stanneux	80400	Chlorure de plomb	83300
Oxyde stannique	170000	Sulfate de plomb	216200
Chlorure stannique	129800	Bioxyde de plomb	62400

Métaux pentavalents.

593. Cette famille comprend deux groupes : le groupe des azotides, qui ne renferme que le bismuth, et le groupe du vanadium, formé de quatre éléments rares, le vanadium, le niobium, le néodidyme et le tantale ; la parenté entre ces deux groupes est plus étroite que dans les familles précédentes.

BISMUTH Bi.

P. A. 206.54 (208).

594. Le bismuth est un élément assez rare que l'on trouve surtout à l'état natif. C'est un métal d'un blanc rosé, cassant, d'une densité de 9.8 ; il cristallise très aisément en magnifiques rhomboêdres. Il fond à 264° et distille à 1600°. Les alliages de bismuth, de plomb et d'étain sont très fusibles, quelques uns fondent au dessous de 100°.

Le bismuth est inaltérable à l'air ; l'acide chlorhydrique ne l'attaque pas, mais il se dissout facilement dans l'acide nitrique.

Le bismuth représente très naturellement le groupe des azotides dans la classe des métaux et il ressemble énormement à l'antimoine. Il se distingue de ses congénères par l'insolubilité de son sulfure dans les sulfures alcalins et de l'hydroxyde $Bi(OH)_3$ dans les bases. (v. **366** et **868**).

Il forme deux types de combinaisons : BiR_3 et BiR_5 ; dans les premières il se comporte comme un métal, dans les secondes, beaucoup moins nombreuses et moins importantes, comme un métalloïde.

Les sels de bismuth sont hydrolysés par l'eau avec formation de sels basiques insolubles dérivant d'un ion monovalent $O = Bi\cdot$, le **bismuthyle**. La réaction est empêchée par les ions $H\cdot$ et les sels de bismuth se dissolvent sans altération dans les acides étendus.

Oxyde de Bismuth. Bi_2O_3. Il se produit par calcination du nitrate. C'est une poudre jaune, fusible, ressemblant extérieurement à PbO. Sa chaleur de formation n'est que de 19900 cal. ; aussi se laisse-t-il aisément réduire par le charbon. **L'hydroxyde** Bi(OH), précipite à l'état gélatineux par l'action de la soude sur un sel de bismuth, il est insoluble dans un excès de réactif.

Chlorure de bismuth BiCl,. C'est la seule combinaison connue du chlore et du bismuth. On le prépare par union directe. Il est blanc, cristallin, fusible à 225° et bout à 447°. En présence d'une petite quantité d'eau, il forme un hydrate BiCl₃.H₂O qu'une grande masse d'eau décompose avec formation d'un oxychlorure OBiCl. (Comparer avec SbCl₃). Le plus important des sels de bismuth est le **nitrate** Bi(NO₃)₃.5H₂O, que l'on prépare en dissolvant le métal dans l'acide nitrique étendu. Il cristallise de cette dissolution en grands prismes tricliniques, que l'eau décompose en formant un sel basique O = Bi - NO₃ appelé **sous-nitrate** ou **magistère de bismuth**. Ce sel basique est une poudre blanche, très peu soluble dans l'eau et qui est employée en médecine.

L'électro-affinité de l'ion Bi⋯ est peu prononcée ; il se laisse réduire facilement à l'état métallique, notamment par les solutions alcalines d'hydroxyde stanneux :

$$3SnO_2'' + 2Bi\cdots + 6OH' = 3SnO_3'' + 2Bi + 3H_2O$$

Dérivés de bismuth pentavalent. — Quand on fait agir le chlore sur de l'oxyde de bismuth en suspension dans une lessive de potasse, il se produit du **métabismuthate** acide de potassium KHBi₂O₆. C'est un précipité d'un brun rouge, que l'acide nitrique étendu décompose avec formation d'**anhydride bismuthique** Bi₂O₅. Celui-ci est également d'un rouge brunâtre et il est insoluble dans les acides. On ne connait pas l'acide bismuthique.

L'oxyde Bi₂O₅ ne manifeste d'ailleurs qu'à un faible degré les propriétés d'un anhydride, l'ébullition avec la potasse le transforme lentement en métabismuthate acide. (v. plus haut).

Caractères de l'ion Bi⋯. Les sels de bismuth ne sont stables qu'en solution acide ; ils précipitent de l'hydroxyde Bi(OH)₃ par l'action de la potasse ou de l'ammoniaque ; le précipité est insoluble dans un excès de réactif.

H₂S précipite du sulfure Bi₂S₃, insoluble dans les sulfures alcalins. Les chromates solubles précipitent du chromate Bi₂(CrO₄)₃, insoluble dans la potasse (différence avec PbCrO₄).

Traités par SnCl₂ + NaOH, les sels des bismuth donnent un précipité noir de bismuth métallique.

On dose le bismuth à l'état d'oxyde ; 100p. de Bi_2O_3 correspondant à 89,74p de bismuth.

FAMILLE DU VANADIUM.

595. Les éléments de cette famille ont un caractère métallique plus accusé que les azotides vrais, mais dans leurs combinaisons du type MR^V, ils se comportent néanmoins comme des métalloïdes; aux degrés inférieurs d'oxydation, ce sont de vrais métaux et l'ion bivalent du vanadium est même plus métallique que l'hydrogène.

Leur affinité pour l'oxygène est considérable et leurs oxydes ne peuvent être réduits complètement que par les agents réducteurs les plus énergiques, à des températures très élevées; leur affinité pour l'oxygène décroît probablement du vanadium au tantale.

Au point de vue physique, ils se distinguent nettement des azotides par leur difficile fusibilité ; le tantale est l'un des éléments les plus réfractaires connus.

VANADIUM V.

P. A. 50.7. (51.2).

596. Le vanadium est un élément fort répandu, mais ne se rencontre presque toujours qu'en quantités minimes. On le trouve surtout dans de nombreux minerais de fer et les scories d'affinage de certaines fontes (Creusot) sont assez riches en vanadium pour qu'on puisse en extraire industriellement le métal. Il se trouve aussi dans le sol arable et quelques végétaux (betteraves) l'absorbent volontiers On peut l'extraire de la pechblende, mais le vrai minerai de vanadium est la **vanadinite**, $Pb_2(VO_4)Cl$. Il existe divers procédés d'attaque de ce minéral; ils ont tous pour but de transformer le vanadium en anhydride vanadique V_2O_5. L'un d'eux consiste à dissoudre la vanadinite dans l'acide nitrique; on alcalinise par NH_3 puis on précipite le plomb par H_2S; le vanadium reste dissous à l'état de sulfovanadate d'ammonium On décompose ensuite ce sulfosel par un acide; le sulfure de vanadium précipite. Il est fondu avec KNO_3 et transformé en vanadate de potassium, très soluble dans l'eau. La solution est additionnée de NH_4Cl, le métavanadate d'ammonium $(NH_4)_3V_3O_9$ très peu soluble, cristallise. Calciné à l'air, il donne de l'anhydride vanadique V_2O_5.

On prépare le vanadium métallique en réduisant l'anhydride vanadique par le métal mixte (v. **575**); pour obtenir un métal fondu, il est nécessaire de chauffer extérieurement le creuset à l'aide de thermite. C'est un métal blanc, à texture très nettement cristalline, plus dur que le quartz et assez cassant. Son point de fusion est très élevé (1680 ?), sa densité est de 5.5.

Il est inaltérable à l'air à froid; à chaud, il brûle et se transforme en anhydride vanadique. Il a une très grande affinité pour l'oxygène et la réduction de ses oxydes inférieurs est exceptionnellement difficile. Il se combine très facilement à l'azote. L'acide sulfurique et l'acide nitrique l'attaquent facilement.

Les alliages de fer et de vanadium ont une grande importance technique. (v. fer).

597. Les types de combinaisons du vanadium sont nombreux ; comme l'azote, le vanadium se montre bi, tri, tétra ou pentavalent.

Les **sels vanadeux** dérivent d'un ion V⁺ violet, dont les propriétés réductrices sont particulièrement énergiques : il tend à passer à l'état d'ion vanadique trivalent. Il décompose l'eau avec dégagement d'hydrogène, fixe presqu'instantanément l'oxygène de l'air

On obtient l'**oxyde vanadeux** VO en réduisant le chlorure de vanadyle $VOCl_2$ par l'hydrogène. C'est une poudre noire, à éclat métallique, conductrice de l'électricité, et qui a été considérée jadis comme le vanadium lui-même. C'est un radical isolé, le vanadyle.

Le **chlorure vanadeux** VCl_2, qui s'obtient en réduisant VCl_4 par l'hydrogène est soluble dans l'eau, mais la décompose avec formation de chlorure vanadique.

Le sulfate vanadeux est un vitriol.

Sels vanadiques. L'ion vanadique trivalent est vert et présente des analogies avec les autres ions trivalents ($Al^{...}$, $Cr^{...}$, $Fe^{...}$) ; comme eux, il forme des aluns et ses sels subissent une hydrolyse assez profonde ; il se rapproche cependant plus de $Fe^{...}$ que de $Cr^{...}$ et $Al^{...}$, car son hydroxyde n'est pas soluble dans les bases. Il se distingue de ces ions trivalents par des propriétés réductrices assez marquées ; le vanadium tend à devenir tétravalent : les sels vanadiques réduisent l'ion d'argent.

On obtient les sels vanadiques par réduction cathodique de l'anhydride vanadique en milieu acide, ou en dissolvant l'oxyde vanadique.

L'oxyde vanadique V_2O_3 se prépare en réduisant l'anhydride vanadique par l'hydrogène à haute température. C'est une substance cristalline, qui s'altère à l'air en devenant V_2O_4. Chauffé dans un courant d'azote, il se transforme en azoture VN et il se dégage de l'oxygène. Ce déplacement exceptionnel de l'oxygène par l'azote montre combien l'affinité de ce dernier pour l'azote doit être considérable.

Le trichlorure VCl_3 se forme par décomposition du tétrachlorure $VCl_4 = VCl_3 + \frac{1}{2}Cl_2$. Il est déliquescent. Sa solution a une réaction fortement acide, sa coloration est brune et non pas verte. Cette couleur est due à l'hydrolyse avec formation de $V(OH)_3$ colloïdal, brun.

Le **tétrachlorure** VCl_4 se prépare par union directe. Il est liquide et bout à 154°. Il se dissocie même à froid en trichlorure et chlore. L'eau le décompose immédiatement avec formation de chlorure de vanadyle $VOCl_2$.

Le vanadium tétravalent ne forme pas d'ions. L'ion $V^{....}$ ne peut en effet exister au contact de l'eau ; il est immédiatement hydrolysé avec production d'un ion métallique bivalent $VO^{..}$ et tous les sels du vanadium tétravalent dérivent de ce radical métallique, le **vanadyle**. L'ion vanadyle est bleu.

L'oxyde de vanadyle $VO = O$ se prépare en réduisant V_2O_3 par l'anhydride sulfureux. L'hydroxyde correspondant $O = V(OH)_2$ possède à la fois les propriétés d'une base et celles d'un acide faible ; il forme des sels avec les bases, les vanadites et avec les acides (sels de vanadyle).

Les **sels de vanadyle** n'ont guère de tendance à s'oxyder.

Le chlorure de vanadyle $VOCl_2$, (ex. $VCl_4 + H_2O$) est solide cristallin et forme plusieurs hydrates. Une grande quantité d'eau l'hydrolyse complètement.

Dérivés du vanadium pentavalent. — Les combinaisons de ce type sont les seuls composés importants du vanadium, qui s'y comporte comme un métalloïde analogue au phosphore.

Le pentoxyde de vanadium V_2O_5 ou anhydride vanadique (préparation voir plus haut) est une substance cristalline orangée, fusible au rouge, insoluble dans l'eau. Il se laisse facilement réduire à l'état de V_2O_4 ou V_2O_3 et se comporte pour cette raison comme un agent oxydant. Ex :

$$V_2O_5 + 2HBr \rightleftarrows Br_2 + H_2O + V_2O_4$$
$$V_2O_5 + 4HBr \rightleftarrows 2Br_2 + 2H_2O + V_2O_3$$

Les hydracides, sauf HFl sont oxydés; la réaction est réversible. L'anhydride sulfureux, l'alcool, l'acide phosphoreux le réduisent également.

Ces réductions se font presque instantanément ; d'autre part les agents oxydants énergiques, comme l'acide chlorique, ramènent immédiatement les composés du vanadyle à l'état d'anhydride ou d'acide vanadique.

Il en résulte que l'anhydride vanadique et ses sels sont des catalyseurs excessivement actifs des processus d'oxydation. Ils cèdent de l'oxygène à l'agent réducteur et immédiatement repassent au maximum, leur produit de réduction enlevant de l'oxygène à un agent oxydant plus énergique, mais moins rapide. On utilise cette propriété en teinture pour oxyder l'aniline par le chlorate de potassium.

Les acides ortho-, pyro- et métavanadiques ne sont représentés que par leurs sels ; lorsqu'on les met en liberté, même au sein de l'eau, ils subissent une déshydratation partielle et se transforment en acide hexavanadique $H_4V_6O_{17} = 6H_3VO_4 - 7H_2O$, qui lui même se décompose en solution concentrée en donnant de l'anhydride vanadique.

On obtient les vanadates par l'action de l'anhydride vanadique sur les bases ou les carbonates. Il en existe de nombreux types différents, de la formule générale M_2O,nV_2O_5. Les ortho et pyrovanadates sont fortement hydrolysés avec formation de base libre et de métavanadates ou même d'hexavanadates.

Le plus important des vanadates est le métavanadate d'ammoniaque $(NH_4)_2V_2O_9$. On l'obtient en ajoutant NH_4Cl à une solution de vanadate alcalin ; le métavanadate d'ammonium, peu soluble, précipite. On emploie ce sel en teinturerie.

Les vanadates semblent catalyser énergiquement les phénomènes d'oxydation au sein de l'organisme et sont employés en médecine. Ce sont des corps vénéneux.

Le pentachlorure de vanadium VCl_5 est inconnu, mais on connait le chlorure correspondant à $POCl_3$, l'oxychlorure de vanadium $VOCl_3$ (ex. $V_2O_5 + Cl_2$). C'est un liquide bouillant à 107°, fumant à l'air que l'eau décompose avec formation d'anhydride vanadique.

NIOBIUM. Nb.

P. A. 91.

598. Le niobium est un élément très rare que l'on trouve toujours en compagnie du tantale ; le minérai le plus important de ces deux éléments est un mélange de niobate et de tantalate de fer ; lorsque le niobium prédomine, on l'appelle **colombite** ; si la proportion de tantale est la plus forte, ce minéral est la **tantalite**.

Le niobium ressemble beaucoup au vanadium ; il s'en distingue par des allures métalliques plus accusées. L'oxyde Nb_2O_5 est un anhydride d'acide très faible, qui ne se combine pas à l'ammoniaque ; il peut aussi jouer le rôle de base.

TANTALE. Ta.

P. A. 181. 4(183).

599. L'extraction du tantale se fait surtout aux dépens de la tantalite. On fond le minérai avec un excès de sulfate acide de potassium. On épuise ensuite la masse par l'eau. Il reste un résidu insoluble d'anhydrides niobique et tantalique que l'on dissout dans l'acide fluorhydrique en excès. Le niobium et le tantale forment des acides fluoniobique et fluotantalique $HNbFl_6$ et $HTaFl_6$ que l'on sépare par cristallisation fractionnée de leurs sels de potassium. Le fluotantalate de potassium est décomposé par l'acide sulfurique concentré ; on obtient de l'anhydride tantalique pur.

Le tantale métallique se prépare par réduction de l'anhydride tantalique. Celui-ci est réduit par le charbon à l'état de bioxyde TaO_2 que l'on transforme ensuite en tantale métallique par des procédés tenus secrets dans leurs détails. On sait que le bioxyde, moulé en baguettes, est chauffé électriquement dans le vide à de très hautes températures. Il se dissocie en métal et oxygène et, si la tension de ce gaz est maintenue au-dessous de 20^{mm}, on obtient du tantale pur.

On peut fondre le métal en l'employant comme électrode d'un arc voltaïque ; l'anode fond ; les impuretés se volatilisent. L'opération doit être faite dans le vide. Le tantale pur est un métal gris, d'une densité de 16,5, très difficilement fusible. Son point de fusion est compris entre 2250 et 2300°. Pur, il est très ductile, se laisse laminer et étirer en fils très minces.

On utilise aujourd'hui ces fils dans la construction de lampes à incandescence et le tantale a acquis de ce chef une importance notable dans l'électrotechnique.

Le tantale est un métal peu métallique ; il n'est attaqué par aucun acide, sauf par HFl, qui le dissout avec dégagement d'hydrogène ; l'eau régale même est sans action.

A température élevée, il s'unit à presque tous les éléments et c'est l'une des raisons qui rend sa préparation si difficile. Il fixe notamment l'hydrogène ; la combinaison est encore stable au rouge clair. Son affinité pour l'oxygène est moindre que celle de ses congénères : l'anhydride tantalique se dissocie au rouge blanc en tantale et oxygène (v. plus haut).

Le tantale ne forme pas de combinaisons du type TaX_2; on connaît un bioxyde TaO_2, mais les combinaisons les plus importantes sont toutes du type TaX_5

L'anhydride tantalique Ta_2O_5 est une poudre blanche très dense. Il se dissout dans les bases en fusion pour former des tantalates, de composition souvent complexe, analogue aux vanadates. L'acide tantalique est un acide très faible.

L'anhydride tantalique est soluble dans l'acide fluorhydrique qui le transforme en acide fluotantalique $HTaFl_6$, qui n'a pu être extrait de ses dissolutions, mais dont les sels se laissent préparer très facilement C'est un acide plus fort que l'acide tantalique, son sel de potassium est peu soluble dans l'eau, (1/200ᵉ). Il peut être chauffé au rouge sans se décomposer.

600. Il est intéressant de signaler que dans un grand nombre d'acides deux atomes de fluor peuvent remplacer un atome d'oxygène ; le tableau suivant montre ce fait d'une manière très nette.

A l'acide métasilicique, H_2SiO_3, correspond l'acide fluosilicique, H_2SiFl_6 ;

à l'acide tantalique, $HTaO_3$, correspond l'acide fluotantalique, $HTaFl_6$.

Le remplacement de l'oxygène par le fluor peut-être partiel ; ce fait a été surtout observé pour les acides d'éléments rares.

A l'acide niobique, $HNbO_3$, correspond l'acide fluoxyniobique $HNbO.Fl_4$;

à l'acide tungstique H_2WO_4, correspond l'acide fluoxytungstique $H_2WO_2Fl_4$.

Le remplacement de l'oxygène par le fluor augmente considérablement le caractère acide ; il suffit pour s'en convaincre de comparer les acides silicique et fluosilicique.

Métaux hexavalents.

601. Ces métaux sont le chrome, le molybdène, le néodidyme, le tungstène et l'urane, ils constituent la deuxième famille dans le septième groupe du système périodique.

Ce sont des métaux durs, très difficilement fusibles et dont l'affinité pour l'oxygène est considérable. Leur valence est variable ; ils forment au moins trois types de combinaisons : MR_2, MR_3 et MR_4 ; la multiplicité des types est d'autant plus grande que leur poids atomique est plus élevé.

L'élément le plus léger du groupe, le chrome (p. atomique 52) est aussi le plus métallique ; les autres, surtout le molybdène et le tungstène, se comportent plutôt comme des métalloïdes dans leurs combinaisons.

Ces éléments forment des oxydes anhydrides de la forme MO_3 qui se combinent aux oxydes métalliques pour donner des sels dérivant d'acides H_2MO_4 ou d'anhydrides imparfaits de ces acides. Toutes ces combinaisons sont complètement analogues aux combinaisons sulfurées correspondantes, SO_3, H_2SO_4 et M_2SO_4.

CHROME Cr.

P. A. 51.74 (52).

602. On trouve surtout le chrome à l'état de **fer chromé** $FeCr_2O_4$ (v. plus loin), plus rarement à l'état de chromate de plomb (crocoïse).

On le prépare en réduisant l'oxyde de chrome soit par l'aluminium (Procédé de Goldschmidt), soit par le charbon au four électrique (Procédé Moissan). On obtient un métal carburé par ce dernier procédé. Dans les deux cas le métal est à l'état de lingot fondu.

Le chrome est un métal blanc d'une densité de 6.3, relativement ductile à l'état pur ; quand il contient du carbone il est d'une dureté remarquable ; il raye le verre et l'acier. Il fond à 1489°. Le chrome joue un rôle important en métallurgie ; les alliages de

chrôme et de fer, les **ferrochromes**, sont employés dans la fabrication de l'acier (v. acier). Ils se préparent en réduisant le fer chromé
au four électrique.

Le chrome présente des propriétés chimiques différentes suivant
les procédés qui ont servi à sa préparation.

A l'état divisé et amorphe, il est extrêmement actif ; il prend feu
à l'air et est attaqué avec violence par tous les acides. A l'état compact, il résiste à l'action de l'acide nitrique et l'acide sulfurique ne
l'attaque qu'à chaud ; par contre l'acide chlorhydrique le dissout
aisément. Son affinité pour l'oxygène est très considérable, cependant ce gaz ne l'attaque pas à froid. Au rouge blanc le chrome s'enflamme dans l'oxygène pur.

C'est l'un des métaux manifestant le plus nettement des phénomènes de passivité et cela, non seulement vis-à-vis de l'acide
nitrique (v. **293**), mais encore à l'égard de l'acide chlorhydrique.
Il suffit qu'il soit exposé longtemps à l'air pour devenir passif. Un
séjour prolongé sous une couche d'acide fait disparaître la passivité qui est probablement due à la formation d'une couche superficielle d'oxyde de chrome.

Lorsque le chrome n'est pas pur, sa dissolution dans l'acide chlorhydrique se fait d'une manière rythmique, c'est-à-dire que la vitesse de réaction va en croissant, passe par un maximum, puis
tombe peu à peu jusque zéro. Le métal devient alors passif, mais
cette passivité est temporaire et après un temps plus ou moins
long, la dissolution du chrome recommence avec les mêmes variations de vitesse.

Le chrome forme trois séries principales de combinaisons, dérivant de CrO (composés chromeux), de Cr_2O_3 (composés chromiques)
et de l'oxyde CrO_3, l'anhydride chromique. Dans ce dernier type
de combinaison, le chrome joue le rôle d'un métalloïde analogue
au soufre.

603. Composés chromeux. — On obtient les sels chromeux
en dissolvant le chrome dans les acides correspondants ou en
réduisant les sels chromiques par le zinc ; l'opération doit se faire à
l'abri de l'air.

Les sels chromeux sont bleus ; ils sont doués de propriétés

réductrices exceptionnelles : l'ion chromeux Cr·· a une telle tendance à passer à l'état d'ion chromique Cr··· que les solutions des
sels chromeux décomposent lentement l'eau avec dégagement
d'hydrogène et formation de sels chromiques basiques :

$$2Cr··· + 4Cl' + H_2O = O = Cr_2Cl_4 + H_2$$

Ces solutions absorbent si rapidement l'oxygène qu'elles peuvent
servir à enlever les dernières traces de ce gaz à un mélange gazeux.

Le **chlorure chromeux** anhydre $CrCl_2$, obtenu en attaquant
le chrome par l'acide chlorhydrique gazeux, est blanc ; il fournit
une solution bleue. Lorsqu'on traite une solution d'un sel chromeux
par l'acétate de sodium, on obtient un précipité rouge d'**acétate
chromeux**, le seul sel chromeux que l'on puisse manier au contact
de l'air. On le conserve à l'état humide ; il sert à préparer, par
décomposition sous l'action des acides forts, des dissolutions des
autres sels chromeux.

L'oxyde chromeux est inconnu ; l'hydroxyde $Cr(OH)_2$ est un
précipité jaune, qui décompose l'eau à la température ordinaire
avec dégagement d'hydrogène.

604. Les composés chromiques dérivent d'un ion trivalent
Cr···, et sont fréquemment isomorphes avec les combinaisons similaires de l'aluminium. L'oxyde chromique est vert, mais les sels
anhydres sont roses ; ils se dissolvent dans l'eau froide en se transformant en sels hydratés violets ; l'ion chromique est donc violet.

Comme l'hydroxyde d'aluminium, l'hydroxyde chromique est une
base très faible ; aussi les sels chromiques sont-ils fortement hydrolysés en solution, surtout lorsqu'ils dérivent d'un acide faible, et
ils ont une réaction nettement acide.

Les solutions de sels chromiques présentent une propriété remarquable : quand on les chauffe au-dessus de 50°, elles deviennent
vertes et ne déposent plus de cristaux par refroidissement. Si l'on
évapore à sec, on n'obtient également pas de cristaux, mais une
masse gommeuse verte. Au bout d'un temps plus ou moins long
(quelquefois plusieurs mois sont nécessaires), cette modification
verte repasse à la forme violette et cristallisable. On a cru longtemps qu'il s'agissait d'une hydrolyse simple avec formation de sels
basiques et d'acide mais le phénomène est plus compliqué.

Il se produit des ions complexes positifs, formés par l'association de l'ion chromique avec plusieurs ions négatifs du résidu halogénique. Ces ions complexes, $CrX^{..}$ ou $CrX_2^{.}$ forment des sels verts, également hydrolysables :

$$Cr^{...} + Cl' \rightleftharpoons CrCl^{..}$$
$$CrCl^{..} + 2H_2O \rightleftharpoons CrCl(OH)_2 + 2H^{.}$$

Quand on chauffe une solution de chlorure chromique, on constate que l'ion d'argent ne précipite plus que les 2/3 du chlore ; l'un des trois atomes de chlore n'est donc plus à l'état d'ion.

A la longue et à froid, la réaction inverse se reproduit et les trois atomes de chlore repassent à l'état d'ions. Dès lors, la solution ne contient plus que l'ion $Cr^{...}$, et le sel de chrome peut cristalliser.

L'ion chromique, en raison de son électroaffinité assez faible, forme facilement des ions complexes.

Oxyde chromique Cr_2O_3. — Cet oxyde, comme l'oxyde d'aluminium (v. **563**), existe sous plusieurs modifications qui se distinguent les unes des autres par leur couleur, leur état amorphe ou cristallin et leur résistance à l'action des acides ; l'oxyde de chrome compact, obtenu à haute température, est inattaquable par les acides. L'oxyde cristallisé est isomorphe avec Al_2O_3 et Fe_2O_3 ; il est d'un beau vert très foncé ; les oxydes amorphes sont généralement verts-grisâtres.

On prépare l'oxyde de chrome en réduisant ou en décomposant par la chaleur l'anhydride chromique CrO_3, ou encore en calcinant l'hydroxyde $Cr(OH)_3$. Lorsqu'on chauffe le bichromate d'ammonium, on obtient un oxyde très volumineux, léger et poreux, qui condense les gaz à sa surface à l'instar de la mousse de platine et peut être employé comme substance de contact pour favoriser les phénomènes de combinaisons entre gaz. L'oxyde de chrome se dissout dans les silicates fondus et les colore en vert.

Hydroxyde de chrome $Cr(OH)_3$. — C'est un précipité gélatineux vert, qui s'obtient par l'action de l'ammoniaque sur un sel chromique, en évitant l'emploi d'un excès de réactif. Il est, comme l'hydroxyde d'aluminium, une base très faible et peut aussi se comporter comme acide. Il se dissout dans la soude caustique en formant un dérivé métallique $CrO \cdot ONa$, le chromite de sodium, sel de l'anhydride imparfait $CrO \cdot OH$. Mais la fonction acide de l'hydroxyde chromique ou de ses anhydrides est moins prononcée que celle de l'hydroxyde d'aluminium et les chromites s'hydrolysent complètement avec reformation d'hydroxyde chromique qui précipite :

$$CrO.ONa + 2H_2O = Cr(OH)_3 + NaOH.$$

Cette hydrolyse est lente à froid, presqu'instantanée à 100°.

L'hydroxyde chromique peut aussi former une solution colloïdale; cette modification existe dans les solutions de sels chromiques, et surtout des sels d'acide faibles ($CrFl_3$). Comme $Al(OH)_3$ l'hydroxyde chromique forme des laques avec les matières colorantes et on emploie certains sels chromiques comme mordants.

On connaît plusieurs dérivés par déshydratation partielle de $Cr(OH)_3$; l'hydroxyde $(HO)_2Cr \cdot O \cdot Cr(OH)_2$, d'un vert superbe, est employé comme couleur (vert Guignet). Le dérivé ferreux de l'hydroxyde $O = Cr \cdot OH$, $Fe(CrO_2)_2$, analogue aux spinelles, est le fer chromé.

Fluorure chromique $CrFl_3$. — Le sel hydraté est préparé industriellement et employé comme mordant.

Chlorure chromique $CrCl_3$. — On obtient le sel anhydre sous forme de paillettes cristallines roses en chauffant un mélange d'oxyde de chrome et de charbon ou du chrome métallique dans une atmosphère de chlore. Sa densité de vapeur est de 79 ($H = 1$) correspondant à la formule $CrCl_3$.

Il ne se dissout pas dans l'eau pure, mais la dissolution se fait très rapidement en présence d'une trace de sel chromeux.

On prépare le sel hydraté $CrCl_3.6H_2O$ en dissolvant l'anhydride chromique ou un bichromate dans l'acide chlorhydrique; il se dégage du chlore :

$$2CrO_3 + 12HCl = 2CrCl_3 + 6H_2O + 3Cl_2.$$

On se sert des solutions de chlorure chromique pour le tannage des peaux.

Sulfate de chrome $Cr_2(SO_4)_3.9H_2O$. C'est un sel violet, qui peut former des aluns; l'alun $KCr(SO_4)_2.12H_2O$ s'obtient par réduction du bichromate de potassium en présence d'acide sulfurique :

$$K_2Cr_2O_7 + 4H_2SO_4 + 3R = 2KCr(SO_4)_2 + 3RO + 4H_2O.$$

Il cristallise en grands octaèdres d'un bleu foncé. Il est employé en tannerie et en teinturerie.

Chauffé à 110°, il se transforme en un sel $KCr(SO_4)_2.2H_2O$ soluble dans l'eau mais dont la solution ne manifeste plus aucun caractère de l'ion chromique ou de l'ion SO_4''. Il s'est formé un ion négatif complexe $SO_4 = Cr - SO_4'$ vert (v. plus haut), dont on a pu préparer différents sels et même l'acide correspondant : $2H[Cr(SO_4)_2].11H_2O$ que l'on peut obtenir en chauffant le sulfate de chrome avec une molécule d'acide sulfurique. On obtient d'autres acides similaires, mais plus compliqués, en chauffant le sulfate de chrome avec deux à six molécules d'acide sulfurique. Leur formule générale est $H_{2n}[Cr_2(SO_4)_{n+3}.]$ Ils se dédoublent à la longue en ions chromiques, ions sulfuriques et ions $H^.$. Tous leurs sels sont insolubles dans l'eau.

L'hydroxyde chromique est soluble dans l'ammoniaque en présence de sels ammoniacaux. Il se fait un ion complexe, dans lequel le **résidu halogénique** du sel ammoniacal est fixé sur le chrome, ce dernier remplaçant en même temps l'hydrogène de l'ammonium par ses autres valences.

$$2OH' + Cr^{...} + 2NH_4^. + X' \rightleftharpoons (NH_3)_2 = CrX^. + 2H_2O$$

En réalité, le phénomène est beaucoup plus compliqué ; l'ammonium lui-même vient remplacer, une ou plusieurs fois l'hydrogène

$$\text{dans l'ion } XCr \begin{matrix} \diagup NH_3 \\ \diagdown NH_4 \end{matrix} \text{ et l'ion complexe prend le type :}$$

$$XCr \begin{matrix} \diagup NH_2 - NH_3 \\ \diagdown NH_2 - NH_4 \end{matrix}$$

Les ions complexes qui en résultent auront donc la formule générale $XCr(NH_3)_n$; leurs sels, la formule $X_3Cr(NH_3)_n$: mais des trois radicaux X, deux seulement, parfois un seul, sont ionisables.

Suivant la valeur de n, la couleur des sels varie, et l'on connaît toute une série de composés de chromammonium. Nous rencontrons un fait semblable dans l'étude du cobalt.

605 Acide chromique H_2CrO_4. — Cet acide n'a pu être isolé mais on connaît son anhydride, ses sels et son chlorure d'acide. Les chromates sont isomorphes avec les sulfates.

Anhydride chromique CrO_3. — On le prépare par l'action de l'acide sulfurique sur le bichromate de potassium $K_2Cr_2O_7$; on emploie un grand excès d'acide sulfurique concentré dans lequel l'anhydride chromique est peu soluble. On obtient ainsi de belles aiguilles déliquescentes d'un rouge pourpre, qui fondent vers 200° et se décomposent à 250° en $Cr_2O_3 + 3O$.

L'anhydride chromique est un agent oxydant très énergique : il détruit la plupart des matières organiques ; si on laisse tomber une goutte d'alcool sur l'anhydride chromique sec, l'alcool prend feu. Dans les phénomènes d'oxydation, deux molécules d'anhydride chromique perdent trois atomes d'oxygène :

$$2CrO_3 + 3R = Cr_2O_3 + 3RO.$$

L'anhydride chromique est très soluble dans l'eau. La dissolution, d'un rouge orangé, se comporte comme étant essentiellement formée d'**acide dichromique** : $H_2Cr_2O_7$. La réaction qui transforme instantanément l'acide pyrosulfurique et ses sels en acide sulfurique ou sulfates acides et qui rend impossible l'existence de l'ion S_2O_7'' (v. **244**) ne se produit pas pour l'acide dichromique. Au contraire l'ion CrO_4'' est immédiatement réduit par l'ion $H^·$ avec formation d'ions Cr_2O_7'' :

$$2CrO_4'' + 2H^· \rightleftharpoons Cr_2O_7'' + ^· H_2O$$

La réaction est réversible, mais la proportion d'ions CrO_4'' est toujours minime, quoiqu'on puisse mettre sa présence en évidence (v. plus loin).

Si l'**acide chromique** H_2CrO_4 est inconnu, on connaît ses sels. On obtient le **chromate neutre** de calcium en chauffant le fer chromé avec de la chaux au contact de l'air :

$$2FeCr_2O_4 + 4CaO + 7O = Fe_2O_3 + 4CaCrO_4$$

Le chromate de calcium, soluble, est enlevé par l'eau ; on ajoute à la dissolution un carbonate alcalin qui précipite du carbonate de calcium. On obtient ainsi les chromates neutres de potassium et de sodium, très solubles dans l'eau et qui sont pour cette raison d'une purification difficile.

Les **chromates neutres** sont presque tous jaunes à l'état solide, le chromate d'argent est rouge ; à l'état dissous ils sont jaunes (couleur de l'ion CrO_4''). Les solutions de chromates solubles ont une réaction alcaline due à l'hydrolyse de l'ion CrO_4'' par les ions $H\cdot$ de l'eau :

$$2CrO_4'' + H_2O \rightleftharpoons Cr_2O_7 + 2OH'$$

Les chromates neutres de baryum, de plomb et d'argent sont insolubles dans l'eau, mais solubles dans les acides, l'acide chromique étant un acide faible. Le chromate de plomb est employé comme couleur (jaune de chrome).

606. En traitant les chromates neutres de potassium ou de sodium par une demi molécule d'acide sulfurique on les transforme en bichromates :

$$2K_2CrO_4 + H_2SO_4 = K_2Cr_2O_7 + K_2SO_4 + H_2O$$

Le bichromate de potassium est assez peu soluble et peut être aisément purifié par cristallisation ; il cristallise en gros prismes orangés. C'est le plus important des composés de chrome. Le bichromate de sodium est très soluble et hygroscopique, aussi est-il d'une purification plus difficile. L'industrie prépare ces deux sels en grandes quantités ; ils sont employés comme agents oxydants.

L'acide dichromique (acide chromique du langage technique) ou ce qui revient au même, un mélange d'acide sulfurique et de bichromate, constitue en effet l'un des agents oxydant les plus énergiques que nous possédions.

Il cède trois atomes d'oxygène aux agents réducteurs et passe à l'état d'hydroxyde de chrome. Si le milieu est acide ce dernier se dissout et devient un sel chromique :

En milieu neutre
$$\begin{cases} H_2Cr_2O_7 + 3R + 2H_2O = 2Cr(OH)_3 + 3RO \\ Cr_2O_7'' + 2H\cdot + 3R + 2H_2O = 2Cr(OH)_3 + 3RO \end{cases}$$

En milieu acide
$$\begin{cases} H_2Cr_2O_7 + 3R + 6HX = 2CrX_3 + 4H_2O + 3RO \\ Cr_2O_7'' + 8H\cdot + 3R = 2Cr\cdots + 4H_2O + 3RO \end{cases}$$

On opère généralement en milieu fortement acide.

L'acide chromique oxyde notamment l'hydrogène sulfuré avec dépôt de soufre :

$$Cr_2O_7'' + \underbrace{6H\cdot + 3S''}_{3H_2S} + 8H\cdot + 6X' = \underbrace{2Cr\cdots + 6X'}_{2CrX_3} + 7H_2O + 3S$$

Les bichromates sont solubles, mais lorsqu'on traite une solution de bichromate par un sel de baryum soluble, on obtient un précipité de chromate neutre de baryum, ce qui démontre que la solution renferme des ions CrO_4'' (v. plus haut).

607. La gélatine traitée par une solution de bichromate devient insoluble dans l'eau après exposition à la lumière. Celle-ci provoque une réduction du bichromate par la gélatine, avec formation d'oxyde de chrome qui se combine à la gélatine en la tannant. Cette propriété est utilisée dans l'art photographique. ((v. chimie organique).

608. Les bichromates sont des combinaisons d'une molécule d'anhydride chromique avec les chromates neutres : K_2CrO_4, CrO_3. On connaît des sels dérivant d'acides plus complexes, analogues à l'acide trisulfurique (v. **244**).

Le chlorure de l'acide chromique ou **chlorure de chromyle** CrO_2Cl_2, se prépare en distillant une mélange de chlorure de sodium et de bichromate de potassium avec de l'acide sulfurique concentré. C'est un liquide rouge, bouillant à 117°, que l'eau décompose facilement. Il est employé comme agent oxydant en chimie organique.

Le chlorure $ClCrO_3H$ ou **acide chlorochromique**, analogue à $ClSO_3H$, est inconnu, mais on a pu préparer ses sels, tandis que les sels de l'acide $ClSO_3H$ n'ont pu être isolés.

On dose les sels chromiques à l'état d'oxyde chromique, les chromates sous forme de chromate de plomb. 100p. de Cr_2O_3 correspondent à 68.4p de Cr ; 100p. de $PbCrO_4$ à 31p. de CrO_3.

Le chrome fut découvert par Vauquelin en 1797.

MOLYBDÈNE Mo

P. A. 96.

609. Le molybdène se trouve surtout à l'état de **molybdénite** MoS_2.

On grille ce sulfure ; on obtient ainsi de l'anhydride molybdique MoO_3, que l'on réduit par l'hydrogène ou par le charbon.

On peut aussi chauffer au four électrique un mélange de molybdénite avec de la chaux :

$$3MoS_2 + 4CaO = 3Mo + 4CaS + 2SO_2$$

La méthode paraît applicable industriellement.

610. Le molybdène pur est un métal blanc et malléable, mais lorsqu'il renferme des traces de carbone ou de fer, il devient excessivement dur. Sa densité est égale à 9.

C'est un élément beaucoup moins métallique que le chrome, dont il se distingue aussi par une affinité bien moindre pour l'oxygène ; ses oxydes se laissent complètement réduire par l'hydrogène au-dessus de 470°.

Le molybdène forme des combinaisons du type $MoX_2 (Mo_2X_6)$, MoX_3, MoX_4, MoX_5 et MoX_6.

Parmi les composés du type MoX_2, il faut citer le **bichlorure** et le **bibromure** de molybdène, qui s'obtiennent en chauffant le trichlorure ou le tribromure. Ce sont des composés jaunes, insolubles dans l'eau, solubles dans les acides et dans les alcalis. L'ébullioscopie de leur solution alcoolique a montré que leur formule réelle est triple de la formule simple $MoCl_2 (MoBr_2)$ et l'étude de leurs propriétés chimiques prouve que le tiers seulement de l'halogène s'y trouve à l'état ionisable. On doit les considérer comme des sels d'un ion complexe bivalent $Mo_3Hal_4^{\cdot\cdot}$ dont on a pu préparer d'autres dérivés, notamment l'hydroxyde $Mo_3Cl_4(OH)_2$, lequel est une base très faible.

Le trichlorure de molybdène $MoCl_3$ (Ex Mo + Cl) est le principal représentant du molybdène trivalent. C'est un composé rouge, insoluble dans l'eau et qui n'a pas les propriétés d'un sel. Chauffé au rouge, il se dédouble en bichlorure et tétrachlorure.

Bioxyde de molybdène MoO_2. On l'obtient en calcinant le molybdate d'ammonium. C'est un corps cristallin bleu, insoluble dans l'eau.

Tétrachlorure de molybdène (Préparation v. $MoCl_3$), composé solide cristallin, que l'eau décompose. Chauffé à l'air, il se transforme avec dégagement de chlore en chlorure de molybdyle MoO_2Cl_2.

Bisulfure de molybdène MoS_2. Il constitue la molybdénite. La molybdénite est noire, grasse au toucher et ressemble énormément au graphite. Grillée elle se transforme en anhydrides molybdiques et sulfureux.

Pentachlorure de molybdène $MoCl_5$. Il se prépare par l'action du chlore sur le molybdène. Il forme des cristaux noirs, solubles dans l'eau ; il bout à 268°. Sa densité de vapeur est normale.

611. Anhydride molybdique MoO_3. On prépare cet oxyde, le plus important des composés du molybdène, en grillant la molybdénite. Le produit brut est transformé par l'action de l'ammoniaque en molybdate d'ammonium soluble. On purifie ce sel par cristallisation ; on le calcine à l'air pour obtenir l'anhydride molybdique. Celui-ci se forme aussi par l'action de l'oxygène à chaud sur tous les oxydes de molybdène.

L'anhydride molybdique est une poudre cristalline blanche, fusible au rouge et volatile sans décomposition. Il est insoluble dans l'eau, se dissout dans l'acide chlorhydrique et l'acide nitrique, mais il est insoluble dans ces dissolvants quand il a été fortement calciné. Sa solubilité dans les acides est due, non à la formation de sels, mais d'anhydrides mixtes et imparfaits, comme $HO - MoO_2 - Cl$.

L'anhydride molybdique se dissout également dans les bases pour former des molybdates. Deux équivalents grammes de base peuvent se combiner à n molécules d'anhydride molybdique pour former des molybdates de la formule générale $M_2MoO_4.(n—1)MoO_3$, la valeur de n pouvant varier dans des limites très étendues. Ces sels dérivent, soit de l'acide molybdique normal $H_2MoO_4(n = 1)$, soit d'acides polymolybdiques $H_2MoO_4.mMoO_3(m = n —1)$ analogues aux acides pyrosulfuriques (v. **244**).

Les acides molybdiques sont des poudres cristallines blanches ou jaunes, insolubles dans l'eau; ils sont solubles dans les acides. Les molybdates alcalins sont solubles et isomorphes avec les sulfates correspondants.

Le plus employé des molybdates est le molybdate neutre d'ammonium $(NH_4)_2MoO_4$, que l'on prépare en dissolvant l'anhydride molybdique dans un excès d'ammoniaque. Il cristallise en gros prismes rectangulaires.

Il n'est pas d'acide qui forme plus facilement des anhydrides imparfaits que l'acide molybdique, non seulement concurremment avec lui-même, mais encore avec d'autres acides ; beaucoup de ces anhydrides imparfaits et mixtes sont fort solubles dans l'eau. C'est la raison pour laquelle les acides molybdiques sont solubles dans les acides et notamment dans l'acide nitrique.

Le plus intéressant de ces anhydrides mixtes et imparfaits est l'**acide phosphomolybdique** H_3PO_4, $nMoO_3$.

Une molécule d'acide phosphorique perdant à frais communs avec une molécule d'acide molybdique les éléments d'une molécule d'eau, engendrerait un acide anhydride $(HO)_2 = PO - MoO_2 - OH$, le plus simple des anhydrides imparfaits possibles de ces deux acides.

Mais les acides phosphomolybdiques connus sont beaucoup plus compliqués ; ils dérivent d'acides polymolybdiques complexes $H_2O \cdot nMoO_3$, n ayant une valeur comprise entre 10 et 14. Leur formule est donc $(HO)_2 = (PO) - O - (MoO_3)_{n-1} - MoO_2 - OH$ ou $H_3PO_4 + nMoO_3$. Leur sel neutre d'ammonium est insoluble dans l'eau ; il se forme lorsqu'on ajoute une solution de molybdate d'ammonium dans l'acide nitrique à un phosphate soluble (v. **339**) et que l'on chauffe légèrement vers 60°. C'est un précipité cristallin jaune.

L'acide phosphomolybdique est un acide fort ; aussi son sel d'ammonium est-il insoluble dans les acides ; mais lorsqu'on le traite par l'eau régale, celle-ci oxyde l'ammonium et l'on obtient une dissolution d'acide phosphomolybdique :

$$3NH^{\cdot}{}_{4} + (PO_4.nMoO_3)''' + 9Cl = H_3PO_4,nMoO_3 + 3N + 9HCl$$

L'acide phosphomolybdique que l'on obtient ainsi a pour formule H_3PO_4, $12MoO_3$, $6H_2O$. Il est jaune, cristallin, et très soluble dans l'eau. Il forme avec tous les corps du type de l'ammoniaque des sels insolubles dans l'eau et est utilisé pour cette raison dans la recherche des alcaloïdes.

Le phosphomolybdate d'ammonium étant un anhydride imparfait est attaqué par les bases avec formation d'orthophosphate et d'orthomolybdate solubles (v. **341**).

612. L'anhydride molybdique forme bien d'autres anhydrides imparfaits ; il se combine très facilement à l'acide chlorhydrique pour former une **chorhydrine molybdique** $Cl - MO_2 - OH$, composé blanc et très volatil qui se sublime déjà à 150° dans une atmosphère d'acide chlorhydrique ; la densité de sa vapeur démontre une dissociation pratiquement totale. La formation de cette chlorhydrine est utilisée pour séparer le molybdène.

L'acide molybdique en solution chlorhydrique se laisse réduire par le zinc ; il se fait un acide molybdeux $(HO)_2Mo = O$, analogue à l'acide phosphorique et qui correspond à $MoCl_5$. Mais cet acide se combine immédiatement à 12 molécules d'anhydride molybdique pour former un composé analogue à l'acide phosphomolybdique $(HO)_2 - MoO - O(MoO_3)_{11} - MoO_2 - OH$., **le bleu de molybdène**.

TUNGSTÈNE W.
P. A. 182,6 (184).

613. On rencontre le tungstène à l'état de tungstates ; les minerais les plus abondants sont le **wolfram**, tungstate double de fer et de manganèse et la **scheelite**, tungstate de calcium.

On obtient le tungstène métallique en réduisant au four électrique l'anhydride tungstique par le charbon ; il faut employer un excès d'anhydride si l'on veut éviter la formation d'un métal carburé.

Le tungstène est un métal blanc, très difficilement fusible ($>2000°$) ; au rouge il se laisse forger. C'est l'un des métaux les plus denses connus : $D = 18.7$. On a proposé son emploi pour la fabrication des projectiles de petit calibre.

Son affinité pour l'oxygène est considérable, supérieure à celle du molybdène, mais inférieure à celle du chrome ; il ne s'altère pas à l'air à froid, il y brûle à température élevée. Au rouge il décompose l'eau.

Le tungstène forme de nombreux alliages ; il est employé aujourd'hui en sidérurgie ; les aciers renfermant du tungstène sont remarquables par leur extraordinaire dureté et ne doivent pour cette raison pas subir de trempe (v. acier); ils sont néanmoins ductiles.

614. Le tungstène est bi, tétra, penta ou hexavalent. Les combinaisons dérivant du tungstène bivalent sont peu importantes. Le **bichlorure** WCl_2, obtenu en réduisant l'hexachlorure par l'hydrogène, se décompose au contact de l'eau en donnant HCl, de l'acide tungstique et de l'hydrogène.

Le **bioxyde de tungstène** WO_2 se prépare en réduisant l'anhydride tungstique par l'hydrogène. C'est une poudre cristalline brune, n'ayant pas les propriétés d'une base et qui ne se laisse attaquer que par l'acide nitrique, lequel le transforme en acide tungstique. On connait un chlorure correspondant, (ex. : $WCl_4 + H_2$) ; il se décompose à chaud en $WoCl_2$ et $WoCl_3$.

Le tungstène est pentavalent dans le **pentachlorure** $WoCl_3$, qui se produit par décomposition du tétrachlorure. L'eau le décompose facilement en formant l'acide chlorhydrique et un oxyde bleu de tungstène W_2O_3.

615. Les dérivés du tungstène hexavalent sont les seules combinaisons importantes du tungstène.

616. L'anhydride tungstique WO_3 s'obtient aux dépens du wolfram par divers procédés. L'un des meilleurs consiste à attaquer le minerai par l'eau régale. Le fer et le manganèse passent à l'état de chlorures ; il reste un résidu d'acide tungstique impur. On épuise par l'ammoniaque ; il se fait du tungstate d'ammonium soluble que l'on purifie par cristallisation. La calcination de ce sel fournit de l'anhydride tungstique pur.

L'anhydride tungstique est une poudre jaune à froid, orangée à chaud, insoluble dans l'eau et les acides, sauf HFl ; il se dissout dans les bases pour former des tungstates.

Comme l'anhydride molybdique, l'anhydride tungstique se combine aux bases selon plusieurs rapports, la formule générale des tungstates étant $M_2O.nWO_3$. Les tungstates normaux des métaux alcalins M_2WO_4, s'obtiennent en dissolvant une molécule d'anhydride tungstique dans deux molécules de base, ou en fondant cet anhydride avec un excès de carbonate de soude. Décomposés par un acide, ils donnent un précipité blanc de la formule $(HO)_6W$ qui, séché, perd une molécule d'eau et se transforme en **acide tungstique** normal H_2WO_4, également insoluble dans l'eau. Tous les tungstates normaux, sauf ceux des métaux alcalins et celui de magnésium, sont insolubles dans l'eau. La scheelite $CaWO_4$ est le tungstate de calcium naturel.

En fondant un carbonate alcalin avec un excès d'anhydride tungstique, on peut obtenir des para ou pyrotungstates complexes de la formule $nM_2O.mWO_3$, dont la formule est parfois fort compliquée. Les acides correspondants ainsi que tous les sels, sauf ceux des métaux alcalins de magnésium, sont insolubles.

Parmi les acides tungstiques, il en est un qui est tout à fait aberrant; c'est l'**acide métatungstique**, $H_2W_4O_{12}(4WO_3.H_2O)$ dont les sels alcalins se

préparent en dissolvant l'anhydride tungstique dans une solution de **tungstate**
normal. Il s'obtient en décomposant le métatungstate de baryum par l'acide
sulfurique étendu. On filtre $BaSO_4$ et on concentre dans le vide. A l'encontre de
tous les acides tungstiques, l'acide métatungstique est très soluble; il cristallise
en octaèdres. Tous ses sels, sauf ceux de plomb et de mercurosum sont solubles;
le métatungstate de baryum, assez peu soluble, se prépare par double décomposition.

L'anhydride tungstique peut intervenir dans la formation de beaucoup
d'autres anhydrides imparfaits, il se combine en proportions variables à
l'acide phosphorique pour donner un des **acides phosphotungstiques**
$H_3PO_4.12WO_3$, analogues à l'acide phosphomolybdique. De même, il s'unit
aux silicates, aux borates, aux vanadates, aux iodates, aux titanates, etc , pour
former des sels d'acides silico-, boro-, vanado-, iodo-, titanotungstiques. Les
acides libres ont parfois pu être isolés

Parmi les dérivés très nombreux de ce type nous citerons le **borotungstate
de cadmium** $Cd_2(BoO_3)_2.9WO_3$; il est très soluble dans l'eau et sa solution
saturée a une densité exceptionnellement élevée: elle atteint 3.28. On l'emploie
en pétrographie (v. chimie organique : iodure de méthylène).

A l'acide tungstique se rattachent quelques dérivés hexahalogénés du tungstène notamment **l'hexafluorure de tungstène**, WFl_6 (Ex $WCl_6 + HFl$
anhydre). Fait remarquable. ce corps dont le poids moléculaire atteint 300, soit
150 fois celui de l'hydrogène, est un gaz. Il se solidifie à - 20°. Il fume à l'air;
l'eau le décompose en HFl et acide tungstique.

L'hexachlorure de tungstène WCl_6 s'obtient par union directe. Il est
solide, cristallin, de couleur violette très foncée; il fond à 275° et bout à 347.7°.
Sa vapeur est légèrement dissociée. L'eau le décompose lentement.

Lorsqu'on chauffe les tungstates alcalins dans un courant d'hydrogène, ou
qu'on les réduit par l'étain, on obtient des substances de la formule générale
$M_m(WO_3)_n$, les **bronzes de tungstène**. Ces bronzes sont des substances
cristallines, de couleur variant du jaune au violet, doués d'un bel éclat métallique et qui sont insolubles dans tous les réactifs. Ils conduisent l'électricité
comme des conducteurs de première classe. Ils sont employés comme couleurs.
Leur constitution est inconnue.

URANE U.

P. A. 237.

617. L'urane est un élément peu répandu qui se rencontre surtout à l'état
de **pechblende** dont il existe plusieurs variétés, (clévéite, broggerite, etc) La
pechblende est un minéral d'une composition complexe, renfermant un très
grand nombre d'éléments, mais est constituée essentiellement d'oxyde d'urane
U_3O_8. On la trouve assez abondamment à Joachimsthal (Bohême).

On obtient l'urane métallique en réduisant l'oxyde U_3O_8 par le charbon au
four électrique. L'urane est un métal très dense $D = 18.7$, assez ductile et très
difficilement fusible.

Il ne s'altère pas à l'air sec à froid, prend feu à 170°; il décompose l'eau à 100°.
Il déplace également l'hydrogène des acides; c'est le plus métallique des éléments

de la famille. La valence de l'urane peut atteindre 8, mais dans les combinaisons importantes, il est hexavalent. L'urane métallique n'a pas d'applications. On connaît quelques sels uraneux où l'urane est tétravalent, et forme un ion $U^{....}$, mais la plupart des sels d'urane dérivent d'un ion métallique complexe bivalent UO_2, **l'uranyle** dans lequel l'urane est hexavalent.

L'uranyle lui-même existe à l'état isolé. C'est l'oxyde uraneux. On l'obtient en réduisant l'oxyde U_3O_8 par l'hydrogène. Il se présente en cristaux octaédriques. Ce radical se comporte dans beaucoup de réactions comme un **corps simple** ; il n'est réductible par le charbon qu'aux températures de l'arc voltaïque, se combine par addition aux halogènes; aussi Klaproth qui l'avait découvert, le décrivit-il comme de l'urane métallique.

Parmi les sels uraneux, on peut citer le **tétrachlorure d'urane** UCl_4, que l'on obtient par union directe. Il forme des cristaux très déliquescents, solubles dans l'eau en donnant une solution verte. Cette couleur est celle de l'ion $U^{....}$.

Sels d'uranyle. L'ion $UrO_2^{..}$ bivalent est jaune, et présente une fluorescence verte. Le point de départ pour la préparation de tous les composés d'uranyle est le **nitrate d'uranyle** $UrO_2(NO_3)_2.6H_2O$, souvent appelé nitrate d'urane, et que l'on prépare en attaquant le pechblende par l'acide nitrique. Il cristallise en grands cristaux prismatiques, très solubles dans l'eau. Il se dissout dans l'alcool et l'éther, ce qui permet de le séparer aisément des impuretés qui accompagnent le produit brut.

Calciné prudemment, il se transforme en **oxyde d'uranyle** ou oxyde uranique UO_3. Celui-ci est une poudre jaune qui, chauffée fortement, perd de l'oxygène; l'oxyde uraneux formé se combine à l'oxyde uranique pour donner de l'uranate uraneux $UO_2 + 2UO_3 = U_3O_8$. Cet oxyde d'urane est vert : la pechblende est de l'uranate uraneux impur.

L'hydroxyde d'uranyle est doué de propriétés basiques et acides. Il se dissout dans les acides pour former des sels d'uranyle. Les hydroxydes alcalins l'attaquent pour former des uranates qui dérivent de l'acide **pyrouranique**

$$O \Big\langle \begin{array}{l} UO_2 - OH \\ UO_2 - OH \end{array}$$

analogue à l'acide pyrosulfurique. On prépare plus avantageusement les uranates alcalins par fusion de l'oxyde uranique avec les carbonates. Ils sont peu solubles dans l'eau. L'uranate de sodium $Na_2U_2O_7.6H_2O$ est jaune; c'est le **jaune d'urane** du commerce. Il est employé pour la fabrication de verres jaunes à fluorescence verte (verres d'urane).

L'acide uranique est un acide très faible ; ses sels sont attaqués par les acides forts avec formation de sels d'uranyle.

$$Na_2U_2O_7 + 3H_2SO_4 = Na_2SO_4 + 2(UO_2)SO_4 + 3H_2O.$$

Le phosphate bimétallique d'uranyle $(UO_2)HPO_4$ est un précipité brun, insoluble dans l'acide acétique, sa formation est utilisée pour le dosage volumétrique des phosphates.

L'ion S'' précipite l'uranyle en brun ; le ferrocyanure de potassium donne un précipité brun rouge, insoluble dans les acides.

Tous les composés d'urane sont radioactifs (v. **534**).

Les sels d'urane sont très toxiques pour les animaux supérieurs ; l'ion d'uranyle paraît même être le plus toxique de tous les ions métalliques.

Métaux heptavalents.

MANGANÈSE Mn.

P.A. 54.57 (55).

618. Le manganèse est le seul métal bien connu du huitième groupe ; sa place dans le système périodique se justifie par l'isomorphisme des perchlorates et des permanganates. Mais dans tous ses autres composés le manganèse s'écarte profondément des halogènes et, dans ses combinaisons au minimum, il est au contraire un élément fortement métallique.

Ce métal se trouve abondamment à l'état d'oxydes ; la **pyrolusite** MnO_2, le plus important des composés de manganèse, la **braunite** Mn_2O_3 et la **hausmanite** Mn_3O_4. On rencontre aussi à l'état naturel le carbonate $MnCO_3$ la **diallogite** ; le manganèse existe en petites quantités dans l'organisme.

On prépare le manganèse métallique en réduisant l'oxyde Mn_3O_4 par l'aluminium ; le procédé est industriel.

619. C'est un métal d'un blanc rosé, cassant, fusible à $1207°$, d'une densité de 8. A l'état compact, il ne s'altère pas à l'air et n'agit pas sur l'eau ; à l'état divisé, il s'oxyde très rapidement et décompose l'eau à la température ordinaire. Tous les acides l'attaquent facilement avec dégagement d'hydrogène. C'est le plus métallique des métaux lourds, qu'il déplace de leurs sels, y compris le zinc et il se range, au point de vue métallique, après le magnésium· Sa chaleur d'ionisation, est de 50.000 **cal**.

Le manganèse pur n'a pas d'application, mais ses alliages avec le fer jouent un rôle important en métallurgie.

Le manganèse est, de tous les métaux, celui qui forme la série la plus nombreuse de combinaisons ; il peut se comporter comme un élément bi, tri, tétra, hexa et heptavalent. Dans les composés dérivant de Mn^{VI} et Mn^{VII}, il se comporte comme un métalloïde. Les combinaisons manganeuses, du type $Mn^{II}R_2$ sont les plus stables ;

toutes les autres sont des corps oxydants et cèdent facilement une partie de leur oxygène ou de leur résidu halogénique.

620. Les sels manganeux dérivent de l'ion $Mn^{..}$ bivalent, cet ion est rose et montre peu de tendance à prendre des charges électriques supplémentaires, c'est-à-dire à augmenter de valence ; il n'est d'exception que pour l'oxyde et l'hydroxyde manganeux, qui se transforment aisément en oxydes et hydroxydes manganiques.

L'ion manganeux étant très fortement électropositif, ne forme pas facilement d'ions complexes (v. **554**).

L'oxyde manganeux MnO se prépare par calcination du carbonate dans une atmosphère inerte. Il est vert. Chauffé à l'air, il se transforme en oxyde manganoso-manganique. Sa chaleur de formation est de 90800 calories.

Hydroxyde manganeux $Mn(OH)_2$ — On l'obtient en précipitant un sel manganeux par la potasse à l'abri de l'air. C'est un précipité blanc, qui s'altère rapidement à l'air par oxydation. L'hydroxyde manganeux est une base assez forte, aussi sa précipitation de l'ion manganeux par l'hydroxyde d'ammonium est-elle incomplète.

Cependant les sels manganeux sont hydrolysés, surtout lorsqu'ils dérivent d'acides faibles. Ce fait explique l'action catalysante des sels manganeux sur certains phénomènes d'oxydation. L'hydroxyde manganeux formé par hydrolyse absorbe l'oxygène de l'air, l'oxyde au maximum cède son oxygène au corps réducteur et le processus recommence. L'oxydation de $Mn(OH)_2$ et sa réduction étant plus rapides que la fixation directe de l'oxygène sur l'agent réducteur, les sels manganeux sont des catalyseurs positifs des phénomènes d'oxydation; cette propriété est mise à profit dans l'industrie des huiles siccatives (v. chim. organique).

Chlorure manganeux $MnCl_2$. — Ce sel se forme par l'action du chlore sur tous les oxydes du manganèse ; si l'oxyde est plus riche en oxygène que l'oxyde manganeux, il se dégage du chlore. Ex.:

$$Mn_2O_3 + 6HCl = 2MnCl_2 + 3H_2O + Cl_2.$$

Le chlorure manganeux est un sous-produit de la fabrication du chlore.

Il forme plusieurs hydrates, très solubles. Entre 0° et 58°, se dépose l'hydrate $MnCl_2 4H_2O$.

Le sulfate manganeux $MnSO_4$ se produit par l'action de l'acide sulfurique sur le bioxyde de manganèse ; il se dégage de l'oxygène. Il peut cristalliser avec 7 molécules d'eau de cristallisation, formant un vitriol, mais l'hydrate stable à la température ordinaire est $MnSO_4.4H_2O$. Le sulfate de manganèse est l'un des plus stables parmi les sulfates de métaux lourds.

Sulfure manganeux MnS. — Le sulfure anhydre est vert. On l'obtient dans des conditions mal déterminées en précipitant une solution chaude et concentrée de sel manganeux par un sulfure soluble. Il existe aussi à l'état naturel, cristallisé en octaèdres (alabandine).

Lorsqu'on précipite un sel manganeux à froid par un sulfure soluble, on obtient un précipité de sulfure hydraté rose, qui s'oxyde rapidement à l'air en donnant de l'oxyde manganique. Le sulfure de manganèse est soluble dans les acides, même faibles.

Carbonate manganeux $MnCO_3$. — Le carbonate manganeux naturel est la diallogite ; il est isomorphe avec la calcite. On peut l'obtenir par double décomposition entre un sel manganeux et le carbonate de sodium.

621. Sels manganiques. — L'ion manganique $Mn^{...}$ ne paraît pas pouvoir exister d'une manière stable ; les sels manganiques sont complètement hydrolysés par l'eau avec formation d'hydroxyde manganique.

Le sulfate manganique, que l'on obtient en dissolvant le permanganate de potassium dans l'acide sulfurique concentré, cristallise de l'acide sulfurique en petits cristaux verts.

Le sulfate manganique peut former des aluns (v. **566**), mais ceux-ci sont facilement hydrolysés et ne peuvent cristalliser qu'en solution fortement acide.

Les plus stables des sels manganiques sont le fluorure et le phosphate.

Le **fluorure** $MnFl_3$ se prépare anhydre par union directe. Il est pourpre et se décompose au rouge en fluor et fluorure manganeux. C'est l'un des très rares fluorures au maximum décomposables par la chaleur.

La dissolution de l'hydroxyde manganique dans l'acide fluorhydrique donne un fluorure hydraté, qui forme des fluorures doubles renfermant l'ion $MnFl'$, la formation de cet ion négatif diminue la concentration de l'ion $Mn\cdots$ et entrave ainsi l'hydrolyse. La solution est une couleur améthyste.

Chlorure manganique (v. plus loin).

Le **phosphate manganique** $Mn_2(PO_4)_3$ se forme par l'action de l'acide phosphorique sur le nitrate manganeux, l'acide nitrique mis en liberté oxyde l'ion $Mn\cdots$. Le phosphate manganique est insoluble dans l'eau.

Le seul composé manganique important est l'**oxyde manganique** Mn_2O_3. C'est la braunite des minéralogistes. Il forme des cristaux quadratiques noirs et n'est pas isomorphe avec Al_2O_3 et Fe_2O_3, aussi la considère-t-on parfois non comme un dérivé manganique, mais comme un manganite de manganèse.

L'oxyde manganique peut remplacer le bioxyde de manganèse dans la préparation du chlore. Une molécule Mn_2O_3 dégage deux atomes de chlore.

L'**hydroxyde** $O = Mn - OH$ est la manganite. Le remplacement de l'hydrogène hydroxydique par le manganosum dans cette molécule donnerait l'oxyde manganoso manganique : $O = M - O - Mn - O - Mn = O$, dont la constitution rappelle celle des spinelles et qu'on obtient par l'action d'une température élevée sur tous les oxydes de manganèse.

622. Bioxyde de manganèse. MnO_2. A l'état naturel, il constitue la pyrolusite, que l'on rencontre abondamment au Caucase, au Japon, en Espagne et qui se présente en cristaux rhombiques noirs et brillants. Chauffé il se décompose en oxyde manganique, puis en oxyde manganoso-manganique (v. **620**). Le bioxyde de manganèse ne se comporte pas comme une base : traité par un acide, il se transforme en sel manganeux et perd un atome d'oxygène. Cet atome d'oxygène naissant ne se dégage pas s'il trouve un corps oxydable dans le milieu. Le mélange de MnO_2 et de H_2SO_4 est fréquemment utilisé comme agent oxydant. Les hydracides, sauf l'acide fluorhydrique, sont aussi oxydés avec mise en liberté d'halogène; ce fait est mis à profit dans la préparation de chlore.

Les oxydes Mn_2O_3 et Mn_3O_4 se comportent de la même manière mais à poids égal ils fournissent beaucoup moins d'oxygène actif, comme le montrent les équations suivantes qui donnent les quantités des différents oxydes dégageant un même poids de chlore.

$MnO_2 + 4HCl = MnCl_2 + 2H_2O + Cl_2$ (70,5 chlore pour $87MnO_2$)

$Mn_2O_3 + 6HCl = 2MnCl_2 + 3H_2O + Cl_2$ (70,5 chlore pour $158Mn_2O_3$)

$Mn_2O_4 + 8HCl = 3MnCl_2 + 4H_2O + Cl_2$ (70.5 chlore pour $218Mn_2O_4$)

Or, les bioxydes de manganèse du commerce renferment souvent les oxydes Mn_2O_3 ou Mn_3O_4 ; aussi est-il indispensable de pouvoir doser l'oxygène actif qu'ils renferment (manganométrie). Ce dosage repose sur l'action de l'oxygène naissant sur l'acide oxalique

$$C_2H_2O_4 + O = 2CO_2 + H_2O$$

Un atome d'oxygène actif correspond donc au dégagement de deux molécules de CO_2 (88)

On détermine la perte du poids que subit par dégagement d'anhydride carbonique un appareil contenant de l'acide oxalique, H_2SO_4 et un poids connu d'oxyde de manganèse à doser; la perte de poids, multipliée par 2/11 donne la quantité d'oxygène actif.

$$MnO_2 + H_2SO_4 + C_2O_4H_2 = 2CO_2 + MnSO_4 + 2H_2O$$

L'hydroxyde $Mn(OH)_4$ n'est pas connu ; mais il lui correspond des anhydrides imparfaits, notamment $O = Mn(OH)_2$ et

$O = Mn \overset{\diagup OHHO \diagdown}{} O - Mn = O$ qui ont pu être isolés et que l'on trouve dans la nature. Ces corps se comportent comme des acides faibles et peuvent former des dérivés métalliques que l'on appelle **manganites,** et dont le plus important est le manganite de calcium ou **manganèse de Weldon.**

$$O = Mn \underset{O}{\overset{O - Ca - O}{\diagup \diagdown}} Mn = O$$

La préparation du chlore par MnO_2 et HCl transforme le bioxyde en chlorure manganeux, lequel etait jadis un déchet sans valeur. Weldon a trouvè le moyen de le transformer en manganite de calcium qui peut servir à préparer du chlore. Il traite le chlorure manganeux par un excès de chaux éteinte ; il se forme :

$$Mn(OH)_2 + CaCl_2,$$

puis dans la bouillie, il fait arriver un courant d'air. $Mn(OH)_2$ s'oxyde en présence de la chaux et se transforme en manganite de calcium qui se dépose. La solution de chlorure de calcium est enlevée par décantation :

$$2Mn(OH)_2 + Ca(OH)_2 + O_2 = O = Mn \underset{O}{\overset{O - Ca - O}{\diagup \diagdown}} Mn = O + 2H_2O$$

Le manganite de calcium, traité par l'acide chlorhydrique donne du chlore, du chlorure de calcium et du chlorure de manganèse.

$$CaMn_2O_5 + 10\,HCl = 2MnCl_2 + CaCl_2 + 2Cl_2 + 5H_2O.$$

Lorsqu'on soumet le bioxyde de manganèse, en suspension dans le tétrachlorure de carbone, à l'action de l'acide chlorhydrique gazeux et sec, il se transforme en un mélange de chlorure manganique $MnCl_3$ et de tétrachlorure de manganèse $MnCl_4$. Le premier est soluble, le second insoluble dans l'éther, ce qui permet de les séparer. Ces deux composés sont immédiatement hydrolysés d'une manière complète par l'eau.

Le tétrachlorure de manganèse, le seul composé halogéné tétravalent connu du manganèse, n'a aucun des caractères d'un sel. C'est un corps solide brun, soluble dans l'alcool et qui se décompose à 100° en chlore et chlorure manganeux.

623. Acide manganique H_2MnO_4. — Cet acide, analogue à H_2SO, n'est pas connu à l'état isolé pas plus que son anhydride, mais on obtient les manganates alcalins en fondant le bioxyde de manganèse avec les alcalis ou les carbonates alcalins en présence de l'air.

$$2KOH + MnO_2 + O = K_2MnO_4 + H_2O.$$

On épuise la masse fondue par l'eau et l'on obtient une solution, d'un vert foncé, de manganate. Cette solution, évaporée dans le vide, laisse déposer des cristaux verts de manganate, isomorphes avec les sulfates correspondants.

L'ion MnO_4'' bivalent est vert ; en perdant la moitié de sa charge électrique, il devient monovalent et pourpre. Cette réaction se produit: 1° par l'action de l'oxygène ou du chlore ; ces éléments enlèvent une des charges à l'ion MnO_4'' et le transforment en ion MnO_4' monovalent.

$$4K\cdot + 2MnO_4'' + O = 4K\cdot + 2MnO_4' + O''.$$

$$O'' + H_2O = 2OH'$$

$$\underbrace{4K\cdot + 2MnO_4''}_{K_2MnO_4} + O + H_2O = \underbrace{2K\cdot + 2OH'}_{2KOH} + \underbrace{2MnO_4' + 2K\cdot}_{2KMnO_4}.$$

2° Par l'action d'un acide. Quatre ions $H\cdot$ enlèvent quatre charges électriques négatives à trois anions MnO_4'' dont l'un est ramené à l'état neutre, les deux autres à l'état d'ions monovalents MnO_4' de l'acide permanganique. Les quatre ions $H\cdot$ deviennent ainsi des atomes d'hydrogène neutre, c'est-à-dire de l'hydrogène naissant, qui réduit le radical MnO_4 devenu neutre et le transforme en MnO_2.

$$\underbrace{6K\cdot + 3MnO_4''}_{3K_2MnO_4} + \underbrace{4H\cdot + 4X'}_{4HX} = \underbrace{2MnO_4' + 2K\cdot}_{2KMnO_4} + \underbrace{4K\cdot + 4X'}_{4KX} + 2H_2O + MnO_2$$

L'anhydride carbonique peut, en se dissolvant dans l'eau, provoquer cette réaction. L'eau seule est même capable de décomposer K_2MnO_4, grâce aux ions $H\cdot$ qu'elle fournit.

624. Acide permanganique. — Cet acide n'est connu qu'en solution; le plus important de ses sels est le permanganate de potassium. C'est un sel d'un rouge pourpre très foncé, à éclat métallique, isomorphe avec $KClO_4$. Il est assez peu soluble dans l'eau; sa solution est d'un beau pourpre (couleur de l'ion MnO_4').

Les permanganates sont doués d'un pouvoir oxydant très énergique : en solution neutre, deux molécules de ce sel perdent trois atomes d'oxygène au profit du corps réducteur et se transforment en hydroxyde de potassium et MnO_2 ; ce dernier précipite.

$$H_2O + 2KMnO_4 + 3R = 3RO + 2KOH + 2MnO_2$$
$$2MnO_4' + 3R + H_2O = 2MnO_2 + 2OH' + 3RO.$$

En solution acide, deux molécules de permanganate perdent cinq atomes d'oxygène, il se forme MnO qui est transformé en sel manganeux et K_2O qui devient également sel :

$$2KMnO_4 + 5R + 3H_2SO_4 = 2MnSO_4 + K_2SO_4 + 5RO$$
$$2MnO_4' + 5R + 6H\cdot = 2Mn\cdot\cdot + 5XO + 3H_2O.$$

Le sel manganeux est peu coloré, tandis que le permanganate

possede un pouvoir colorant très intense ; on peut donc en **reconnaître** les moindres traces en solution, aussi les solutions de permanganate sont-elles d'un emploi courant pour le dosage volumétrique des corps réducteurs.

Le permanganate de potassium doit à sa fonction oxydante un pouvoir bactéricide et désinfectant très énergique.

Caractères des sels manganeux. KOH et NH$_4$OH précipitent Mn(OH)$_2$ blanc ; ce précipité devient très rapidement brun à l'air. H$_2$S est sans action ; les sulfures solubles précipitent MnS rose, soluble dans HCl étendu. Le ferricyanure de K donne un précipité brun-marron.

Caractères des permanganates. Ils sont pourpres en solution. H$_2$S en solution neutre les réduit en donnant S et MnO$_2$.

$$2 KMnO_4 + 3H_2S = 2KOH + 2MnO_2 + 2H_2O + 3S.$$

Les sels ferreux en solution acide les réduisent à l'état de composés manganeux.

On dose Mn à l'état de Mn$_3$O$_4$. 100 p. de Mn$_3$O$_4$ correspondent à 72.03 Mn.

Chaleur de formation de quelques composés de manganèse :

	Solide.		Solide.
Oxyde manganeux MnO	90800 cal.	Chlorure manganeux	112000 cal.
Bioxyde de manganèse	126000 »	Sulfate	249909 »
Acide permangique (dissous)	168050 »		

Métaux du neuvième groupe

FAMILLE DU FER.

Les caractères généraux des éléments de ce groupe ont été décrits antérieurement. (v. **453**).

La famille du fer comprend le fer, le nickel et le cobalt. Tandis que les autres éléments du neuvième groupe comptent parmi les métaux les moins métalliques, le fer et ses composés sont une électro-affinité légèrement supérieure à celle de l'hydrogène.

Ce sont les seuls métaux fortement magnétiques.

FER. Fe.

P.A. 55.6 (56).

625. Le fer ne se trouve que rarement à l'état natif. Le fer natif a probablement une origine sidérale ; il forme des météorites de dimensions parfois considérables (Mexique, Groenland, Sibérie). Par contre, les combinaisons du fer sont extrêmement nombreuses et abondantes.

Les minerais de fer, (c'est-à-dire les minéraux qui se prêtent à une extraction industrielle du métal) les plus importants sont : la **limonite**, mélange d'hydroxydes ferriques, le carbonate ferreux ou **sidérose**, l'**oligiste** ou oxyde ferrique Fe_2O_3 et l'oxyde magnétique ou **aimant** Fe_3O_4. Ces corps sont classés dans l'ordre de la difficulté que présente leur réduction. La **pyrite** FeS_2, minéral fort répandu, ne peut servir directement à l'extraction du fer ; elle doit d'abord être grillée (fabriques d'H_2SO_4) ; Fe_2O_3 formé est envoyé aux hauts-fourneaux .

Le fer existe dans tous les organismes vivants ; la chlorophylle des plantes, l'hémoglobine du sang sont des combinaisons du fer.

626. Métallurgie du fer. — La métallurgie du fer ne fournit le plus souvent pas un métal pur ; presque tous les produits industriels renferment une proportion plus ou moins importante de carbone.

On classe les produits de la métallurgie du fer en trois groupes :

1° **Les fontes.** Ce sont des alliages de carbone et de fer renfermant plus de 2 °/₀ de carbone et qui s'obtiennent par réduction du minerai dans le haut fourneau.

Les fontes sont fusibles, mais ne se ramollissent pas avant fusion ; aussi ne se laissent-elles pas forger : elles ne sont pas malléables.

2° **Les aciers.** Les aciers sont des métaux fondus, obtenus par décarburation plus ou moins profonde de la fonte, dont ils se distinguent : 1° par un teneur en carbone moins élevée, variant de 0 à 2°/₀ 2° par le fait qu'ils se ramollissent avant fusion et peuvent par conséquent être forgés.

3° **Le fer.** Le fer est un métal obtenu par décarburation de la fonte ou par réduction du minerai à une température inférieure au point de fusion du métal et dont les particules sont agglutinées par martelage.

On obtient industriellement le fer en réduisant les oxydes dans des fours à cuve par le charbon ou l'oxyde de carbone ; ce dernier est formé dans le four même par combustion du carbone dans un courant d'air alimenté par une soufflerie. Le fer est un métal infusible à la température à laquelle il se forme ; pour le séparer de la gangue du minerai, il faut transformer celle-ci en un composé fusible. On obtient ce résultat par l'addition d'un **fondant**. On appelle fondant un corps que l'on ajoute à un minerai pour obtenir un composé fusible, le **laitier**. La production d'un laitier permet aux particules de fer réduit de s'agglutiner. Le fer possède en effet la propriété précieuse de se souder à lui-même au rouge clair. Il se forme ainsi une masse spongieuse qu'imprègne le laitier fondu, ce dernier préserve le métal de l'oxydation du vent injecté par les tuyères.

Dans les procédés primitifs qu'utilisent encore les peuples à moitié civilisés, on forme le laitier aux dépens de l'oxyde de fer lui-même. Le minerai, mélangé de sable, est chauffé avec du charbon de bois dans un four à cuve peu profond. L'anhydride silicique se combine à l'oxyde de fer pour donner un silicate ferreux très fusible qui sert de laitier. Le fer réduit s'agglutine en une masse spongieuse, la loupe, que l'on enlève à l'aide de tenailles et que l'on soumet à un martelage énergique pour en exprimer la scorie qui l'imprègne. Ce procédé fournit du fer assez pur, mais il est fort onéreux : il exige l'emploi de minerais purs et riches car la moitié environ du minerai passe dans le laitier.

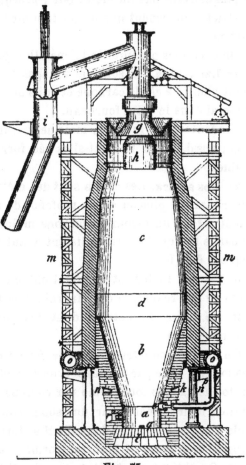

Fig. 75.

Actuellement l'extraction du fer de ses minerais se fait dans le **haut fourneau** (v. fig. 75). Celui-ci est un four à cuve de très grandes dimensions (30ᵐ de haut) formé de deux parties coniques accolées par leur base, construites en briques réfractaires et revêtues extérieurement d'une couverture en tôle ; la partie supérieure est la **cuve** c. Celle-ci est supportée par des colonnes et est généralement indépendante du cône inférieur, dans lequel règnent les températures les plus élevées et qui, souffrant davantage, doit être soumise à des réparations plus fréquentes. Le cône inférieur comprend une partie conique, les **étalages** b et une portion cylindrique, l'ouvrage *a*, dans lequel aboutissent les orifices des tuyères *e* amenant l'air comprimé fourni par des puissantes machines soufflantes. Les orifices des tuyères forment une couronne circulaire au dessous de laquelle se trouve le **creuset**, dans lequel se réunissent la fonte et le laitier. Un trou de coulée *q*, fermé par un tampon d'argile, permet de laisser écouler une ou plusieurs fois par jour le métal fondu et le laitier.

L'orifice supérieur du haut fourneau est le **gueulard**; il est fermé par une trémie, soutenue par des contre-poids, qui bascule quand on introduit de nouvelles charges dans le four. Cette disposition a pour but d'empêcher les gaz qui s'échappent de se perdre ; ces gaz sont recueillis par la cloche en tôle *gh* et sont utilisés, d'abord pour chauffer l'air que l'on lance dans les tuyères, ensuite comme combustible (v. plus loin).

Le minerai est d'abord soumis à un grillage modéré pour le dessécher, décomposer les carbonates et surtout pour détruire les sulfures dont la présence est fort nuisible. On le mélange ensuite avec la quantité convenable de fondant. La nature de celui-ci dépend de celle de la gangue ; le laitier de hauts fourneaux est un silicate double d'alumium et de calcium. Si le minerai est argileux, on ajoute du calcaire (castine), s'il est calcareux, de l'argile ou du feldspath. On peut remplacer le calcaire par la dolomie.

On introduit dans le haut fourneau du bois, puis du combustible; celui-ci doit être aussi exempt de soufre que possible. Dans notre pays, ainsi que dans presque toute l'Europe on emploie du coke, en Amérique on utilise souvent l'anthracite ; en Suède et dans l'Oural on se sert beaucoup de charbon de bois qui donne des fers remarquablement purs.

Quand le haut-fourneau est allumé, on y introduit des couches alternatives de combustible et de minerai mélangé de fondant.

Au contact de l'air sortant des tuyères, le carbone brûle et se transforme en CO_2 qui, traversant de nouvelles couches de combustible, passe à l'état de CO. C'est ce dernier qui réduit les oxydes de fer; cette réduction se fait dans les parties moyennes de la cuve.

Les réactions qui s'accomplissent dans le haut fourneau sont complexes et varient suivant la température. Si le minerai est formé d'oxyde ferrique, il est d'abord réduit par l'oxyde de carbone en oxyde ferroso-ferrique Fe_3O_4 et cette réduction est complète à 700°.

L'oxyde ferroso-ferrique est plus difficilement réductible ; il est d'abord réduit à l'état d'oxyde ferreux :

$$Fe_3O_4 + CO \rightleftharpoons 2FeO + CO_2. \qquad (1)$$

L'oxyde ferreux est ensuite transformé en fer métallique :

$$FeO + CO \rightleftharpoons CO_2 + Fe. \qquad (2)$$

Toutes ces réactions sont réversibles et sont limitées par un équilibre. La présence de charbon en excès facilite la réduction. En effet, l'équilibre :

$$CO_2 + C \rightleftharpoons 2CO \qquad (3)$$

exige une concentration en CO_2 inférieure à celle que comporte l'équilibre (2) aux températures supérieures à 680° ; une partie de ce gaz disparaît donc en présence du charbon, ce qui rompt l'équilibre (2) et permet à l'oxyde ferreux d'être complètement réduit, cet oxyde paraît ainsi réduit par le charbon.

Au contraire, à des températures inférieures à 680°, l'équilibre (3) comporte une concentration en CO_2 supérieure à l'équilibre (2), aussi une partie de l'oxyde de carbone il est ramené à l'état de carbone, tandis que le fer est oxydé par l'anhydride carbonique. Ce phénomène, très redouté des maîtres de forges, amène une solidification de la masse qui refuse de descendre et reste suspendue dans les parties élevées du haut fourneau. On le combat en opérant à allure chaude.

Les réactions (2) et (3) forment un ensemble très endothermique :

$$FeO + 2C + CO_2 = Fe + 3CO - 82400 \text{ cal} ;$$

elles seront donc d'autant plus complètes que la température est plus élevée.

Dans toutes ces transformations, la phase gazeuse renferme un mélange d'oxyde de carbone et d'anhydride carbonique ; le rapport entre les concentrations de ces deux gaz est fonction de la température mais est indépendant des masses absolues du fer et des oxydes de fer, puisque les concentrations de ces corps solides sont uniquement fonction de la température et non de leurs masses (v.

135). Il en résulte que la proportion d'oxyde de carbone sortant des hauts fourneaux est invariable pour une température donnée. La quantité d'oxyde de carbone qui s'échappe du gueulard est considérable ; on a cru pendant longtemps pouvoir éviter cette perte en oxyde de carbone en faisant traverser par ces gaz des couches plus épaisses de minerai, en augmentant donc la hauteur des hauts fourneaux. Cette manière de faire ne pouvait donner aucun bon résultat, aussi en revient-on aujourd'hui à des fourneaux moins élevés et, par conséquent, moins coûteux.

La haute température qui règne dans les étalages, amène la formation et la fusion du laitier qui coule et se réunit dans le creuset. Cette fusion de la masse par ses parties inférieures, ainsi que la disparition du coke, déterminent une descente progressive de la charge ; le fer, réduit dans la cuve, est ainsi amené dans les régions les plus chaudes du haut-fourneau. A ces températures élevées, le fer agit sur le carbone et il se forme un alliage de carbone et de fer, fusible vers 1200°, la fonte.

La fonte s'écoule dans le creuset sous le laitier qui la protège de l'oxydation par le vent des tuyères. Les éléments qui accompagnent le fer dans ses minerais sont également réduits et se combinent au fer; la fonte contient donc souvent, non seulement du carbone, mais encore du manganèse, du phosphore, du soufre, etc. Si la température du four est très élevée (allure chaude obtenue par une puissante insufflation d'air) l'anhydride silicique est réduit par le fer et le charbon et le silicium se dissout dans la fonte en formant un siliciure.

On peut obtenir des fontes riches en métaux étrangers en ajoutant au minerai les oxydes métalliques correspondants : c'est ainsi que l'on prépare des fontes manganésifères, chromées, etc. Elles exigent généralement pour leur obtention une allure extra-chaude.

A mesure que le carbone est brûlé et le fer réduit, on introduit de nouvelles charges par le gueulard. Le haut fourneau est donc un appareil à fonctionnement continu ; il peut être maintenu allumé pendant plusieurs années. Une ou plusieurs fois par jour, on procède à la coulée : l'orifice de coulée est dégagé à l'aide d'un ringard et la fonte en fusion s'écoule dans des rigoles où elle se fige en

gueuses. Le laitier surnageant est également recueilli ; on en fait des briques ou bien on le refroidit brusquement en le faisant couler dans de l'eau froide ; le refroidissement brusque lui donne les propriétés du ciment (v. **524**). La production journalière est en général de 100 à 250 tonnes dans les hauts fourneaux européens, elle s'élève à 750 tonnes dans certains hauts fourneaux américains.

Les gaz chauds qui s'échappent du gueulard contiennent une proportion notable d'oxyde de carbone (jusque 24 °/₀) et sont donc combustibles ; jadis on les laissait brûler à l'orifice du haut fourneau. Actuellement on les utilise, comme source de chaleur et comme combustible. En leur faisant traverser des chambres de récupération, dans lesquelles on fait circuler l'air des souffleries, on peut élever la température de celui-ci jusque 400°. On peut aussi profiter de leur chaleur de combustion pour chauffer les appareils appropriés (Cowper) dans lesquels circule l'air des souffleries avant d'arriver aux tuyères. On arrive ainsi à amener l'air aux tuyères à une température de 800°. Cette chauffe préalable de l'air injecté dans le haut-fourneau réalise une économie considérable de combustible tout en élevant notablement la température du haut-fourneau ; celle-ci peut atteindre 1930° à l'orifice des tuyères.

On a également utilisé les gaz de hauts-fourneaux à chauffer les chaudières, mais l'application la plus remarquable qui en ait été faite consiste à les employer comme source d'énergie dans des moteurs à gaz ; ces moteurs fournissent, en tout ou en partie, la force motrice nécessaire à l'établissement. Le haut-fourneau joue ainsi le rôle de gazogène.

Un haut-fourneau de 100 T. consomme par jour au moins 100 T. de coke et produit 100.000 m³ de gaz de pouvoir calorifique de 900 — 1000 cal. par m. c.

627. La fonte contient comme éléments essentiels du fer et du carbone. Le fer fondu pur ne peut dissoudre plus de 4,3 °/₀ de carbone à sa température de solidification (v. plus loin). Cette teneur maxima peut s'élever à 7 °/₀ quand le fer contient du manganèse, elle s'abaisse au contraire par la présence de silicium.

Le carbone se trouve dans la fonte en fusion à l'état dissous. Si la fonte est riche en carbone dissous, une partie de celui-ci se séparera par refroidissement à l'état de graphite, le reste formera avec le fer un mélange eutectique enrobant le graphite (v. plus loin constitution des alliages de fer et de carbone). La présence de cristaux de graphite donne à la fonte une cassure grise, d'où son nom de **fonte grise.**

Quand on refroidit brusquement de la fonte, on produit la solidification d'une solution sursaturée de carbone, celui-ci n'a pas le temps de cristalliser et la fonte qui, refroidie lentement, serait grise par suite d'un dépôt de graphite, reste blanche (**fonte blanche**).

Les fontes siliciées ne pouvant contenir autant de carbone que les autres, donnent plus facilement des fontes grises ; il en est de même des fontes phosphorées. Comme ces fontes se produisent à allure chaude on peut, en réglant la marche du haut fourneau, obtenir à volonté des fontes grises ou des fontes blanches. Le manganèse augmente la solubilité du carbone, les fontes manganésifères sont presque toujours des fontes blanches ; si la teneur en manganèse est élevée (plus de 5 %) la fonte cristallise en grandes lamelles (**fonte miroitante, spiegel**).

Propriétés de la fonte. — La fonte est un fer contenant plus de 2 % de carbone ; elle est fusible au feu de forge, mais ne se ramollit pas avant fusion, aussi ne se laisse-t-elle pas forger. Elle est dure et cassante. La fonte blanche l'est tellement qu'elle ne se laisse pas travailler ; elle est réservée à l'affinage. La fonte grise au contraire, contenant moins de carbone dissous, est moins dure ; elle se laisse entamer par les outils. La fonte est très peu élastique; elle manque complètement de ductilité. Tous les objets en fonte sont obtenus par coulée ; celle-ci réussit d'autant mieux que la fonte, augmentant de volume par solidification, remplit parfaitement les creux des moules.

Quand on coule de grandes masses de fonte dans des moules métalliques, les portions de la masse soumises à un refroidissement brusque se prennent en fonte blanche, tandis que le noyau, refroidi plus lentement, reste à l'état de grise. La partie périphérique est ainsi durcie (**fonte durcie**).

628. Les % de la fonte produite dans les hauts fourneaux sont transformés en fer ou en acier par affinage. On appelle ainsi un processus d'oxydation qui a pour effet d'enlever le carbone et le silicium, plus oxydables que le fer.

On peut affiner le fer par puddlage (to puddle, brasser). La fonte

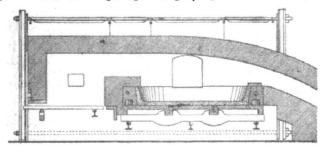

Fig. 76 (coupe).

est fondue sur la sole d'un four à réverbère (v. fig. 76 et 77), à chauffage direct, ou à gazogène, puis maintenue dans une flamme

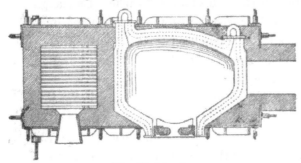

Fig. 77 (plan).

oxydante. La sole en fonte du four est recouverte d'une scorie riche en oxyde de fer qui facilite l'oxydation. Sous l'action de l'oxygène, le silicium se transforme en SiO_2 qui se combine à l'oxyde de fer formé en même temps et donne une scorie très fusible. Le carbone se transforme en oxyde de carbone qui brûle à la surface du bain tandis que le fer se sépare en paillettes infusibles, s'agglutinant en une masse spongieuse, la loupe. Un ouvrier placé devant les portes du travail est armé d'un ringard en fer et brasse régulièrement le bain pour assurer l'oxydation et amener l'agglutination du fer en loupes. Quand celles-ci sont suffisamment volumineuses (40 - 50 kil.) on les enlève et on les martèle sous le marteau-pilon, qui en chasse la scorie et agglutine le fer en un barreau compact. Ces barreaux sont cisaillés, les morceaux réunis en paquets que l'on chauffe jusqu'à ramollissement et qu'on passe au laminoir. On en exprime ainsi une nouvelle quantité de scorie. Cette dernière opération se répète un certain nombre de fois, suivant la pureté du métal que l'on désire obtenir. On obtient ainsi le fer forgé.

Le fer est un métal mou, extrêmement ductile et malléable, mais dépourvu d'élasticité ; le martelage et le laminage lui donnent une texture fibreuse à laquelle le fer doux doit sa ténacité. La charge de rupture du fer est de 34 à 45 kilogr. par mm² de section.

Le fer peut prendre la structure cristalline sous l'influence de causes souvent mal déterminées, et aussi par l'action de chocs ré-

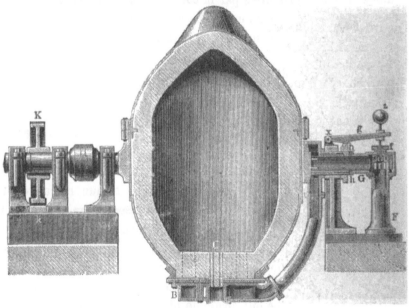

Fig. 78.

pétés (trépidations). Il perd alors toute ténacité (Bris des essieux, des chaînes).

Le fer est infusible au feu de forge, mais il se ramollit à une température bien inférieure à son point de fusion ; il se laisse alors forger et souder à lui-même par martelage.

629. Acier. Affinage au convertisseur. Procédé Bessemer. La fonte liquide est coulée dans une cornue piriforme en tôle, garnie intérieurement de briques réfractaires (v. fig. 78). Dans le procédé Bessemer acide, ces briques sont quartzeuses. Le fond du convertisseur est double, le faux fond est percé d'orifices disposés en pomme d'arrosoir, par lesquels on injecte de l'air sous pression dans le bain de fonte. Les divers constituants de la fonte s'oxydent dans l'ordre de leur affinité pour l'oxygène. Le silicium brûle le premier et la chaleur dégagée par sa combustion est suffisante, non seulement pour maintenir la fonte en fusion, mais encore pour amener le bain à une température supérieure au point de fusion du fer. De l'orifice de la cornue jaillissent de nombreuses étincelles, la flamme qui le couronne est petite et peu éclairante; quand le silicium est brûlé, la combustion du carbone commence, la flamme devient longue et éclairante. Plus tard apparaissent des fumées brunes, produites par la combustion du manganèse et d'un peu de fer, enfin la flamme tombe peu à peu ; le carbone est complètement brûlé. A ce moment la cornue contient du fer fondu que l'on peut couler.

La charge d'un convertisseur atteint 20 tonnes ; l'affinage dure 20 minutes.

Le procédé Bessemer, tel qu'il vient d'être décrit, ne permet pas d'enlever le phosphore au fer. Or, la présence de cet élément est des plus nuisibles : elle rend le fer cassant à froid. Aussi les minerais phosphoreux étaient-ils rejetés jadis (Minettes du Grand-Duché). Leur emploi est devenu possible et rémunérateur depuis l'invention du procédé Thomas et Gilchrist(**Bessemer basique**). Le convertisseur au lieu d'être garni de briques silicieuses, est recouvert d'un revêtement basique en chaux ou en dolomie calcinée. On coule dans le convertisseur de la fonte phosphoreuse (à 2 - 3 °/₀ de phospore) et l'on ajoute environ 10 - 15 °/₀ de chaux. Lorsque le silicium et le carbone ont brûlé le phosphore s'oxyde et se transforme en P_2O_5, qui se combine à la chaux pour donner une scorie formée surtout de phosphate tétrabasique de calcium. Quand l'opération est terminée on décante la scorie, qui est vendue comme engrais, et l'on coule le métal. La scorie constitue ici un sous produit de valeur ; aussi le procédé Thomas a-t-il pris rapidement une grande extension, surtout en Allemagne et en Belgique.

L'affinage au convertisseur fournit un métal fondu qui au point de vue chimique est du fer presque pur et que l'on désigne parfois sous le nom de **fer homogène**. On le range néanmoins aujourd'hui dans la catégorie des aciers, puisqu'il a été obtenu par fusion.

Jadis on entendait par acier un métal **carburé**, renfermant de 0,3 à 2 °/. de carbone et durcissant par la trempe; mais on a reconnu que le fer fondu (fer homogène) possède également cette propriété. On divise actuellement les aciers en aciers **extra doux** (0,05 à 0,15 °/. C), qui ne sont autre chose que du fer homogène, en aciers doux (0,15 à 0,4 °/. C), en aciers demi-durs (0,4 à 0,6 °/. C) et aciers durs (>0,6 °/. C).

La préparation des aciers carburés se fait par le procédé Bessemer ou le procédé Martin.

Dans le procédé Bessemer, on affine la fonte jusqu'à obtention du fer, puis on ajoute au bain de métal une quantité de fonte blanche (de préférence du spiegel) telle que l'on obtienne un métal de la teneur voulue en carbone, on insuffle de l'air pendant quelques secondes pour brasser et l'on coule.

Procédé Martin. — Acier sur sole. — On fond sur la sole d'un foar Siemens (v. **382**) un mélange de fonte et de fer. On distingue ici, comme dans le procédé Bessemer, une méthode acide et une méthode basique. Dans la première, la sole est formée de matériaux siliceux, dans la seconde de chaux ou de dolomie.

Si l'on emploie des fontes et des fers purs en proportions convenables on peut par simple mélange obtenir un acier de bonne qualité et de composition connue, en opérant dans une flamme neutre. Mais plus souvent actuellement on procède à la fois par mélange et affinage. On chauffe dans une flamme oxydante qui produit l'oxydation du silicium et du manganèse, puis du carbone. Si la fonte est phosphoreuse on opère sur sur sole basique et le phosphore passe à l'état de phosphate de calcium. L'avantage du procédé Martin est de permettre la prise d'échantillons du métal fondu, que l'on coule en éprouvettes dont la cassure permet à l'œil expérimenté de reconnaître les propriétés de l'acier. On peut ainsi suivre la fabrication et, par le réglage de la flamme ou des ajoutes appropriées au bain, obtenir un métal déterminé. La charge d'un four

Martin peut atteindre 100 tonnes ; une opération dure de 8 à 10 heures.

L'acier Martin et l'acier Bessemer contiennent souvent de petites quantités d'oxyde ferreux qui le rend cassant à chaud, et de l'oxyde de carbone dissous qui s'échappe lors de la solidification et produit des bulles. Pour éviter ces graves défauts, on ajoute quelquefois avant la coulée une petite quantité d'aluminium. Celui-ci réduit les gaz dissous et l'oxyde ferreux ; Al_2O_3 formé passe dans la scorie ; l'excès d'aluminium s'allie au fer dont il augmente la ténacité.

Acier cémenté. — On obtient l'acier cémenté en chauffant le fer doux dans un lit de charbon de bois. On dispose des barres de fer, entre des lits de charbon de bois, dans des caisses en maçonneries, que l'on chauffe pendant 8 jours au rouge clair. Le carbone se combine au fer ; la carburation est évidemment la plus forte à la surface des barres, tandis que leurs parties centrales sont très peu aciérées. Pour obtenir un métal homogène, on fond les barres au creuset, ou bien on les réunit en paquet que l'on forge jusqu'à homogénéité parfaite.

On cémente parfois des pièces d'acier façonnées pour augmenter la teneur en carbone des parties superficielles, que l'on rend ainsi plus dures. Cette cémentation peut se faire en chauffant les objets dans une flamme éclairante (**v. 390**).

La propriété la plus caractéristique de l'acier est de durcir par **la trempe**. On appelle ainsi l'opération qui consiste à refroidir brusquement le métal chauffé au rouge clair par immersion dans un liquide froid (eau, huile, plomb fondu). A haute température le carbone est à l'état dissous ; un refroidissement lent permet au carbone de se combiner au fer et de former un carbure dont la dureté est médiocre. Mais si l'on refroidit brusquement, le carbone reste à l'état dissous et cette dissolution est dure (v. plus loin constitution des alliages du fer).

L'acier est un métal élastique, ce qui le distingue du fer doux ; cette élasticité diminue pour des teneurs élevées (plus de 1 °/₀) en carbone. La trempe enlève l'élasticité au métal et le rend cassant. On remédie à ce grave défaut par le recuit : on chauffe le métal trempé à une température plus ou moins élevée, dont on juge par la couleur de la pellicule plus ou moins épaisse d'oxyde de fer dont le métal se recouvre. Plus la température de recuit est élevée, moins le métal est cassant, mais aussi moins le métal sera dur.

Les aciers trempés riches en carbone (1 °/₀) rayent aisément le verre (limes). La ténacité est liée intimement à l'élasticité ; l'acier est un des métaux les plus tenaces, la charge de rupture peut atteindre 100 kilogr. par centimètre carré.

L'acier, à l'encontre du fer, conserve son magnétisme après avoir été aimanté.

L'acier est plus fusible que le fer, et d'autant plus qu'il est plus riche en carbone ; il se laisse forger comme le fer, mais moins facilement ; le travail à la forge des aciers durs est très délicat.

Les propriétés de l'acier et du fer sont sensiblement modifiées par la présence d'éléments étrangers. Les éléments les plus fâcheux sont le phosphore et le soufre. De minimes quantités de phosphore (0,1 °/₀) rendent le métal cassant à froid ; le soufre rend le fer rouverin, c'est-à-dire cassant à chaud.

D'autres éléments ont au contraire une influence favorable. Le manganèse élève la ténacité quand sa teneur dépasse 7 °/₀. Le chrome et le tungstène augmentent la dureté, même du fer doux, dans des proportions énormes, sans affecter la ténacité d'une manière fâcheuse. On peut préparer des alliages de fer et de tungstène (8 °/₀ de W) qui ne se laissent pas attaquer par les meilleurs limes et qui n'ont pas besoin d'être trempés pour acquérir cette dureté.

Les aciers au nickel (2 - 8 °/₀) sont remarquables par leur ténacité, double de celle de l'acier ordinaire; on les utilise notamment pour faire des plaques de blindages.

De tous les éléments le vanadium est celui qui paraît améliorer le plus les qualités de l'acier, les aciers qui en renferment ont une ténacité tout à fait exceptionnelle.

Fonte malléable. Quand on chauffe les objets en fonte dans un lit de matières oxydantes (MnO_2, Fe_2O_3), on décarbure superficiellement la fonte et l'on obtient des pièces moins dures et moins cassantes. Ce procédé est employé pour la fabrication d'objets de petites dimensions, dont le prix est trop bas pour comporter le travail à la forge, et que l'on coule en fonte pour décarburer ensuite. Le métal n'est pas homogène et le procédé ne saurait être appliqué à la fabrication des pièces volumineuses.

La production totale en fonte du monde fut de 54.000.000 de tonnes en 1905. Les principaux producteurs sont les États-Unis (23.300.000 t.), l'Angleterre (9.700.000 t.), l'Allemagne (Grand-Duché de Luxembourg compris) (10.987.000 t.). La Belgique produit 1.400.000 tonnes de fonte. La majeure partie de la fonte est transformée en acier. Les États-Unis ont fabriqué 20.300.000 tonnes, l'Allemagne 10.000.000 t. l'Angleterre 6.000.000 t. en 1905 ; la Belgique a fourni 1.450.000 t. d'acier en 1905.

630. Constitution des alliages de fer et de carbone. — A des températures supérieures à 1000°, le carbone ne se combine pas au fer ; mais il s'y dissout pour former des alliages. Sa solubilité dans le fer augmente fortement avec la température et à 3000°, elle atteint 40 %.

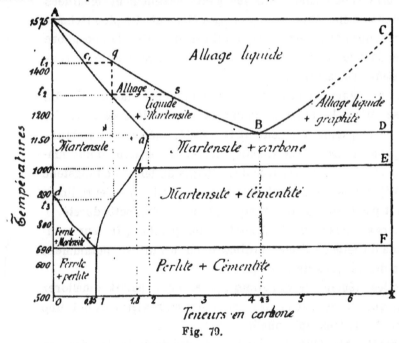

Fig. 79.

L'alliage eutectique (v. **459**) fond à 1130° et renferme 4,3 % de carbone ; si l'alliage primitif est à une teneur supérieure, son point de fusion sera plus élevé et lors de la solidification, il cristallisera d'abord du graphite ; le point de solidification s'abaissera donc jusqu'à ce que le métal, resté liquide, ait la composition du mélange eutectique. La courbe BC (v. fig. 79) des points de fusion des alliages carbone-fer n'a pu être relevée que jusqu'à des teneurs en carbone de 5,5 %. Si on pouvait la poursuivre, elle se terminerait au point de fusion du graphite (>3500°).

Si l'alliage renferme de 0 à 4.3 % de carbone, sa courbe de solidification AB part du point de fusion du fer pur (1575°) pour se terminer au point d'eutexie (V. fig. 7J). Seulement le phénomène de solidification de ces alliages présente la particularité de ne pas donner lieu à la formation de cristaux de fer pur, mais d'une dissolution solide de carbone dans le fer, **la martensite**. Cette dissolution est moins riche en carbone que l'alliage dont elle provient, mais n'a pas une composition constante; sa richesse en carbone varie avec celle de l'alliage dont elle cristallise et atteint 2 % pour l'alliage eutectique. Au point d'eutexie cristallise donc un magma de graphite et de martensite à 2 %.

Les cristaux de martensite qui se séparent étant toujours moins riches en carbone que le métal fondu dont ils se séparent, l'alliage resté liquide aura un point de fusion de plus en plus bas, à mesure qu'il se solidifiera et les nouveaux cristaux de martensite qui se formeront seront plus carburés. La courbe Aa donne les variations de la composition de la martensite avec la température initiale de solidification de l'alliage. Ainsi un alliage de composition q, dont la solidification commence à la température t_1 fournit d'abord des cristaux de martensite contenant c_1 % de carbone, c'est-à-dire que des cristaux de martensite de composition c_1 sont en équilibre avec un alliage liquide de composition q.

A mesure que de nouveaux cristaux de martensite de plus en plus carburés se forment, ils échangent du carbone avec les premiers produits de cristallisation de telle sorte que **la dissolution solide reste homogène et constitue une phase unique**.

Au moment où la solidification de l'alliage de composition q sera terminée, les dernières portions liquides ont une teneur s en carbone et se figent à la température t_2, à laquelle une martensite de composition q est en équilibre avec l'alliage s.

La solidification totale de l'alliage formera une masse homogène de même composition que l'alliage primitif, si la teneur en carbone de celui-ci n'est pas supérieure au maximum de carbone que la martensite peut renfermer au moment de sa solidification; ce maximum est de 2 %. En effet, la martensite à 2 % n'est en équilibre avec l'alliage fondu que si celui-ci est eutectique.

La solidification de tout alliage renfermant plus de 2 % et moins de 4,3 % de carbone comprend deux périodes. Dans la première, cristallise une martensite dont la richesse en carbone va croissant jusqu'à 2 %, tandis que la température de solidification s'abaisse peu à peu jusqu'à 1130°, point d'eutexie; à ce moment commence la deuxième période de cristallisation; il se dépose un mélange eutectique, de graphite et de martensite à 2 %; **l'alliage solidifié comprend deux phases**: l'une de martensite, à 2 %, l'autre de graphite. La solidification des alliages à plus de 4,3 % se fait également en deux périodes; dans la première, cristallise du graphite, tandis que le point de solidification s'abaisse progressivement jusqu'à 1130°. A ce moment, l'alliage eutectique de graphite et de martensite à 2 % se fige (courbe BC).

Dans la figure, l'aire comprise au-dessus de la courbe ABC comprend dans le champ des températures, pressions, tous les points pour lesquels l'alliage liquide seul peut exister. Pour les coordonnées des points compris dans les deux aires AaB et CBD, le métal est au contraire formé de deux phases ; l'une liquide, l'autre solide : ce sont les coordonnées de la période de solidification.

L'alliage est solide pour tous les points du champ OX DaA.

Tous les phénomènes que nous venons de décrire sont ceux qui se passent durant la solidification; mais une fois celle-ci terminée, l'alliage subit pendant la période de refroidissement une série de modifications. La solubilité du carbone dans le fer diminue légèrement avec la température : à 1000°, la solubilité du carbone n'est plus que de 1.8 %. Si la martensite était saturée à 1130°, une partie du carbone se séparera donc; ce carbone, appelé **carbone de trempe**, (v. plus loin), se sépare sous forme très divisée (courbe ab).

Le champ d'équilibre de la martensite se limite donc entre 1130° et 1000° par la courbe ab; la région abDE est celle de l'équilibre du système à deux phases formé de martensite et de carbone.

Au-dessous de 1000°, les alliages à plus de 0,85 % de carbone subissent une transformation beaucoup plus importante.

La martensite isolée ne constitue plus l'état d'équilibre stable: elle tend à se transformer en un carbure de fer Fe_3C, la **cémentite** et son instabilité est d'autant plus grande que sa teneur en carbone est plus forte. Si l'alliage titre plus de 1.8 % de carbone, c'est-à-dire s'il renferme du graphite libre, la tendance à la formation de cémentite est encore plus prononcée, il se fait la réaction :

$$\text{Martensite à } 1.8 + \text{graphite} \rightleftharpoons \text{cémentite.}$$

A 690°, la martensite ne constitue plus un état d'équilibre stable que si elle renferme moins de 0,85 % de carbone.

Le champ d'équilibre de la martensite se réduit par conséquent encore et se limite par la courbe bcf, le point c ayant pour coordonnées, $t = 690$, $a = 0,85$; quant à la région bEcF, elle est le champ d'équilibre du système formé des deux phases martensite et cémentite.

La cémentite, renfermant 6,6 % de carbone, tous les alliages à titre moins élevé ne devraient plus renfermer de graphite à des températures inférieures à 1000°: seulement la formation de la cémentite est une réaction assez lente et si le refroidissement du métal est relativement rapide, une partie du graphite est ramené à la température ordinaire avant d'avoir le temps de réagir. Or, à 15°, la vitesse de la réaction est devenue si faible, que le système ne se modifie plus et se maintient dans un état de faux équilibre représenté par **la fonte grise**.

Les alliages, renfermant de 0,85 à 1.8 % de carbone, homogènes au-dessus de 1000°, se résolvent aussi entre 1000° et 690° en un mélange de martensite et de cémentite. Notre alliage de composition q, qui, au moment de sa solidification était formé de martensite, se transformera à la température t_2.

A 690°, se produit une dernière transformation. La martensite restante, à 0,85 % de C, qui formait une phase unique, se dédouble en deux phases, mélange eutectique de cémentite et de fer, (**ferrite**), auquel son aspect nacré a valu le nom de **perlite.** Cette transformation d'une dissolution solide en ses constituants s'accompagne d'un dégagement de chaleur, la chaleur latente de dissolution ; l'effet thermique concommittant est le phénomène de **recalescence** ; il se traduit par un retard dans le refroidissement du métal.

Les alliages de teneur en carbone comprise entre 0 et 0,85 % se comportent autrement. Au-dessous de 890°, il n'y a pas séparation de cémentite, mais de fer, au dépens de la solution solide, qui s'enrichit ainsi progressivement en carbone pour atteindre à 690° une teneur de 0,85 % ; à cette température, elle se transforme en perlite. La séparation du fer commence d'autant plus vite que l'alliage est moins carburé. La courbe *cd* est le lieu des points de transition de la martensite en ferrite + martensite.

Refroidis à la température ordinaire, les alliages de fer et de carbone se rattachent donc à **trois types** :

1. **Les fers à moins de 0,85 % de carbone** sont constitués de perlite enrobant de la ferrite en proportion d'autant plus grande que le métal est moins carburé.

2° **Les fers renfermant de 0,85 à 1,8 % de carbone** ; ils sont formés de cristaux de cémentite noyés dans un mélange eutectique de perlite ;

3. **Les alliages contenant plus de 1.8 % de carbone** sont formés d'un conglonérat de perlite et de cémentite dans lequel sont logés des cristaux de graphite. Ils doivent à la présence de ces derniers une cassure grise particulière ; ce sont les *fontes grises.*

Nous avons décrit les transformations qui s'accomplissent dans les alliages de fer de carbone lorsque à chaque instant le système peut prendre pendant la période de refroidissement l'état d'équilibre qui correspond à sa température et à sa composition. Mais lorsque le refroidissement est très rapide, plus rapide que la vitesse des réactions que comporte l'établissement des différents états d'équilibre, le métal peut être ramené à une température assez basse pour que les transformations successives qu'il aurait du subir ne se fassent plus avec une vitesse appréciable et on obtient ainsi à la température ordinaire un état de faux équilibre, analogue à celui que represente un liquide en surfusion, l'oxyde azotique ou le gaz tonnant. Cet état ne se modifie pas parce que la lenteur de la transformation qui l'amènerait en équilibre est pratiquement infinie.

Tel est notamment le cas pour les fontes blanches et l'acier trempé. Les fontes blanches sont obtenues en refroidissant brusquement des alliages renfermant plus de 2 % de carbone. Le refroidissement brusque empêche la séparation du graphite et ces fontes doivent être considérées comme des martensites sursaturées qui, au-dessous de 1000°, subissent une transformation partielle en cémentite.

L'acier est un fer carburé renfermant moins de 2 % de carbone. Refroidi lentement il est formé d'un mélange de ferrite et de perlite, ou de cémentite et de perlite, suivant qu'il renferme moins ou plus de 0,85 % de carbone.

Lorsqu'on le chauffe à 690°, la perlite repasse à l'état de martensite à 0,85 % et à une température plus élevée la martensite dissout peu à peu la cémentite ou la ferrite ; l'une des deux phases de l'alliage tend à disparaitre.

Mais si l'on refroidit brusquement le métal porté au rouge par immersion dans l'eau, l'huile ou le plomb fondu, la martensite n'a pas le temps de se transformer complètement pendant la période de refroidissement et l'on obtient un alliage formé de martensite, associée à de la ferrite pour les aciers peu carburés, à de la cémentite pour les aciers fortement carburés.

La martensite est le constituant qui donne la dureté aux aciers trempés ; elle est d'autant plus dure qu'elle est plus carburée.

Le recuit a pour effet d'augmenter la vitesse de résolution de la martensite en perlite au point de rendre cette vitesse appréciable ; la disparition plus ou moins complète de la martensite diminue la dureté du métal.

Les propriétés des alliages de fer et de carbone sont sensiblement modifiées par la présence d'éléments étrangers (v. plus haut).

631. Le fer pur s'obtient en réduisant l'oxalate ferreux par l'hydrogène. C'est un métal blanc, cristallin, qui fond à 1575°. Il est inaltérable à l'air sec, mais l'air humide l'altère rapidement ; le fer rouille. On le préserve de l'oxydation en le recouvrant, soit d'une couche d'étain (fer blanc), de zinc (fer galvanisé) ou de nickel, soit d'oxyde compact Fe_3O_4. Le fer est attaqué facilement par tous les acides, dont il déplace l'hydrogène.

Le fer forme deux espèces de combinaisons : les composés ferreux, dans lesquels il se montre bivalent, et les composés ferriques, où il est trivalent.

632. Les composés ferreux purs sont d'un bleu verdâtre ; ils dérivent d'un ion bivalent $Fe^{\cdot\cdot}$, dont le caractère métallique est assez prononcé. Son potentiel de décharge est égal à $+0,06$ volts (v. **488**), aussi le fer déplace-t-il l'hydrogène des acides. L'hydroxyde ferreux est une base assez forte dont les sels ne sont que médiocrement hydrolysés.

Les sels ferreux ont des analogies assez marquées avec les sels de zinc et sont fréquemment isomorphes avec eux ; le sulfate ferreux est un vitriol.

L'ion ferreux se distingue de l'ion de zinc par sa tendance prononcée à passer par oxydation à l'état d'ion ferrique trivalent. Cette oxydation peut se faire par le chlore, l'acide nitrique ou même par l'oxygène de l'air. Lorsque l'oxygène oxyde l'ion ferreux en milieu neutre, il se fait un sel ferrique basique, insoluble et coloré en brun :

$$4R' + 2Fe^{\cdot\cdot} + \tfrac{1}{2}O_2 = R_2Fe - O - FeR_2.$$

En milieu acide (en présence d'ions H·), il y a formation d'un sel ferrique neutre :

$$4R' + 2Fe^{..} + \tfrac{1}{2}O_2 + 2H^. + 2R' = 2Fe^{...} + 6R' + H_2O.$$

On prépare les sels ferreux en dissolvant le fer dans l'acide correspondant ; on emploie un excès de fer pour assurer la réduction éventuelle du sel ferrique qui se formerait au contact de l'air.

L'hydroxyde ferreux $Fe(OH)_2$ est un précipité blanc, s'oxydant rapidement à l'air ; il devient d'abord vert, puis noir, enfin brun. La coloration noire est due à la production d'un hydroxyde ferroso-ferrique, qui s'oxyde à son tour pour passer à l'état d'hydroxyde ferrique $Fe(OH)_3$ brun.

Les sels ferreux tout à fait purs sont incolores ou d'un bleu pâle, mais lorsqu'ils renferment des traces de sels ferriques, ils sont colorés en vert, la teinte jaune des sels ferriques se superposant à leur couleur propre.

Chlorure ferreux. $FeCl_2$ (Ex $Fe + HCl$). Anhydre, il est blanc. Il est très soluble dans l'eau et forme un hydrate $FeCl_2.6H_2O$.

Le plus important des sels ferreux est le ~~sulfate ferreux~~ $FeSO_4$. On l'obtient en grillant modérément la pyrite :

$$FeS_2 + 3O_2 = FeSO_4 + SO_2.$$

On épuise ensuite par l'eau et l'on fait cristalliser. On peut aussi dissoudre le fer dans l'acide sulfurique étendu.

Le sulfate ferreux cristallise de l'eau en prismes rhombiques monocliniques, isomorphes avec $MgSO_4.7H_2O$ (v. **543**) et renfermant $7H_2O$. A chaud ou au contact de l'acide sulfurique concentré il perd $6H_2O$ pour former un sulfate $FeSO_4.H_2O$ peu soluble, analogue à la kieserite (v. **543**).

Le sulfate ferreux forme avec le sulfate d'ammonium un sel double $FeSO_4.(NH_4)_2SO_4.6H_2O$, le **sel de Mohr**, dont les cristaux compacts ne se modifient guère au contact de l'air.

Le sulfate ferreux est employé en teinture comme mordant ; il sert à la fabrication de l'encre, du bleu de Prusse. On l'utilise quelquefois comme désinfectant (médiocre). On applique aussi fréquemment ses propriétés réductrices (v. métallurgie de l'or).

Le **carbonate ferreux** $FeCO_3$ naturel est la **sidérose**. Il cristallise en rhomboèdres, isomorphes avec la calcite. On l'obtient sous forme d'un précipité blanc, très altérable à l'air, en précipitant le sulfate ferreux par un carbonate soluble.

L'hydroxyde ferreux est soluble dans les sels ammoniacaux, avec formation d'un ion de ferroammonium. La solution s'altère rapidement à l'air, et il précipite de l'hydroxyde ferrique.

633. Composés ferriques. Leur formule générale est FeR_3 : l'ion ferrique est trivalent. Sa troisième valence ne manifeste qu'une électroaffinité médiocre, la transformation de l'ion ferreux en ion ferrique absorbant de l'énergie (v. **504**). Aussi les sels ferriques se comportent-ils comme des agents oxydants vis-à-vis des corps réducteurs puissants; ils se transforment en sels ferreux en perdant le tiers de leur résidu halogénique. Ex.

$$2FeCl_3 + H_2S = 2FeCl_2 + 2HCl + S$$

ou

$$2Fe^{\cdots} + S'' = 2Fe^{\cdot\cdot} + S.$$

L'ion ferrique est faiblement coloré en jaune, mais la plupart des sels ferriques dissous ont une coloration brune intense. Cette coloration est due à la formation d'hydroxyde ferrique par hydrolyse ; lorsque cette décomposition n'est pas trop profonde, l'hydroxyde reste à l'état colloïdal et colore la solution en brun rouge. L'addition d'un acide fort comme HNO_3 réduit l'hydrolyse et diminue l'intensité de la coloration, tandis que celle-ci s'accentuera par l'introduction d'un sel d'acide faible, par exemple, d'acétate de sodium, dont l'anion fixe les ions $H^{\cdot}$, et augmente ainsi l'hydrolyse :

$$Fe^{\cdots} + 3H_2O \rightleftharpoons Fe(OH)_3 + 3H^{\cdot}$$

L'hydroxyde ferrique est une base si faible que, comme $Al(OH)_3$ et $Cr(OH)_3$, il ne forme pas de carbonate.

On prépare les sels ferriques en traitant le fer par un acide en présence d'un agent oxydant, dont le meilleur est HNO_3; ou bien on oxyde un mélange de sel ferreux et d'acide. La quantité d'acide à ajouter au sel ferreux est égale à la moitié de celle qu'il avait fallu employer pour préparer le sel ferreux aux dépens du fer :

Ex.
$$2Fe + 2H_2SO_4 = 2FeSO_4 + 2H_2$$
$$2FeSO_4 + O + H_2SO_4 = Fe_2(SO_4)_3 + H_2O.$$

Oxyde ferrique. Fe_2O_3. — Il constitue l'**oligiste**, l'un des plus importants parmi les minerais de fer. On l'obtient artificiellement par la calcination des sulfates de fer. Si l'on prend le sulfate ferreux, FeO réduit une partie de SO_3 en SO_2 et se transforme en Fe_2O_3.

$$2FeSO_4 = 2FeO + 2SO_3$$
$$SO_3 + 2FeO = Fe_2O_3 + SO_2$$
$$\overline{2FeSO_4 = Fe_2O_3 + SO_2 + SO_3}$$

L'oxyde ferrique est rouge ; lorsqu'il a été obtenu à haute température il est cristallin et forme des rhomboèdres isomorphes avec le corindon. Sous cette forme compacte il est presqu'inattaquable par les acides (comparer avec Al_2O_3).

On l'utilise sous divers noms (colcothar, rouge anglais, terre morte), comme couleur ou dans le polissage des métaux. L'ocre rouge est de l'argile imprégnée d'oligiste.

Hydroxyde ferrique. $Fe(OH)_3$. — On l'obtient à l'état d'une masse gélatineuse brune par l'action des hydroxydes alcalins ou des carbonates solubles sur les dissolutions des sels ferriques. Il existe aussi une modification colloïdale soluble que l'on peut isoler par dialyse des dissolutions de sels ferriques. Cette dissolution précipite lorsqu'on la chauffe ou qu'on y ajoute un électrolyte (v. **361**). Elle est employée en médecine sous le nom de fer dialysé.

L'hydroxyde ferrique, comme l'hydroxyde d'aluminium, peut former des dérivés par déshydratation partielle : la rouille, les limonites, sont des mélanges de ces divers hydroxydes, dont quelques uns ont pu être isolés et constituent des espèces minérales définies. Telle est notamment la **goethite** HO - Fe = O analogue à O = Al OH (v. **564**).

Le dérivé ferreux de l'hydroxyde O = Fe - (OH) est l'**aimant** O = Fe - O - Fe - O - Fe = O ou oxyde de fer magnétique. C'est un minerai de fer précieux, fortement attirable à l'aimant et dont quelques échantillons possèdent la polarité magnétique (aimant naturel). L'aimant est noir et cristallise en octaèdres.

L'hydroxyde ferrique forme des laques avec de nombreuses

matières colorantes, aussi les sels ferriques sont-ils fréquemment employés comme mordants (Comparer avec $Al(OH)_3$).

L'hydroxyde ferrique se distingue des hydroxydes de chrome et d'aluminium, auxquels il ressemble beaucoup, par le fait qu'il n'est pas soluble dans les alcalis et ne s'ionise par conséquent pas d'une manière sensible suivant le type acide. Cependant sa solubilité dans les alcalis concentrés n'est pas nulle : il se forme du ferrite de sodium qui se dédouble à la longue en solution étendue. Le précipité brun qui se fait dans les solutions de soude caustique commerciale n'a pas d'autre origine.

Chlorure ferrique. $FeCl_3$. — On l'obtient à l'état anhydre par l'action du chlore sec sur le fer. Il se présente alors en paillettes cristallines d'un beau vert métallique, très déliquescentes et aisément volatiles. Vers 400° sa vapeur est formée de particules résultant de l'association de 2 molécules ; sa densité correspond donc à la formule Fe_2Cl_6 ; à 1000° elle correspond à la formule $FeCl_3$. A des températures plus élevées encore $FeCl_3$ se dissocie en $FeCl_2$ et Cl.

Le chlorure ferrique est très soluble dans l'eau et forme plusieurs hydrates, fort intéressants au point de vue de l'histoire de la loi des phases. C'est en étudiant les hydrates du chlorure ferrique que Bakhuis Roozeboom a été amené à reconnaître toute l'importance de la loi des phases et à s'en faire le propagateur.

Le **fluorure ferrique** $FeFl_3$ est intéressant à signaler. Il forme avec les fluorures alcalins des fluorures doubles, tels Na_3FeFl_6, analogues à la cryolithe et dans lesquels la production d'un anion complexe $FeFl_6'''$ (comparer avec l'ion $Fe(CN)_6'''$ des ferricyanures (v. chimie organique) fait disparaître les caractères de l'ion ferrique.

Le **sulfate ferrique** $Fe_2(SO_4)_3$ est très soluble dans l'eau ; il forme des aluns avec les sulfates alcalins.

634. Le fer forme quelques combinaisons dans lesquelles sa valence est supérieure à trois.

Dans le bisulfure FeS_2 il est probablement tétravalent. Le bisulfure de fer est dimorphe et se rencontre dans la nature sous forme de pyrite et de marcassite. Chauffés, ces bisulfures se transforment en sulfure ferreux.

La pyrite est presqu'inattaquable par les acides. On a pu la reproduire artificiellement en fondant le sulfure de fer FeS avec du polysulfure de potassium.

Le fer est hexavalent et l'analogue au soufre dans l'acide ferrique H_2FeO_4. Cet acide est inconnu, mais on obtient son sel de sodium à l'anode dans l'électrolyse d'une solution concentrée de soude caustique, en se servant d'une électrode de fonte. Le ferrate de sodium se forme encore par l'action du chlore sur une solution de soude tenant de l'hydroxyde ferrique en suspension. Ce sel est rouge foncé, sa solution est pourpre. Elle se décompose rapidement en oxygène, soude caustique et hydroxyde ferrique.

685. Caractères des sels ferreux. — Ils précipitent en blanc-verdâtre par KOH et NH_4OH, ce précipité noircit très rapidement à l'air. Les carbonates solubles donnent un précipité blanc de $FeCO_3$, très oxydable. H_2S est sans action. $(NH_4)_2S$ précipite FeS noir.

Le permanganate est réduit par les sels ferreux en solution acide.

Le ferrocyanure de potassium donne un précipité blanc-bleuâtre, qui s'altère à l'air avec rapidité et devient bleu foncé.

Le ferricyanure de potassium donne un précipité bleu; c'est la réaction la plus sensible des sels ferreux.

Les sulfocyanates n'ont pas d'action sur les sels ferreux.

Caractères des sels ferriques. — KOH et NH_4OH précipitent $Fe(OH)_3$ brun ; les carbonates solubles donnent le même précipité, il se dégage en même temps CO_2.

H_2S réduit les sels ferriques avec dépôt de soufre ; le permanganate de potassium n'est pas réduit.

Les sulfures solubles précipitent un mélange de soufre et de FeS.

Le ferricyanure de potassium donne une coloration brune.

Le ferrocyanure de potassium donne un précipité bleu.

Le sulfocyanure de potassium donne, en présence de sels ferriques, une magnifique coloration rouge; c'est le meilleur réactif du fer. Ce caractère fait défaut en présence de l'ion Fl' et de l'ion oxalique. On dose le fer gravimétriquement à l'état de Fe_2O_3; 100 p. de Fe_2O_3 correspondent à 70 parties de Fe.

NICKEL. Ni.

P. A 58.4. (58.7).

636. Le nickel se rencontre à l'état d'arséniure et de sulfoarséniure, mais les deux minerais les plus importants sont **la pyrrhotine**, sulfure double de fer, de nickel et de cuivre, que l'on exploite au Canada, et **la garniérite**, silicate double de magnésium et de nickel, que l'on trouve en quantité considérable en Nouvelle Calédonie.

Métallurgie du nickel. — La garniérite est fondue dans un four à cuve avec du sulfure de sodium [marc de soude] (v. **466**). On obtient ainsi du sulfure de nickel associé à du sulfure de fer.

Ce sulfure est traité dans un convertisseur du type Manhès. Le fer est **oxydé** le premier et l'on obtient du sulfure de nickel pur que l'on **transforme en oxyde** par grillage dans un four à réverbère.

La pyrrhotine est également travaillée au convertisseur. On obtient un mélange de sulfures de nickel et de cuivre que l'on fond et coule dans des moules coniques. Les deux sulfures se séparent par ordre de densité. Après refroidissement, on enlève le sulfure de nickel qui est transformé en oxyde par grillage.

Pour réduire l'oxyde de nickel, on en fait des agglomérés avec du charbon de bois et l'on chauffe dans un lit de charbon. On obtient ainsi du nickel aggloméré, mais non fondu.

Un procédé fort remarquable d'obtention du nickel, qui permet d'obtenir un métal très pur, consiste à réduire à 300° l'oxyde de nickel par le gaz d'eau (v. **380**), puis à faire passer sur le métal réduit, maintenu à 60°, un courant d'oxyde de carbone. Le nickel se transforme en nickel-tétracarbonyle, $Ni(CO)_4$, composé très volatil que l'on dirige dans une chambre chauffée à 200° et renfermant de la grenaille de nickel. Le nickel tétracarbonyle se décompose à 200° en nickel et oxyde de carbone. En somme, le procédé revient au point de vue pratique, à volatiliser le nickel dans un courant d'oxyde de carbone à 60°, pour le condenser à 200°.

La production annuelle du nickel est d'environ **15.000** tonnes.

637. Le nickel est un métal blanc, d'une densité de 8,9, tenace

et ductile, susceptible de prendre un très beau poli. Il fond à
1435°.

Il est inaltérable à l'air à froid, s'oxyde au contraire à chaud. Il
est peu attaquable par les acides chlorhydrique et sulfurique étendus, dont il ne déplace que lentement l'hydrogène; l'acide nitrique
le dissout facilement. Le nickel pur est assez peu employé, mais il
entre dans la constitution de quelques alliages. Nous avons déjà
signalé son emploi dans la fabrication des aciers spéciaux; nous
ajouterons qu'un acier à 36°/. de nickel a un coefficient de dilatation
nul. Ce métal, appelé **invar**, est employé à la construction
de mètres-étalons, de pendules et d'autres instruments de précision.

Les alliages de nickel et de cuivre sont assez nombreux. La
monnaie de billon belge et allemande est un alliage de 25 °/. de
nickel et de 75 °/. de cuivre.

Le constantan est un alliage de 45 p. de nickel pour 55 p. de
cuivre. Sa résistance électrique est indépendante de la température.

Le nickel est encore employé à recouvrir d'autres métaux, en
particulier le fer, qu'il préserve de l'oxydation. Le dépôt se fait
par voie galvanique ou par laminage à chaud d'une tôle de nickel
sur la tôle de fer (ustensiles de cuisine).

Le nickel réduit est un catalyseur remarquable d'une série de
réactions dans lesquelles intervient l'hydrogène. C'est ainsi qu'il
provoque l'union du carbone à l'hydrogène avec formation de
méthane CH_4, à des températures supérieures à 250°; la réduction
de l'aldéhyde $CH_3 - CH = O$ en alcool $CH_3 - CH_2 OH$.

Or, les catalyseurs d'une réaction réversible sont sans influence
sur la constante d'équilibre; ils n'ont d'autre action que d'augmenter la vitesse avec laquelle un système non équilibré s'achemine
vers l'état d'équilibre; si les concentrations des constituants sont
supérieures à celles qui correspondent à l'équilibre, la présence du
catalyseur provoque la réaction qui conduit à l'équilibre. Il en
résulte que le nickel catalyse aussi bien la réaction $C + 2H_2 = CH_4$
que la réaction inverse : c'est la température qui détermine le sens
de la transformation pour des concentrations données des composants.

638. Le nickel ne forme qu'une seule série de combinaisons stables, dans lesquelles il se montre bivalent. Tous ses sels appartiennent à ce type.

L'oxyde de nickel NiO se prépare par calcination du carbonate. Il est vert.

L'hydroxyde nickeleux est un précipité gélatineux vert. Il est soluble dans l'ammoniaque, avec formation d'ions complexes bleus $Ni(NH_3)_6^{\cdot\cdot}$ ou $N_2(NH_3)_6^{\cdot\cdot}$, analogues à l'ion de cuprammonium (v. **512**).

La calcination du nitrate de nickel donne un oxyde Ni_2O_3, le seul dérivé stable du nickel trivalent.

$$2(NO_3)_2Ni = 4NO_2 + Ni_2O_3 + O.$$

A cet oxyde correspond un hydroxyde qui se forme par l'action des chlorures décolorants en milieu alcalin sur les sels de nickel; il se décompose spontanément en présence des hypochlorites, de l'eau oxygénée, en oxygène et en hydroxyde nickeleux. Son action catalytique a été mentionnée antérieurement (v. **157**).

Les sels de nickel sont d'un beau vert. Le plus important d'entre eux est le **sulfate**, qui cristallise en gros prismes quadratiques renfermant $6H_2O$. Il est isodimorphe, peut former des cristaux mixtes avec les vitriols vrais et donner avec les sulfates alcalins des sels doubles renfermant 6 molécules d'eau de cristallisation.

Le sulfate double de nickel et d'ammonium est employé comme électrolyte dans le nickelage. Les objets à nickeler sont soigneusement décapés et plongés dans un bain de sulfate de nickel. On les relie au pôle négatif d'une dynamo ; l'anode est formée d'une plaque de nickel pur qui se dissout en quantité équivalente à la quantité de nickel déposée à la cathode. La teneur du bain en sel de nickel reste constante ; on doit veiller à ce que le bain en prenne pas une réaction acide, ce qu'on évite en ajoutant du borax.

Le **sulfure de nickel** NiS est un précipité noir, que l'on obtient par l'action d'un sulfure soluble sur les sels de nickel. Ceux-ci ne sont pas précipités par l'action de l'hydrogène sulfuré, cependant le sulfure de nickel est insoluble dans les acides forts étendus. Cette anomalie, qui se rencontre également chez le sulfure de cobalt, est due probablement à ce que, au moment où il se précipite, le sulfure de nickel subit une condensation moléculaire (comparer avec oxydes) qui le rend plus résistant à l'action des acides.

Nickel carbonyle. Le nickel réduit se combine entrè 30° et 60° à l'oxyde de carbone pour former le nickel-carbonyle $Ni(CO)_4$. Ce dernier est un liquide incolore très mobile, bouillant à 43°, soluble dans les dissolvants organiques.

Il se décompose à 155° en ses générateurs (v. plus haut).

L'existence de ce composé intéressant semble prouver que le nickel est octovalent.

Le nickel tétracarbonyle est, à l'encontre des autres composés du nickel, un corps excessivement vénéneux.

COBALT. Co.

P.A. 59.07 (59.5).

639. Le cobalt est un métal plus rare que le nickel, qu'il accompagne dans beaucoup de ses minerais. Les principaux minerais de cobalt sont la **cobaltine**, un sulfoarséniure de cobalt $CoAsS$ et l'**asbolane**, oxyde complexe de manganèse, de fer, de nickel, de cobalt et de calcium.

La métallurgie du cobalt est compliquée, elle ressemble dans ses grands traits à celle du nickel. Le métal que l'on obtient renferme toujours de petites quantités de nickel ; pour le purifier, on transforme le cobalt en un sel soluble et l'on traite la solution par le nitrite de potassium qui ne précipite que le cobalt (v. plus loin). Le nitrite double de cobalt et de potassium est transformé en oxyde et ce dernier réduit par l'hydrogène.

Malgré ses propriétés remarquables au point de vue technique, le cobalt est un métal trop rare pour être utilisé dans l'industrie.

Le cobalt pur est un métal gris, d'une densité de 8,5, et le plus tenace des métaux ; il n'est dépassé à ce point de vue que par certains aciers ; il fond à 1460°. Le cobalt est plus magnétique que le nickel, un peu moins que le fer ; il est inaltérable dans l'air sec, s'oxyde légèrement à l'air humide.

Il est soluble dans les acides chlorhydrique et sulfurique avec dégagement d'hydrogène et production de sels cobalteux.

Le cobalt est bi ou trivalent dans ses combinaisons salines ; quoiqu'il présente des ressemblances très grandes avec le nickel, il s'en distingue par la stabilité plus grande de ses combinaisons cobaltiques ; presque toutes les méthodes de séparation des deux métaux sont basées sur ce fait. La tendance du cobalt à devenir trivalent est cependant moins prononcée que chez le fer et les composés cobalteux sont, sauf de rares exceptions, inaltérables à l'air.

Les sels cobalteux dérivent de l'ion bivalent $Co^{..}$ rose.

Oxyde cobalteux. CoO. — Il se forme par l'action de la chaleur sur le carbonate ou l'hydroxyde. Il est gris-vert et inaltérable à l'air à froid. Au rouge au contraire, il s'oxyde et se transforme en **oxyde cobaltoso-cobaltique** Co_3O_4. L'oxyde Co_3O_4 est noir, insoluble dans les acides (sauf H_2SO_4).

L'hydroxyde cobalteux $Co(OH)_2$ est un précipité rose que les agents oxydants alcalins transforment en hydroxyde cobaltique noir.

Chlorure cobalteux $CoCl_2$. — Le sel anhydre est bleu ; il est très soluble dans l'eau ; sa solution est rose et donne par évaporation des cristaux roses d'un hydrate $CoCl_2.6H_2O$. Quand on ajoute à la dissolution de chlorure de cobalt un grand excès d'ions Cl', on réduit profondément son ionisation et si la solution est concentrée, la formation abondante du sel anhydre détermine un changement de couleur du liquide, qui devient bleu. Ce phénomène se produit d'une manière très nette par addition d'acide chlorhydrique concentré.

L'hydrate $CoCl_2.6H_2O$ se déshydrate aussi dans l'air sec en se transformant en un hydrate $CoCl_2.2H_2O$ violet. Le changement de couleur accompagnant cette déshydratation est appliqué à la construction de certains hygroscopes de fantaisie (Fleurs et tissus barométriques). On imprègne un tissu d'une solution de chlorure de cobalt. Lorsque l'air est sec, le tissu devient violet, tandis qu'il vire au rose par les temps humides.

Le **sulfate de cobalt** $CoSO_4.7H_2O$ est un vitriol.

Le **sulfure de cobalt** CoS présente les mêmes particularités de précipitation et de dissolution que le sulfure de nickel.

Le **nitrate de cobalt** $Co(NO_3)_2$ cristallise à basse température avec 6 molécules d'eau ; à 56°, l'hydrate $Co(NO_3)_2.6H_2O$ perd 3 molécules d'eau; l'hydrate $Co(NO_3)_2.3H_2O$ ne se déshydrate qu'à la température de décomposition du nitrate.

Calciné prudemment, le nitrate de cobalt se transforme en oxyde cobaltique Co_2O_3.

Le silicate de cobalt est employé en céramique comme matière colorante bleue. C'est le **bleu de Sèvres.**

L'aluminate de cobalt est également employé en céramique, ainsi que pour la préparation de certaines couleurs à l'huile (bleu de cobalt ou bleu Thénard).

640. Dérivés du cobalt trivalent. — Le cobalt trivalent ne forme pas d'ions $Co^{\cdots}$; l'hydroxyde cobaltique se dissout dans les acides avec dégagement d'oxygène et production de sels cobalteux.

Mais l'ion cobalteux donne très facilement, en présence d'ions positifs NH_4 ou de certains ions négatifs, comme Cl', NO_2', C_2O_4'', et sous l'action d'agents oxydants, des ions complexes positifs ou négatifs dérivant d'un atome de cobalt trivalent. Ainsi, si l'on traite une solution d'un sel de cobalt par un nitrite en solution acide, il se fait un ion négatif trivalent $Co(NO_2)_6'''$, en même temps qu'il se dégage de l'oxyde azotique. L'acide nitreux sert de corps oxydant.

$$2Co^{\cdots} + HNO_2 + 2H^{\cdot} = 2Co^{\cdots} + 2H_2O + 2NO$$
$$2Co^{\cdots} + 12NO_2' = 2[Co(NO_2)_6]'''$$

L'ion cobaltinitreux $Co(NO_2)_6'''$ est jaune, il forme avec l'ion de potassium un sel très peu soluble dans l'eau ($^1/_{10000}$), moins soluble encore dans les solutions de nitrite de sodium, et dont la précipitation peut être mise à profit, pour la recherche, tant du cobalt que du potassium. Pour séparer le cobalt du nickel, on le précipite également à l'état de cobaltinitrite de potassium.

641. Cobaltammines. — Les ions complexes les plus intéressants que forme le cobalt sont ceux qui résultent de l'union de l'atome de cobalt trivalent avec un certain nombre de molécules d'ammoniaque. En se combinant avec des radicaux négatifs, ils forment la série importante des sels de cobalt ammoniés. De tous les composés ammoniés métalliques, les dérivés cobaltiques sont les plus nombreux et les plus variés; ce sont aussi ceux qui ont été travaillés le plus complètement.

Leur étude, faite parallèlement avec celle des autres dérivés ammoniés complexes d'autres métaux, a conduit à des résultats des plus intéressants quant à nos connaissances sur cette classe particulière de dérivés métalliques.

642. On constate qu'un certain nombre de métaux trivalents, tels le cobalt, le chrome, le rhodium, l'iridium, peuvent s'unir à six molécules d'ammoniaque pour engendrer des ions complexes de caractère fortement positif, dont la valence est égale à trois. Leurs sels sont les sels d'**hexammines** et ont pour formule générale :

$$M(NH_3)_6R_3.$$

Leur formation se notera :

$$MR_3 + 6NH_5 = M(NH_3)_6R_3.$$

ou dans la théorie de l'ionisation :

$$M^{\cdots} + 3R' + 6NH_3 + 6HO' = [M(NH_5)_6]^{\cdots} + 3R' + 6H_2O.$$

Une réaction analogue peut fixer 6 molécules d'ammoniaque sur des sels de métaux tétravalents ou bivalents. L'ion positif complexe est alors tétravalent ou bivalent. Ex.:

$$Pt(NH_5)_6Cl_4 \qquad et \qquad Cu(NH_5)_6.Cl_2.$$

Ces sels sont aussi appelés **lutéosels** parce que les sels de cobaltammines de ce type sont jaunes. Dans tous, les résidus halogéniques sont intégralement ionisables et ne font pas partie de l'ion complexe.

Dans les sels d'hexammines, une molécule d'ammoniaque peut disparaître; il en résulte des sels de **pentammines**, de la formule $M(NH_3)_6R_3$, mais cette disparition s'accompagne de l'entrée dans l'ion complexe d'un des trois radicaux R; la constitution du sel est donc exprimée par la formule $[M(NH_3)_5R]^{\cdots}R_2$; l'ion complexe est bivalent dans le cas où M est trivalent (Cr,Co), trivalent quand M est tétravalent (platine), monovalent lorsque M est bivalent (Ni).

Dans le chlorure $[Co(NH_3)_5Cl]Cl_2$, par exemple, deux des trois atomes de chlore sont ionisables et précipitent par le nitrate d'argent.

Les sels de ce type sont appelés **purpuréosels**, les sels des cobaltammines de cette formule étant pourpres.

L'élimination d'une seconde molécule d'ammoniaque conduira au type :

$$M.(NH_5)_4R_4 \qquad M(NH_3)_4R_3 \qquad ou \qquad M(NH_3)_4R_2.$$

mais le départ d'une molécule d'ammoniaque implique encore une fois le passage d'un nouveau radical R dans l'ion complexe, dont la valence diminue d'une unité. Les combinaisons tétraammoniées auront donc les formules de structure:

$$[M(NH_3)_4R_2]R_2, \qquad [M(NH_3)_4R_2]R \qquad et \qquad M(NH_3)_4R_2;$$

celles qui dérivent d'un métal tétravalent contiendront deux groupements R ionisables, l'ion complexe positif sera bivalent. Dans les **tétrammines** des métaux trivalents, un seul radical R est ionisable. Si les tétrammines des métaux bivalents avaient pu être isolées, il n'y aurait plus ni ions positifs, ni ions négatifs possibles; la substance ne serait plus un électrolyte. Sa fonction saline aurait disparu.

On ne connaît pas les tétrammines neutres des métaux bivalents, mais on a pu isoler les **triammines** des métaux trivalents. Dans ces combinaisons, de la formule générale $M(NH_3)_3R_3$, le départ de la troisième molécule d'ammoniaque a amené la disparition de la fonction saline, le troisième radical R ayant passé dans le complexe, dont la valence est devenue nulle.

De même, les **diammines** de métaux tétravalents $M(NH_3)_2R_4$ sont électriquement neutres.

Le départ de chaque molécule d'ammoniaque n'est donc possible que si elle est substituée par un radical R, qui peut être un halogène, le cyanogène, le nitryle (NO_2). Lorsque le nombre de molécules d'ammoniaque substituées par ces radicaux sera égal à la valence a du métal, le groupement $M(NH_3)_mR_n$ $(m + n = 6)$ aura une valence nulle. Tant que $n < a$ le groupement est électropositif et de valence $a - n$.

Mais si n devient plus grand que a, le groupement $M(NH_3)_mR_n$ change de signe électrochimique et devient électronégatif.

Ainsi le groupement $Co(NH_3)_2(NO_2)_4$ forme un ion négatif monovalent.

Nous pouvons, au moins théoriquement, poursuivre cette substitution jusqu'à remplacement total de l'ammoniaque par des radicaux négatifs. Les métaux tétravalents engendreront ainsi des anions complexes bivalents, tels $PtCl_6''$, les métaux trivalents des anions trivalents, par exemple, $Co(NO_2)_6'''$ et $AlFl_6'''$, les métaux bivalents des anions tétravalents (Ex. $Fe(CN)_6^{IV}$ (v. chimie organique).

Dans tous ces ions complexes, qu'ils soient positifs ou négatifs, le métal est uni à six groupements, l'ammoniaque y ayant, au point de vue de la saturation du métal, la même valeur qu'un atome de chlore.

D'autres métaux forment des ions complexes par fixation de quatre groupements, ammoniaque ou radicaux négatifs. Tel est par exemple le platine au minimum, qui peut engendrer la série d'ions complexes :

$$Pt(NH_4)_4^{\cdot\cdot} \qquad Pt(NH_4)_3Cl^{\cdot} \qquad Pt(NH_3)_2Cl_2^{\cdot} \qquad Pt(NH_3)Cl_3' \qquad PtCl_4''.$$

Un élément possède ainsi la faculté de s'unir à un nombre constant de molécules ou de radicaux monovalents pour engendrer des complexes qui peuvent être, suivant le cas, des ions positifs ou négatifs, ou des molécules neutres. Ce nombre est appelé par Werner **l'indice de coordination** du métal; il est 6 pour les métaux Pt^{IV}, Cr^{III}, Al^{III}, Fe^{III}, Ni^{II}, Rd, Ir, Fe^{II}, Sn^{IV}, Pb^{IV}, 4 pour Pt^{II}, $Bo(BoFl_4)'$, Pb^{II}.

643. Fait remarquable, l'eau peut remplacer plus ou moins complètement l'ammoniaque ou un radical monovalent. Aux sels d'hexammines du cobalt, $[Co(NH_3)_6]R_3$, correspondent des sels $[Co(NH_3)_5.H_2O]R_3$ les sels diaquopentammine-cobaltiques ou **roséocobaltiques**, les sels diaquotétrammine-cobaltiques $[Co(NH_3)_4.2H_2O]R_3$, etc.

Le remplacement total de l'ammoniaque par de l'eau dans les sels hexammino-métalliques engendrerait pour les métaux dont l'indice de coordination est 6, des corps de la forme $M(H_2O)_6R_n$ qui peuvent s'écrire aussi $MR_n.6H_2O$, en les envisageant comme des combinaisons additionnelles.

Il est visible que de tels corps ne sont autres que des sels hydratés et il est en fait assez curieux de constater qu'un grand nombre de sels se cristallisent avec

6 molécules d'eau de cristallisation. Pour Werner, cette eau de cristallisation ferait partie de l'ion complexe, au même titre que l'ammoniaque.

Ce qui semble confirmer cette manière de voir, c'est que les molécules d'eau, comme les molécules d'ammoniaque, peuvent être remplacées par des radicaux R, avec diminution correspondante de la valence de l'ion complexe et par conséquent du nombre de radicaux R ionisables.

Ainsi le chlorure chromique $CrCl_3$ cristallise avec $6H_2O$; ce sel est bleu et les 3 ions de chlore y sont précipitables par l'ion Ag (v. **604**).

Mais lorsqu'on le chauffe, il perd deux molécules d'eau, devient vert et les 2/3 du chlore passent dans l'ion complexe, le sel prend donc la formule :

$$(CrCl_2)\cdot Cl\cdot 4H_2O, \text{ ou dans la notation de Werner } [Cr(H_2O)_4Cl_2]Cl.$$

Quant à la constitution de ces complexes formés, non plus seulement par l'association d'un métal et de plusieurs résidus halogéniques, mais par l'adjonction à un élément plurivalent de radicaux et même de molécules, dont quelques unes, comme l'eau, sont considérées comme saturées, elle est encore fortement discutée. Il est certain que nous ne pouvons expliquer qu'une molécule d'eau puisse être remplacée par un atome de chlore, qu'à la condition d'admettre que dans l'eau, l'oxygène met en jeu des valences supplémentaires. La bivalence de l'oxygène n'est d'ailleurs plus un dogme aujourd'hui et nous verrons en chimie organique qu'il existe des combinaisons dans lesquelles cet élément est incontestablement tétravalent.

La constitution des combinaisons ammoniées a été interprétée de la manière suivante: Le métal est uni à tous les radicaux négatifs non ionisables, et à l'une des extrémités de chaînes ammoniacales de la structure $— NH_2 — NH_2 —$ plus ou moins longues et nombreuses. L'extrémité libre de ces chaînes est saturée par un électron ou, si la molécule n'est pas ionisée, par un radical négatif. Ex. le **chlorure de cobalt-hexammine** a pour formule ;

$$Co\begin{cases} NH_3 — NH_3 — Cl \\ NH_3 — NH_3 — Cl \\ NH_3 — NH_3 — Cl \end{cases}$$

Le chlorure de chlorocobaltipentammine :

$$Co\begin{cases} NH_3 — NH_3 — Cl \\ NH_3 — NH_3 — NH_3 — Cl \\ Cl \end{cases}$$

GROUPE DU PLATINE.

644. Ce groupe comprend 6 métaux: le platine, l'iridium, l'osmium, le palladium, le rhodium et le ruthénium et forme l'une des familles naturelles les plus homogènes dans la classe des métaux. Ces éléments se divisent en deux triades :

Ru Rd Pd
Os Ir Pt.

dont les termes de même rang ont des analogies extrêmement prononcées.

Dans la première triade, le poids atomique est voisin de 100, dans la seconde, de 190.

Dans une triade, l'aptitude du métal à se combiner à l'oxygène diminue du premier terme au dernier, de même que la valence vis-à-vis de l'oxygène. L'osmium et le ruthénium se combinent facile-ment à l'oxygène pour donner des oxydes de la forme MO_4. Ils sont de tous les éléments ceux dont la valence vis-à-vis de l'oxygène est la plus élevée. L'iridium et le rhodium forment des sels du type K_2MO_4 dérivant d'anhydrides IrO_3 ou RdO_3 inconnus ; le platine et le palladium sont au plus tétravalents vis-à-vis de l'oxygène.

La stabilité des composés au maximum est plus grande dans la deuxième triade que dans la première ; l'iridium et le platine forment des chlorures du type MCl_4, tandis que pour le rhodium et le palladium les chlorures de cette formule sont inconnus.

La fusibilité de ces métaux augmente avec le poids atomique dans chaque triade ; les éléments de la seconde triade sont moins fusible que leurs correspondants dans la première. Tous ces éléments ont d'ailleurs un point de fusion très élevé.

Les métaux de la première triade ont une densité voisine de 12, ceux de la seconde sont les plus denses de tous les éléments, leur poids spécifique est supérieur à 21 ; dans chaque série, la densité varie en sens contraire du poids atomique.

Comme il arrive souvent pour des éléments voisins, les métaux du groupe du platine sont presque toujours associés dans leurs minerais. Le principal de ceux-ci, nous dirions presque le minerai exclusif, est le platine natif; on rencontre cependant assez fréquem-ment le platine et ses congénères dans l'or natif et dans les minerais d'argent.

645. Métallurgie du platine. — Le platine natif ou mine de platine se rencontre surtout dans l'Oural, qui fournit les 95 % de la production totale ; le platine natif s'y trouve à l'état de pépites ou de grains dans des roches anciennes, mais ces gîsements sont trop pauvres et de richesse trop variable pour se prêter à une exploitation régulière. Les intempéries de l'hiver et du printemps désagrègent ces gîsements et les pluies entraînent les pépites de platine dans des gîtes d'alluvion, analogues aux placers, qui sont exploités par des procédés encore assez primitifs, analogues à ceux qu'utilisent les chercheurs d'or (v. **519**). On conçoit, étant données les conditions de formation des gîtes d'alluvion, que les influences climatériques ont une influence considérable sur le rendement annuel des exploitations, les grandes pluies du printemps étant favorables à la récolte du platine brut.

Celui-ci renferme environ 85 °/₀ de platine et de ses congénères.

On le traite par l'eau régale, à chaud, de préférence sous une légère pression ; le platine, le rhodium, le palladium, le ruthénium se dissolvent, ainsi qu'une partie de l'iridium, mais il reste un résidu insoluble constitué par un alliage d'osmium et d'iridium, **l'osmiure d'iridium** ; l'osmium non combiné à l'iridium s'échappe à l'état d'acide osmique.

Le platine et l'iridium passent à l'état d'acides chloroplatinique H_2PtCl_6 et chloroiridique H_2IrCl_6 ; les autres métaux, à l'état de tri- ou de bichlorures. On ajoute un excès de chlorure d'ammonium qui précipite du chloroplatinate et du chloroiridate d'ammonium $(NH_4)_2PtCl_6$ et $(NH_4)_2IrCl_6$ que l'on filtre et que l'on calcine. On obtient une masse spongieuse de platine, mélangée d'iridium, que l'on fond au chalumeau oxhydrique. Comme la présence de l'iridium rend le platine plus dur et plus résistant, on ne sépare généralement pas les deux métaux. Lorsqu'on veut obtenir du platine pur, on évapore la solution de la mine de platine dans l'eau régale jusqu'à ce que sa température atteigne 125° ; l'acide chloroiridique se décompose en HCl, Cl_2 et trichlorure d'iridium ; la précipitation ultérieure du liquide par le chlorure d'ammonium fournit du chloroplatinate d'ammonium pur.

La séparation du ruthénium, du rhodium et du palladium est très compliquée, nous ne la décrirons pas dans ce traité ; l'extraction de l'osmium et de l'iridium aux dépens de l'osmiure d'iridium sera donnée plus loin.

La production du platine est soumise à des oscillations assez marquées ; elle n'est jamais considérable et atteint en moyenne 5000 kilogrammes par an. Elle est monopolisée par un syndicat qui a fait monter le prix du platine dans des proportions énormes. Ce prix est d'ailleurs très variable ; il a atteint 6250 francs au début de 1907 pour retomber aux environs de 4500 francs à la fin de cette année. (En 1889, le prix était de 1000 francs).

RUTHÉNIUM Ru.
P. A. 100.91.

646. Cet élément, le plus rare du groupe du platine, se trouve en petite quantité dans l'osmiure d'iridium.

C'est un métal gris, à point de fusion plus élevé que celui de l'iridium (>2350), dur et cassant. Il se combine directement à l'oxygène au rouge, et lorsqu'il est en fusion, il brûle en donnant un mélange de bioxyde RuO_2 et de peroxyde RuO_4.

Il n'est pas attaqué par l'eau régale mais le nitrate de potassium fondu l'oxyde et le transforme en ruthénate de potassium K_2RuO_4.

Le ruthénium forme toute une série d'oxydes: RuO, Ru_2O_3, RuO_2, RuO_4. On connaît en outre des sels de l'acide ruthénique H_2RuO_4 et de l'acide perruthénique $HRuO_4$.

Le plus stable des oxydes est le **bioxyde** RuO_2 qui se produit en chauffant au rouge le ruthénium dans un courant d'oxygène. Il se dissocie vers 1000° en ruthénium et péroxyde RuO_4.

Le peroxyde de ruthénium RuO_4 est la combinaison la plus intéressante du ruthénium. On l'obtient en traitant le ruthénate de potassium dissous dans un courant de chlore. C'est un liquide d'un beau rouge, insoluble dans l'eau et fusible à 25°. Il est déjà très volatil à la température ordinaire. Ce corps n'est stable qu'à des températures élevées ; à basse température, il se décompose en oxygène et bioxyde ; la décomposition est explosive à 100°.

Le ruthénium forme deux chlorures: $RuCl_2$ et $RuCl_3$.

RHODIUM. Rh.
P. A. 102.23.

647. Le rhodium est un métal blanc, moins fusible que le platine, malléable et très ductile. A l'état pur, il n'est pas attaqué par l'eau régale ; au rouge, il s'oxyde à l'air et se transforme en sesquioxyde Rh_2O_3, qui se décompose au rouge blanc.

On connaît en outre un bioxyde de rhodium.

Le rhodium ne forme qu'un seul **chlorure** $RhCl_3$, qu'on obtient par union directe. Ce chlorure, comme d'autres chlorures trivalents, forme avec les chlorures alcalins des chlorures doubles, tel Na_3RhCl_6 (comparer avec cryolithe).

Les sels de rhodium sont réduits par le formol et la potasse; on obtient ainsi un métal très divisé, le **noir de rhodium,** qui est doué de propriétés catalysantes très marquées. Il provoque la décomposition des hypochlorites avec dégagement d'oxygène, le dédoublement de l'acide formique en hydrogène et acide carbonique (v. chimie organique), l'autooxydation de l'alcool en acide acétique et hydrogène, etc.

Un alliage de platine et de rhodium est employé dans la construction de la pile thermoélectrique de Le Chatelier.

PALLADIUM. Pd.

P. A. 106.

648. Le palladium se trouve dans la solution provenant de l'attaque de la mine de platine par l'eau régale, après précipitation du platine par le chlorure d'ammonium. On le précipite à l'état de cyanure par le cyanure de mercure ; la calcination du cyanure fournit le métal.

Le palladium est un métal blanc, ductile et plus tenace que le platine ; c'est le plus fusible des métaux du groupe (1549°). Il est soluble dans l'acide nitrique. Sa tenacité et son inaltérabilité le font employer pour la construction de pièces d'horlogerie antimagnétiques ; on l'utilise également pour recouvrir la surface réfléchissante des miroirs astronomiques ; il a sur l'argent l'avantage de ne pas être terni par les émanations sulfurées.

Le palladium ne forme qu'une seule série de combinaisons stables ; ce sont les **sels palladeux**, dont le **chlorure palladeux** $PdCl_2$ est le type. On prépare ce sel par union directe. Il est réduit à froid par l'oxyde de carbone, le gaz d'éclairage ; on emploie un papier imprégné de chlorure de palladium pour rechercher les fuites de gaz d'éclairage.

L'iodure palladeux est insoluble dans l'eau ; op peut appliquer cette propriété à la recherche de l'ion d'iode, à côté des ions Cl' et Br'.

Le palladium forme deux oxydes, l'**oxyde palladeux** PdO et l'**oxyde palladique** PdO_2. Le premier se forme par union directe vers 400° et se décompose à 750°.

Le palladium possède un remarquable pouvoir absorbant vis-à-vis des gaz. Nous avons déjà signalé (v. **73**) la formation d'une combinaison Pd_2H, qui peut encore fixer 300 fois son volume d'hydrogène.

OSMIUM. Os.

P. A. 189.5.

649. L'osmium et l'iridium s'extraient presqu'exclusivement de l'osmiure d'iridium, qui reste comme résidu insoluble dans l'attaque par l'eau régale de la mine de platine.

A l'état de grains, cet alliage est trop compact pour se laisser attaquer, et, d'autre part, il est tellement dur qu'il est impossible de le pulvériser. On le dissout dans 8-10 fois son poids de zinc fondu ; on dissout ensuite le zinc dans l'acide chlorhydrique ; l'osmiure d'iridium reste à l'état d'une poudre excessivement divisée.

Il existe plusieurs procédés de désagrégation de l'osmiure : l'un d'eux consiste à fondre avec un mélange de salpêtre et de potasse. On reprend la masse par un mélange d'acide chlorhydrique et nitrique et on distille ; l'osmium passe à l'état de peroxyde OsO_4 très volatil que l'on condense : on précipite ensuite l'iridium et le ruthénium (qui accompagne toujours l'osmium dans l'osmiure) à l'état de chlorures doubles d'ammonium de ces métaux. On calcine ; il reste un résidu d'iridium et de ruthénium spongieux que l'on fond avec de la potasse et du salpêtre. Le ruthénium se transforme en ruthénate de potassium K_2RuO_4 soluble. Le résidu est dissous dans l'eau régale et on précipite l'iridium de sa dissolution par le chlorure d'ammonium. Pour obtenir l'osmium métallique, on réduit par le zinc le peroxyde en solution chlorhydrique.

L'osmium est un métal gris, très dur, d'une densité de 22.48; c'est le plus dense de tous les éléments. L'osmium est le moins fusible de tous les métaux du groupe du platine; on n'est parvenu à le fondre qu'au four électrique. En raison de cette infusibilité, l'osmium est employé dans la construction de certaines lampes à incandescence.

L'osmium est remarquable parmi les métaux de ce groupe par la facilité avec laquelle il se combine à l'oxygène. A l'état divisé, il s'oxyde à froid, il se transforme ainsi en peroxyde OsO_4, la plus importante des combinaisons de ce métal.

Le peroxyde d'osmium, appelé improprement **acide osmique,** est un corps solide, cristallin, incolore, fusible à 40° et bouillant vers 100°. Il est déjà volatil à la température ordinaire, ses vapeurs irritent fortement les muqueuses et sont excessivement toxiques.

Le peroxyde d'osmium est soluble dans l'eau ; sa dissolution n'a aucun caractère acide et ne conduit pas le courant. Elle est employée dans la technique histologique pour fixer les tissus.

Les sels de **l'acide osmique** H_2OsO_4 s'obtiennent par réduction partielle du peroxyde en milieu alcalin. Lorsqu'on les traite par un acide, il se fait transitoirement de l'acide osmique qui se dédouble rapidement en peroxyde et bioxyde OsO_2.

L'osmiure d'iridium est employé en raison de sa dureté pour garnir les pointes des plumes d'or.

IRIDIUM. Ir.

P. A. 191.6.

650. L'extraction de ce métal a été donnée plus haut.

L'iridium est un métal blanc, d'une densité de 22.4, aussi dur que l'acier, mais aigre, et qui ne se travaille que très difficilement. Il est beaucoup plus difficilement fusible que le platine et fond vers 2250°. On emploie actuellement l'iridium pour la construction d'appareils devant être maintenus à des températures supérieures au point de fusion du platine.

L'iridium compact est inaltérable à l'air, et n'est attaqué par aucun acide, même par l'eau régale. Il n'en est plus de même lorsqu'il est allié à une forte proportion de platine, tandis que les alliages à plus de 30 % d'iridium sont insolubles dans l'eau régale. Un mélange de salpêtre et de potasse fondus tranforme l'iridium en iridate de potassium. L'iridium est surtout employé en alliage avec le platine dont il augmente la résistance.

L'iridium forme 3 types de sels : IrR_2, IrR_3, IrR_4. Les plus stables dérivent de l'iridium trivalent. On connaît en outre les sels de l'acide iridique H_2IrO_4.

On a isolé deux oxydes d'iridium ; Ir_2O_3 et IrO_2. **Le sesquioxyde** Ir_2O_3 (ex Na_2CO_3 fondu $+ Na_2IrCl_6$) est noir et ne se décompose qu'au rouge clair. Il est donc beaucoup plus stable que les oxydes des autres métaux nobles. L'oxyde d'iridium est employé pour obtenir des noirs sur porcelaine.

Le bioxyde IrO_2 se forme en chauffant l'iridium divisé dans un courant d'oxygène.

L'hydroxyde $Ir(OH)_3$ ex $(IrCl_3 + NaOH)$ est vert ; il s'oxyde rapidement à l'air et devient $Ir(OH)_4$ qui possède une belle couleur bleue foncée.

Le tétrachlorure d'iridium $IrCl_4$ se prépare en dissolvant le bioxyde dans l'acide chlorhydrique et en évaporant la solution dans le vide à froid. Chauffé modérément, il se décompose en chlore et trichlorure $IrCl_3$. Il se combine à 2 molécules d'acide chlorhydrique pour donner un **acide chloroiridique** H_2IrCl_6, dont l'anion $IrCl_6$ forme avec les ions NH_4· et K· des sels insolubles, colorés en brun rouge. (Comparer avec H_2PtCl_6).

L'iridium trivalent forme des dérivés ammoniés nombreux, analogues aux cobaltammines.

PLATINE. Pt.
P. A. 193.4 (194.8).

651. Le platine est le métal le plus important de son groupe.

C'est un métal blanc, de la dureté du cuivre quand il est pur, assez tenace et très ductile. Sa densité est de 21.48 à 17,5°. Il est infusible au feu de forge, mais fond facilement à la flamme du chalumeau oxhydrique. Son point de fusion est de 1745°. Il se ramollit avant fusion, comme le fer, et comme lui se laisse forger.

A côté du platine compact, on connaît deux formes de platine divisé : **la mousse de platine**, obtenue par calcination du chloroplatinate d'ammonium et d'autres sels de platine, et **le noir de platine**, qui se prépare en réduisant les sels de platine par des réducteurs appropriés, comme les formiates.

La mousse de platine a l'aspect spongieux, elle est grise et prend l'aspect métallique sous le brunissoir.

Le noir de platine est une poudre noire dont l'aspect varie suivant le mode d'obtention, il est beaucoup plus dense que la mousse de platine.

On obtient **le platine à l'état colloïdal** en faisant jaillir l'arc voltaïque entre des électrodes de platine immergées dans l'eau distillée (v. **516**). La solution est d'un brun très foncé.

Le platine est inaltérable à l'air. Si vers 500° il peut se former un peu d'oxyde platineux, cet oxyde se décompose à une température légèrement supérieure et sa vitesse de formation est si faible que le platine chauffé au rouge n'augmente pas de poids par refroidissement.

Le platine est inattaquable par les acides, sauf par l'eau régale qui le dissout aisément en le transformant en acide chloroplatinique H_2PtCl_6.

Cependant l'acide sulfurique concentré et chaud dissout un peu le platine, et il y a lieu de tenir compte de ce fait dans la concentration de l'acide sulfurique (v. **236**).

Le platine se dissout aussi dans l'acide nitrique lorsqu'il est allié à une forte proportion d'argent.

Le platine n'est pas attaqué sensiblement par les halogènes ni par le soufre, mais il se combine facilement au phosphore, à l'arsenic et à l'antimoine ainsi qu'à la plupart des métaux pour donner des alliages fusibles. La fusion des combinaisons oxygénées de ces corps en présence de corps réducteurs (charbon, gaz d'éclairage) dans les appareils de platine amène rapidement la perforation de ces derniers. Le platine ne s'allie pas au mercure. Les nitrates et les hydroxydes fondus attaquent également le platine.

Les silicates purs sont sans action sur le platine, mais en présence du charbon, il y a formation d'un siliciure, qui rend le platine cassant. Aussi ne doit-on jamais chauffer un appareil de platine par contact direct avec de la houille, qui contient toujours des composés siliciés.

En raison de son inaltérabilité à l'air, de sa résistance aux acides et de son point de fusion très élevé, le platine est un métal indispensable aux chimistes et aux physiciens. On en fait des capsules, des cornues, des creusets pour les chimistes; l'électrotechnique consomme une grande quantité de platine dans la construction des pièces de contacts entre lesquelles peuvent jaillir des étincelles (interrupteurs). Le platine est encore employé dans la construction de pièces dentaires (environ 2000 kilogr. par an), et en bijouterie, pour le montage des diamants.

L'industrie de l'acide sulfurique utilise le platine divisé comme catalyseur pour provoquer l'union de l'oxygène à l'anhydride sulfureux.

Un alliage de platine à 10 o/o d'iridium, plus résistant et plus dur que le platine, a servi à la construction du mètre et du kilogramme étalons.

Le platine possède la propriété de condenser les gaz à sa surface, et ce d'autant plus, qu'il est plus divisé. Nous avons signalé à maintes reprises des applications intéressantes de cette propriété (v. notamment **90** et **233**).

Il catalyse positivement de nombreuses réactions chimiques se faisant entre des gaz.

D'autre part, il provoque la décomposition de l'eau oxygénée, cette action catalysante est surtout marquée chez le platine colloïdal, qui agit encore lorsque sa concentration est de 10^{-8} (1,7 gr. de platine dans 500000 litres d'eau). Certains corps, comme le chlorure mercurique, l'acide prussique paralysent son action catalysante et agissent comme des **poisons du catalyseur**.

652. Dans ses combinaisons, le platine est bi- ou tétravalent, mais en raison de son électroaffinité très faible il a, plus qu'aucun autre métal, une tendance prononcée à passer à l'état d'ions complexes et il n'existe pas de véritables sels de platine.

Composés platineux. — L'oxyde platineux se forme en petite quantité par l'action de l'oxygène sur le platine vers 450°; le métal se recouvre d'un enduit noirâtre qui n'a pu être isolé et qui se décompose à 560°.

Hydroxyde platineux $Pt(OH)_2$. — Lorsqu'on précipite le chloroplatinite de potassium K_2PtCl_4 par la soude, à l'abri de l'air on obtient un précipité noir, qui, desséché dans le vide à 400°, a pour formule $Pt(OH)_2$. A une température plus élevée, il se décompose en platine métallique, eau et oxygène.

Fraîchement préparé, il se dissout dans l'acide chlorhydrique avec formation d'acide chloroplatineux H_2PtCl_4, lorsqu'il a été séché à 400°, il est inattaquable par tous les acides.

C'est à la fois un corps réducteur et un corps oxydant très énergique: il absorbe instantanément l'oxygène de l'air pour devenir hydroxyde platinique et d'autre part, il oxyde l'hydrogène à froid.

Chlorure platineux $PtCl_2$. — On le prépare en chauffant l'acide chloroplatinique à 300°. C'est un corps brun, insoluble dans l'eau, mais qui se dissout dans l'acide chlorhydrique pour former une solution **d'acide chloroplatineux**, H_2PtCl_4. Cet acide n'est connu qu'en dissolution; on l'obtient à l'état de pureté par décomposition de $BaPtCl_4$ par l'acide sulfurique étendu.

L'ion chloroplatineux $PtCl_4''$, est rouge; ses sels sont en général solubles. **Le chloroplatinite de potassium** K_2PtCl_4 (ex$PtCl_2 + 2KCl$) forme de beaux cristaux solubles dans l'eau; il est employé en photographie (v. **518**). C'est le plus important des composés platineux.

653. Composés platiniques. — L'oxyde platinique PtO_2 est inconnu; lorsqu'on traite les chloroplatinates (v. plus loin) M_2PtCl_6 par la potasse caustique, on obtient un platinate soluble $Pt(OH)_6M_2$ dérivant de l'ion complexe $[Pt(OH)_6]''$ (v. **642**) correspondant à l'ion $PtCl_6''$.

Ce platinate, décomposé par l'acide acétique en quantité calculée, donne un précipité blanc **d'acide platinique** $[Pt(OH)_6]H_2$ ou $Pt(OH)_4.2H_2O$.

L'acide platinique se décompose spontanément en **hydroxyde platinique** $Pt(OH)_4$, qui n'a ni les propriétés d'une base, ni celles d'un acide; il est en effet insoluble dans les acides et dans les bases.

Chlorure platinique $PtCl_4$. – On le prépare en chauffant l'acide chloroplatinique H_2PtCl_6 dans un courant de chlore à 300°; c'est un corps cristallin brun, très soluble dans l'eau; sa dissolution est fortement acide. Le chlorure platinique se combine en effet à l'eau pour former un acide oxychloroplatinique $H_2[PtCl_4(OH)_2]$.

Il s'unit également à deux molécules d'acide chlorhydrique; il se forme de **l'acide chloroplatinique**, H_2PtCl_6, le plus important des composés du platine.

654. L'acide chloroplatinique se prépare en dissolvant le platine dans l'eau régale. C'est le chlorure de platine du commerce.

Il se présente sous l'aspect de cristaux d'un jaune brun déliquescent. C'est un acide bibasique fort; tandis que ses sels de potassium, de rubidium et de cæsium sont très peu solubles dans l'eau et insolubles dans l'alcool, le chloroplatinate de sodium est fort soluble. On applique cette propriété à la séparation analytique du potassium et du sodium.

Les chloroplatinates d'ammoniums, substitués ou non, sont également insolubles dans l'eau. Chauffés, ils se décomposent en laissant un résidu de platine. Leur formule générale est NX_2PtCl_6. On voit qu'à un atome, soit 194 de platine, correspond un atome d'azote, soit 14. On peut ainsi doser l'azote ammoniacal.

L'acide chloroplatinique, le soit-disant chlorure de platine, n'a aucun caractère d'un chlorure ; pas plus d'ailleurs que ses sels, qui ne sont pas des sels doubles.

L'ion complexe $PtCl_6''$ est en effet si stable, que la réaction :

$$PtCl_6'' \rightleftharpoons Pt^{\cdots\cdots} + 6Cl'$$

n'a pas une importance suffisante pour que les ions de chlore atteignent la concentration, cependant bien faible, à laquelle ils sont précipités par l'ion $Ag\cdot$. L'addition d'un sel d'argent à une solution d'acide chloroplatinique produit un précipité de chloroplatinate d'argent Ag_2PtCl_6, sans trace de chlorure d'argent.

Cependant la concentration des ions de platine n'est pas nulle, car l'hydrogène sulfuré (ions S'') précipite du sulfure platinique PtS_2.

Le sulfure platinique est brun, il est difficilement soluble dans les sulfures alcalins et est précipité par les acides; il se comporte donc comme un sulfoanhydride (v. **358**).

Chaleur de formation de quelques composés des métaux du huitième groupe.

Oxyde ferreux	64600 cal.	Oxyde cobalteux	63800 cal.
Chlorure ferreux	82050 »	Chlorure cobalteux	76500 »
Sulfate ferreux $7H_2O$	240100 »	Sulfate nickeleux $7H_2O$	230500 »
Oxyde ferrique	194400 »		
Chlorure ferrique	96000 »	Oxyde platineux	17900 »
		Chlorure platinique	59400 »
Oxyde nickeleux	59700 »		
Chlorure nickeleux	74500 »	Chlorure palladeux	40500 »
Sulfate nickeleux $7H_2O$	238600 »		

Table des matières.

Errata et Corrigenda.

| Page | 8, | ligne 16, | *lisez* Il n'en est rien | *au lieu de* Il n'en n'est rien. |

» 8, » 24, » retrouverait » retrouvait.

» 11, » 18, » expliquons » appliquons.

» 28, » 7 par le bas, *lisez* alcalino-terreux » alcalins terreux.

» 45, » 4, *lisez* la pression » à la pression.

» 49, » 10, » lorsqu'on » lorsque.

» 50, » 10, » l'unité » limite.

» 60, » 30, » dans ce cas » dans le cas.

» 77, » 2 par le bas, *lisez* mélange d'hydrogène *au lieu de* mélange d'eau

» 79, » 2 par le bas, » de se pénétrer *au lieu de* à se pénétrer.

» 113, » 18, *lisez* Boyle-Mariotte » Bayle-Mariotte.

» 127, » 6, » $Cl_2.10H_2O$ » $Cl_2.10_2H_2O$

» 138, » 3 par le bas *lisez* C_3x » C.

» 142. » 10 par le bas » faible pour que » faible que.

» 171, » 1 par le bas » $3H_3$. » $3H_2$.

» 176, » 25, *lisez* $KClO_3$. » $KCLO_3$.

» 188, » 16, 18 et 20 mettez le signe — devant le premier membre de chaque équation.

» 190, » 25, *lisez* $\dfrac{sR}{Sm\omega}$ *au lieu de* $\dfrac{s}{Sm\omega}$

et $\dfrac{sT_2T_1R}{Sm\omega}$ *au lieu de* $\dfrac{sT_2T_1}{Sm\omega}$

» 208, ligne 6 par le bas *lisez* $Cu^{..}$ » $Cä$

» 216, » 2, *lisez* $\dfrac{2510}{0,93}$ » $\dfrac{25100}{0,93}$

» 231, » 6, » $k'''C_xs$ » $k'''C_xs$

» 234, » 9, » alcalin » alcaline.

» 260 » 21 » H_2SO_4 *au lieu de* H_1SO_4

» 260 » 28 » H_2SO_4 » H_1SO_4

» 278 » 10 » un premier » une première

» 278 » 15 » second » seconde

» 282 » 28 » $C_6H_5 - NH - NH_2$ » $C_6H_5 - NH - NH_2$

» 320 » 16 » carbure » carbone

» 328 » 23 » PCl_5 » PCl_5

» 346 » 9 » AsH_3 » AsH_3

» 350 » 35 » rejetées » rejetés.

» 354 ligne 7, *lisez* As_2S_3 *au lieu de* As_2S_3.

» 369 » 4, par le bas *lisez* adsorbe » adsorde.

» 381 » 12, *lisez* $Al_2(CO_3)_3$ » $Al_2(CO_3)_3$.

» 393 » 1, supprimez pur.

» 396 » 10, *lisez* H_2SiFl_6 » H_2SiFl_6.

» 397 » 28, » silicioxalique » silisioxalique.

Page 438 ligne 14, *lisez* pas   *au lieu de* pns.

» 439 » 27, » les corps réagissent   » les corps réagissants.

» 440 » 41, » P V   » p V

» 442 » 7, » $\dfrac{\sum \nu\, B' - \sum n\, B}{RT}$ » $\dfrac{\sum n\, B' - \sum n\, B}{RT}$

» 444 » 39, » R T l K   » R T l K.

» 446 » 28, au dernier terme de l'équalion *lisez* $RT^2\dfrac{d\,l\,K}{dT}$ *au lieu de* $RT^2\,d\,l\,K$.

» 449 » 27, *lisez* au dénominateur $(v, + v_2 ..)$ *au lieu de* $(v, + v_2 ....)$.

» 453 » 16, *lisez* $\dfrac{dU}{dp}$ p et $\mu_2\, m_2$ *au lieu de* $\dfrac{dU}{dp}$ dp et $\mu_2\, dm_2$.

» 459 » 27 et 461 ligne 2, *lisez* Meyer   *au lieu de* Meyger.

» 471 » 23, *lisez* aux   » au.

» 478 » 18, » partiellement   » particulièrement.

» 483 » 2, par le bas *lisez* du commerce   » de commerce.

» 484 » 23, *lisez* sodiques   » sodique.

» 488 » 1, » Ca··   » Cä.

» 493 » 30, » silicate   » silicicate.

» 497 » 16, » représente   » présente.

» 508 » 26, » seraient   » seaient.

» 509 » 1, » renfermer au litre   » renfermer.

» 509 » 8, » cyanure   » yanure.

» 509 » 31, » d'autant   » autant.

» 511 » 13 et 14, *lisez* coulombs   » coulumbs.

» 512 » 4, *lisez* soumettons   » soumettrons.

» 513 » 15 et 23, *lisez* Cu··   » Cü.

» 517 » 14, *lisez* exposées   » exposés.

» 525 » 13, au deuxième membre de l'équation *lisez* Fe··· *au lieu de* Fe··

» 548 » 25, *lisez* dépassé   *au lieu de* déposé

» 552 » 31, » d'eau   » l'eau

» 585 » 10, *lisez* H_2S *au lieu de* HgS.

» 592 » 28, » de sa solution   » sa solution.

» 641 » 11, » des acides phosphotungstiques; ex :   *au lieu de* un des acides phosphotungstiques.

» 644 » 7, » oxyde et hydroxyde   *au lieu de* oxydes et hydroxydes

» 646 » 2, *mettez* ; après Mn Fl₄'.

» 646 » 2, par le bas *lisez* du chlore   *au lieu de* de chlore.

» 647 » 6, *lisez* 218 $Mn_1\, O_4$ » 218 $Mn_2\, O_4$.

» 648 » 21, » $H_2\, SO_4$ » $H_2\, SO$.

» 649 » 2, par lo bas *lisez* RO   » XO.

» 651 » 7, *lisez* ont   » sont.

» 658 » 2, par le bas *lisez* fonte grise   » grise.

» 673 » 2, *lisez* Al (OH)₃   » Al (OH)₆.

» 677 » 25, » égale   » équivalente.

» 682 » 19, » Pt Cl₂''   » P 1 Cl₆''.

» 692 » 34, » déliquescents   » déliquescent.

H G